京津冀汉墓研究

刘尊志　董雪迎
周　欣　蒋赴美　著

科学出版社
北　京

内 容 简 介

本书以发现、发掘的京津冀地区汉代墓葬为主要研究对象，运用考古学的理论与方法，结合文献等资料，对京津冀地区汉代墓葬进行了较为系统翔实的考古学研究，在此基础上，以墓葬物质内容为主要参考，分析探讨了汉代京津冀地区的政治、经济、思想及日常生活等多方面的内容，并对该地区汉墓中较为特殊的墓地、丧葬内容和陪葬品等进行了专题论述，多角度分析了京津冀地区汉墓蕴涵的地域文化及其所反映汉文化统一的特征与内涵。

本书适合于从事历史、考古、文博等方面的专家、学者和相关专业院校的师生参考、阅读。

图书在版编目（CIP）数据

京津冀汉墓研究 / 刘尊志等著. —北京：科学出版社，2021.7

ISBN 978-7-03-069172-9

Ⅰ. ①京…　Ⅱ. ①刘…　Ⅲ. ①汉墓－研究－华北地区　Ⅳ. ① K878.84

中国版本图书馆 CIP 数据核字（2021）第 110621 号

责任编辑：张亚娜　郑佐一 / 责任校对：王晓茜
责任印制：肖　兴 / 封面设计：图悦设计

科学出版社 出版
北京东黄城根北街 16 号
邮政编码：100717
http：//www.sciencep.com

中国科学院印刷厂 印刷
科学出版社发行　各地新华书店经销

*

2021 年 7 月第　一　版　开本：720 × 1000　1/16
2021 年 7 月第一次印刷　印张：32 1/2
字数：655 000

定价：228.00 元
（如有印装质量问题，我社负责调换）

南开大学中外文明交叉科学中心
资助出版

南开大学文科发展基金项目
阶段性成果
南开大学中国社会史研究中心项目
（ZX20210040）阶段性成果

内 容 摘 要

墓葬研究是考古学研究的一项重要内容，其包含的内容十分广泛。汉代是古代墓葬发展的重要时期，京津冀地区是汉代墓葬分布较为集中的重点区域之一，境内汉墓众多，截至目前，这一地区已发现、发掘相当数量的汉代墓葬，这些墓葬类型多样、内涵丰富、发展演变规律清晰，与全国其他地区汉墓既有统一性，又存在相对明显的地域特征，展现出京津冀地区两汉时期的诸多社会内容。

京津冀地区是汉代封国的重点区域，境内已发现、发掘较多的汉代王侯墓葬。京津冀地区的汉代王侯墓葬规模较大，结构复杂，墓葬形制可分为竖穴土（石）坑木椁墓、横穴崖洞墓和横穴砖室或砖石混筑墓，西汉时期较多的竖穴土（石）坑木椁式诸侯王墓使用了黄肠题凑，东汉一些诸侯王墓则使用大量黄肠石，体现出相应的发展和演变；陪葬品数量较多，质地和种类多样，制作工艺上乘，均彰显出王侯尊贵的身份和较高的社会地位，而玉器及数量众多的铜、铁与金银器等是这些墓葬在陪葬品方面明显区别于其他墓葬的内容和特征之一。

京津冀地区亦发现较多的汉代中小型墓葬。从大的方面可以分为竖穴坑墓、竖穴洞室墓及横穴砖室与砖（石）混筑墓三类，每类又可细分为若干型和亚型，形制丰富多样。中小型汉墓的陪葬品以陶器为主，陶礼器组合有其发展演变规律，日用陶器和模型明器种类较多，形制和组合亦有特色。京津冀地区汉代中小型墓葬有对相关文化因素的吸收与融合，同时又对其他地区有着相应的影响，并在其发展过程中体现出墓葬形制不断第宅化和陪葬品日趋生活化的内容。

京津冀地区汉代墓葬蕴含着极为丰富的社会内容。经济方面，该地区获得了较大发展，这与汉代大一统的社会环境密切相关，但也存在着区域性和不均衡性。物质生活发展较全面，衣食住行等得以提高和改善。社会思想日益活跃，多视角、多方面展现出注重孝道和尊卑等级的儒家伦理思想，事死如事生、升仙和厚葬等丧葬思想，早期道教和早期佛教思想等也有相应体现。

墓地研究在汉代墓葬研究中不可或缺。河北沧州南皮县芦庄子汉代墓地中相关墓葬的墓主归属及墓地性质具有相应特殊性，存在是一处西汉晚期列侯墓地的可能。河北张家口阳原地区的两处西汉墓地反映出较多与墓葬修建、墓主下葬、墓葬保护及祭祀等相关的内容，同时也体现出丧葬文化的传播、吸收、借鉴等。河北秦皇岛抚宁邴各庄村北墓地是一处东汉家族墓地，家族或家庭葬、墓地祭祀及墓葬的修建和改扩建、墓地布局和墓位安排等内容均较突出，通过研究可探知汉代丧葬文化的渐趋统一性及其传播和影响。

墓葬是体现丧葬内容的重要载体，京津冀地区汉墓体现的丧葬内容较为多样，既有较具普遍化特征的夫妻合葬，也有颇具地域特色的屈肢葬和多人葬。夫妻合葬形式较多，存在着时代和等级的差异，体现出汉代家庭男尊女卑的社会现实。多人葬在京津冀地区尤其是中北部地区东汉墓葬中较为常见，基本是以横穴砖室墓为载体进行多人葬，墓葬形制不一，葬人数量不同，墓主人在总体上以地方官吏、地主或有一定财力的平民为主，同时还在一定程度上推动着该地区家族墓地、双重聚族葬及三重聚族葬的发展。屈肢葬在京津冀地区汉墓中较为常见，墓主身份除极少数略高外，其他则多为一般平民或庶民阶层，而这一葬俗还体现出汉代较为少见的“两殇合葬”及类似内容。

陪葬品是墓葬的重要内容。陶俑、陶连枝灯、陶楼等是京津冀地区汉墓中具有特色，且出土数量相对较多的陪葬品，类型多样，除具有自身发展演变规律外，还从不同方面体现出相应的丧葬礼俗和社会内容。陶俑具有体现墓主身份地位、展现墓主生前生活和象征墓主财富等诸多涵义。京津冀地区汉墓用陶连枝灯陪葬流行于东汉时期，考古发现这一地区汉墓中陪葬的陶连枝灯工艺精巧，造型艺术极具特点，体现出当时人们的审美追求，同时也反映出相应的墓主等级、文化交流与传播及神仙崇拜、升仙思想等内容。陶楼在京津冀地区东汉墓葬陪葬品中极具特色，展现出日常居住、粮食仓储、登高远望、安全防御等功能与生活内容，同时也反映出东汉时期建筑技术的提高与突破。

概括来讲，京津冀地区汉代墓葬数量大、种类多，具有较强的等级、时代和地域特征，综合反映出该地区汉代丧葬文化的内容与内涵，折射出较多与社会发展相关的内容，体现了汉文化尤其是丧葬文化发展的渐进性、时代性、地域性及其多元一体的总体特征和内涵。

ABSTRACT

The research on tombs is an important part of archaeology, which contains a wide range of contents. The Han Dynasty is an important period in the development history of ancient tombs. The Beijing-Tianjin-Hebei region is one of the areas where the Han tombs most intensively distributed. Up to now, a considerable number of Han tombs have been discovered and excavated in this area. These tombs are of various types, rich connotations as well as clear development and evolution rules, which have unified aspects with Han tombs in other regions of China, meanwhile possess relatively obvious regional characteristics, showing multifaceted social contents of the Beijing-Tianjin-Hebei region in the Han Dynasty.

The Beijing-Tianjin-Hebei region was a key area of the vassal states in the Han Dynasty, with many tombs belonging to the Han princes and marquises discovered and excavated. The tombs of the Han princes and marquises in this area are large in scale and complex in structure, which can be divided into vertical earthen (stone) pit tombs with wooden outer coffins, horizontal cliff cave tombs and horizontal pit multi-chambered tombs with brick (stone) structure. In the Western Han Dynasty, a considerable number of vertical earthen (stone) pit tombs of the princes and marquises used the wooden outer coffins named *Huang Chang Ti Cou*, while some of the princes and marquises' tombs in the Eastern Han Dynasty used the stone outer coffins named *Huang Chang Shi*, which reflects the corresponding development and evolution. The burial objects are large in quantity, various in texture and type, and excellent in production technique, all showing the noble identity and high social status of the princes and marquises. Moreover, the jade articles along with numerous bronze, iron, gold and silver articles are one of the most obvious differences of these tombs from other ordinary tombs in terms of the burial objects.

There are also many small- and medium-sized Han tombs discovered in the Beijing-Tianjin-Hebei region. The small- and medium-sized Han tombs in this area can be divided into three kinds: vertical earthen pit tombs, cave tombs, as well as horizontal pit brick-chambered and brick-stone-mixed-built tombs. Each kind can be further divided into several types and subtypes, with various shapes. The main burial objects of the small- and medium-sized Han tombs are potteries, and the combination of ritual pottery wares has its own development and evolution rules. There are many types of domestic wares and mortuary models, with the shapes and combinations also owning independent characteristics. The small- and medium-sized Han tombs in the Beijing-Tianjin-Hebei region absorb and integrate relevant cultural factors, while also having corresponding influence on other regions. In the process of their development, these tombs reflect the contents of the tomb shape becoming more and more mansion-oriented and the burial objects becoming more and more life-oriented.

The Han tombs of the Beijing-Tianjin-Hebei region contain extremely rich social contents. In terms of economy, this area achieved great development, which was closely related to the unified social environment of the Han Dynasty, while there were also regionality and imbalance. Material life developed comprehensively, with the clothing, food, living and transportation improved. Social thoughts were increasingly active, reflecting Confucian ethics like filial piety and hierarchy along with burial thoughts such as serving the deceased like the living, immortality and luxurious burial from many aspects, as well as early Taoism and early Buddhism thoughts.

The study of the cemetery is indispensable in the research on the Han tombs. The owners and natures of the tombs in Luzhuangzi Han cemetery of Nanpi County, Cangzhou, Hebei Province have some particularity, where there is possibility that it is a marquis cemetery of the late Western Han Dynasty. The two Western Han cemeteries in Yangyuan area of Zhangjiakou, Hebei Province reflect relatively rich contents related to the construction of tombs, burying the tomb owners, tomb protection and sacrifice, and meanwhile manifest the spread, absorption and reference of the burial culture. Binggezhuang cemetery of Funing, Qinhuangdao, Hebei Province is a family cemetery of the Eastern Han Dynasty. Contents of the family or family burial, the cemetery sacrifice, the construction and expansion of tombs, as well as the layout of the cemetery and the arrangement of tomb location are quite outstanding. Through the study, we can observe the gradual unity of the Han burial culture along with its spread and influence.

The burial contents embodied in the Han tombs of the Beijing-Tianjin-Hebei region are relatively diverse. There are not only joint burials of couples with relatively common characteristics, but also the flexed burials and multi-burials with regional characteristics. There are many forms of the joint burials of couples, with epochal and hierarchical differences existed, which shows the social reality that men were superior to women within the Han families. The multi-burials are common especially in the Eastern Han tombs of the north-central part of this area. The tombs are mostly horizontal pit brick-chambered ones, with diverse tomb shapes and varying number of the deceased. The tomb owners are mainly local officials, landlords or civilians possessing certain financial resources. At the same time, this kind of burials also promote family cemeteries along with the dual-gathering and triple-gathering burials in this region to some extents. The flexed burials are common in the Han tombs of this area. Besides a few people with high status, the tomb owners are mostly civilians or common people. Moreover, this burial custom also reflects the rare *Liang Shang He Zang* and other similar contents in the Han Dynasty.

Burial objects are the important contents of the tombs. The pottery figurines, pottery multi-branched lamps and pottery building models are the special and relatively common-seen burial objects unearthed in the Han tombs of this area. These objects are of various types, reflecting corresponding burial customs and social contents in different aspects besides their own development and evolution. The pottery figurines have many connotations, such as reflecting the status, showing the life and symbolizing the wealth of the tomb owners. The pottery multi-branched lamps were popular in the Beijing-Tianjin-Hebei region during the Han Dynasty. Archaeological findings of the pottery multi-branched lamps in the Han tombs of this area are exquisite in technique and special in shape, showing the aesthetic pursuit of the people at that time, meanwhile reflecting the corresponding rank of tomb owners, cultural communication and dissemination, as well as the worship of gods and the idea of immortality. The pottery building models are of particular features among the burial objects in the Eastern Han tombs of this area, showing the daily life, grain storage, climbing and long-distance vision, security defense and other life contents, and also reflects the improvement and breakthrough of the construction technique in the Eastern Han Dynasty.

Generally speaking, the Han tombs in the Beijing-Tianjin-Hebei region are of large number, various types, as well as strong hierarchical, epochal and regional characteristics. They comprehensively reflect the contents and connotations of the Han burial culture in this area, along with rich relevant contents concerning social development, and embody the gradualness, epochal character, regionality and unity within diversity of the Han culture, especially the burial culture.

目　　录

第一章　绪　　论

墓葬研究是考古学研究的一项重要内容，汉代墓葬发现数量多、分布地域广，内容、内涵极为丰富，是开展秦汉考古及秦汉社会、历史等研究必不可少的内容和重要参考。汉代墓葬的形制及其陪葬品既有诸多统一性，又存较多的地域性，开展区域性汉墓研究，不仅可对某一地区汉代墓葬及相关内容有更为全面、深入的认识，还可对汉代墓葬的综合及整体研究提供补充和参考，因此具有较强的学术价值。京津冀地区是汉代墓葬的重点分布区域，本书即是对这一地区汉墓进行的相关考古学研究。

第一节　研究的时空范围

本书所谓的“京津冀地区”，是指在今行政区划下的北京市、天津市和河北省，其北抵燕山，同内蒙古自治区接壤，西倚太行，与山西省为邻，南临中原，与河南、山东两省毗连，东临渤海，东北与辽宁省相邻。该地区地势西北高、东南低，地形以山地和平原为主，适宜耕种，矿产等自然资源丰富，属温带大陆性季风气候[①]。

两汉时期，今河北省西部的部分地区属并州刺史部，中南部则大体隶属冀州刺史部，下设魏、钜鹿、常山、真定、中山、信都、安平、河间、清河、赵、渤海等郡、国；而今河北省北部及北京市、天津市大体隶属幽州刺史部西部的代、燕、广阳、涿、上谷、渔阳、右北平等郡、国[②]（表 1-1）。

表 1-1　京津冀地区两汉时期郡国分布表

西汉时期	并州刺史部	太原郡	西汉时期	冀州刺史部	魏郡
		上党郡			清河郡
		云中郡			巨鹿郡
		定襄郡			广平郡
		雁门郡			信都郡
		代郡			常山郡

① 相关内容采自：http://baike.baidu.com/view/4675.htm，特做说明。

② 汉代，冀州刺史部和幽州刺史部下设各郡国沿革多变，在此不做过多详尽叙述，特做说明。

续表

西汉时期	冀州刺史部	赵国	西汉时期	幽州刺史部	辽东郡
		真定国			玄菟郡
		中山国			乐浪郡
		河间国			广阳国
	幽州刺史部	涿郡	东汉时期	冀州刺史部（治常山高邑，今河北高邑东）	魏郡（同前汉）
		渤海郡			常山国（前汉郡，并入前汉真定国）
		上谷郡			安平国（前汉信都国）
		渔阳郡			清河国（前汉郡，治甘陵，今山东临清东）
		右北平郡			渤海郡（治南皮，今河北南皮北）
		辽西郡			

（整理自谭其骧. 简明中国历史地图集［M］. 北京：中国地图出版社，1996：18，21）

本文研究的时代为两汉时期，即西汉高祖元年（前206年）至东汉献帝延康六年（220年），包括新莽时期，同时为保持研究资料的延续性，个别材料的时间范围可能会在此前后略有延伸。

第二节　考古发现概况

京津冀地区汉墓的考古科学发掘工作基本始于新中国成立以后，20世纪50～60年代，对于汉代墓葬的发掘工作相对较为简单，发掘墓葬的数量也较少。20世纪70年代以后，随着考古工作不断开展，该地区的两汉墓葬被大量发现和发掘，为京津冀地区汉墓的考古学研究提供了丰富的资料。为行文方便，本书将京津冀地区两汉墓葬按现今所属省级行政区的不同，分别叙述如下，需做说明的是，本文所涉及京津冀地区汉代墓葬考古发掘资料的发表时间基本截止到2020年12月。

一、北　京　市

北京市发掘的两汉墓葬有东城区西革新里西汉墓[①]，西城区厂桥汉

① 北京市文物研究所. 北京市东城区西革新里西汉墓2013年发掘简报［J］. 北方文物，2015（2）.

墓[①]，海淀区青龙新村汉墓[②]、东升小营村汉墓[③]、永定路东汉墓[④]、五棵松棒球场M9和五棵松篮球馆汉墓[⑤]，丰台区大葆台汉墓[⑥]、石榴庄汉墓[⑦]、王佐遗址汉墓[⑧]、南苑汉墓[⑨]，石景山区老山汉墓[⑩]，房山区岩上遗址汉墓群[⑪]、窦店与长阳汉墓群[⑫]、南正遗址墓地[⑬]、长阳1号地汉墓[⑭]、长沟汉墓[⑮]，顺义区临河村东汉墓[⑯]、田各庄东汉墓[⑰]，昌平区白浮村汉墓[⑱]、半截塔村东汉墓[⑲]、史家桥汉墓[⑳]、未来科技城北区汉墓[㉑]、沙河墓地汉

---

① 王清林，王策，朱志刚，等．广桥地区一东汉砖室墓发掘简报［C］// 北京文物研究所．北京文物与考古（6）［M］．北京：民族出版社，2004：24-26．

② 北京市文物研究所．北京海淀区青龙桥新村工程考古发掘简报［J］．北京文博，2010（2）．

③ 北京市文物研究所．海淀区东升乡小营村汉代，清代墓葬发掘简报［J］．北京文博文丛，2014（3）．

④ 北京市文物工作队．北京永定路发现东汉墓［J］．考古，1963（3）．

⑤ 北京市文物局，北京市文物研究所．北京奥运场馆考古发掘报告［M］．北京：科学出版社，2007：1-73、381-399．

⑥ 大葆台汉墓发掘组，中国社会科学院考古研究所．北京大葆台汉墓［M］．北京：文物出版社，1989．

⑦ 北京市文物研究所．丰台石榴庄汉、明、清墓发掘简报［J］．北京文博文丛，2016（2）．

⑧ 北京市文物研究所．丰台王佐遗址［M］．北京：科学出版社，2010．

⑨ 北京市文物研究所．丰台南苑汉墓［M］．北京：科学出版社，2019；北京市丰台区槐房汉墓M18发掘简报［J］．北京文博文丛，2019（2）．

⑩ 王鑫，程利．石景山老山汉墓［R］．中国考古学会编．中国考古学年鉴（2001），北京：文物出版社，2002：104、105．

⑪ 北京市文物研究所．北京段考古发掘报告集［M］．北京：科学出版社，2008．

⑫ 北京市文物研究所．窦店与长阳［M］．北京：科学出版社，2013．

⑬ 北京市文物研究所．房山南正遗址：拒马河流域战国以降时期遗址发掘报告［M］．北京：科学出版社，2008．

⑭ 北京市文物研究所．房山长阳1号地汉墓［J］．文物春秋，2010（2）；房山长阳汉墓发掘简报［J］．北京文博，2012（3）．

⑮ 北京市文物研究所．长沟汉墓［M］．北京：科学出版社，2019．

⑯ 北京市文物管理处．北京顺义临河村东汉墓发掘简报［J］．考古，1977（6）．

⑰ 李建林．北京顺义田各庄汉墓发掘简报［J］．北京文博，1999（4）．

⑱ 北京市文物工作队．北京昌平白浮村汉、唐、元墓葬发掘［J］．考古，1963（3）．

⑲ 北京市文物工作队．北京昌平半截塔村东周和两汉墓［J］．考古，1963（3）．

⑳ 北京市文物工作队．北京昌平史家桥汉墓发掘［J］．考古，1963（3）．

㉑ 北京市文物研究所．昌平未来科技城北区汉墓发掘简报［J］．北京文博文丛，2016（2）．

墓[①]，大兴区三台山东汉墓葬[②]、新城北区8号地汉墓[③]、亦庄X10号地[④]、亦庄X11号地[⑤]、十二平方公里项目南区N14地块汉墓[⑥]、亦庄经济开发区汉墓群（包括79号地、兴业街、西环南路、80号地、X42号地、博业路、新凤河路）[⑦]，怀柔区怀柔城北两汉墓[⑧]，平谷区东高村M2[⑨]、夏各庄东汉墓[⑩]、西柏店和唐庄子汉墓[⑪]、兴谷河道治理工程墓地和西杏园墓地[⑫]、杜辛庄遗址汉墓[⑬]，延庆区西屯墓地西区汉墓[⑭]、西屯墓地东区汉墓[⑮]、妫河南岸汉墓[⑯]、南菜园汉墓[⑰]，密云区大唐庄西汉墓

---

① 北京市文物研究所．昌平沙河——汉、西晋、唐、元、明、清代墓葬发掘报告［M］．北京：科学出版社，2012．

② 北京市文物工作队．北京东南郊三台山东汉墓发掘简报［M］．北京历史考古丛书编辑组编．北京文物与考古，1983：19-27．

③ 北京市文物研究所．北京市大兴新城北区8号地考古发掘报告［J］．文物春秋，2008（4）．

④ 北京市文物研究所．北京亦庄X10号地［M］．北京：科学出版社，2010年；北京市文物研究所，大兴区文物管理所．北京亦庄X10号地发掘简报［J］．文物春秋，2010（6）．

⑤ 北京市文物研究所．北京亦庄X11号地考古发掘报告［M］．北京：科学出版社，2012．

⑥ 北京市文物研究所．十二平方公里项目南区N14地块汉、唐墓葬发掘简报［J］．北京文博，2017（1）．

⑦ 北京市文物研究所．北京亦庄考古发掘报告：2003-2005［M］．北京：科学出版社，2009．

⑧ 北京市文物工作队．北京怀柔城北东周两汉墓葬［J］．考古，1962（5）．

⑨ 北京市文物研究所．北京平谷东高村汉唐墓葬发掘简报［J］．北方文物，2015（2）．

⑩ 北京市文物研究所．北京平谷夏各庄东汉墓考古发掘简报［J］．文物春秋，2017（6）．

⑪ 北京市文物工作队．北京平谷县西柏店和唐庄子汉墓发掘简报［J］．考古，1962（5）．

⑫ 北京市文物研究所．平谷汉墓［M］．北京：科学出版社，2011．

⑬ 北京市文物研究所．平谷杜辛庄遗址［M］．北京：科学出版社，2009．

⑭ 北京市文物研究所，延庆区文物管理所．北京市延庆县西屯墓地西区（Ⅰ区）考古发掘简报［J］．北京文博，2012（4）．

⑮ 北京市文物研究所，延庆区文物管理所．北京市延庆区西屯墓地东区（Ⅱ区）考古发掘简报［J］．文物春秋，2018（3）．

⑯ 王清林．延庆妫河南岸奇特的两座东汉砖室墓［C］// 北京文物研究所．北京文物与考古（第6辑）［M］．北京：民族出版社，2004：22-23．

⑰ 北京市文物研究所，延庆区文物管理所．北京市延庆县南菜园古墓群发掘取得重要收获［J］．北京文博，2007（4）．

葬[①]等。通州区在配合北京城市副中心的建设及相关基本建设过程中，通州区发现和发掘多座汉代墓葬，如路县故城城址周边汉代墓葬[②]、土桥汉代墓地、武夷花园月季园汉代墓地、宋庄文化创意产业集聚区汉代墓地[③]等。

二、天　津　市

天津市发掘的两汉墓葬有天津北郊双口镇汉墓[④]，武清区鲜于璜墓[⑤]，宝坻区牛道口汉墓[⑥]，蓟州区邦均和别山汉墓群[⑦]、西关汉幕[⑧]、小毛庄汉墓[⑨]等。

三、河　北　省

河北省发现的两汉墓葬数量较多，按所属地级行政区叙述如下。

石家庄市主要有石太高速公路岳村铺汉墓[⑩]、赵陵铺镇汉墓[⑪]、市北郊西汉

① 北京市文物研究所．密云大唐庄：白河流域古代墓葬发掘报告［M］．上海：上海古籍出版社，2010：7-8.

② 北京市文物局，北京城市副中心行政办公区工程建设办公室、北京市文物研究所．北京城市副中心考古（第一辑）［M］．北京：科学出版社，2018：62-96.

③ 李伟敏．北京考古志·通州卷［M］．上海．上海古籍出版社，2109：19-48、135-144.

④ 天津市文物管理处．天津北郊发现一座西汉墓［J］．考古，1972（6）.

⑤ 天津市文物管理处考古队．武清东汉鲜于璜墓［J］．考古学报，1982（3）.

⑥ 天津市历史博物馆考古队，宝坻县文化馆．天津市宝坻县牛道口遗址调查发掘简报［J］．考古，1991（7）.

⑦ 郑绍宗．蓟县发现了几处汉墓群［J］．文物参考资料．1956（9）；天津市文物管理处考古队．天津蓟县邦均两座古墓的清理［J］．考古，1985（6）.

⑧ 天津市文化遗产保护中心，蓟县文物管理所．天津蓟县西关汉墓2006年发掘简报［J］．内蒙古文物考古，2010（1）.

⑨ 姜佰国．蓟县小毛庄东汉墓葬［R］．中国考古学会编．中国考古学年鉴·2014［M］．中国社会科学出版社，2015：210.

⑩ 河北省文物研究所，石家庄市文物管理所．石太高速公路岳村铺墓葬发掘简报［C］//河北省文物研究所．河北省考古文集［M］．北京：东方出版社，1998：279-284.

⑪ 河北省文物管理委员会．河北省石家庄市赵陵铺古镇清理简报［J］．考古，1959（7）.

墓[①]与东汉墓[②]、西南郊振头村东汉墓[③]、北宋村汉墓[④]、城角庄汉墓[⑤]、东岗头村汉墓[⑥]、桥东汉墓[⑦]，长安区肖家营汉墓[⑧]，井陉矿区汉墓[⑨]，藁城区台西遗址汉墓[⑩]，鹿泉区获鹿高庄汉墓[⑪]、西龙贵汉墓[⑫]、北新城 M1 和 M2[⑬]，正定县野头墓地[⑭]，赞皇县东石家庄村西砖厂石椁墓[⑮]、东坡村汉墓[⑯]，无极县南池阳村东汉墓[⑰]，

---

① 石家庄市图书馆文物考古小组. 河北石家庄市北郊西汉墓发掘简报［J］. 考古，1980（1）.

② 石家庄市文物保管所. 石家庄北郊东汉墓［J］. 考古，1984（9）.

③ 李胜伍，郭书春. 石家庄东汉墓及其出土的算筹［J］. 考古，1982（3）.

④ 河北省文物管理委员会. 石家庄市北宋村清理了两座汉墓［J］. 文物，1959（1）.

⑤ 石家庄市文物保护研究所. 石家庄市城角庄汉墓［J］. 文物春秋，2007（6）.

⑥ 王海航. 石家庄市东岗头村发现汉墓［J］. 考古，1965（12）.

⑦ 孟浩. 石家庄市桥东单室砖墓［J］. 文物，1959（4）.

⑧ 河北省文物研究所，石家庄市文物研究所. 河北石家庄肖家营汉墓发掘报告［C］// 河北省文物研究所. 河北省考古文集（三）［M］. 北京：科学出版社，2007：72-97.

⑨ 程明远. 河北井陉矿区清理一座古墓［J］. 考古通讯，1958（5）.

⑩ 河北省文物研究所，石家庄市文物保护研究所，藁城市文物保管所. 藁城台西商、汉及宋代墓葬发掘简报［C］// 河北省文物研究所. 河北省考古文集（五）［M］. 北京：科学出版社，2014：110-135.

⑪ 石家庄市文物保管所，获鹿县文物保管所. 河北获鹿高庄出土西汉常山国文物［J］. 考古，1994（4）；河北省文物研究所，鹿泉市文物保管所. 河北高庄汉墓发掘简报［C］// 河北省文物考古研究所. 河北省考古文集（二）［M］. 北京：燕山出版社，2001：141-182；河北省文物研究所，鹿泉市文物保管所. 高庄汉墓［M］. 北京：科学出版社，2006.

⑫ 四川大学历史文化学院考古系，上海大学艺术研究院美术考古研究中心，河北省文物研究所，等. 河北鹿泉西龙贵汉代墓葬［J］. 考古学报，2013（1）；南水北调中线干线工程建设管理局，河北省南水北调工程建设领导小组办公室，河北省文物局. 石家庄元氏、鹿泉墓葬发掘报告［M］. 北京：科学出版社，2014.

⑬ 河北省文物研究所，石家庄市文物研究所，鹿泉市文物保护管理所. 鹿泉市北新城汉墓 M2 发掘简报［J］. 文物春秋，2008（4）；河北省文物研究所，石家庄市文物研究所，鹿泉市文物保管所. 北新城汉墓 M2 发掘报告［C］// 河北省文物研究所. 河北省考古文集（四）［M］. 北京：科学出版社，2011：111-134；河北省文物研究所，鹿泉市文物保管所. 鹿泉市北新城汉墓 M1 发掘简报［C］// 河北省文物研究所. 河北省考古文集（五）［M］. 北京：科学出版社，2014：70-80.

⑭ 辽宁省文物考古研究所. 河北正定野头墓地发掘简报［J］. 文物，2012（1）.

⑮ 冯杭印. 河北赞皇发现汉石室墓［J］. 考古，1994（1）.

⑯ 唐云明. 赞皇发现古墓群［J］. 文物参考资料，1957（1）.

⑰ 王巧莲，樊瑞平，刘友恒. 河北省无极县东汉墓出土陶器［J］. 文物，2002（5）.

元氏县南白楼汉墓[①]、常山郡南程墓地[②]、殷村墓地[③]。

邯郸市主要有百家村M6[④]、建设大街汉墓[⑤]、王郎村汉墓[⑥]、渚河桥汉墓[⑦]、龙城小区汉墓[⑧]，武安市午汲古城瓮棺墓[⑨]，磁县双庙汉墓[⑩]、讲武城汉墓[⑪]，涉县索堡镇汉墓[⑫]、北关汉墓[⑬]。

邢台市的主要考古发现有前炉子村汉墓[⑭]、南郊北陈村西汉墓[⑮]、曹演庄汉墓[⑯]、邢台旅馆汉墓[⑰]，柏乡县东小京村汉墓[⑱]，隆尧县固城村

---

① 武汉大学考古学系，河北省文物局南水北调文物保护办公室，元氏县博物馆．河北元氏县南白楼战国秦汉墓地的发掘［J］．考古，2018（2）；武汉大学历史学院考古系，河北省文物考古研究院．元氏南白楼墓地［M］．北京：科学出版社，2020：10-53.

② 河北省文物研究所，石家庄市文物研究所，元氏县文保所．石武铁路客运专线南程墓地发掘报告［C］// 河北省文物研究所．河北省考古文集（四）［M］．北京：科学出版社，2011：68-110；南水北调中线干线工程建设管理局，河北省南水北调工程建设领导小组办公室，河北省文物局编著．常山郡元氏故城墓地［M］．北京：科学出版社，2014.

③ 南水北调中线干线工程建设管理局，河北省南水北调工程建设领导小组办公室，河北省文物局．石家庄元氏、鹿泉墓葬发掘报告［M］．北京：科学出版社，2014.

④ 河北省文物研究所．邯郸百家村M6发掘简报［J］．文物春秋，2011（1）.

⑤ 邯郸市文物保护研究所．邯郸市建设大街战汉墓葬发掘报告［J］．文物春秋，2004（6）.

⑥ 唐云明，江达煌．邯郸王郎村清理了五十二座汉墓［J］．文物，1959（7）.

⑦ 邯郸市文物保护研究所．邯郸渚河桥汉墓发掘报告［J］．文物春秋，2004（6）.

⑧ 邯郸市文物保护研究所．邯郸市龙城小区墓葬发掘简报［J］．文物春秋，2004（6）.

⑨ 河北省文物管理委员会．河北武安县午汲古城的周、汉墓葬发掘简报［J］．考古，1959（7）.

⑩ 南水北调中线干线工程建设管理局，河北省南水北调工程建设领导小组办公室，河北省文物局．磁县双庙墓群考古发掘报告［M］．北京：文物出版社，2017.

⑪ 河北省文物管理委员会．河北磁县讲武城古墓清理简报［J］．考古，1959（1）.

⑫ 邯郸市文物管理处，涉县文物保管所．河北涉县索堡汉墓［J］．文物春秋，1996（1）.

⑬ 邯郸地区文保所．涉县北关发现一座西汉墓葬［J］．文物春秋，1992（1）.

⑭ 河北省文化局文物工作队．1958年邢台地区古遗址古墓葬的发现与清理［J］．文物，1959（9）.

⑮ 河北省文物管理处．河北邢台南郊西汉墓［J］．考古，1980（5）.

⑯ 河北省文物研究所，邢台市文物管理处．邢台曹演庄汉墓群发掘报告［J］．文物春秋，1998（4）.

⑰ 李敏，李恩玮，李军，等．邢台旅馆汉唐宋墓葬的发掘［C］// 河北省文物考古研究所．河北省考古文集（三）［M］．北京：科学出版社，2007：108-128.

⑱ 史云征，李振奇．河北柏乡东小京汉墓［J］．考古与文物，1994（4）.

汉墓[①]、双碑遗址汉墓[②]，南和县和左村汉墓[③]，临城县解村东遗址东汉墓[④]，内丘县张夺2号遗址墓地和张夺南村墓地[⑤]，沙河市兴固汉墓[⑥]。

衡水市的主要考古发现为桃城区汇龙中学东汉墓[⑦]，景县大代庄86JDM1[⑧]、青兰汉墓[⑨]，阜城县桑庄HFSM1[⑩]，安平县后大寨汉墓[⑪]、逯家庄壁画墓[⑫]、安平水泥管厂汉墓[⑬]，武邑县中角M4[⑭]、青冢汉墓[⑮]，深州市下博汉墓[⑯]。

沧州市主要包括献县M36[⑰]，南皮县芦庄子村汉墓[⑱]，任丘市东关汉

---

① 隆尧县文物保管所．河北隆尧县出土刻花贴金玉片［J］．文物，1992（4）．

② 河北省文物研究所，隆尧县文物保管所．隆尧县双碑遗址发掘报告［C］// 河北省文物研究所．河北省考古文集［M］．北京：东方出版社，1998：133-153．

③ 井中伟，李轩鹏．河北邢台南和左村汉墓出土铜器［J］．文物，2016（3）．

④ 吉林大学边疆考古研究中心，河北省文物局．河北临城县解村东遗址东汉墓葬［J］．考古，2017（4）．

⑤ 南水北调中线干线工程建设管理局，河北省南水北调工程建设领导小组办公室，河北省文物局．内丘张夺发掘报告［M］．北京：科学出版社，2011．

⑥ 河北省文物研究所，邢台地区文物管理所．河北沙河兴固汉墓［J］．文物，1992（9）．

⑦ 衡水市文物管理处．河北衡水汇龙中学汉唐墓葬发掘简报［J］．文物春秋，2004（2）．

⑧ 衡水地区文物管理所．河北景县大代庄东汉壁画墓［J］．文物春秋，1995（1）．

⑨ 衡水市文物管理处．河北景县青兰汉墓发掘简报［C］// 河北省文物考古研究所．河北省考古文集（三）［M］．北京：科学出版社，2007：66-71．

⑩ 河北省文物研究所．河北阜城桑庄东汉墓发掘报告［J］．文物，1990（1）．

⑪ 衡水市文物管理处．河北安平后大寨汉墓发掘简报［C］// 河北省文物研究所．河北省考古文集（五）［M］．北京：科学出版社，2014：82-86．

⑫ 河北省文物研究所．安平东汉壁画墓发掘简报［J］．文物春秋，1989（Z1）；安平东汉壁画墓［M］．北京：文物出版社，1990．

⑬ 衡水市文物管理处．河北安平水泥管厂东汉墓［J］．文物春秋，2005（2）．

⑭ 河北省文物研究所，衡水地区文物管理所．武邑中角汉墓群4号墓发掘报告［C］// 河北省文物研究所．河北省考古文集［M］．北京：东方出版社，1998：261-271．

⑮ 衡水市文物管理处．河北武邑青冢汉墓发掘简报［J］．文物春秋，2007（2）．

⑯ 河北省文物研究所，衡水市文物管理处，深州市文物保管所．河北省深州市下博汉唐墓地发掘报告［C］// 河北省文物研究所．河北省考古文集（二）［M］．北京：燕山出版社，2001：214-243．

⑰ 河北省文物研究所．献县36号汉墓发掘报告［C］// 河北省文物研究所．河北省考古文集［M］．北京：东方出版社，1998：241-260．

⑱ 沧州市文物管理处．河北南皮县芦庄子汉墓［J］．文物春秋，1998（1）．

墓[①]，河间市东文庄汉墓[②]，黄骅市齐家务东汉墓[③]。

保定市的考古发现主要包括市区西北郊东汉墓[④]，满城区中山靖王夫妇墓[⑤]、荆山汉墓[⑥]、西山花园小区东汉墓[⑦]、宏昌园B区汉墓[⑧]、四道口汉墓[⑨]，徐水区防陵村M2[⑩]、东黑山遗址汉代墓葬[⑪]，涿州市张村东营汉墓[⑫]、半壁店汉墓[⑬]、凌云集团新厂东汉墓[⑭]、上念头汉墓[⑮]，定州市（原定县）35号汉墓[⑯]、南关墓地[⑰]、三盘山汉墓[⑱]、八角廊40号汉墓[⑲]、定州市43号汉墓[⑳]、

---

① 天津市文化局考古发掘队．河北任邱东关汉墓清理简报［J］．考古，1965（2）．

② 河北省文物研究所，沧州市文管处，河间市文保所．河间东文庄窑址和墓葬发掘简报［C］// 河北省文物考古研究所．河北省考古文集（二）［M］．北京：燕山出版社，2001：183-193．

③ 河北省文物研究所，黄骅市博物馆．河北黄骅发现的两处古墓葬［J］．文物春秋，2019（6）．

④ 河北省文物研究所．保定市郊发现一座东汉墓［J］．文物春秋，1991（3）．

⑤ 中国社会科学院考古研究所，河北省文物管理处．满城汉墓发掘报告［M］．北京：文物出版社，1980．

⑥ 河北省文物研究所，满城县文物保管所．河北满城荆山汉墓发掘简报［J］．文物春秋，2014（3）．

⑦ 保定市文物管理所，满城县文物勘探队．河北满城西山花园东汉墓［J］．文物春秋，2007（6）．

⑧ 满城县文物局．满城宏昌园B区汉墓发掘简报［J］．文物春秋，2012（3）．

⑨ 保定市文物管理处．满城县四道口东汉墓发掘简报［J］．文物春秋，1991（1）．

⑩ 保定地区文物管理所．河北省徐水县防陵村二号汉墓［J］．文物，1984（4）．

⑪ 南水北调中线干线工程建设管理局，河北省南水北调工程建设领导小组办公室，河北省文物局．徐水东黑山遗址发掘报告［M］．北京：科学出版社，2014．

⑫ 河北省文物研究所，保定市文管处，涿州市文保所．涿州张村东营墓群发掘简报［C］// 河北省文物研究所．河北省考古文集［M］．北京：东方出版社，1998：272-278．

⑬ 孟浩．涿县半壁店汉墓的清理［J］．文物参考资料，1958（11）．

⑭ 史殿海．涿州凌云集团新厂东汉墓群发掘简报［J］．文物春秋，2007（3）．

⑮ 河北省文物研究所，满城县文物保管所．河北满城荆山汉墓发掘简报［J］．文物春秋，2014（3）．

⑯ 定州市文物管理所．定州市35号汉墓清理简报［J］．文物春秋，1997（3）．

⑰ 定州市文物保护管理所．定州市南关墓地发掘简报［J］．文物春秋，2004（4）．

⑱ 河北省文物研究所．河北考古重要发［M］．北京：科学出版社，2009：162-165．

⑲ 河北省文物研究所．河北定县40号汉墓发掘简报［J］．文物，1981（8）．

⑳ 定县博物馆．河北定县43号汉墓发掘简报［J］．文物，1973（11）．

北庄汉墓①，唐县高昌墓地②，容城县南阳村东汉墓③、北城村东汉墓④，望都县所药村汉墓⑤，易县燕下都遗址汉墓⑥，蠡县汉墓⑦。

廊坊市的考古发现为文安县宋家牌汉墓⑧，大厂回族自治县大坨头遗址汉墓⑨，三河市小崔各庄村汉墓⑩。

唐山市发现的汉代墓葬主要有陡河水库汉墓⑪、贾各庄汉墓⑫，丰润区叩家寨汉墓⑬、七里屯村汉墓⑭，玉田县大李庄村汉墓⑮、代官屯汉墓⑯，滦南县新立庄村汉墓⑰、小贾庄村汉墓⑱，滦州市新农村东汉画像石棺

---

① 河北省文化局文物工作队. 河北定县北庄汉墓发掘报告 [J]. 考古学报，1964 (2).

② 南水北调中干线工程建设管理局，河北省南水北调工程建设委员会办公室，河北省文物局. 唐县高昌墓地发掘报告 [M]. 北京：文物出版社，2010.

③ 河北省文物研究所，保定市文物管理所，容城县文物保管所. 容城南阳村古墓发掘简报 [J]. 文物春秋，1992 (2).

④ 河北省文物研究所，保定市文物管理所，容城县文物保护管理所. 容城北城村东汉墓发掘简报 [J]. 文物春秋，2011 (5).

⑤ 北京历史博物馆，河北省文物管理委员会. 望都汉墓壁画 [M]. 北京：中国古典艺术出版社，1955；河北省文化局考古工作队. 望都二号汉墓 [M]. 北京：文物出版社，1959.

⑥ 河北省文化局文物工作队. 1964-1965 年燕下都墓葬发掘报告 [J]. 考古，1965 (11)；河北省文物研究所. 燕下都 "6" 号遗址汉墓发掘简报 [J]. 文物，1990 (3)；河北省文物研究所. 燕下都遗址内的两汉墓葬 [C] // 河北省文物研究所. 河北省考古文集 (二) [M]. 北京：燕山出版社，2001：67-140.

⑦ 河北省文物研究所. 蠡县汉墓发掘记要 [J]. 文物，1983 (6).

⑧ 张晓峰. 文安县宋家牌汉墓出土遗物 [J]. 文物春秋，2001 (6).

⑨ 天津市文化局考古发掘队. 河北大厂回族自治县大坨头遗址试掘简报 [J]. 考古，1966 (1).

⑩ 廊坊市文物管理处. 廊坊市三河小崔各庄东汉墓 [J]. 文物春秋，2004 (4).

⑪ 河北省文物管理委员会. 唐山市陡河水库汉、唐、金、元、明墓发掘简报 [J]. 考古通讯，1958 (3).

⑫ 安志敏. 河北省唐山市贾各庄发掘报告 [J]. 考古学报，1953 (12).

⑬ 刘均合，隆立新. 丰润县叩家寨村发现汉代墓葬 [J]. 文物春秋，1995 (3).

⑭ 丰润县文物管理所. 河北丰润县七里屯村汉墓清理简报 [J]. 文物春秋，1995 (2).

⑮ 唐山市文物管理所，玉田县文教局. 河北玉田县大李庄村汉墓清理简报 [J]. 文物春秋，1991 (1).

⑯ 唐山市文物管理处. 玉田县代官屯发现一座汉墓 [J]. 文物春秋，2006 (3).

⑰ 滦南县文物管理所. 唐山滦南发现东汉墓 [J]. 文物春秋，2005 (2).

⑱ 滦南县文保所. 滦南汉墓清理简报 [J]. 文物春秋，1991 (4).

墓[①]、新农村 90LLXM1[②]，迁安市于家村一号东汉墓[③]、苏各庄汉墓[④]。

秦皇岛市的主要发现为抚宁县邴各庄汉墓[⑤]。

承德市的主要发现有平泉县杨杖子汉墓[⑥]，滦平县东营子汉墓[⑦]。

张家口市的主要发现为宣化区东升路东汉墓[⑧]，下花园区东汉墓[⑨]，蔚县张南堡村西汉墓[⑩]、埚串堡 M1[⑪]，阳原县三汾沟汉墓[⑫]、北关汉墓[⑬]、南关汉墓[⑭]，涿鹿县矾山五堡汉墓[⑮]、黄帝城汉墓[⑯]，怀安县耿家屯西汉墓[⑰]、刘家堡西汉墓[⑱]、乔子沟村木椁墓[⑲]。

---

① 李子春，赵立国．河北滦县出土东汉画像石棺［J］．文物，2002（7）．

② 唐山市文物管理处，滦县文物管理所．河北滦县新农村汉墓发掘简报［J］．文物春秋，2002（4）．

③ 迁安县文物保管所．河北迁安于家村一号汉墓清理［J］．文物，1996（10）．

④ 唐山市文物管理处，迁安市文物管理处．迁安苏各庄战国、东汉墓葬发掘报告［J］．文物春秋，2008（4）．

⑤ 河北省文物研究所．河北抚宁县邴各庄汉墓发掘简报［J］．文物春秋，1997（3）．

⑥ 张秀夫．河北平泉县杨杖子村发现汉墓［J］．文物，1987（9）．

⑦ 河北省文物研究所，承德市文物局，滦平县文物保护管理所．东营子墓地发掘简报［C］//河北省文物研究所．河北省考古文集（三）［M］．北京：科学出版社，2007：18-53．

⑧ 张家口市宣化区文物保管所．河北宣化东升路东汉墓发掘简报［J］．文物，2014（3）；河北张家口宣化东升路东汉墓（M3）发掘简报［J］．文物，2015（3）．

⑨ 陶宗治，屈建基．张家口下花园区东汉墓［J］．文物春秋，1992（2）．

⑩ 张家口市博物馆．河北蔚县张南堡西汉墓［J］．文物春秋，2008（3）．

⑪ 张家口市文物管理处、蔚县博物馆．蔚县埚串堡 1 号汉墓发掘报告［C］//河北省文物考古研究所．河北省考古文集（三）［M］．北京：科学出版社，2007：98-107．

⑫ 河北省文物研究所，张家口地区文化局．河北阳原三汾沟汉墓群发掘报告［J］．文物，1990（1）；樊书海，雷金铭．阳原西汉遗址和墓葬发掘取得新成果［N］．中国文物报，1997-8-24：1．

⑬ 河北省文物研究所．河北阳原县北关汉墓发掘简报［J］．考古，1990（4）．

⑭ 河北省文物研究所，张家口地区文化局．河北阳原西城南关东汉墓［J］．文物，1990（5）．

⑮ 张家口地区博物馆．河北涿鹿矾山五堡东汉墓清理简报［J］．文物春秋，1989（4）．

⑯ 王培生．河北涿鹿县黄帝城发掘一座东汉墓［J］．文物春秋，2008（4）．

⑰ 河北怀安耿家屯清理了两座西汉墓葬［J］．文物参考资料，1954（12）．

⑱ 徐建中．怀安刘家堡发现西汉墓［J］．文物春秋，1993（2）．

⑲ 怀安县文保所．怀安县乔子沟汉墓清理简报［J］．文物春秋，1997（3）．

总的来看，京津冀地区已发现、发掘汉代墓葬数百座之多，分布地域较广，一些地区如河北省石家庄、邯郸、邢台、衡水、保定、唐山、张家口等市及北京市与天津市的蓟州地区等地发现、发掘汉代墓葬数量较多，或时代跨两汉，或以西汉墓为主，或基本为东汉墓葬；多个墓葬组成的墓地发现较多，也有些地区仅发现汉墓。除以上内容外，京津冀地区还有一些汉代墓葬，如《中国文物地图集（天津分册）》[①] 中有关于天津静海区发现的相关汉代墓葬，因无其他正式的考古资料公布，本书不多作论述，特此说明。

第三节　研 究 回 顾

京津冀地区汉墓的发掘工作始于20世纪50年代，相关研究工作也同时展开，取得了较多具有较高学术价值的研究成果，为开展相关研究提供了重要参考和借鉴。现将京津冀地区汉墓的研究成果分类简述如下。

一、综 合 研 究

针对京津冀地区汉墓进行的全面研究，涉及本地区墓葬和陪葬品的类型分析、分期、分区、地域性特征等相关问题，属于较为综合的基础性研究。

穆朝娜《河北汉墓形制初论》一文对河北省境内汉代墓葬的形制、特点进行了初步研究，为该地区汉代墓葬的编年和断代提供了依据[②]。

姜佰国《京津冀地区汉代墓葬研究》在对墓葬形制、典型陶器与铜器进行类型学研究和分期的基础上，对京津冀地区汉代墓葬进行了文化分区，推断出文化分区间交界点，并对各文化分区相互交流所反映的社会内涵进行了相应的分析[③]。

相军《京冀地区两汉诸侯王墓研究》探索了京冀地区汉代诸侯王墓葬形制的演变规律，同时通过与周边地区诸侯王墓进行比较，分析了其地域性因素和共性因素；通过与本地区其他大型墓葬进行对比，探讨两者之间的关系。该文还对诸侯王墓一些随葬制度和器物进行了适当的分析[④]。

---

① 国家文物局. 中国文物地图集（天津分册）[M]. 北京：中国大百科全书出版社，2002.

② 穆朝娜. 河北汉墓形制初论［C］// 河北省文物研究所. 河北省考古文集（二）[M]. 北京：燕山出版社，2001：386-402.

③ 姜佰国. 京津冀地区汉代墓葬研究［J］// 吉林大学边疆考古研究中心. 边疆考古研究（第六辑）[M]. 北京：科学出版社，2007：227-273、435-436.

④ 相军. 京冀地区两汉诸侯王墓研究［D］. 长春：吉林大学，2009.

王音《东汉冀州刺史部西北部地区砖室墓的分期及初步分析》（上、下）对东汉冀州刺史部西北部地区的砖室墓进行了分期，进而对该区东汉砖室墓的独立文化特征、与周边地区的文化联系以及分布区域的变迁做一初步分析[①]。

大致来看，关于京津冀汉墓的综合性研究还相对较少。该地区已发现相当数量的汉代墓葬，对开展相对综合的研究提供了重要实物资料，而开展综合性的考古学研究，对于全面认识京津冀地区汉墓及其内容、内涵可提供重要的参考。

二、典型墓葬研究

主要是针对京津冀地区发现的汉代壁画墓如安平壁画墓、望都壁画墓等，以及高等级墓葬如大葆台汉墓、满城汉墓等的研究。代表性著作有《河北古代墓葬壁画》，既有对河北地区汉代壁画墓的收集梳理，也有对墓葬及壁画内容进行相关论述[②]。代表性文章有《略谈河北发现的几处古墓壁画》[③]、《望都汉墓壁画的年代》[④]、《关于北京大葆台汉墓墓葬布局的重新考察》[⑤]、《试论河北望都一号汉墓壁画布局及其意义》[⑥]等。上述成果，针对相关墓葬，尤其是壁画墓和高等级墓葬，进行了墓葬年代、墓主归属、墓葬及其装饰布局的研究，对多方位认识这些墓葬提供了重要参考。但京津冀地区汉墓中，具有代表性或典型性的墓葬还有很多，较多与所属墓地存在密切关系，这均需要开展更多层面、更为深入的研究。

三、典型陪葬品研究

针对京津冀地区出土的典型陪葬品所开展的研究包括多个方面，如类型学研究，以及在此基础上进行的功能含义论述、文化因素分析、复原研

---

① 王音．东汉冀州刺史部西北部地区砖室墓的分期及初步分析（上）[J]．文物春秋，2013（5）；王音．东汉冀州刺史部西北部地区砖室墓的分期及初步分析（下）[J]．文物春秋，2013（6）．

② 河北省文物研究所．河北古代墓葬壁画［M］．北京：文物出版社，2000．

③ 郑绍宗．略谈河北发现的几处古墓壁画［J］．文物春秋，1999（1）．

④ 林树中．望都汉墓壁画的年代［J］．考古通讯，1958（4）．

⑤ 靳宝．关于北京大葆台汉墓墓葬布局的重新考察［J］．北方文物，2016（3）．

⑥ 张媛媛．试论河北望都一号汉墓壁画布局及其意义［J］．中国国家博物馆馆刊，2016（12）．

究，等等。

胡金华、张亚丽的《河北汉墓出土的陶灶概述》对河北汉墓出土的陶灶进行了分期和分区，并与其他地区出土的陶灶进行了比较研究[①]。戴书田的《河北省的古代水井和水井模型》对河北省考古发掘出土古代水井和河北省文物研究所藏的部分陶井模型做了介绍，将东汉时期的陶井模型分为八型，分析了水井的形制及构筑特征[②]。李斌的《河北区域汉墓出土陶质模型明器研究》对河北地区出土的模型明器进行了类型和分期研究，探讨了该地区模型明器和其他地区的关系，分析了河北区域出现模型明器的原因和北方范围内两汉先民炊煮食品的构成问题[③]。武玮的《黄河中下游地区汉至西晋模型明器研究》一书，对包括冀中南地区在内的黄河中下游地区汉至西晋墓葬出土的模型明器进行了分区和分期研究，总结了模型明器的演变规律和阶段特征，并对使用模型明器的社会阶层特点以及与模型明器相关的社会问题进行了分析[④]。

仇凤琴的《河北阳原三汾沟汉墓中的匈奴文化因素》一文对张家口地区的一些西汉墓葬及其出土器物进行了分析，指出墓葬尤其是出土的部分器物可能具有北方草原文化或匈奴文化的因素[⑤]。蒋璐的《张家口地区两处汉代墓地相关问题探讨》一文，以三汾沟西汉墓及下花园区战国墓的相关资料为参考，论述了三汾沟墓葬是否受到匈奴文化影响的问题，认为有些影响可能略显牵强，而三汾沟汉墓所出铜方形带扣的形制、饰有波浪纹的陶罐则可能是匈奴文化因素的一种体现[⑥]。

张治强、穆朝娜的《河北高庄汉墓出土实用车马复原研究》对高庄汉墓出土的三辆实用车马进行了尝试性复原研究并探讨了车的形制、用途和墓主人身份等相关问题[⑦]。

陪葬品作为墓葬的重要组成，涉及内容较多，还有一些须作深入或综合性的论述，如陶俑、陶楼等，本研究试图在这些方面做相关研究。

---

① 胡金华，张亚丽．河北汉墓出土的陶灶概述［C］// 河北省考古文集（二）［M］．北京：燕山出版社，2001：403-406．

② 戴书田．河北省的古代水井和水井模型［C］// 河北省考古文集（二）［M］．北京：燕山出版社，2001：475-482．

③ 李斌．河北区域汉墓出土陶质模型明器研究［D］．保定：河北大学，2018．

④ 武玮．黄河中下游地区汉至西晋模型明器研究［M］．郑州：大象出版社，2014．

⑤ 仇凤琴．河北阳原三汾沟汉墓中的匈奴文化因素［J］．文物春秋，2000（6）．

⑥ 蒋璐．张家口地区两处汉代墓地相关问题探讨［J］．文物春秋，2007（1）．

⑦ 张治强，穆朝娜．河北高庄汉墓出土实用车马复原研究［J］．文物春秋，2005（6）．

四、社会状况与生活研究

涉及面较为丰富，有农业经济、家庭副业等方面的内容，也有历史地理及郡国内容的研究，相关研究或以考古资料为主要参考，或是史料与考古资料的结合。

王文涛的《汉代河北农业经济探视》① 和《汉代河北家庭副业试论》② 两文利用考古学材料，对河北地区汉代的农业和家庭副业的发展情况和规模等问题进行了探讨，对研究汉代该地区经济发展具有重要的参考价值。

赵妍的《京津冀地区汉代墓葬的历史地理学研究》一文，从历史地理学角度，对京津冀地区的汉墓进行了分析和研究，通过研究不同等级汉墓分布的不同地理环境以及汉墓周边的人口、城址分布情况，探讨了汉墓空间分布特征，进而分析了京津冀地区汉代自然和人文状况③。宋蓉的《汉代郡国分治的考古学观察——以关东地区汉代墓葬为中心》一书，通过对关东地区汉墓的综合研究，探讨了关东汉代考古学文化的演变脉络和发展的渐进改良模式，进而指出汉代郡国分治与社会文化的东西异制及相互影响，平稳有效地整合了地域差异显著的关东之地，这对于开展京津冀地区汉墓研究及社会历史、生活的研究均可提供相应参考④。

五、不足之处

虽然京津冀地区汉墓的研究工作在多个方面都有所建树，但相较于其他地区来说，仍稍显滞后和薄弱，尚有一些不足和可深入之处，具体有以下几点。

首先，针对京津冀地区汉墓的系统性基础研究稍显不足。前人的很多研究以北方或全国作为研究范围，京津冀地区仅作为其研究主体的一部分，较少单独讨论京津冀地区空间范围内的汉代墓葬，因此不能在保证研究广泛性与普遍性的同时兼顾京津冀地区的特殊性，京津冀地区汉墓年代发展

① 王文涛. 汉代河北农业经济探视［J］. 河北师范大学学报：哲学社会科学版，1997（1）.

② 王文涛. 汉代河北家庭副业试论［J］. 文物春秋，2003（2）.

③ 赵妍. 京津冀地区汉代墓葬的历史地理学研究［D］. 北京：首都师范大学，2011年.

④ 宋蓉. 汉代郡国分治的考古学观察——以关东地区汉代墓葬为中心［M］. 上海：上海古籍出版社，2016.

序列也尚未完全构建，京津冀地区汉墓的发展演变规律尚有待进一步理清。

其次，京津冀地区汉墓的专题研究不够全面。以往的专题研究多集中在高等级墓葬或壁画墓上，同时较多学者关注了京津冀地区出土的模型明器，而对京津冀地区的中小型墓葬、其他各类陪葬品如陶俑以及墓葬所体现的葬制、葬俗等其他相关问题关注较少。

最后，对京津冀地区汉代社会状况和社会生活内容的探讨不够深入。考古学研究的目的之一是通过考古学材料研究古代社会，以往京津冀地区汉墓的研究尚未能达到这一目的，多数研究仅停留于考古学的分类和分期层面，对汉墓展现的京津冀地区汉代社会状况和社会生活等问题的研究还有欠缺。

总的来说，京津冀地区汉墓研究取得了一定成绩，但较之我国其他地区汉代墓葬研究还较为薄弱，还有较大的研究空间，本书将以前人研究成果为参考，力求对相关问题有所创新和突破。

第四节　研究目的、意义与方法

京津冀地区汉墓数量大、分布地域广、种类丰富，蕴含较多的丧葬、社会及其相关内容，运用考古学的理论和方法，对京津冀地区汉代墓葬进行相关研究，既可以对这一地区的汉代墓葬及其内容、内涵有较为全面的认识，也可通过这一研究，对该地区汉代墓葬蕴含的社会内容有相应的理解和认识，这是本书研究的目的和目标。

一、研究目的

本书拟以考古资料为基础，充分借鉴已有的研究成果，对京津冀地区汉代墓葬进行全面综合的考古学研究，建立明确的时代序列，总结其发展演变规律和区域特征，探讨文化因素，以期对本地区汉墓有更为深入的理解；以此为基础，尝试对京津冀地区汉墓反映出的经济、社会生活、思想观念、文化交流等内容进行深入探讨，力求最大限度地再现京津冀地区汉代社会面貌；此外，本书还拟针对京津冀地区汉墓所体现的丧葬内容进行研究，并对几处墓地进行个案研究，以小见大，试图对汉代丧葬习俗的形成和发展、汉代丧葬文化演进过程中的统一性和多样性、西汉列侯墓葬的确认和研究，以及汉代家族墓地研究等问题形成一定的认识。

二、研究意义

汉代墓葬数量众多，形制多样，加之厚葬盛行，陪葬品较为丰富，反映了当时社会发展水平和思想观念，因此汉墓研究在中国考古学中占有重要地位。京津冀地区地处太行山以东，是政治中心地区的屏障；其东滨渤海，有重要的海运港口和丰富的渔业资源；北有长城，与匈奴等游牧民族活动地带相接；南接中原，直面主流文化的输出与辐射。特殊的地理位置和多样的文化因素共同造就了该地区的社会文化。中华人民共和国成立以来，京津冀地区已发现和发掘了大量的汉代墓葬，既与其他地区的汉墓有共同的时代特征，又有独特的地域特征，为研究两汉时期的政治、经济、文化等提供了较为丰富的资料。但是，目前对京津冀地区汉墓的研究仍有不足，部分领域的考古学研究仍有欠缺，一些基础性的研究工作仍需深入，京津冀地区汉墓的分期标准和年代序列尚未完全确立，发展演变规律和区域特征也尚未完全明确，相应的研究体系尚未完全形成。本书对京津冀地区汉墓进行研究，可以初步确立京津冀地区汉墓的演变规律及典型陪葬品的组合变化、发展序列，对该地区汉墓的时代和发展演变有一个明确的认识，对于今后的考古发掘、资料整理、相关问题研究等工作的开展有重要的学术意义。此外，本书着重对京津冀地区汉墓所体现的汉代社会状况和社会生活、汉代墓地、汉墓中的丧葬内容、出土陪葬品等若干专题问题进行研究，也可在一定程度上弥补之前研究的欠缺。

在现行行政区划中，京津冀地区包含首都北京、港口城市天津和河北省，是环渤海经济圈的核心，拥有较高的政治和经济地位。随着京津冀一体化的推进和国家经济的快速发展，本地区受到越来越多的重视，成为学术界关注的热点区域。京津冀地区自古地域一体、文化一脉，目前，京津冀协同发展大格局已经初步形成，北京城市副中心和雄安新区的建设使得京津冀“一核两翼”新空间格局正式形成，从根本上改变了京津冀空间架构，重塑了古代京津冀地区的文化联系。本书从考古学角度入手，旨在通过对京津冀地区汉文化进行全面深入的研究，明确京津冀地区汉代墓葬文化的共性与差异及京津冀地区汉代区域文化的形成过程，并为落实习近平总书记和党中央关于推进京津冀协同发展、雄安新区规划建设、北京冬奥会筹办等重大国家战略和国家大事的决策部署，推进资源和要素配置市场化、区域发展协同化、产业基础高级化、产业链现代化、科技创新国际化提供历史思路和借鉴。

另外，京津冀地区汉墓是我国汉墓的重要组成部分，在与全国其他地区汉墓面貌不断趋同的过程中也极具地域特色；通过对京津冀地区汉墓的研究，可详尽了解京津冀地区汉墓的时代特征和地域特征，是对全国汉代墓葬和汉文化研究的重要补充。

三、研究方法

本书首先对已发表的京津冀地区汉代墓葬的相关资料进行尽可能全面地收集，进行归纳与整理，为进一步的研究做好基础和资料准备。在整合与拣选资料的基础上，运用考古学类型学的原理与方法，利用收集、整理的资料，对京津冀地区发现的汉代中小型墓葬和诸侯王墓的墓葬形制及其陪葬品进行系统的型式分析，并结合原始材料提供的断代分析和其他学者的研究成果进行分期研究，探讨其在各个时期的发展演变规律和区域特征，继而对相关问题进行相应的分析和探讨。本书还注意将考古资料与文献资料相结合，采用二重证据法，对京津冀地区汉代墓葬及墓葬中出土文物的内涵、反映的物质文化面貌进行更为全面、深入的分析。此外，在涉及量化分析的相关问题研究中，本书还将采取数学统计与分析的方法，以期形成更为准确的结论。

第二章　京津冀汉墓的类型与分期

京津冀地区已发现、发掘的汉代墓葬数量众多，墓葬类型较为多样，反映出不同的等级特征。整体来看，这一地区发现发掘的汉代墓葬中，既有一定数量的诸侯王与列侯墓葬，也有数量较多的中小型墓葬，这与该地区汉代的社会历史有着密切关系。不同等级、不同类型的墓葬共同发展，体现出相应的时代特点和发展特征。

第一节　诸侯王墓与列侯墓葬

迄今为止，京津冀地区已发掘并公布的汉代诸侯王墓与列侯墓共20余座，分布于北京、天津及河北石家庄、保定（含定州）、邢台、邯郸、沧州等地（表2-1）。相关墓葬分别为北京市大葆台汉墓M1和M2[①]、老山汉墓[②]；天津市蓟州小毛庄M2[③]；河北省石家庄小沿村汉墓[④]、石家庄北郊东汉墓[⑤]、石家庄肖家营汉墓[⑥]、石家庄鹿泉区北新城M2[⑦]、石家庄鹿泉区获

① 大葆台汉墓发掘组，中国社会科学院考古研究所．北京大葆台汉墓［M］．北京：文物出版社，1989．

② 王鑫，程利．石景山老山汉墓［R］．中国考古学会编．中国考古学年鉴·2001［M］．北京：文物出版社，2002：104-105．

③ 姜佰国．蓟县小毛庄东汉墓葬［R］．中国考古学会编．中国考古学年鉴·2014［M］．北京：中国社会科学出版社，2015：210．

④ 石家庄市图书馆文物考古小组．河北石家庄市北郊西汉墓发掘简报［J］．考古，1980（1）．

⑤ 石家庄市文物保管所．石家庄北郊东汉墓［J］．考古，1984（9）．

⑥ 河北省文物研究所，石家庄市文物研究所．河北石家庄肖家营汉墓发掘报告［C］// 河北省文物研究所．河北省考古文集（三）［M］．北京：科学出版社，2007：72-97．

⑦ 河北省文物研究所，石家庄市文物研究所，鹿泉市文物保管所．北新城汉墓M2发掘报告［C］// 河北省文物研究所．河北省考古文集（四）［M］．北京：科学出版社，2011：111-134．

鹿高庄汉墓[①]，定州八角廊 M40[②]、定州北庄汉墓[③]、定州北陵头 M43[④]、定州三盘山中山王墓[⑤]、满城 M1 和 M2[⑥]、蠡县汉墓[⑦]，邢台南郊汉墓[⑧]、隆尧固城村南汉墓[⑨]，沧州献县 36 号汉墓及南侧大墓[⑩]，邯郸西北郎村汉墓[⑪]等。此外，1952 年发现并发掘的河北保定望都所药村 M1[⑫]和衡水安平县逯家庄壁画墓[⑬]也可推定为东汉列侯级别的墓葬。望都 M1 的墓主，有很多学者认为属列侯级别，而且很可能为东汉时期的宦者侯孙程，但也有学者认为可能是刘姓列侯[⑭]，在 M1 旁 30 米处发现并发掘的望都 M2 规模亦较大，且有壁画，墓主存在为刘姓太原太守的可能，但也可理解为与刘姓太原太守有着密切关系，该墓与 M1 距离较近，相差不远，二者应为同一家族墓葬[⑮]。参考以上分析，安平逯家庄壁画墓的墓主可能也为列侯，而且很可能是东汉晚期的宦者侯赵忠。

---

① 河北省文物研究所，鹿泉市文物保管所．高庄汉墓［M］．北京：科学出版社，2006．

② 河北省文物研究所．河北定县 40 号汉墓发掘简报［J］．文物，1981（8）．

③ 河北省文化局文物工作队．河北定县北庄汉墓发掘报告［J］．考古学报，1964（2）．

④ 定县博物馆．河北定县 43 号汉墓发掘简报［J］．文物，1973（11）．

⑤ 河北省文物研究所著．河北考古重要发现．科学出版社，2009：162-165；文物编辑委员会．文物考古工作三十年［M］．文物出版社，1979：45-46．

⑥ 中国社会科学院考古研究所，河北省文物管理处．满城汉墓发掘报告［M］．北京：文物出版社，1980．

⑦ 河北省文物研究所．蠡县汉墓发掘记要［J］．文物，1983（6）．

⑧ 河北省文物管理处．河北邢台南郊西汉墓［J］．考古，1980（5）．

⑨ 隆尧县文物保管所．河北隆尧县出土刻花贴金玉片［J］．文物，1992（4）．

⑩ 河北省文物研究所．献县 36 号汉墓发掘报告［C］// 河北省文物研究所．河北省考古文集［M］．北京：东方出版社，1998．

⑪ 黎晖．玉衣片［J］．文物参考资料，1958（11）．

⑫ 北京历史博物馆，河北省文物管理委员会．望都汉墓壁画［M］．北京：中国古典艺术出版社，1955．

⑬ 河北省文物研究所．安平东汉壁画墓发掘简报［J］．文物春秋，1989（Z1）；安平东汉壁画墓［M］．北京：文物出版社，1990．

⑭ 安志敏．评“望都汉墓壁画”［J］．考古通讯，1957（2）；林树中．望都汉墓壁画的年代［J］．考古通讯，1958（4）；何直刚．望都汉墓年代及墓主人考订［J］．考古，1959（4）．

⑮ 河北省文化局文物工作队．望都二号汉墓［M］．北京：文物出版社，1959：13．

表 2-1　京津冀地区两汉王、侯墓统计表

墓葬	墓葬形制	墓主	年代
石家庄小沿村汉墓	竖穴土坑黄肠题凑墓	赵王张耳	高祖五年（前 202 年）
献县 M36	竖穴土坑木椁墓	河间王后	西汉早期偏晚
献县 M36 南侧大墓	?	河间文王刘辟彊?	卒于文帝十四年（前 166 年）?
获鹿高庄 M1	竖穴土坑石椁、木椁墓	常山宪王刘舜	元鼎三年（前 114 年）
满城汉墓 M1	崖洞墓	中山靖王刘胜	元鼎四年（前 113 年）
满城汉墓 M2	崖洞墓	中山靖王妻窦绾	较满城 M1 稍晚
老山汉墓	岩坑黄肠题凑墓	燕国某一代王后	西汉中期
定州三盘山中山王墓	竖穴土坑木椁墓	中山哀王刘昌或糠王刘侈及其王后和家族成员	西汉中期?
定州八角廊 M40	竖穴土坑黄肠题凑墓	中山怀王刘修	五凤三年（前 55 年）
获鹿北新城 M2	竖穴土坑木椁墓	某真定王或王后	西汉中后期
北京大葆台 M1	竖穴土坑黄肠题凑墓	广阳顷王刘建	初元四年（前 45 年）
北京大葆台 M2	竖穴土坑黄肠题凑墓	刘建之妻	初元四年（前 45 年）前后
定州北庄汉墓	多室砖墓	中山简王刘焉及王后	永元二年（90 年）
定州北陵头 M43	多室砖墓	中山穆王刘畅及王后	熹平三年（174 年）
邢台南郊汉墓	竖穴土坑砖（木）椁墓	南曲侯刘迁	甘露三年（前 51 年）
邯郸郎村汉墓	?	第二代象氏侯刘安意	墓主卒于始元六年（前 81 年）
隆尧固城村汉墓	?	第三代象氏侯刘千秋或第四代象氏侯刘汉强	?
石家庄北郊东汉墓	多室砖墓	列侯	东汉初期
石家庄肖家营 M1～M3	多室砖墓	M1 为家族成员；M2 为男性侯爵；M3 为女性，侯爵夫人	东汉早期
蠡县汉墓	多室砖墓	蠡吾侯	东汉中期
天津蓟州小毛庄 M2	砖石结构多室墓	列侯	东汉
望都 M1	多室砖墓	列侯级（宦者侯孙程？）	东汉晚期
安平壁画墓	多室砖墓	列侯级（宦者侯赵忠？）	熹平五年（176 年）

一、墓 葬 形 制

（一）诸侯王墓葬形制分析

京津冀地区发现、发掘的汉代诸侯王墓已有10余座，大多已公布详细资料。根据构筑材料和建造方法的不同，可将京津冀地区两汉诸侯王墓葬分为三型。

A型　竖穴土（石）坑墓。掘土（石）为圹，在墓坑内营造墓室，内置棺椁。数量较多。根据墓室构筑方式的不同，可分为三亚型。

Aa型　在墓室内构建木墙，用若干枋木垒成多层椁室，中间置木棺，为黄肠题凑墓。河北石家庄小沿村汉墓，有南北两条墓道，墓室四壁由木板垒成，内置棺房（图2-1：1）。河北定州[①]八角廊M40，由墓道、前室和后室组成，墓室由木枋垒成，前室分为东、中、西三室，置车马器和日用陶器，后室与前室之间用木壁相隔，分东、中、西三室，中室内置五层木棺（图2-1：2）。北京市大葆台M1，由两条墓道、甬道、前室、后室和外回廊组成，墓道内置车马，墓室外有两层回廊，外回廊内有用若干黄肠木垒成的黄肠题凑，后室内置五重木棺（图2-1：3）。北京市老山汉墓，由墓道、前室、后室和外回廊组成，墓道为斜坡状，后室有内、外两重椁室，外回廊内置大量陶器。

Ab型　在竖穴土坑墓内置木椁，椁内为木棺，为木椁墓。石家庄鹿泉区获鹿北新城M2，平面呈中字形，由东西两条墓道、墓室和外藏椁组成，墓室平面为长方形，内置木椁，墓室外有一圈回廊。献县36号汉墓，平面呈凸字形，由墓道、小侧室、主室三部分组成，墓道右侧有一方形侧室，主室呈方形，内置木椁，椁内置三层木棺（图2-1：4）。

Ac型　石椁、木椁并用墓。此型与Ab型有相似之处，但椁的砌建有自身特点。石家庄鹿泉区获鹿高庄汉墓，由墓道、墓室和回廊组成，墓道2条，外层椁室用页岩条石砌筑，推测石椁内还有一层木椁，无黄肠题凑，木椁内置木棺（图2-1：5）。

B型　横穴崖洞墓。在山腰较平坦处露天开凿墓道，沿墓道向内开凿洞穴，营建墓室。河北满城M1与M2皆为此类型。满城M1，在陵山中部距离山顶30余米处自东向西开凿山岩，形成崖面，再向里开凿墓室；满城

---

① 河北定县即今河北省定州市，为描述确切，本书此后内容基本保留原发掘资料的名称，下文不再另注或单独说明。

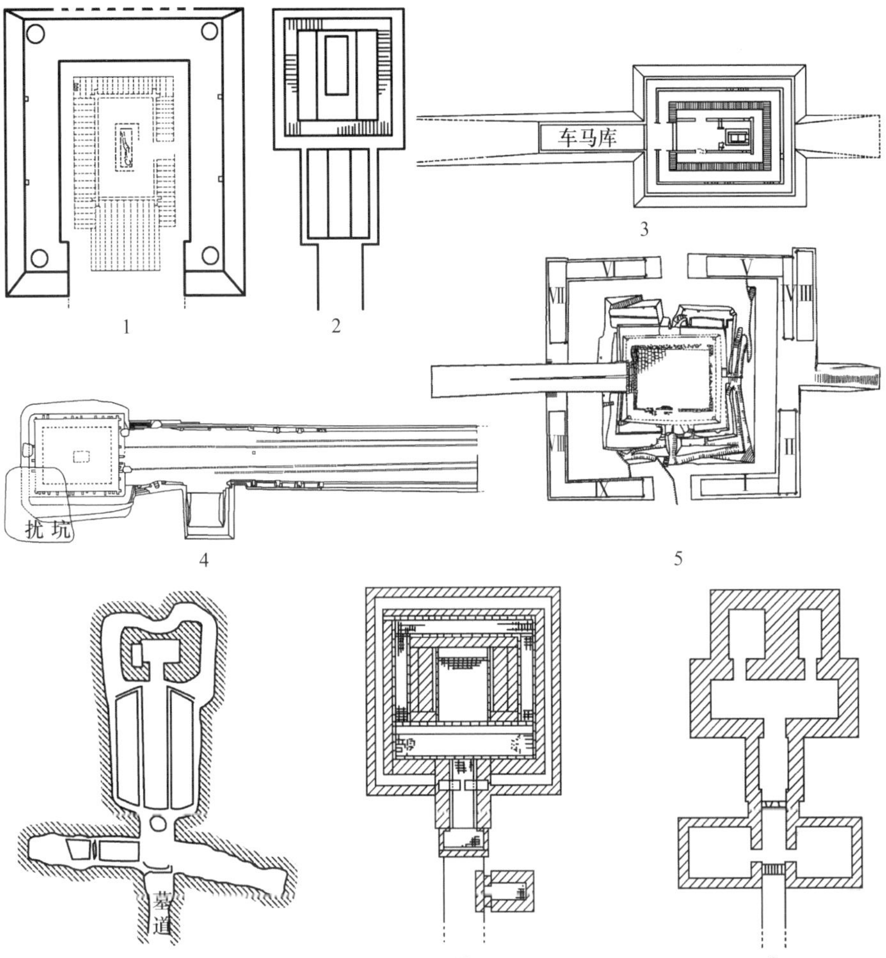

图 2-1　诸侯王墓葬平面形制

1～3. Aa 型（河北石家庄小沿村汉墓、河北定州八角廊 M40、北京市大葆台 M1）
4. Ab 型（河北献县 36 号汉墓） 5. Ac 型（石家庄鹿泉区获鹿高庄汉墓） 6. B 型（河北满城 M1）
7、8. C 型（河北定州北庄汉墓、定州北陵头 M43）

M2 开凿于 M1 北约 120 米处。满城 M1、M2 的结构基本相同，均由墓道、甬道、南北耳室、中室和后室组成。墓道底部作斜坡状，墓道口以土坯封门，墓道内填塞石，甬道两边设南北耳室，放置车马和饮食用具，中室平面近方形，M1 的后室设在中室之西（图 2-1：6），M2 的后室设在中室之南，由门道、主室和侧室组成，主室中设棺床，上置棺椁。

C 型　横穴砖室或砖石混筑墓。墓葬的主体部分如墓壁、墓顶、墓底用不同类型的砖构筑而成，顶部为券顶或穹隆顶。就石材来讲，相关墓葬主要为外围石墙或覆于顶部之上的黄肠石。河北定州北庄汉墓，前后室结构，墓道东侧设耳室，前室平面呈长方形，主室为方形，东、西、北三面均有回廊，整个砖室外侧围有一圈石墙，顶部之上还覆盖有黄肠石（图 2-1：7）。河北定州北陵头 M43，由墓道、东西耳室、前室、中室和东西后室组成，东、西后室内置棺椁（图 2-1：8）。

从时代上看，竖穴土（石）坑椁墓及横穴崖洞墓的时代早于横穴砖室或砖石混筑墓，而横穴崖洞墓与横穴砖室或砖石混筑墓分别为西汉、东汉时期诸侯王墓采用的不同横穴式墓葬形式，竖穴土（石）坑椁墓则是西汉时期诸侯王墓常见的形式。

（二）列侯墓葬形制分析

京津冀地区已发现、发掘且大致可确认的汉代列侯墓有一定数量，公布详细资料者共有 8 座。根据构筑材料和建造方法的不同，可将京津冀地区两汉列侯墓葬分为二型。

A 型　竖穴土坑砖（木）椁墓。典型墓葬如邢台南郊汉墓，竖穴土坑式，由斜坡式墓道和墓室组成，墓道长 8.2 米，墓室东西长 7.05、南北宽 2.85 米。墓室四壁平砌砖墙，内有木椁，椁内有木棺。

B 型　横穴砖石结构多室墓。有的为砖砌，有的为砖石砌筑，但砖为主要材料，石材使用较少。根据主要墓室数量的差异，可分为三亚型。

Ba 型　主要墓室为前、后二室。封土遭破坏，墓室砖砌，券顶，由墓道、甬道、东西耳室、前室和后室组成，前有两个对称且面积大小接近的耳室，前室为横长方形，后室为竖长方形，有的墓葬前室旁有侧室或耳室。河北石家庄北郊东汉墓，前室长 5.47、宽 2.8 米，后室长 2.5、宽 2.25 米，前室无耳室（图 2-2：1）。河北蠡县汉墓，墓道较宽，前室东西长 7.1、南北宽 2.9 米，后室南北长 3.85、东西宽 2.75 米，前室东侧有一长方形东西向侧室（图 2-2：2）。

Bb 型　主要墓室为前、中、后三室。为河北望都 M1，砖石结构，规模较大，由封土、墓道、墓门、前室及其东西耳室、中室及其东西侧室、后室及其北壁小龛等组成，墓门为石质，墓室内多个位置有壁画（图 2-2：3）。

Bc 型　主要墓室为多个（3 个以上）。较为典型的为河北安平逯家庄东汉壁画墓，砖砌结构，由封土、墓道及墓门、甬道、前室及左右侧室、中室及左右侧室、后中室及左侧室、双后室及壁龛等组成，墓室内绘有壁画（图 2-2：4）。

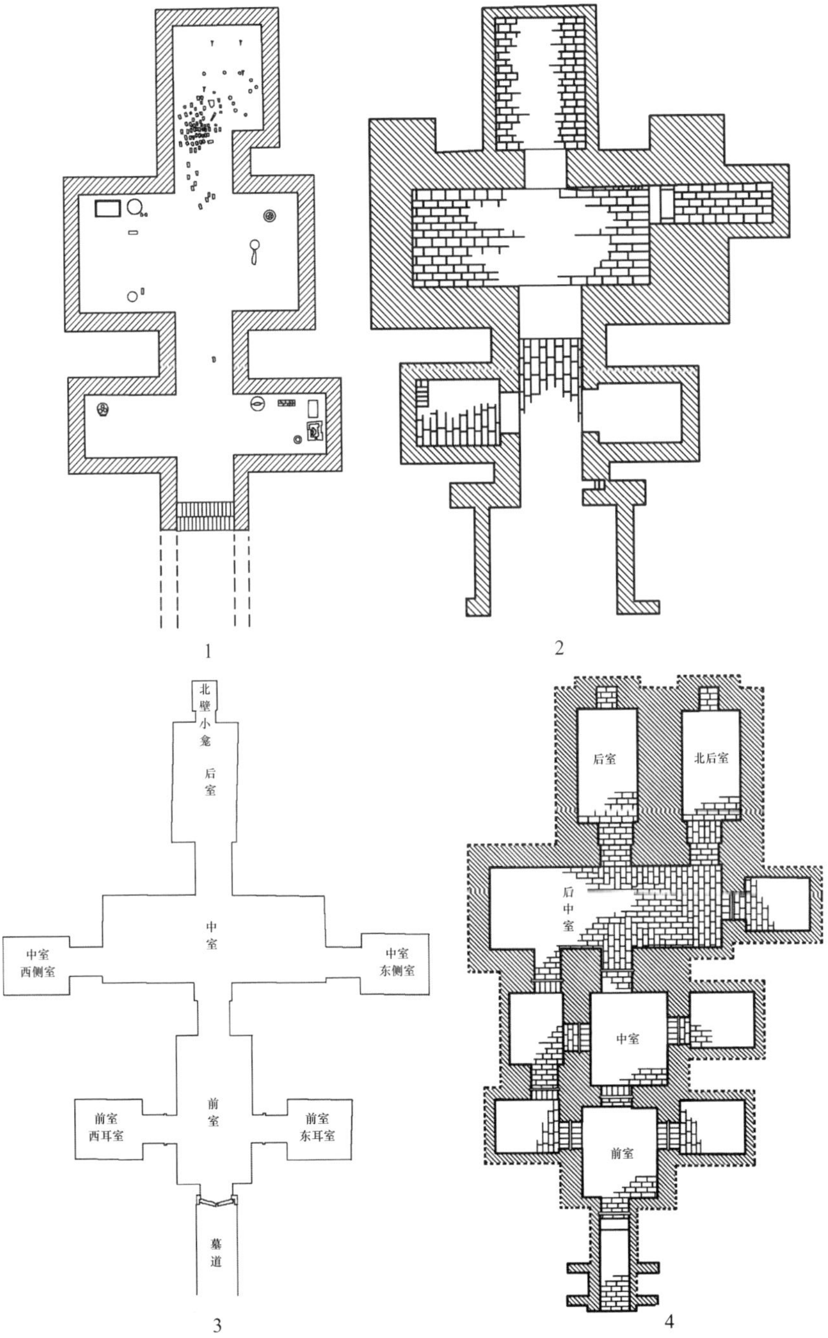

图 2-2　B 型列侯墓葬平面形制

1、2. Ba 型（河北石家庄北郊东汉墓、河北蠡县汉墓） 3. Bb 型（河北望都 M1）
4. Bc 型（河北安平逯家庄东汉壁画墓）

二、陪葬物品

京津冀地区的汉代王、侯墓葬虽多遭盗扰和破坏，但仍然出土了数量众多、种类丰富的陪葬物品。从质地上看，包括陶、铜、铁、金、银、玉、漆、木、石、骨、琉璃以及动植物等，其中陶、铜、铁、玉、漆器的数量较多。陶器主要有鼎、盒、壶、钫等仿制礼器（图 2-3），井、灶、仓、楼、圈等模型明器（图 2-4），耳杯、罐、碗、盘、勺、案等日用陶器，以及猪、狗、鸡、鸭陶动物和人俑；铜器种类较多，包括礼器、兵器、车马器、乐器、容器、工具、钱币等（图 2-5），多为实用器；铁器以工具和兵器为主；玉器多为装饰玉和敛葬玉；漆器包括案、奁、耳杯、壶、碗、盘等。此外，一定数量的诸侯王墓，如满城 M1、M2，高庄 M1，定州 M40，大葆台 M1、M2 等，还陪葬有实用车马和模型车马。

京津冀地区汉代王、侯墓葬的陪葬品数量、种类和质量远胜于中小型墓，特别是诸侯王与列侯墓葬出土的大量铜器、玉器以及金银器等，漆器也相对较多和常见，这几类器物在该地区的中小型墓中相对少见。此外，仿制陶礼器沿用时间也较中小型墓要长，东汉时期仍有较多使用；陶模型明器、陶动物俑和陶人俑在总体上所占比例相对要小，数量亦不太多，主要

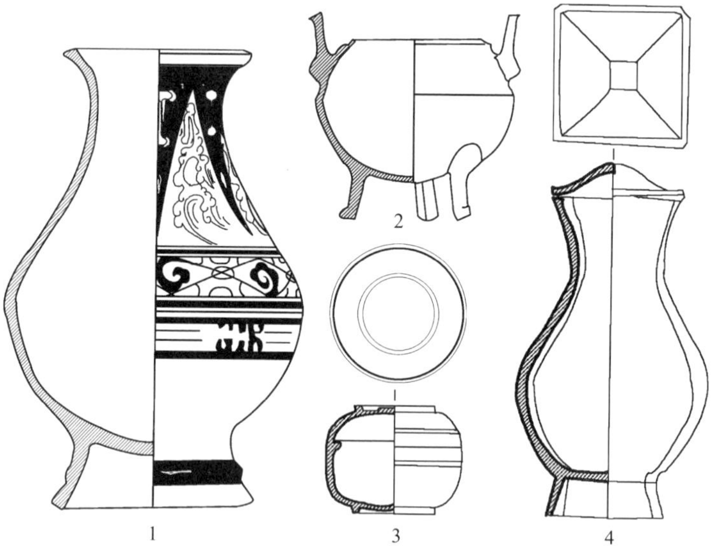

图 2-3　诸侯王与列侯墓葬出土仿制陶礼器

1. 陶壶（河北满城 M1：3083）　2. 陶鼎（北京市大葆台 M1：1）　3. 陶盒（河北获鹿高庄 M1：261）　4. 陶钫（河北满城 M1：3104）

图2-4 河北石家庄肖家营东汉墓（列侯级别）出土陶模型明器和动物俑

1. 陶灶（肖家营M2：2） 2. 陶狗（肖家营M3：16） 3. 陶井（肖家营M3：18） 4. 陶楼（肖家营M3：28） 5. 陶鸡（肖家营M3：12） 6. 陶鸭（肖家营M3：17） 7. 陶圈（肖家营M3：179）

集中在东汉中晚期的墓葬中，这较中小型墓葬中出现和使用要晚。可以看出，京津冀地区汉代诸侯王墓葬与列侯墓葬陪葬品所呈现的以上特征，均是两汉时期高等级人员身份等级的直观反映和体现，而这在非京畿地区体现得尤为明显。

三、发展与演变

两汉时期，京津冀地区诸侯王墓葬与列侯墓葬的发展演变主要体现在墓葬形制与结构、陪葬品的种类和数量及葬制葬俗等几个方面，具体分析如下。

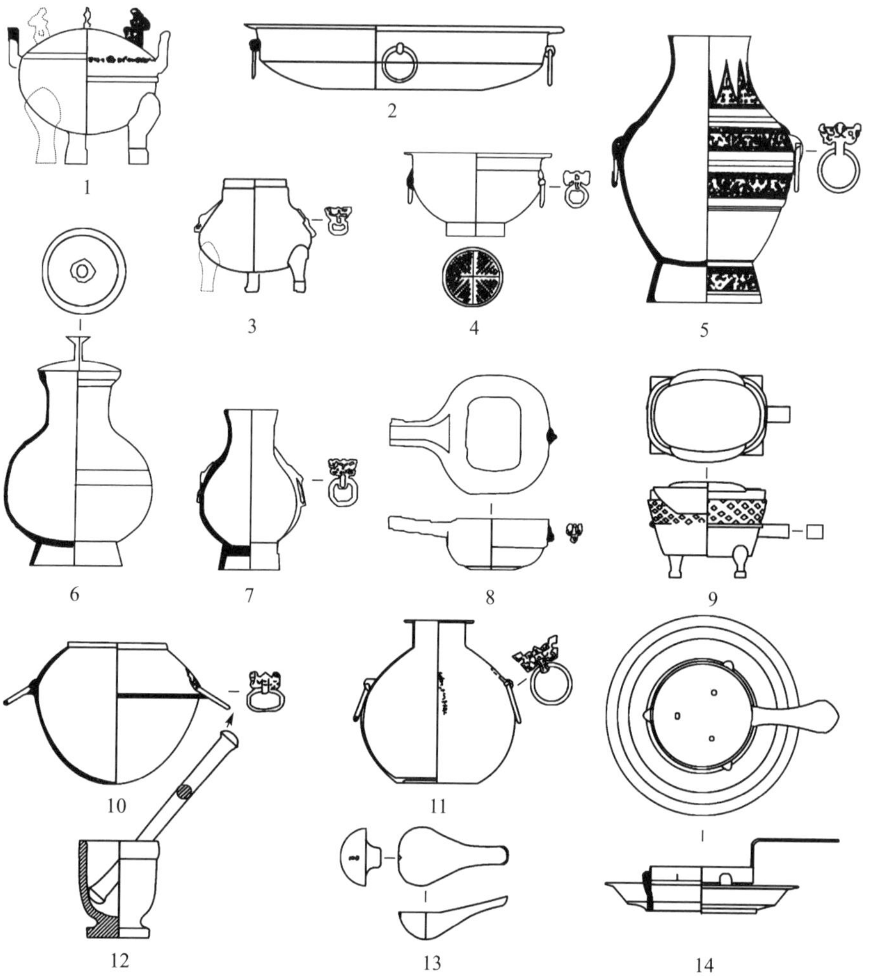

图 2-5　河北石家庄鹿泉区获鹿高庄 M1 出土铜器

1. 朱雀钮盖鼎（M1：406）2. 鉴（M1：3）3. 釜形鼎（407）4. 甑（446）5. 锺（411）6. 壶（409）7. 钫（408）8. 匜（420）9. 执炉（424）10. 釜（428）11. 瓿（445）12. 杵臼（443、442）13. 勺（447）14. 灯（18）

（一）墓道数量

京津冀地区汉代诸侯王墓葬与列侯墓葬的墓道，除北京市大葆台 M1、M2 的北墓道底与墓室底齐平外，其余均呈斜坡状。河北石家庄小沿村汉墓、获鹿高庄汉墓和获鹿北新城 M2 均有两条墓道，三墓的年代皆为西汉时期，石家庄小沿村汉墓的年代为公元前 202 年，获鹿高庄汉墓的年代为公元前 114 年。可见，西汉早期和西汉中期偏早阶段，这一地区的诸侯王墓多流行双墓道。河北获鹿高庄 2 座大型汉墓为常山王及其王后墓葬，已发掘的M1墓主推测为常山宪王刘舜，M2暂未发掘，应为刘舜王后墓[①]。石家庄鹿泉区获鹿北新城发现1处2座异坟异穴合葬的诸侯王及其夫人墓，南侧之墓编号为M1，北侧为M2，封土相连，距离高庄汉墓约千米，时代定为西汉中后期，虽然年代较晚，但墓主为某代真定王及其王后[②]，而真定国与常山国有着较为密切的关系，根据史料记载，朝廷析常山郡的真定、绵曼、藁城、肥垒四县，封刘舜的一个儿子刘平为真定王，食三万户[③]。因此，获鹿北新城发现的真定王与王后墓葬与获鹿高庄汉墓均应属于常山国诸侯王墓的系统，在墓葬形制上无疑会体现出一定的继承性。与获鹿高庄汉墓年代极为接近的河北满城汉墓M1和M2，未采用双墓道的形制，而是采取了因山为藏的墓葬形制，这既可能是受楚、梁、鲁等国王墓的影响，当然也可能与受到文帝霸陵“山川因其故，无有所改”“因其山，不起坟”[④]的影响有关，而M1墓主刘胜为汉文帝刘恒的孙子[⑤]也可能与之有关。西汉中期偏晚阶段及以后，诸侯王与列侯的墓葬是以单墓道作为主流，如北京市老山汉墓、河北定州八角廊M40等。北京市大葆台M1和M2则略显特殊，墓室南部有一条较宽的墓道，但在二墓的墓室北侧各有一条斜坡便道，不长，应是造墓时为运料和出土方便而开凿的，墓室营建完毕后即回填封固[⑥]。从某种程度上讲，北京市大葆台M1和M2墓室北侧不是太长的斜坡便道可不视作墓道，故这两座墓葬也可视作一条墓道的土坑竖穴式西汉诸侯王墓。东汉时期，诸侯王与列侯墓葬普遍采用横穴式多室砖砌（少量墓葬有石质墓门等）墓葬的结构，均为单墓道，且多呈上宽下窄的斜坡状。由此可见，京津冀地区汉代

---

① 河北省文物研究所，鹿泉市文物保管所编著. 高庄汉墓［M］. 北京：科学出版社，2006：89、90.

② 河北省文物研究所，鹿泉市文物保管所. 鹿泉市北新城汉墓M1发掘简报［C］// 河北省文物研究所. 河北省考古文集（五）［M］. 北京：科学出版社，2014：70-80；河北省文物研究所，石家庄市文物研究所，鹿泉市文物保管所. 北新城汉墓M2发掘报告［C］// 河北省文物研究所. 河北省考古文集（四）［M］. 北京：科学出版社，2011：111-134.

③ 见汉书·诸侯王表及汉书·景十三王传。（东汉）班固撰，（唐）颜师古论. 汉书［M］. 北京：中华书局，1962：417，2435.

④ （东汉）班固撰，（唐）颜师古论. 汉书·文帝纪［M］. 北京：中华书局，1962：132，134.

⑤ （东汉）班固撰，（唐）颜师古论. 汉书·景帝纪［M］. 北京：中华书局，1962：143.

⑥ 大葆台汉墓发掘组，中国社会科学院考古研究所. 北京大葆台汉墓［M］. 北京：文物出版社，1989：7，65.

诸侯王墓葬与列侯墓葬的墓道存在着由双墓道向单墓道演变的趋势，这也与汉代其他地区的诸侯王墓与列侯墓葬一致，体现出统一性的特征。

（二）墓葬形制与结构

西汉初期的河北石家庄小沿村汉墓仅用若干方木围成一椁室，椁内置棺，从痕迹上看为一椁二棺。西汉中期偏早阶段的河北高庄汉墓是在石椁内置木椁，椁内置棺，墓室外围建有回廊，墓葬形制较石家庄小沿村汉墓更为复杂，但墓室内部结构并未进行较为详细的划分。而从河北满城汉墓、献县 36 号汉墓和北京老山汉墓开始，诸侯王墓的墓室内部均加以划分，设置前、后室或耳室，墓室数量增加，功能也出现分化。河北满城汉墓 M1，设南、北耳室，分别放置车马及相应器具、饮食用具，后室又分为门道、主室和侧室三部分，侧室内置铜盆、灯、熏炉等，主室内设棺床，棺床上置棺椁。河北献县 36 号汉墓中的小侧室内置 18 件釉陶壶，并出土一堆鸡骨，推测为饮食库。北京市老山汉墓的墓室则划分为前、后室和外回廊，后室里有内外两层椁室，椁内置棺。河北定州八角廊 M40 也分为前、后室，前室置车马器和日用陶器，前、后室之间用木壁相隔，后室用方木分割为东、中、西三室，中室内置五重木棺。此时（西汉中期或稍晚）的诸侯王墓尽管墓内结构趋于复杂，且出现了车马库、饮食库等不同功能的墓室，但仍延续了室内设椁、椁内置棺的做法。西汉晚期的北京大葆台 M1 仍延续了在此之前诸侯王墓的做法，在黄肠题凑内设前室、后室和内回廊，但前室可以连通车马库和棺房，前、后室之间完全开敞。由上可见，西汉中晚期，诸侯王墓的墓室多分为前、后室，并且由前、后室相隔发展为前、后室相互连通和开敞。到了东汉时期，随着横穴砖室墓的发展和普及，诸侯王墓葬与列侯墓葬的前后室或前、中、后室以及耳室之间完全相通，有的主室东、西、北三面与墓壁连接处设一圈沟槽，很可能象征棺床[①]，这种主室内直接置棺的形制与西汉时期的多重棺椁制度大不相同。河北定州北陵头 M43，由东西耳室、前室、中室和东、西后室组成，墓室的数量进一步增加，东、西后室分别放置男、女墓主的棺柩；河北安平逯家庄东汉壁画墓，为砖砌结构，由封土、墓道及墓门、甬道、前室及左右侧室、中室及左右侧室、后中室及左侧室、双后室及壁龛等组成，双后室内各葬 1 人，有棺被损毁的痕迹，可见东汉时期，王侯墓葬的棺椁及相关设施，随着竖穴椁墓向横穴室墓的变化，也完成了多重棺椁向多室单棺的转变，而东汉室墓基本不再用椁。

① 河北省文化局文物工作队. 河北定县北庄汉墓发掘报告［J］. 考古学报，1964（2）.

从以上可以看出，京津冀地区汉代诸侯王墓与列侯墓葬的结构，整体上是从竖穴发展为横穴，构筑材料由木材转变为砖；墓室的数量呈增加的趋势，主室由单室向前、后室，再向多室发展，耳室和侧室的数量也在增多；前、后室逐渐打破相互分隔的状态，至完全开敞；墓内各室的功能不断分化，车马库、饮食库等与棺椁分离，“前堂后室”的结构日益明显，第宅化的发展趋势日益加强。

（三）黄肠题凑与黄肠石

河北石家庄小沿村汉墓不仅是该地区，也是全国境内目前发现和发掘时代较早的汉代黄肠题凑墓葬，由于遭盗毁较为严重，题凑形制并不完整。其建筑方式是先在墓底铺一层木板，再用题凑木在木板四壁垒砌成椁室，内筑棺房[①]。该墓的黄肠题凑规模不大，形制相对较为简单，并没有修筑内外回廊，当处于汉代诸侯王墓葬中黄肠题凑发展的早期阶段。西汉中期，黄肠题凑逐渐形成定制，北京市老山汉墓发现的黄肠题凑保存较为完整，题凑内分为前、后室和内回廊，结构较河北石家庄小沿村汉墓更加复杂。河北定州八角廊 M40 的后室用枋木垒砌成墙壁，顶部平铺四、五层盖板，并用木板隔出东、中、西三室，墓室四壁采用一横一纵的方式叠垒而成，无榫卯结构。西汉晚期，这一地区的西汉诸侯王墓的黄肠题凑形制没有发生太大变化，但规模更大，建造技术更加成熟。北京市大葆台 M1，墓坑底部铺白膏泥和木炭，上铺垫木，在外回廊内侧用若干长条枋木层层垒砌，建造方式成熟，该墓在题凑内设前室、后室和内回廊等，使用的黄肠木数量达到了 14000 根，规格也较为统一。因此，西汉中晚期是京津冀地区西汉诸侯王墓内黄肠题凑走向成熟的阶段，题凑规模变大，题凑内结构更加复杂，出现了内、外回廊。东汉早中期，由于横穴砖室或砖石混筑墓取代了竖穴土坑墓，西汉时期的木构黄肠题凑趋于消失和不见，但在此基础上出现了与之相关的新内容，最为突出的就是黄肠石取代黄肠木，且制作规整，使用量极大。如河北定州北庄汉墓，在砖室外侧用若干石块砌成石墙，围绕砖室一周，顶部平铺三层石块，在主室外东、西、北三面还建有回廊，结构与大葆台 M1 等的黄肠题凑结构有较多相似之处，只是构筑材料由枋木变成块石，构筑方式也发生了一定变化，黄肠题凑墓发展为黄肠石墓。东汉后期的河北定州北陵头 M43 并未采用黄肠石，外回廊也消失不见，墓葬结构与同时期的一般砖室墓较为一致，只是在墓葬规模和出土器物上体现出其墓主为诸侯王（含王后），黄肠石葬制走向衰落。

---

① 黄展岳．汉代诸侯王墓论述［J］．考古学报，1998（1）．

可见，京津冀地区两汉诸侯王墓的黄肠题凑与黄肠石葬制存在一定的演变过程。西汉早期，在对先秦及秦代相关墓葬使用黄肠题凑的参考和借鉴下，京津冀地区诸侯王墓开始采用黄肠题凑葬制，是为汉代诸侯王墓黄肠题凑葬制的兴起和早期阶段，黄肠题凑规模小，题凑内只有单个椁房，结构简单；西汉中晚期，黄肠题凑规模增大，题凑内设前室、后室、内回廊等，结构渐趋复杂，黄肠题凑定型并走向成熟；东汉前期，黄肠题凑基本不再使用，代之而起的为黄肠石，也就是说，诸侯王墓墓室的构筑材料发生了变化，黄肠石取代黄肠木成为大多诸侯王墓使用的材料，黄肠题凑形成的结构和设施也发生较大变化，仅见外回廊；东汉后期黄肠石的使用趋向简化，回廊消失，黄肠石葬制全面衰落。

还有一点需作说明，就京津冀地区的汉代王侯墓葬来讲，对于黄肠题凑及黄肠石的使用，仅限于诸侯王级别的墓葬，在全国其他地区的汉代王侯墓葬中也基本如此。西汉诸侯王墓与列侯墓葬中，仅有诸侯王墓使用黄肠题凑结构，还有一些诸侯王墓不见黄肠题凑结构，已发现、发掘的较多西汉列侯墓葬无一使用黄肠题凑，这一方面是墓主身份地位、墓葬等级差异的明确体现，另一方面也是诸侯王、列侯丧葬制度的要求和体现。东汉诸侯王墓与列侯墓葬中，京津冀地区所体现的特征与西汉诸侯王墓、列侯墓葬使用黄肠题凑大体一致，且统观已发现、发掘的东汉诸侯王、列侯墓葬，京畿之外其他地区的诸侯王墓、列侯墓葬在黄肠石的使用方面基本相同，即王墓多用黄肠石，列侯墓极少有使用，但在今洛阳一带（东汉京畿，都城洛阳城附近）有少量列侯级别墓葬使用黄肠石，如洛阳孟津宋庄东汉黄肠石墓属列侯级别①；另外，洛阳涧滨东汉黄肠石墓等级亦相对较高②。这或许说明，在京畿一带，一些列侯级别或等级相近人员的墓葬可以使用黄肠石，但并不普遍，再结合其他地区列侯墓葬不能使用黄肠石的情况来看，东汉时期对于黄肠石的使用也应有较严格的规定，并可能形成了某种制度。

（四）陪葬品的种类

京津冀地区汉代诸侯王与列侯的墓葬陪葬品在两汉时期发生了一些变化，并主要体现在陶器上，这与其他类型或等级的墓葬基本一致。

西汉早、中期，诸侯王墓与列侯墓葬的陪葬品中，仿制陶礼器占据较为重要的地位，使用相对普遍，且有一定数量。例如，河北满城中山靖王

---

① 郭建邦．孟津送庄汉黄肠石墓［J］．河南文博通讯，1978（4）；河南孟津送庄汉黄肠石墓［J］．文物资料丛刊（四），北京：文物出版社，1981：121-124.

② 洛阳市第二文物工作队．洛阳涧滨东汉黄肠石墓［J］．文物，1993（5）.

刘胜墓和获鹿高庄 M1，都出土有相当数量的陶礼器；而在西汉晚期的北京市大葆台 M1 中，陶礼器的数量锐减，一些仅具其形，如陶钫，与瓮相近，这些均表示仿制陶礼器的地位在不断下降。与仿制陶礼器衰落发展同步的是日用陶器逐渐成为这一地区西汉诸侯王与列侯墓葬中陪葬品的主体。东汉时期，仿制陶礼器彻底衰落，虽然在较多诸侯王与列侯墓葬中还可以见到，但数量减少、比例降低，形制也有较大变化，仅具象征性的作用，而这一时期，诸侯王与列侯墓葬中的陪葬品以日用陶器和模型明器为主，此外还有一定数量的陶动物俑和陶人物俑。可以看出，仿制陶礼器的衰落、日用陶器和模型明器的增多是京津冀地区汉代诸侯王与列侯墓陪葬品的主要发展轨迹，而日趋生活化也是京津冀地区汉代墓葬陪葬品的总体发展趋势和特征。

（五）等级差异

京津冀地区汉代列侯墓葬的形制、陪葬品等与同时期的诸侯王墓葬较为类似，但仍能看出较为明显的等级差别，这与墓主身份地位的差别有较大关系，而随着时代的发展，列侯墓与诸侯王墓之间的等级差异渐趋弱化。从规模上看，西汉时期的邢台南郊汉墓远逊于同时期的诸侯王墓，体现出墓葬等级及墓主身份地位的明显差异；东汉时期，随着横穴砖室墓的流行，诸侯王墓在形制、结构上有所趋同，而综合对比，京津冀地区的一些东汉列侯墓葬的规模也与同时期诸侯王墓相差不大，而且诸侯王墓葬、列侯墓葬内的陪葬品也均以模型明器、日用陶器为主，体现出东汉时期诸侯王墓葬和列侯墓葬不断趋同的特征和内容。究其原因，与东汉时期诸侯王实力、权力与势力的不断被削弱，而很多列侯则为朝廷中有权势的大臣或幸臣等有着相应关系。当然，就王、侯墓葬来讲，在墓葬形制结构、陪葬内容等方面有体现自身等级地位的内容，如黄肠石的使用、金银器陪葬、敛葬所使用的玉衣及相关玉器等，但墓葬的总体形制与规模、常见陪葬品的使用等已越来越趋同，这使得在一定程度上，墓葬形制和陪葬品越来越无法体现出王侯墓等级的特殊性，王、侯墓葬与地方豪强、官吏墓葬的差异也逐渐趋于模糊，尤其到东汉中晚期，墓葬形制和陪葬更多反映的是墓主的政治权力和经济实力，而对墓主等级身份的体现已不甚明显，这或许也是今天对一些墓葬墓主归属很难判断和确定的原因之一。

第二节　中小型墓葬

几十年来，京津冀地区已发现、发掘了两汉时期的中小型墓葬上千座，类型多样，分布地域亦广，时代从西汉初期一直延续至东汉末期，这些墓葬的考古发掘资料为开展京津冀地区汉代中小型墓葬的综合研究提供了重要的实物资料。

一、墓葬形制

京津冀地区的汉代中小型墓葬大多掘土为坑（圹），少量为石坑，坑内修建墓葬的相关设施。依据墓葬平面形状、结构以及构筑材料等的不同，可将该地区汉代中小型墓分为竖穴坑墓、竖穴洞室墓、横穴砖室或砖石混筑墓三类。由于多种因素的影响，这三类墓葬的形状、结构等存在着诸多的差异，因此又可以分为若干型及其亚型。

第一类为竖穴坑墓。

多为竖穴土坑，分布地域较广；少量为石坑，零星分布于一些有山地区。多为小型墓葬，一般规模较小。均为竖穴式，掘土或凿石为圹，平面多呈四边形，内置棺椁等葬具，部分墓葬有二层台、头箱、边箱、壁龛等。根据葬具的不同，可分为九型。

A 型　木椁墓。在墓圹内用木板构筑椁室，在椁室内放棺及陪葬品，多为一棺一椁，也有一椁两棺或两椁两棺的合葬墓。根据有无头箱、边箱又可分为二亚型。

Aa 型　无头箱、边箱。河北易县燕下都“6”号遗址中的 M2，一棺一椁，棺下有两根横木[①]（图 2-6：1）。

Ab 型　有头箱、边箱。河北邯郸渚河桥 M5，一棺一椁，椁内设头箱、棺箱和边箱各一个[②]（图 2-6：2）。

B 型　砖椁墓。在长方形墓圹内用砖砌成椁室，墓底、墓壁等皆可砌砖，顶部或盖以石板，或为木板，也有覆瓦者。平面呈长方形，多数无墓道，有的墓葬还有壁龛。根据墓圹内砖椁砌筑情况的不同又可分为三亚型。

Ba 型　墓圹内两面砌砖。河北隆尧县双碑遗址 M8，墓穴两侧用青砖自底部错缝垒砌而成，两端土壁无砖[③]（图 2-6：3）。

Bb 型　墓圹内三面砌砖。河北邢台曹演庄 M19，东、西、南三面砌

---

① 河北省文物研究所．燕下都“6”号遗址汉墓发掘简报［J］．文物，1990（3）．

② 邯郸市文物保护研究所．邯郸渚河桥汉墓发掘报告［J］．文物春秋，2004（6）．

③ 河北省文物研究所，隆尧县文物保管所．隆尧县双碑遗址发掘报告［C］// 河北省文物研究所．河北省考古文集［M］．北京：东方出版社，1998：133-153．

砖，共砌 12 层，底部亦铺砖[①]（图 2-6：4）。

Bc 型 墓圹内四面砌砖。河北内丘张夺 10NDZ2#MDTG1M7，墓室四壁都有砖墙，砖墙局部有横向盖板痕迹，顺砖错缝平砌 10 层，底部未见铺砖[②]（图 2-6：5）。河北河间东文庄 M10，椁四壁及底均为砖砌，上部覆盖大量板瓦、筒瓦片[③]（图 2-6：6）。

C 型 石椁墓。在长方形竖穴内以石板砌建石椁，内置木棺。河北唐山陡河水库汉代墓葬中有两座石椁墓，皆是以厚 20 厘米的绿色板岩砌成四壁和底，上以石板棚起，其中 M26 长 2.6、宽 1.45 米[④]。

D 型 石椁与木椁并用墓。在长方形墓圹内紧靠墓圹底部墓壁用不规则的石块垒砌成闭合石墙，底铺石块，其内置木椁，木椁内又有头箱、边箱等设施，木椁顶部垒砌石块，与四周闭合石块垒砌石墙构成石椁，木椁内置木棺。墓葬具有相应等级，一侧有斜坡墓道，这应是用双重椁的原因。河北阳原北关 M1，紧靠墓圹底部墓壁用较多重 30 千克左右的石块垒砌一周，平面作长方形，长 7.8、宽 3.6、高 2 米，其内偏南侧为木椁，已朽烂，仅存板灰痕迹，长 4.85、宽 2.72 米，木椁上垒砌石块，因木椁盖板已朽，其上的石块塌落到墓室内，有的石块下还有腐木痕迹，木椁板下以长约 10 厘米左右的小石块铺底，木椁内有隔板，将椁室分为边箱与棺箱，棺箱北部有一横隔板，又分出头箱，木棺一具，内葬 1 人[⑤]（图 2-6：7）。

E 型 瓦椁墓。平面呈长方形，筒瓦砌成椁室，内置木棺。天津北郊双口镇西汉墓，墓坑下部墓壁由一层筒瓦砌成，子口朝上，层层竖立，四壁相连，上部用筒瓦和半瓦当覆盖，顶有筒瓦，底部铺垫陶板瓦、筒瓦及其他陶器残片，内置二木棺，西部棺葬成年男性，东部棺葬成年女性，棺底铺有一层白灰[⑥]。

---

① 河北省文物研究所，邢台市文物管理处. 邢台曹演庄汉墓群发掘报告［J］. 文物春秋，1998（4）.

② 南水北调中线干线工程建设管理局，河北省南水北调工程建设领导小组办公室，河北省文物局. 内丘张夺发掘报告［M］. 北京：科学出版社，2011.

③ 河北省文物研究所，沧州市文管处，河间市文保所. 河间东文庄窑址和墓葬发掘简报［C］// 河北省文物考古研究所. 河北省考古文集（二）［M］. 北京：燕山出版社，2001：183-193.

④ 河北省文物管理委员会. 唐山市陡河水库汉、唐、金、元、明墓发掘简报［J］. 考古通讯，1958（3）.

⑤ 河北省文物研究所. 河北阳原县北关汉墓发掘简报［J］. 考古，1990（4）.

⑥ 天津市文物管理处. 天津北郊发现一座西汉墓［J］. 考古，1972（6）.

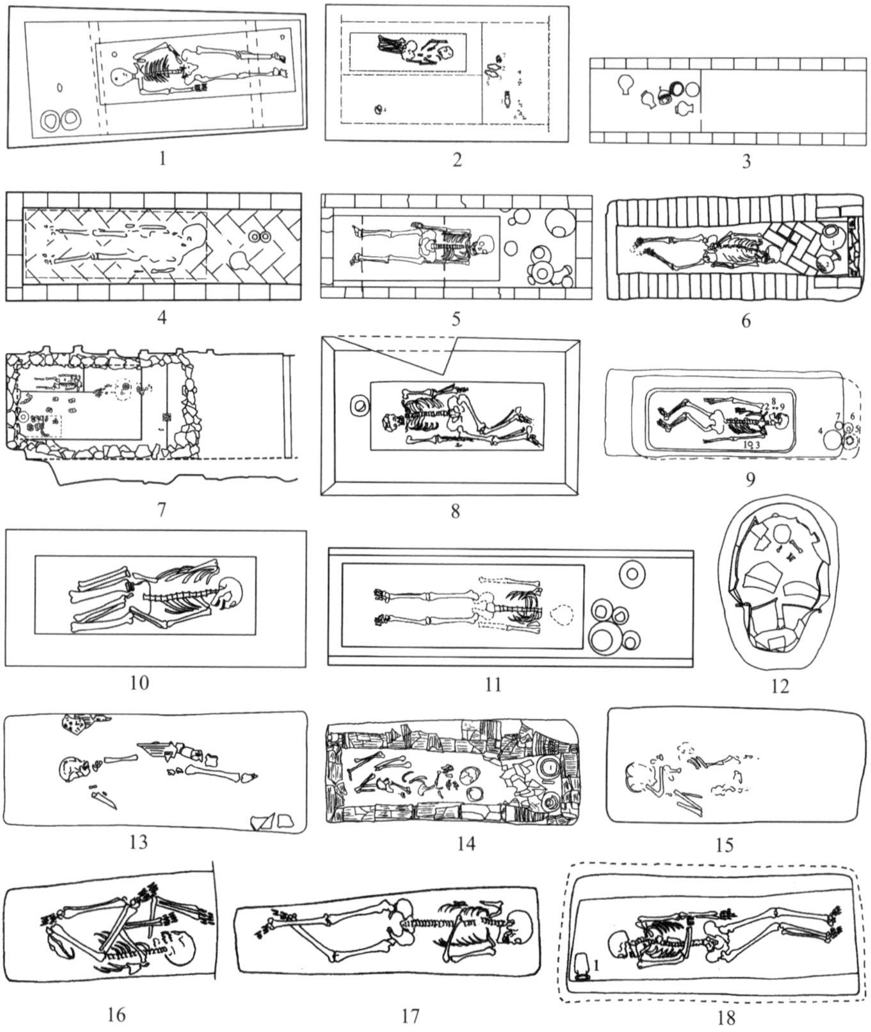

图 2-6　竖穴土坑墓

1. Aa 型（河北易县燕下都“6”号遗址 M2）2. Ab 型（河北邯郸渚河桥 M5）3. Ba 型（河北隆尧双碑遗址 M8）4. Bb 型（河北邢台曹演庄 M19）5、6. Bc 型（河北邢台内丘张夺 10NDZ2#MDTG1M7、河北河间东文庄 M10）7. D 型（河北阳原北关 M1）8～10. Fa 型（邯郸市建设大街 HWM13、河北元氏县南程村 M3004、河北邢台内丘张夺 09ⅡTG3M52）11. Fb 型（河北邢台内丘张夺 09ⅡTG9M103）12. G 型（天津市宝坻区秦城 W2）13、14. H 型（河北石家庄元氏县故城南程墓地 M117、河北河间东文庄 M5）15～18. I 型（徐水东黑山遗址ⅣM14、河北藁城台西 M43、河北藁城台西 M74、河北藁城台西 M9）

F 型　木棺墓。墓圹内无椁，以木棺为主要葬具，平面多呈长方形。根据有无生土二层台，可分为二亚型。

Fa 型　无生土二层台。邯郸市建设大街 HWM13，墓圹较为规整，墓圹底中部置一棺，陪葬品位于墓主头前棺外偏西侧[①]（图 2-6：8）。河北元氏县南程村 M3004，墓室位置较之竖穴开口略偏西侧，陪葬品位于墓主头前棺外[②]（图 2-6：9）。河北邢台内丘张夺 09ⅡTG3M52，无陪葬品，木棺略偏向一侧[③]（图 2-6：10）。

Fb 型　有生土二层台。河北邢台内丘张夺 09ⅡTG9M103，墓室两侧有生土二层台，上有横向盖板痕迹[④]（图 2-6：11）。内丘张夺墓地中还有较多使用生土二层台的墓葬。

G 型　瓮棺墓。墓坑多为椭圆形，用陶釜、陶瓮、陶盆等套接做棺。天津市宝坻区秦城 W2，用一灰陶釜和灰陶盆套合作为葬具，内置一婴儿骨架[⑤]（图 2-6：12）。

H 型　瓦棺墓。墓圹内以筒瓦或板瓦垒砌成棺的形状，顶部盖有板瓦。河北石家庄元氏县故城村（常山郡元氏故城）南程墓地 M117，人骨上方覆盖破碎的绳纹瓦残片，可能象征棺[⑥]（图 2-6：13）。河北省河间市东文庄 M5，由较完整的筒瓦垒砌成棺（含底），顶部覆盖大量瓦片，主要为板瓦和筒瓦[⑦]（图 2-6：14）。

I 型　无椁无棺墓。墓圹平面呈长方形或略呈梯形，墓圹内无葬具。河北徐水东黑山遗址ⅣM14，墓内未见棺椁痕迹，只有 1 具人骨[⑧]（图 2-6：

① 邯郸市文物保护研究所．邯郸市建设大街战汉墓葬发掘报告［J］．文物春秋，2004（6）．

② 河北省文物研究所，石家庄市文物研究所，元氏县文保所．石武铁路客运专线南程墓地发掘报告［C］// 河北省文物研究所．河北省考古文集（四）［M］．北京：科学出版社，2011：68-110．

③ 南水北调中线干线工程建设管理局，河北省南水北调工程建设领导小组办公室，河北省文物局．内丘张夺发掘报告［M］．北京：科学出版社，2011：128．

④ 南水北调中线干线工程建设管理局，河北省南水北调工程建设领导小组办公室，河北省文物局．内丘张夺发掘报告［M］．北京：科学出版社，2011：193-195．

⑤ 天津市历史博物馆考古队，宝坻县文化馆．天津市宝坻县牛道口遗址调查发掘简报［J］．考古，1991（7）．

⑥ 南水北调中线干线工程建设管理局，河北省南水北调工程建设领导小组办公室，河北省文物局编著．常山郡元氏故城墓地［M］．北京：科学出版社，2014：124．

⑦ 河北省文物研究所，沧州市文管处，河间市文保所．河间东文庄窑址和墓葬发掘简报［C］// 河北省文物研究所．河北省考古文集（二）［M］．北京：燕山出版社，2001：183-193．

⑧ 南水北调中线干线工程建设管理局，河北省南水北调工程建设领导小组办公室，河北省文物局．徐水东黑山遗址发掘报告［M］．科学出版社，2014：176-177．

15）。河北邯郸建设大街 HWM15，无葬具，亦无陪葬品，墓壁稍规整[①]。河北藁城台西 M43，西北、西南为抹角，壁由上至下微斜，墓底葬 1 人，无陪葬品（图 2-6：16）；M74 的四壁不规整，东（墓主头部）稍宽，西（墓主脚部）稍窄，墓壁近底弧内收，墓底葬 1 人，无陪葬品（图 2-6：17）；M9，平面形状不规则，东侧稍窄，西侧略宽，墓壁向外侧斜直，宽度相差明显，约为 0.2 米，距墓口 1 米处两长侧及北侧（墓主头部一侧）有二层台，不规整，北侧由东向西明显变窄，墓主头部左上方置 1 陶罐[②]（图 2-6：18）。

第二类为竖穴洞室墓。

由墓道、墓门和墓室等组成，一般是在竖穴底部顺墓道方向（一窄端）掏成纵向洞室作为墓室，洞室为长方形或不规则长方形，多为拱形顶。根据墓道形制的不同，可分为二型。

A 型　竖井式墓道。墓道基本为长方竖井式，少量墓葬的墓道一端略宽，平面为梯形。根据洞室内相关设施构筑材料的不同，可分为二亚型。

Aa 型　土洞内无砖木结构墓室，直接摆放葬具和陪葬品，或仅有骨架，无葬具。河北省石家庄元氏县故城南程 M081，墓道近呈长方形，四壁竖直，洞室位于竖穴底部一窄端，平面为不规则长方形，顶部略呈弧拱形[③]（图 2-7：1）。河北阳原三汾沟 M4B，平面呈“刀”形，竖穴墓道西侧略宽，为梯形，墓道底部西侧为不规则长方形洞室，偏南侧，顶部弧形，无棺椁痕迹及相关设施，亦无陪葬品，葬二人，为两个小孩[④]（图 2-7：2）。

Ab 型　土洞内有木或砖木或石料构建的设施，形成墓室，墓室内置葬具及相关物品。河北涉县索堡 SSM2，墓室内由砖和木板筑成相关设施，墓壁用砖平砌，墓顶用木板平铺[⑤]，该形式类似竖穴椁墓中的砖椁木棺类型，亦应是砖椁木棺的形式。涉县索堡 SSM1，平面呈十字形，由墓道、门、甬道、洞室等组成，墓门前面竖立并排九块木板将门口封闭，板外侧叠砌砖墙，砖墙外壁又有横向两块木板，洞口向里为甬道，洞室顶为拱形，室内

---

① 邯郸市文物保护研究所．邯郸市建设大街战汉墓葬发掘报告［J］．文物春秋，2004（6）.

② 河北省文物研究所，石家庄市文物保护研究所，藁城市文物保管所．藁城台西商、汉及宋代墓葬发掘简报［C］// 河北省文物研究所．河北省考古文集（五）［M］．北京：科学出版社，2014：110-135.

③ 南水北调中线干线工程建设管理局，河北省南水北调工程建设领导小组办公室，河北省文物局编著．常山郡元氏故城墓地［M］．北京：科学出版社，2014：135、136.

④ 河北省文物研究所，张家口地区文化局．河北阳原三汾沟汉墓群发掘报告［J］．文物，1990（1）.

⑤ 邯郸市文物管理处，涉县文物保管所．河北涉县索堡汉墓［J］．文物春秋，1996（1）.

用砖和木板砌筑成长方形椁室，左右两壁及后壁皆用单砖平砌，顶用27块木板横置平铺，底用长条形砖作人字形平铺，椁室内置棺，葬男女2人①。河北阳原三汾沟M5，墓室顶部有木构架，内为木椁，椁内置二棺（图2-7：3），类似的墓葬在阳原三汾沟发掘的还有M1、M2、M4A、M7、M8等，其中M7南北向，向南掏洞作墓室，其他均东西向，向西掏洞作墓室，墓室平面多呈圆角长方形，M2墓室壁不规整，M4A的墓室壁相对较规整②。北京怀柔城北M110，长方形竖井墓道平面作梯形，宽侧底部有平面近似竖长方形的洞室，偏向西侧，墓葬平面整体呈刀形，墓道与墓室相接处用河光石砌成封门，而洞室的底部及壁均用河光石砌成，其内置棺并摆放陪葬品③（图2-7：4）。

B型　斜坡式墓道。墓道底部呈斜坡状，洞室内有葬具或相关设施。根据洞室数量的多少，可分为二亚型。

Ba型　单洞室，内有葬具或相关设施。河北邢台曹演庄M15，在墓道北端掏挖长方形洞室，顶部呈弧形，棺木已朽④（图2-7：5）。河北阳原三汾沟M3、M6、M11亦为此亚型，其中M3为阶梯式墓道，向南掏洞作墓室（图2-7：6），M6、M11的墓道无阶梯，均向西掏洞作墓室，墓室内多有木构设施，其内置棺并有陪葬品⑤。

Bb型　双洞室，一个主墓室，一个侧室，洞室内有木构设施，形成椁，主墓室的椁内置棺，摆放陪葬物品并葬人，侧室的椁内为陪葬物品。河北阳原三汾沟M9，由墓道、侧室、主室组成，竖穴底部一侧洞室为主墓室，平面近长方形，以土坯封门，墓室顶呈拱形，有木构架设施，内有木椁，椁内置两木棺，葬男女2人；侧室平面近长方形，门用夯土封闭，内有木构架和木椁，主要放置陪葬品（图2-7：7），M9的男性墓主很可能为地方的高级别官吏，这可能是该墓有2个洞室的原因⑥。

---

① 邯郸市文物管理处，涉县文物保管所．河北涉县索堡汉墓［J］．文物春秋，1996（1）．

② 河北省文物研究所，张家口地区文物局．河北阳原三汾沟汉墓群发掘报告［J］．文物，1990（1）．

③ 北京市文物工作处．北京怀柔城北东周两汉墓葬［J］．考古，1962（5）．

④ 河北省文物研究所，邢台市文物管理处．邢台曹演庄汉墓群发掘报告［J］．文物春秋，1998（4）．

⑤ 河北省文物研究所，张家口地区文物局．河北阳原三汾沟汉墓群发掘报告［J］．文物，1990（1）．

⑥ 河北省文物研究所，张家口地区文物局．河北阳原三汾沟汉墓群发掘报告［J］．文物，1990（1）．

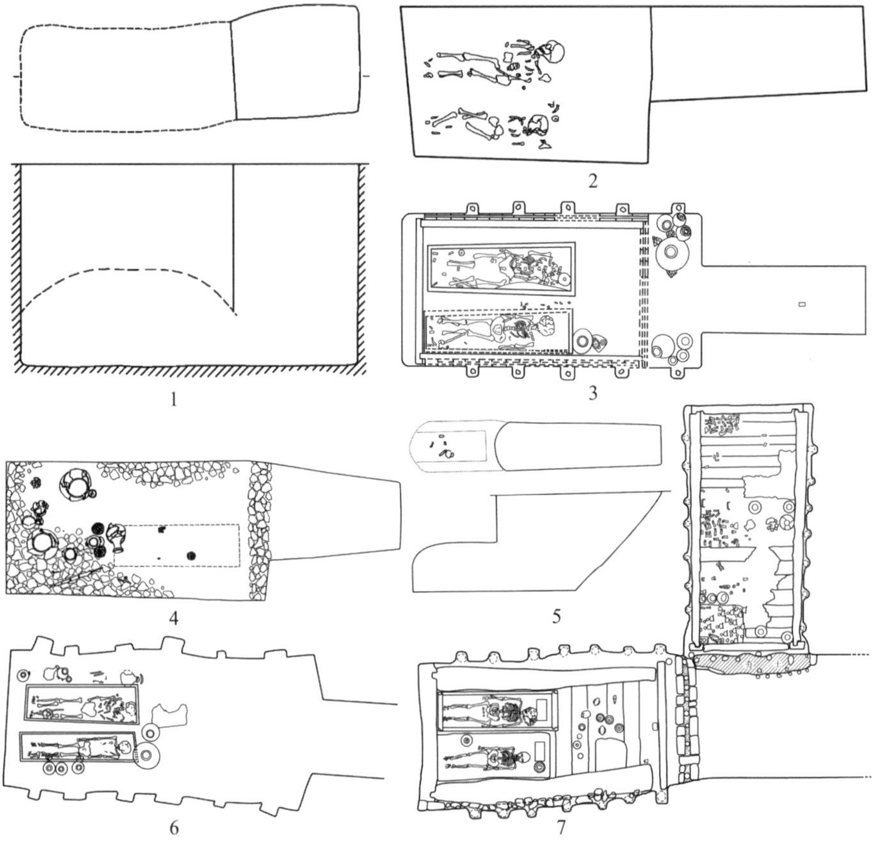

图 2-7　竖穴洞室墓

1、2. Aa 型（河北石家庄元氏县故城南程 M081、河北阳原三汾沟 M4B）
3、4. Ab 型（河北阳原三汾沟 M5、北京市怀柔城北 M110）
5、6. Ba 型（河北邢台曹演庄 M15、河北阳原三汾沟 M3）7. Bb 型（河北阳原三汾沟 M9）

第三类为横穴砖室或砖石混筑墓。

为横穴室墓。墓葬主体部分用不同类型的砖构筑而成，顶部为券顶或穹隆顶。在已发现的资料中，还有部分墓葬用砖、石两种材料建筑而成。多由墓道、甬道、墓室等结构组成，有些还有侧室、耳室等。根据主体墓室数量及布局的不同，可分为四型。

A 型　主墓室为单室。多有斜坡式墓道。根据墓葬的平面形状不同，可分为三亚型。

Aa 型　平面呈长方形。河北廊坊三河小崔各庄汉墓，墓室为长方形砖砌单室券顶墓，墓门开在南面，墓门未砌边框，墓室内发现人骨架两具，头北足南，骨架间残存朽木板一段，人骨架下及两侧残留有漆皮，应为 2

漆木棺朽迹[①]（图 2-8：1）。

Ab 型　平面呈刀形，部分有耳室、龛等，位置不一。河北唐山玉田县代官屯汉墓，由墓道、门道、墓室组成，墓道位于墓室之南，长方形直壁斜坡式，靠近门道处略宽，墓室平面近长方形，与门道、墓道形成刀形[②]（图 2-8：2）。河北满城神星镇荆山村西北东汉墓地 M6[③]（图 2-8：3）、抚宁县邴各庄东汉墓地 M3[④]（图 2-8：4），平面均呈刀形，无其他设施。河北磁县双庙汉代墓地中的部分东汉墓葬，横穴砖室结构，均是一个大的墓室一侧配有小耳室，墓室内砌棺床，棺床上葬人，如 M27、M36 等，M27 墓室的两长壁近直（图 2-8：5），M36 墓室的两长壁均微外弧[⑤]。河北宣化东升路 M1，墓道、甬道偏于一侧，甬道一侧有 1 耳室，墓室近方形，后壁有 1 小龛[⑥]（图 2-8：6）。

Ac 型　平面呈凸字形。河北迁安苏各庄 M5，由墓道、封门、甬道、墓室组成，墓道斜坡式，呈长方形，墓室四壁砌法为一立二平，穹隆顶，无其他设施[⑦]（图 2-8：7）。

B 型　主室为前后双室。前室多为横长方形，后室多为竖长方形，亦见横长方形者。一些墓葬则有耳室、侧室或龛等，位置数量不等。后室数量不等，相对独立。根据后室数量的不同，又可分为三亚型。

Ba 型　单后室，前后室间有通道。有无耳室、侧室或龛的墓葬，如河北涿州凌云集团新厂 M1，前室横长方形，后室为竖长方形[⑧]（图 2-8：8）；河北迁安苏各庄 M2，前后室均为横长方形[⑨]（图 2-8：9）。有的有耳室、侧室或龛，墓葬数量较多，如河北唐山滦南县新立庄汉墓，甬道东侧有一耳

---

① 廊坊市文物管理处．廊坊市三河小崔各庄东汉墓［J］．文物春秋，2004（4）．

② 唐山市文物管理处．玉田县代官屯发现一座汉墓［J］．文物春秋，2006（3）．

③ 河北省文物研究所，满城县文物保管所．河北满城荆山汉墓发掘简报［J］．文物春秋，2014（3）．

④ 河北省文物研究所．河北抚宁县邴各庄汉墓发掘简报［J］．文物春秋，1997（3）．

⑤ 南水北调中心干线工程建设管理局，河北省南水北调工程建设领导小组办公室，河北省文物局．磁县双庙墓群考古发掘报告［M］．北京：文物出版社，59-64、87-90．

⑥ 张家口市宣化区文物保管所．河北宣化东升路东汉墓发掘简报［J］．文物，2014（3）．

⑦ 唐山市文物管理处，迁安市文物管理处．迁安苏各庄战国、东汉墓葬发掘报告［J］．文物春秋，2008（4）．

⑧ 史殿海．涿州凌云集团新厂东汉墓群发掘简报［J］．文物春秋，2007（3）．

⑨ 唐山市文物管理处，迁安市文物管理所．迁安苏各庄战国、东汉墓葬发掘报告［J］．文物春秋，2008（4）．

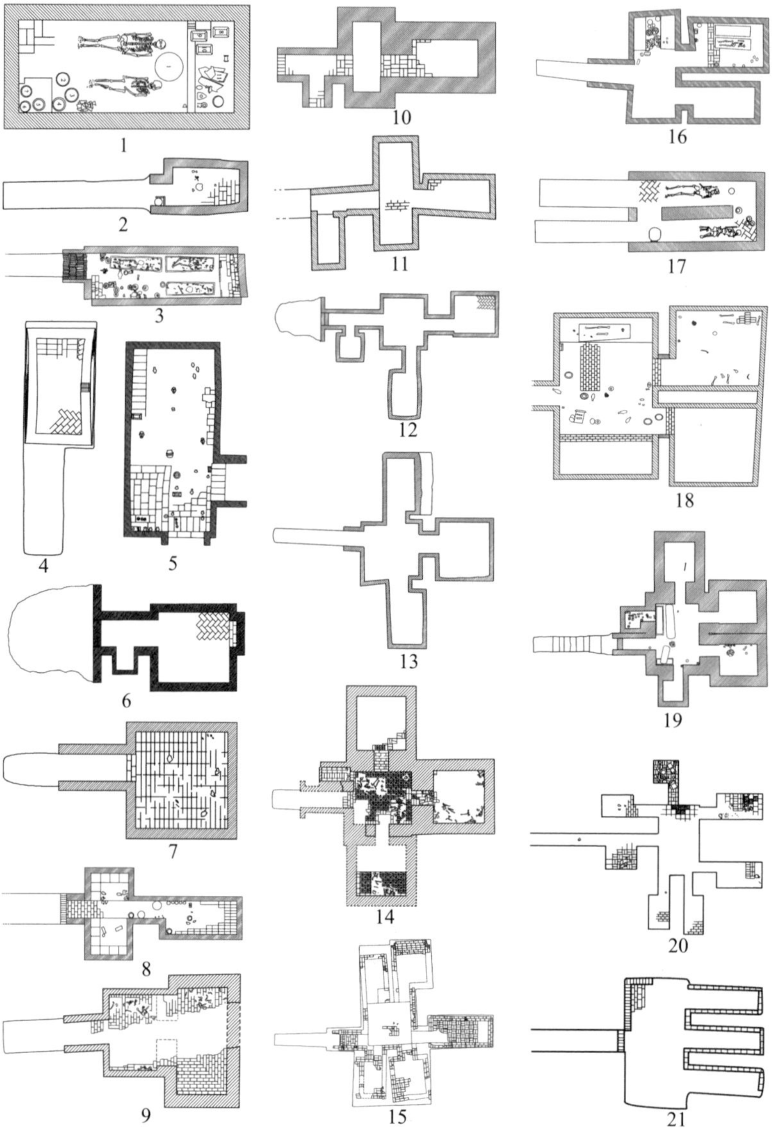

图 2-8　A、B 型横穴砖室和砖石混筑墓

1. Aa 型（河北廊坊三河小崔各庄汉墓） 2～6. Ab 型（河北唐山玉田县代官屯汉墓、河北满城神星镇荆山村西北东汉墓地 M6、抚宁县邴各庄东汉墓地 M3、河北磁县双庙汉代墓地 M27、河北宣化东升路 M1） 7. Ac 型（河北迁安苏各庄 M5） 8～15. Ba 型（河北涿州凌云集团新厂 M1、河北迁安苏各庄 M2、河北唐山滦南县新立庄汉墓、1964～1965 年发掘的河北易县燕下都遗址 M30、河北宣化东升路东汉 M2、河北涿鹿矾山五堡东汉 M4、河北迁安苏各庄 M6、北京市丰台区南苑新宫 M15） 16～20. Bb 型（北京市平谷区唐庄子东汉 M103、河北任丘东关 M2、河北涿州凌云集团新厂东汉 M5、河北滦县新农村东汉墓、北京市大兴区三台山东汉 M2） 21. Bc 型（河北易县燕下都遗址 W21T74 ① M5）

室[①]（图 2-8：10）；1964～1965 年发掘的河北易县燕下都遗址 M30，前室为横长方形，后室为竖长方形，均不太规整，甬道连接墓道处东侧有一东西长方形的耳室[②]（图 2-8：11）；河北宣化东升路东汉 M2，甬道西侧有 1 近方形耳室，前室西侧有 1 长方形侧室[③]（图 2-8：12）；河北涿鹿矾山五堡东汉 M4，前后室皆近方形，二者之间有通道，前室两侧各有 1 长方形侧室，侧室与前室间有通道[④]（图 2-8：13）；北京市顺义区临河村东汉墓，前室横长方形，后室竖长方形，前室西南有一面积略小的耳室，东侧有一面积较大的侧室[⑤]；河北迁安苏各庄 M6，前后室皆近方形，有通道相连，前室两侧各有一近方形的侧室，亦有通道与前室相连，另在前室东南角还有 1 小耳室[⑥]（图 2-8：14）；北京市丰台区南苑槐房 M24、新宫 M15，前室的东西两侧各有 2 侧室，大致对称，共 4 个侧室[⑦]（图 2-8：15）。

Bb 型　双后室，前室与二后室间有通道。一些为无耳室、侧室或龛的墓葬，如北京市平谷区唐庄子东汉 M103，横前室，二后室为竖长方形，间隔较大[⑧]（图 2-8：16）；北京市丰台区南苑植物油厂汉代墓地东汉 M12，前室近方形，二后室为竖长方形，间隔较大[⑨]；河北任丘东关 M2，墓室中间有砖砌隔壁一道，分作东西两个墓室，各置一棺，墓主头端可相通[⑩]（图 2-8：17）；河北涿州凌云集团新厂东汉 M5，前室为横长方形，两侧各垒砌有略高的台，后室有间隔[⑪]（图 2-8：18）。有的有耳室、侧室或龛，墓葬数量较多，如河北滦县新农村东汉墓，前室为横长方形，二后室为竖长方形，接近方形，与前室之间有通道，前室的东西两侧各 1 侧室，东小西大，前室的西南角还有 1 耳室[⑫]（图 2-8：19）；北京大兴区三台山东汉 M1、M2，

① 滦南县文物管理所．唐山滦南发现东汉墓［J］．文物春秋，2005（2）．

② 河北省文化局文物工作队．1964-1965 年燕下都墓葬发掘报告［J］．考古，1965（11）．

③ 张家口市宣化区文物保管所．河北宣化东升路东汉墓发掘简报［J］．文物，2014（3）．

④ 张家口地区博物馆．河北涿鹿矾山五堡东汉墓清理简报［J］．文物春秋，1989（4）．

⑤ 北京市文物管理处．北京顺义临河村东汉墓发掘简报［J］．考古，1977（6）．

⑥ 唐山市文物管理处，迁安市文物管理处．迁安苏各庄战国、东汉墓葬发掘报告［J］．文物春秋，2008（4）．

⑦ 北京市文物研究所．丰台南苑汉墓［M］．北京：科学出版社，2019：86-92、138-141．

⑧ 北京市文物工作队．北京平谷县西柏店和唐庄子汉墓发掘简报［J］．考古，1962（5）．

⑨ 北京市文物研究所．丰台南苑汉墓［M］．北京：科学出版社，2019：166-179．

⑩ 天津市文化局考古发掘队．河北任邱东关汉墓清理简报［J］．考古，1965（2）．

⑪ 史殿海．涿州凌云集团新厂东汉墓群发掘简报［J］．文物春秋，2007（3）．

⑫ 唐山市文物管理处，滦县文物管理所．河北滦县新农村东汉墓发掘简报［J］．文物春秋，2002（4）．

M1 甬道两侧各有 1 长方形耳室，较对称，M2 甬道东侧有 1 长方形耳室，M1 的前室近方形，东侧有 2 侧室，西南角有 1 面积稍小的室，M2 前室东侧有 2 侧室，西南角有 2 侧室，分布不甚对称①（图 2-8：20）。另外，北京市丰台区南苑的槐房、新宫、植物油厂②及大兴区亦庄的 79 号地、80 号地、博兴路、新凤河路③、X10 号地④、X11 号地⑤等处发掘的东汉墓葬中，有一定数量的前室 + 双后室墓葬，多有侧室或耳室，或二者皆有，有的还有多个侧室。

Bc 型　三后室，位于横前室后端，大致并列。相关墓葬数量不多。北京市怀柔区城北东汉 M31，墓南向，前室北端左、右各有 1 棺室，前室以北还有 1 面积较大的室，三者构成 3 后室，另在前室南端左、右有对称耳室各一⑥。河北易县燕下都遗址 W21T74 ① M5，前室后端有 3 个并列的竖长方形室，略窄，有间隔⑦（图 2-8：21）。

C 型　主室由前、中、后室组成。三室基本在一条直线上，个别有偏差，有的在甬道、前室或中室、后室的旁侧有耳室或侧室和龛等，耳室、侧室数量不等，或对称或非对称分布，龛相对少见。根据耳室或侧室的有无及其位置的不同，可分为五亚型。

Ca 型　无耳室或侧室和龛。河北邢台沙河兴固汉墓，为砖石结构，前、中室为横长方形，后室为竖长方形，无其他室⑧（图 2-9：1）。天津武清鲜于璜墓，墓道南窄北宽，平面呈梯形，前室为竖长方形，东壁与甬道壁齐，中室近方形，南北略长，后室呈东西向横长方形（图 2-9：2），该墓的墓道、甬道和前室有上下两层叠压“重建”的现象，该墓原可能为前后二室，甬道处有二耳室，后改建为前室，原前室成为中室⑨。

---

① 北京市文物工作队．北京东南郊三台山东汉墓发掘简报［M］．北京历史考古丛书编辑组编．北京文物与考古，1983：19-27.

② 北京市文物研究所．丰台南苑汉墓［M］．北京：科学出版社，2019.

③ 北京市文物研究所．北京亦庄考古发掘报告（2003～2005）［M］．北京：科学出版社，2009.

④ 北京市文物研究所．北京亦庄 X10 号地［M］．北京：科学出版社，2010.

⑤ 北京市文物研究所．北京亦庄 X11 号地考古发掘报告［M］．北京：科学出版社，2012.

⑥ 北京市文物工作队．北京怀柔城北东周两汉墓葬［J］．考古，1962（5）.

⑦ 河北省文物研究所．燕下都遗址内的两汉墓葬［C］// 河北省文物研究所．河北省考古文集（二）［M］．北京：燕山出版社，2001：67-140.

⑧ 河北省文物研究所，邢台地区文物管理所．河北沙河兴固汉墓［J］．文物，1992（9）.

⑨ 天津市文物管理处考古队．武清东汉鲜于璜墓［J］．考古学报，1982（3）.

Cb 型　甬道处有 2 耳室。河北定州市 35 号汉墓，甬道处二耳室左右对称，前室为竖长方形，横中室，竖长方形后室①（图 2-9：3）。

Cc 型　前室有耳室或侧室。河北满城县四道口东汉墓，为砖石混砌墓，墓门为大理石雕砌，前室为竖长方形，左右两侧有对称 2 耳室，西耳室已全部被破坏，中室为横长方形，后室为竖长方形②（图 2-9：4）。河北阜城后安桑庄东汉墓，为砖石混砌墓，东西向，石门涂朱红，门框上绘青龙，前室为竖长方形，南北两侧各有 2 侧室，大小、形状不同，但整体上较对称，中室为横长方形，后室为竖长方形③（图 2-9：5）。

Cd 型　前室、中室皆有侧室或耳室，有的还有龛。河北阳原南关东汉墓，前室、中室均基本为方形，二室同一侧（北侧）各有长窄通道连接一侧室，前室的侧室基本方形，中室的侧室为南北向长方形，墓葬后室为竖长方形④（图 2-9：6）。河北涿鹿矾山五堡东汉 M3 与阳原南关东汉墓较为相似，前室、中室均基本为方形，二室同一侧各有短窄通道连接一侧室（发掘简报称之为耳室），皆长方形，墓葬后室为竖长方形，位置略偏⑤（图 2-9：7）。

Ce 型　后室有侧室及龛。河北任丘东关 M1，墓道为竖长方形，封门后紧连东西向长方形横前室，前室东侧向北有略宽的窄长室，为中室，中室北端接后室东南侧，后室亦为东西向横长方形，后室中部偏西的北侧有 1 小龛，偏西的南侧有短窄通道接一侧室，原发掘简报将该室称为中一室，但其作为侧室更为恰当⑥（图 2-9：8）

D 型　主墓室为多室。主体室数量多于三个，一般规模较大。有的虽然为前中后室结构，但其中的某室数量大于 1 个，并有多个耳室，属于同一葬人体系；有的可分为 2 个及以上葬人体系，有不同的前室与后室等的组合，或大体一致，或有主次之分，墓道数量不等，有两条或三条墓道者，有的以墙、通道或回廊相连通。根据墓道数量及葬人体系的差异，可分为四亚型。

Da 型　一条墓道，位于墓室一侧，主体墓室属同一葬人体系，相关墓

---

① 定州市文物管理所．定州市 35 号汉墓清理简报［J］．文物春秋，1997（3）．

② 保定市文物管理处．满城县四道口东汉墓发掘简报［J］．文物春秋，1991（1）．

③ 河北省文物研究所．河北阜城桑庄东汉墓发掘报告［J］．文物，1990（1）．

④ 河北省文物研究所，张家口地区文化局．河北阳原西城南关东汉墓［J］．文物，1990（5）．

⑤ 张家口地区博物馆．河北涿鹿矾山五堡东汉墓清理简报［J］．文物春秋，1989（4）．

⑥ 天津市文化局考古发掘队．河北任邱东关汉墓清理简报［J］．考古，1965（2）．

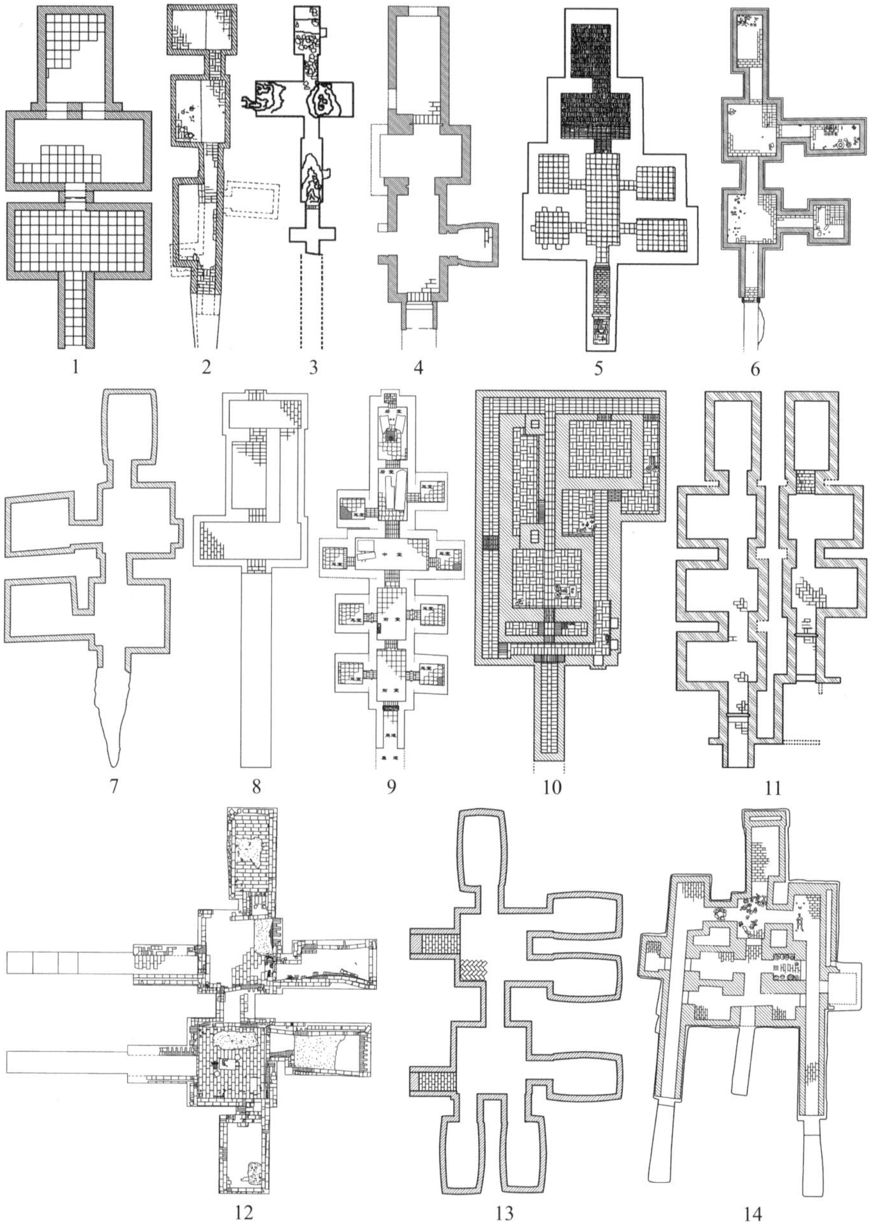

图 2-9　C、D 型横穴砖室和砖石混筑墓

1、2. Ca 型（河北邢台沙河兴固汉墓、天津武清鲜于璜墓） 3. Cb 型（河北定州市 35 号汉墓） 4、5. Cc 型（河北满城县四道口东汉墓、河北阜城后安桑庄东汉墓） 6、7. Cd 型（河北阳原南关东汉墓、河北涿鹿矾山五堡东汉 M3） 8. Ce 型（河北任丘东关 M1） 9. Da 型（河北望都 M2） 10. Db 型（河北迁安于家村 M1） 11～13. Dc 型（河北石家庄北宋村 M2、北京市丰台区南苑槐房 M18、河北宣化东升路东汉 M3） 14. Dd 型（河北抚宁邴各庄东汉 M1）

葬数量少。河北望都 M2，有 2 竖前室、1 横中室、2 竖后室，由主通道直线相连，除后二室外，其余各室皆有东西二对称耳室①（图 2-9：9）。就该墓而言，与望都 M1 关系密切，而望都 M1 很可能为东汉列侯墓葬②，故 M2 也存在为列侯级别墓葬的可能，这或许是其有多室的原因。

Db 型　一条墓道，位于墓室一侧，主体墓室属不同葬人体系，相关墓葬数量少，有多个墓室，以回廊和通道相连通，不同的前后室组合有主次之分。河北迁安于家村 M1，由墓道、甬道、墓门、墓室主通道、四面回廊、左右前耳室、前堂、棺室、左右后室、左前侧室及左后侧室等部分组成，一些室是对回廊的借用，并在局部加宽成室，如左前侧室及左后侧室，主前室、主后室面积大，其他一些葬人的室及其所属前室相对较小③（图 2-9：10）。

Dc 型　两条墓道，各连接所属的前后室或更多室，形成 2 个相对独立的墓葬，但二者之间有墙或通道相连接或相通，相关墓葬有一定数量。河北石家庄北宋村 M2，东西 2 条墓道各自连接自身的墓葬各室，西墓为 1 横前室、2 横中室、1 竖向的后室，东墓为前、中、后三室，西墓甬道外凸，与东墓甬道间有砖墙相连④（图 2-9：11）。北京市丰台区南苑槐房 M18，是由 2 个有前后室及前室侧室对称分布的墓葬以过道连接构成一体的双墓道砖室墓，东墓前室东侧及西墓前室西侧各有 1 侧室⑤（图 2-9：12）。河北宣化东升路东汉 M3，为双墓道、双前室有通道相连的砖砌墓葬，分为南北 2 墓，皆前后室结构，前室均有侧室，北 2 南 1，北墓有 2 后室，南墓 1 后室⑥（图 2-9：13）。

Dd 型　三条墓道，各连接所属的前后室或更多室，形成 3 个相对独立的墓葬，但三者之间有通道相连接或相通，相关墓葬较少。河北抚宁邴各庄东汉 M1，砖砌多室墓，墓道 3 条，长短不一，皆有甬道，另有耳室、前室、后室等 10 室，各室之间都能互通，主后室 1 个，其前甬道两侧各有 2 个耳室，耳室后为前室，前室两侧各有 1 室，当为前室的侧室，但从葬人情况看，又是另两个葬人的后室，这两个后室前通道外侧还各有侧室或耳

---

① 河北省文化局文物工作队. 望都二号汉墓［M］. 北京：文物出版社，1959.

② 北京历史博物馆，河北省文物管理委员会. 望都汉墓壁画［M］. 北京：中国古典艺术出版社，1955.

③ 迁安县文物保管所. 河北迁安于家村一号汉墓清理［J］. 文物，1996（10）.

④ 河北省文物委员会. 石家庄市北宋村清理了两座汉墓［J］. 文物，1959（1）.

⑤ 北京市文物研究所. 丰台南苑汉墓［M］. 北京：科学出版社，2019：65-75.

⑥ 张家口市宣化区文物保管所. 河北张家口宣化东升路东汉墓（M3）发掘简报［J］. 文物，2015（3）.

室，通道则与各自墓道相连①（图 2-9：14）。

二、典型陪葬品

京津冀地区中小型汉墓中的陪葬品数量较多，种类丰富。按质地划分，主要有陶器、铜器、铁器、金银器、玉器、漆木器等几大类，其中又以陶器数量最多。由于陶器的特质，其在墓葬分期断代上具有其他器物不具备或不突出的明显优势，所以，本文将参照墓主身份及墓葬年代相对明确的墓葬，对京津冀地区中小型汉墓中典型陶器进行类型学分析和论述。

京津冀地区中小型汉墓中常见的陶器大致可分为仿制礼器、日常用器、模型明器和俑等。仿制礼器主要有鼎、盒、壶、钫等，日常用器主要有盆、盘、瓮、罐等，模型明器主要有奁、灶、井、仓、磨、楼、猪圈等，俑包括动物俑和人物俑。各类陶器的质地主要为泥质灰陶，并有少量的夹云母红陶及夹砂灰陶。此外，釉陶也占有一定比例。陶器主要为轮制，不便于轮制的器物或部件，如模型明器、俑及器物的足、耳等部分为手制或模制。在装饰手法上，以素面居多，纹饰主要有绳纹、篮纹、弦纹、拍印纹等，部分施以彩绘，晚期多施绿釉。本书拟对京津冀地区中小型汉墓出土的陶鼎、盒、壶、罐、盘、盆、瓮、灶、井、仓等数量较多且特征明显的器物进行类型学分析。

（一）鼎

盖或有或无，多为子母口。根据底部的不同，可分为二型。

A 型　圜底。弧腹，三蹄足。根据耳部和足部的变化，可分为五式。

Ⅰ式：长方形錾状立耳，较短，低于盖顶，一耳与一足对应，另一耳位于另两足之间。河北邢台内丘张夺 09ⅡTG4M83：8，外有彩绘纹饰，已剥落（图 2-10：1）。

Ⅱ式：长方形錾状立耳微外侈，较长，高出盖顶，二耳均位于足之间。河北邢台内丘张夺 10NDZ2#MDTG1M1：13，腹部有弦纹（图 2-10：2）。

Ⅲ式：立耳微外侈，上端外卷，蹄足高。河北邢台内丘张夺 10NDZ2#MDTG2M41：8，腹部有凹弦纹（图 2-10：3）。

Ⅳ式：耳斜外侈较明显，蹄足较高。河北易县燕下都 M33：5（图 2-10：4）。

Ⅴ式：无耳、无盖，鼎身似釜，蹄足较矮。河北武邑青冢汉墓出土陶鼎，腹部饰三周弦纹，内壁施红彩（图 2-10：5）。

---

① 河北省文物研究所．河北抚宁县邴各庄汉墓发掘简报［J］．文物春秋，1997（3）．

B型　平底。根据底部的大小差异，可分为二亚型。

Ba型　大平底。三蹄足，较粗壮。根据耳部、腹部和足部的变化，可分为三式。

Ⅰ式：长方形鋬耳微斜外侈，腹稍浅，壁略直，与底近垂直，高蹄足。河北邢台内丘张夺10NDZ2#MDTG1M1∶16，盖上有彩绘云气纹，其他部位彩绘纹饰剥落（图2-10：6）。

Ⅱ式：立耳稍高，上端外折，腹略深，腹壁上直下弧内收，蹄足略高。河北邢台曹演庄M6∶1，腹部有两周突棱，棱上有刻划纹，蹄足亦有纹饰（图2-10：7）。

Ⅲ式：立耳略矮，上端外折，腹较深，腹壁圆鼓，蹄足稍矮。河北邢台曹演庄M24∶5，腹部有一周高突棱，下腹部饰弦纹，蹄足有纹饰（图2-10：8）。

Bb型　小平底。弧形盖，弧腹。根据耳部、腹部和足部的变化，可分为三式。

Ⅰ式：立耳，下端直，上端外折，斜外侈，腹稍浅，蹄足较高，微外撇。河北邢台内丘张夺10NDZ1#MDTG1M5∶3，盖顶弧，腹上部宽带饰云纹，多剥落（图2-10：9）。

Ⅱ式：耳小，微外侈，上部微外卷，腹略深，蹄足稍矮，外撇。河北邢台曹演庄M18∶2，盖顶弧，盖中部饰弦纹（图2-10：10）。

Ⅲ式：无耳，腹较深，腹壁斜弧，三较矮柱状足外撇明显。河北廊坊大厂回族自治县大坨头遗址M2∶2，盖顶平（图2-10：11）。

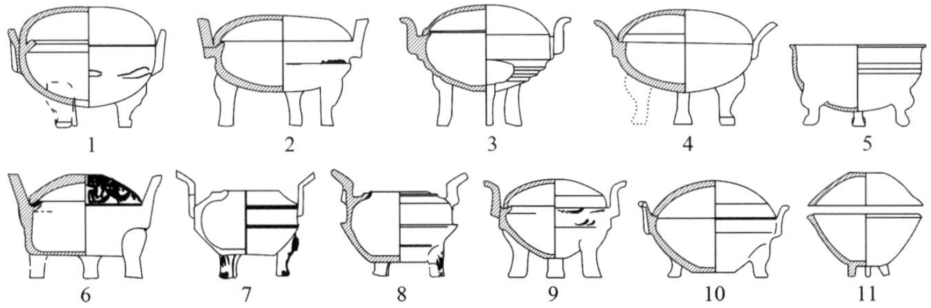

图2-10　陶鼎

1. A型Ⅰ式（河北邢台内丘张夺09ⅡTG4M83∶8）　2. A型Ⅱ式（河北邢台内丘张夺10NDZ2#MDTG1M1∶13）　3. A型Ⅲ式（河北邢台内丘张夺10NDZ2#MDTG2M41∶8）　4. A型Ⅳ式（河北易县燕下都M33∶5）　5. A型Ⅴ式（河北武邑青冢汉墓出土）　6. Ba型Ⅰ式（河北邢台内丘张夺10NDZ2#MDTG1M1∶16）　7. Ba型Ⅱ式（河北邢台曹演庄M6∶1）　8. Ba型Ⅲ式（河北邢台曹演庄M24∶5）　9. Bb型Ⅰ式（河北邢台内丘张夺10NDZ1#MDTG1M5∶3）　10. Bb型Ⅱ式（河北邢台曹演庄M18∶2）　11. Bb型Ⅲ式（河北廊坊大厂回族自治县大坨头遗址M2∶2）

（二）盒

平面圆形或长方形，由盖和盒身两部分组成，多饰彩绘纹饰，大部分剥落严重。根据整体形制不同，可分为三型。

A 型　盖无捉手或捉手不明显。器身平底，无假圈足。根据口部的不同，可分为二亚型。

Aa 型　直口，腹壁上部有一道凸楞。河北邢台内丘张夺 10NDZ1#MDTG4M29：9，腹部上直，下部斜弧内收，盖较深，平底，有不明显的假圈足捉手，外饰云纹，盒身上部彩绘粗弦纹，弦纹内为波浪纹（图 2-11：1）。

Ab 型　子母口。弧腹。根据腹部的变化，可分为二式。

Ⅰ式：腹较浅，口径与底径相差大。河北邢台内丘张夺 10NDZ1#MDTG4M29：3，盖及腹上部饰云纹、弦纹及波浪纹，多剥落（图 2-11：2）。

Ⅱ式：腹较深，口径与底径相差小。河北邢台内丘张夺 09ⅡTG4M68：9，器表施白衣，器盖上残有部分红色卷云纹，器身也有彩绘遗留（图 2-11：3）。

B 型　盖无捉手，器身假圈足，子母口。根据盖、假圈足的变化，可分为三式。

Ⅰ式：平顶盖平，盒身假圈足较矮。河北石家庄常山郡元氏故城南程 M055：6，盖浅，器形体扁圆，盒身中部偏下有弦纹（图 2-11：4）。

Ⅱ式：圆弧形盖圜底，略尖，盒身假圈足略高。河北隆尧双碑遗址 M8：8，盖较深，器形体圆鼓，盖及盒身均饰弦纹（图 2-11：5）。

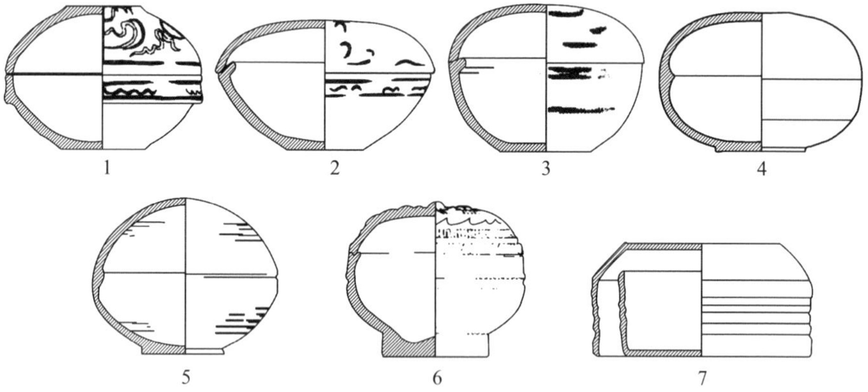

图 2-11　陶盒

1. Aa 型（河北邢台内丘张夺 10NDZ1#MDTG4M29：9） 2. Ab 型Ⅰ式（河北邢台内丘张夺 10NDZ1#MDTG4M29：3） 3. Ab 型Ⅱ式（河北邢台内丘张夺 09ⅡTG4M68：9） 4. B 型Ⅰ式（河北石家庄常山郡元氏故城南程 M055：6） 5. B 型Ⅱ式（河北隆尧双碑 M8：8） 6. B 型Ⅲ式（河北邢台曹演庄 M24：4） 7. C 型（河北廊坊三河小崔各庄汉墓出土）

Ⅲ式：弧形盖中部饰峰形，顶部有尖状突出，盒身假圈足较高。河北邢台曹演庄 M24∶4，盖稍浅，器形体圆鼓，器盖及身外有弦纹等纹饰（图 2-11：6）。

C 型　筒状圆盒。盒身近直口，直壁，盖的长宽大于盒身的长宽，上为覆斗状，下为直壁。河北廊坊三河小崔各庄汉墓出土陶盒，身、器盖壁均有拉坯弦痕，形成凹凸纹（图 2-11：7）。

（三）壶

盖或有或无。根据底、足的不同，可分为四型。

A 型　高圈足。根据口部不同，可分为二亚型。

Aa 型　侈口或近直口。束颈，圈足外撇。根据腹部的变化，可分为二式。

Ⅰ式：鼓腹，略圆鼓。河北廊坊大厂回族自治县大坨头 M2∶5，弧形盖（图 2-12：1）。

Ⅱ式：腹扁鼓口略直。北京亦庄新凤河路 M1 出土陶壶，腹部饰凹弦纹（图 2-12：2）。

Ab 型　盘口。根据口、颈、腹部和圈足的变化，可分为三式。

Ⅰ式：口部略呈盘形，斜直颈，圆鼓腹，圈足微弧外撇。天津市蓟州区邦均 M1∶1，弧形盖（图 2-12：3）。

Ⅱ式：盘口明显，颈略束，弧腹略扁，圈足微弧外撇。河北涿州上念头东汉墓出土，通体施白衣，其上用朱、墨二色绘弧线三角纹、云气纹等图案（图 2-12：4）。

Ⅲ式：盘口明显，束颈较甚，扁圆垂腹，圈足斜外撇，角度大。河北石家庄城角庄 M1∶5，周身饰瓦棱纹，肩部贴塑铺首衔环（图 2-12：5）。

B 型　矮圈足。根据口部的不同，可分为三亚型。

Ba 型　直口。方唇，鼓腹较高，圈足略直。河北易县燕下都 6 号遗址 M4∶4，有盖，盖上有纽，壶身从颈部至中腹部分别饰弦纹、鱼纹、三角纹等（图 2-12：6）。

Bb 型　侈口。根据腹部、圈足的变化，可分为二式。

Ⅰ式：鼓腹，圈足微外撇。河北隆尧双碑遗址 M8∶1，腹部两侧各饰一铺首衔环（图 2-12：7）。

Ⅱ式：腹略扁，圈足外撇较甚。天津宝坻秦城 M54∶2，有盖（图 2-12：8）。

Bc 型　盘口。鼓腹。河北邯郸渚河桥 M2∶6，腹上部有两个对称铺首，颈部有倒三角形纹饰（图 2-12：9）。

C 型　假圈足，底平。根据口部的不同，可分为二亚型。

Ca 型　侈口。根据口、腹及圈足的变化，可分为二式。

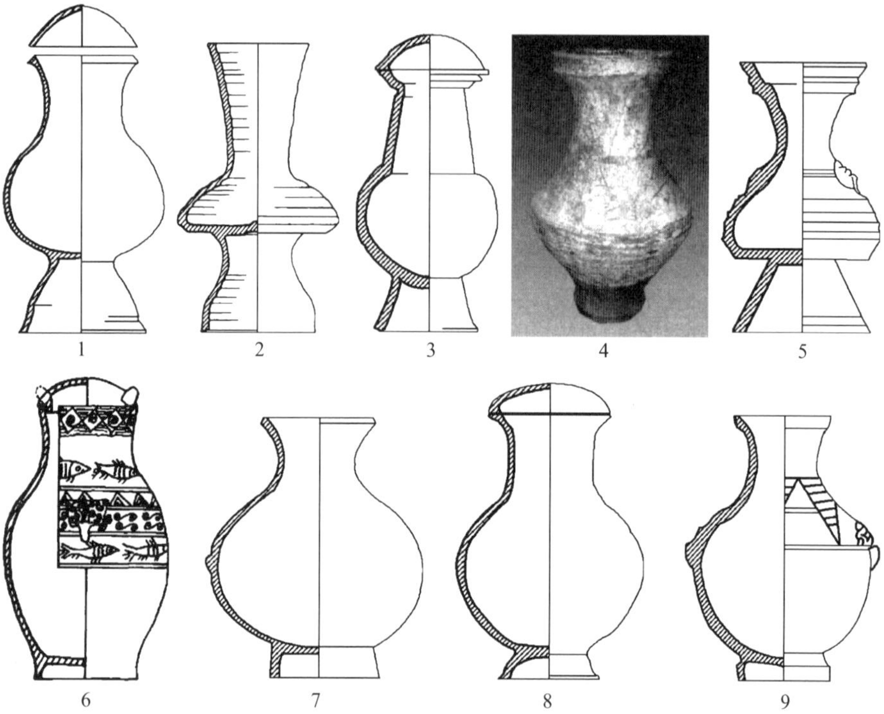

图 2-12　A、B 型陶壶

1. Aa 型Ⅰ式（河北廊坊大厂回族自治县 M2：5） 2. Aa 型Ⅱ式（北京亦庄新凤河路 M1：2） 3. Ab 型Ⅰ式（天津蓟州区邦均 M1：1） 4. Ab 型Ⅱ式（河北涿州上念头东汉墓出土） 5. Ab 型Ⅲ式（河北石家庄城角庄 M1：5） 6. Ba 型（河北易县燕下都 6 号遗址 M4：4） 7. Bb 型Ⅰ式（河北隆尧双碑 M8：1） 8. Bb 型Ⅱ式（天津市宝坻区秦城 M54：2） 9. Bc 型（河北邯郸渚河桥 M2：6）

Ⅰ式：口弧外侈，鼓腹，腹最大径偏下，圈足径略大。河北邢台内丘张夺 10NDZ2#MDTG2M41：2，腹部两侧各饰一兽首，彩绘大部分脱落（图 2-13：1）。

Ⅱ式：口斜外侈，腹略扁，腹最大径在中部，圈足径稍小。河北易县燕下都 M38：20，无铺首（图 2-13：2）。

Cb 型　盘口。根据口部和腹部的变化，可分为四式。

Ⅰ式：浅盘口，鼓腹，口径小于腹径。河北隆尧双碑遗址 M5：3，肩、腹饰凸弦纹（图 2-13：3）。

Ⅱ式：盘口明显，稍浅，鼓腹，稍扁，口径小于腹径。有的有彩绘、铺首等装饰。河北邢台曹演庄 M22：1，腹部有数道凹弦纹（图 2-13：4）。河北邯郸市龙城小区 M8：2，假圈足不甚明显，颈部饰水波纹，肩部饰凸弦纹，腹部有饰铺首（图 2-13：5）。

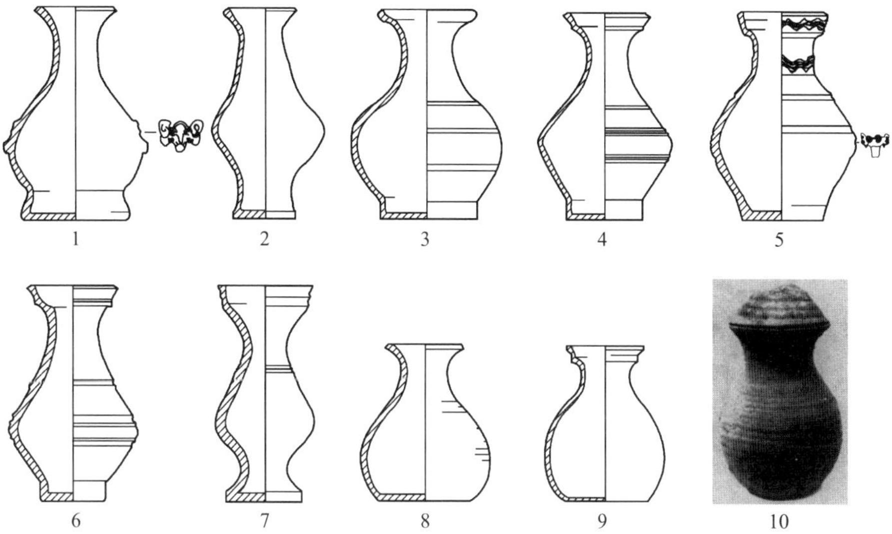

图 2-13　C、D 型陶壶

1. Ca 型Ⅰ式（河北邢台内丘张夺 10NDZ2#MDTG2M41：2）　2. Ca 型Ⅱ式（河北易县燕下都 M38：20）　3. Cb 型Ⅰ式（河北隆尧双碑遗址 M5：3）　4、5. Cb 型Ⅱ式（河北邢台曹演庄 M22：1、河北邯郸龙城小区 M8：2）　6. Cb 型Ⅲ式（河北邢台曹演庄 M24：6）　7. Cb 型Ⅳ式（河北石家庄城角庄 M1：4）　8. Da 型Ⅰ式（河北隆尧双碑遗址 M8：7）　9. Da 型Ⅱ式（河北任丘东关 M2：1）　10. Db 型（河北廊坊三河小崔各庄汉墓出土）

Ⅲ式：盘口明显，略深，扁鼓腹，口径接近腹径。河北邢台曹演庄 M24：6，腹部有三道凹弦纹（图 2-13：6）。

Ⅳ式：盘口明显，较深，鼓腹偏下，口径大于腹径。河北石家庄城角庄 M1：4，颈下部饰凹弦纹（图 2-13：7）。

D 型　平底。鼓腹。根据腹部和底部大小的差异，可分为二亚型。

Da 型　垂腹，大平底。根据口部的变化，可分为二式。

Ⅰ式：侈口。河北隆尧双碑遗址 M8：7，肩腹饰弦纹（图 2-13：8）。

Ⅱ式：盘口。河北任丘东关 M2：1，素面（图 2-13：9）。

Db 型　圆鼓腹，小平底。河北廊坊三河小崔各庄汉墓出土，有盖，盖及壶身皆有多组弦纹（图 2-13：10）。

（四）罐

鼓腹，平底。根据颈（领）部和底部的不同，可分为四型。

A 型　高颈（领），小平底。根据口部、颈（领）及腹部的不同，可分为四亚型。

Aa 型　侈口，口沿外卷，直颈。根据颈部和腹部的变化，可分为四式。

Ⅰ式：颈略短，腹部圆鼓，呈球形。河北邢台内丘张夺 09ⅡTG4M69：1，肩部饰凹弦纹，下腹及底部饰绳纹（图 2-14：1）。

Ⅱ式：颈略短，腹部略鼓。河北邢台内丘张夺 09ⅡTG4M75：1，腹下部及底饰绳纹（图 2-14：2）。

Ⅲ式：颈略长，腹略扁鼓。河北邢台内丘张夺 09ⅡTG4M59：1，腹下部及底饰绳纹（图 2-14：3）。

Ⅳ式：长颈，腹扁鼓。河北邢台内丘张夺 09ⅡTG4M108：2，下腹及底部饰绳纹（图 2-14：4）。

Ab 型　侈口，高领弧外侈，方唇，鼓肩，腹壁斜直。根据口部、腹部的变化，可分为二式。

Ⅰ式：口略外侈，鼓肩明显，腹扁高。河北邢台内丘张夺 09ⅡTG2M5：2，素面（图 2-14：5）。

Ⅱ式：口外侈较甚，鼓肩不明显，腹微圆鼓。河北邢台内丘张夺 09ⅡTG9M102：5，肩部饰凹弦纹，下腹及底部饰绳纹（图 2-14：6）。

Ac 型　盘口，口沿斜向上外伸，直颈，溜肩。根据口沿、肩部、腹部等的变化，可分为三式。

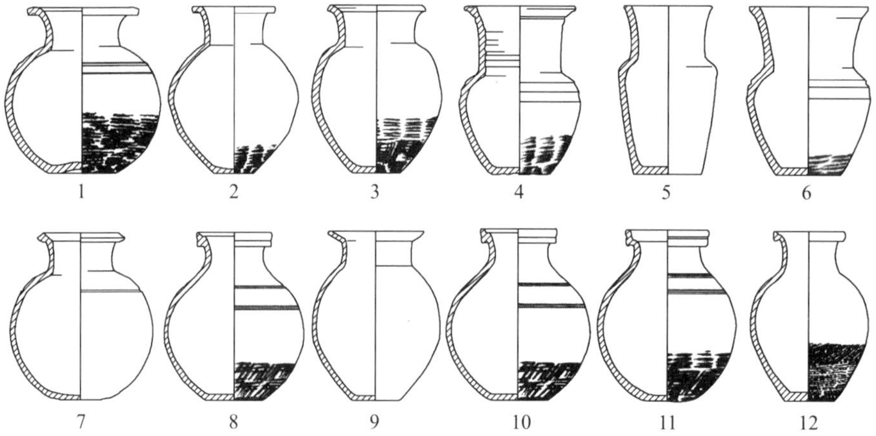

图 2-14　A 型陶罐

1. Aa 型Ⅰ式（河北邢台内丘张夺 09ⅡTG4M69：1） 2. Aa 型Ⅱ式（河北邢台内丘张夺 09ⅡTG4M75：1） 3. Aa 型Ⅲ式（河北邢台内丘张夺 09ⅡTG4M59：1） 4. Aa 型Ⅳ式（河北邢台内丘张夺 09ⅡTG4M108：2） 5. Ab 型Ⅰ式（河北邢台内丘张夺 09ⅡTG2M5：2） 6. Ab 型Ⅱ式（河北邢台内丘张夺 09ⅡTG9M102：5） 7. Ac 型Ⅰ式（河北邢台内丘张夺 09ⅡTG8M28：1） 8. Ac 型Ⅱ式（河北邢台内丘张夺 09ⅡTG9M96：1） 9. Ac 型Ⅲ式（河北邢台内丘张夺 09ⅡTG1M3：7） 10. Ad 型Ⅰ式（河北邢台内丘张夺 09ⅡTG9M102：2） 11. Ad 型Ⅱ式（河北邢台内丘张夺 09ⅡTG9M95：2） 12. Ad 型Ⅲ式（河北邢台曹演庄 M1：8）

Ⅰ式：口沿外端斜向下卷，肩略鼓，球形腹，较圆鼓。河北邢台内丘张夺09ⅡTG8M28：1，腹部有一浅凹弦纹（图2-14：7）。

Ⅱ式：口沿外端微斜上卷，溜肩明显，鼓腹。河北邢台内丘张夺09ⅡTG9M96：1，下腹及底部饰篮纹（图2-14：8）。

Ⅲ式：口沿斜向上外伸，溜肩较甚，腹扁鼓。河北邢台内丘张夺09ⅡTG1M3：7，下腹饰绳纹（图2-14：9）。

Ad型　盘口微侈，口沿上卷，束颈，溜肩，鼓腹。根据口部、腹部的变化，可分为三式。

Ⅰ式：盘口略深，腹圆鼓，最大径在腹中部。河北邢台内丘张夺09ⅡTG9M102：2，肩、腹部各饰一条凹弦纹，下腹及底部饰篮纹（图2-14：10）。

Ⅱ式：盘口稍深，腹圆鼓，最大径在腹中部稍偏上。河北邢台内丘张夺09ⅡTG9M95：2，肩部饰凹弦纹，下腹及底部饰篮纹（图2-14：11）。

Ⅲ式：盘口较浅，不明显，口沿面内缘微上卷，腹扁高，最大径在服上部。河北邢台曹演庄M1：8，腹下部及底饰绳纹（图2-14：12）。

B型　矮领，口沿多外侈，小平底。根据口部的不同，可分为三亚型。

Ba型　敛口。领较矮，口沿外侈较明显。根据肩部和腹部的变化，可分为二式。

Ⅰ式：圆肩，鼓腹略高。天津市蓟州区邦均M1：10，器身饰细绳纹。（图2-15：1）。

Ⅱ式：鼓肩，腹略扁鼓。河北石家庄城角庄M1：1，肩饰两周折线纹（图2-15：2）。

Bb型　直口。领略高，腹略扁鼓。根据口沿、腹部的变化，可分为三式。

Ⅰ式：口沿较直，鼓腹，腹最大径位于中部。河北邢台内丘张夺09ⅡTG1M11：4，素面无纹（图2-15：3）。

Ⅱ式：口沿微外侈，腹略扁鼓，腹最大径位于中部。河北邯郸市建设大街HNM1：3，肩部及上腹饰压印纹，下腹及底部饰交错绳纹（图2-15：4）。

Ⅲ式：口沿外侈，腹扁鼓，腹壁下部斜直，最大腹径位于上部。河北武邑中角M4：17，肩部饰绳索纹，上腹部饰弦纹（图2-15：5）。

Bc型　侈口。领较高，圆鼓腹。根据腹部和底部的变化，可分为四式。

Ⅰ式：鼓腹，底径小于口径。河北邢台内丘张夺09ⅡTG2M7：4，素面（图2-15：6）。

Ⅱ式：腹壁圆弧，近底略内收，最大腹径在中部，底径等于或略小于口径。河北邢台内丘张夺09ⅡTG4M84：3，素面（图2-15：7）。

Ⅲ式：腹壁圆弧，近底略内收，最大腹径在中上部，底径等于或略小于口径。河北廊坊大厂回族自治县大坨头遗址内汉墓出土，领略矮，口沿斜，

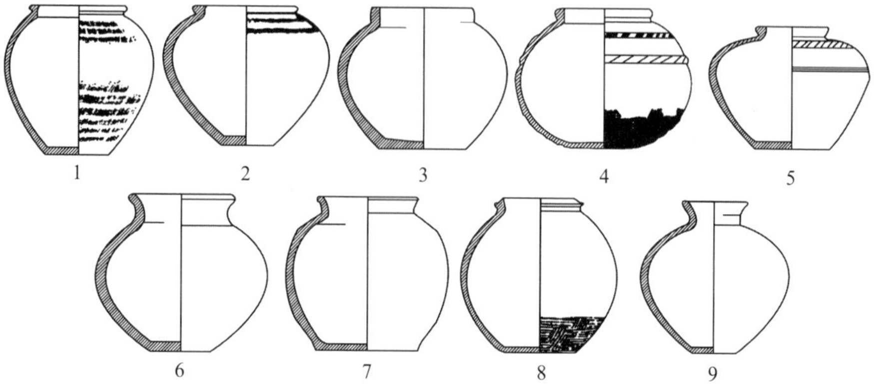

图 2-15　B 型陶罐

1. Ba 型Ⅰ式（天津市蓟州区邦均 M1：10） 2. Ba 型Ⅱ式（河北石家庄城角庄 M1：1） 3. Bb 型Ⅰ式（河北邢台内丘张夺 09ⅡTG1M11：4） 4. Bb 型Ⅱ式（河北邯郸建设大街 HNM1：3） 5. Bb 型Ⅲ式（河北武邑中角 M4：17） 6. Bc 型Ⅰ式（河北邢台内丘张夺 09ⅡTG2M7：4） 7. Bc 型Ⅱ式（河北邢台内丘张夺 09ⅡTG4M84：3） 8. Bc 型Ⅲ式（河北廊坊大厂回族自治县大坨头遗址内汉代墓葬出土） 9. Bc 型Ⅳ式（河北满城西山花园 M9：20）

下腹部饰绳纹（图 2-15：8）。

Ⅳ式：腹壁圆弧，下部斜弧，最大腹径在中上部，底径大致等于口径。河北满城西山花园 M9：20，颈、肩饰一周弦纹（图 2-15：9）。

C 型　领下部有圆穿，小平底。为汲水罐。根据领部、腹部的变化，可分为三式。

Ⅰ式：短斜领，腹上部斜弧，下腹部折，最大径在下部折腹处。河北邢台内丘张夺 10NDZ1#MDTG4M29：7，下腹及底部饰细绳纹（图 2-16：1）。

Ⅱ式：直领略高，腹中部略直，圆鼓，偏下微折，最大径在腹中部。河北邢台内丘张夺 10NDZ1#MDTG3M14：5（图 2-16：2）。

Ⅲ式：直领略高，圆鼓腹，腹最大径在中部。河北邢台内丘张夺 10NDZ1#MDTG4M36：6，器表饰凹弦纹（图 2-16：3）。

D 型　短颈，大平底。根据口部的不同，可分为五亚型。

Da 型　颈略高直，外壁有凸棱纹，口微敛或直口，唇外卷。溜肩。河北邢台内丘张夺 10NDZ2#MDTG1M1：14，口微敛，唇微外卷，肩斜弧，腹下部斜直，领外壁凸棱纹明显（图 2-16：4）。河北邢台内丘张夺 10NDZ2#MDTG1M1：19，口微敛，唇外卷明显，溜肩较甚，弧腹，领外壁凸棱纹不甚明显（图 2-16：5）。河北邢台内丘张夺 10NDZ2#MDTG1M1：9，直口，唇微外卷，溜肩较甚，腹壁斜弧，领外壁凸棱纹不甚明显（图 2-16：6）。

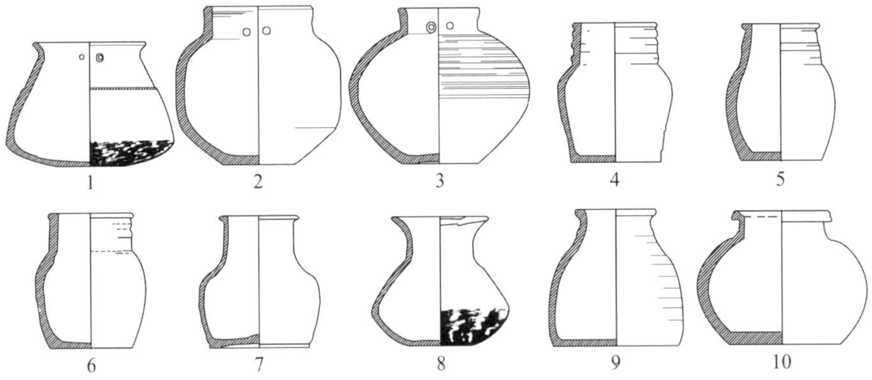

图 2-16　C、D 型陶罐

1. C 型Ⅰ式（河北邢台内丘张夺 10NDZ1#MDTG4M29：7）　2. C 型Ⅱ式（河北邢台内丘张夺 10NDZ1#MDTG3M14：5）　3. C 型Ⅲ式（河北邢台内丘张夺 10NDZ1#MDTG4M36：6）　4～6. Da 型（河北邢台内丘张夺 10NDZ2#MDTG1M1：14、河北邢台内丘张夺 10NDZ2#MDTG1M1：19、河北邢台内丘张夺 10NDZ2#MDTG1M1：9）　7. Db 型（河北邢台内丘张夺 10NDZ2#MDTG2M40：2）　8. Dc 型（河北邢台内丘张夺 09ⅡTG4M83：3）　9. Dd 型（河北邢台内丘张夺 09ⅡTG5M10：2）　10. De 型（河北唐山滦县新农村 M1：4）

Db 型　颈略高直，唇外卷，直口。溜肩，腹扁鼓。河北邢台内丘张夺 10NDZ2#MDTG2M40：2，假圈足，底内凹（图 2-16：7）。

Dc 型　高直颈斜沿，弧外侈，广口外侈。溜肩较甚，扁鼓腹，中部偏下弧折，最大腹径在折腹处，口径大于底径。河北邢台内丘张夺 09ⅡTG4M83：3，下腹及底部饰细绳纹（图 2-16：8）。

Dd 型　短直颈沿微斜，弧外侈，口外侈。溜肩较甚，腹壁外弧，近底部略直，最大腹径在下部，口径明显小于底径。河北邢台内丘张夺 09ⅡTG5M10：2，腹壁有弦纹（图 2-16：9）。

De 型　覆盘口，短颈。溜肩，圆鼓腹略扁，底径略大于口径。河北唐山滦县新农村 M1：4，唇部划一周凸弦纹，腹壁较厚（图 2-16：10）。

（五）瓮

鼓腹较大，圜底或平底。根据底部的不同，可分为三型。

A 型　平底。根据口部的不同，可分为三亚型。

Aa 型　覆盘口内敛。圆鼓腹。根据肩部的变化，可分为三式。

Ⅰ式：溜肩。河北邢台曹演庄 M22：25，腹上部饰弦纹和篦纹，下部饰绳纹（图 2-17：1）。

Ⅱ式：肩部略折。河北邢台曹演庄 M17：7，腹部纹饰较细密（图 2-17：2）。

Ⅲ式：折肩较明显。河北邢台曹演庄 M24：3，腹上部饰弦纹，间隔明显，下部饰绳纹（图 2-17：3）。

Ab 型　侈口或直口。短领，肩部有弧折，圆鼓腹，有折腹。根据口部、肩部及腹部的变化，可分为二式。

Ⅰ式：领略外斜，侈口，折肩不明显，腹下部折腹明显。河北邢台曹演庄 M2：1，腹上部饰弦纹，下部饰细绳纹（图 2-17：4）。

Ⅱ式：直领，直口，折肩明显，腹中部偏下微折。河北邢台内丘张夺 09ⅡTG7M18：1，下腹及底部饰绳纹（图 2-17：5）。

Ac 型　浅盘口，沿斜外卷。短直颈，圆鼓腹，最大腹径位于中部。天津市宝坻区秦城 M53：1，肩部饰弦纹，下腹部饰绳纹（图 2-17：6）。

B 型　平底微内凹。矮领，腹部最大径在中部偏下。根据口部、肩部和腹部的变化，可分为二式。

Ⅰ式：口微侈，沿外折，折肩，腹略扁鼓。河北邢台内丘张夺 10NDZ1#MDTG4M36：2，下腹及底部饰篮纹（图 2-17：7）。

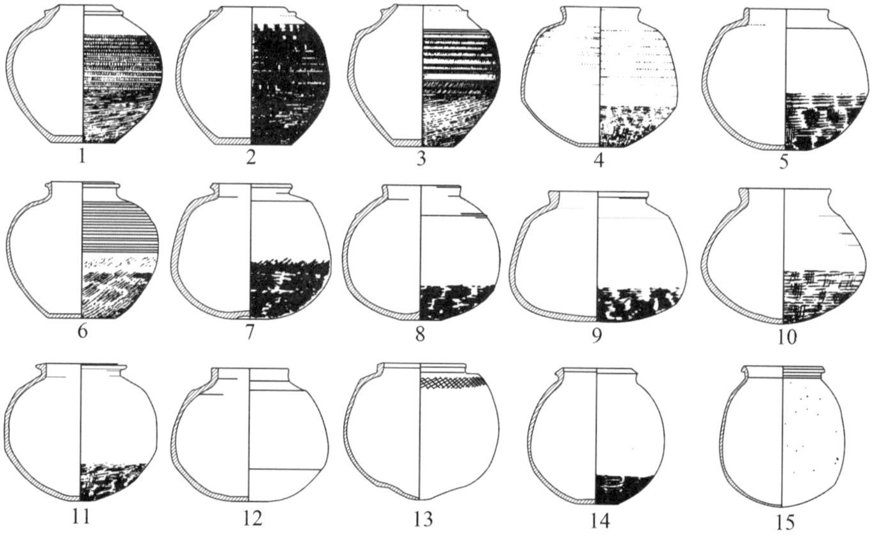

图 2-17　陶瓮

1. Aa 型Ⅰ式（河北邢台曹演庄 M22：25）　2. Aa 型Ⅱ式（河北邢台曹演庄 M17：7）　3. Aa 型Ⅲ式（河北邢台曹演庄 M24：3）　4. Ab 型Ⅰ式（河北邢台曹演庄 M2：1）　5. Ab 型Ⅱ式（河北邢台内丘张夺 09ⅡTG7M18：1）　6. Ac 型（天津市宝坻区秦城 M53：1）　7. B 型Ⅰ式（河北邢台内丘张夺 10NDZ1#MDTG4M36：2）　8. B 型Ⅱ式（河北邢台内丘张夺 10NDZ1#MDTG3M15：1）　9. Ca 型Ⅰ式（河北邢台内丘张夺 09ⅡTG4M83：5）　10. Ca 型Ⅱ式（河北邢台内丘张夺 09ⅡTG1M11：1）　11. Ca 型Ⅲ式（河北邢台内丘张夺 09ⅡTG9M103：1）　12. Cb 型Ⅰ式（河北邢台内丘张夺 10NDZ2#MDTG2M38：1）　13. Cb 型Ⅱ式（河北迁安苏各庄 M1：1）　14. Cc 型Ⅰ式（河北任丘东关 M4：1）　15. Cc 型Ⅱ式（河北廊坊大厂回族自治县大坨头遗址 M3：2）

Ⅱ式：口外侈，领微斜，溜肩，腹略圆鼓。河北邢台内丘张夺 10NDZ1#MDTG3M15：1，肩部饰凸弦纹，下腹及底部饰篮纹（图 2-17：8）。

C 型　圜底。有的腹下部饰绳纹或篮纹，有的无。根据口部的不同，可分为三亚型。

Ca 型　直口。根据口部、腹部的变化，可分为三式。

Ⅰ式：有领无颈，沿外凸，折腹，较扁鼓，最大腹径在下部。河北邢台内丘张夺 09ⅡTG4M83：5，下腹及底部饰绳纹（图 2-17：9）。

Ⅱ式：有领无颈，沿外凸，折腹，稍扁鼓，最大腹径在腹中部偏下。河北邢台内丘张夺 09ⅡTG1M11：1，下腹及底部饰绳纹（图 2-17：10）。

Ⅲ式：沿略下斜，束颈，圆鼓腹，最大径在腹中部。河北邢台内丘张夺 09ⅡTG9M103：1，下腹及底部饰绳纹（图 2-17：11）。

Cb 型　敛口。方唇，矮直领，圆鼓腹。根据领部及底部的变化，可分为二式。

Ⅰ式：领略高，口沿唇部方折明显，圜底近平。河北邢台内丘张夺 10NDZ2#MDTG2M38：1，下腹及底部略显篮纹（图 2-17：12）。

Ⅱ式：领稍矮，口沿唇部斜向下方折，尖圜底。河北迁安苏各庄 M1：1，颈部饰凹弦纹两周，肩下饰斜方格纹（图 2-17：13）。

Cc 型　侈口。根据领、沿和腹部的变化，可分为二式。

Ⅰ式：矮领，口沿唇部斜向下折，腹圆鼓。河北任丘东关 M4：1，底部有篮纹（图 2-17：14）。

Ⅱ式：矮领略高，唇外卷，短颈，鼓扁腹。河北廊坊大厂回族自治县大坨头 M3：2（图 2-17：15）。

（六）盆

敞口，有沿。根据底部的不同，可分为三型。

A 型　平底。根据腹部的不同，可分为二亚型。

Aa 型　弧腹。根据沿部、底部的变化，可分为三式。

Ⅰ式：小平折沿，不明显，底小。河北隆尧双碑遗址 M4：3，腹壁较弧（图 2-18：1）。

Ⅱ式：折沿稍宽，底稍大。河北邯郸建设大街 HNM15：10，腹略弧，饰凹弦纹两周（图 2-18：2）。

Ⅲ式：折沿较宽，底大。河北石家庄城角庄 M1：8，腹略弧，饰凹弦纹（图 2-18：3）。

Ab 型　斜腹。根据口沿、腹部的变化，可分为二式。

Ⅰ式：口沿略宽，腹壁微弧。河北邢台内丘张夺 10NDZ1#MDTG4

M24：1，腹壁有凸弦纹（图 2-18：4）。

Ⅱ式：口沿略窄，腹壁斜直。河北唐山滦南新立庄汉墓出土，腹中部饰凹弦纹（图 2-18：5）。

B 型　平底微内凹。河北武邑中角 M4：23，口沿斜外折，弧腹（图 2-18：6）。

C 型　圜底。河北阜城桑庄 M1：16，口沿方折，弧腹，口沿下饰凸弦纹（图 2-18：7）。

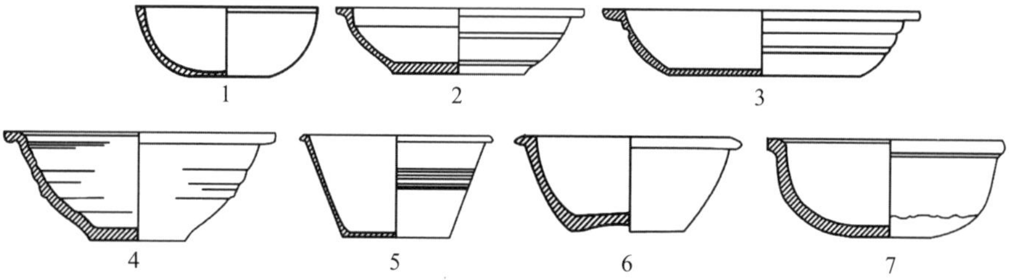

图 2-18　陶盆

1. Aa 型Ⅰ式（河北隆尧双碑遗址 M4：3）2. Aa 型Ⅱ式（河北邯郸建设大街 HNM15：10）3. Aa 型Ⅲ式（河北石家庄城角庄 M1：8）4. Ab 型Ⅰ式（河北邢台内丘夺 10NDZ1#MDTG4M24：1）5. Ab 型Ⅱ式（河北唐山滦南新立庄汉墓出土）6. B 型（河北武邑中角 M4：23）7. C 型（河北阜城桑庄 M1：16）

（七）盘

敞口，平底。根据底、足的不同，可分为三型。

A 型　平底。根据沿和腹部的变化，可分为四式。

Ⅰ式：圆唇，无沿，斜直腹。河北定州市东沿里 M1：19（图 2-19：1）。

Ⅱ式：小平沿，不明显，外端弧折，斜直腹。河北迁安于家村 M1：63（图 2-19：2）。

Ⅲ式：小平沿，不明显，外端方折，斜腹，微弧。河北石家庄城角庄 M1：10，内底饰凸弦纹（图 2-19：3）。

Ⅳ式：平沿，略宽，外端方折，斜腹，微弧。河北正定野头 M9：3（图 2-19：4）。

B 型　底微内凹。口部小平沿，斜腹。根据底部的变化，可分为三式。

Ⅰ式：底部微内凹。河北武邑青冢汉墓出土，口沿不明显，底部饰凸棱纹（图 2-19：5）。

Ⅱ式：底部内凹略明显。河北武邑中角 M4：29，口沿略明显（图 2-19：6）。

Ⅲ式：底部内凹较甚。河北正定野头 M8：1，口沿不明显，内壁有一周弦纹（图 2-19：7）。

C 型　假圈足，底无内凹。口部平沿略宽，弧腹。根据腹部的变化，可分为二式。

Ⅰ式：浅腹斜弧。河北易县燕下都 M30：10，口沿宽，盘内底饰凸弦纹（图 2-19：8）。

Ⅱ式：深腹弧鼓。河北唐山滦南东汉墓出土，口沿稍窄，腹内壁饰凸弦纹，外壁饰凹弦纹（图 2-19：9）。

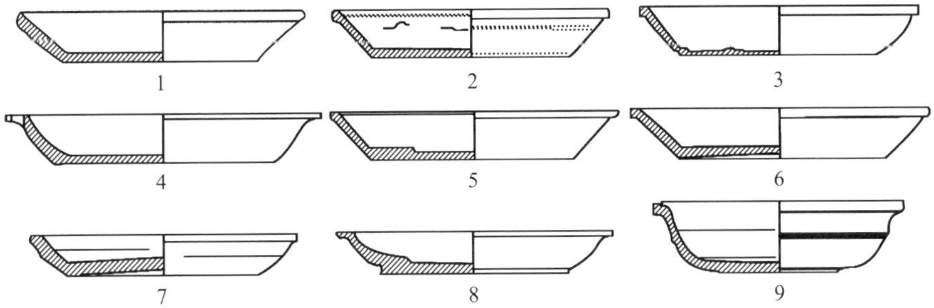

图 2-19　陶盘

1. A 型Ⅰ式（河北定州东沿里遗址 M1：19）　2. A 型Ⅱ式（河北迁安于家村 M1：63）　3. A 型Ⅲ式（河北石家庄城角庄 M1：10）　4. A 型Ⅳ式（河北正定野头 M9：3）　5. B 型Ⅰ式（河北武邑青冢汉墓出土）　6. B 型Ⅱ式（河北武邑中角 M4：29）　7. B 型Ⅲ式（河北正定野头 M8：1）　8. C 型Ⅰ式（河北易县燕下都 M30：10）　9. C 型Ⅱ式（河北唐山滦南新立庄汉墓出土）

（八）井

井身横断面为圆形，多无底。根据井口上部是否有井架，可分为二型。

A 型　井口上部无井架。河北廊坊三河小崔各庄汉墓出土，宽平沿，筒形井身，斜直壁外撇（图 2-20：1）。

B 型　井口上部有井架。根据井身形态的不同，又可分为三亚型。

Ba 型　井身为束腰圆筒形。根据井架、井身高度的变化，可分为三式。

Ⅰ式：井架高，井身束腰明显。河北石家庄北郊东汉 M1：15，井架有人字坡房顶，下安滑轮，井内有水斗一个（图 2-20：2）。

Ⅱ式：井架稍低矮，井身束腰较缓。河北武邑青冢汉墓出土，井沿上置井架，架中置滑轮，井架上部为弧形，主体为弓形，堆饰叶纹等（图 2-20：3）。

Ⅲ式：井架较矮，井身高，束腰不明显。河北满城四道口汉墓出土，井身饰弦纹九道，有提水装置，井架堆饰叶纹等，滑轮上有弧形盖（图 2-20：4）。

Bb 型　井身喇叭形，梯形井架，上承仿木结构。河北石家庄城角庄 M1：15，井身有底。平底，内有汲水小斗，井架顶为庑殿式顶（图 2-20：5）。

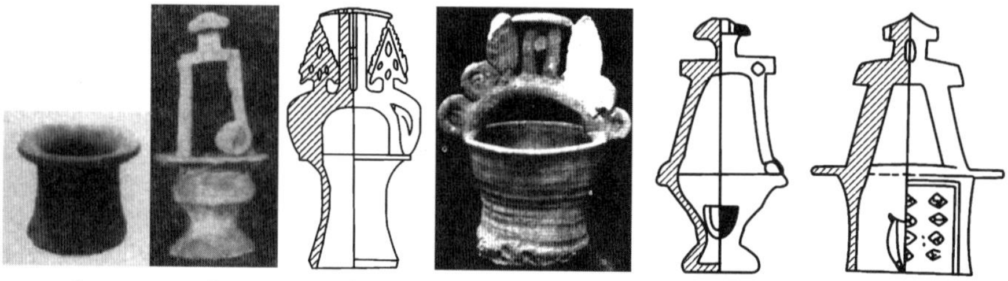

图 2-20　陶井

1. A 型（河北廊坊三河小崔各庄汉墓出土） 2. Ba 型Ⅰ式（河北石家庄北郊 M1：15） 3. Ba 型Ⅱ式（河北武邑青冢汉墓出土） 4. Ba 型Ⅲ式（河北满城四道口汉墓出土） 5. Bb 型（河北石家庄城角庄 M1：15） 6. Bc 型（河北邢台曹演庄 M22：13）

Bc 型　井身方形，梯形井架，上承仿木结构。井身素面或有纹饰，附有小水斗，无底。河北邢台曹演庄 M22：13，井座呈方形，上部四面出长檐，顶盖较尖，井身四面饰边框，内为菱形方格纹（图 2-20：6）。

（九）灶

基本包括灶身、火门、火眼、烟囱及相关灶具如釜、甑等，部分灶具残无。根据灶身平面形状的不同，可分为六型。

A 型　长方形。河北满城西山花园 M9：23，灶面置三釜，两长侧饰菱形纹，烟囱为一个小圆孔，拱形灶门位于灶前端中部，其上有低矮的挡烟墙（图 2-21：1）。

B 型　梯形或圆角梯形，前宽后窄。根据灶面火眼数量的不同，又可分为三亚型。

Ba 型　单火眼。河北邯郸市龙城小区 M11：4，前端底部中间有火门，其上灶面前凸，用于挡烟，烟孔位于灶面后端，火眼上置釜甑一套（图 2-21：2）。

Bb 型　双火眼。河北邢台曹演庄 M17：9，前端底部中间有横长方形火门，其上灶面斜向上前凸，用于挡烟，两火眼前后排列，前火眼上置釜甑一套，后火眼置一釜，火眼孔间有一陶勺（图 2-21：3）。

Bc 型　三火眼，呈品字形分布。火门为方形或长方形。根据挡烟墙与挡火墙的变化，可分为二式。

Ⅰ式：前有挡烟墙，后有挡火墙，均较高。河北邯郸市建设大街 HNM15：24，前端底部中间有方形火门，灶面上置釜、甑、盆等，挡烟墙、挡火墙及壁饰模印的柿蒂纹、草叶纹、菱形“回”字纹等（图 2-21：4）。

Ⅱ式：前端灶门上立低矮挡烟墙，后端不见挡火墙。河北石家庄城角庄

M1：24，长方形火门开于前端中部，灶面后部设长方形烟囱，灶面上模塑羊头、耳杯及相关厨具等（图 2-21：5）。

C 型　三角形或圆角三角形。根据灶面具体形状和火眼数量的不同，又可分为二亚型。

Ca 型　平面呈圆角三角形，灶面设一个火眼。河北廊坊三河小崔各庄汉墓出土，长方形火门，烟孔呈不规则形状，火眼上置一甑（图 2-21：6）。

Cb 型　平面呈等边三角形，灶面设三个火眼。天津市蓟州邦均 M1：4，三火眼各置釜、甑一套（图 2-21：7）。

D 型　桃心形。长方形火门，上立挡烟墙。烟囱突出，斜弧外翘。灶面中部有 1 火眼。根据灶面形状及其相关设施的变化，可分为二式。

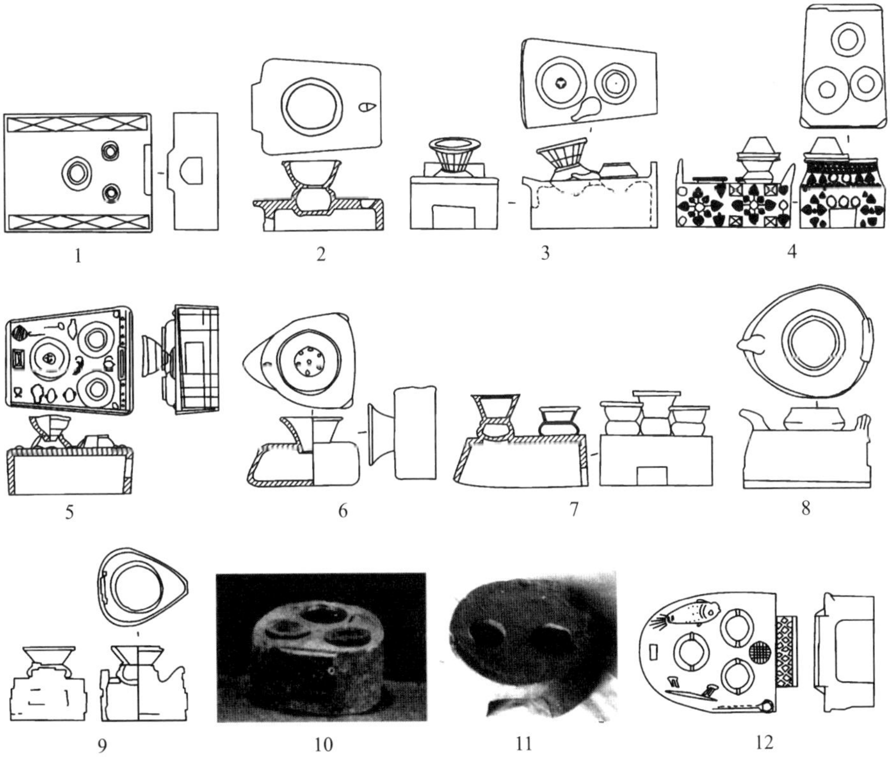

图 2-21　陶灶

1. A 型（河北满城西山花园 M9：23）　2. Ba 型（河北邯郸龙城小区 M11：4）　3. Bb 型（河北邢台曹演庄 M17：9）　4. Bc 型Ⅰ式（河北邯郸建设大街 HNM15：24）　5. Bc 型Ⅱ式（河北石家庄城角庄 M1：24）　6. Ca 型（河北廊坊三河小崔各庄汉墓出土）　7. Cb 型（天津市蓟州邦均 M1：4）　8. D 型Ⅰ式（河北武邑青冢汉墓出土）　9. D 型Ⅱ式（河北武邑中角 M4：53）　10. E 型Ⅰ式（河北石家庄北郊汉墓出土）　11. E 型Ⅱ式（河北唐山滦县新农村东汉 M1：30）　12. F 型（河北易县燕下都 M38：8）

Ⅰ式：灶面略圆弧，挡烟墙、烟囱略高。河北武邑青冢汉墓出土，灶台上置一釜，无甑（图 2-21：8）。

Ⅱ式：灶面后端略尖，挡烟墙、烟囱略低。河北武邑中角 M4∶53，灶台上置釜、甑一套（图 2-21：9）。

E 型　椭圆形或圆形。根据火眼数量的变化，可分为二式。

Ⅰ式：三火眼。河北石家庄北郊汉墓出土，火门方形，上出挡烟沿，两个火眼上置小陶釜（图 2-21：10）。

Ⅱ式：双火眼。河北唐山滦县新农村东汉 M1∶30，有一圆形烟孔（图 2-21：11）。

F 型　前方后圆形，即马蹄形。河北易县燕下都 M38∶8，前端中部靠下有较大的长方形火门，火门上有低矮挡烟墙，灶面有三个火眼，置陶甑等，灶面上模印鱼、俎案、勺等，后端有近长方形的烟孔（图 2-21：12）。

（十）仓

形状不一，多有盖，部分残无。根据整体形状的不同，可分为二型。

A 型　筒形。圆形口，肩弧平或斜弧，深腹，平底。根据肩部、腹部和底、足的变化，可分为三式。

Ⅰ式：肩部平，直壁，腹上下一致，平底，无足。河北邢台柏乡县东小京汉墓出土，仓身饰三组栉齿纹（图 2-22：1）。

Ⅱ式：肩部较平，腹壁斜直，上腹直径大于下腹直径，底部置熊状三足。河北邯郸市建设大街 HNM5∶16，腹壁上饰凸弦纹两周（图 2-22：2）。

Ⅲ式：肩部斜弧与腹部接合处形成圆肩，腹壁斜直，腹上直径大于下部直径，底部置三兽蹄足。河北邢台曹演庄 M24∶11，小盖，顶尖，仅盖住口部（图 2-22：3）。

B 型　房形。由仓身和仓盖两部分构成，仓身平面为长方形，平底，外壁有纹饰。根据盖及仓身的变化，可分为二式。

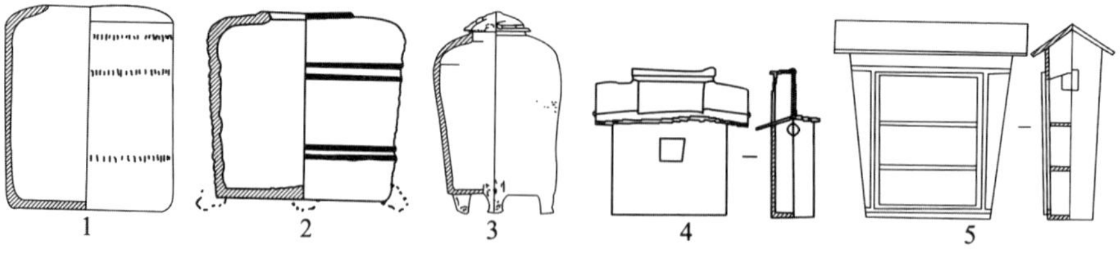

图 2-22　陶仓

1. A 型Ⅰ式（河北邢台柏乡东小京汉墓）2. A 型Ⅱ式（河北邯郸建设大街 HNM5∶16）3. A 型Ⅲ式（河北邢台曹演庄 M24∶11）4. B 型Ⅰ式（河北武邑青冢汉墓出土）5. B 型Ⅱ式（天津市武清鲜于璜墓出土）

Ⅰ式：盖悬山平顶，略有坡度，脊突出明显，仓身壁直。河北武邑青冢汉墓出土，盖正脊微翘，仓身有近方形的孔（图 2-22：4）。

Ⅱ式：盖为两面坡式，无突出的脊，仓身壁斜直，上宽下窄。天津武清鲜于璜墓出土，仓身有相关纹饰，两侧山墙各开一方窗（图 2-22：5）。

三、分期与年代推断

根据上文对京津冀地区中小型汉墓出土典型陶器的形制分析，结合相互之间的伴出共存关系，可将京津冀地区中小型汉墓出土陶器分为五组（表 2-2、表 2-3）。

第一组：典型陶器有 A 型Ⅰ、Ⅱ、Ⅲ式，Ba 型Ⅰ式鼎；Aa 型，Ab 型Ⅰ、Ⅱ式，B 型Ⅰ、Ⅱ式盒；Ba 型，Bb 型Ⅰ式，Ca 型Ⅰ式壶；Aa 型Ⅰ、Ⅱ、Ⅲ式，Ac 型Ⅰ、Ⅱ式，Ad 型Ⅰ式，Bb 型Ⅰ式，Bc 型Ⅰ式，C 型Ⅰ式，Dc 型罐；Ab 型Ⅰ式，Ca 型Ⅰ、Ⅱ式，Cb 型Ⅰ式瓮。

第二组：典型陶器有 A 型Ⅲ、Ⅳ式，Ba 型Ⅰ、Ⅱ式，Bb 型Ⅰ、Ⅱ式鼎；B 型Ⅱ式盒；Bb 型Ⅰ、Ⅱ式，Bc 型，Cb 型Ⅰ、Ⅱ式，Da 型Ⅰ式壶；Aa 型Ⅳ式，Ab 型Ⅰ、Ⅱ式，Ac 型Ⅱ、Ⅲ式，Ad 型Ⅰ、Ⅱ、Ⅲ式，Bb 型Ⅰ式，Bc 型Ⅰ、Ⅱ、Ⅲ式，C 型Ⅱ、Ⅲ式，Da 型，Db 型，Dd 型罐；Ab 型Ⅱ式，Ac 型，B 型Ⅰ、Ⅱ式，Ca 型Ⅲ式，Cc 型Ⅰ式瓮；Aa 型Ⅰ式，Ab 型Ⅰ式盆。

第三组：典型陶器有 Ba 型Ⅲ式，Bb 型Ⅲ式鼎；B 型Ⅲ式盒；Aa 型Ⅰ式，Cb 型Ⅱ、Ⅲ式，Da 型Ⅱ式壶；Ab 型Ⅱ式，Bb 型Ⅱ式，Bc 型Ⅲ式罐；Aa 型Ⅰ、Ⅱ、Ⅲ式，Cc 型Ⅱ式瓮；Aa 型Ⅰ、Ⅱ式，Ab 型Ⅰ式盆；Ba 型Ⅰ式，Bc 型井；Ba 型，Bb 型，Bc 型Ⅰ式，E 型Ⅰ式灶；A 型Ⅰ、Ⅱ、Ⅲ式仓。

第四组：典型陶器有 A 型Ⅴ式鼎；C 型盒；Aa 型Ⅱ式，Ab 型Ⅰ、Ⅱ、Ⅲ式，Ca 型Ⅱ式，Db 型壶；Ba 型Ⅰ、Ⅱ式，Bb 型Ⅲ式，Bc 型Ⅳ式，De 型罐；Cb 型Ⅱ式，Cc 型Ⅱ式瓮；Aa 型Ⅲ式，Ab 型Ⅰ、Ⅱ式，Bb 型盆；A 型Ⅰ、Ⅱ、Ⅲ式，B 型Ⅰ、Ⅱ式，C 型Ⅰ式盘；A 型，Ba 型Ⅱ、Ⅲ式，Bb 型，Bc 型井；A 型，Bc 型Ⅱ式，Ca 型，Cb 型，D 型Ⅰ、Ⅱ式，F 型灶；B 型Ⅰ、Ⅱ式仓。

第五组：典型陶器有 Cb 型Ⅳ式壶；Bc 型Ⅳ式罐；A 型Ⅳ式，B 型Ⅲ式，C 型Ⅱ式盘；A 型，Bc 型井；E 型Ⅱ式灶；B 型Ⅱ式仓。

通过与墓葬出土的铜镜、钱币等具有断代意义的共存器物进行比较分析，可将以上五组器物组合看作依次发展的五个时期，进而结合出土陶器墓葬的形制等内容，对各期的年代进行推断并归纳各期墓葬的阶段特征。

表 2-2　京津冀地区中小型汉墓出土陶器分组表（一）

组别	鼎			盒				壶									罐												
	A	B		A		B	C	A		B			C		D		A				B			C	D				
		a	b	a	b			a	b	a	b	c	a	b	a	b	a	b	c	d	a	b	c		a	b	c	d	e
一	Ⅰ Ⅱ Ⅲ	Ⅰ		√	Ⅰ Ⅱ	Ⅰ Ⅱ				√	Ⅰ		Ⅰ				Ⅰ Ⅱ Ⅲ		Ⅰ Ⅱ	Ⅰ		Ⅰ	Ⅰ	Ⅰ			√		
二	Ⅲ Ⅳ	Ⅰ Ⅱ	Ⅰ Ⅱ			Ⅱ					Ⅰ Ⅱ	√		Ⅰ Ⅱ	Ⅰ		Ⅳ	Ⅰ Ⅱ	Ⅱ Ⅲ	Ⅰ Ⅱ Ⅲ		Ⅰ	Ⅰ Ⅱ Ⅲ	Ⅱ Ⅲ	√	√		√	
三		Ⅲ	Ⅲ			Ⅲ		Ⅰ						Ⅱ Ⅲ	Ⅱ			Ⅱ				Ⅱ	Ⅲ						
四	Ⅴ						√	Ⅱ	Ⅰ Ⅱ Ⅲ				Ⅱ			√					Ⅰ Ⅱ	Ⅲ	Ⅳ						√
五														Ⅳ									Ⅳ						

表 2-3　京津冀地区中小型汉墓出土陶器分组表（二）

组别	瓮							盆				盘			井				灶									仓	
	A			B	C			A		B	C	A	B	C	A	B			A	B			C		D	E	F	A	B
	a	b	c		a	b	c	a	b							a	b	c		a	b	c	a	b					
一		Ⅰ			Ⅰ Ⅱ	Ⅰ																							
二		Ⅱ	√	Ⅰ Ⅱ	Ⅲ		Ⅰ	Ⅰ	Ⅰ																				
三	Ⅰ Ⅱ Ⅲ						Ⅱ	Ⅰ Ⅱ	Ⅰ							Ⅰ		√		√	√	Ⅰ				Ⅰ		Ⅰ Ⅱ Ⅲ	
四						Ⅱ	Ⅱ	Ⅲ	Ⅰ Ⅱ	√		Ⅰ Ⅱ Ⅲ	Ⅰ Ⅱ	Ⅰ	√	Ⅱ Ⅲ	√	√	√			Ⅱ	√	√	Ⅰ Ⅱ		√		Ⅰ Ⅱ
五											√	Ⅳ	Ⅲ	Ⅱ	√			√								Ⅱ			Ⅱ

第一期：竖穴坑墓、竖穴洞室墓均有发现。竖穴坑墓数量和种类均较多，又以土坑居多，包括木椁墓、木棺墓、瓮棺墓、无棺墓等不同形制，其中部分木棺墓有生土二层台；竖穴洞室墓数量较少，形制也相对较为简单。陶器以鼎、盒、壶、罐为主要组合，参与组合的器物数量并不固定，其中以鼎、罐最为多见，部分墓葬中还出有瓮。伴出器物还有陶钫、人俑、马俑等，较多地延续了战国及秦代墓葬中的器物组合。就具体器物来讲，河北易县燕下都6号遗址M4出土的陶壶，造型、纹饰都和燕下都一带战国中晚期墓葬出土的陶壶基本相同[①]。该期陶器伴出的铜镜多为三弦纽，素面镜居多，钱币多为半两钱，未见五铢钱。半两钱大部分内外无郭，字体规整，“两”字的两个“人”部分作“人”字形，部分简作一横，大多数为四铢半两。典型墓葬有河北邢台内丘张夺遗址09ⅡTG4M83、10NDZ1#MDTG4M29，以及曹演庄M2、M3、M5、M7，另有河北易县燕下都6号遗址中的M1～M7等，这些墓葬在形制上还普遍保留着战国时期墓葬的特点。因此，可推断此期的时代为西汉早期，具体时间大致为西汉建国至元狩五年（前118年）五铢钱币发行之前。

第二期：墓葬形制仍以竖穴坑墓和竖穴洞室墓为主，同时竖穴土坑墓中新出现了砖椁墓。陶器基本沿袭第一期的组合，陶仿制礼器仍以鼎、盒、壶为主，但形制更加丰富，日常用器组合为罐、瓮、盆，新出现了模型明器灶，相关陶器还有俑等。伴出铜镜有第一期中的素面镜，但又有了新的镜种，如星云纹镜、连弧纹镜，其中河北邢台曹演庄M24出土的连弧纹昭明镜在西汉中后期流行[②]。该期墓葬出土的钱币多为五铢钱，有的“五”字交笔缓曲，“铢”字金头为“◇”或“△”形，与武帝时期的三官五铢风格相同[③]，有的“五”字较消瘦，金头三角锐长，应为昭帝五铢。典型墓葬有河北邯郸百家村M6，邯郸渚河桥M5，隆尧双碑遗址M8、M9，以及涉县索堡M1、M2等，其中邯郸百家村M6木棺之外为砖框、木盖顶结构是土坑墓向砖室墓发展的过渡阶段[④]。综合以上，可推断第二期的时代大致为西汉中期，具体时间大致在元狩五年（前118年）五铢钱币发行之后的武帝、昭帝及宣帝时期。

第三期：本期的墓葬有较多的竖穴坑墓和竖穴洞室墓，其中竖穴坑墓

---

① 河北省文物研究所．燕下都“6”号遗址汉墓发掘简报［J］．文物，1990（3）．

② 河北省文物研究所，邢台市文物管理处．邢台曹演庄汉墓群发掘报告［J］．文物春秋，1998（4）．

③ 宋蓉．冀中南中小型汉墓的分期与年代研究［J］．文物春秋，2013（5）．

④ 河北省文物研究所．邯郸百家村M6发掘简报［J］．文物春秋，2011（1）．

有砖椁墓、石椁墓、木棺墓、瓮棺墓等形制；除上述形制外，新出现了砖室墓，多为单室砖砌墓。陶器基本延续了第二期的组合，但仿制陶礼器组合的数量、形制较第二期有所减少，形态也略有变化；日常用器组合仍以罐、瓮为主；井、灶、仓等模型明器的数量有所增加。伴出的铜镜数量和种类大为增加，以昭明镜最多，镜背铭文字体较圆，文字间多用“の”符号间隔，此外还有素面镜、星云纹镜、四乳四虺纹镜、日光重圈镜等。伴出铜钱有五铢钱、货泉、大泉五十和货布等。典型墓葬有河北邯郸渚河桥M4、满城县贤台村M1及任邱东关M2、邢台曹演庄M17等。综合以上可推断，本期时代大致相当于西汉晚期和新莽时期，个别墓葬下限可能到东汉初期，具体时间大致在西汉元帝至东汉光武帝建国之初，之间还经历有王莽新朝及东汉政权建立之前的其他政权短暂统治时间。

第四期：竖穴洞室墓基本不见，竖穴坑墓仅在该期的较早阶段个别地区还有使用，包括一定的数量的竖穴土坑石椁墓或砖椁墓。还有一些为其他形式的竖穴土坑墓，如河北河间市东文庄汉代墓地，有7座竖穴土坑式积瓦墓葬，一些有较薄的木棺等，时代可至东汉初期①，但稍晚阶段，此类竖穴坑式墓葬也基本消失。砖室墓成为主流，斜坡墓道的单室砖室墓继续发展，出现了双室墓和三室墓，前堂后室的布局日益明显，墓葬形制日趋第宅化。陶器组合发生了较大变化，仿制陶礼器中的鼎、盒、壶数量明显减少，鼎、盒在中小型墓中逐渐消失；日常用器以罐、盘为主，模型明器的数量和形制明显增多，形成了以仓、灶、井为主要内容的模型明器组合，陪葬品的生活化特征日趋明显。伴出的铜镜有四乳四螭纹镜、四乳禽鸟镜、连弧纹镜、锯齿纹镜等。伴出钱币主要为东汉五铢，“铢”字金头较大。典型墓葬有河北廊坊三河小崔各庄汉墓、景县大代庄汉墓、武邑青冢汉墓、武邑中角汉墓及天津市蓟州区邦均M1等。综合以上，推断此期的时代大致相当于东汉早中期，具体时间大致在东汉建国之后至汉桓帝执政前后。

第五期：墓葬形制以砖室墓为主，几乎不见其他形制。双室墓、三室墓的数量增多，大型的多室砖室墓也出现并发展。陶器组合基本延续前期特点，仿制陶礼器日益衰落，模型明器形制有所增加，“日常用器+模型明器”的陪葬品组合完全确立。伴出铜镜较少，主要有多乳镜和“位至三公”镜，为东汉中晚期流行的镜型。钱币除了前期的东汉五铢外，还常见剪轮五铢与綖环五铢，制作粗糙，一些文字模糊不清。典型墓葬有河北涿州凌

① 河北省文物研究所，沧州市文管处，河间市文保所．河间东文庄窑址和墓葬发掘简报［C］//河北省文物考古研究所．河北省考古文集（二）［M］．北京：燕山出版社，2001：183-193．

云集团新厂M1、迁安于家村M1、滦县雷庄镇汉墓、滦南新立庄汉墓、丰润七里屯M1、文安县宋家牌M1等，天津蓟州区、北京及河北张家口等地发现的东汉墓也多属这一阶段。推断此期时代大致为东汉晚期，具体时间大致在东汉桓帝至东汉灭亡，或可延续至三国早期阶段。

四、发展与演变

京津冀地区汉墓众多，墓葬形制与陪葬物品等的内容、内涵较为丰富。在两汉四百余年的时间里，这一地区的汉墓获得了较大发展，既有在全国汉墓发展大环境下及大一统背景下的发展，也有与地域社会政治、经济、思想文化及丧葬传统等密切相关的自身特点，因此，就京津冀地区汉代中小型墓葬的发展演变来讲，既有与全国汉墓较强的统一性，亦存在相应的地域性。

（一）墓葬形制

通过对京津冀地区中小型汉墓的形制分析可以发现，不同形制的墓葬流行年代存在相应的差异，各个时期的墓葬表现出不同的文化面貌，并呈现出明显的阶段性特征。西汉早期，今京津冀地区多流行无墓道的竖穴坑墓，竖穴洞室墓及横穴砖室和砖石混筑墓基本不见。竖穴坑墓以木椁墓、木棺墓、无棺墓等形制为主，兼有一定数量其他形制的墓葬。这一时期的墓葬还带有很多战国晚期墓葬的特点，部分木棺墓在墓底留生土二层台，木椁墓中盛行设置边箱、头箱，很多土坑墓还保留着长宽比例较小、四壁斜度较大的特点，如邯郸建设大街HWM13[①]。西汉中期，仍以竖穴土（石）坑墓为主，但墓室一改西汉前期长宽比例较小的特点，长宽比例加大，变得相对窄长。砖椁墓数量增多，多以砖垒砌椁圹，以木盖顶，内多置木棺，这是由土坑墓向砖室墓转变的过渡形制。此时的竖穴洞室墓多为竖井式墓道，土洞内多无砖木结构，部分是直接放置葬具和陪葬品等。西汉晚期至东汉初期，竖穴土（石）坑墓仍较为流行，但砖椁墓的数量明显增多，至东汉初期，个别地区等级不高的墓葬仍为土坑竖穴，墓坑内积瓦，有瓦椁，亦有瓦棺，如河北河间东文庄发现的相关墓葬[②]，这既与墓葬等级有关，也

① 邯郸市文物保护研究所．邯郸市建设大街战汉墓葬发掘报告［J］．文物春秋，2004（6）．

② 河北省文物研究所，沧州市文管处，河间市文保所．河间东文庄窑址和墓葬发掘简报［C］// 河北省文物考古研究所．河北省考古文集（二）［M］．北京：燕山出版社，2001：183-193．

是土坑竖穴墓衰落的体现。此后的东汉时期，竖穴坑墓葬在今京津冀地区基本不见。西汉晚期至东汉初期，竖穴洞室墓中很多仍延续了竖井式墓道的形式，但墓室内用圆木和木板进行支撑，以砖砌墓壁的形式开始增多。部分洞室墓的墓道已经由竖井式向斜坡式转变，墓室内多构建砖木结构，有的墓葬如阳原三汾沟 M9 的墓道上还有建筑遗迹，而且该墓不仅主要墓室内为木构设施，侧室内亦是如此①。这一时期新出现了砖室墓，以单室为主，墓葬开始由竖穴椁墓向横穴室墓发生转变。东汉早中期，竖穴洞室墓已极少见，土坑墓的数量不断减少，除上文所述河间东文庄墓地的相关墓葬外，也有少量竖穴土坑墓内砌有石椁或砖椁。横穴砖室墓和砖石混筑墓的数量大大增加，其中双室墓和多室墓的数量也在不断增多，部分带有耳室或侧室等，横穴砖室墓得到普及和推广。东汉晚期，竖穴土（石）坑墓和竖穴洞室墓几乎不见，横穴砖室墓和砖石混筑墓则全面普及，发展到其顶峰，以前后室和前中后室最为常见，且普遍带有耳室或侧室，有的有多个侧室，有的有多个后室，另外，多室砖墓也得到发展，部分墓葬的规模很大。

（二）陪葬品

仿制陶礼器的逐步衰落、日常用器和模型明器的渐趋增多是京津冀地区中小型汉墓出土典型陪葬品的主要发展轨迹，这与全国多数地区的大部分汉墓中陪葬品的发展轨迹基本一致。

仿制陶礼器主要流行于西汉时期。西汉早中期，今京津冀地区的汉墓继承了战国、秦代墓葬以鼎、盒、壶、钫为代表的仿制陶礼器的组合，种类和数量均较多；西汉后期开始走向衰落，鼎、盒数量明显减少；西汉晚期到东汉早中期，鼎、盒、壶仍有少量发现，但仿制陶礼器组合已基本不见；到了东汉晚期，只发现了少量的壶和制作粗糙的鼎。日常用器主要有罐、瓮、盆、盘等，西汉早中期以罐、瓮为主要组合，西汉晚期到东汉初，盆开始大量出现，东汉时期，罐、瓮的数量减少，盆、盘多见，成为主要组合。模型明器主要流行于东汉时期，且体现出种类不断丰富、数量不断增加的发展趋势。西汉中后期仅有少量的灶出土；西汉晚期到东汉初期，开始形成仓、灶、井的模型明器组合，但并不普及；东汉时期，仓、灶、井等模型明器的数量大为增加，模型明器组合大为流行。

总体上看，京津冀地区两汉墓葬出土陶器体现出陪葬品日趋生活化的

---

① 河北省文物研究所，张家口地区文化局．河北阳原三汾沟汉墓群发掘报告［J］．文物，1990（1）．

发展特征。这与京津冀地区两汉之际墓葬形制的变化和厚葬之风的盛行有着密切关系。汉代流行厚葬，厚葬思想突出表现在“事死如事生”的丧葬观念上，在陪葬品方面表现为将墓主生前拥有的珍贵物品和生前所用器物置于墓中，尽量做到应有尽有。西汉早中期，陪葬品多为墓主生前使用的各种较珍贵的器物及体现墓主身份地位和等级的仿制陶礼器等。西汉晚期至东汉早期，墓葬形制发生了巨大变化，墓室的构造完全仿照现实住宅，横穴室墓出现并开始取代竖穴椁（棺）墓成为主流。伴随着墓葬形制的“第宅化”，陪葬品也日趋“生活化”，墓主将生前所用的器物做成模型置于墓中，以仓、灶、井、楼等为代表的模型明器逐渐成为陪葬品的另一重要组成部分，用来表明和象征墓主生前的财富和身份地位，同时表达了在地下继续拥有和享用这些器物的美好愿望。由此来看，京津冀地区汉墓中陪葬品的发展变化与墓葬形制的变化、发展有着密切关系，二者相互促进，共同推动墓葬的整体发展，而这在其他地区汉墓中也有充分体现，应是汉代墓葬统一发展特征的体现和反映。

第三节　与相关地区汉墓的比较、关系及其地域特征

汉代墓葬数量巨大，广泛分布于全国各地，京津冀地区周边的鲁北地区、豫北地区、晋北地区、内蒙古中南部地区、辽宁西南部地区等均有大量汉墓发现，而两汉京畿地区的墓葬更是获得较大发展，并对其他地区汉代墓葬有着较大的、多方位的影响，京津冀地区的汉墓也不例外。京津冀地区汉墓一方面受到两汉京畿及中原地区汉代墓葬的影响，另一方面又与周边地区汉墓有着较为密切的关系，在此背景下，不仅体现出与两汉京畿及中原地区、京津冀周边地区汉代墓葬相似的丧葬文化内容，也反映出汉代诸多区域之间丧葬文化的交流与传播，同时还有两汉大一统背景下的全面发展。就京津冀地区的汉墓来讲，由于某些特定的原因和条件，如政治、地理、经济、思想及传统丧葬文化等，这一地区的汉墓也呈现出一些不同于其他地区的特点，具有相对较为明显的地域特征。

一、与周边地区汉墓的比较与关系

（一）与山东地区汉墓的关系

山东地区发现汉墓较多，形制有竖穴土（石）坑墓、横穴崖洞墓、横穴

砖室墓、横穴石室墓及横穴式砖石混砌墓等。横穴崖洞墓在京津冀地区仅见于河北保定满城 M1 与 M2①，横穴式砖石混砌墓在京津冀地区发现极少，而横穴石室墓几乎不见于京津冀地区汉墓中。西汉早期，两地均流行竖穴土坑墓，葬具以木棺木椁为主，有少量的石椁，其中，鲁北地区与河北中南部地区均流行在墓穴中设生土二层台，陪葬品大多置于二层台之上。西汉中期，竖穴砖椁墓的数量在两地均有所增加，但山东地区汉墓中流行的竖穴岩坑墓、竖穴石椁墓等（图 2-23：1、2②）在京津冀地区汉墓中少见。西汉中晚期到东汉初期，京津冀地区开始流行单室砖墓，而山东地区仍以竖穴土坑墓为主，砖室墓出现时间相对略晚，约在东汉初期。此外，山东地区在东汉中晚期较为流行的横穴石室墓及横穴砖石混砌墓大多有石刻画像，墓葬结构复杂且装饰较为精美（图 2-23：3③），这在京津冀地区汉墓中很少发现。京津冀中南部地区东汉晚期有一定数量的壁画墓，山东地区东汉时期的壁画墓发现相对较少，较具代表性的为山东东平后屯汉代壁画墓（M1、M12、M13 等）④，均为竖穴式墓葬，其中以 M1 最具代表性，该墓为竖穴式多室石椁墓，时代为新莽至东汉初年，时代早于京津冀中南部地区，而壁画的绘画风格、内容等亦有差别，而如 M1，不仅有壁画（图 2-23：4、5），还有画像石。

陪葬品方面，两地汉墓在西汉早期均沿袭了战国以来陶鼎、盒、壶等的组合，山东地区这一时期汉墓中较多还有陶钫，京津冀地区这一时期汉墓则较少出土陶钫，但两地汉墓中鼎、盒、壶、钫的仿制陶礼器组合均延续到西汉中后期。山东地区鼎、盒、壶的仿制陶礼器组合在一些地区的西汉中期墓葬中已不甚完整，这在鲁北地区表现得相对较明显，西汉晚期更加衰落；京津冀地区汉墓则基本保持了鼎、盒、壶的组合。山东地区汉墓中，模型明器使用较早一些，与京津冀地区汉墓相似，在西汉晚期到东汉初，模型明器数量大增，以仓、灶、井为主体的模型明器组合较为流行，并在东汉时取代了之前占主导地位的陶礼器组合。东汉时期，京津冀地区汉墓中模型明器有一类较具代表性且十分盛行，即陶楼，山东地区东汉墓

---

① 中国社会科学院考古研究所，河北省文物管理处. 满城汉墓发掘报告［M］. 北京：文物出版社，1980.

② 山东省博物馆，临沂文物组. 临沂银雀山四座西汉墓葬［J］. 考古，1975（6）；微山县文物管理所. 山东微山县微山岛汉代墓葬［J］. 考古，2009（10）.

③ 济南市考古研究所，长清区文物管理所. 济南市长清区大柿园东汉画像石墓［J］. 考古，2018（4）.

④ 山东省文物考古研究所，东平县文物管理所. 东平后屯汉代壁画墓［M］. 北京：文物出版社，2011.

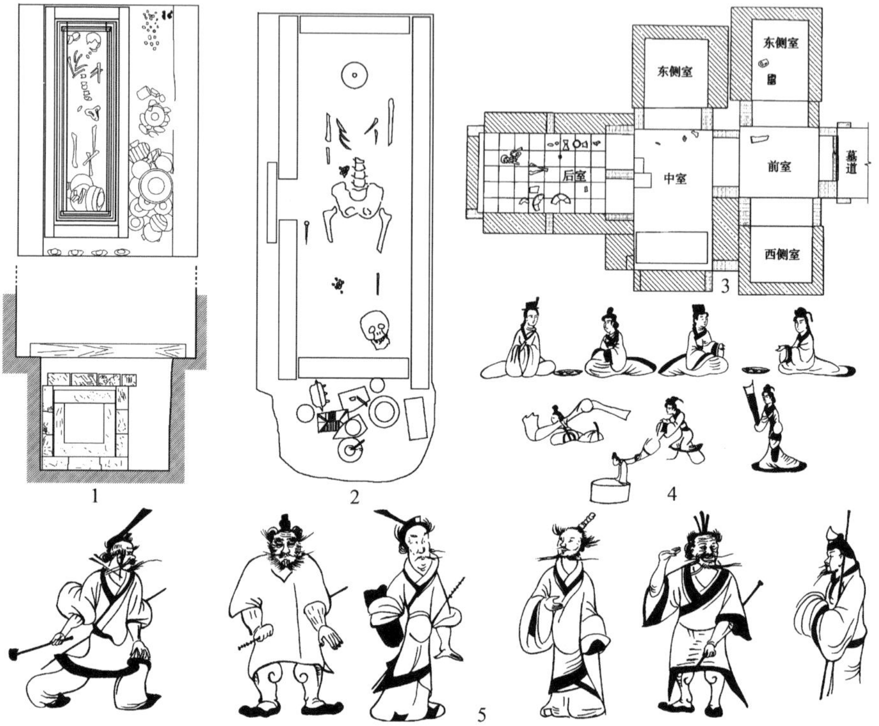

图 2-23　山东地区汉代墓葬及墓葬壁画

1. 竖穴岩坑墓（山东临沂银雀山 M4）　2. 竖穴石椁墓（山东微山县微山岛 M31）
3. 横穴画像石墓（山东济南长清大柿园画像石墓）　4、5. 墓葬壁画（山东东平后屯 M1）

较之稍显逊色。就具体器物来讲，河北邯郸涉县索堡 SSM1、SSM2 出土的盘口壶和大口罐等[①]与山东地区西汉中期的同型器物造型较为接近；河北邢台曹演庄汉墓中出土的壶、罐、盒、井、灶等[②]与山东地区相近时代汉墓出土的同类器物有颇多相似之处；河北衡水武邑中角 M4 出土的壶、罐、盘、炉、井等[③]也与山东地区相近时代东汉墓出土的同类器相近[④]。由上述内容来看，京津冀地区尤其是冀南、冀东南地区汉墓与山东地区尤其是鲁北地区的汉墓，虽然也存在一些差别或不同之处，但较多的共性表明二者之间有

① 邯郸市文物管理处，涉县文物保管所．河北涉县索堡汉墓［J］．文物春秋，1996（1）．

② 河北省文物研究所，邢台市文物管理处．邢台曹演庄汉墓群发掘报告［J］．文物春秋，1998（4）．

③ 河北省文物研究所，衡水地区文物管理所．武邑中角汉墓群 4 号墓发掘报告［C］// 河北省文物研究所．河北省考古文集［M］．北京：东方出版社，1998：261-271．

④ 郑同修，杨爱国．山东汉代墓葬出土陶器的初步研究［J］．考古学报，2003（3）．

着极为密切的关系，冀南、冀东南地区汉墓与鲁北地区的汉墓在很大程度上属于同一或较为相近的发展体系。

（二）与雁北地区汉墓的关系

雁北地区指的是山西省内雁门关以北的地区，主要包括今大同市和朔州市所辖的区域，大抵相当于汉代的雁门郡和代郡，属于并州刺史部。今京津冀地区西北的张家口一带，局部区域在汉代亦属于雁北地区，因此，雁北地区汉墓与京津冀地区，尤其是张家口地区汉墓有着较多相似之处，关系较为密切。

西汉早中期，两地均以竖穴土坑墓为主，雁北地区主要流行木椁墓，部分木椁墓设有头箱，与京津冀地区木椁墓形制相同，但基本不见其他类型的竖穴土坑墓。此外，雁北地区洞室墓非常流行，主要包括竖井墓道洞室墓（图2-24：1）和斜坡墓道洞室墓（图2-24：2），此外还有偏洞室墓（图2-24：3）等形制[①]，就时代而言，这一地区在西汉早期就已出现竖井式墓道洞室墓，西汉中期出现了斜坡墓道洞室墓，西汉晚期洞室墓成为主流并一直流行至东汉早期，而且较大型的洞室墓多积石积炭。京津冀地区的竖井墓道洞室墓和斜坡墓道洞室墓出现的时间均晚于雁北地区，可能受到了雁北地区的影响和传播。京津冀地区的斜坡墓道洞室墓的数量很少，这或许与京津冀西北地区接受这一墓葬形式相对较晚或并未推广开来等因素有关。雁北地区和张家口地区西汉时期的部分木椁墓中，都出现了墓葬边

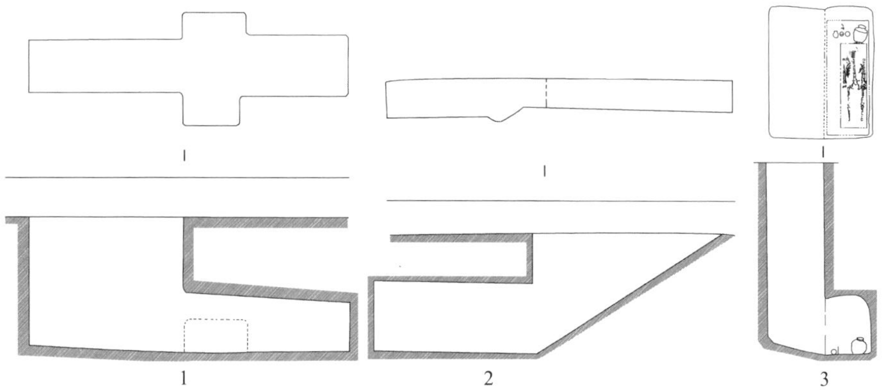

图2-24　雁北地区汉墓

1. 竖井墓道洞室墓（山西朔县6M200）　2. 斜坡墓道洞室墓（山西朔县QM104）
3. 偏洞室墓（山西朔县6M151）

① 平朔考古队．山西朔县秦汉墓发掘简报［J］．文物，1987（6）；屈盛瑞．山西朔县西汉并穴木椁墓［J］．文物，1987（6）．

壁排立木柱的现象，体现出两地木椁墓之间的共性。西汉晚期，京津冀地区出现砖室墓并在东汉时期广为流行，数量众多、形制多样；雁北地区在西汉晚期至东汉初期仍流行洞室墓，直至东汉中晚期才多见横穴砖室墓，且基本为单室和双室墓，不见京津冀地区多见的多室墓。由上，就墓葬形制、结构的内容来讲，西汉早中期，雁北地区可能对京津冀西北地区产生相应的影响，但在西汉晚期及之后的一段时间，雁北地区汉墓的发展趋缓，砖室墓发展较为落后即是证明。

在陪葬品方面，雁北地区汉墓整体出土陶器较少。西汉早期多为壶、罐，中期才多见鼎、盒，钫少见。与京津冀地区中小型汉墓中鼎、盒、壶、钫的仿制陶礼器组合不同，雁北地区西汉早中期墓葬多以钫、鼎、铜、锥壶、洗、灯、熏炉等成组铜器陪葬[①]，而且该地区用成组铜器陪葬的现象一直持续到东汉初期。西汉晚期到东汉初期，两地的陶模型明器组合均开始形成，雁北地区以井、灶为主，一直延续到东汉晚期，京津冀地区在东汉时期则形成了以仓、灶、井、磨、楼为主要内容的模型明器组合，且连枝灯、动物俑、人物俑也比较流行。此外，由于地理环境、文化传统等因素的影响，雁北地区汉墓所体现的北方游牧文化因素略多，而这些因素在京津冀地区汉墓中，仅在河北张家口地区少量汉墓中有所体现。因此，就陪葬品来讲，两地的地域性皆较突出，但也有相通之处，京津冀地区西北部张家口地区的汉墓则与雁代地区汉墓的关系相对密切一些。

（三）与辽西地区汉墓的关系

辽西地区指大小凌河流域区，医巫闾山以西，包括今辽宁朝阳、阜新、葫芦岛、锦州等地，大抵相当于两汉时期的右北平郡和辽西郡，与京津冀地区的北部同属幽州刺史部。两汉时期，辽西地区与京津冀地区存在较为深入的文化交流，两地墓葬关系密切。

辽西地区的两汉墓葬主要集中在以朝阳为中心的大凌河上游地区和以锦州为中心的大、小凌河下游地区。西汉前期，辽西地区绝大部分墓葬为竖穴土坑墓和土圹木椁墓，均为单人葬，陪葬品以鼎、豆、壶、盒等仿制陶礼器以及罐等日用陶器为主，墓葬的整体特征与京津冀地区较为相似，尤其与河北燕下都一带存在一定的共性[②]（图 2-25）。西汉后期，与京津冀地区汉

① 中国社会科学院考古研究所．中国考古学·秦汉卷［M］．北京：中国社会科学出版社，2010：418．

② 河北省文化局文物工作队．1964-1965 年燕下都墓葬发掘报告［J］．考古，1965（11）；吴鹏．锦州国和街汉代贝墓发掘简报［J］．辽海文物学刊，1992（1）．

图 2-25　京津冀地区与辽西地区西汉前期墓葬出土陶器
1～4. 燕下都（M33：2、M32：2、M36：4、M33：5）　5～8. 辽宁锦州国和街（M12：2、M10：1、M1：1、M3：4）

墓类似，辽西地区传统的竖穴土坑墓形制也开始发生变化，但具体内容有一定差别，如出现前后室的土坑墓，偶见石椁墓，同时夫妻同穴合葬开始出现，但单人葬仍然存在。这一时期，陪葬陶器以罐、盆、盘、钵等生活用具为主，仿制陶礼器不成组合，部分器物的形制与京津冀地区汉墓出土的同类器物较为相似。此外，锦州地区多见贝壳墓或积贝墓，即竖穴土坑墓中用贝壳铺底，在贝壳层上放置尸体或在贝壳层上放置木椁等葬具，或用贝壳填充石椁内外等，如辽宁锦州 M18，用石块垒砌的椁室被贝壳填满①（图 2-26），这在京津冀地区汉墓中较为少见或不见。

两汉之际至东汉时期，辽西地区汉墓发现不多，主要为石椁墓和砖室墓。东汉中晚期及以后，由于乌桓人入塞，汉朝势力收缩，辽西地区社会经济文化出现衰退，墓葬数量很少，目前发现的东汉晚期或稍晚时期的墓葬多为石椁墓、石室墓和砖室墓，典型汉墓的形制与前期变化不大，陪葬品也以模型明器为主，但具有游牧民族文化特色的墓葬也多有发现，如辽宁锦县右卫乡昌盛汉墓出土的陶罐，肩部有弦纹和水波纹，可能是乌桓文

① 刘谦．辽宁锦州汉代贝壳墓［J］．考古，1990（8）．

化因素[①]（图 2-27）。此时辽西地区应是汉民族、鲜卑和乌桓等游牧民族杂居的地方，墓葬文化面貌复杂。与之不同的是京津冀地区汉墓却在东汉中晚期发展至极盛，出现了很多大型砖砌多室墓，且不见石室墓。不过，就整体来讲，东汉时期，京津冀东北地区的墓葬对于辽西地区墓葬还是存在一定影响的，两地墓葬之间存在相应的关联。

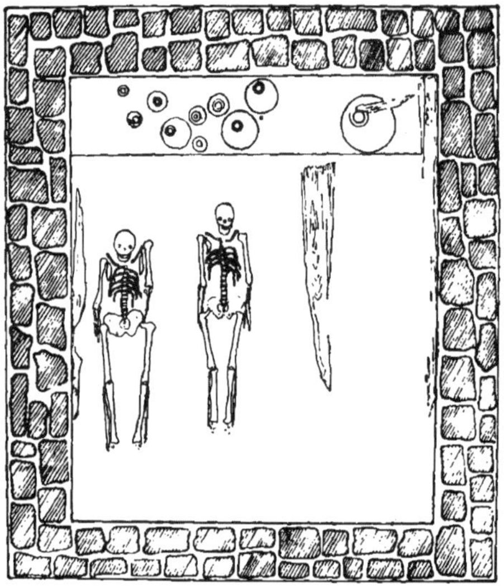

图 2-26　辽西地区的贝壳墓
（辽宁锦州 M18）

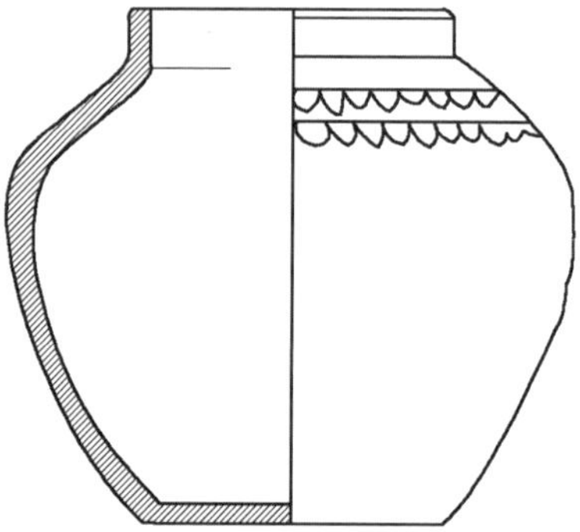

图 2-27　辽宁锦县右卫乡昌盛汉墓出土的陶罐

今京津冀地区地域较大，与鲁北、豫北、晋东北及内蒙古中南部、辽宁省西南部相邻，境内汉墓与这些地区的汉墓有着较为密切的关系，这在主要相邻地区表现得尤为明显和突出。京津冀地区的西汉墓葬与周边地区的西汉墓葬既有相似性，也有较多的差异性，东汉时期墓葬的相似性和一致性则表现得更强，差异性明显削弱。其中冀南地区的西汉墓葬与豫北、鲁北地区的相似性较强，而东汉时期则有更多的共性，某种程度上这些地区的汉墓可视为同一墓葬体系，差异则表现在一些细节和个别地域性方面。冀东北地区的西汉墓葬相对较少，与辽宁西南部的西汉墓葬有相似性，而冀东北的东汉墓葬数量较多，与辽宁西南部的东汉墓葬的相似性更大，这些相似性体现出冀东北地区对辽宁地区的影响，同时冀东北地区还是中原地区汉代丧葬文化传播至东北的过渡地带，地位与作用突出。冀北地区的汉墓与内蒙古中南部的汉墓有相似也有区别，西汉墓葬与东汉墓葬

① 傅俊山．辽宁锦县右卫乡昌盛汉墓清理简报［J］．北方文物，1987（4）．

均有体现，如张家口地区的一些西汉墓葬及其出土器物可能具有北方草原文化或匈奴文化的因素[①]，而东汉墓葬的共性大于西汉墓葬，尤其是横穴砖室墓的普遍使用及其壁画等装饰，均体现出影响和发展。冀西北地区的张家口地区（含阳原、淮安、宣化、张家口、蔚县、涿鹿等地）与晋北的大同地区、朔州地区及忻州、阳泉北部地区等共属雁代及其邻近地区，两汉墓葬有着较多的相似性，体现的关系较为密切。西汉墓葬方面，阳原三汾沟发现发掘的一些西汉墓葬出土的随葬器物的组合特征与朔县第三种汉墓基本相同，陶罐、铜镜、铅质车马器等与同时期的朔县汉墓[②]有较多相似，当然，阳原三汾沟汉墓出土的一些陶壶、罐等，在形制、纹饰等方面与朔县汉墓的出土器物也存在一定的差别，体现出相应的地域特点[③]。阳原三汾沟汉墓中较多墓葬的墓室内有木构设施，阳原北关西汉墓[④]也有发现，且北关西汉墓为竖穴坑式墓葬，而三汾沟西汉墓多为洞室墓，说明墓室内构筑木构设施在阳原地区西汉墓中较为流行，类似的木构设施在距阳原不远的山西浑源毕村西汉木椁墓[⑤]中也有发现，墓主等级大致接近，但木构设施的形式和内容又与阳原西汉墓存在差异。以上说明，墓穴内搭建木构设施在这一地区较为普遍，但又因具体地区墓葬的不同，存在自身的特点和内容。张家口地区发掘的一些东汉墓葬如宣化区东升路东汉墓[⑥]、涿鹿县矾山五堡汉墓[⑦]、阳原县南关汉墓[⑧]等与大同广灵县北关M49、M52、M95[⑨]及山阴县新广武收费站东汉M1[⑩]

① 仇凤琴. 河北阳原三汾沟汉墓中的匈奴文化因素［J］. 文物春秋，2000（6）.

② 平朔考古队. 山西朔县秦汉墓发掘简报［J］. 文物，1987（6）.

③ 河北省文物研究所，张家口地区文化局. 河北阳原三汾沟汉墓群发掘报告［J］. 文物，1990（1）.

④ 河北省文物研究所. 河北阳原县北关汉墓发掘简报［J］. 考古，1990（4）.

⑤ 山西省文物工作委员会，雁北行政公署文化局，大同市博物馆. 山西浑源毕村西汉木椁墓［J］. 文物，1980（6）.

⑥ 张家口市宣化区文物保管所. 河北宣化东升路东汉墓发掘简报［J］. 文物，2014（3）；张家口市宣化区文物保管所. 河北张家口宣化东升路东汉墓（M3）发掘简报［J］. 文物，2015（3）.

⑦ 张家口地区博物馆. 河北涿鹿矾山五堡东汉墓清理简报［J］. 文物春秋，1989（4）.

⑧ 河北省文物研究所，张家口地区文化局. 河北阳原西城南关东汉墓［J］. 文物，1990（5）.

⑨ 大同市考古研究所. 山西广灵北关汉墓发掘简报［J］. 文物，2001（7）.

⑩ 山西省考古研究所，山西大学文博学院. 山西新广武汉墓发掘报告［C］. 山西省考古研究所，山西省考古学会. 三晋考古（第三辑）［M］. 太原：陕西人民出版社，2006：286-296.

等较为相似，而且很多墓葬为一墓葬多人。上述内容均体现出这些地区墓葬的密切关系，也反映出丧葬内容的互动与影响及其吸收、借鉴等内容。

二、与西安及中原地区汉墓的比较与关系

（一）与西安地区汉墓的关系

西安地区是汉代墓葬发现最为集中的地区之一，墓葬数量众多，与京津冀地区汉墓在墓葬形制、陪葬品等方面有一些相似之处，但也有较大的差异。

首先是墓葬等级。西安地区为汉代都城之一，高等级墓葬数量很多，帝陵、诸侯王墓、列侯墓等都有较多发现，相关墓葬规模巨大，陪葬墓、陪葬坑等相关设施种类多样；京津冀地区高等级墓葬虽也有一定数量，但以诸侯王墓为主，整体的墓葬等级不能与西安地区相比，墓葬规模和相关设施也不及西安地区。

其次是墓葬形制。两汉时期，京津冀地区汉墓流行竖穴土坑墓、竖井墓道洞室墓和砖室墓；西安地区多见竖穴土圹墓、竖井墓道洞室墓和斜坡墓道洞室墓。

京津冀地区发现的竖穴墓形制较多，有木椁墓、木棺墓、瓮棺墓、陶棺墓、无棺墓、砖椁墓、石椁墓等几种；西安地区的竖穴土圹墓多为长方形，部分墓圹一端有竖井或斜坡墓道，在墓底放置葬具，多为一椁一棺[①]（图2-28：1）。洞室墓在两地均有发现，均存在着由竖穴式墓道向斜坡式墓道发展的趋势。西安地区的竖井墓道和斜坡墓道洞室墓均有土洞、空心砖、小砖等不同材质的墓室结构，在西汉中期就已流行斜坡式墓道，竖井墓道者少见，且洞内多有砖砌椁室（图2-28：2、3）[②]；与西安地区洞室墓大为流行不同，京津冀地区仅有个别墓葬为洞室墓，且形制较为简单，以竖井式墓道为主，不见西安洞室墓中流行的小龛或耳室，且不见以空心砖砌筑墓室的洞室墓[③]，在西汉晚期才出现砖木结构墓室。西安地区的洞室墓在东汉时期仍旧比较常见，但京津冀地区东汉时期则以横穴砖室墓为主

---

① 西安市文物保护考古所．西安龙首原汉墓［M］．西安：西北大学出版社，1999.

② 韩国河，张翔宇．西安地区中小型西汉墓的分期与年代推断［J］．考古学报，2011（2）.

③ 解峰、陈秋歌．陕西第二针织厂汉墓清理简报［J］．文博，1999（3）；陕西茂陵博物馆、咸阳地区文管会．陕西咸阳茂陵西汉空心砖墓［C］// 文物编辑委员会．文物资料丛刊（6），北京：文物出版社，1982：21-24.

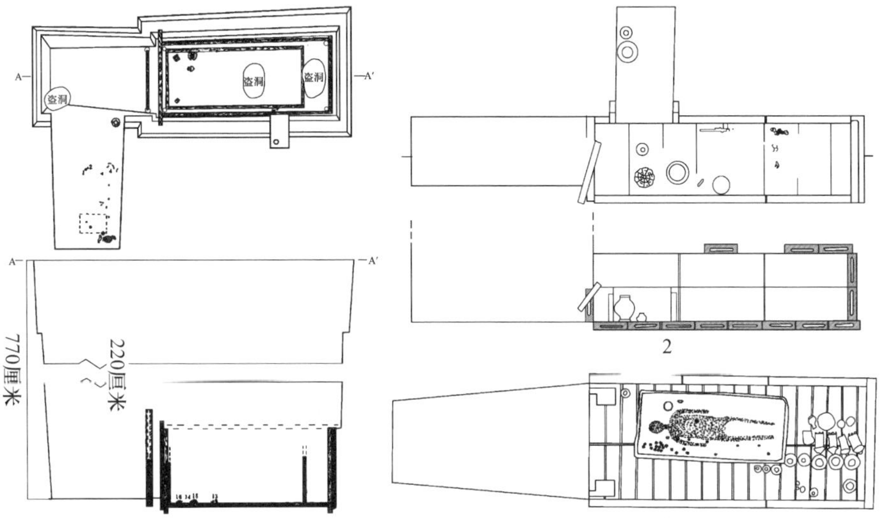

图 2-28　西安地区汉墓

1. 竖井墓道土圹墓（西安市西北医疗设备厂 M28） 2. 竖井墓道空心砖墓（西安市陕西第二针织厂住宅楼 M9） 3. 斜坡墓道空心砖墓（茂陵西汉空心砖墓）

体，有少量砖石混砌墓，其他类型的墓葬几乎不见，不过这两个地区的东汉墓葬中极少或不见如苏鲁豫皖交界地区相对较多的横穴石室墓及横穴砖石混筑的画像石墓。

最后是陪葬品。西安地区汉墓出土的陶礼器组合以鼎、盒、壶、钫为主，有的墓葬无壶出土，亦存在以壶代钫的现象，且西汉早期的陶礼器组合中多见蒜头壶[①]，这可能与秦文化的影响有关。京津冀地区汉墓则具有较完备的鼎、盒、壶、钫的陶礼器组合，有的墓葬无钫，到西汉晚期基本退化为鼎、盒、壶的组合，蒜头壶在这一地区西汉墓葬中极为少见。日常用器中，西安地区汉墓以罐、樽为主要组合，京津冀地区西汉墓以罐、瓮为主；东汉时期，两地区墓葬均增加了盆、盘，西安地区出现此现象则相对略早一些。模型明器方面，西安地区在西汉早中期形成以仓、灶为主的模型明器组合，井偶有发现，磨基本不见；京津冀地区汉墓中的模型明器出现较晚，但在东汉时期形成了以仓、灶、井、磨、楼为主的完整的模型明器组合，西安地区东汉墓葬中，楼的使用比例不大。西安地区发现了大量的陶俑，尤其以西汉时期高等级墓葬（含陪葬坑）最多，虽然东汉时期数

① 韩国河，张翔宇. 西安地区中小型西汉墓的分期与年代推断［J］. 考古学报，2011（2）.

量有所减少，但仍是东汉墓葬出土陶俑较为集中的地区；京津冀地区汉墓出土陶俑的数量较少，种类也不甚丰富，东汉时期墓葬出土陶俑亦较之西安地区有所逊色。器物形制上，两地鼎、盒、壶等仿制陶礼器的形制较为接近，一些器物的细处略有差别，日常用器和模型明器的形制与演变轨迹差别较大，如罐，西安地区多为短颈小平底罐，京津冀地区流行高领小平底罐和汲水罐。仓、灶的形制也有所不同，西安地区以方形仓和筒形仓为主，早期多为方形仓，筒形仓在西汉中期开始出现并迅速发展，京津冀地区以房形仓和仓楼为主，出现时间较晚，流行于东汉时期；西安地区多为马蹄形灶，西汉早期就已出现并流行，京津冀地区多为长方形或梯形，也有部分桃形灶和马蹄形灶，西汉晚期到东汉初开始流行，一直到东汉晚期。另外，铅釉陶器在西安地区墓葬中陪葬的时代较早，西汉中晚期逐渐普及，并成为陪葬品的重要内容，较多鼎、壶、罐等还有较为复杂、精美的纹饰；京津冀地区汉墓使用铅釉陶器的时代要晚一些，东汉时期逐渐得到推广，有些墓葬内有较多的铅釉陶器，整体上不如西安地区普及，但这一地区墓葬中出土的一些大件器物如楼等也是铅釉陶器，这在西安地区少见。

从墓葬形制和陪葬品来看，京津冀地区汉墓与西安地区汉墓存在着较为密切的联系，西安地区汉墓尤其是在西汉时期作为京畿地区的墓葬，对京津冀地区的汉墓应有较多的影响，京津冀地区的西汉诸侯王墓及其中小型墓葬均有相应体现；东汉时期，两地的汉墓也有较多相似，而这更多则是共同发展的态势和体现。总体来讲，京津冀地区与西安地区汉墓有相似之处，也表现出诸多的差异，是汉代墓葬地域性的体现，而京津冀地区汉墓的发展相较西安地区存在相应的滞后性，这在西汉时期较为明显，东汉时期则逐渐淡化。

（二）与中原地区汉墓的关系

京津冀地区紧邻中原地区，两汉时期的墓葬受中原地区影响较大，发展趋势基本趋同，墓葬形制的演进均是由竖穴坑墓向横穴室墓转变，逐渐趋于“第宅化”，而陪葬品的内容也日渐趋向“生活化”。墓葬形制方面，京津冀地区和中原地区都流行竖穴土坑墓、洞室墓和横穴砖室墓，洞室墓在中原的较多地区皆有发现，豫北地区也较流行，如河南辉县路固墓地等，有较多的土洞墓[①]（图 2-29：1）；中原地区较为流行的壁画墓在京津冀地区中也有发现，但京津冀地区的壁画墓时代相对晚一些，而两地区汉墓壁画的内容及风格等也有差异；中原地区中小型汉墓中，空心砖墓较为常见，

① 中国社会科学院考古研究所．辉县路固［M］．北京：科学出版社，2017 年．

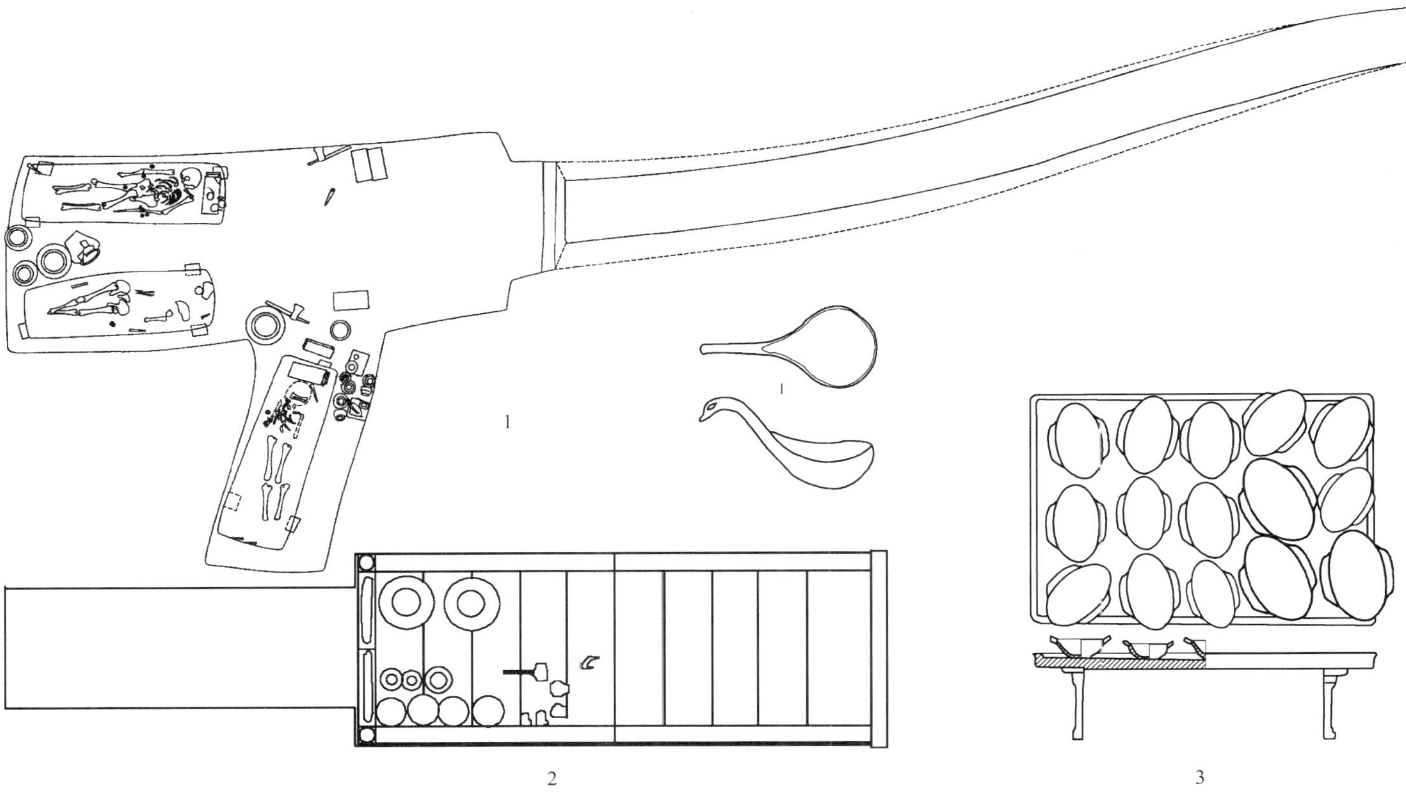

图 2-29　中原地区汉墓及出土遗物

1. 土洞墓（河南辉县路固汉代墓地 B 区 M23）　2. 空心砖墓（河南洛阳老城区邙山镇西汉ⅠM3483）　3. 河南省洛阳五女冢 M267 出土陶勺、案

郑州、洛阳等地均发现有相当数量，如洛阳老城区邙山镇发现的一些西汉空心砖墓等[①]（图 2-29：2），京津冀地区极少发现有空心砖墓；大型墓中的横穴崖洞墓在中原地区东部的河南永城较为发达[②]，但这一形制少见于京津冀地区，西汉中山国仅第一代王刘胜及其夫人窦绾的墓葬为横穴崖洞式墓葬，其他诸侯国王与王后的墓葬均非此类墓葬，而刘胜及其夫人的墓葬较之中原地区发现的时代接近或稍早的横穴崖洞墓，不仅规模小，形制及结构也较为简略，两地之间的崖洞墓可能存在相应的关系。京津冀地区西汉墓多见带有生土二层台、边箱或头箱等设施的竖穴土坑墓，这在中原地区比较少见。西汉晚期开始，两地均逐渐使用砖室墓，西汉晚期至东汉早期，砖室墓逐渐形成了“前堂后室”的布局，墓室结构日趋复杂，东汉晚期，横穴室墓常有 2 个或多个后室、侧室，家族合葬的现象日渐流行。可以说，两地区的砖室墓均是由单室向前堂后室、多室发展，反映了单人葬向夫妻合葬、家族合葬的发展趋势[③]。另外，中原地区的豫东、豫南等部分地区有一定数量的画像石墓，豫北及豫西相对少见，京津冀地区汉墓与豫北和豫西地区汉墓在这一方面也较相似。

陪葬品方面，中原地区在西汉早期形成了以鼎、盒、壶为主的仿制陶礼器组合，钫少见，但豫中、豫西地区汉墓中的仿制陶礼器使用时间较长，西汉晚期较多墓葬仍有完整的仿制陶礼器组合；京津冀地区西汉墓葬在西汉中期之后，钫趋于衰落，西汉晚期，鼎、壶也减少并少见，仿制陶礼器走向衰落。两地汉墓中的日常用器均以罐、瓮为主，西汉晚期到东汉初又增加了盆。模型明器组合均以仓、灶、井为主，东汉晚期出现磨，但中原地区模型明器组合形成的时间较早，在西汉中期晚段就形成了仓、灶组合，而京津冀地区直到西汉晚期才出现。陶楼是京津冀地区中南部东汉墓常见的模型明器，而陶楼在豫北地区也较为盛行，且形制、种类较之京津冀地区东汉墓出土陶楼要复杂、丰富许多，还有一些为组合式，形成陶院落，这在京津冀地区基本不见，这一地区更多的是单体陶楼。陶俑作为墓葬的陪葬品内容之一，在两地汉墓中均有出土，但整体数量、种类均不多，而且形制、装饰等也有明显区别。另外，两地区的汉墓中均常见用于

---

① 洛阳市文物考古研究院．洛阳市老城区邙山镇西汉墓（IM3483）发掘简报［J］．洛阳考古，2016（4）．

② 河南省商丘市文物管理委员会，河南省文物考古研究所，河南省永城市文物管理委员会．芒砀山西汉梁王墓地［M］．北京：文物出版社，2001．

③ 中国社会科学院考古研究所．中国考古学·秦汉卷［M］．北京：中国社会科学出版社，2010：400．

墓内祭祀的物品，基本相似的物品就是长方形或圆形盘，置有多个耳杯，并有其他一些配套的器物，如勺等，中原地区的此类成组器物出现和流行相对较早，西汉墓葬中已有相当数量的发现，如河南洛阳市五女冢西汉末年的M267，未被盗，棺前摆设陶案，案上有陶耳杯、勺等（图2-29：3）[①]，洛阳烧沟M1026为小砖砌墓，前堂有1漆案，案上放置4个漆耳杯，前后各1件漆耳杯，两侧有兽骨和鸡骨等；其他如M114、M1030等，在相应位置也有案，伴出耳杯等器物[②]，京津冀地区汉墓中，此类成组器物多出土于东汉墓葬中，以东汉中晚期墓葬最为多见，内容、形式与中原地区基本一致，个别略有差别。

从墓葬形制和陪葬品来看，京津冀地区汉墓与中原地区汉墓的发展表现出很强的一致性，二者之间有着非常密切的关系。西汉时期，中原地区对于京津冀地区墓葬的发展就有较多的影响，而豫北地区与冀南地区因地理位置接壤，墓葬有较多的相似性，二者在某种程度上可视为一个大的发展体系；东汉时期，中原地区尤其是京都洛阳一带的墓葬获得较大发展，并逐渐辐射、影响到全国其他地区，京津冀地区也不例外，而京津冀地区因与豫北相邻，所受影响较多，这也大大促进了京津冀地区汉代墓葬的发展。

三、地 域 特 征

通过上文与周边地区汉墓的比较，结合该地区汉墓的相关内容，现将京津冀地区汉代墓葬的地域特征总结概述如下。

（一）墓葬等级

从墓葬等级来看，京津冀地区汉代高等级墓葬有一定数量，以诸侯王墓、列侯墓葬为主；但相比于两京地区的高等级墓葬，本地区诸侯王墓、列侯墓葬的结构和形制的复杂程度仍有不及，陪葬墓、陪葬坑等代表墓主身份等级的相关丧葬设施发现相对较少；中小型汉墓发现数量较多，是京津冀地区汉代墓葬的主流。东汉时期有一定数量的地方官吏和豪强地主的墓葬，虽极具规模，但从墓主身份等级来看，仍属中小型墓葬。

① 洛阳市第二文物工作队．洛阳五女冢267号新莽墓发掘简报［J］．文物，1996（7）．

② 中国科学院考古研究所编辑．洛阳烧沟汉墓［M］．北京：科学出版社，1959：45-47．

（二）墓葬形制

京津冀地区汉代墓葬的形制以竖穴坑墓、竖穴洞室墓、横穴砖室和砖石混筑为主，流行于周边地区的横穴石室墓和空心砖墓等在京津冀地区几乎没有发现，鲁南、苏北及豫东西汉诸侯王墓较为盛行的横穴崖洞墓也仅有河北保定满城中山靖王刘胜墓及其夫人窦绾墓2座①。中山靖王刘胜为西汉中山国的第一代王，他与夫人的墓葬采用凿山为藏的横穴崖洞墓形式，但其后西汉中山王的墓葬，不仅与满城汉墓距离较远，且均未采用横穴崖洞墓的形式，而是竖穴坑墓，如定州三盘山汉墓②、八角廊40号汉墓③等，其他地区发现的西汉不同诸侯国的王墓，如河北石家庄市北郊西汉墓④、石家庄市鹿泉区获鹿高庄汉墓⑤和北新城M1与M2⑥、沧州献县汉墓⑦及北京市丰台区大葆台汉墓⑧、石景山区老山汉墓⑨等，均为竖穴坑墓。这说明该地区的西汉诸侯王墓是以竖穴坑墓为主体的，即使有的诸侯王墓采用了横穴崖洞墓这一不同的

① 中国社会科学院考古研究所，河北省文物管理处．满城汉墓发掘报告［M］．北京：文物出版社，1980．

② 河北省文物研究所．河北考古重要发现（1994～2009）［M］．北京：科学出版社，2009：162-165．

③ 河北省文物研究所．河北定县40号汉墓发掘简报［J］．文物，1981（8）．

④ 石家庄市图书馆文物考古小组．河北石家庄市北郊西汉墓发掘简报［J］．考古，1980（1）．

⑤ 石家庄市文物保管所，获鹿县文物保管所．河北获鹿高庄出土西汉常山国文物［J］．考古，1994（4）；河北省文物研究所，鹿泉市文物保管所．河北高庄汉墓发掘简报［C］// 河北省文物考古研究所．河北省考古文集（二）［M］．北京：燕山出版社，2001：141-182；高庄汉墓［M］．北京：科学出版社，2006．

⑥ 河北省文物研究所，石家庄市文物研究所，鹿泉市文物保护管理所．鹿泉市北新城汉墓M2发掘简报［J］．文物春秋，2008（4）；河北省文物研究所，石家庄市文物研究所，鹿泉市文物保管所．北新城汉墓M2发掘报告［C］// 河北省文物研究所．河北省考古文集（四）［M］．北京：科学出版社，2011：111-134；河北省文物研究所，鹿泉市文物保管所．鹿泉市北新城汉墓M1发掘简报［C］// 河北省文物研究所．河北省考古文集（五）［M］．北京：科学出版社，2014：70-80．

⑦ 河北省文物研究所．献县36号汉墓发掘报告［C］// 河北省文物研究所．河北省考古文集［M］．北京：东方出版社，1998：241-260．

⑧ 大葆台汉墓发掘组，中国社会科学院考古研究所．北京大葆台汉墓［M］．北京：文物出版社，1989．

⑨ 王鑫，程利．石景山老山汉墓［C］// 中国考古学会编．中国考古学年鉴（2001）［M］．北京：文物出版社，2002：104、105．

形式，也仅是昙花一现，在自身所属的诸侯国未延续使用，对其他诸侯国的王墓也未产生如苏鲁豫皖交界地区较多使用横穴崖洞墓相似的影响。究其原因，一，较多诸侯国或诸侯王对横穴崖洞墓的形式并未接受，而是采取和使用更为普遍常见的竖穴坑墓的形式；二，这也可能与墓葬的选址、位置及其横穴崖洞墓的开凿有相应难度且需耗费大量的人力、物力等有关。京津冀地区的东汉诸侯王墓则与全国其他地区的王墓存在较多的一致性，这与东汉时期丧葬文化的普遍统一应有关系，同时也应与东汉诸侯王自身的权力、地位等存在相应关联。该地区的两汉列侯墓葬也体现出西汉时自身特点相对较强、东汉时与全国较为统一的特点，但整体来看，无论西汉还是东汉，列侯墓葬自身的特点并不如诸侯王墓明显，这应与列侯的身份地位有一定关系。就中小型汉墓来讲，京津冀地区已发现发掘的汉墓中，竖穴坑墓葬数量大、类型多，包括木椁墓、木棺墓、瓮棺墓、砖椁墓、瓦椁墓、石椁墓、砖椁与石椁并用墓等，不少竖穴土坑墓有生土二层台，而木椁中有边箱或头箱的竖穴土坑墓亦是京津冀地区汉墓的特色。该地区竖穴坑墓还有一个特点，即在东汉初期该类墓葬还有一定程度的使用，类型包括木棺墓、砖椁墓、瓦椁墓、石椁墓等，但很快就与全国其他地区的东汉墓趋于一致，横穴室墓成为主流。竖穴洞室墓的数量和类型均较少，以竖井墓道洞室墓为主，斜坡墓道洞室墓较少见，但在一些地区的较多洞室墓的洞室内搭建木构设施也体现出这一地区的特点，甚至一些竖穴坑墓也有类似的设施。横穴砖室墓数量较多，东汉时期全面普及，占有绝对大的比例，形制也较为多样，有单室、双室、三室和多室之分，部分为双后室、三后室，部分结构复杂、规模巨大，还有较多墓葬有多个侧室，墓内葬多人等。横穴石室墓在该地区极为少见或基本不见，砖石混砌的横穴室墓也不多见，天津市蓟州区发现有一定数量的此类墓，小毛庄汉墓[①]等使用的石材相对较多，用于墓壁、墓顶、墓门、横梁等，而其他地区的砖石混砌横穴室墓则基本为石门，其他结构基本为砖垒砌。关于画像石的使用，仅在天津市蓟州区的汉墓中有一定发现，京津冀地区汉墓整体使用较少，且画像内容相对简单，不见画像石主要分布区的诸多画像和内容。整体来讲，该地区的横穴室墓最为常见的一是单室墓，这类墓葬的等级普遍不高；二是前后室结构的墓葬，墓葬等级大多较单室墓要高，在前后室布局的基础上又衍生出两三个后室，有的还有多个侧室，另有耳室、龛等设施，其中单后室及双后室均有相当数量。就目前的考古资料来看，前后室布局的单

① 姜佰国．蓟县小毛庄东汉墓葬［C］// 中国考古学会编．中国考古学年鉴·2014［M］．中国社会科学出版社，2015：210．

后室墓及双后室墓可视为这一地区极为常见的墓葬形式，其中前后室布局的双后室墓相较于其他地区较为多见和普遍。另外，京津冀地区的东汉砖室墓中还有一定数量的壁画墓，而该地区即是东汉壁画墓分布较多的地区之一，这些壁画墓的墓主应有一定的身份等级，其中一些可能为东汉宦者侯的墓葬，这也是本地区汉墓的特点之一。

（三）陪葬物品

京津冀地区汉墓的陪葬品中，鼎、盒、壶、钫的仿制陶礼器组合从西汉早期延续使用到西汉中期，之后逐渐衰落。具体器物有对该地区汉代之前墓葬中对应器物的继承、沿用，这在西汉早期较为明显，西汉中期之后，汉文化特征的仿制陶礼器特点逐渐突出，体现出相应的发展和演变。就组合内容来讲，陶钫在该地区汉墓中出土相对较少，很多墓葬为鼎、盒、壶的组合，仅有部分墓葬为鼎、盒、壶、钫的组合，而如江苏徐州等地西汉墓中的鼎、盒、壶、钫、茧形壶的组合[①]在这一地区不见，陶茧形壶在该地区汉墓中基本没有出土。另外，其他地区汉墓出土的原始瓷器在该地区汉墓中仅零星可见，只有个别器物，相应地，鼎、盒、壶、瓿等的组合也没有发现。京津冀地区东汉墓葬中对仿制陶礼器的使用趋于衰落，这与全国其他地区汉墓基本一致，成套组合的仿制陶礼器仅出土于个别墓葬，体现出丧葬文化及其内容的趋同。日用陶器、模型明器等在京津冀地区西汉中期的墓葬中开始逐渐成为主流陪葬品，种类包括罐、瓮、盆、盘、魁、仓、灶、井、磨、圈厕、楼等，该趋势一直延续至东汉时期，整体表现与其他地区汉墓大体一致，但也有自身特点。罐的数量、种类较多，且发展演变特征丰富，瓮也有相当数量；盆、盘数量较多，亦有较多种类，魁在东汉墓葬中逐渐增多，但较之其他地区东汉墓葬基本都有出土的情况，京津冀地区汉墓中并没有完全普及。模型明器有一定种类和数量，但最为常见的为仓、灶、井、楼，磨与圈厕相对少见，具体器物的形制、装饰有本地区的特点，而流行的时间也多为东汉时期。陶楼是本地区汉墓中模型明器的主要内容之一，制作工艺精湛，造型及装饰的地域特色突出，其地域特征还体现在以单体陶楼为主，极少见豫北地区的组合型陶楼或院落。京津冀地区汉墓出土陶器中的连枝灯也具有较强的地域特色，数量较多，种类丰富，装饰复杂，制作精美。陶俑包括人物俑和动物俑，在全国较多地区的汉墓中均有出土，京津冀地区西汉墓葬对陶俑的使用并不普及，一些等级较高的诸侯王墓和列侯墓葬出土陶俑的数量、种类相对较少，而其他具有

---

① 刘尊志．徐州汉墓与汉代社会研究［M］．北京：科学出版社，2011：82．

相应等级的墓葬出土的陶俑则以立姿侍俑为主，另有少量跽坐式俑。有一点需做说明，京津冀地区西汉墓葬中有些墓葬出土有跽坐式的俑，双臂屈曲，两小臂前伸，手部不见，或可能与侍奉有关，或可能为驭手俑，也可能与乐俑有关，但其他配套的陶俑较为少见或不见。而除侍俑外，墓内少见其他类型的陶俑，这可视为京津冀地区西汉墓陪葬陶俑的特点之一。京津冀地区东汉墓葬中，侍俑仍有一定数量，这与有些地区的东汉墓存在不同，但有较多的动物俑，如鸡、鸭等则与全国其他地区东汉墓较为相似和接近。该地区东汉墓中还常有劳作俑、庖厨俑及狗俑出土，其中庖厨俑与西南地区东汉墓出土的同类俑较为相似，陶狗俑与豫南地区东汉墓常见的狗俑极为接近，但这在其他地区如江苏、安徽、山东、豫北、山西等地东汉墓葬中相对少见，亦是京津冀地区的特色。还有一点，京津冀地区汉代尤其是西汉高等级墓葬的封土外或封土下极少有埋藏相关物品的陪葬坑，这与陪葬品的置放有关，或在一定程度上表明该地区墓葬多将器物埋藏于墓内而非墓外或封土下，换言之，该地区高等级墓葬在外藏系统的设置上存在自身特点，即多数不设置墓外的埋藏系统，这或许与目前该地区发现的西汉王侯等高级墓葬的时代多为西汉中晚期有关，而这一时期，陪葬坑的使用已趋于衰落，所以京津冀地区未见使用或没有发现。

（四）统一性背景下的发展

京津冀地区汉墓是汉代墓葬的重要组成部分，其发展和演进既与该地区社会政治、经济、思想文化及丧葬传统有密切关系，同时这一地区汉墓的发展和演进又是在汉代墓葬整体发展大环境下的发展，因此又与全国其他地区汉墓存在较强的统一性。这种统一性不仅表现在与周边地区汉墓有着密切的关系，还表现在与其他一些地区有着相应的关联。西汉墓葬的主要形制及陪葬品的种类与全国很多地区西汉墓葬有较多相似，如竖穴坑墓为主体，封土较为常见，有相应等级的墓葬有椁，以木椁为主，在一定时期开始出现和使用砖椁、石椁等，有的墓葬还有边箱、头箱等设施；陪葬品方面，仿制陶礼器与日常用器并用，模型明器逐渐得到普及，有些墓葬陪葬有陶俑，种类、形制及装饰与其他地区汉墓出土陶俑有很大相似。东汉墓葬则有更多的统一性，以横穴砖室墓为主体，前堂后室的墓葬布局得到普及，陪葬物品与很多地区的东汉墓葬有较大的相似性，而如上文所述，京津冀地区出土的陶狗、庖厨俑等分别与豫南、川渝地区出土的同类器物较为相似，均体现出统一性的加强。京津冀地区汉墓受到了两京地区汉墓的较大影响，两汉时期墓葬中的诸多因素大多可在两京地区汉墓中找到相似的内容，西汉墓葬的形制、葬具及陪葬品，东汉墓葬的建筑材料、平面布局及诸多陪葬品种类和形制均与两京地区有较大的相似性，体现了京津冀地区对两京地区汉墓的参照和吸收。以东汉墓葬为例，两京地区的东汉墓葬也是以前后室布局的墓葬为主体，较多墓葬有耳室、侧室等，具体形制存在不同但结构均较复杂，京津冀地区的很多东汉墓与之相似，另外，两京地区均有较多的多人葬墓，而京津冀地区的东汉墓葬中也有相当数量的多人葬墓。概括而言，墓葬形制的不断第宅化及陪葬品的日趋生活化是汉代墓葬发展的统一特征，京津冀地区汉代墓葬就是在此环境和背景下获得了较多自身的发展，而汉墓发展的统一性中还有一些细节内容，京津冀地区汉墓亦有较多的参考和借鉴。

（五）其他因素

京津冀地区的汉代墓葬的发展，既继承了本地的丧葬传统，也受到了汉代丧葬文化逐渐推广和普及的影响，同时也与周边地区汉代墓葬存在较为密切的关系。此外，还有因社会政治、地理位置等因素造成的其他丧葬文化因素的进入与渗透，进而使得京津冀地区汉墓产生了一定程度的发展和演变。

1. 北方民族文化因素

京津冀地区的北部，如河北张家口等地的汉墓，因地理位置等关系，很可能会受到匈奴等北方民族文化因素的影响，呈现出一定的草原民族文化的特征。张家口蔚县张南堡西汉墓出土带铺首衔环的铜壶，形似炮弹（图 2-30：1），有北方草原民族皮囊袋的特点，反映了中原与北方两种文化的融合[①]。张家口阳原三汾沟汉代墓地中的墓葬，“从某种现象看，似乎北方特点多一些，也存在着本地因素”[②]，相关研究指出，该处汉墓中特殊的分层埋葬方式和以双虎组成的图案，显然不同于中原汉墓风格，又非本地特点，因此应当是北方文化特色；其中 M8 出土的彩绘陶壶，花纹以铺首衔环为主体，两侧围绕猛虎（图 2-30：2），这种图案应当属于匈奴文化因素[③]。类似阳原三汾沟 M8 出土陶壶上的虎纹图案，在张家口市下花园区战国时期的 M3 出土陶壶（M3：1）上也有发现[④]（图 2-30：3），亦可能受到匈奴文化的

---

① 张家口市博物馆. 河北蔚县张南堡西汉墓［J］. 文物春秋，2008（3）.

② 河北省文物研究所，张家口地区文化局. 河北阳原三汾沟汉墓群发掘报告［J］. 文物，1990（1）.

③ 仇凤琴. 河北阳原三汾沟汉墓中的匈奴文化因素［J］. 文物春秋，2000（6）.

④ 张家口市文管所，下花园区文教局. 张家口市下花园区发现的战国墓［J］. 考古，1988（12）.

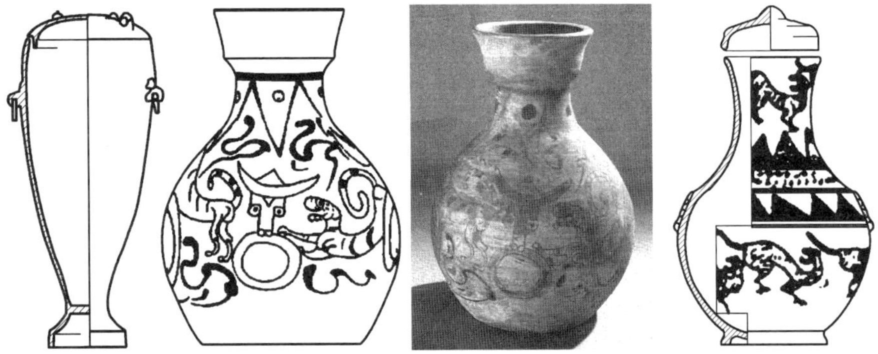

1　　2　　3

图 2-30　河北张家口地区汉墓及战国墓葬出土可能具有匈奴文化元素纹饰的陶壶
1. 蔚县张南堡西汉墓出土铺首衔环“弹”形铜壶　2. 阳原三汾沟西汉 M8：4
3. 张家口市下花园区菜园东路战国 M3：1

影响。但有学者认为，以三汾沟西汉墓及下花园区战国墓的相关证据来说明三汾沟墓葬受到匈奴的影响略显牵强，同时指出，三汾沟汉墓所出铜方形带扣（发掘简报称之为方扣形器[①]）的形制（图 2-31：1）、饰波浪纹的陶罐（图 2-32：2），可能是匈奴文化因素的一种体现[②]。由上来看，河北张家口地区的一些汉代墓葬在某种程度上受到了北方草原文化的影响，相关器物等具有了一定的北方草原文化或匈奴文化的因素，体现出这一地区汉代墓葬

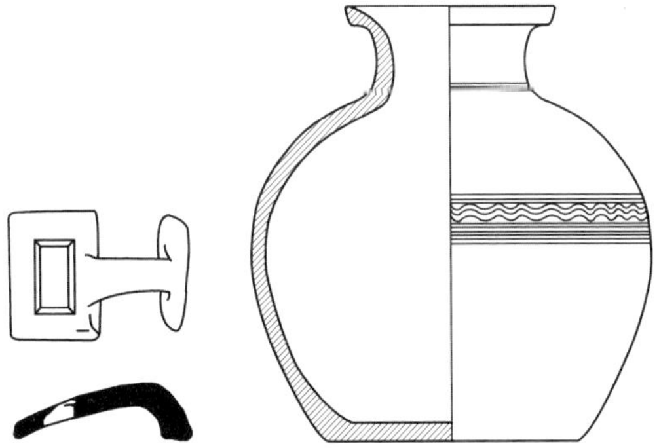

1　　2

图 2-31　河北张家口阳原三汾沟汉墓出土具有相应匈奴文化元素的铜扣形器及陶罐
1. 铜扣形器（M9：49）　2. 陶罐（M11：6）

① 河北省文物研究所，张家口地区文化局．河北阳原三汾沟汉墓群发掘报告［J］．文物，1990（1）．

② 蒋璐．张家口地区两处汉代墓地相关问题探讨［J］．文物春秋，2007（1）．

在发展过程中，因地理位置等的特征和重要性，对相关文化因素有所吸收和采用，墓葬的内容和内涵更加丰富和多样化。

2. 秦文化因素

京津冀地区汉代墓葬在发展过程中，既有对本地区汉代之前丧葬内容的继承，也有在汉代墓葬发展大环境下的发展和演进，而且还有对秦文化的吸收、继承和发展。秦帝国统一过程中，今京津冀地区是重点针对区域，随着军事胜利和占领地域的扩大，一些具有秦文化特征的丧葬内容开始渗透至这一地区，而相关人员留驻该地及一些秦人迁徙至此，更加促进秦文化丧葬内容在这一地区被接受和推广、发展，秦的统一使得在该地区具有新特征的丧葬内容得到更大发展。虽然秦祚较短，但秦文化的丧葬内容并未因秦亡而终止，而是持续影响至西汉晚期，其中最典型的为屈肢葬，另有一些陪葬物品及丧葬习俗。就京津冀地区的汉代屈肢葬墓来讲，墓葬形制及多数陪葬品与其他汉墓差异极小，但葬式及少量陪葬品则对秦的屈肢葬及相关丧葬文化有着继承、沿袭和发展，相关问题将在本书中有专题论述，此处不做多叙。

除上述两项内容之外，京津冀地区汉墓还可能包含其他文化因素，如两汉时期，人口迁徙可能为京津冀地区汉墓带来一些新的丧葬内容及文化等，限于篇幅，本书不过多叙述。

大致来看，京津冀地区汉代墓葬的地域特征主要有以下几点：一是具有较强的等级性，但在一定时期存在僭越或其他内容；二是墓葬形制丰富多样，但有些汉代的墓葬形制及其装饰等在该地区极少或未有使用；三是陪葬物品种类多且具有较强的时代性，与其他地区相比较既有欠缺又有其他一些地区汉墓没有的内容；四是与周边地区汉墓关系密切，互有影响；五是该地区汉代墓葬的发展是在汉代墓葬发展大环境背景下的发展，体现出与其他地区汉墓较强的统一性；六是对一些文化因素的吸收、采用和发展，使得该地区汉墓的内容、内涵更为丰富。

综上所述，京津冀地区汉墓与周边地区的汉墓有着较为密切的关系，既有统一，又有差异。其中，京津冀中北部地区，即易水流域以北的地区，又称幽燕地区的汉代墓葬，相较于西安地区、中原地区和山东地区等地的汉墓，其发展有一定的滞后性，且有些葬式葬俗一直未曾出现[①]，这与地理环境、政治沿革、丧葬观念等有一定的关系。但随着汉代政治统一带动的

① 中国社会科学院考古研究所．中国考古学·秦汉卷［M］．北京：中国社会科学出版社，2010：409.

文化上的同一性，幽燕地区汉墓的发展经历了由形制相对单一到多样性的过程，陪葬品也由继承先秦的仿制陶礼器组合向生活用器和模型明器转变，东汉中晚期，幽燕地区汉墓已经和周邻及两京地区基本趋同了[①]。体现在整个京津冀地区汉墓方面，墓葬形制渐趋“第宅化”和陪葬品的日趋“生活化”，加之汉代大一统的政治体制、统一汉文化的形成和影响、汉代丧葬文化的形成和传播等，都在不同程度、多个方面影响着京津冀地区汉墓的发展，而这一地区的汉墓也在自身政治、经济、文化、丧葬、思想等发展的基础上不断演进，至东汉中晚期，这一地区的汉代墓葬已经和京畿及其他地区基本趋同，体现出汉文化统一发展的过程。在这一过程中，京津冀地区的汉墓也保留着一些自身的地域特征，既有对前代丧葬内容的继承，也有对其他丧葬文化的吸收和借鉴，形成具有地域特点的丧葬文化。可以说，京津冀地区汉墓体现的统一性和地域性，恰恰是汉文化一体多元特征的反映和体现。

① 中国社会科学院考古研究所. 中国考古学·秦汉卷［M］. 北京：中国社会科学出版社，2010：409.

第三章　京津冀汉墓反映的社会内容

墓葬及陪葬物品包含大量的历史信息，是研究古代社会及相关内容的重要参考资料。墓葬的形制、规模、设施及装饰，陪葬品的种类、数量和类型等，除了能够直接反映当时的丧葬礼俗及其文化等内容外，还能够直接或间接地体现墓葬所在地区相应时期的政治状况、经济发展、思想观念、社会风俗等多方面的内容，而这些内容恰恰是进行汉墓考古学研究的目的所在。本章拟利用考古材料，对京津冀地区汉墓中所体现出的京津冀地区汉代经济、物质生活、思想文化等内容进行梳理和阐述，以求探寻墓葬背后所蕴含的社会历史与文化信息。

第一节　京津冀地区汉代经济发展的区域性与不平衡性①

两汉时期，京津冀地区的社会经济取得了较为显著的发展，但各地区经济发展不平衡的现象也十分突出，本节拟以京津冀地区发现、发掘的汉墓的资料为基础，从考古学的视角，运用考古学的理论和方法，根据汉代行政区划、自然地理状况、墓葬形制与规模及陪葬品等的类型研究，对京津冀地区汉代经济区进行划分，并在分析农业、手工业、商业等经济领域具体情况的基础上，对京津冀地区汉代经济发展的区域性与不平衡性问题进行分析研究。

一、经济区的划分

京津冀地区已科学发掘了大量汉代墓葬，通过对汉墓形制和陪葬品的梳理，并结合汉代行政区划及自然地理状况，可将京津冀地区汉代经济区划分为四个片区。

---

① 本节相关内容已发表，详见蒋赴美．京津冀地区汉代经济发展不平衡的考古学探讨［J］．文物春秋，2017（3）．具体内容有所删减和补充，特做说明。

1. 第一片区域

以当前的邯郸市、邢台市、衡水市为中心（以下简称一区）。这里约为汉代的魏郡、赵国、广平郡、巨鹿郡、信都郡。西为太行山南段，境内有平原和丘陵。这里墓葬数量众多，各种形制的墓葬兼备，西汉墓葬数量略多于东汉墓。有列侯级别的南曲炀侯刘迁墓①、第二代象氏侯刘安意墓②及象氏侯的墓葬③，又有大量贵族和中小地主墓。陪葬品中基本都有鼎、壶等仿制陶礼器，陶模型明器的数量也比较多，有些墓葬中铜、铁器的数量甚至超过陶器。

2. 第二片区域

以当前的石家庄市、保定市、北京市南部为中心（以下简称二区）。这里约为汉代的中山国、真定国、广阳国、常山郡、涿郡。西为太行山中段，境内有山地，在满城陵山上有两座横穴崖洞墓，是中山靖王刘胜夫妇的墓葬④。另有北京大葆台汉墓，是迄今发现最早的有黄肠题凑的诸侯王墓⑤，而石景山区的老山汉墓，时代早于大葆台汉墓，可能为西汉燕国某一代王后或广阳王国的某代王后的墓葬⑥，除此之外，该区域内还有赵国、常山国、真定国等诸侯国的王墓。可以说，京津冀地区发现的汉代诸侯王墓基本都分布于此区。除王墓外，这一区域还有一定数量东汉时期的列侯墓葬或存在为列侯级别可能的墓葬，如石家庄市北肖家营东汉墓⑦及北郊柳辛庄东汉墓⑧、无极县甄氏墓地东汉墓⑨、定州35号汉墓⑩、蠡县城西东汉墓⑪及存

---

① 河北省文物管理处．河北邢台南郊西汉墓［J］．考古，1980（5）．

② 黎晖．玉衣片［J］．文物参考资料，1958（11）．

③ 隆尧县文物保管所．河北隆尧县出土刻花贴金玉片［J］．文物，1992（4）．

④ 中国社会科学院考古研究所，河北省文物管理处．满城汉墓发掘报告［M］．北京：文物出版社，1980．

⑤ 大葆台汉墓发掘组，中国社会科学院考古研究所．北京大葆台汉墓［M］．北京：文物出版社，1989．

⑥ 王鑫，程利．石景山老山汉墓［R］．中国考古学会编．中国考古学年鉴·2001［M］．北京：文物出版社，2002：104-105．

⑦ 河北省文物研究所，石家庄市文物研究所．河北石家庄肖家营汉墓发掘报告［C］//河北省文物研究所．河北省考古文集（三）［M］．北京：科学出版社，2007：72-97．

⑧ 石家庄市文物保管所．石家庄北郊东汉墓［J］．考古，1984（9）．

⑨ 孟昭林．无极甄氏诸墓的发现及其有关问题［J］．文物，1959（1）．

⑩ 定州市文物管理所．定州市35号汉墓清理简报［J］．文物春秋，1997（3）．

⑪ 河北省文物研究所．蠡县汉墓发掘纪要［J］．文物，1983（6）．

在可能的望都 M1[①] 等。这一地区汉代墓葬普遍陪葬数量众多的陪葬品，铜、铁、玉等质地器物均有相当数量出土。

3. 第三片区域

以当前的张家口市、北京市北部、承德市、秦皇岛市为中心（以下简称三区）。这里西汉时约为代郡、上谷郡、渔阳郡、右北平郡、辽西郡，东汉时疆域变更，多属匈奴治地。境内多山地丘陵，长城从中部横穿。因为地形和土质等因素，该地区洞室墓较多，如阳原三汾沟汉墓[②]，也有一些砖室墓，如秦皇岛抚宁县邴各庄东汉墓[③]，因与游牧民族活动区域接壤，墓葬中的一些器物带有明显的游牧文化因素。该区域以长城为界，墓葬多位于长城之内，长城外的墓葬极少，另外，可能是因为行政疆域的变化，东汉时期的墓葬极少。

4. 第四片区域

以当前的唐山市、天津市、廊坊市、沧州市为中心（以下简称四区）。这里约为汉代的渤海郡、渔阳郡和右北平郡的南端。四区东滨渤海湾，汉代时海岸线较今日后移，陆地面积比今日要小。区域内墓葬群较多，墓葬分布比较集中，一些墓葬的等级相对较高，如天津市蓟州区小毛庄东汉列侯级别墓葬[④]等，另外还有一些规模较大的东汉墓葬，如唐山市迁安市于家村一号东汉墓[⑤]。沧州黄骅市境内也发现一定数量的东汉墓葬，如齐家务镇政府东侧的齐家务 M1，以主墓室为主体，有较多侧室且葬多人[⑥]；旧城镇大马闸口村发现 2 座东汉墓葬，均为前中后三室，其中东侧墓葬的前室有对称二耳室，二墓的墓主人应该有一定的身份地位[⑦]。黄骅一带濒临渤海，相应数量的东汉墓葬分布于此地，或许与海上运输或贸易有关。

---

① 北京历史博物馆，河北省文物管理委员会. 望都汉墓壁画［M］. 北京：中国古典艺术出版社，1955.

② 河北省文物研究所，张家口地区文化局. 河北阳原三汾沟汉墓群发掘报告［J］. 文物，1990（1）.

③ 河北省文物研究所. 河北抚宁县邴各庄汉墓发掘简报［J］. 文物春秋，1997（3）.

④ 姜佰国. 蓟县小毛庄东汉墓葬［R］. 中国考古学会编. 中国考古学年鉴（2014）［M］. 中国社会科学出版社，2015：210.

⑤ 迁安县文物保管所. 河北迁安于家村一号汉墓清理［J］. 文物，1996（10）.

⑥ 河北省文物研究所，黄骅市博物馆. 河北黄骅发现的两处古墓葬［J］. 文物春秋，2019（6）.

⑦ 张国文，崔凤荣. 黄骅大马闸口汉墓出土 20 余件套文物——墓砖都是画像砖，花纹非常精美［N］. 沧州日报，2015-9-1（P02）.

二、经济内容

(一)农业生产的发展

农业是社会经济发展的基础，对汉代经济的发展起着决定性作用。京津冀地区拥有广袤的平原，地势平坦，气候温和，加上重农抑商观念及中央的农业发展政策等，都促进了京津冀地区汉代农业的发展。

两汉时期，铁器的应用促进了农业生产工具的进步，提高了生产效率，史称“铁器者，农夫之死士”[①]。京津冀地区汉墓中出土了一些铁质农具，现简单列举如下。

镬　如河北保定易县燕下都M30：26，为长方形有銎式[②]。河北唐山迁安苏各庄M1和M2中也有出土，均为长方銎[③]（图3-1：1）。

锛　如河北保定满城汉墓M1：4225，空首，斜肩，一面刃[④]（图3-1：2）。河北定州北庄汉墓[⑤]和石家庄小沿村汉墓[⑥]等也有出土。

锸　如河北石家庄鹿泉市西龙贵村M58出土的一件铁锸头，一端内空，用于插入木质部分[⑦]。河北张家口阳原北关M1出土的5件铁锸，体扁平，背中空成銎平刃[⑧]（图3-1：3）。

耙　河北保定满城汉墓M2出土2件铁耙，一件为二齿，一件为三齿，顶部均有长方形穿[⑨]（图3-1：4）。

① 桓宽撰，王利器校注．盐铁论校注·水旱篇［M］．北京：中华书局，1992：68．
② 河北省文化局文物工作队．1964-1965年燕下都墓葬发掘报告［J］．考古，1965（11）．
③ 唐山市文物管理处，迁安市文物管理处．迁安苏各庄战国、东汉墓葬发掘报告［J］．文物春秋，2008（4）．
④ 中国社会科学院考古研究所，河北省文物管理处．满城汉墓发掘报告［M］．北京：文物出版社，1980：111、112．
⑤ 河北省文化局文物工作队．河北定县北庄汉墓发掘报告［J］．考古学报，1964（2）．
⑥ 石家庄市图书馆文物考古小组．河北石家庄市北郊西汉墓发掘简报［J］．考古，1980（1）．
⑦ 四川大学历史文化学院考古系，上海大学艺术研究院美术考古研究中心，河北省文物研究所，石家庄市文物研究所，鹿泉市文物保护所．河北鹿泉西龙贵汉代墓葬［J］．考古学报，2013（1）．
⑧ 河北省文物研究所．河北阳原县北关汉墓发掘简报［J］．考古，1990（4）．
⑨ 中国社会科学院考古研究所，河北省文物管理处．满城汉墓发掘报告［M］．北京：文物出版社，1980：280、281．

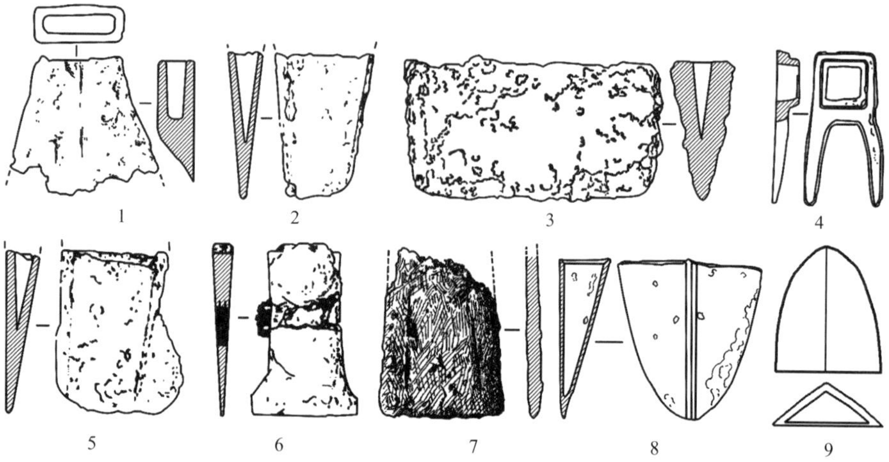

图 3-1　京津冀地区汉墓出土部分铁质农耕工具

1. 镬（河北唐山迁安苏各庄 M1：4）　2. 锛（河北保定满城汉墓 M1：4225）
3. 锸（河北张家口阳原北关 M1：08）　4. 耙（河北保定满城汉墓 M2：3116）
5. 铲（河北唐山迁安苏各庄 M2：2）　6. 斧（河北唐山迁安苏各庄 M6：1）
7. 镢（河北衡水武邑中角 M4：75）　8、9. 犁铧（河北保定满城汉墓 M2：01、河北邢台柏乡东小京汉墓出土）

铲　出土较多。河北唐山迁安苏各庄 M2①、石家庄北宋村 M2②、廊坊大厂回族自治县大坨头遗址的汉墓③中均有出土，其中迁安苏各庄 M2：2，宽刃，方銎（图 3-1：5）。

斧　如河北唐山迁安苏各庄 M6 出土铁斧，方宽刃，器身有长方形穿孔④（图 3-1：6）。

镢　如河北衡水武邑中角 M4：75，呈梯形，柄穿已残⑤（图 3-1：7）。

犁　河北保定满城 M2 出土一件犁铧，弧形刃，中间起脊，重达 3.25

① 唐山市文物管理处，迁安市文物管理处．迁安苏各庄战国、东汉墓葬发掘报告［J］．文物春秋，2008（4）．

② 河北省文物管理委员会．石家庄市北宋村清理了两座汉墓［J］．文物，1959（1）．

③ 天津市文化局考古发掘队．河北大厂回族自治县大坨头遗址试掘简报［J］．考古，1966（1）．

④ 唐山市文物管理处，迁安市文物管理处．迁安苏各庄战国、东汉墓葬发掘报告［J］．文物春秋，2008（4）．

⑤ 河北省文物研究所，衡水地区文物管理所．武邑中角汉墓群 4 号墓发掘报告［C］// 河北省文物研究所．河北省考古文集［M］．北京：东方出版社，1998：261-271．

千克[①]（图 3-1：8）。石家庄北宋村 M1 出土铁犁，呈人字形[②]。邢台柏乡东小京汉墓出土一件犁铧，呈三角形，深銎，中部起脊[③]（图 3-1：9）。

从上述举例可以看出，京津冀地区汉墓出土的铁质农具主要集中于一区、二区以及河北张家口和唐山地区。西汉时，翻土工具包括锸、铲、镢、犁铧等，中耕工具有锄，辅助农具有耙、镬、锛等。东汉时种类较少，出土了数量较多的犁，铲的应用也较为广泛。铁质农具的使用对于推广铁犁牛耕、精耕细作，促进农业生产等均有重要的作用，而铁农具的发现情况也是各地区农业发展水平的侧面反映。

史载："农，天下之本也。泉流灌寖，所以育五谷也。"这是西汉元鼎六年（前 111 年）汉武帝刘彻所讲重农兴水利的话语，其后还有"通沟渎，畜陂泽，所以备旱也"及"令吏民勉农，尽地利，平繇行水，勿使失时"等语言[④]。相关诏书中关于农田水利方面提及了沟渎、陂泽及泉流灌寖、平繇行水等，而在汉代一些地区还会利用多个水井用于农业灌溉，北京市宣武门以西到和平门一带发现 151 座汉代瓦井，分布如此密集，应该是灌溉农田所用[⑤]。东汉时，渔阳太守张堪在狐奴县（今顺义）利用沽水（今白河）和鲍丘水（今潮河）流经其境的水利条件，组织农民开发稻田 8000 余顷，分给农民耕种[⑥]，这是对自然水利条件的应用。京津冀地区的陶井基本都发现于东汉墓，集中分布在邢台市、衡水市、石家庄市、保定市、北京市，即一区和二区，这些水井大多和家庭日常生活有关，某种程度上，家庭水井的普遍也说明这两个地区在农业方面也可能会用到相关水井，进而折射出对农业的重视，《氾胜之书·区田法》中所云"负水浇稼"[⑦]或与之有一定关系。

《氾胜之书》一书关于植物的种植多次提到"粪"，即肥料的重要性，《氾胜之书·耕田》中有"凡耕之本，在于趣时和土，务粪泽，早锄早穫"，

① 中国社会科学院考古研究所，河北省文物管理处．满城汉墓发掘报告［M］．北京：文物出版社，1980：279-281.

② 河北省文物管理委员会．石家庄市北宋村清理了两座汉墓［J］．文物，1959（1）.

③ 史云征，李振奇．河北柏乡东小京汉墓［J］．考古与文物，1994（4）.

④（东汉）班固撰，（唐）颜师古注．汉书·沟洫志［M］．北京：中华书局，1962：1685.

⑤ 苏天钧．十年来北京市所发现的重要古代墓葬和遗址［J］．考古，1959（3）；北京市文管处．北京地区的古瓦井［J］．文物，1972（2）.

⑥ 孙健．北京古代经济史［M］．北京：燕山出版社，1996：38.

⑦ 万国鼎．氾胜之书辑释［M］．北京：农业出版社，1980 胶版新二版：62.

种豆时，“一亩用种二升，用粪十二石八斗”，种麻时，“树高一尺，以蚕矢粪之，树三升；无蚕矢，以溷中熟粪粪之亦善，树一升”①。汉代，人们积攒人畜粪便用于为植物施肥已渐成惯例。河北石家庄肖家营汉墓出土的陶厕，泥质灰陶，左下角平台上为敞棚男厕，有竖长方形门与通道相连，右上角平台上有女厕，为模制的庑殿顶小屋，有竖长方形门与斜坡通道相连，粪池下部与猪圈相通②（图 3-2）。这样，人便、畜便及畜圈内所沤杂肥汇于一起，便于积攒和统一起肥，20 世纪我国中南部的较多农村还可见类似积肥方式。

图 3-2　河北石家庄肖家营 M3 出土陶猪圈

京津冀地区汉墓中出土了较多的陶仓，间接说明当时的粮食储备数量是比较可观的。西汉时期的墓葬中，如河北邢台柏乡县东小京村汉墓③、保

① 万国鼎．氾胜之书辑释［M］．北京：农业出版社，1980 胶版新二版：21，132，194-150．

② 河北省文物研究所，石家庄市文物研究所．河北石家庄肖家营汉墓发掘报告［C］// 河北省文物研究所．河北省考古文集（三）［M］．北京：科学出版社，2007：72-97．

③ 史云征，李振奇．河北柏乡东小京汉墓［J］．考古与文物，1994（4）．

定易县燕下都遗址内的M7[①]、张家口怀安县乔子沟村汉墓[②]等均出土有陶仓。东汉时期陶仓分布的范围更大，除承德地区外，京津冀地区的其他地市均有东汉陶仓出土，数量上则以一、二区较多。

汉代家禽家畜饲养一般以农家为单位，圈养或圈养与放养相结合[③]。通过汉墓出土的陶动物，可以看出当时的家畜、家禽饲养已经十分普遍，已成为种植业生产的重要补充。人们饲养家禽家畜的品种主要有鸡、鸭、猪、狗等，另如河北廊坊文安县宋家牌汉墓发现的三只陶鸽[④]、涿鹿矾山五堡东汉 M4 出土的四只陶绵羊[⑤]等（图 3-3），说明当时京津冀地区饲养的动物种类已较为丰富，但有一点需做说明，廊坊文安县宋家牌汉墓发现的三只陶鸽也可能为陶鸡。除邯郸市、承德市、秦皇岛市、廊坊市、天津市出土陶动物极少外，其他地区均有一定数量陶动物被发现，总体上仍以一、二区为主。

图 3-3　京津冀地区汉墓出土的陶饲养动物

1～3. 河北廊坊文安县宋家牌汉墓出土陶鸽　4、5. 河北涿鹿矾山五堡东汉 M4 出土陶绵羊

① 河北省文物研究所．燕下都遗址内的两汉墓葬［C］// 河北省文物研究所．河北省考古文集（二）［M］．北京：燕山出版社，2001：67-140.

② 怀安县文保所．怀安县乔子沟汉墓清理简报［J］．文物春秋，1997（3）.

③ 中国社会科学院考古研究所．中国考古学·秦汉卷［M］．北京：中国社会科学出版社，2010：605.

④ 张晓峰．文安县宋家牌汉墓出土遗物［J］．文物春秋，2001（6）.

⑤ 张家口地区博物馆．河北涿鹿矾山五堡东汉墓清理简报［J］．文物春秋，1989（4）.

（二）手工业生产的进步

京津冀地区的手工业在两汉时期取得了较大的发展，生产规模大，产品种类多，冶铁、炼铜、制盐、制陶等生产领域都取得了很大的成就。

根据文献及相关资料，汉代有一些铁官位于今京津冀地区，包括河北邯郸武安市西、河北石家庄平山县东南与井隆（井陉）西、河北保定涿州市与满城县北、河北唐山迁西县西南、北京市密云西等地共七处。盐官位于河北新河北、黄骅、滦南县西、天津西北[①]，具体分布见图 3-4[②]。

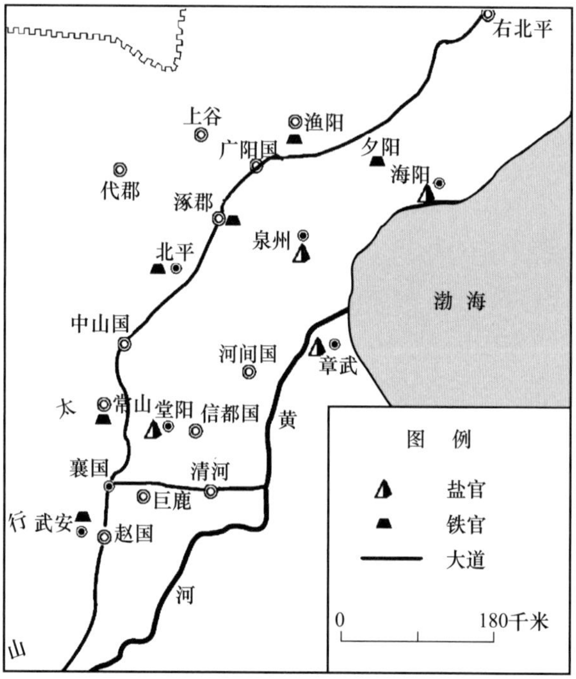

图 3-4　西汉盐铁官分布示意图

（资料采自：葛剑雄．西汉人口地理［M］．北京：人民出版社，1986）

随着相关工作的不断深入，考古工作者在京津冀地区发现了一些汉代冶铁遗址，如河北邯郸武安固镇、阳邑等地的汉代冶铁遗址等[③]，而该地区的较多汉代墓葬中出土有金属器具也表明京津冀地区汉代的冶炼业已发展到较高水平。从墓葬中的遗物来看，这时的铁器有农具，削、镊子等工具，

① 吕苏生．略论秦汉时期河北手工业的发展［J］．文物春秋，1998（1）．

② 葛剑雄．西汉人口地理［M］．北京：人民出版社，1986：附表九．

③ 何抚顺．河北武安冶铁考古及新发现［J］．文物春秋，2012（5）．

刀、剑、戈、弩机等兵器，另有带钩、灯、镜等生活用品；铜器主要分为镜、印章、带钩、熏炉、灯、釜、盆、勺等生活用品和当卢、马衔等车马器两类，也有少量的鼎、壶等礼器及矛、镞等兵器，另铺首衔环、合页、器足、器座等装饰物或构件，钟、铃等乐器及一些用于丧葬的物品如枕、棺环，而生活用品中还有少量的甗、镬、铜、杯、提梁卣与罐、漏壶、化妆用具、盒、钩、刀等，相关器物在未被盗掘的河北满城汉墓中大多有出土①。很多贵族墓中的铜器为鎏金或者镶玉，非常精美。例如，河北沧州南皮县芦庄子西汉墓，出土铜器 11 件，包括鼎 2、锺 1、镜 1、鎏金镶玉枕构件及鎏金镶玉帐饰等②。就分布来看，较多地区同一墓葬中出土铜器的数量会多于铁器，而该地区出土铜器墓葬的数量也大大超过出土铁器的墓葬数量，河北承德、秦皇岛、沧州三市的汉墓，较多仅见铜器而无铁器出土。

汉代，陶器是人们日常生活中最主要使用的器物，同时也是墓葬中最为常见和基本不可缺少的陪葬品。这一时期，陶器的造型、施釉、绘彩等制造工艺都取得了很大进步，这也使得日常生活用陶及墓葬中陪葬陶器得到极大丰富。京津冀地区汉代墓葬中发现的陶器主要有罐、奁、盆、盘、勺、瓮、钵等日常生活用器，有些器物可能在现实生活中也会得到使用；西汉墓葬中数量较多的鼎等陶仿制礼器，在东汉时期墓葬中数量减少，仅有几十座东汉墓中仍有此物；从西汉中期开始，陶模型明器开始出现于该地区汉代墓葬之中，东汉墓葬中则数量猛增，陶仓、陶灶、陶楼等大多制作精美，一方面体现出陪葬品日趋生活化的特征，另一方面也反映了汉代高超的制陶水平。总体来看，一区和二区的墓葬中，陶模型明器出现的时间早、种类多，三区、四区墓葬中使用时间相对较晚，数量少且组合多不完整。另外，东汉时期是原始青瓷继续发展的时期，京津冀地区的一些汉墓中有相关发现，如河北石家庄市桥东 M1 发现的瓷罐③、衡水安平逯家庄 M1 发现的青釉双耳罐④（图 3-5）等，这些器物或可能为本地烧造，但更大的可能是从他地输入的物品，这也体现出相应的经济内容。需要说明的是，京津冀地区汉墓在西汉时已开始用砖作为墓葬建筑的材料，如砖椁墓等，东汉时，随着横穴墓葬的全面普及，京津冀地区的绝大多数墓葬为横穴砖室墓，有的虽有石料，但除个别墓葬如天津市蓟州区小毛庄的 1 座东汉

① 中国社会科学院考古研究所，河北省文物管理处. 满城汉墓发掘报告［M］. 北京：文物出版社，1980.

② 沧州市文物管理处. 河北南皮县芦庄子汉墓［J］. 文物春秋，1998（1）.

③ 孟浩. 石家庄市桥东单室砖墓［J］. 文物，1959（4）.

④ 河北省文物研究所. 安平东汉壁画墓［M］. 北京：文物出版社，1990：31.

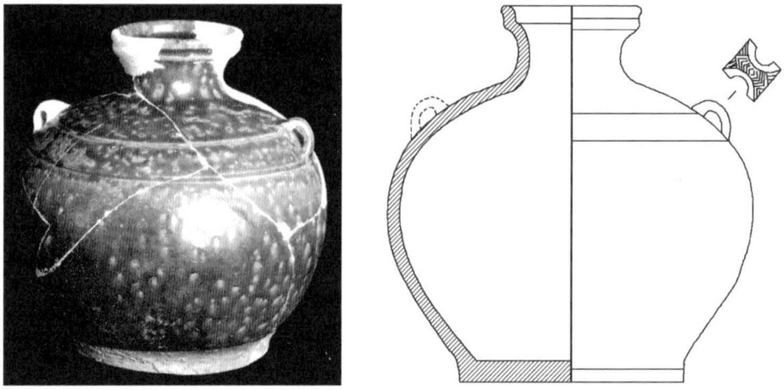

图 3-5　河北衡水安平逯家庄东汉 M1 出土青釉双耳原始瓷罐

墓葬[①]外，其他相关墓葬所用石料不多，大部分为石门，更多墓葬所用建墓材料为砖，这使得墓葬建筑材料烧造业逐渐趋于发达，有的还烧造墓葬所用的板瓦、筒瓦等。京津冀地区的较多汉代墓地发现有陶窑，以烧砖及相关陪葬品为主，有的还烧制板瓦、筒瓦等。北京市大兴区亦庄几处汉代墓地[②]、房山区长沟镇吴家坟[③]、丰台区南苑附近汉代墓地[④]及通州区土桥汉代墓地、武夷花园月季园汉代墓地、宋庄文化创意产业集聚区汉代墓地[⑤]等均发现有陶窑，河北省的石家庄鹿泉西龙贵汉代墓地发现陶窑 2 座及制作砖瓦等的作坊遗址 1 处，邢台内丘张夺 2 号遗址也发现有西汉中期的陶窑及与之有关的沟、沉淀池坑、灰坑、井等。上述陶窑基本都烧砖，而北京市大兴区亦庄汉代墓地与邢台内丘张夺 2 号遗址发现的陶窑还可能烧制陪葬品，石家庄鹿泉西龙贵汉代墓地的陶窑则兼烧瓦等。这些陶窑可称为墓地陶窑，主要为相关墓葬的建造、陪葬品的制作等服务，多数是专门为墓地生产建筑材料的陶窑，服务于某一或多个家庭、家族成员的墓葬，有的相关产品会用于买卖，产生经济价值[⑥]。汉代的陶窑除服务于丧葬外，还可能生产日

① 姜佰国．蓟县小毛庄东汉墓葬［R］．中国考古学会编．中国考古学年鉴•2014［M］．中国社会科学出版社，2015：210．

② 北京市文物研究所．北京亦庄考古发掘报告（2003～2005 年）［M］．北京：科学出版社，2009：6、10、11、334-336；北京市文物研究所．北京亦庄 X11 号地考古发掘报告［M］．北京：科学出版社，2012：5、96-108．

③ 北京市文物研究所．长沟汉墓［M］．北京：科学出版社，2019：131-139、143、144．

④ 北京市文物研究所．丰台南苑汉墓［M］．北京：科学出版社，2019：3-7、186-204．

⑤ 李伟敏．北京考古志•通州卷［M］．上海：上海古籍出版社，2109：19-48、135-144．

⑥ 刘尊志．汉代墓地陶窑及相关问题［J］．文物，2019（11）．

用陶、建筑用陶，服务于社会及家庭生活，从大的方面讲，可服务于相关社会生活居住区，这在一定程度上应与社会生产及经济发展有关，北京市西柏店墓区东北三四里的北城子村，发现古城址一座，城址西边有烧陶窑址，或许与该城址有关①。

除最为多见的铜器、铁器与陶器等外，京津冀地区汉墓中也发现有金银饰品、玉石器、漆器、骨器、丝绢物等陪葬品，这些物品多出现在等级较高的诸侯王墓、列侯墓葬或者贵族官吏墓中，中小型墓少有出土，从区域上看，大多出土于一区和二区。三区和四区的墓葬也有出土，金属质器物和玉器居多，除张家口阳原北关西汉墓出土的镶嵌动物形金箔的漆器②、三汾沟西汉墓葬出土的漆奁、耳杯、案③（图3-6）外，这两区的其他墓葬少见漆器出土，而三汾沟M2、M9也见有丝织品，种类有绢、锦、罗、纱绮、漆纱等，保存下来的丝织品呈黄、褐、墨绿和黑色，M9出土刺绣2件，其中1件是裹铜镜的镜套，直径13.7厘米，为绢地绣花，图案中央绣一龙，其上方绣一凤凰，周围绣有牛、虎、奔兽、雁等吉祥物，整个图案布局巧妙，美观大方，工艺水平较高④（图3-7）。与漆器一样，这两区的其他墓葬也少见丝织品出土，或许与朽毁不存有关，也可能原没有或极少用于陪葬。

1

2

图3-6　河北张家口阳原地区西汉墓葬出土漆器饰件及纹饰

1. 阳原北关西汉墓葬出土漆器镶嵌金箔的动物形图案　2. 阳原三汾沟M9出土漆奁（M9：171）内漆盒内壁纹饰摹本

① 北京市文物工作队. 北京平谷县西柏店和唐庄子汉墓发掘简报［J］. 考古，1962（5）.

② 河北省文物研究所. 河北阳原县北关汉墓发掘简报［J］. 考古，1990（4）.

③ 河北省文物研究所，张家口地区文化局. 河北阳原三汾沟汉墓群发掘报告［J］. 文物，1990（1）.

④ 河北省文物研究所，张家口地区文化局. 河北阳原三汾沟汉墓群发掘报告［J］. 文物，1990（1）.

图 3-7　河北张家口阳原三汾沟 M9 出土刺绣图案摹本

（三）商业发展与城市的繁荣

据相关记载，西汉初年"海内为一，开关梁，驰山泽之禁，是以富商大贾周流天下，交易之物莫不通，得其所欲"[①]；"天下熙熙，皆为利来；天下攘攘，皆为利往"[②]。汉武帝时，商业获得巨大发展。东汉和帝刘肇时，"戒郡国罢盐铁之禁，纵民煮铸，入税县官如故事"[③]，在很大程度上促进了私人商业经济的发展。

汉代，货币在社会经济生活中有着十分重要的地位，平帝元始年间（1～5 年），西汉政府铸行钱币已高达 280 亿万枚，货币已成为市场流通不可或缺的媒介[④]。京津冀地区的汉墓，无论规模大小、等级高低，大多都出土有钱币，币种以五铢钱居多，也有少量西汉早期的半两钱及王莽时期的大泉五十、货泉等钱币，满城汉墓还出土有金饼 69 枚[⑤]。除诸侯王墓和大

① （西汉）司马迁．史记·货殖列传［M］．北京：中华书局，1959：3261．

② （西汉）司马迁．史记·货殖列传［M］．北京：中华书局，1959：3256．

③ （南朝·宋）范晔撰，（唐）李贤等注．后汉书·和帝纪［M］．北京：中华书局，1965：167．

④ 中国社会科学院考古研究所．中国考古学·秦汉卷［M］．北京：中国社会科学出版社，2010：758．

⑤ 中国社会科学院考古研究所，河北省文物管理处．满城汉墓发掘报告［M］．北京：文物出版社，1980：207、208、331、332．

规模墓群外，出土钱币超过百枚的墓葬有北京东南郊三台山东汉墓出土五铢钱400余枚[①]、张家口阳原西城南关东汉墓出土五铢钱285枚[②]、承德平泉县杨杖子村汉墓出土钱币127枚[③]、廊坊三河县小崔各庄汉墓出土钱币160枚[④]等，这些墓葬的主人应为贵族或地主阶层等。与之形成鲜明对比的是，多数规模小、等级低的小型墓葬出土钱币的数目为个位数或无钱币出土，显示了巨大的贫富差距。

据《汉书·地理志》所载地理位置的分析可知，京津冀地区的汉墓多分布在各郡国治所周围，这也反映了城市人口状况和城市经济的发展。在以农业经济为主的汉代社会，人口同样是考察经济水平的重要指标。汉郡以十二万户上下为准来区分大、小郡[⑤]，葛剑雄先生根据《汉书·地理志》，总结了元始二年（2年）各郡国的人口状况[⑥]，现摘录与本书相关的部分，见表3-1。从该表的内容可以看出，位于京津冀地区中南部的郡国人口数量多，分布密度大，一区和二区的人口数量之和已占到全国总人口的10.66%；而北部区域所属各郡地广人稀，人口密度很小，在三区和四区的范围之内，只有渤海郡（含今沧州市的大致区域）的人口密度比较可观。

表3-1　京津冀地区元始二年各郡国人口状况

郡国	人口数量/人	占全国人口的比例/%	人口密度/（人/平方千米）
赵国	349952	0.61	83.59
魏、巨鹿、清河、广平、信都郡	3115196	5.4	91.79
河间国	187662	0.33	80.73
涿郡	782764	1.36	50.62
中山国	668080	1.16	89.66
真定国	178616	0.31	190.63

① 北京市文物工作队．北京东南郊三台山东汉墓发掘简报［M］．北京历史考古丛书编辑组编．北京文物与考古，1983：19-27．

② 河北省文物研究所，张家口地区文化局．河北阳原西城南关东汉墓［J］．文物，1990（5）．

③ 张秀夫．河北平泉县杨杖子村发现汉墓［J］．文物，1987（9）．

④ 廊坊市文物管理处．廊坊市三河小崔各庄东汉墓［J］．文物春秋，2004（4）．

⑤ 周振鹤．体国经野之道——中国行政区划沿革［M］．上海：上海书店出版社，2009：111．

⑥ 葛剑雄．西汉人口地理［M］．北京：人民出版社，1986：96．

续表

郡国	人口数量 / 人	占全国人口的比例 /%	人口密度 /（人 / 平方千米）
常山国	677956	1.18	43.05
广阳国	70658	0.13	22.69
渔阳郡	264116	0.46	6.38
上谷郡	117763	0.2	5.2
代郡	278754	0.48	11.75
右北平郡	320780	0.56	7.04
辽西郡	352325	0.61	7.59
渤海郡	905119	1.57	55.62

三、经济发展的区域性与不平衡性

（一）经济发展的区域性与不平衡性

汉代在政治领域已经形成了大一统格局，但在经济领域，各地区的发展却很不平衡。司马迁在《史记》中将全国划分为四个基本经济区，包括山西、山东、江南、龙门碣石以北（这里的山为崤山，江为长江）①，京津冀地区则位于山东经济区和龙门碣石一线附近，兼有农业与畜牧业，是经济状况较好的地区，但其内部经济发展也有显著的不平衡性。

在上文中，以地缘和墓葬的数量、形制、陪葬品等为依据，将京津冀地区划分为四个分区，根据墓葬考古情况和史籍等参考资料，可以将四个区域的经济发展水平从高到低排序，大致为二区＞一区＞四区＞三区。其中二区和一区的水平比较接近，四区和三区的水平比较接近。

一区和二区墓葬数量多、规模大，墓葬中发现有较多铁质农具和陶井、陶仓等与农业有关的模型明器，农业经济比较发达，饲养牲畜多，境内还有多处铁官，冶铁、制陶等手工业较发达，人口数量多且密度大。此二区大体相当于汉代的冀州刺史部，《三国志·魏书·杜畿传》附子《杜恕传》载："冀州户口最多，田多垦辟，又有桑枣之饶，国家征求之府。"②三区和四区墓葬数量少，但是有一定数量具有相应等级的贵族与官吏或豪强地主的墓葬，随葬铜器较多，出土钱币数量大，该区域东南部靠海，有多处盐

① （西汉）司马迁．史记·货殖列传［M］．北京：中华书局，1959：3253、3254．

② （西晋）陈寿撰，（南朝·宋）裴松之注．三国志·魏书·杜畿传附子杜恕传［M］．北京：中华书局，1959：499．

官，制盐业、畜牧业等也比较发达。而如上文所述，四区东南部的今沧州黄骅一带近海，或许有海上运输与贸易，也会在一定程度上推动或促进该地的经济发展。四区和三区相当于汉代幽州刺史部的上谷、渔阳、右北平、辽西等郡，司马迁说自“上谷至辽东，地踔远，人民希”、“大与赵、代俗相类，而民雕捍少虑，有鱼盐枣栗之饶”[①]。

（二）经济发展不平衡现象成因分析

本书判定京津冀地区经济发展不平衡的主要依据是汉墓资料，但各地考古工作的开展程度不同，仅通过现有考古资料可能尚无法得出较为确切的结论，因此本书仅仅是对经济发展不均衡的成因进行初步探讨，认为地区间或区域间经济发展的不平衡可能与各地区自然条件、诸侯国分布、交通等因素有关。

从自然条件来看，一区、二区地处黄河下游北部，是黄河及从太行山、燕山流出的河流在历史上多次迁徙、泛滥而成的冲积平原，冲积扇地势比较平缓，土层深厚，有常年流水的河流，适于发展灌溉农业[②]。同时这里矿产资源丰富，适合发展冶炼与制造业。三区、四区有坝上高原和燕山山地，气候干燥，不适合发展种植业，植被以低温草本植物为主，适合牲畜生长，文献记载，“龙门、碣石北多马牛羊”，燕代地区“田畜而事蚕”[③]。这里靠近北方草原，是农耕区与游牧区的交界地带，毗邻以畜牧业为主的匈奴民族，拥有很好的畜牧业发展条件。

从政治角度来看，一、二区位于汉代两京地区的东部，是政治中心的安全屏障，分布有众多诸侯国，如中山国、广阳国等，政治地位较高，官吏贵族等社会地位高的相关人员也有相当数量，居民人口数量多，城市繁荣，史载：“燕之涿、蓟，赵之邯郸……富冠海内，皆天下名都。”[④]而三、四区靠近北方边境，与匈奴等游牧民族为邻，文献记载其“地边胡，数被寇”[⑤]，百姓不堪其扰，多向内地迁徙，使得该区域人口数量少，城市发展缓慢，社会经济发展也相对滞后。

从交通情况来看，太行山东麓有一条南北向大道——邯郸广阳道，经

① （西汉）司马迁. 史记·货殖列传［M］. 北京：中华书局，1959：3261.
② 李孝聪. 中国区域历史地理［M］. 北京：北京大学出版社，2004：171.
③ （西汉）司马迁. 史记·货殖列传［M］. 北京：中华书局，1959：3261.
④ （西汉）桓宽. 盐铁论·通有篇，王利器校注. 盐铁论校注［M］. 北京：中华书局，1992：41.
⑤ （西汉）司马迁. 史记·货殖列传［M］. 北京：中华书局，1959：3263.

河东、上党，或由河内北上至邯郸、广阳、右北平，通达燕赵。大道以西有几条穿越太行山的隘道，被称为“太行八陉”，包括军都陉（今北京市昌平西北）、蒲阴陉（今河北省易县西）、飞狐陉（今河北省涞源县北和蔚县之南）、井陉（今河北省井陉县）、滏口陉（今河北省武安县之南和磁县之间），是历史时期华北平原进入山西高原穿越太行山脉的通道，也是晋冀豫三省边界的重要军事关隘所在之地①。交通线促进了资源的集散和流动，周边发展起邯郸、涿县、蓟等城市，是一、二区经济繁荣的重要推动力。

综上，京津冀地区两汉时期的经济取得了较大成就，但其内部存在着显著的不平衡性。本书根据汉代行政区划、自然地理、墓葬及陪葬品等因素，将本地区划分为四片区域：一区和二区地处平原，矿产等资源丰富，诸侯国较多，交通便利，人口密集，城市繁荣。墓葬数量多，西汉时多竖穴土坑墓，东汉时多横穴砖室墓，陪葬品数量多、种类齐全，发现有较多铁农具，陶井、陶仓等模型明器，猪、狗、鸡等陶动物俑等，均证明该区域的农业、手工业等已经发展到了相对较高的水平。三区多高原和山地，靠近统治区的北部边境，人口稀少，墓葬数量少且竖穴洞室墓及东汉时期流行的横穴室墓居多，耕种条件差，适合发展畜牧业。四区濒临渤海，设有盐官，制盐业比较发达。

第二节　京津冀地区汉代物质生活

从京津冀地区汉墓及其出土陪葬品来看，该地区的农业、手工业和商业在两汉时期已经取得了很大的发展，并形成了各具特色的经济门类；而社会的相对安定、经济的稳定发展等也为人们的物质生活水平提高奠定了良好的基础，使得京津冀地区两汉时期的物质生活面貌有了很大改善，这主要集中体现在衣、食、住、行等几个方面。

一、服　　饰

服饰最初产生应是出于保暖、卫生等实用需求，后随着社会生产的发展，纺织技术的不断提高，人们的审美观念出现，服饰开始具有了审美、宗教、等级等多方面的内涵。两汉是古代服饰发展的一个重要时期，西汉时期已有多种材质、多种类型的服饰，其等级、审美功能也有所体现。东

① 王尚义．自议太行八隆及其历史变迁［J］．地理研究，1997（1）．

汉明帝永平二年（59年），朝廷制定舆服制度，衣裳、冠冕、佩授制度开始与帝王、贵族、官员的等级相结合。京津冀地区汉墓出土了数量较多的人物俑，其所着服饰为了解和研究汉代服饰提供了较为形象直观的资料，本书主要就本地区汉代墓葬出土陶俑来论述与服饰有关的内容，其他如壁画、画像石或相关遗物，仅做概述，不做过多讨论，特说明。

（一）首服

京津冀地区汉墓出土陶俑所着首服基本为巾帻和冠，帽较为少见，且多为男子首服，女子着首服者不常见。巾帻是汉代男子贵贱通用的基本首服[①]，主要有介帻和平上帻两种，介帻顶端隆起，形状像尖角屋顶，平上帻的顶端则是平的；在东汉晚期，又出现了一种前低后高的平巾帻[②]。纵观京津冀地区汉代墓葬出土的男陶俑，如侍俑和劳作俑等，头部所着多为平上帻（图3-8：1）[③]和平巾帻（图3-8：2）[④]，介帻基本不见。另外，值得注意的是，京津冀地区东汉时期墓葬出土的不少陶俑头部的平顶、圆形首服被简报定为"帽"或"圆帽"（图3-8：3）[⑤]，但从线图或照片来看，其形制和上文所描述的平上帻一致，故宜称为"平上帻"。

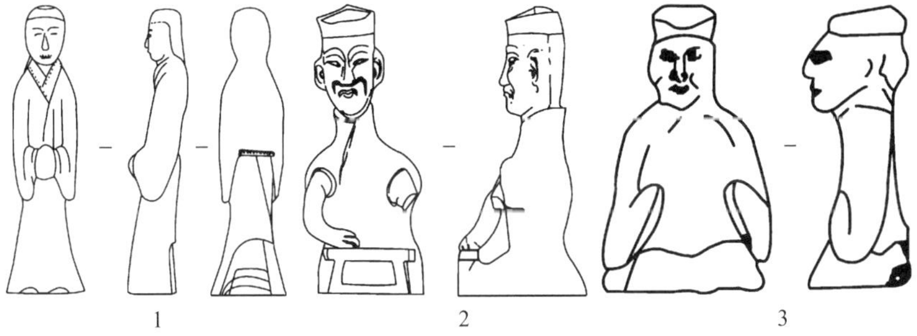

图3-8　巾帻

1、3. 平上帻（河北保定燕下都D6T31②M8：12、河北保定满城宏昌园B区M9：13）
2. 平巾帻（河北廊坊文安宋家牌墓出土庖厨俑）

---

① 王玉哲主编. 中国古代物质文化［M］. 北京：高等教育出版社，1990：195.

② （南朝·宋）范晔撰，（唐）李贤等注. 后汉书·五行志［M］. 北京：中华书局，1965：3271.

③ 河北省文物研究所. 燕下都遗址内的两汉墓葬［C］// 河北省文物研究所. 河北省考古文集（二）［M］. 北京：燕山出版社，2001：67-140.

④ 张晓峰. 文安县宋家牌汉墓出土遗物［J］. 文物春秋，2001（6）.

⑤ 满城县文物局. 满城宏昌园B区汉墓发掘简报［J］. 文物春秋，2012（3）.

汉代，冠是等级身份的重要标志之一，身份低微的人不能戴冠。根据孙机先生的研究，西汉时期的冠是直接戴在发髻之上，而东汉时期的冠则通常戴在巾帻之上[①]。京津冀地区汉代墓葬出土陶俑所戴冠的种类不算太多，西汉时期的跽坐俑一般头戴小冠（图 3-9：1）[②]，东汉时期的男侍俑多戴山形冠（图 3-9：2）[③]，而东汉时期有的舂米俑戴高冠（图 3-9：3）[④]。另外，还有一件陶俑头戴武弁大冠（图 3-9：4）[⑤]。《后汉书·舆服制》载："武冠，俗谓之大冠，环缨无蕤，以青系为绲，加双鹖尾，竖左右，为鹖冠云。五官、

图 3-9　冠

1. 小冠（河北邢台曹演庄 M1：9） 2. 山形冠（北京市大兴区三台山 M2：14） 3. 高冠（河北唐山迁安于家村 M1：19） 4. 武弁大冠（河北衡水深州下博 M24：6）

---

① 孙机. 汉代物质文化资料图说［M］. 北京：文物出版社，1991：229、230.

② 河北省文物研究所，邢台市文物管理处. 邢台曹演庄汉墓群发掘报告［J］. 文物春秋，1998（4）.

③ 北京市文物工作队. 北京东南郊三台山东汉墓发掘简报［J］. 北京历史考古丛书编辑组编. 北京文物与考古［M］. 1983：19-27.

④ 迁安县文物保管所. 河北迁安于家村一号汉墓清理［J］. 文物，1996（10）.

⑤ 河北省文物研究所，衡水市文物管理处，深州市文物保管所. 河北省深州市下博汉唐墓地发掘报告［C］// 河北省文物研究所. 河北省考古文集（二）［M］. 北京：燕山出版社，2001：214-243.

左右虎贲、羽林、五中郎将、羽林左右监皆冠鹖冠……”① 由此可知，武弁大冠为武官所戴。

（二）身服

深衣与袍是汉代最常见的身服，二者皆不分贵贱，男女通用。京津冀地区汉代墓葬出土陶俑多身着深衣或袍服。

关于深衣，《礼记·深衣》注曰：“名曰深衣者，谓连衣裳而纯之以采也。”唐代孔颖达疏曰：“所以此称深衣者，以余服则上衣下裳不相连，此深衣衣裳相连，被体深邃，故谓之‘深衣’。”② 由此可知，深衣的基本形式应是上衣下裳连为一体，交领，右衽，直裾或曲裾，腰部系带，衣袖宽大，下摆及地呈喇叭状。汉代无论身份高低贵贱，无论男女，均可穿深衣，正所谓深衣“可以为文，可以为武，可以摈相，可以治军旅”③。京津冀地区汉代墓葬出土的陶俑很多身着深衣，尤其是西汉时期墓葬出土女侍俑的深衣，纹饰较为丰富多样（图 3-10：1）④。

图 3-10 深衣和袍

1. 深衣（燕下都 D6T31 ② M8） 2、3. 袍（邯郸建设大街 HWM18：2、迁安于家村 M1：77）

---

① （南朝·宋）范晔撰，（唐）李贤等注. 后汉书·舆服制［M］. 北京：中华书局，1965：3670.

② 《十三经注疏》整理委员会整理，李学勤主编. 十三经注疏·礼记正义［M］. 北京：北京大学出版社，1999：1560.

③ 《十三经注疏》整理委员会整理，李学勤主编. 十三经注疏·礼记正义［M］. 北京：北京大学出版社，1999：1562.

④ 河北省文物研究所. 燕下都遗址内的两汉墓葬［C］// 河北省文物研究所. 河北省考古文集（二）［M］. 北京：燕山出版社，2001：67-140.

关于袍，孙机先生在《汉代物质文化资料图说》一书中指出："先秦时所谓袍，是指内衣……东汉时作为外衣之袍，应是一种宽大的长衣。"[①]东汉明帝永平二年，舆服制度制定，"帝及公卿列侯始服冠冕、衣裳、玉佩、絇履以行事"[②]。"服衣，深衣制，有袍，随五时色。袍者，或曰周公抱成王宴居，故施袍。……今下至贱更小吏，皆通制袍，单衣，皁缘领袖中衣，为朝服云。"[③]自此，袍服从内衣开始转变成外衣。汉代袍服基本为交领，右衽，下摆过膝或及地。袍服也是不论身份等级与性别均可穿着，以面料、纹饰、长短加以区别。京津冀地区汉代墓葬出土陶俑所着袍服基本有两种，一种袍服较短，仅过膝，且前端下摆呈燕尾状（图 3-10：2）[④]，另一种下摆及地，较宽大（图 3-10：3）[⑤]。

除了深衣和袍之外，京津冀地区汉墓出土陶俑还有身着襦裙、衣裤等者，但并不多见。

（三）发式与发饰

汉代的妇女多绾髻，最常见的为椎髻。所谓椎髻，《汉书·陆贾传》曰："一撮之髻，其形如椎。"[⑥]椎髻一般梳在脑后，下垂至背部。京津冀地区汉代墓葬出土女俑多梳椎髻（图 3-11：1）[⑦]，还有部分女俑头发绾至头顶，梳成高髻（图 3-11：2）[⑧]，此外还发现有披发不梳髻者。京津冀地区汉墓出土陶男俑多戴帻或冠，故其发式不甚明确。女性的头饰在京津冀地区汉墓中也多有发现，如河北邢台沙河兴固汉墓出土的一件银发饰[⑨]（图 3-11：3）、

---

① 孙机. 汉代物质文化资料图说［M］. 北京：文物出版社，1991：251.

② （南朝·宋）范晔撰，（唐）李贤等注. 后汉书·明帝纪［M］. 北京：中华书局，1965：100.

③ （南朝·宋）范晔撰，（唐）李贤等注. 后汉书·舆服制［M］. 北京：中华书局，1965：3666.

④ 邯郸市文物保护研究所. 邯郸市建设大街战汉墓葬发掘报告［J］. 文物春秋，2004（6）.

⑤ 迁安县文物保管所. 河北迁安于家村一号汉墓清理［J］. 文物，1996（10）.

⑥ （东汉）班固撰，（唐）颜师古注. 汉书·陆贾传［M］. 北京：中华书局，1964：2111.

⑦ 南水北调中线干线工程建设管理局，河北省南水北调工程建设领导小组办公室，河北省文物局. 内丘张夺发掘报告［M］. 北京：科学出版社，2011.

⑧ 河北省文物研究所，衡水地区文物管理所. 武邑中角汉墓群 4 号墓发掘报告［C］// 河北省文物研究所. 河北省考古文集［M］. 北京：东方出版社，1998：261-271.

⑨ 河北省文物研究所，邢台地区文物管理所. 河北沙河兴固汉墓［J］. 文物，1992（9）.

图 3-11　女子发式与发饰

1. 椎髻（河北邢台内丘张夺 09ⅡTG4M81：10）2. 高髻（河北衡水武邑中角 M4：40）
3. 银发饰（河北邢台沙河兴固汉墓出土）

石家庄市北宋村 M1 出土的骨簪和饰铜骨簪[①]、唐山市玉田县代官屯汉墓出土的 2 件银笄[②]等。

除墓葬出土的陶俑外，京津冀地区发掘的汉代墓葬还有较多内容与这一地区的汉代服饰有关。一是相关墓葬出土的其他质地的俑及人物造型的器物，如河北保定满城 M1 出土的石俑、铜人、玉人[③]（图 3-12：1、2、4、5、6），满城 M2 出土的鎏金铜“长信宫灯”、玉舞人[④]（图 3-12：11、7），北京市大葆台 M2[⑤]（图 3-12：8）、河北沧州献县 M36[⑥]（图 3-12：9）、河北定州市 43 号汉墓[⑦]（图 3-12：10）出土的玉舞人，望都二号墓出土的石骑马俑[⑧]（图 3-12：3）等，造型生动，对于首服、身服、发式与发饰等均有充分

① 河北省文物管理委员会．石家庄市北宋村清理了两座汉墓［J］．文物，1959（1）.

② 唐山市文物管理处．玉田县代官屯发现一座汉墓［J］．文物春秋，2006（3）.

③ 中国社会科学院考古研究所，河北省文物管理处．满城汉墓发掘报告［M］．北京：文物出版社，1980：206-207，140，100.

④ 中国社会科学院考古研究所，河北省文物管理处．满城汉墓发掘报告［M］．北京：文物出版社，1980：255、258-260、295、297.

⑤ 大葆台汉墓发掘组，中国社会科学院考古研究所．北京大葆台汉墓［M］．北京：文物出版社，1989：71.

⑥ 河北省文物研究所．献县 36 号汉墓发掘报告［C］// 河北省文物研究所．河北省考古文集［M］．北京：东方出版社，1998：241-260.

⑦ 定县博物馆．河北定县 43 号汉墓发掘简报［J］．文物，1973（11）.

⑧ 河北省文化局考古工作队．望都二号汉墓［M］．北京：文物出版社，1959：11.

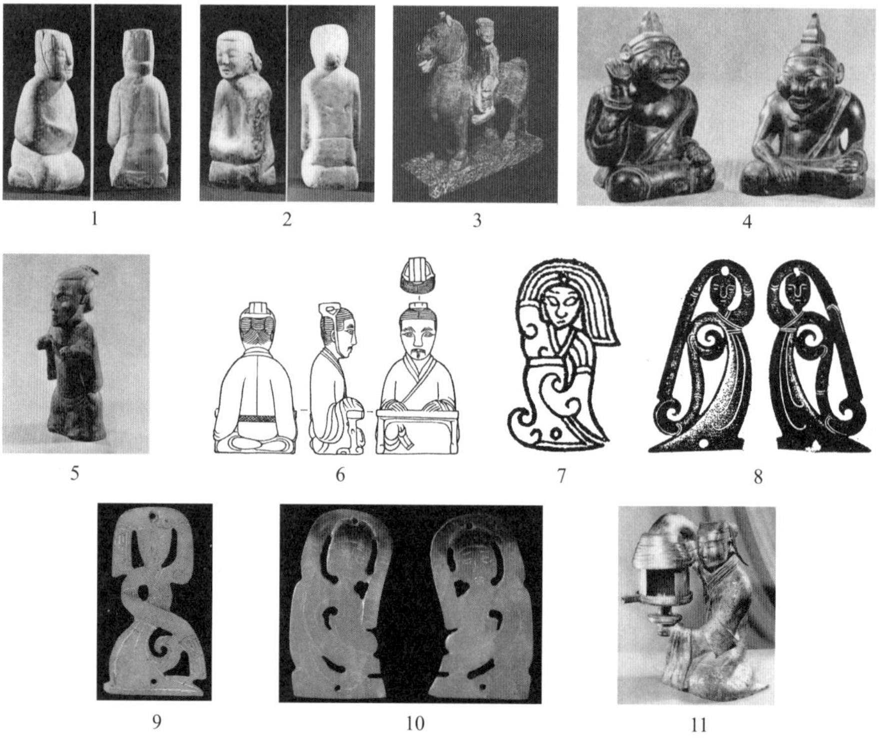

图 3-12　京津冀地区汉墓出土其他质地的俑及其人物造型的器物

1、2. 河北保定满城 M1 出土石俑　3. 河北保定望都 M2 出土石骑马俑　4、5. 河北保定满城 M1 出土铜俑　6. 河北保定满城 M1 出土玉人　7. 河北保定满城 M2 出土玉舞人　8. 北京市大葆台 M2 出土玉舞人　9. 河北沧州献县 M36 出土玉舞人　10. 河北定州 M43 出土玉舞人　11. 河北保定满城 M2 出土鎏金铜“长信宫灯”

的体现。二是相关器物的组成部分或构件，如河北保定满城 M1 出土铜灯（M1：4112）[①]（图 3-13：1）与满城 M2 出土铜薰炉（M2：3004）[②]（图 3-13：2）下部的人物形象构件，均是起支撑作用，十分形象，也可较好地反映与服饰相关的内容。三是墓葬壁画与石刻画像中的人物形象，壁画的色彩运用较多，人物形象生动，服饰的形制、色彩及其对应人物形象等皆可体现，画像石尤其是彩绘画像对人物形象及其服饰也有较好的反映，可以说，这类考古资料的内容极为丰富，所反映与服饰相关的内容、内涵十分重要，

---

① 中国社会科学院考古研究所，河北省文物管理处．满城汉墓发掘报告［M］．北京：文物出版社，1980：69-72．

② 中国社会科学院考古研究所，河北省文物管理处．满城汉墓发掘报告［M］．北京：文物出版社，1980：253-256．

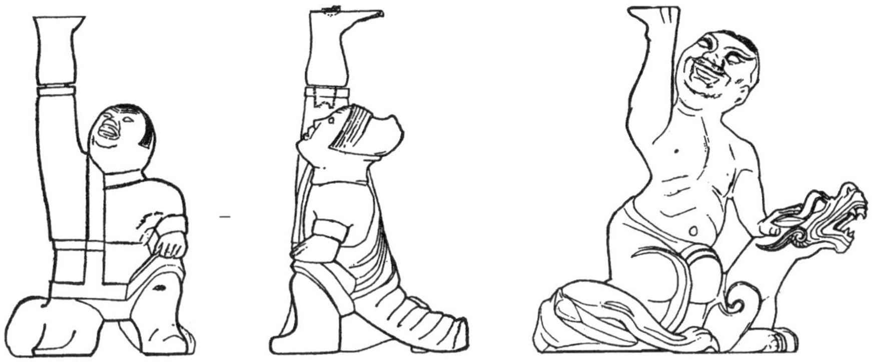

图 3-13　河北保定满城汉墓出土铜器上的人物形象
1. 满城 M1 出土铜灯局部（M1：4112）　2. 满城 M2 出土铜薰炉局部（M2：3004）

是开展京津冀地区汉代服饰研究极为重要的参考资料，相关考古资料主要为河北保定望都 M1（图 3-14：1）与 M2[①]（图 3-14：2）、衡水安平逯家庄壁画墓[②]（图 3-14：3），3 座墓葬的时代均为东汉晚期，形制较复杂，规模亦较大，墓主具有相对较高的身份、地位和等级，墓葬中的壁画内容丰富，有人物、建筑、祥禽瑞兽、车骑出行等，其中所绘人物涉及较多不同身份，所着服饰既有相似也有差别，对研究首服、身服、发式与发饰，甚至鞋子的穿着等均有重要参考价值；画像石以天津市蓟州区小毛庄东汉墓出土的彩绘画像石最具代表性，其中也有人物形象[③]（图 3-14：4）。四是具有特殊性质的服饰，如该地区两汉诸侯王墓、列侯墓葬出土的敛葬玉衣及一些西汉诸侯王墓出土的铁甲胄，敛葬玉衣在京津冀地区的两汉王侯墓葬多有出土，而且也成为判断墓主身份等级的重要参考标尺之一，如河北保定满城西汉 M1 与 M2 出土的金缕玉衣保存较好，而铁甲胄也以满城 M1 出土者最具代表性[④]（图 3-15）。五是与服饰有关的遗物，除上文涉及内容之外，其他

① 北京历史博物馆，河北省文物管理委员会．望都汉墓壁画［M］．北京：中国古典艺术出版社，1955；河北省文化局考古工作队．望都二号汉墓［M］．北京：文物出版社，1959．

② 河北省文物研究所．安平东汉壁画墓发掘简报［J］．文物春秋，1989（Z1）；安平东汉壁画墓［M］．北京：文物出版社，1990．

③ 盛立双．天津蓟县小毛庄东汉画像石墓［C］// 国家文物局主编．2004 中国重要考古发现·中英文本［M］．北京：文物出版社，2005：118-120．

④ 中国社会科学院考古研究所，河北省文物管理处．满城汉墓发掘报告［M］．北京：文物出版社，1980：36-37、111、244-246、344-369．

图 3-14　京津冀地区东汉墓葬壁画与彩绘画像石中的人物形象

1. 河北保定望都 M1 壁画　2. 河北保定望都 M2 壁画　3. 河北衡水安平逯家庄东汉墓壁画
4. 天津市蓟州区小毛庄东汉墓壁画

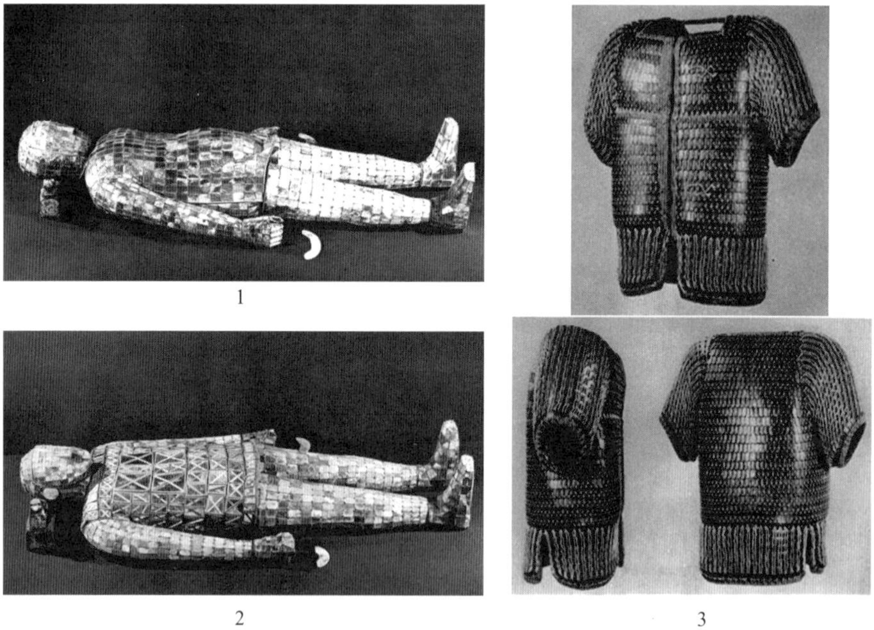

图 3-15　河北保定满城汉墓出土玉衣及铁铠甲

1. 满城 M1 出土玉衣　2. 满城 M2 出土玉衣　3. 满城 M1 出土铁铠甲

相关遗物还有带钩、纺织物、装饰与佩戴物品等，其中带钩已出土相当数量，纺织物也在一些有相应等级的墓葬中有出土或发现，如河北张家口阳原三汾沟 M2、M9 出土有丝织品，种类较多[①]；河北保定满城 M1、M2 均出土种类丰富的纺织物，而且纹饰十分精美[②]（图 3-16），这些纺织物对应的服饰也当十分华贵和漂亮。

图 3-16　河北保定满城 M2 出土的绣花绢纹样复原图（F-14）

就以上所述几点，相关发掘简报或报告中对涉及与服饰有关的问题有的已进行了相关分析和研究，也有一些研究成果通过相关墓葬的考古资料对京津冀地区汉代服饰进行过较为深入的论述，限于篇幅，本文不再展开论述和分析。但有一点需做说明，京津冀地区汉代墓葬中众多与服饰有关的考古资料，在很大程度上体现和反映出这一地区汉代服饰的发展，而这方面的发展是多方面、多层次的，既体现出等级差别和地域差异，也反映出相应的统一性，展现出对应的时代特点，可为汉代服饰的研究提供参考和借鉴。

二、饮　食

关于饮食，汉代已有较多人做过论述："王者以民为天，而民以食为天。"[③] 西汉晁错亦云："人情，一日不再食则饥。"[④] 汉代墓葬对这一时期的饮食内容有较多体现，这与当时的丧葬思想有着很大关系，所谓"鬼犹求食"[⑤]，

① 河北省文物研究所，张家口地区文化局．河北阳原三汾沟汉墓群发掘报告［J］．文物，1990（1）．

② 中国社会科学院考古研究所，河北省文物管理处．满城汉墓发掘报告［M］．北京：文物出版社，1980：36、37、111、244-246、344-369．

③ （东汉）班固撰，（唐）颜师古注．汉书·郦食其传［M］．北京：中华书局，1962：2108．

④ （西汉）贾谊．论贵粟疏，（东汉）班固撰，（唐）颜师古注．汉书·食货志［M］．北京：中华书局，1962：1131．

⑤《左传·宣公四年》载："鬼犹求食，若敖氏之鬼，不其馁而？"杨伯峻前言，蒋翼骋标点．左传［M］．长沙：岳麓书社，1988：123．

东汉王充在《论衡·讥日》中亦言：“人未尝见鬼之饮食也。推生事死，推人事鬼，见生人有饮食，死为鬼当能复饮食。”[①] 墓葬内随葬的很多与饮食有关的器具、食品及象征性食品、物品等，可很好地满足死者在另一世界享用。京津冀地区汉代墓葬与全国其他地区的墓葬一样，也有较多与饮食有关的遗物及其他内容，这为研究两汉时期该地区的饮食及相关问题提供了很好的参考。

京津冀地区汉墓与全国其他地区汉墓较为一致的表现是陪葬品日趋生活化。这一地区墓葬中与“生活化”相关的器物有很多，陶器中的罐、瓮、盆、盘、匜、杯、耳杯、樽、奁、勺、案、碗、钵、魁等均与饮食有着密切关系，反映出饮食对于地下世界重要性的同时也折射出饮食在现实世界的情况。不仅器物，京津冀地区汉墓中还常见一些猪、鸡、鸭等动物俑或模型，这也可间接体现与饮食有关的内容；这一地区发现的一些壁画墓，如河北保定望都 M1 与 M2[②] 及衡水安平逯家庄东汉墓 [③] 等,壁画内容中也或多或少地有与饮食相关的器具及相应的场景等，这些内容也是墓葬生活化的体现，同时也从不同方面反映出京津冀地区汉代饮食的内容和状况。

除上述内容外，这一地区的汉墓中还常有一些与饮食有关的其他器物、植物和动物骨骼等出土，亦是陪葬内容生活化的写照，同时也体现出这一地区食品种类的丰富与多样性，有的还可反映相关的食品加工方法。北京市大葆台 M1 出土的瓮、壶等中多发现有兽骨，经鉴定，有猪、鸡、雉、猫、兔、鸿雁和鲤鱼等，陶瓮中还有带壳小米，内回廊等处有栗子皮发现；M2 发现小米和枣子等食品，出土陶罐中有不少肉已烂完的兽骨，为鸡和猪等[④]（图 3-17）；石景山区老山汉墓也发现一些粮食作物[⑤]。河北保定满城 M1 出土的铜枕内盛满花椒，陶缸上写有“黍上尊酒十五石”“黍酒十一石”

---

① （东汉）王充．论衡·讥日，黄晖校释．论衡校释（附刘盼遂集解）[M]．北京：中华书局，1990：992.

② 北京历史博物馆，河北省文物管理委员会．望都汉墓壁画 [M]．北京：中国古典艺术出版社，1955；河北省文化局考古工作队．望都二号汉墓 [M]．北京：文物出版社，1959.

③ 河北省文物研究所．安平东汉壁画墓发掘简报 [J]．文物春秋，1989（Z1）；安平东汉壁画墓 [M]．北京：文物出版社，1990.

④ 大葆台汉墓发掘组，中国社会科学院考古研究所．北京大葆台汉墓 [M]．北京：文物出版社，1989：12、15、63、73.

⑤ 王鑫，程利．石景山老山汉墓 [R]．中国考古学会编．中国考古学年鉴·2001 [M]．北京：文物出版社，2002：104、105.

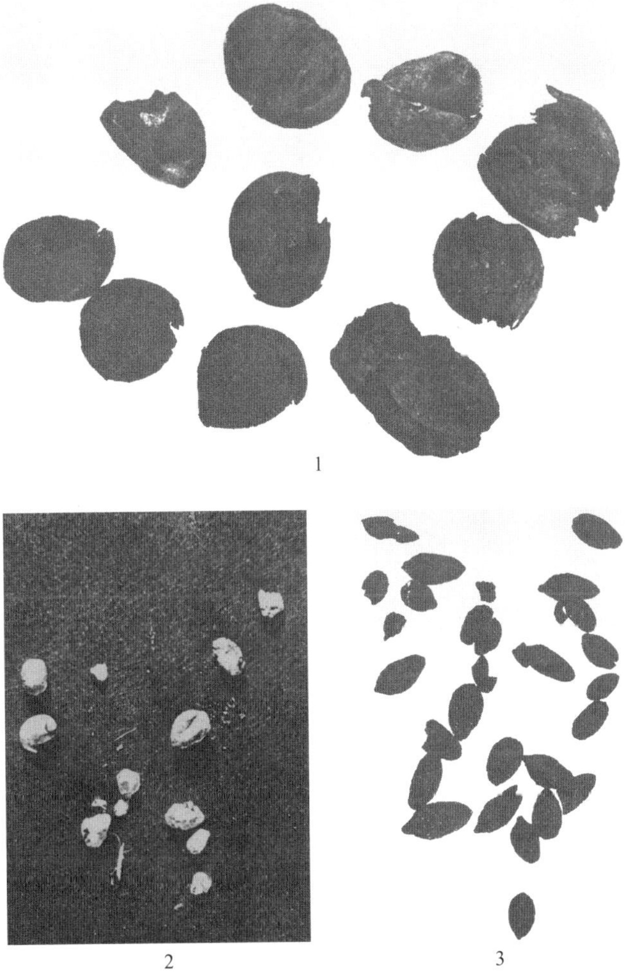

图 3-17 北京市大葆台 M1、M2 出土食物遗存
1. 栗子（M1） 2. 小米（M1） 3. 枣子（M2）

“稻酒十一石”等，北耳室出土有石磨与铜漏斗，磨旁发现马的遗骸，而在磨的另一侧为较多陶壶（图 3-18），另在其他位置发现有磨及与之有关的铜漏斗形器 1 套，主室棺床前漆盘中发现乳猪骨架 1 具，骨骼上有经火烧烤的痕迹，该墓北耳室及 M2 出土的一些陶瓮中还发现较多动物骨骼，经鉴定，有草兔、岩松鼠、社鼠、褐家鼠、大仓鼠、黄鼬等，M2 出土一些植物果核，为榆科小叶朴的果核[①]。京津冀地区的列侯墓葬及其他中小型墓葬中

① 中国社会科学院考古研究所，河北省文物管理处. 满城汉墓发掘报告［M］. 北京：文物出版社，1980：30、126、127、143、144、403、404、407、408.

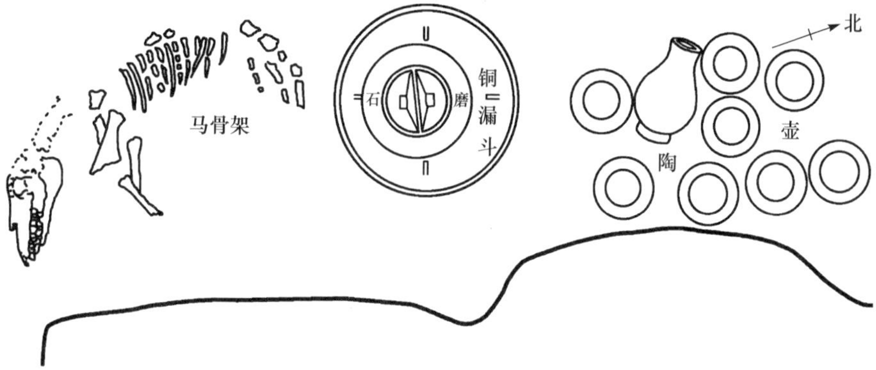

图 3-18　河北保定满城 M1 北耳室推磨牲畜遗骸及相关遗物分布示意图

也有较多与饮食有关的食物品种和相关遗物，如河北邢台南郊汉墓出土有多枚栗核和枣核[①]。还有较多中小型墓葬内有粮食、动物骨骼及其他与饮食相关的内容，限于篇幅，不再一一列举。大致来看，京津冀地区汉代的食物品种有粮食（主食）、肉食、佐料、水果、酒等多个大类，其中粮食（主食）类有黍、麦、粟、稻等；肉食有家禽、家畜及野生动物，也有鱼等水生动物，还有禽卵等，最常见的为鸡蛋，这一地区在汉代很可能是以猪为主要的肉食来源，并以其他肉食及禽卵作为补充，需做说明的是，鼠类在这一时期也很可能是作为食用的肉类，满城 M1、M2 均有相关发现，两墓为横穴崖洞墓，所在位置海拔较高且石质较好，墓内未被盗掘，封门处以铁水浇门，正常情况下很难有鼠类爬入墓室中，而且即使可爬进，亦可爬出去，所以最好的解释就是墓主下葬时将之作为陪葬的物品，而关于鼠类是否在当时作为食用之物，有学者做过论述，并认为在当时它是可以作为食用之物的[②]，笔者也赞同这一说法；佐料在这一地区汉墓中发现不多，满城 M1 出土的铜枕内盛满的花椒，是作为药用的，但也可说明这一地区在当时已有花椒且认识到其药用的价值，或也可能会将其用于饮食；水果以本地产的板栗、枣为主，也有榆科小叶朴的果核；酒的酿造应较为普及，而且原料丰富，以粮食为主要原料，如黍、稻等。

京津冀地区汉墓对一些食品的加工等有较详细的反映和体现。粮食类食品方面，很多粮食作物已可通过磨等工具加工成面粉，即使粮食由颗粒变为粉状或浆状，再进行其他加工后食用，这样可做出多种食物。有学者

① 河北省文物管理处．河北邢台南郊西汉墓［J］．考古，1980（5）.

② 张琦，侯旭东．汉景帝不吃老鼠吗？——我们如何看待过去［J］．史学月刊，2019（10）.

认为，汉代，磨的推广应与饼食风气流行，与对面粉的需求量增加有关[①]。可以说，磨对于当时丰富人们的食物种类，改进膳食内容和饮食结构都有较为积极的作用。一些墓葬尤其是满城汉墓出土的磨及相关工具可以说明，另在北京市平谷西柏店M1发现一绿釉陶磨的模型，磨扇架设在一方形台的十字（穿孔）架上，磨台下连着漏斗，并用四柱支架（图3-19：1）[②]。就京津冀地区汉墓中出土的陶模型明器的磨来讲，有一定数量，多数墓葬内仅出土一合，规格较小，应是适应于小家庭生产，收获粮食后自己进行加工，服务于家庭日常进食所用。除磨外，京津冀地区汉代的粮食加工工具还有臼、碓等。一些墓葬中有陶质模型明器碓，如京市平谷西柏店M1出土的绿釉陶碓，相关构件较多，另其底座后端（即人操作处）的四边角各有一向上的支柱残痕，推测支柱上面还应有扶手（图3-19：2）[③]。有的东汉墓葬中出土有碓与进行粮食加工的陶俑的组合，如河北唐山迁安于家村M1：19，主体为双人踏板捣碓，两人手抚栏杆，前面为一高高翘起的碓头，碓头呈长方体，底面平整，前面出榫，后附长杆，杆下有一台状支撑体伸入踏板下，其前另有一小平台，应为礁石，双人站于踏板上，步法协调，场面栩栩如生（图3-19：3）[④]；河北保定燕下都67LLM1：24也有类似踏碓人物形象出土[⑤]，但其是在房中，该房应为碓房（图3-19：4）。碓和踏碓人俑及其碓房等体现出的应是碓代替了费力且效率低的杵臼，提高了粮食加工的效率，促进了社会生产力发展和人们饮食结构的变化。

肉类的加工也有较多内容，相关墓葬出土的器具可用于动物的宰杀、肉的清洗及烹饪。河北唐山迁安于家村M1：78为庖厨俑，手持刀，刀下俎上置一条鱼，应是拿刀刮鱼鳞或杀（切剖）鱼[⑥]（图3-19：5）。河北衡水阜城桑庄汉墓出土的绿釉陶庖厨俑（M1：94）体现的内容更为丰富，由底座、庖丁、俎、案、鱼、羊、猪、狗等形象组成，底座后部两侧各跪一庖丁，从背部看系围裙，左侧庖丁左手及头残，右手按在面前条形俎的一边，

---

① 孙机. 汉代物质文化资料图说（增订本）[M]. 上海：上海古籍出版社，2011：18.

② 北京市文物工作队. 北京平谷县西柏店和唐庄子汉墓发掘简报[J]. 考古，1962（5）.

③ 北京市文物工作队. 北京平谷县西柏店和唐庄子汉墓发掘简报[J]. 考古，1962（5）.

④ 迁安县文物保管所. 河北迁安于家村一号汉墓清理[J]. 文物，1996（10）.

⑤ 河北省文物研究所. 燕下都遗址内的两汉墓葬[C]//河北省文物研究所. 河北省考古文集（二）[M]. 北京：燕山出版社，2001：67-140.

⑥ 迁安县文物保管所. 河北迁安于家村一号汉墓清理[J]. 文物，1996（10）.

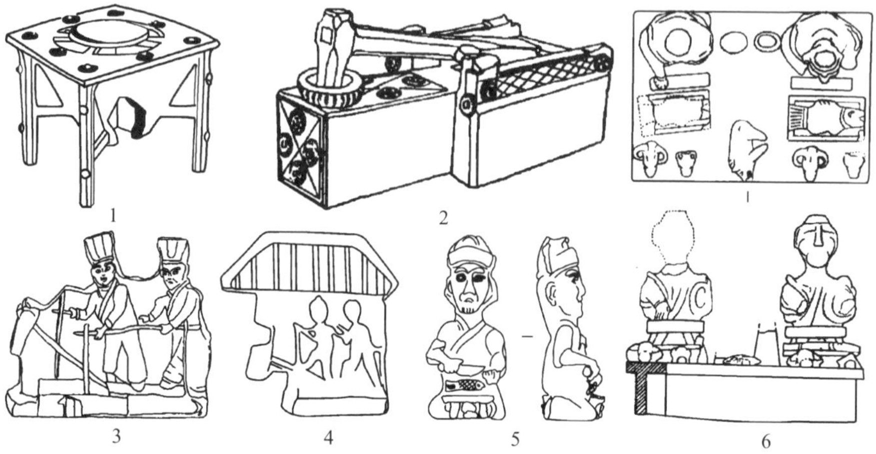

图 3-19　京津冀地区汉墓出土与食品加工有关的陶模型明器及俑

1. 北京市平谷西柏店 M1 出土绿釉陶磨架　2. 北京市平谷西柏店 M1 出土绿釉陶碓　3. 河北唐山迁安于家村出土陶践碓俑（M1：19）4. 河北保定燕下都 67LLM1 出土陶践碓俑（M1：24）5. 河北唐山迁安于家村 M1 出土陶庖厨俑（M1：78）6. 河北衡水阜城桑庄汉墓出土绿釉陶庖厨俑（M1：94）

其前又置一长方形俎，上置一鱼，俎前并列羊头、狗头各一，右侧庖丁及前面放置的物品与左侧情况相同，底座前部中央放置一四足被绑的作侧卧状的猪，两庖丁间原还应有物件，现已残缺[①]（图 3-19：6）。满城 M1 主室棺床前漆盘中发现乳猪骨架 1 具，骨上有经火烧烤痕迹，应为炮制肉食，即是将整个动物或大块肉放在火上烤熟。其他的食品加工也见于相关陶俑，如河北衡水武邑青冢东汉墓出土庖厨俑，双手扶案呈操作状态[②]，应是进行相关食品的加工，或与处理肉食有关，或与面食及其他加工有关。酿造酒的加工步骤基本应是经过相关工序，使得粮食中的淀粉经糖化，再经酵母（曲）的作用形成酒精，粮食酒的酿造主要是曲酿[③]，而从满城 M1 出土陶缸上所写“黍上尊酒十五石”“黍酒十一石”“稻酒十一石”等来看，当时所酿造的酒还分不同的档次和种类。关于食品的加工，应是既有粗加工也有细加工，食物由生到熟，可能包括洗、切、揉、和、蒸、煮、熬、烹、煎、炸、炒等，该地区汉墓出土的相关器物可提供或反映出相关内容或信息，而综合考察京津冀地区汉墓中的出土器物，其中有相当数量的炊爨及相关工具，这些器物与该地区食品加工的发展应有着密切关系，具体内容本文不做过多叙述。

① 河北省文物研究所．河北阜城桑庄东汉墓发掘报告［J］．文物，1990（1）．

② 衡水市文物管理处．河北武邑青冢汉墓发掘简报［J］．文物春秋，2007（2）．

③ 刘尊志．浅析汉代的食品加工及相关问题［J］．江汉考古，2019（5）．

庖厨与饮食的关系密切，除上文叙述所涉及的一些庖厨内容外，还有一类器物与庖厨有着密切的关系，即灶。《释名·释宫室》说："灶，造也，创造食物也。"①灶是人们生活中主要的炊厨用具，汉代也不例外，通过京津冀地区汉墓出土的陶灶模型可以了解当时人们的炊煮方式，甚至是一些食物种类，而与灶最为密切的是熟食及一些需经加热成为熟食的食品。京津冀地区出土的模型灶从形制上分有方形、马蹄形、三角形、圆形、梯形等，除陶制灶外，还见有其他质地，如河北邯郸百家村 M6 出土的铜灶②。陶灶数量大，种类多，部分陶灶的灶面上模印有大量的食物和炊具，如北京怀柔城北 M47、48 出土的马蹄形灶，灶面上浮雕有鱼、猪、羊等物③，河北易县燕下都 M38 出土陶灶（M38∶8）的灶面上有厨具、鱼等④（图 3-20：1），河北石家庄城角庄 M1 出土陶灶（M1∶24）上有较多的厨具，也有相关食物⑤（图 3-20：2）。京津冀地区出土灶（主要为陶灶）的灶面上有单火眼、双火眼、三火眼、五火眼等，火眼上多置釜、甑等容器，釜与甑的组合表明人们较多地食用蒸食，此外还有盆、刀、勺等实物及模印图案，展示了汉代家庭生活中常用的食器。京津冀汉墓出土三火眼陶灶最多，前部一个大火眼，后部并排两个小火眼，应是当时最常见的灶面形式。多火眼灶也有发现，但实际上多火眼灶的实用性不强，而可能仅是财富的象征。带有灶墙的灶可能是对灶房的模仿，制作复杂，多出土于规模较大的墓葬，中

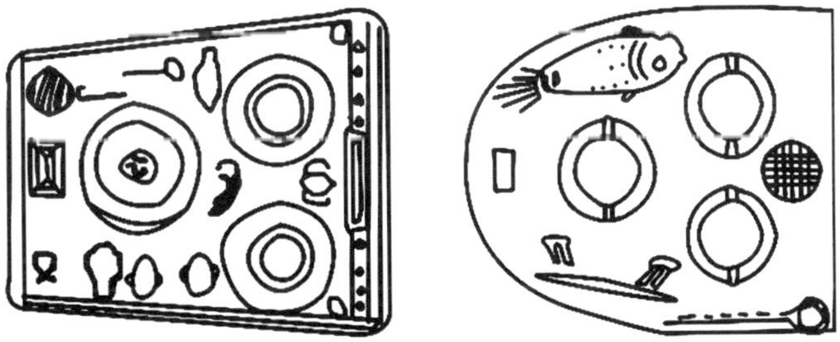

1　　　　2

图 3-20　京津冀地区汉墓出土陶灶灶面图案

1. 河北易县燕下都 M38∶8　2. 河北石家庄城角庄 M1∶24

① 刘熙撰，王先谦校注．释名疏证补［M］．北京：中华书局，2008：114．

② 河北省文物研究所．邯郸百家村 M6 发掘简报［J］．文物春秋，2011（1）．

③ 北京市文物工作队．北京怀柔城北东周两汉墓葬［J］．考古，1962（5）．

④ 河北省文化局文物工作队．1964-1965 年燕下都墓葬发掘报告［J］．考古，1965（11）．

⑤ 石家庄市文物保护研究所．石家庄市城角庄汉墓［J］．文物春秋，2007（6）．

小型墓葬出土的灶多数只有挡火墙和烟囱，或为简单的素面。灶的形制及内容较为多样，但就陶灶的形制、设计及灶面上的纹饰来讲，不仅体现了经济富裕、人们生活水平较高，表达了人们在阴间享受富贵生活的祈求，还反映出较多与汉代这一地区饮食相关的内容和内涵。

除上述内容外，与该地区汉代饮食有关的内容还见于其他方面。河北衡水安平逯家庄东汉墓的壁画内容较为丰富，其中的建筑图较为壮观，涉及的建筑内容十分丰富，发掘报告指出，建筑图后部的其他院落，其左后侧应有厨房和吃饭的地方，原因是该处位于连接前后堂和接待宾客院落的地方而便于就食。这点也可由在墓室后中室的左侧室内所置器物为灶、釜和饮食器具来推断[①]。

京津冀地区汉代墓葬反映的这一地区汉代饮食内容较为丰富，涉及食物品种、加工及庖厨和其他相关内容。可以看出，这一地区与全国其他地区有不同之处，即有地域特征的存在，如水果类食品基本为本地所产的枣、板栗等，同时也有较强的统一性，等级特征即是其中之一。就表现内容来讲，诸侯王墓多而丰富，列侯与一般贵族、官吏或豪强地主墓葬有一定数量，等级不高人员的墓葬中很少，小型墓葬则极少或不见。这一现象体现出墓葬等级与社会生活的关系，反映出与饮食有关的不同层次、内容及其内涵。相应的差异是对社会内容的最好体现，而这种差异与当时的社会状况亦较为相符。

三、居　　住

两汉时期，“事死如事生”的丧葬思想极为流行，墓葬形制和陪葬品都表现出对现实生活的关注与摹写。西汉时期，相关墓葬与陪葬物品已有一定体现，东汉时期，墓室形制日趋第宅化，墓葬结构多模仿现实中的住宅。京津冀地区已发现的较多东汉墓葬为前后室的布局，这在北京地区发现的较多东汉墓中体现得尤为明显，这与现实所居中前堂后室的布局基本一致。有的墓葬在此基础上增加侧室及相关室，也应是对现实居住的模仿。还有一些墓葬如河北省石家庄市北宋村M2[②]、衡水阜城桑庄汉墓[③]、唐山迁安于家村M1[④]、

① 河北省文物研究所．安平东汉壁画墓［M］．北京：文物出版社，1990：31．

② 河北省文物管理委员会．石家庄市北宋村清理了两座汉墓［J］．文物，1959（1）．

③ 河北省文物研究所．河北阜城桑庄东汉墓发掘报告［J］．文物，1990（1）．

④ 迁安县文物保管所．河北迁安于家村一号汉墓清理［J］．文物，1996（10）．

张家口阳原县南关汉墓[①]及涿鹿县矾山五堡M3[②]等，均为前、中、后室布局，并有耳室和侧室，亦与墓主生前的住宅有很多相似之处。

就汉代的居住来讲，已经不局限于供人居住的房屋，还有一些配套的设施。京津冀地区汉墓中发现的模型明器中有很多陶圈厕、仓等，也反映了这一时期与居住有关的庭院布局、设施和相关建筑形制等。河北邢台沙河兴固汉墓出土的陶猪圈，采取了圈、厕结合的布局方式，圈部平面为圆角长方形，圈墙上有半月形及条形装饰，围墙外有一板状斜梯通向厕所，内有一猪，合模制成，猪圈的一角悬架厕，厕四壁呈椭圆筒形，墙上设门窗，悬山顶，正脊与垂脊起翘[③]。

陶楼与居住的关系更为密切，在京津冀地区汉墓尤其是东汉墓中多有出土。多为塔式陶楼，功能多样，有仓楼、望楼、阙楼等，楼的层数有二层到五层不等，大多结构复杂，楼梯、斗拱、瓦垄、屋脊、窗等设施一应俱全，少数带有台基和院落，有些还有瞭望俑、负粮俑等，既体现了两汉时期构架式楼阁建筑技术的成熟，也是汉代居住生活的真实写照。河北邢台沙河兴固汉墓出土的陶楼，为三层组合阁式建筑：第一层四壁向上斜收，正面下部有板状踏步，上面正中有一直棂窗，两面为一斗三升斗拱，侧面墙上各开一圆形窗，顶上承托勾栏平座，座正面栏板雕饰花纹；第二层四壁结构与第一层相似，但未设踏步，顶为四阿顶，四脊起翘，顶面饰瓦垄，顶部接一平台，平台上接第三层；第三层墙壁与第一、二层相似，但尺寸较小，上承四阿顶，戗脊设鸱吻，瓦垄端饰四分式瓦当[④]。河北衡水阜城桑庄汉墓出土陶仓楼（M1：95）更为复杂，为京津冀地区出土汉代陶楼的精品，整体呈方形，由台基、门楼、楼阁组成，通高216厘米，从外观看，以腰檐平座栏杆间分陶楼为5层，从内观察，在外观第4层以下的每层腰檐槽下都有夹层，实际上陶楼的内部空间可分为9层。该陶楼为仿木建筑的模型，楼与底部基座、栏杆、门楼浑然一体，外观既稳定又富有变化。斗拱的使用，是直接将拱身插入四角墙壁内，其上置一斗二升斗拱及数层仿小方木垒砌的斗拱，并与上面的支条垂直形成转交铺作。楼的装饰繁多，

---

① 河北省文物研究所，张家口地区文化局．河北阳原西城南关东汉墓［J］．文物，1990（5）．

② 张家口地区博物馆．河北涿鹿矾山五堡东汉墓清理简报［J］．文物春秋，1989（4）．

③ 河北省文物研究所，邢台地区文物管理所．河北沙河兴固汉墓［J］．文物，1992（9）．

④ 河北省文物研究所，邢台地区文物管理所．河北沙河兴固汉墓［J］．文物，1992（9）．

图 3-21　河北衡水阜城桑庄汉墓出土陶仓楼（M1：95）

具有瞭望、防卫的功用，每层的四面都有盾牌和弩等，在顶层置有报警用的锣，遇到情况可敲锣报警，可以说，该陶楼屋宇重叠、防御森严，在一定程度上可视为当时社会相应家族实际建筑的写照，陶楼在满足舒适生活需要的同时也具有明显的军事防卫性质与功能，大概与东汉晚期社会矛盾尖锐，随时有可能发生战争有关[①]（图 3-21）。

除模型明器外，壁画也能全面展示汉代庭院建筑的结构布局，如河北衡水安平逯家庄东汉墓葬壁画中有一幅建筑图，为大四合院里面套着许多小院，房屋下有台基，上为木构瓦顶，大门和中门之间是一个两进四合院，以该院为中心，绕其左右和后部有许多庭院，后侧中间的一个大院内设有一座五层的方柱形瞭望楼，楼顶为庑殿式，描绘了当时一个比较典型的地方高级官吏的府第（图 3-22）[②]。

帷帐与居住也有一定关系。河北保定满城 M1 出土的两具帷帐分别发现于中室的中部和西南部，基本只余铜构件，数量较多，有的还有文字，经复原，M1：4181 为一具总体形状为四阿式顶的长方形帐架，M1：4320 为一具总体形状为四角攒尖式顶的方形帐架，为研究汉代帷帐的形制和结构提供了十分可贵的实物资料[③]（图 3-23）。

与居住有关的还有室内陈设。考古发现的京津冀地区汉墓中，能够反映与坐具、卧具及相关器具的有关内容不多，这可能与墓葬内相关漆木器等不易保存有一定关系。京津冀地区汉代卧具相对较少，相关墓葬出土的玉枕及石枕或可作为研究当时睡息时所用枕的参考。与坐具有关的资料有

① 河北省文物研究所．河北阜城桑庄东汉墓发掘报告［J］．文物，1990（1）．

② 河北省文物研究所．安平东汉壁画墓［M］．北京：文物出版社，1990．

③ 中国社会科学院考古研究所，河北省文物管理处．满城汉墓发掘报告［M］．北京：文物出版社，1980：160-178．

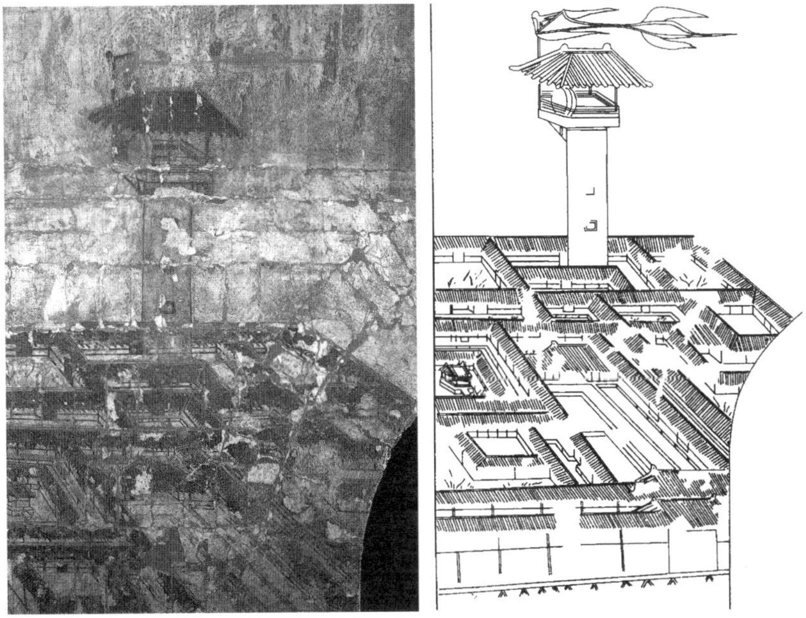

图 3-22　河北安平东汉墓壁画中的建筑（局部）

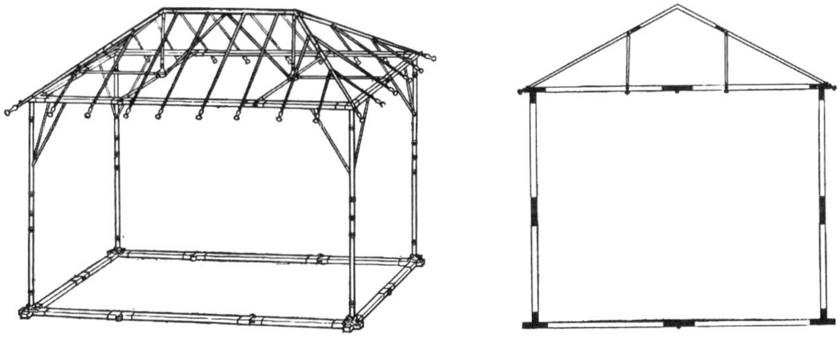

1　　2

图 3-23　河北保定满城 M1 出土帷帐架复原图

1. M1：4181　2. M1：4320

所发现，镇与坐具有关，上文所述河北保定满城 M1 出土的 2 件坐姿铜人[①]，很可能为铜人形镇[②]；满城 M2 出土的铜豹，错金银镶嵌，豹作蹉卧状，昂

① 中国社会科学院考古研究所，河北省文物管理处．满城汉墓发掘报告［M］．北京：文物出版社，1980：100．

② 李尔吾．汉代的人形铜镇［J］．文博，2011（4）．

首张口[①]，大小相同，计 4 件，应为镇（图 3-24：1）。与坐具有关的还有榻，一些东汉墓葬有石榻发现，如河北保定望都 M2 出土有石榻，该墓还出土有石案，与石榻相似[②]。案是室内陈设的器具，满城 M1、M2 出土有漆案的铜案足及案面周栏的折角形饰件，纹饰为云纹、夔龙纹等，十分精美；有的案足可折叠，由此可推断原来的漆案较为华丽[③]。室内陈设品有较多发现，除上文所述的镇之外，还有镜、薰、炉、灯、化妆用具等。从墓葬资料来看，墓葬等级越高，此类器物的出土数量越大，种类越多，制作也较为精美，随着墓葬等级的降低，此类器物的出土数量、种类减少，等级较低的墓葬除铜镜外，其他基本不见。由此来看，汉代的室内陈设器具也具有较强的等级性，这与所属人员的政治地位、经济实力等有较大关系。以满城中山靖王刘胜及其夫人墓葬为例，属诸侯王与王后的墓葬，镜、薰、炉、灯、化妆用具等均有出土，且数量多，类型亦较多样，很多器物鎏金或镶

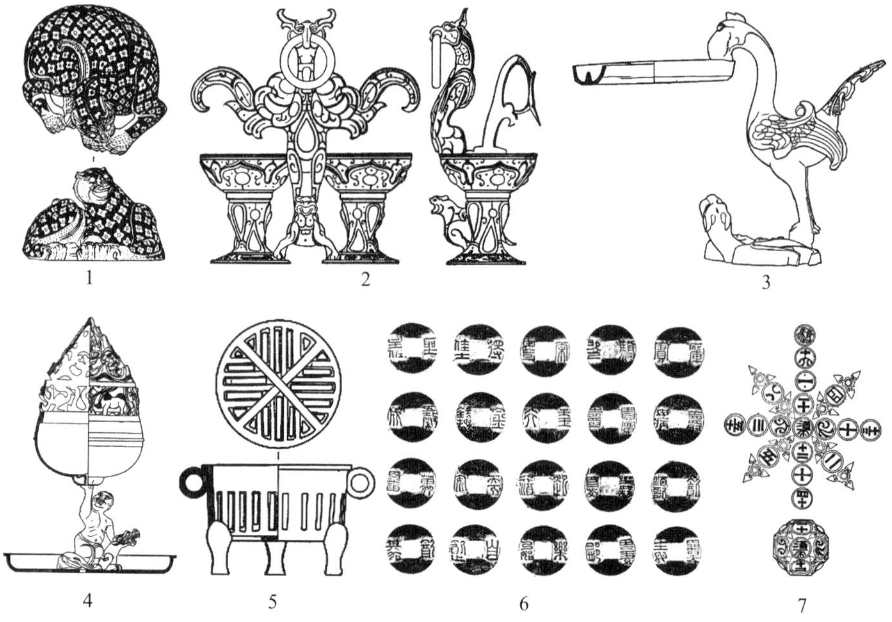

图 3-24　河北保定满城 M2 出土铜质室内陈设相关物品

1. 豹形镇　2. 朱雀衔环杯　3. 朱雀形灯　4. 薰　5. 炉　6. 宫中行乐钱　7. 骰子

① 中国社会科学院考古研究所，河北省文物管理处．满城汉墓发掘报告［M］．北京：文物出版社，1980：265、268.

② 河北省文化局考古工作队．望都二号汉墓［M］．北京：文物出版社，1959：12、32.

③ 中国社会科学院考古研究所，河北省文物管理处．满城汉墓发掘报告［M］．北京：文物出版社，1980：298-300、145-148.

嵌金银，有些器物造型纹饰十分漂亮，代表了与墓主身份地位相对应的室内陈设内容。例如，M2 出土有化妆用的铜朱雀衔环杯（图 3-24：2）及铜朱雀形灯（图 3-24：3）、“长信宫灯”，还有不同形制与纹饰的铜灯、铜薰（图 3-24：4）、铜炉（图 3-24：5）等，而该墓出土的宫中行乐钱及配套的骰子①（图 3-24：6、7）也是室内陈设的内容之一。需做说明的是，满城 M1 出土的铜鸠杖首当是室内陈设的内容之一，而该墓还出土较多铜制仪仗首饰及相关构件②,所属的仪仗器具在很多时候也应是室内陈设的内容。限于篇幅，这两座汉墓中与室内陈设有关的其他器具不再一一列举，特做说明。

四、出　行

出行与交通关系密切。经济的发展和人们的日常生活及相关社会活动等均需要便利的交通作为保障，而商业贸易亦需要交通的改进和发展，同时它又推动着交通的发展。参考京津冀地区的自然地理位置、地形条件等因素来看，汉代这一地区的交通是以陆路为主的。京津冀地区汉代墓葬反映的这一地区汉代的出行内容在某种程度上也体现出与陆路交通有关的特点。

陆路交通工具以车马为主。京津冀地区西汉诸侯王墓多有车马陪葬。满城汉墓 M1 中出土车 6 辆、马 16 匹，从遗留下的车马器和痕迹上看，多为一车配两马或四马③。定州八角廊 M40 的前左室、前中室发现有四辆偶车的车马饰件，基本仿照真马车所做；前右室放置车三辆、马十三匹，多为一车配两马，两辆为四马车，一辆为三马车④。北京大葆台 M1 出土 3 辆车和 13 匹马，车均为双轮单辕，一号车应是出行仪仗的前导车（高车，图 3-25：1），二号车应为墓主乘坐的安车（图 3-25：3），3 号车推测为带篷大车⑤。

① 中国社会科学院考古研究所，河北省文物管理处．满城汉墓发掘报告［M］．北京：文物出版社，1980：254-274．

② 中国社会科学院考古研究所，河北省文物管理处．满城汉墓发掘报告［M］．北京：文物出版社，1980：88-93．

③ 中国社会科学院考古研究所，河北省文物管理处．满城汉墓发掘报告［M］．北京：文物出版社，1980：179-181．

④ 河北省文物研究所．河北定县 40 号汉墓发掘简报［J］．文物，1981（8）．

⑤ 大葆台汉墓发掘组，中国社会科学院考古研究所．北京大葆台汉墓［M］．北京：文物出版社，1989：74-85．

获鹿高庄汉墓出土车 3 辆、马 14 匹，一号车为前导开路之车（图 3-25：2），二号车为墓主乘坐之车（图 3-25：4），三号车应是供人休息的辎车[①]（图 3-25：5）。从这些发现的陪葬车马来看，车上多带伞，由二马或四马拉引，车前的驭手或坐或立，车箱供人乘坐和休息。

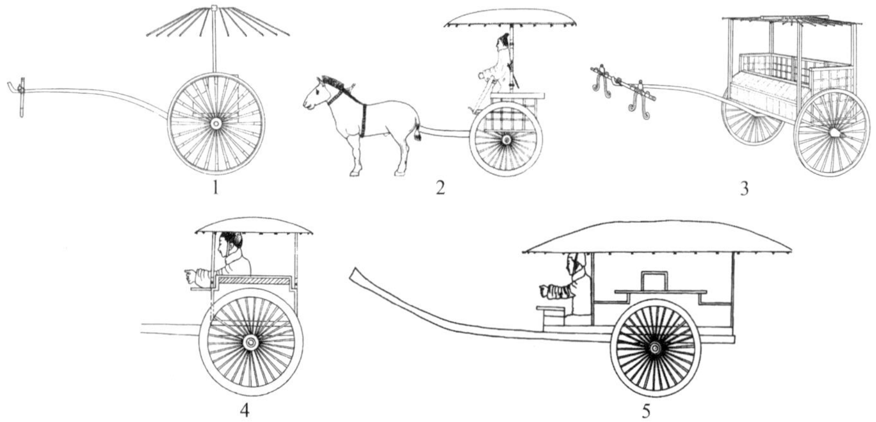

图 3-25　京津冀地区汉墓出土马车

1、2. 高车（大葆台 M1 一号车复原图、获鹿高庄汉墓一号车）3、4. 安车（大葆台 M1 二号车复原图、获鹿高庄汉墓二号车）5. 辎车（获鹿高庄汉墓三号车）

除了较为完整的马车外，北京大葆台汉墓、满城汉墓等诸侯王墓和邯郸涉县索堡 M1[②]、邯郸市建设大街汉墓[③]、张家口阳原三汾沟汉墓[④]等具有一定等级的墓葬中还发现大量的铜车马器。例如，北京大葆台汉墓出土了 300 余件车马器，主要有车軎、节约、盖弓帽、铜帽、轭角饰、当卢等（图 3-26），且形制丰富，反映出汉代车构件的基本形制和结构[⑤]。

与马车相关的还有其他内容。河北保定满城 M1，共陪葬 6 辆车，甬道东部 2 辆车，其中位于甬道西部的车东侧有马骨架 4 具，车的周围还出土

① 张治强，穆朝娜. 河北高庄汉墓出土实用车马复原研究［J］. 文物春秋，2005（6）.

② 邯郸市文物管理处，涉县文物保管所. 河北涉县索堡汉墓［J］. 文物春秋，1996（1）.

③ 邯郸市文物保护研究所. 邯郸市建设大街战汉墓葬发掘报告［J］. 文物春秋，2004（6）.

④ 河北省文物研究所，张家口地区文化局. 河北阳原三汾沟汉墓群发掘报告［J］. 文物，1990（1）.

⑤ 大葆台汉墓发掘组，中国社会科学院考古研究所. 北京大葆台汉墓［M］. 北京：文物出版社，1989：85-92.

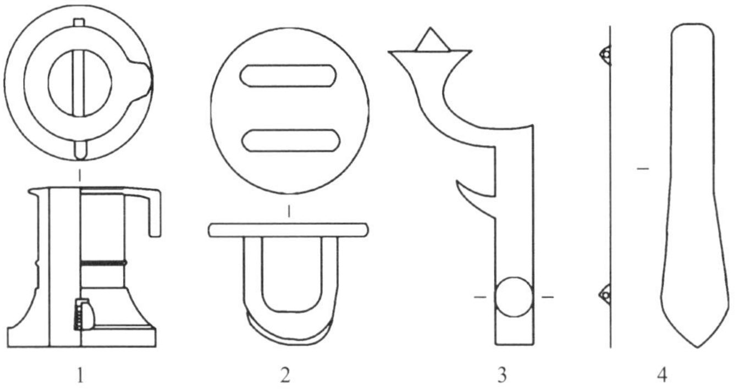

图 3-26　北京大葆台汉墓出土的部分车马饰

1. 铜车軎　2. 铜节约　3. 铜盖弓帽　4. 银当卢

狗骨架 11 具和鹿骨架 1 具，车为真车，狗和马都是杀殉的[①]（图 3-27）。这些狗和一只鹿当与车马有着很大关系，所展现的应是与出行有关的内容，尤其是狗，在现实生活中可能也是随着车的主人一起出行的，类似的现象在其他西汉诸侯王的陪葬车马中也有发现，山东省淄博市临淄区大武乡窝托村南西汉齐王墓等的车马陪葬坑中即有发现[②]；至于车马陪葬中有鹿的现象，在山东长清县双乳山 M1 也有发现[③]，既可能是对现实的写照，也可能与升仙思想有关。

关于出行，上文相关论述中对京津冀地区汉墓（主要为西汉墓）出土的一类跽坐式陶俑进行分析时指出，该类俑双臂屈曲，两小臂前伸，手部不见，很可能为驭手俑，体现出与车马出行有关的内容。类似形制的陶俑在其他地区的西汉墓葬中也有发现，如江苏徐州地区具有相应等级的西汉墓葬就出土有一定数量的此类俑，且有相应的时代演变特征，西汉中期的此类俑手部亦不见[④]。

京津冀地区的东汉壁画墓对出行的体现更为多样和直接，最具代表性的为河北衡水安平逯家庄东汉墓葬壁画中的出行图，该墓壁画中的出行内容队伍庞大，人员、车、马众多，有步行的人员，多手持或举物，作奔走状；有骑马者，亦见有手持或举物的人员，应为骑吏，骑吏与奔走人员手

① 中国社会科学院考古研究所，河北省文物管理处．满城汉墓发掘报告［M］．北京：文物出版社，1980：179.

② 山东省淄博市博物馆．西汉齐王墓随葬器物坑［J］．考古学报，1985（2）.

③ 山东大学考古系，山东省文物局，长清县文化局．山东长清县双乳山一号汉墓发掘简报［J］．考古，1997（3）.

④ 刘尊志．徐州西汉墓陪葬陶俑组合及相关问题［J］．考古，2013（8）.

图 3-27　满城 M1 甬道内殉狗、鹿、马及相关遗物分布示意图

中持举之物有多种类型，体现出不同的身份或职能；有乘车者，车约 82 辆，包括轺车（又分为白盖轺车、黑盖朱幡轺车）、辎车、斧车、赤盖舆车、大车等，大车仅 1 辆，有一人驾驭马车一人乘车者，也有一人驾驭马

车二人乘车者，画面中车辆、骑马者、奔走者较为密集，或单独成列成行，或有穿插，体现出步行仪仗、车马出行仪仗场景，也反映出相应的制度，折射出墓主生前的出行场景[①]（图3-28）。

出行与仪仗关系密切，上文在论述室内陈设物品时，提及河北保定满城M1出土有仪仗器具（图3-29），或也与出行有关，这些构件所属仪仗物品在无出行时可陈设室内，出行时则成为仪仗不可或缺的物品。

图3-28　河北衡水安平逯家庄东汉墓壁画墓中与出行相关的内容（局部）

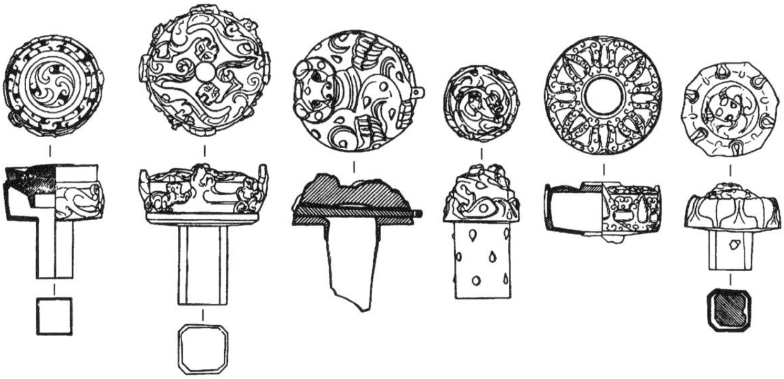

图3-29　河北保定满城M1出土的仪仗顶铜构件

① 河北省文物研究所. 安平东汉壁画墓发掘简报［J］. 文物春秋，1989（Z1）；安平东汉壁画墓［M］. 北京：文物出版社，1990：14-24.

综合来看，京津冀地区汉代墓葬体现和反映的这一地区汉代物质生活内容尤其是衣、食、住、行四个方面是较为丰富和多样的，而从墓葬的角度来考察，京津冀地区汉代的物质生活存在着等级性、地域性和时代性，也反映出一定的发展和演进轨迹，这些内容又与现实生活紧密相关。

京津冀地区汉墓还体现出本地区的其他一些日常生活，如医疗保健、日常娱乐等，医疗保健方面的资料如河北保定满城M1出土的相关医疗器具及用于保健的搓石等①，医疗器具种类较多，功用不一，反映出与医疗有关的药物盛放、药物研磨与切分、药物过滤、药物冷却、药物加热、药物服用及针灸等多个方面的内容（图3-30）；而娱乐生活方面的资料可见于壁画及相关陶俑，还有一些墓葬出土的乐器等，限于篇幅不再一一论述。

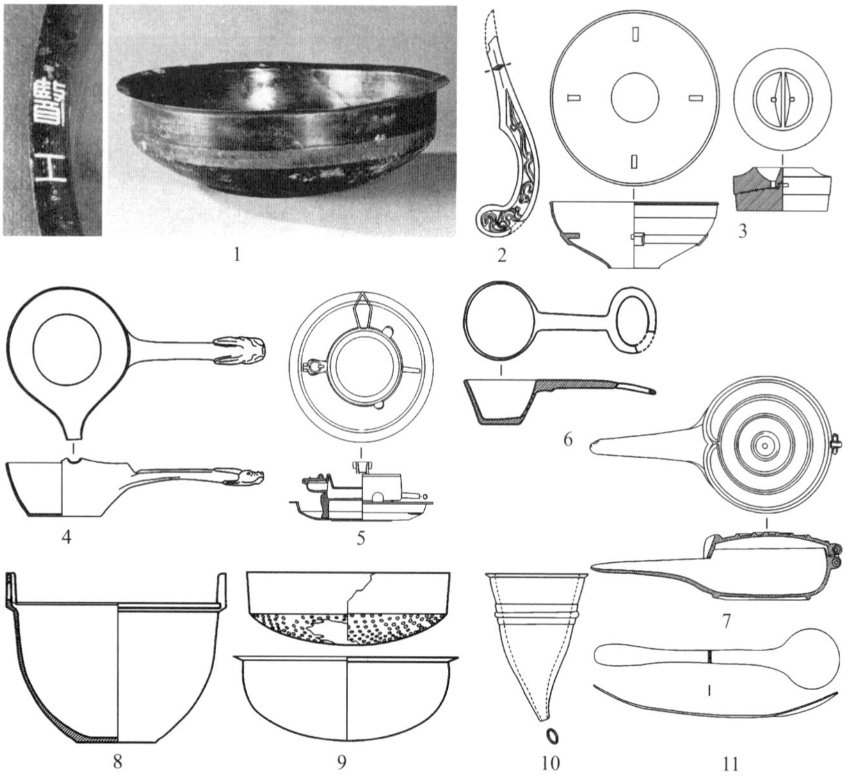

图3-30　河北保定满城M1出土与医疗保健有关的器具

1.“医工”铜盆及铭文　2. 铜刀　3. 铜漏斗与石磨　4. 铜注勺　5. 铜冷却皿　6. 铜量勺　7. 银盒　8. 铜药镬　9. 铜过滤器　10. 银漏斗形器　11. 铜药匙

① 中国社会科学院考古研究所，河北省文物管理处. 满城汉墓发掘报告［M］. 北京：文物出版社，1980：56、58-60、62，66、69、70、88、143、144.

第三节　京津冀地区汉代思想观念

汉代的思想兼容并包，既继承战国时期的秦文化、楚文化、中原文化，又广泛接受儒家思想、道家思想、阴阳学说等流派，而各地还有对本地传统思想的继承和延续，从多个方面取得了较大的发展和突破。雷海宗先生言："战国末年宗教精神复兴，除旧的宗教外，阴阳五行、神仙丹药以及各种的新奇信仰，都有文人提倡，秦汉的宗教可说是集这种发展之大成，古代各种的信仰秦汉的人都兼收并蓄，后日的所谓儒道二教都在此时萌芽或成立。"[①] 诸多不同思想相互作用，互相杂糅，共同发展，构成了多元一体的汉代思想文化。

一、儒家思想

西汉中期，汉武帝"罢黜百家，独尊儒术"，儒家思想在西汉时逐渐占据统治地位，至东汉时正式登堂入室，成为汉代乃至此后专制社会的正统思想。儒家思想对汉代丧葬有较多方面、较深层次的影响，而丧葬对儒家思想亦有较多体现，就目前的资料而言，不仅京津冀地区，其他地区也是一样，即墓葬在较多方面，从不同角度，以不同方式对儒家思想有着或多或少、不同形式的体现，而最为突出的就是儒家的伦理道德观念。

（一）等级关系

等级关系是儒家伦理观念的一项重要内容，正如《春秋繁露》中所讲："序尊卑贵贱大小之位，而差内外远近新旧之级者也。"[②] "君臣父子夫妇之道取之（阴阳之道），此大礼之终也。"[③] 京津冀地区汉代墓葬的形制、规模及陪葬品的数量和质量都体现出墓葬等级的差异。诸侯王的墓葬规模大，西汉时期的诸侯王墓可使用黄肠题凑，东汉时期的诸侯王墓可以使用黄肠石，而其他级别墓葬不可以；西汉时的诸侯王死后可以用金缕玉衣敛葬，列侯级别最高为银缕玉衣，东汉时的诸侯王死后为银缕或鎏金铜缕，列侯及相应级别极少有银缕，较多为铜缕，而上述这两方面的内容，在其他级

① 雷海宗编著，黄振萍整理．中国通史选读［M］．北京：北京大学出版社，2006：280．

② （西汉）董仲舒．春秋繁露·奉本［M］．上海：上海古籍出版社，1989：58．

③ （西汉）董仲舒．春秋繁露·观德［M］．上海：上海古籍出版社，1989：56．

别的墓葬中基本不见。王侯及贵族官吏墓葬中常见铜器、玉器，有的还有一定数量的金银器，而因墓主等级的差异，这些陪葬品的数量和种类由王至侯至贵族官吏不断递减，陪葬品的制作质量、装饰也存在诸多不同。地主有豪强地主与一般地主之分，豪强地主墓葬中的陪葬品数量多，石器、铜器常见，一般地主的墓葬中则相对较少。陶器是各种等级墓葬中常见的物品，但不同等级的墓葬差异较为明显，这在数量、装饰及制作精致度等方面均有体现。东汉豪强地主及相应级别、等级人员的墓葬中常见反映庄园经济的模型明器，组合内容丰富，器体较大，制作精美，而普通人员的墓葬规模不大，墓内陪葬品较少，多为日常用器，而更低等级的贫农等人的墓葬更为简单，仅有少量陶器出土。

（二）家庭伦理

京津冀地区汉墓中，夫妻合葬的发展趋势是由异坟异穴合葬向同穴合葬发展，西汉中期，同穴合葬增多，西汉晚期至东汉，同穴合葬已较为普及，这与全国其他地区的汉墓较为相似，体现出统一性特征，而这也与儒家所提倡的“夫妇生时同室，死同葬之”[①]的观念较为相符，该观念也应是促进夫妻同穴合葬发展的原因之一。就夫妻而言，在汉代，男性为尊，儒家所言王道之三纲中有夫为妻纲，《春秋繁露》亦言：“妻受命于夫”[②]，“丈夫虽贱皆为阳，妇人虽贵皆为阴”[③]等。考察京津冀地区的汉代墓葬，男性墓葬多处于尊位，大多数男性墓葬的规模、形制、陪葬品等都体现出男性墓主在家庭中的地位高于女性的特征。在家庭伦理发展基础上，家族的伦理也得到加强，如先祖墓葬排在尊位、家族合葬逐渐流行的同时突出先祖、尊者墓葬的位置等，体现了子孙对祖先的孝敬和以孝为核心的家族宗法制基本确立并被推广和普遍接受。东汉时期，随着多室砖墓的兴起和发展，家族合葬更加普遍，墓室中常埋葬多人，这也在一定程度上体现了家族伦理，反映出家族的团结。墓祭活动也是对家族伦理的体现，关于墓祭，王充在《论衡·讥日》中言：“人未尝见鬼之饮食也。推生事死，推人事鬼，见生人有饮食，死为鬼当能复饮食，感物思亲，故祭祀也。”[④]京津冀地区汉

---

① （东汉）班固．白虎通义·崩薨，（清）陈立著，吴则虞点校．白虎通疏证［M］．北京：中华书局，1994：556．

② （西汉）董仲舒．春秋繁露·顺命［M］．上海：上海古籍出版社，1989：85．

③ （西汉）董仲舒．春秋繁露·阳尊阴卑［M］．上海：上海古籍出版社，1989：66．

④ （东汉）王充．论衡·讥日，黄晖校释．论衡校释（附刘盼遂集解）［M］．北京：中华书局，1990：992．

代墓葬外相关祭祀设施或内容发现不多。河北保定满城汉墓所在陵山顶上有汉代砖瓦，可能是“祠庙”一类建筑的遗物，板瓦和筒瓦的纹饰较多样，时代有早晚，据此推测，在刘胜绝祀之前，“祠庙”曾数经修葺，满城M2出土有“中山祠祀”封泥，可能与祠庙有关[①]。就满城汉墓的祭祀设施来讲，一方面与墓主身份等级有关，而另一方面刘胜又是中山国的始封之王，其后的中山王要对其祭祀，这又是家庭与家族伦理的体现。河北张家口阳原三汾沟M9，墓道末端之上有建筑遗迹，残余部分平面呈“Π”形，包括黄土台、夯土台基、柱洞和瓦砾面，是与祭祀活动有关的瓦顶木构架建筑[②]。河北秦皇岛抚宁郦各庄东汉墓地发现有砖砌的祭祀遗存[③]，当属家族祭祀，相关内容将在后文中有论述。

（三）忠孝观念

忠孝观念是儒家伦理中极为重要的道德观念。汉代统治者十分重视推行忠孝之道，文帝十二年（前168年）诏曰：“孝悌，天下之大顺也。”[④]君王以孝治天下，丧葬礼制便是对孝具体实践的内容之一，在事死如事生的丧葬观念的促动下，厚葬行为日益盛行。“世以厚葬为德，薄终为鄙，至于富者奢僭，贫者殚财，法令不能禁，礼仪不能止。”[⑤]两汉时期，富者为厚葬极尽奢侈之能事，贫者也盲目追求厚葬。《史记·孝文本纪》载：“当今之时，世咸嘉生而恶死，厚葬以破业，重服以伤生。”[⑥]东汉时，对于孝道的追求又上了一个新的台阶，孝与丧葬的关系更为密切，为追求显孝和厚葬，出现较多和孝道偏离与相悖的现象，文献中有较多记载，如“废事生而营终亡，替所养而为厚葬”[⑦]。“吏民踰僭，厚死伤生。”[⑧]“或破家尽业，以充死

① 中国社会科学院考古研究所，河北省文物管理处．满城汉墓发掘报告［M］．北京：文物出版社，1980：9，335．

② 河北省文物研究所，张家口地区文化局．河北阳原三汾沟汉墓群发掘报告［J］．文物，1990（1）．

③ 河北省文物研究所．河北抚宁县郦各庄汉墓发掘简报［J］．文物春秋，1997（3）．

④ （东汉）班固撰，（唐）颜师古注．汉书·文帝纪［M］．北京：中华书局，1962：124．

⑤ （南朝·宋）范晔撰，（唐）李贤等注．后汉书·光武帝纪［M］．北京：中华书局，1965：51．

⑥ （西汉）司马迁．史记·孝文本纪［M］．北京：中华书局，1959：433-434．

⑦ （南朝·宋）范晔撰，（唐）李贤等注．后汉书·赵咨传［M］．北京：中华书局，1965：1315．

⑧ （南朝·宋）范晔撰，（唐）李贤等注．后汉书·和帝纪［M］．北京：中华书局，1965：186．

棺，……畏死不惧义，重死不顾生，竭财以事神，空家以送终。”[①]“崇饬丧纪以言孝，盛飨宾旅以求名。”[②]所谓“生不能致其爱敬，死以奢侈相高，虽无哀戚之心，而厚葬重币者，则称其为孝，显名立于世，光荣着于俗。黎民相慕效，至于发屋卖业”[③]。可以看出，这已经成为一个社会问题。《潜夫论》指出：“此之费工伤农，可为痛心。”“无益於奉终，无增於孝行，但作烦搅扰，伤害吏民。”[④]“乱孝悌之真行，而误后生之痛也。”[⑤]京津冀地区汉墓厚葬之风的盛行体现在墓室的修建、陪葬品的丰富、模型明器的发展等方面。王侯级别的墓葬不需做过多论述，就地方官吏和地主来讲，多是耗费巨资建造规模庞大的墓室，如河北保定望都M1与M2[⑥]、衡水阜城县桑庄东汉墓（HFSM1）[⑦]与安平逯家庄壁画墓[⑧]等，将大量生前所用的珍贵器物埋入地下，将象征庄园生活和财富地位的器物制成模型明器，很多还有十分精美的壁画，厚葬内容得到充分体现。即使是一般平民的墓葬，也有相应数量的陶器随葬，而墓葬也尽可能修建得好一些，有的或许如文献所载，为了追求厚葬致使“破业”。

二、丧葬思想

丧葬是社会内容的重要组成，与其对应的丧葬思想则是某一时期社会思想的重要内容。两汉时期，古代丧葬获得了较大发展，丧葬思想也日渐

---

① （东汉）王充．论衡•薄葬，黄晖校释．论衡校释（附刘盼遂集解）[M]．北京：中华书局，1990：961-962．

② （东汉）王符撰．潜夫论•务本，（清）汪继培．潜夫论笺校正［M］．北京：中华书局，1985：20．

③ （西汉）桓宽．盐铁论•散不足，王利器．盐铁论校注（定本）[M]．北京：中华书局，1992：354．

④ （东汉）王符撰．潜夫论•浮侈，（清）汪继培．潜夫论笺校正［M］．北京：中华书局，1985：134，137．

⑤ （东汉）王符撰．潜夫论•务本，（清）汪继培．潜夫论笺校正［M］．北京：中华书局，1985：20．

⑥ 北京历史博物馆，河北省文物管理委员会．望都汉墓壁画［M］．北京：中国古典艺术出版社，1955；河北省文化局考古工作队．望都二号汉墓［M］．北京：文物出版社，1959．

⑦ 河北省文物研究所．河北阜城桑庄东汉墓发掘报告［J］．文物，1990（1）．

⑧ 河北省文物研究所．安平东汉壁画墓发掘简报［J］．文物春秋，1989（Z1）；安平东汉壁画墓［M］．北京：文物出版社，1990．

丰富和完备，大致来看，主要包括升仙、事死如事生、厚葬思想等多个方面。这些丧葬思想的形成，既有对前代的继承，也有在丧葬发展过程中的凝练和日臻完备。汉代的丧葬思想，又与这一时期的神仙思想、儒家思想及人们对于丧葬的认识和需求等有较大的关系，而这些内容相互交织，共同促进了汉代丧葬思想的发展和完善。

（一）升仙思想

“汉代是神仙思想迅速发展、神仙信仰全面普及的一个重要时期……神仙思想已经纳入汉人的‘天人感应’理论体系，出现了神仙思想神学化的倾向”①。出于对现实的留恋和对死亡的恐惧，追求升仙成为人们普遍的追求，“苦身劳形，入深山，求神仙，弃二亲，捐骨肉，绝五谷，废《诗》、《书》，背天地之宝，求不死之道”②，迫切渴望进入一个极其美好的理想世界。西汉时期，原有的神仙思想、早期盛行的黄老学说及中期之后逐渐成为“一家”的儒家思想促进了人们对升仙的渴求。东汉时期，谶纬学说和原始道教的逐渐成型，使得升仙思想得到进一步发展。虽然两汉时期有较多生人通过各种手段和方法追求升仙，但能够让人们见到的真正成功者并没有，所以死后升仙成为更为普遍的追求和理想。在古人的思想中，人去世只是肉体的死亡，灵魂是不死的，所以这时的人所追求的死后升仙应该就是其灵魂升仙。由此，升仙思想成为汉代丧葬思想的重要组成部分，并对丧葬制度和丧葬习俗等均产生了较为深远的影响。京津冀地区汉墓反映的升仙思想主要表现在墓葬形制、陪葬品、墓室壁画和石刻画像等方面，一些敛葬品也有相应的体现。墓葬形制方面，中小型汉墓一般都有墓道，长方形的竖穴墓道可能是墓主升仙的通道。有的墓葬的陪葬品与墓葬的具体形制、结构相结合，以帮助和辅助墓主的升仙。上文所述河北保定满城M1的甬道内陪葬两套车马，均东向，朝向墓口处，车马附近有殉狗数只，是仿照现实生活中主人出行的写照，而在车马附近还有一只鹿，车马、鹿及狗的组合及位置，或许与引导死者灵魂升仙有关③。陪葬品方面，京津冀地区规模较大的汉墓多有玉器出土，如河北保定满城中山靖王刘胜墓及其夫人窦绾墓各出土一套完整的金缕玉衣④，而两墓还各有较多其他玉器出

---

① 姚圣良．先秦两汉神仙思想与文学［M］．济南：齐鲁书社，2009：147.

② 陆贾撰，王利器校注．新语校注·慎微［M］．北京：中华书局，1986：93.

③ 刘尊志．西汉诸侯王墓陪葬车马及相关问题探讨［J］．华夏考古，2013（4）.

④ 中国社会科学院考古研究所，河北省文物管理处．满城汉墓发掘报告［M］．北京：文物出版社，1980：344-357.

土；河北邢台南郊西汉墓出土玉璧一件、完整玉衣片20片、残者约200多片①；天津市武清区东汉鲜于璜墓出土玉彘1件②；河北定州35号汉墓中发现数十块大理石制衣片，有的衣片上还留有丝织物残痕，部分玉衣孔内留有鎏金铜丝残段③等。肉体是灵魂的依附体，较好地保护好肉体，才能更好地促进或保证灵魂升仙。玉器在古人的认识中可起到保护肉体不朽的功用，汉代亦不例外，玉衣可将全身包裹，目的性更强，而且较多的玉衣在头部置一玉璧，玉璧中间的孔就成为墓主灵魂出窍升天的通道④。河北邢台南郊汉墓⑤和定州35号汉墓⑥发现的玉衣片上都刻有精致的纹饰,且有金丝或者铜丝贯穿，亦体现出墓主对升仙的追求。在京津冀地区汉墓中还发现很多铜镜，多出土于死者头部，或是借鉴玉璧辅助升仙的功能，或是利用铜镜的形状与结构，进而起到辅助升仙的作用⑦。还有一些器物，如薰炉，尤其是博山炉，也可能与死者升仙有关。河北保定满城M2出土的1件骑兽人物博山炉，炉盖透雕，分上下两层，上层铸出重叠的山峦，流云四绕，伴以各类动物，似如仙境⑧。另外，京津冀地区汉墓中常见的连枝灯，其上部造型有的也与升仙有一定的关系。墓室壁画和石刻画像方面，河北衡水景县大代庄汉墓中绘有星象图，是在菱形或半菱形图案中填一星、二星或三星相连的星座而成，表现了墓主对上天和神仙的向往⑨。此外，在满城县发现很多东汉画像石，多刻有朱雀、青龙、白虎和铺首衔环，如满城县韩家佐村出土画像石，图像分为上中下三层，上为朱雀，侧身向左，尾为三岐上翘，直颈，昂首，双腿直立；中为白虎，顺墓门方向看，全身直立，张口大吼，尾弯曲上翘，前腿伸直，向前猛扑；下为铺首衔环⑩。朱雀、青龙、白虎、玄武是汉代神灵的代表，是驱灾辟邪、护送墓主升天的神物，墓主

① 河北省文物管理处．河北邢台南郊西汉墓［J］．考古，1980（1）．

② 天津市文物管理处考古队．武清东汉鲜于璜墓［J］．考古学报，1982（3）．

③ 定州市文物管理所．定州市35号汉墓清理简报［J］．文物春秋，1997（3）．

④ 罗波．汉代玉衣与升仙思想初探［J］．文物春秋，1994（3）．

⑤ 河北省文物管理处．河北邢台南郊西汉墓［J］．考古，1980（1）．

⑥ 定州市文物管理所．定州市35号汉墓清理简报［J］．文物春秋，1997（3）．

⑦ 刘尊志．汉代墓葬中的玉璧敛葬［J］．华夏考古，2018（6）．

⑧ 中国社会科学院考古研究所，河北省文物管理处．满城汉墓发掘报告［M］．北京：文物出版社，1980：253-257．

⑨ 衡水地区文物管理所．河北景县大代庄东汉壁画墓［J］．文物春秋，1995（1）．

⑩ 保定市文物局文物科，满城县文物管理所．满城县发现东汉画像石［J］．文物春秋，1994（4）．

将四神刻于画像石上陪葬，是希望通过四神的帮助能够使自己顺利升天，实现理想的生活。《满城县新发现一批东汉画像石》一文介绍了1998～2003年满城县新发现的一批石刻墓门画像，主体内容亦是朱雀、青龙、白虎配以铺首衔环，另有鹳衔鱼、有金乌的太阳、公鹿与母鹿、人物、犬等[①]（图3-31），在寓意上与上面所述墓门画像基本一致。河北唐山滦县出土的画像石棺上首端正中为太阳，内上部有一飞翔的三足鸟，下雕一奔跑的禽兽，足端正中阴线刻圆月，月亮内雕刻两只蟾蜍高举木杆正在向臼中舂打，右侧壁刻有四个神灵，第一图为白虎，第二图为羽人形象，第三图为一龙，第四图是一人形无臂的形象[②]。太阳和月亮都体现了墓主对天上生活的想象与向往，希望借助神灵的帮助能够顺利升仙。

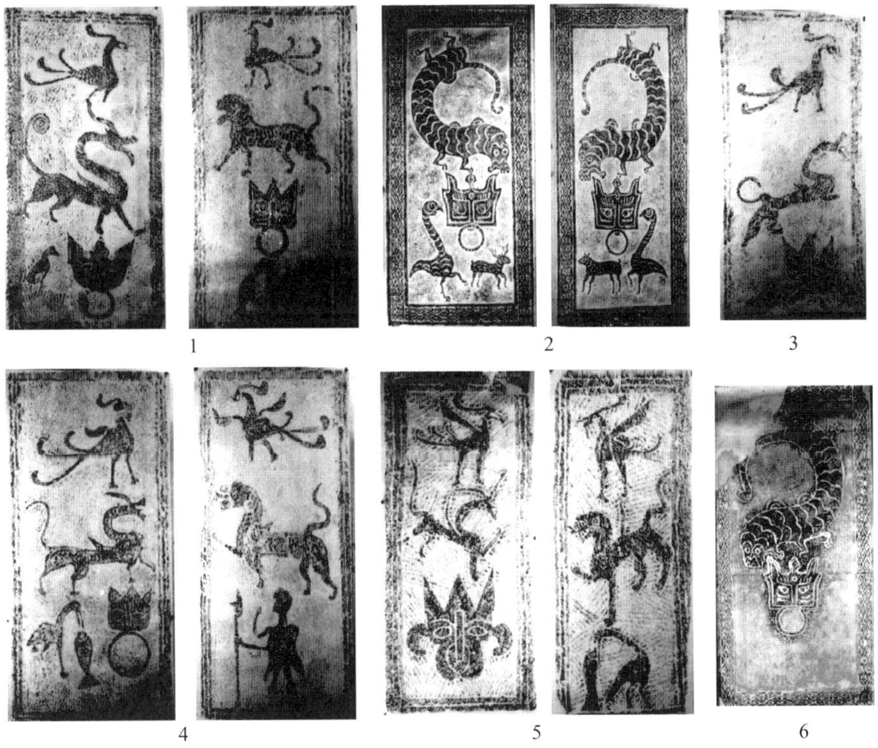

图3-31　1998～2003年河北保定满城县发现的一批石刻墓门画像

1. 陵山村画像石墓门　2. 顺民村画像石椁门　3. 市头村画像石墓门左扉　4. 城内村画像石墓门　5. 金融小区画像石墓门　6. 顺民村画像石墓门右扉

① 保定市文物管理所，满城县文物管理所. 满城县新发现一批东汉画像石［J］. 文物春秋，2006（2）.

② 李于春，赵立国. 河北滦县出土东汉画像石棺［J］. 文物，2002（7）.

（二）事死如事生思想

事死如事生思想是汉代丧葬思想的主体和核心，是建立在灵魂不死观念之上，与孝道有密切关系的丧葬思想与内容。《礼记·中庸》中有叙述："敬其所尊，爱其所亲，事死如事生，事亡如事存，孝之至也。"[①] 事死如事生的思想与丧葬关系密切，就墓葬而言，突出表现为墓葬形制的第宅化和陪葬品的生活化，而在这一内容中，厚葬也是重要内容，"厚资多藏，器用如生人"[②] 即是很好的体现。西汉早中期，京津冀地区很多竖穴土坑墓中有边箱、头箱、生土二层台等设施，同时出现了砖椁墓，这应是土坑墓向砖室墓转变、竖穴墓向横穴墓转变的过渡形制，此外，洞室墓的出现也标志着墓葬形制第宅化特征的日趋明显。西汉晚期到东汉初，竖穴墓向横穴墓转化逐渐完成，砖室墓开始流行，墓室的营建更加仿照生前的住宅，前后室墓和多室墓都体现出"前堂后室"的布局方式，第宅化的趋势不断明显。多室砖墓的发展也为夫妻由异穴合葬向同穴合葬的转变及家族合葬的普及奠定了基础，夫妻合葬和家族合葬在东汉时的发展也是对现实生活中夫妻、家庭关系的模仿，体现出事死如事生的思想。此外，墓室壁画也是对现实生活的反映，如安平壁画墓的中室壁画，四层均描绘了墓主生前车马出行的场景,反映出墓主对死后世界对生前世界的模仿[③]。陪葬品的生活化也有较多体现。西汉时期，陪葬品多为墓主生前使用过的珍贵物品，人们将使用过的物品和珍贵之物置于墓中，供死者在另一个世界使用。西汉晚期到东汉末，以鼎、盒、壶、钫为主的仿制陶礼器走向衰落，罐、瓮、盆等日常生活用器增多。东汉中期以后模型明器大量出现，仓、灶、井、磨等反映出东汉时期庄园经济的发展，这些与现实生活息息相关的器物开始成为陪葬品的主导，体现了人们更加注重模仿现实世界，事死如事生的丧葬观念不断加强和提升。

（三）厚葬思想

两汉时期，丧葬获得较大的发展，而在发展过程中，厚葬一直是其主题，上文所述的孝道思想、神仙思想、事死如事生的思想等都是促进厚葬思想发展的重要因素，而在厚葬思想发展完善的过程中，死者及其家庭或家族成员，乃至其他有关人员对于死者的丧葬需求则是最直接的原因。关

---

① 《十三经注疏》整理委员会整理，李学勤主编．十三经注疏·礼记正义［M］．北京：北京大学出版社，1999：1439.

② （西汉）桓宽．盐铁论·散不足，王利器．盐铁论校注（定本）［M］．北京：中华书局，1992：353.

③ 河北省文物研究所．安平东汉壁画墓［M］．北京：文物出版社，1990.

于厚葬的文献，上文论述孝道思想时已有较多论述，可以看出，两汉时期，无论是诸侯、官吏，还是地主和一般平民，都竭尽钱财追求厚葬，以期在另一个世界过上与现实世界别无二致的生活，这在京津冀地区汉墓中也有充分的展现。墓葬规模不断扩大，形制日趋复杂，越来越模仿现实住宅，陪葬品的种类、数量不断增加，模型明器大量出现，以及其他高级陪葬品的发现，均体现出厚葬之风的盛行。

综合考察，京津冀地区汉墓体现的丧葬思想内容较为丰富，墓葬对丧葬思想的体现明显具有等级性，墓葬等级高者，展现上述丧葬思想的途径、内容多而丰富，类型也较多样，等级低者则明显逊色，但他们也尽求升仙与厚葬，力争达到事死如事生，尽可能展现出与自身相对等甚至有所超越的丧葬内容，而这正是上述丧葬思想的内容和体现。

三、早期道教与佛教思想

除了儒家的伦理思想和多种内涵的丧葬思想外，京津冀地区汉墓还体现出其他一些社会思想，如早期道教思想与佛教思想，但相关资料不多，反映的内容也仅是部分方面。

（一）早期道教

京津冀地区汉墓体现的早期道教思想多与该地区传统思想及升仙思想等杂糅，灵魂不死、升天得道等大多与之有着一定的关系，也有一些具体的体现，最突出的为买地券及其文字内容，另有壁画文字等。

河北石家庄市东无极县甄氏墓地中的一座东汉晚期墓葬出土有甄谦买地券，朱书隶字共十二行，字迹已多模糊，相关文字中有“界至□天上”“为……家解除咎殃五”“上绝天文下绝地□（理）”等字[①]。河北保定望都M2出土的一块砖质买地券，文字内容中有“帝神”“为刘氏之家解除殃咎五残六□”“上绝天文下绝地理□墓葬□□适除解千秋万…”[②]（图3-32：1）。这两处东汉墓葬出土的买地券中的文字，均明确透露出较明显的早期道教的内容和信息，在其他地区发现的买地券中也有类似文字，这说明东汉晚期，今京津冀地区已受到早期道教的影响，而且已与墓葬产生某些关联。另外，望都M2的前一室东壁有“□食太仓谷”等字[③]（图3-32：

① 孟昭林：无极甄氏诸墓的发现及其有关问题，文物，1959（1）.

② 河北省文化局考古工作队. 望都二号汉墓［M］. 北京：文物出版社，1959：13、20.

③ 河北省文化局考古工作队. 望都二号汉墓［M］. 北京：文物出版社，1959：13、20.

1　　2

图 3-32　河北保定望都 M2 出土买地券及壁画文字

1. 砖质买地券　2. 壁画附近文字

2），M1 的西壁也有"□□□下□□皆食太仓"等字[①]。杨爱国先生在《东汉时期道教参与丧葬活动的考古学证据》一文中指出："陈直在考释河北望都汉墓壁画题字时指出：'太仓为汉代太仓令，藏粟最多之处，比拟死者禄食不尽之意。'[②]这应当是"此上人马皆食太仓"的一层意思，不过这句话可能不止这一层意思，我们认为它的确不是生前生活场景的重现，而是与道教相关。"[③]除以上内容外，京津冀地区东汉墓葬出土的陶连枝灯也较多，其中一些堆塑的纹饰也可能与道教有关，限于篇幅，不再多论。

（二）早期佛教

东汉时期，佛教开始传入中原，影响不断扩大，逐渐渗透至社会生活之中，并随着发展开始影响到丧葬。

① 北京历史博物馆. 望都汉墓壁画［M］. 北京：中国古典艺术出版社，1955：13.

② 陈直. 望都汉墓壁画题字通释［J］. 考古，1962（3）.

③ 杨爱国. 东汉时期道教参与丧葬活动的考古学证据［J］. 文史哲，2011（4）.

京津冀地区东汉墓葬中常有九枝灯发现，其中如河北唐山迁安于家庄 M1：106，顶部有圆形托盘，灯柱中间有一孔直通底座，盘以下有三层连枝灯，每层三枝，对称分布，灯枝上卷，托一小灯盏[①]（图 3-33），其形制和其他地区出土具有佛教因素的摇钱树很接近，或许一定程度上受到了佛教的影响。[②]

图 3-33　河北唐山迁安于家庄东汉 M1 出土陶连枝灯（M1：106）

综上所述，京津冀地区汉代墓葬体现的汉代思想较为丰富多样，但墓葬所体现思想的内容程度不一，有的较丰富，有的则仅有涉及，同时也体现出相应的等级性、地域性和时代性。这些思想相互融合、互相杂糅，综合反映出京津冀地区的汉代思想与观念。

第四节　京津冀汉墓壁画题材及物质内容

京津冀地区是汉代壁画墓分布较为集中的地区，随着考古工作的不断开展，目前已发现多座汉代壁画墓，墓葬时代基本为东汉，主要有河北保定望都 M1 与望都 M2、河北衡水安平逯家庄壁画墓与景县大代庄汉墓和阜城桑庄汉墓等，从分布地域看，以京津冀地区的中东部居多。望都一号汉墓为砖砌多室墓，壁画集中在前室四壁和通中室的券门上[③]。望都二号汉墓为砖石混筑墓，壁画主要集中于前一、二室墙壁上，但保存很不完整[④]。安平逯家庄汉墓的壁画分布在中室、前右侧室和中右侧室内[⑤]。景县大代庄汉墓各墓室及甬道均绘有壁画[⑥]。阜城桑庄汉墓为砖石混筑墓，墓内各室壁上及顶部原绘有大型壁画，后因水淹全部脱落[⑦]。其他如河北衡水景县马小王汉墓，壁画与景县大代庄汉墓、阜城桑庄汉墓的墓内壁画在设色、技法、

① 迁安县文物保管所．河北迁安于家村一号汉墓清理［J］．文物，1996（10）．
② 河北省文物管理委员会．石家庄市北宋村清理了两座汉墓［J］．文物，1959（1）．
③ 北京历史博物馆．望都汉墓壁画［M］．北京：中国古典艺术出版社，1955：12-14．
④ 河北省文化局考古工作队．望都二号汉墓［M］．北京：文物出版社，1959：4-5．
⑤ 河北省文物研究所．安平东汉壁画墓［M］．北京：文物出版社，1990：13-31．
⑥ 衡水地区文物管理所．河北景县大代庄东汉壁画墓［J］．文物春秋，1995（1）．
⑦ 河北省文物研究所．河北阜城桑庄东汉墓发掘报告［J］．文物，1990（1）．

图案形式方面都比较相似，壁画内容都是一般红、白、墨色相间的几何菱形纹、勾云纹或卷草纹等①，但该墓未见详细资料公布，本书不做过多论述。另外可能还有一些壁画墓中壁画保存极差或不存者，或还无详细资料公布，本文亦不做探讨。

一、壁画题材内容

根据已公布详细资料的五座东汉壁画墓葬资料，可将京津冀地区汉代墓壁画的题材分为以下七类。

第一类：几何纹、卷草纹等简单纹饰。

见于景县大代庄汉墓、阜城桑庄汉墓及景县马小王汉墓。大代庄汉墓，前室四壁各绘一组菱形纹构成半拱形，顶部则绘有由菱形几何纹组成的交叉网络。在前后甬道绘菱形纹和卷草纹，由铺地砖开始绘卷草纹砖两层，以上每隔两层素面砖绘卷草纹与菱形纹左右相间的花纹砖两层，从而形成以单个砖面为单位的连续图案（图 3-34：1）。

第二类：日、月、云气、星宿、四神等天象图。

主要见于望都 M1 和景县大代庄汉墓。望都 M1 在通中室门券上有朱绘云纹。景县大代庄绘有星象图，但较为简单，在墓室顶部的菱形或半菱形图案中填一星、二星或三星相连而成，其后室北壁左面中部还绘有一对作相斗状的白虎和青龙（图 3-34：2）。

第三类：表现天上世界的仙人及仙禽异兽等。

主要为望都 M1。该墓前室东壁下部绘有“白兔游东山”“鸾鸟”等图案（图 3-34：1）。“白兔游东山”象征着天上世界，而鸾鸟作为能载人升仙的仙禽更是寄托了墓主想要死后升仙的愿景。

第四类：象征吉祥寓意的祥瑞图。

主要为望都 M1。该墓前室东壁下部绘有灵芝、鸳鸯，北壁下部绘有一凤凰，题有“凤凰翔”，寓意吉祥。前室西壁下部还绘有一只獐子，应取多子之义②，也具有吉祥的寓意。其他动物形象还有羊、麒麟、鸡等（图 3-35：2、3），麒麟旁写有麟子，寓意吉祥；羊旁画一酒壶，书写羊酒，羊与祥通，酒与久音同，象征吉祥长久；鸡通吉，亦取吉祥之意，而在鸡旁还有题字（图 3-35：4），为“鸡侯夜不失其信也”③，亦是吉语。

---

① 衡水地区文物管理所. 河北景县大代庄东汉壁画墓［J］. 文物春秋，1995（1）.

② 河北省文物研究所. 河北古代墓葬壁画［M］. 北京：文物出版社，2000：39.

③ 北京历史博物馆. 望都汉墓壁画［M］. 北京：中国古典艺术出版社，1955：13.

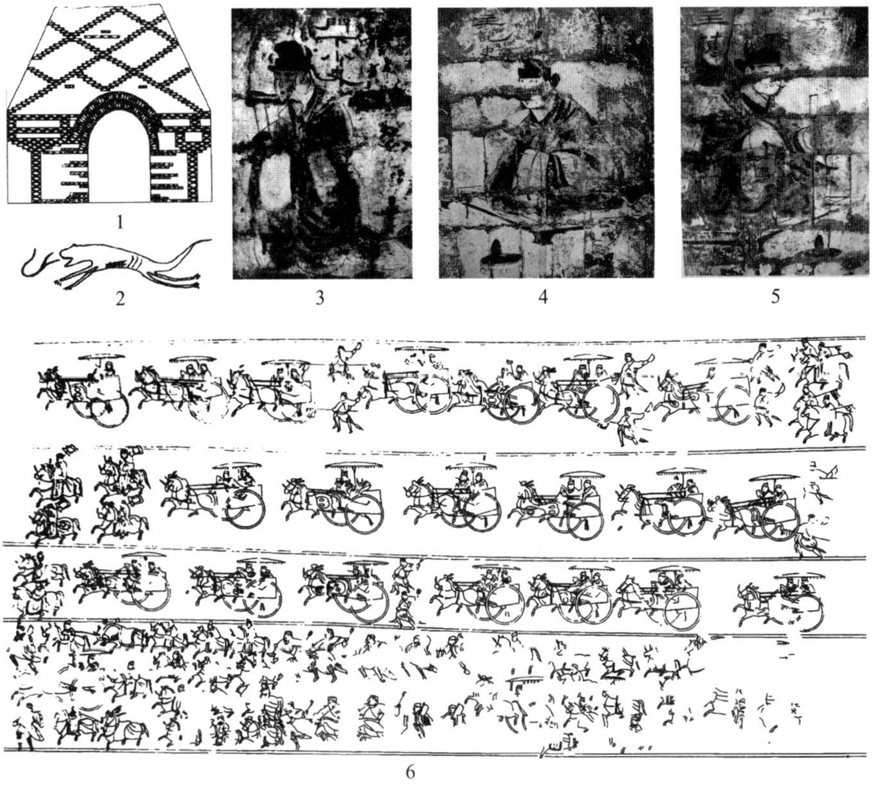

图3-34　京津冀地区汉墓壁画题材内容

1. 几何纹、卷草纹（河北衡水景县大代庄汉墓）　2. 白虎图（河北衡水景县大代庄汉墓）
3～5. 属吏图（河北保定望都一号汉墓）　6. 车马出行图（河北衡水安平逯家庄东汉壁画墓）

第五类：表现墓主庄园生活场面的院落图等。

安平逯家庄汉墓的中室右侧室北壁西侧，绘有一幅规模巨大、庭院重叠错落的建筑图。院落布局为大四合院中套若干小四合院，分布着若干座平房，后院内有一座瞭望楼，庑殿顶，旗杆顶有一风向鸟，檐下立一扁圆形大鼓，生动再现了地方官吏的生活场所。

第六类：表现墓主仕宦经历和身份的车马出行、任职治所、属吏图等。

望都 M1、M2 和安平逯家庄壁画墓中均有表现墓主治事的属吏图。望都 M1 的前室绘有寺门卒、门下小史（图 3-34：3）、贼曹、仁恕掾、主记史（图 3-34：4）、主簿（图 3-34：5）等各级官吏，表现墓主人在官府内治事的场景。在前室通中室的过道两壁绘有为墓主随身办事的侍阁、小史等官吏。这些官吏或伏地跪拜，或躬身而立，少数呈跪坐状。望都 M2 的前一室绘有四人，其中一人作行走状，一人跪拜捧笏作奏事状，前二室墙壁上一人作守卫状。安平逯家庄汉墓的前室右侧室和中室右侧室分别绘有守门

图 3-35　河北保定望都 M1 壁画中的动物形

1. 白兔游东山、鸾鸟　2. 羊　3. 麒麟　4. 鸡

卒、侍卫和府内各级官吏，官吏多跽坐，作奏事状。这些均生动再现了墓主作为地方高级官吏在府内治事的场景。

车马出行图仅见于安平逯家庄东汉壁画墓。中室墙壁上分四层绘有由步行仪仗、骑吏、车辆等组成的车马出行图，车马仪仗的等级规格越来越高，象征着墓主人仕途生活中的四次升迁（图 3-34：6）。

第七类：表现墓主享乐生活的宴饮、乐舞百戏等。

见于安平逯家庄东汉壁画墓。该墓中室右侧室描绘了墓主人宴饮享乐的生活场景（图 3-36）。通中室的门旁绘一守门卒，南壁上绘墓主人端坐于

图 3-36　河北衡水安平逯家庄东汉壁画墓中室右侧室画像局部

帐中，侍女在旁侍候的场景，通前室右侧室门道的南壁则绘有作双手端盘状的男侍。西壁下部为伎乐图，四名舞伎在中央起舞，周围为奏乐者，所奏乐器有箫、琴、鼓、管、角等，生动描绘了墓主欣赏乐舞的场面。

二、壁画内容反映的汉代官吏生活

上述六座京津冀地区发现的汉代壁画墓中，除河北衡水景县马小王汉墓、景县大代庄汉墓两墓的墓主为豪强地主外，其余四座墓葬的墓主均为具有相应官秩和等级的官吏。衡水阜城桑庄汉墓的壁画因水淹全部脱落，许多内容不详，可识内容与景县大代庄汉墓壁画相似，多为几何菱形纹、勾云纹或卷草纹等，而另外三座东汉墓，即保定望都 M1 与 M2、衡水安平逯家庄东汉墓均有保存相对较好的墓室壁画，壁画中有车马出行图、享乐图、属吏图、院落图等，对研究汉代官吏的仕途生活和日常生活等具有重要的参考价值。

（一）汉代官吏的仕途生活

汉代官吏的仕途生活主要体现为与下属官吏在府内治事和出行巡视地方等内容。

望都 M1、M2 的墓主可能为列侯级别人员或是一方太守，官秩较高，有学者认为，这两座汉墓的墓主为皇族成员，秩比两千石，位在列侯或郡守以上[①]。关于两墓墓主的身份等级及其归属，目前还存在争论，但较为统一的是，两墓墓主的等级、身份、地位及官秩均较高，因此在壁画中着重描绘其身居高位的官僚生活是完全讲得通的。望都一号汉墓的前室南壁绘拥彗的“寺门卒”和执盾的“门亭长”；西壁上绘“□□掾”“追鼓掾”“门下史”“门下贼曹”“门下游徼”“门下功曹”六人；东壁绘“门下小史”“五伯”“贼曹”“仁恕掾”等；北壁画有“主记史”和“主簿”。前室通中室过道两壁，画有为墓主随身办事的“侍阁”“白事史”“小史”“勉劳谢史”。前室通中室过道的两壁，也画有“侍阁”“白事吏”“小史”“勉劳谢史”等属吏。安平逯家庄汉墓的墓主身份及其官秩与望都 M1 大致接近，墓葬的前右侧室壁画也描绘了下属官吏治事和伍伯侍卫的场景。可以说，上述墓葬壁画中的属吏图均表现了高级官吏府内曹掾治事的场景，为研究当时官吏为仕的内容提供了参考。值得注意的是，这些属吏在服饰、姿势、神态上有很大差异，体现出不同的身份、职责和等级，反映出各级官吏的

① 郑绍宗．略谈河北发现的几处古墓壁画［J］．文物春秋，1999（1）.

治事情况。从服饰上看，“门下史”“门下贼曹”“门下功曹”“贼曹”“仁恕掾”“主记史”“主簿”等均戴进贤冠，身穿黑色长袍，而“辟车五佰八人”中的六人头戴红帻，身穿黄衣。冠、帻均为汉代男性的首服，但身份地位较低的人只能戴帻，身份较高的人才能戴冠[①]。“辟车五佰”和步行仪仗者多带帻，可知其等级相对较低，为普通士卒或护卫。《后汉书·舆服志》载：“武吏常赤帻，成其威也。”[②]京津冀地区这些东汉壁画中的“辟车五佰”所戴为红帻，而安平壁画所见之帻还有赤、黑之分，但就戴赤帻者来讲，一般应为武吏。从姿态和神态上看，“辟车五佰八人”分两列站立，双目圆睁，须眉怒张，表明其职责是为高级官吏护卫开路。壁画中的“门下小史”“白事史”“勉劳谢史”等为跪坐状，有的手持笏板，神态恭谨，唯唯诺诺；“门下功曹”“门下贼曹”等则是双手持笏，躬身而立，这些人员的等级相对较低。“主簿”跽坐在矮榻上，持笏执笔，说明其主要职责是为墓主人拟稿奏事，不用卑躬屈膝，身份明显高于其他官吏。诸多官吏的职责、地位各不相同，正是东汉时期某一层级的整套官僚机构设置情况的反映，也生动再现了墓主生前群僚簇拥的生活，表明其权位之高。

出行巡视地方也是汉代高级官吏的重要职责。车马出行的规模、等级也反映出地方官吏的等级和升迁经历。安平壁画墓的车马出行图第一层和第二层基本相同，有执戟伍伯、车前伍伯、持矛走卒等步行者 24 人，持戟骑吏、后从骑吏等骑吏 16 骑，斧车、白盖轺车、朱轓轺车等 20 辆；第三层比第二层多步行者 2 人、白盖轺车 1 辆；第四层有步行者 22 人，骑吏 46 骑，骏马 2 匹，斧车、白盖轺车、赤盖舆车等 21 辆[③]。东汉时期，不同官级官吏出行时用车、导从仪仗的数量和规格均有定制。“公卿以下至县三百石长导从，置门下五吏、贼曹、督盗贼功曹，皆带剑，三车导；主簿、主记，两车为从。县令以上，加导斧车”[④]，可见斧车的使用具有等级性，出行时用于前导之车。安平壁画墓的四层车马出行图中均有斧车，表明墓主的官职较高。

车马出行图的前三层均以皂盖朱轓轺车为主车。轺车是一种四面敞露的车，等级较高者才可乘坐，车上轓的数量、形制也表现出不同的等级。

---

① 孙机. 汉代物质文化资料图说［M］. 上海：上海古籍出版社，2011：266.

② （南朝·宋）范晔撰，（唐）李贤等注. 后汉书·舆服志［M］. 北京：中华书局，1965：3671.

③ 河北省文物研究所. 安平东汉壁画墓［M］. 北京：文物出版社，1990：19-23.

④ （南朝·宋）范晔撰，（唐）李贤等注. 后汉书·舆服志［M］. 北京：中华书局，1965：3651.

安平壁画墓的轺车朱两轓，按“中二千石、二千石皆皁盖，朱两轓，其千石、六百石，朱左轓”[①]的制度，墓主应为中两千石或两千石的高级官吏。安平中室壁画第四层中主车则为赤盖舆安车，盖上有红色飘带，马有右骓。安车为坐乘之车，常驾四匹马，《后汉书·舆服志》载：“公、列侯安车，朱班轮，倚鹿较，伏熊轼，皁缯盖，黑轓，右骓。”[②]可见安车的等级更高。主车由轺车变为安车，随行车队数量增多，表现出墓主人的升迁。此外，这幅车马出行图生动刻画了数十名武官伍佰、文官辟车和持矛走卒等随行官吏，随行人员的数量、规格也遵循了“璅弩车前伍佰，公八人，中二千石、二千石、六百石皆四人，自四百石以下至二百石皆二人”[③]等车马出行制度，将墓主生前车马出行的浩大场面和升迁经历表现得淋漓尽致。

此外，东汉末年，地方官吏跋扈地方，形成了官僚、地主、商人三位一体的豪强地主，他们占有大量的土地，使农民成为他们的附庸，阶级矛盾十分尖锐。因此，地方官吏为了维护其在地方的统治生活，多修建碉楼，完善防御设施。碉楼作为一种防御性建筑，楼上多置盾、弩等武器，顶层往往悬挂报警响鼓，布有很多射孔，军事性质非常明显。类似的陶楼在京津冀地区也有发现，最具代表性的为阜城桑庄东汉墓出上的绿釉陶楼[④]，其他一些东汉墓葬出土的陶楼有的也有相关设施，但就完善性与复杂程度来讲，不如阜城桑庄东汉墓出土的绿釉陶楼。安平墓室壁画中的院落墙垣环绕，栋宇森罗，体现出较强的防御功能，其院落图中的五层高楼顶层周围有栏杆，右侧后部有一测风旗，前部置一扁圆形报警响鼓，中间三层设有方形射孔，应为碉楼。碉楼的出现体现出地方阶级矛盾的尖锐，镇压农民进行割据也是汉代地方官史生活的重要组成部分。

（二）汉代官吏的日常生活

东汉时期，高级官吏的生活较奢侈，享乐之风盛行。壁画墓中的享乐图、院落图等描绘了墓主生前享乐的场景和安逸的生活，对我们研究汉代尤其是这一地区高级官吏的日常生活具有重要意义。

---

① （南朝·宋）范晔撰，（唐）李贤等注．后汉书·舆服志［M］．北京：中华书局，1965：3647．

② （南朝·宋）范晔撰，（唐）李贤等注．后汉书·舆服志［M］．北京：中华书局，1965：3647．

③ （南朝·宋）范晔撰，（唐）李贤等注．后汉书·舆服志［M］．北京：中华书局，1965：3651．

④ 河北省文物研究所．河北阜城桑庄东汉墓发掘报告［J］．文物，1990（1）．

安平逯家庄壁画墓通前右侧室的门道南壁绘双手端盘的近侍，西壁绘有伎乐图，舞伎在中央翩然起舞，一人踏鼓，周围有二十人演奏箫、琴、鼓、管、角等乐器。从安平逯家庄东汉墓的相关墓室壁画可以看出，作为高级官吏的墓主人，既有守卫保护、近侍贴身侍候，还有伎乐表演歌舞，生活悠闲舒适，奢侈享乐。

汉代官吏的居住状况也在壁画中有所反映，主要表现为规模宏大的庭院、庄园建筑及室内陈设。安平逯家庄东汉墓中右侧室北壁画有一幅建筑图，庭院重叠错落，中轴线上为两进式四合院，周围有许多庭院，后院内还有一座五层的瞭望楼，规模宏大的院落足以体现墓主生前的奢侈生活。此外，在望都一号汉墓壁画上绘有矮榻，“主记史”和“主簿”分别坐于上，榻前有砚台，旁边有水盂。汉代官吏多用榻，榻以独坐为尊，反映出“主记史”和“主簿”的身份较高。两人坐姿均为屈膝降腰，将臀部压在脚跟上，反映出汉代人在榻上的坐姿。

综合来看，京津冀地区东汉壁画墓的墓室壁画内容丰富，既对墓葬装饰有较多体现，也反映出较多社会政治、物质生活的内容，对研究京津冀地区汉代社会具有较为重要的价值和作用。

第四章　京津冀地区汉代墓地专题研究

随着文物考古工作的不断开展，京津冀地区已发现、发掘数量众多的汉代墓葬，这些墓葬属于不同的墓地，而所属墓地中墓葬的数量多少，体现出不同的等级、时代及地域特征。有些墓地的等级较高，因相关原因，主要墓葬的墓主归属及其所在墓地的性质需做探讨；有些墓地的发掘资料已经公布，但还有一些问题需做进一步论述。

第一节　河北省沧州南皮县芦庄子西汉墓的性质[①]

河北省沧州南皮县芦庄子西汉墓发现于1984年，出土铜器、玉器等[②]，该墓遭受破坏较为严重，公布资料对于该墓的有关问题探讨相对简略，尤其是该墓的性质等。本节拟以公布资料为基础，结合文献及其他资料，对南皮县芦庄子西汉墓的性质及相关问题进行探讨。

一、芦庄子西汉墓概况

芦庄子西汉墓位于河北省南皮县东南部潞灌乡芦庄子村北约500米的一处高地上（图4-1），高地俗称“双台子”，南北长500、东西宽300米、高约5米。墓道开于墓室南壁的中部，墓坑四周散布大量陶器残片。陪葬品出土时大多散失，后征集到铜器、玉器等18件，另有部分铜器残片。其中铜器11件，包括鼎2、锺1、镜1、鎏金镶玉枕构件及鎏金镶玉帐饰7，残片包括链形提梁及部分难辨器形的残片等；玉器7件，包括璧4、握2、琀1等。大致推定该墓的时代为西汉晚期，墓主人生前具有相对较高的社会地位。

---

① 本节相关内容已发表，详见刘尊志．河北南皮芦庄子汉墓的性质［J］．中原文物，2020（2），特做说明。

② 沧州市文物管理处．河北南皮县芦庄子汉墓［J］．文物春秋，1998（1）．

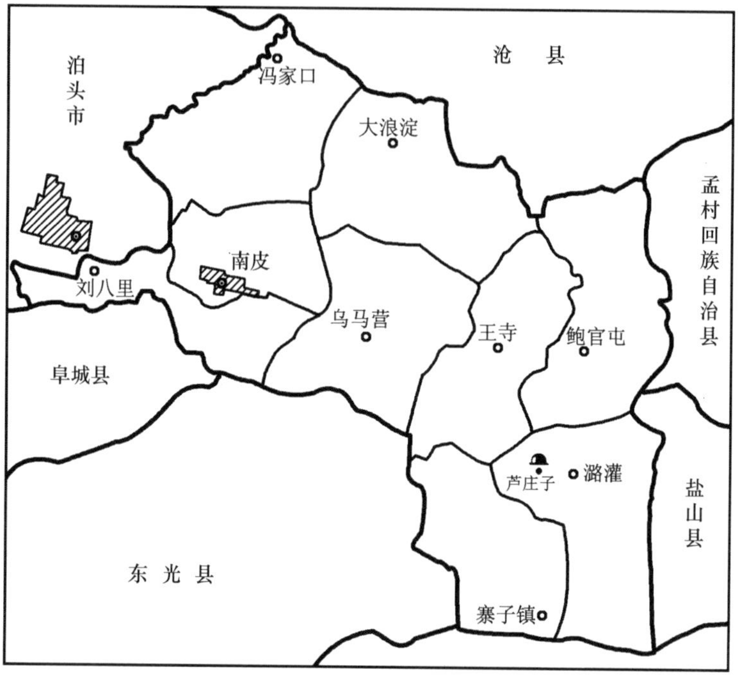

图 4-1　河北省沧州南皮县芦庄子汉墓位置示意图

二、墓葬形制与陪葬品

南皮芦庄子西汉墓的资料公布较少，对墓葬形制仅做简单描述，陪葬品则是针对保存相对较好的器物做了简要介绍，并依据陪葬品对墓葬时代、等级及墓主身份等进行了论述。在已公布资料的基础上，可对芦庄子西汉墓的形制及陪葬品做进一步的分析。

（一）墓葬形制

从公布资料看，芦庄子西汉墓位于地势高亢处，有封土，平面形状基本为长方形，推测原为覆斗形封土。墓葬南有墓道，开于墓室南壁的中部，故墓葬为南向，而墓葬的整体平面形状应为南北向的甲字形，这与高台南北长度大于东西宽度相对应。

墓穴为土坑，坑的四周发现大量陶片，推测墓室上部或四周应堆积有陶片。类似现象在较多地区西汉墓葬中有发现，如山东青岛土山屯墓地，一些墓葬的椁外填有大量的陶瓦片堆积，多为破碎的建筑材料，发掘者称之为“积陶墓”[①]。京津冀地区已发现、发掘的西汉墓中有积陶片者部分等级较高，如河北定县（定州）40号汉墓为中山怀王刘修墓，墓室上铺黄沙和陶片一层，在周围也堆积有较厚的陶片层，这些陶片是从当时窑场收集来的残碎品，其中有陶器和板瓦、筒瓦等残片，可能起吸水防潮作用，或者也起某种防盗的作用[②]；定州三盘山M122，墓室上有大量积瓦，墓主可能为某代中山王[③]。少量中小型墓葬也有积陶，时代相对较晚，大致为西汉末至东汉时期，墓葬等级普遍较低，河北省河间市东文庄发掘的东汉墓葬中，M1～M4、M7、M9为土坑竖穴，有较薄木棺，M1的木棺与墓壁之间及棺的顶部积碎瓦和陶器残片，M2棺顶及底部积瓦与陶器残片，M5则以较完整的筒瓦垒砌为棺，为积瓦墓[④]。

公布资料称该墓可能为积陶片的砖室墓，但未见墓砖的相关描述。就该墓而言，为一侧有墓道的土坑竖穴式墓葬，因此不可能砌建砖室，而今京津冀地区基本是在东汉时才开始使用横穴砖室墓，西汉墓中基本不见，这与全国很多地区较为一致，故推测公布资料中所说的砖室很可能为砖椁。木椁是西汉墓葬中常见的用于保护木棺及墓主尸身的葬具，也有相当数量的西汉墓葬使用石椁或砖椁，甚至还有使用瓦椁等，有的则是木椁与其他质地的椁并用，较多形成重椁。京津冀地区西汉墓葬中，单重椁墓如西汉中期的天津市北郊西汉墓，长方形竖穴土坑，椁壁由一层筒瓦砌成，筒瓦子口朝上，层层竖立，四壁相连，上部用筒瓦和残瓦当覆盖[⑤]；双重椁墓如河北鹿泉高庄西汉中期常山王墓，内为木椁，外为砌筑石墙形成的石椁[⑥]，河北张家口阳原县北关M1，土坑墓穴内有木质棺椁各一重，木椁外积石一周，形成外椁，时代为西汉中期[⑦]。

---

① 青岛市文物保护考古研究所．青岛土山屯墓群考古发掘获主要新发现——发现“祭台”、“人”字形椁顶等重要遗迹，出土温明、玉席和遣册、公文木牍等珍贵文物［N］．中国文物报，2017-12-22（4）．

② 河北省文物研究所．河北定县40号汉墓发掘简报［J］．文物，1981（8）．

③ 河北省文物研究所．河北考古重要发现（1994～2009）［M］．北京：科学出版社，2009：162-165．

④ 河北省文物研究所，沧州市文管处，河间市文保所．河间东文庄窑址和墓葬发掘简报［C］// 河北省文物考古研究所．河北省考古文集（二）［M］．北京：燕山出版社，2001：183-193．

⑤ 天津市文物管理处．天津北郊发现一座西汉墓［J］．考古，1972（6）．

⑥ 河北省文物研究所，鹿泉市文物保管所．高庄汉墓［M］．北京：科学出版社，2006：7-11．

⑦ 河北省文物研究所．河北阳原县北关汉墓发掘简报［J］．考古，1990（4）．

这一地区发现的西汉砖椁墓也有一定数量，河北邢台内丘张夺发掘的几处墓地中均有西汉砖椁墓，等级较低，砖椁内为木棺[①]；也有等级较高者，如河北邢台南郊西汉墓，长方形土坑竖穴，四壁平砖砌墙，地面平砖铺成人字形，木板盖顶[②]。推测南皮芦庄子西汉墓大致与邢台南郊西汉墓相似，竖穴内靠近坑壁以砖砌椁，椁内为木棺，结合上述的诸侯王墓及河北张家口阳原县北关 M1 等来看，芦庄子西汉墓的砖椁与木棺之间还可能有一重木椁。

（二）陪葬品

南皮芦庄子西汉墓的陪葬器物在出土时大多散失，资料公布的铜器、玉器为征集所得。

1. 铜器

主要包括铜鼎、锺、镜、饰件及相关器物的残片等。

鼎　2 件，器壁薄，子母口，微内敛，腹壁偏上有一周凸棱纹，腹下部承 3 个相对较窄的高蹄足。1 件无盖，扁鼓腹，圜底，两附耳外侈。1 件有盖，盖上有 3 环状帽形纽，腹圆鼓，小平底，两附耳由下至上斜内收。相似的器物在山西朔县（现朔州市朔城区）3M46[③]、江苏徐州石桥 M2[④] 等墓葬中有出土，尤其是徐州石桥 M2 出土的部分铜鼎与芦庄子西汉墓出土的 2 件铜鼎较为相似，仅在附耳的外侈和内收方面稍有差别（图 4-2）。

锺　1 件，盘状口外侈，斜沿，弧颈稍短，圆鼓腹的偏上位置有双耳衔环，圈足微外斜，稍矮，腹部饰两道微凸的宽带纹。类似器物在山西朔县 3M1[⑤]、江苏徐州石桥 M2、山东平度界山 M3[⑥]、河北邢台南和左村汉墓[⑦]等内皆有发现，仅在口、腹部及圈足等细微处稍有差别（图 4-3）。

---

① 南水北调中线干线工程建设管理局，河北省南水北调工程建设领导小组办公室，河北省文物局．内丘张夺发掘报告［M］．北京：科学出版社，2011：67、94、96、106、107、130、148、149、213、214、238-250、253、254、260、261、269、289、290、332-339、357、358 等．

② 河北省文物管理处．河北邢台南郊西汉墓［J］．考古，1980（5）．

③ 平朔考古队．山西朔县秦汉墓发掘简报［J］．文物，1987（6）．

④ 徐州博物馆．徐州石桥汉墓清理报告［J］．文物，1984（11）．

⑤ 屈盛瑞．山西朔县西汉并穴木椁墓［J］．文物，1987（6）．

⑥ 青岛市文物局，平度市博物馆．山东青岛市平度界山汉墓的发掘［J］．考古，2005（6）．

⑦ 井中伟，李轩鹏．河北邢台南和左村汉墓出土铜器［J］．文物，2016（3）．

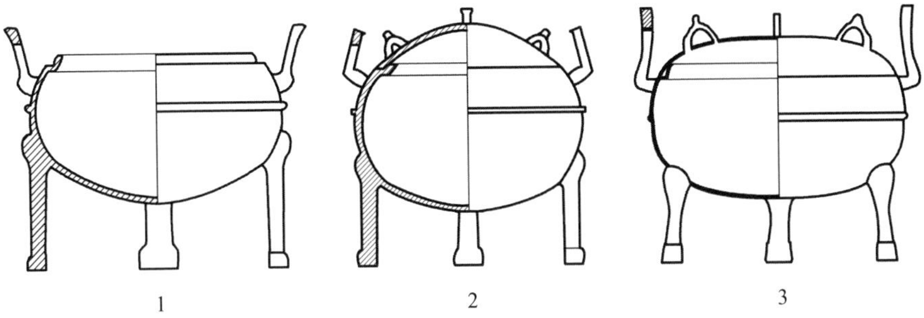

图 4-2　芦庄子汉墓及相关墓葬出土铜鼎

1. 芦庄子汉墓出土铜鼎（盖残无）　2. 芦庄子汉墓出土带盖铜鼎　3. 江苏徐州石桥 M2：85

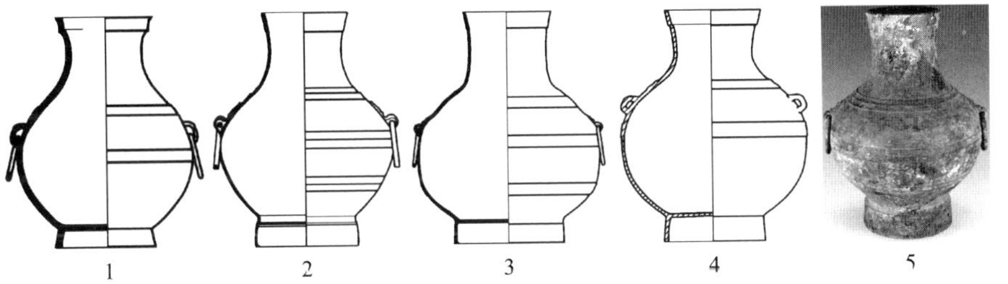

图 4-3　芦庄子汉墓及相关墓葬出土铜锺

1. 芦庄子汉墓出土铜锺　2. 山西省朔县 3M1：2　3. 江苏徐州石桥 M2：62
4. 山东平度界山 M3：4　5. 河北邢台南和左村汉墓出土

镜　1 件，圆形纽及纽座，宽缘。纽座周围饰 12 个连珠纹，其外为内向八连弧纹，连弧纹外为一周铭文带，铭文模糊，公布资料未作释读，镜径 12.5 厘米。尺寸、纹饰及铭文与之相近的铜镜出土于山西朔县 5M48①、江苏徐州石桥 M2 与 M3② 等内，综合对比，其纹饰、铭文更接近朔县 5M48 出土铜镜，很可能为“昭明镜”（图 4-4）。

枕构件及帐饰　7 件，皆鎏金，部分在相关位置镶玉。其中 2 件为枕构件，呈兽首状，双目圆瞪，巨口大张，吐舌露齿，牙、舌、角、耳均以玉饰，胸部镶嵌圆形玉片。从正视与侧视图看，并非仅是兽首，而是呈趴卧昂首的兽状，前腿及爪向后蜷伏即可说明，向后延伸的中空铜框应为兽身，但并不完整。铜框内遗有木屑，2 兽身铜饰当镶于木枕两端（图 4-5）。类似镶玉铜枕在河北保定满城 M1、M2 中皆有发现，不同的是满城汉墓出土的 2 件枕两侧为龙首镶玉，无后伸的铜框，长方形枕身亦镶玉，是联体式镶

---

① 平朔考古队．山西朔县秦汉墓发掘简报［J］．文物，1987（6）．

② 孟强．徐州东洞山三号汉墓的发掘及对东洞山汉墓的再认识［J］．东南文化，2003（7）．

1　2　3　4

图 4-4　芦庄子汉墓及相关墓葬出土铜镜

1. 芦庄子汉墓出土铜镜　2. 山西省朔县 5M48：23　3. 江苏徐州石桥 M2：7　4. 江苏徐州东洞山 M3：2

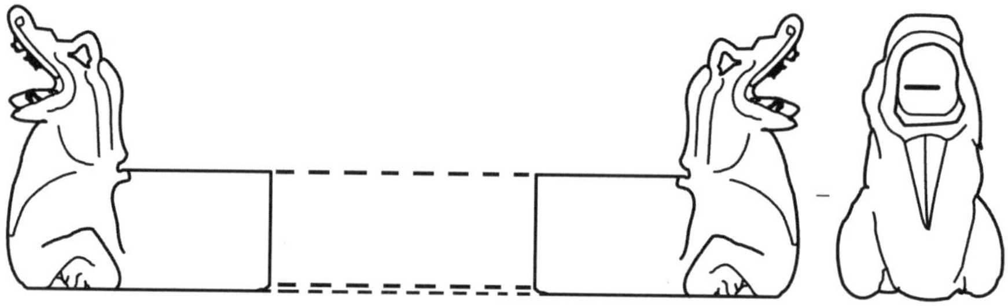

图 4-5　芦庄子汉墓出土鎏金镶玉铜枕构件及枕的复原图（一）

玉铜枕[①]。公布资料称另 5 件均为帐饰，作怪兽状，瞪目张口。3 件相同，为一怪兽双爪抓压住另一兽，被抓之兽回首反咬上压之兽的腹部，上兽顶部有一横座，座中部有直立中空的榫（图 4-6），类似的器座在河北保定满城 M1 有发现[②]，存在相应差别，但兽首顶部的凸字形榫与榫座表明 3 件铜饰为器座当无疑问。另外 2 件，兽张嘴露齿，唇上卷下翻，两前腿下垂扶地作支撑状，颈下前后两面各镶圆形、长方形玉片，后端颈部以下呈长方形，内中空，遗有木屑，高 22.9 厘米。这 2 件“鎏金镶玉铜饰”在形制上与上述 2 件枕构件较为相似，仅无向后延伸的中空铜框，但颈部以下呈长方形中空，内亦有木屑，推测应为枕构件而非帐饰（图 4-7）。与这 2 件器物基本相同的枕构件在其他墓葬中也有发现，如北京市大葆台 M1 出土 1 件铜鎏金镶玉龙头形枕构件，作张嘴吐舌蹲坐状，高 20.5 厘米，后端颈部以下

① 中国社会科学院考古研究所，河北省博物馆．满城汉墓发掘报告［M］．北京：文物出版社，1980：78、80、262、264.

② 中国社会科学院考古研究所，河北省博物馆．满城汉墓发掘报告［M］．北京：文物出版社，1980：96、97.

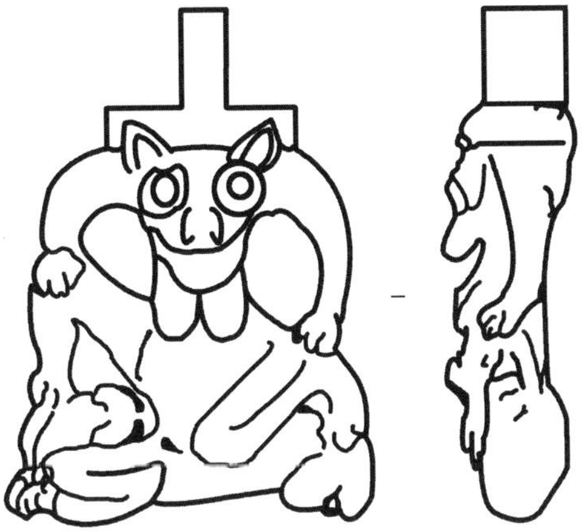

图 4-6　芦庄子汉墓出土鎏金铜帐饰

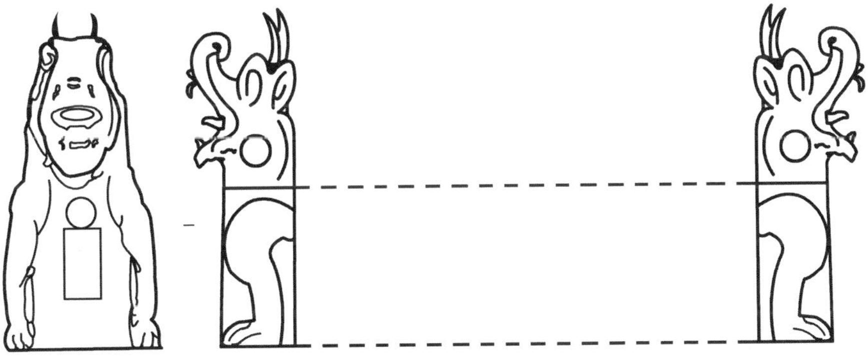

图 4-7　芦庄子汉墓出土鎏金镶玉铜枕构件及枕的复原图（二）

为长方形中空[1]（图 4-8）；江苏徐州拖龙山西汉 M3 出土 1 对铜鎏金镶玉龙头形枕构件，残高 19 厘米，后端颈部以下的长方形中空处镶木质枕芯[2]（图 4-9），相关研究将有类似构件的枕称为分体式镶玉铜枕，不同于满城汉墓出土的联体式镶玉铜枕[3]。由此来看，这 2 件鎏金镶玉的兽形铜饰当为枕构件，对称嵌镶于枕的两端，所以芦庄子西汉墓内应是两套有铜鎏金镶玉枕构件的木枕，故该墓内很可能葬两人，即极可能是夫妻同穴合葬。

① 大葆台汉墓发掘组，中国社会科学院考古研究所．北京大葆台汉墓［M］．北京：文物出版社，1989：41．

② 徐州博物馆．徐州拖龙山五座西汉墓的发掘［J］．考古学报，2010（1）．

③ 洪石．汉代铜玉枕研究［C］// 中国社会科学院考古研究所．考古学集刊（第 18 集）［M］．北京：科学出版社，2010：321-355．

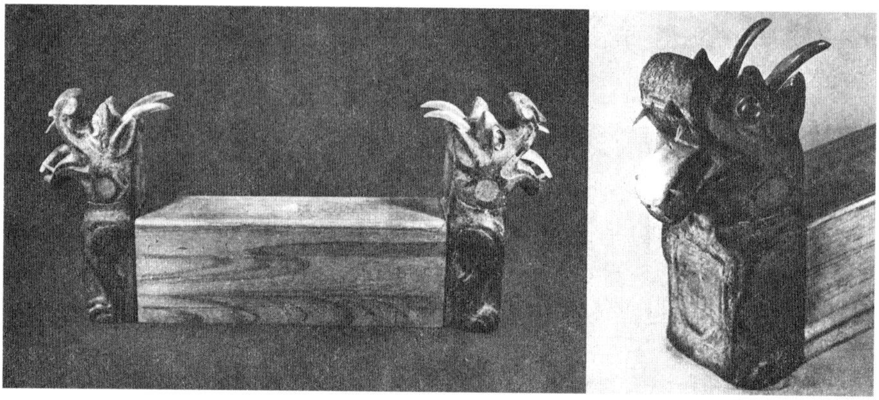

图 4-8　北京市大葆台 M1 出土镶玉铜枕复原图及镶玉铜构件局部

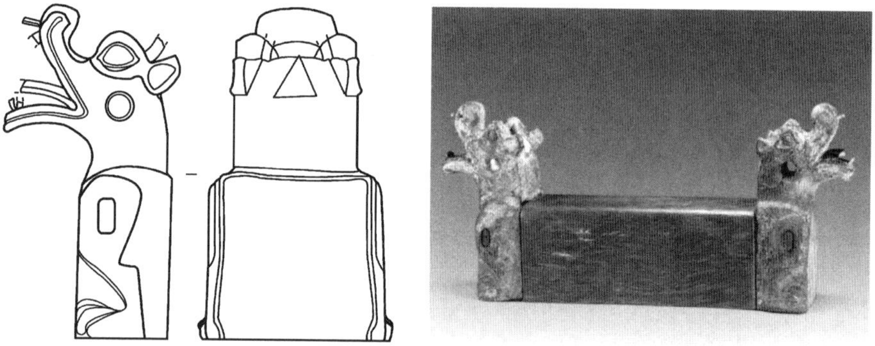

图 4-9　江苏徐州拖龙山西汉 M3 出土铜鎏金镶玉铜枕构件及枕的复原图

2. 玉器

玉璧　4 件，青玉制成，2 件为谷纹，2 件为蒲纹，直径分别为 20.5、17.5、16.7、16.3 厘米。类似质地、大小、纹饰相同或相近的玉璧在西汉等级较高墓葬中常见，如徐州石桥 M1、定州 40 号汉墓、邢台南郊汉墓等皆有出土（图 4-10）。

白玉质长棒　2 件，断面圆形，长 10、直径 2 厘米，可能为相关饰件或配件，类似器物在山东平度界山 M1 有发现，皆有穿孔①，而这 2 件器物形体略弧，两端尖，且未见两端有孔的描述，故为公布资料所说玉握的可能性较大，但与豚形玉握有明显差别。

玉眼盖　1 件，白玉质，形如眼，背面较平，便于盖眼，正面略呈凸弧

① 青岛市文物局，平度市博物馆. 山东青岛市平度界山汉墓的发掘［J］. 考古，2005（6）.

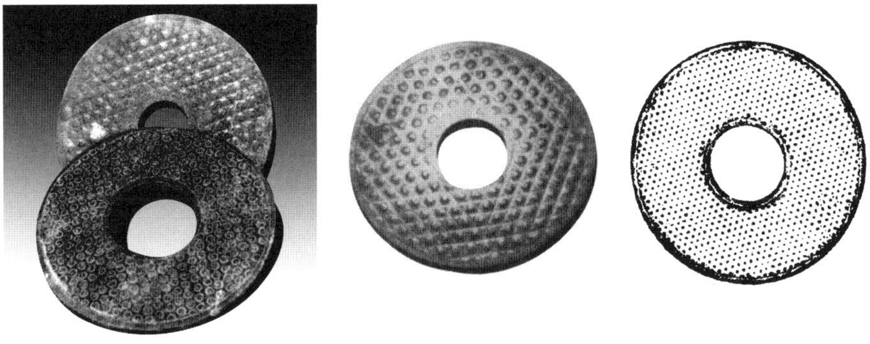

1　2　3

图 4-10　芦庄子汉墓及相关汉墓出土玉璧

1. 芦庄子汉墓出土　2. 江苏徐州石桥 M1 出土　3. 河北邢台南郊汉墓出土

形，突出立体感，这在较多有相应等级的西汉中晚期墓葬中有出土。

其他如链形铜提梁及部分难辨器形的铜器残片，说明墓内有一定数量的铜器用于陪葬。

三、墓葬时代与等级

南皮芦庄子汉墓为有覆斗形封土和南向墓道的甲字形土坑竖穴墓，墓坑内积陶片，砌有砖椁，椁内有木棺，葬夫妻二人，陪葬与敛葬器物包括较多的铜器和玉器，进而体现出相应的时代特点和等级特征。

（一）墓葬时代

公布资料根据出土遗物推测芦庄子汉墓的时代为西汉晚期，笔者较为赞同，但叙述较为简略，现根据墓葬形制及出土遗物再做论述。

1. 墓葬形制

芦庄子汉墓为覆斗形封土，这在西汉墓葬中相对多见，东汉墓葬则基本是圆形封土，墓葬为一侧有墓道的土坑竖穴墓，这也是西汉墓葬常见的形式。该墓极可能为夫妻同穴合葬，这在西汉早期较少见，中期逐渐增多，晚期则较为普遍。

墓葬的墓圹内积有陶片，与此相同者见山东青岛土山屯发现的“积陶墓”时代均为西汉中晚期，如西汉晚期的 M147 等。京津冀地区发现的汉代“积陶墓”中，诸侯王墓如三盘山 M122，墓主为西汉中期的某代中山王；定州 M40 的墓主为中山怀王刘修，墓葬时代大致为汉宣帝五凤三年（前 55

年）。等级较低的墓葬也有积陶者，时代基本为西汉末至东汉，如河间市东文庄的部分东汉墓葬。芦庄子汉墓砌有砖椁，就京津冀地区来讲，使用石椁、瓦椁及砖椁的汉墓皆有发现，时代一般为西汉中晚期，而使用砖椁的墓葬时代大多为西汉晚期，如邢台南郊汉墓及内丘张夺发掘的较多汉代竖穴土坑砖椁墓等，邢台南郊汉墓的墓主为南曲炀侯刘迁，卒于甘露三年（前51年），其墓穴内所砌砖椁与芦庄子汉墓极为相似，时代上应较为接近。

2. 出土遗物

芦庄子汉墓出土的器物中，有的器物具有较明显的时代特征，如铜镜为连珠纹纽座的内向八连弧纹昭明镜，是西汉中期偏晚至晚期偏早阶段十分流行的铜镜种类。另有一定数量的铜器和玉器，相类似或形制接近的器物在其他墓葬也有出土。相关墓葬中，河北邢台南和左村两座汉墓被盗扰，从征集的5件铜器来看，墓葬时代为西汉晚期。山东平度界山M1、M3的年代为西汉中期偏晚阶段，或在宣、元之时。山西朔县3M1时代为西汉昭、宣时期，属中期偏晚阶段，朔县3M46与5M48则属西汉晚期。江苏徐州石桥M1～M3（现称为东洞山M1～M3）的时代存在争论[①]，确定为中期偏晚至晚期偏早阶段应无疑问。定州M40的年代大致为汉宣帝五凤三年（前55年），邢台南郊汉墓的年代大致为甘露三年（前51年）。相近或相似的出土遗物表明芦庄子汉墓的年代与这些墓葬的年代应大致接近或相差不远，换言之，上述墓葬的年代为芦庄子汉墓年代的推断提供了必要的参考。

芦庄子汉墓出土多件帐饰和枕的构件，就枕构件来讲，应为2套，每套各2件。这两套枕均为分体式镶玉铜枕，枕身不镶玉，与满城汉墓出土的联体式镶玉铜枕在枕身镶玉有着明显不同。统观西汉墓葬出土的镶玉铜枕，时代较早者多注重枕身镶玉，如徐州后楼山M1：136，顶、两端及内外侧面皆镶玉，大小、形状、纹饰不一，较多位置镶贴金箔，有的还配以铜铺首衔环，底面则由四龙形铜器足及底座组成[②]，时代相对较晚者则基本不见，如徐州拖龙山M3出土的镶玉铜枕。芦庄子汉墓出土镶玉铜枕与满城M1、M2出土镶玉铜枕的不同可能与墓主身份等级的差异有关，更重要的是与时代差异及其发展演变有关，时代晚于满城汉墓的北京市大葆台M1出土此类枕即可证明。相关差异还表现在一些细节上，满城M1、M2出土镶

① 梁勇．从西汉楚王墓的建筑结构看楚王墓的排列顺序［J］．文物，2001（10）；刘尊志．西汉晚期楚王（后）墓葬浅探［J］．中原文物，2007（1）；刘照建．徐州东洞山汉墓相关问题研究［J］．中国国家博物馆馆刊，2019（3）．

② 徐州博物馆．徐州后楼山西汉墓发掘报告［J］．文物，1993（4）．

玉铜枕两端兽形构件的前端偏下位置镶大块玉片，系用玉璧改制而成，牙、舌、角、耳等不镶玉，芦庄子汉墓出土的4件枕构件则在相应位置镶小块玉，以突出牙、舌、角、耳等部位，这应该也是时代差异及其发展演变的体现。公布资料确定的2件枕构件在其他汉墓中没有见到，但一些特征与上所述基本相符，而与另2件相似的枕构件在其他汉墓中则有发现。就墓葬来讲，徐州拖龙山M3的时代为西汉中期偏晚至晚期偏早阶段，北京市大葆台M1的墓主基本推定为广阳顷王刘建，其卒于汉元帝初元四年（前45年），墓葬时代大致相同，芦庄子汉墓的时代与两墓时代当较为接近。

由上，出土遗物体现的墓葬时代与墓葬形制及相关内容反映的墓葬时代基本一致，大致来看，芦庄子汉墓的时代当为西汉中期偏晚至西汉晚期偏早阶段，以西汉晚期偏早或稍早阶段为宜。

（二）墓葬等级

1. 墓葬形制

就西汉墓葬来讲，圆形封土在西汉早期已得到使用，但数量很少，如徐州东甸子西汉M1[①]等，西汉中晚期，圆形封土开始得到较多使用，但等级相对较高的墓葬仍使用覆斗形封土，如帝陵和较多的诸侯王墓，而等级低于帝王陵墓的相关墓地还见有共存的现象。徐州拖龙山南端西汉晚期墓地中，M3墓主可位至列侯或更高，茔上有长方形石砌围墙及覆斗形封土，其他几座墓葬如M5、M7，墓主有相应等级，但相对较低，墓垣和封土皆为圆形[②]。芦庄子西汉墓有面积较大和相应高度的覆斗形封土，时代为西汉晚期偏早或稍早阶段，墓葬等级应相对较高一些。

芦庄子西汉墓为一侧有墓道的土坑竖穴墓葬，这类墓葬大多具有一定的等级。京津冀地区西汉墓葬中，有的诸侯王（后）墓为带两条墓道的土坑竖穴墓，如河北石家庄市北郊西汉墓[③]、获鹿高庄汉墓、获鹿北新城M1与M2[④]

① 徐州博物馆. 徐州东甸子西汉墓［J］. 文物，1999（12）.

② 徐州博物馆. 徐州拖龙山五座西汉墓的发掘［J］. 考古学报，2010（1）.

③ 石家庄市图书馆文物考古小组. 河北石家庄市北郊西汉墓发掘简报［J］. 考古，1980（1）.

④ 河北省文物研究所，鹿泉市文物保管所. 鹿泉市北新城汉墓M1发掘简报［C］// 河北省文物研究所. 河北省考古文集（五）［M］. 北京：科学出版社，2014：70-80；河北省文物研究所，石家庄市文物研究所，鹿泉市文物保管所. 北新城汉墓M2发掘报告［C］// 河北省文物研究所. 河北省考古文集（四）［M］. 北京：科学出版社，2011：111-134.

及北京大葆台汉墓等；也有带一条墓道的甲字形土坑竖穴墓，如献县M36[①]、定州40号汉墓等；发现的西汉列侯墓葬如邢台南郊汉墓有东向斜坡土墓道，长8.2米，宽与墓室相等；其他等级的墓葬如河北阳原北关M1、平泉杨杖子汉墓[②]等的墓主为具有一定等级的地方官吏。从现有资料看，京津冀地区发现的较多等级低的西汉墓葬大都采用竖穴土坑无墓道的形式，有些等级稍高者为一侧有墓道的洞室墓，基本不见或极少见一侧有墓道的土坑竖穴椁墓，这也说明芦庄子汉墓具有较高的等级。

该墓的墓室上部积有大量陶片，类似墓葬如山东青岛土山屯发现的西汉中晚期"积陶墓"，墓主为地方官吏及其家族成员。京津冀地区西汉中晚期墓葬中有积陶者等级普遍较高，定州M40、三盘山M122皆为诸侯王级别墓葬。这一地区西汉末至东汉时期的墓葬中也有少量积陶墓，但形制简单，规模较芦庄子汉墓要小许多，基本不具备可参考性。墓葬的土坑竖穴内靠墓壁砌有砖椁，而且砖椁内还可能有木椁，双重椁表明墓葬应有相对较高的等级。砖椁墓在京津冀地区有较多发现，以河北中南部多见，等级普遍较低，但一侧有墓道的土坑圹内砌砖椁者较少，相类似的墓葬也不多，如阳原北关M1，墓主为具有一定等级的地方官吏，墓穴内为重椁单棺，靠近墓壁处以石块砌椁，不甚规整，结合墓葬规模等因素，墓葬等级明显要低于芦庄子西汉墓。芦庄子汉墓的形制、规模及椁的砌建等都与邢台南郊西汉南曲炀侯刘迁墓存在较多相近或相似之处，墓葬等级应大致相近或相同。

2. 出土遗物

芦庄子西汉墓出土一定数量的铜器和玉器，铜礼器有鼎、锺等，锺上有铭文3行，可辨识的为"锺容十斤"4字。铜帐饰鎏金，较为精美。玉器有璧及敛葬用玉等，有的还为多件，表明墓主人生前有较高的社会地位。与该墓出土铜、玉器（不含铜镜）相同或相近的墓葬皆有一定的等级，且多数普遍较高，也间接体现出芦庄子西汉墓具有相对较高的等级。

山西朔县3M1与3M46的墓主为地方官吏，其中3M46中与铜鼎共出的铜钫上有"庙"字及重量铭文，"□斤十两"所记可能为容量。邢台南和左村汉墓出土铜锺与芦庄子汉墓出土铜锺较为相似，墓主在当时应属于社会地位较高的上层贵族，极可能为西汉晚期广平国的贵族。这几座墓葬虽出土与芦庄子西汉墓相近或相似的铜鼎、锺等，但基本不见玉璧和敛葬用

---

① 河北省文物研究所，沧州市文物管理处，献县文物管理所．献县第36号汉墓发掘报告［C］// 河北文物研究所．河北省考古文集［M］．北京：东方出版社，1998：241-260.

② 张秀夫．河北平泉县杨杖子村发现汉墓［J］．文物，1987年（9）.

玉，这或许与一些墓葬遭盗扰破坏有关，但也在某种程度上说明墓葬的等级应较芦庄子汉墓稍低。也就是说，芦庄子汉墓的墓主等级应较之地方一般官吏和贵族而言要高。

芦庄子西汉墓出土有2套4枕的铜构件，皆鎏金镶玉，做工精细、造型别致。该类枕的构件基本出土于西汉中期偏晚至晚期的王侯墓葬中，如北京市大葆台M1、徐州拖龙山M3等，根据目前的考古资料，等级低于列侯级别的墓葬还没有发现此类器物，青岛土山屯西汉晚期M147有形制相似的虎头枕，但为木雕枕，未见镶玉（图4-11），对应墓主的身份亦较低，为地方县令级别[①]。这表明芦庄子西汉墓的墓主身份等级可能较高，抑或最低可至列侯级别，而其在铜器、玉器的陪葬和敛葬方面也与列侯级别的邢台南郊汉墓及徐州拖龙山M3等较为相似。山东平度西汉墓地M1、M3均出土有带铭文铜器，M1出土铜器上有“平望子”“君孺”等字，M3出土铜器上有“君孺”及重量等铭文，两墓的墓主很可能为平度侯家族或家庭成员。该处墓地中，M2规模较大，但遭盗扰破坏，M1与M2距离近，墓主很可能为女性，墓葬规模虽稍小，但敛葬及陪葬的物品极为丰富，M3相距稍远，也有较多铜器出土，综合推断M2的墓主有可能为某代平度侯，而M1的墓主为其夫人，M3的墓主为家庭成员[②]。芦庄子西汉墓在敛葬玉器及出土的铜器方面与平度界山的相关墓葬相似，墓主身份当较为接近。

图4-11　山东青岛土山屯M147出土木雕虎头枕

综合墓葬形制及出土遗物，芦庄子西汉墓的等级应高于地方一般官吏和贵族的墓葬，墓主的身份等级可能为列侯或更高级别。不过，芦庄子西汉墓的封土面积及墓葬规模，较众多西汉诸侯王墓，包括与其出土铜器、玉器相同或相近的定州M40、大葆台M1及徐州石桥M2等还相差很多，并不能达到诸侯王墓的级别。芦庄子西汉墓内很可能葬夫妻二人，为同穴合葬，但西汉诸侯王墓基本为异坟异穴合葬，这是身份等级的体现，也反映出与芦庄子西汉墓的差异。西汉诸侯王墓也可能有同穴合葬者，目前仅

① 彭峪．汉代县令家族的身后事——山东青岛土山屯墓群［J］．大众考古，2018（2）；青岛市文物保护考古研究所，黄岛区博物馆．山东青岛土山屯墓群四号封土与墓葬的发掘［J］．考古学报，2019（3）．

② 刘尊志．山东平度界山汉墓相关问题浅析［J］．南方文物，2020（2）．

发现 1 例，为西汉中期的江苏泗阳大青墩汉墓[①]，但另一葬者与王的葬具和埋藏空间相差较大，是否为夫妻合葬墓还有待进一步证实。西汉列侯墓葬亦多为异穴合葬，但西汉中晚期已有一些采用了同穴合葬的形式，如西汉中期的徐州陶楼 M1[②]、仪征烟袋山 M1[③] 及西汉晚期的山东聊城阳谷吴楼 M1[④] 等，推测芦庄子西汉墓为列侯级别墓葬的可能性最大。该墓遭盗扰破坏较为严重，虽有相应数量的铜器和玉器出土，但整体数量不多，为夫妻二人的陪葬或敛葬物品，而铜器中仅 1 件青铜锺有铭文，这与西汉诸侯王墓存在较大差别。芦庄子西汉墓周边较近距离无西汉封国，相对较近的为河间国，但西汉河间国的王陵位置基本确定，大致在今河北沧州市西 70 千米献县城东一带[⑤]，与芦庄子西汉墓距离较远，可排除芦庄子汉墓为西汉诸侯王墓的可能性。由此来看，芦庄子西汉墓不可能是西汉诸侯王墓，而其等级又高于地方一般官吏和贵族的墓葬，并与西汉中期偏晚至晚期阶段的一些西汉列侯墓葬有较多相近或相似之处，故其最大的可能应为西汉晚期偏早或稍早阶段的某一列侯与其夫人的同穴合葬墓。

四、墓 主 身 份

根据上文论述，芦庄子西汉墓葬很可能是西汉晚期偏早或稍早阶段的某一列侯与其夫人的同穴合葬墓，正常情况下，该墓葬及其所处墓地应位于某一西汉侯国的封域之内，且距离该侯国的都城不会太远。

芦庄子村位于今河北省沧州市南皮县东南数里，汉高帝五年（前 202 年），西汉政府设渤海郡，今南皮一带在西汉时属渤海郡。西汉一代，今冀东南及周边地区分封有较多的侯国，根据文献记载[⑥]并结合马孟龙先生的

---

① 江苏省大青墩汉墓联合考古队．泗阳大青墩泗水王陵［J］．东南文化，2003（4）．

② 徐州博物馆．徐州市东郊陶楼汉墓清理简报［J］．考古，1993（1）．

③ 南京博物院．江苏仪征烟袋山汉墓［J］．考古学报，1987（4）；扬州市文物考古研究所，仪征市博物馆．江苏仪征市烟袋山西汉车马陪葬坑发掘简报［J］．考古，2017（11）．

④ 聊城市文物管理委员会．山东阳谷县吴楼一号汉墓的发掘［J］．考古，1999（11）．

⑤ 河北省文物研究所，沧州市文物管理处，献县文物管理所．献县第 36 号汉墓发掘报告［C］// 河北文物研究所．河北省考古文集［M］．北京：东方出版社，1998：241-260；沧州市文物局．沧州文物古迹［M］．北京：科学出版社，2008：64-70．

⑥ 关于汉代侯国的分封，本文主要参考《汉书》卷十五至卷十八，包括《王子侯表》《高惠高后文功臣表》《景武昭宣元成功臣表》《外戚恩泽侯表》，见（东汉）班固撰，（唐）颜师古注．汉书［M］．北京：中华书局，1962：427-720．

《西汉侯国地理》一书来看，今南皮县及周边地区在西汉时期分封且属渤海郡的侯国主要有定侯国、杜侯国、童乡侯国、蒲领侯国、平津侯国、合骑侯国、柳丘侯国、章武侯国、高乐侯国、南皮侯国和临乐侯国等[①]。

定侯国置于武帝元朔四年（前125年），王莽时绝，地望在今山东乐陵县东北。杜侯国置于武帝元狩四年（前119年），为匈奴归义侯，元帝河平四年（前25年）废，地望在定侯国西南。两侯国在时间延续上与芦庄子西汉墓的时代有重合之处，但侯国封域并不包含今南皮芦庄子村一带，相距也稍远一些，可排除。另有童乡侯国，置于成帝永始三年（前14年），地望在今山东乐陵西北，该侯国置国时间晚，且地望距离今南皮芦庄子村稍远，亦可排除。

蒲领侯国置于武帝元朔三年（前126年），武帝元鼎三年（前114年）废，地望在今河北阜城县东北5千米。平津侯国置于武帝元朔三年，武帝元封四年（前107年）废，地望在今盐山县东南10千米。合骑侯国置于武帝元朔五年（前124年），武帝元狩二年（前121年）废，地望在今盐山县东南故城。柳丘侯国置于高帝六年（前201年），景帝后元元年（前143年）废，地望在今盐山县东北25千米。章武侯国置于文帝后元七年（前157年），为外戚侯，武帝元狩元年（前122年）废，地望在今黄骅东南故县村。这些侯国多与今南皮芦庄子村相距不远，个别稍远，但侯国的被废时间均早于芦庄子西汉墓的年代，可排除。另有两个西汉侯国，地望均在今南皮县境内。一是南皮侯国，置于文帝后元七年（前157年），亦为外戚侯，地望在今南皮县东北4千米，与芦庄子村稍有距离；二是高乐侯国，置于武帝元朔四年，地望在今南皮县东南董村，在位置上与芦庄村更近一些。但南皮侯国废于武帝元鼎五年（前112年），高乐侯国的除国年虽未见于记载，但据马孟龙先生考证，其除国当在武帝元鼎五年之前[②]。故此二侯国也可排除。

还有一个西汉侯国，即临乐侯国，置于武帝元朔四年四月，王莽时绝，地望在今南皮县东南，其延续时间与芦庄子西汉墓有重合，就位置而言，侯国地望又与墓葬所在地点较为吻合。根据《西汉侯国地理》一书所绘武帝太初元年（前104年）侯国分布图（含关东地区局部放大图）[③]可明确标出西汉临乐侯国地望与今南皮县城的相对位置关系，再结合南皮芦庄子汉墓的位置图，西汉临乐侯国的封国位置与芦庄子西汉墓的位置可大致重合（图4-12）。因此，从时间、位置及墓葬等级多方面来看，芦庄子西汉墓极

---

① 马孟龙．西汉侯国地理［M］．上海：上海古籍出版社，2013：445、457、431、435、450、376、411、515、447.

② 马孟龙．西汉侯国地理［M］．上海：上海古籍出版社，2013：447.

③ 马孟龙．西汉侯国地理［M］．上海：上海古籍出版社，2013：218、219.

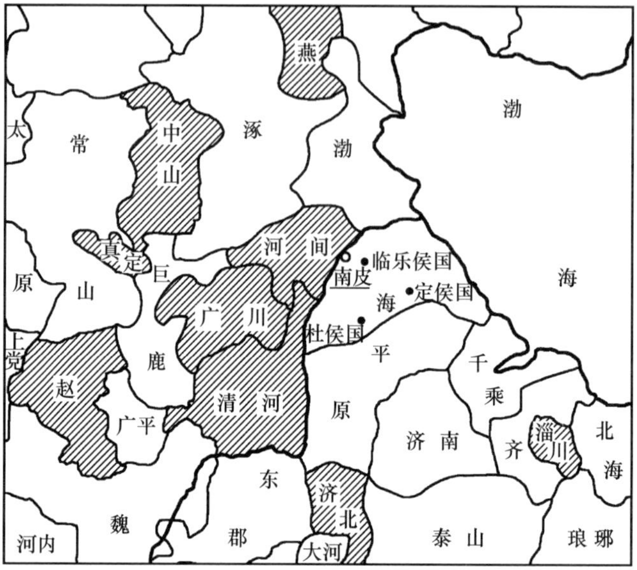

图 4-12　西汉部分侯国与今南皮县位置示意图

（引自马孟龙. 西汉侯国地理［M］. 上海：上海古籍出版社，2013：219. 笔者稍有修改）

可能为西汉临乐侯国某代列侯及其夫人的同穴合葬墓。

据《汉书·王子侯表》载，中山靖王刘胜子刘光于武帝元朔四年四月被封为临乐侯，是为敦侯，在位二十年薨，其后又传四代，至王莽篡位，绝[①]（表 4-1）。这说明临乐侯国与中山国有着较为密切的关系，而临乐侯国的封地与中山国相距不是太远，在墓葬修建或其他方面可能会参照中山国王墓，如墓穴内大量积陶，可能就是芦庄子西汉墓对时代接近或相似的中山国王墓如定州 M40、三盘山 M122 等的参照和借鉴，以求达到吸水防潮或防盗等保护墓葬之目的。就现有考古资料，河北省中南部发现的西汉中晚期高等级墓葬中，仅中山国王墓及临乐侯墓有大量积陶现象也大致说明了这一点。

表 4-1　西汉临乐侯世系表

序号	姓名	谥号	在位年数	起讫	继承关系	备注
1	刘光	敦侯	20	元朔五年～元封六年（前 124～前 105）	中山靖王刘胜子	始封
2	刘建	宪侯	/	元封六年～?（前 105～?）	刘光子	嗣封，二侯在位共 51 年
3	刘固	/	/	？～五凤三年（？～前 55）	刘建子	
4	刘万年	节侯		五凤三年～？（前 55～？）	刘固子	嗣封，王莽篡位绝，二侯在位约 60 年
5	刘广都	/	/	？～王莽篡位（？～8 年）	刘万年子	

① （东汉）班固撰，（唐）颜师古注. 汉书·王子侯表［M］. 北京：中华书局，1962：463.

芦庄子西汉墓的时代为西汉晚期偏早或稍早阶段，大致在汉元帝即位（前48年）前后的一段时间内。参考表4-1，时间上最为相符的为侯刘固及节侯刘万年。笔者更偏向于芦庄子西汉墓为节侯刘万年与其夫人的同穴合葬墓，原因有二：①芦庄子西汉墓的时代为西汉晚期偏早阶段最为合适，刘固去世的时间则稍早一些；②刘固在《汉书·王子侯表》的记载中无谥号，与其相似的为末代侯刘广都，但刘广都是因为临乐侯国在王莽时被废而无谥号，刘固无谥号则应有原因，这一点史书中未有记载，或可能漏记，更大的可能是其有罪或其他，而这会影响到其墓葬的规模、形制及敛葬、陪葬品等，并在一些具体内容上有所体现。芦庄子西汉墓的规模相对较大，墓穴内有大量积陶并砌有砖椁，陪葬有铜礼器和玉璧等，还有一些敛葬玉器，而墓内出土的鎏金铜帐饰及鎏金镶玉铜枕构件等在其他王侯级别墓葬中较为少见，这些都与可能有罪或因其他原因而无谥号的刘固不相符，而更符合正常去世且有谥号的节侯刘万年。

综上所述，南皮县芦庄子汉墓的规模、形制及出土遗物等综合反映出其应为西汉晚期偏早或稍早阶段的一座列侯级别夫妻同穴合葬墓，墓主为西汉临乐侯国的某一列侯及其夫人，该墓葬很可能就是西汉晚期临乐侯刘万年与其夫人的同穴合葬墓。南皮县芦庄子汉墓对汉代列侯墓葬、墓地尤其是西汉列侯墓葬的确认和研究应具有相应的参考价值和学术意义。

第二节　河北阳原西汉墓葬的两个问题[①]

阳原县位于河北省西北，张家口地区西南部，西、北接山西省，南邻蔚县，东部为宣化县，东北与怀安县相邻。该县境内尤其是中西部地区已发现和发掘较多的汉代墓葬，西汉墓葬占有一定的比例，西城镇北关西汉墓[②]及三汾沟西汉墓群[③]等具有代表性，体现出西汉时期这一地区墓葬的特点。关于阳原西汉墓葬，相关研究中有所涉及，如《北方地区汉墓的考古学研究》[④]

---

① 本节相关内容已发表，详见刘尊志．河北阳原西汉墓葬的两个问题［J］．文物春秋，2021（1），特做说明。

② 河北省文物研究所．河北阳原县北关汉墓发掘简报［J］．考古，1990（4）．

③ 河北省文物研究所，张家口地区文化局．河北阳原三汾沟汉墓群发掘报告［J］．文物，1990（1）；樊书海，雷金铭．阳原西汉遗址和墓葬发掘取得新成果［N］．中国文物报，1997-8-24：1．

④ 蒋璐．北方地区汉墓的考古学研究［M］．杭州：浙江大学出版社，2016．

一书及《论“西汉墓幽州分布区”》[①]、《京津冀地区汉代墓葬研究》[②] 等文，也有针对性的专门研究，如《河北阳原三汾沟汉墓中的匈奴文化因素》[③]、《张家口地区两处汉代墓地相关问题探讨》[④] 等。本节拟在已有研究的基础上，对阳原地区西汉墓葬墓道上的建筑遗存及墓穴内的木构设施等两个问题做相关探讨和分析。

一、考古发现概况

阳原北关西汉墓位于县城北西城镇北关村正北 150 米处，四周为农田，墓葬 2 座；三汾沟墓群位于县城东 6 千米三汾沟村东北部，调查发现汉墓 51 座，1985 年发掘 11 座，为本节研究对象；1997 年又发掘了几座，其中 3 座有相关资料公布，但相对简略，本节基本不涉及（图 4-13）。

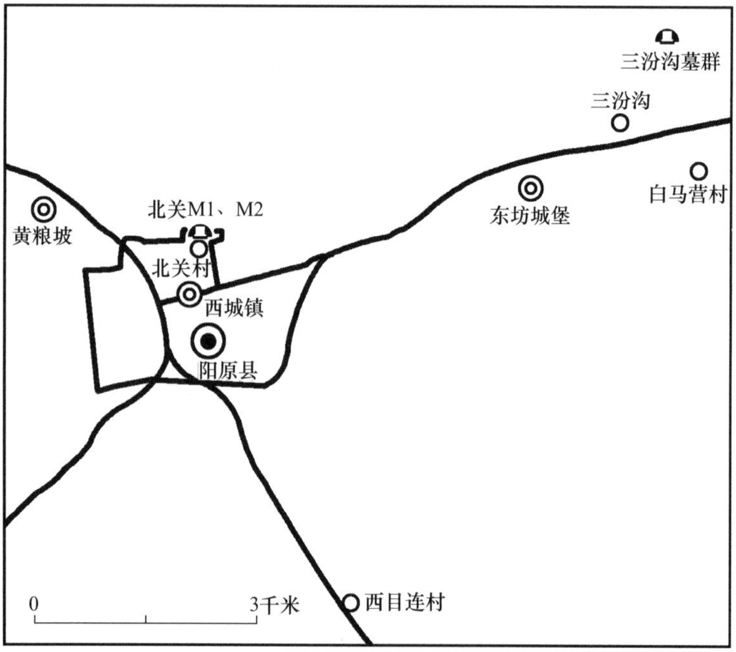

图 4-13　河北阳原北关及三汾沟西汉墓群位置示意图

① 郑君雷. 论“西汉墓幽州分布区”[J]. 考古与文物，2005（6）.

② 姜佰国. 京津冀地区汉代墓葬研究［J］. 吉林大学边疆考古研究中心. 边疆考古研究（第六辑）［M］. 北京：科学出版社，2007：227、273，435、436.

③ 仇凤琴. 河北阳原三汾沟汉墓中的匈奴文化因素［J］. 文物春秋，2000（6）.

④ 蒋璐. 张家口地区两处汉代墓地相关问题探讨［J］. 文物春秋，2007（1）.

（一）北关西汉M1与M2

阳原北关的两座西汉墓葬，M1在西，M2在东，相距50米，皆为长方形土圹竖穴墓，墓主具有相应的身份和地位。

1. M1

封土面积较大，平面呈圆角长方形，上下土质、土色没有差别，为一次性堆积。取掉封土后，发现墓口的同时，在墓道中部偏西发现一处叠压着墓道的不规整瓦砾遗迹，长5.2、宽3.3、厚0.15米。北部为斜坡墓道，道面坚硬光滑，上有4道东西向沟槽，槽宽20、深15厘米，每道槽之间相距4.3米左右。墓道两侧各有1道走向与墓道平行的绳索磨擦遗留下的沟痕，宽3、长6、深1厘米。这些都是下棺时留下的痕迹。墓口暴露后，墓圹的西壁出现了6个柱槽，向下约1.2米；东壁早年坍塌，推测应和西壁结构相同；墓室与墓道底部相接处还发现两个柱洞，墓圹内距墓口1米处的填土局部下塌，原应有相关设施，已朽不存。墓圹底部紧靠墓壁有石块垒砌一周，平面长方形，长7.8、宽3.6、高2米，很可能为石椁。其内偏南侧为木质椁，已朽烂，仅存板灰痕迹，长4.85、宽2.72米。木椁盖板已朽，其上部的石块塌落到墓室内，有的石块下还沾有腐木痕迹。木椁板下以长10厘米左右的小石块铺底。木椁内有隔板，将椁室分为边箱与棺箱，棺箱北部又有一横隔板，分出头箱。木棺一具，内葬一人（图4-14）。出土遗物有铜、铁、玉、漆木器等。墓葬时代稍早，大约在西汉武帝时期。

2. M2

封土仅存少部分，土质较硬，但没有夯打痕迹。墓圹为竖井式，无墓道，墓圹内亦存在类似M1的“空洞”，较深，达3米多。墓圹四壁有清晰的工具痕迹，西南和东北两侧墓壁上均有脚窝交错上升。墓室上部由直径10厘米左右的小石块覆盖一层。墓室中部出土一定数量的陪葬品，有铜、石、漆器及金箔片等。墓葬时代可能略晚于M1，大约在昭宣时期。

（二）三汾沟西汉墓群

发现汉墓51座。1985年发掘的11座墓葬分布于墓群的中部偏南，由西向东分布（图4-15），均有封土堆。封土呈圆包形，大小不等，平面呈圆形或圆角方形，多经夯打，夯窝不明显，夯层厚15厘米左右，有的封土堆下有石块堆积。其中洞室墓10座，土圹竖穴墓1座（M10），填土均为五花土，未夯筑。墓壁均经过人工修整，遗留下清晰的锸类工具加工痕迹。

其中洞室墓按墓道的不同又可分为两类。

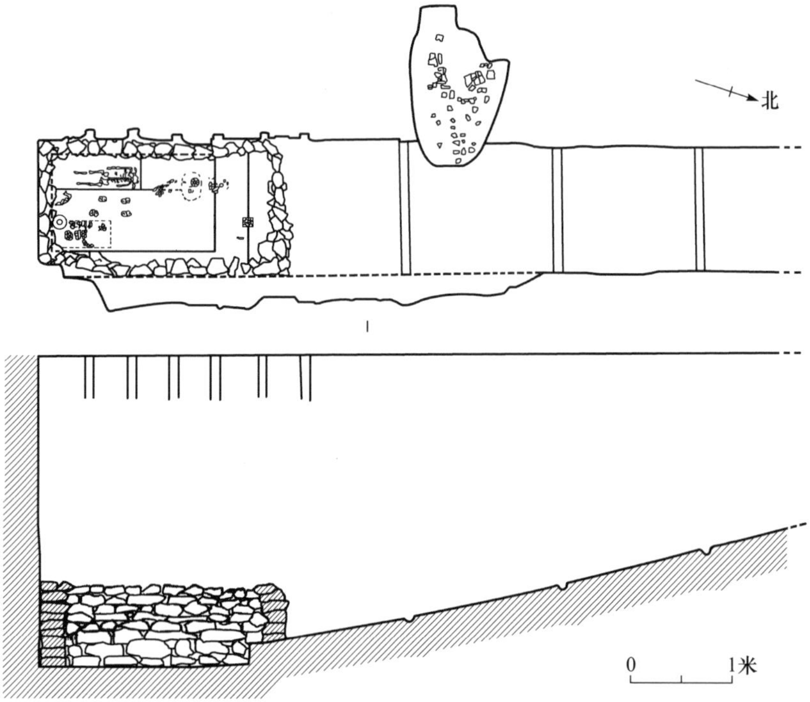

图 4-14　河北阳原县北关西汉 M1 平、剖面图

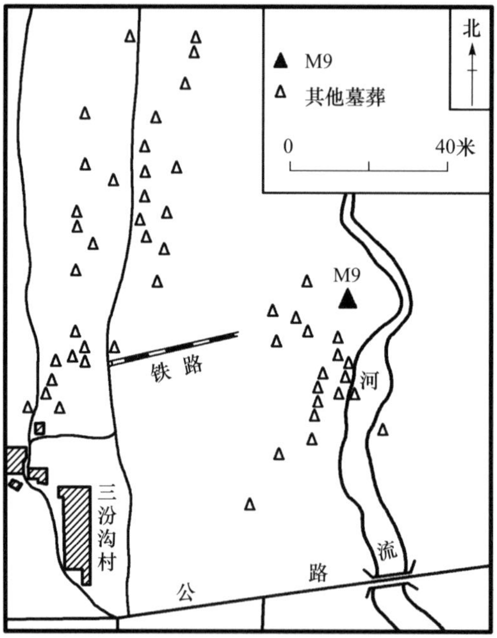

图 4-15　河北阳原三汾沟墓地墓葬分布示意图

1. 竖井式墓道洞室墓

6座，分别为M1、M2、M4、M5、M7和M8。M7南北向，向南掏洞作墓室；其他5座均东西向，向西掏洞作墓室。墓室平面多呈圆角长方形，一般长4、宽2.2米，底至顶高约2.3米。墓室顶部均为弧形。墓室两长壁上都有凹槽形柱洞，有的柱洞内还残留腐朽木柱，有的柱洞底部放有柱础石。各墓的柱洞数量不等，一般为5或7个，但同一墓内两壁柱洞的数量相同。柱洞一般高1～1.2、宽0.2、进深0.1米。墓室两壁相对的柱洞间多遗有塌落朽木，应为边柱间的横搭木，可知墓室顶部原有木构架。木构架内为木椁，呈长方形，一般长3.5、宽2米。椁的三壁用木板或圆木垒砌而成，洞室口则用立木插封，构成椁的另一壁，四壁衔接处用榫卯结合。椁底板横铺在方木上，方木嵌入两端紧靠墓壁挖好的横向沟槽内。椁内置二棺或一棺，棺呈长方形，大小有差异。双棺为男女合葬，单棺为男性葬。M2墓室壁不规整，凹槽形柱洞不明显，椁室用木板分隔为上下两层，上层较高，放置双棺和部分随葬品，南棺大于北棺；下层较矮，为底箱，深仅0.5米，箱内放置部分随葬品（图4-16）。M4A与M5的墓室壁相对较规整，M4A的两长壁各有6个柱洞，呈不规则圆形，稍小，椁内置两棺，北棺稍大（图4-17）；M5的两长壁各有5个长方形柱洞，较规整，有不规则圆形柱础石，椁内置两棺，大小接近（图4-18）。

2. 斜坡式墓道洞室墓

4座，分别为M3、M6、M9和M11。M3为阶梯式墓道，另3座墓葬的墓道无阶梯；M9为双洞室，向西、北各掏一洞。北洞室置放器物，为侧室；西洞室内置放棺椁，为主室，葬2人，棺大小相近。各室的两长壁皆有凹槽形柱洞，每侧各7个（图4-19）。另3座墓葬皆为单洞室，M3向南掏洞作墓室，M6、M11向西掏洞作墓室，墓室两长壁均有凹槽形柱洞。M3墓室的两长壁不规整，每壁各有6个不规整的长方形凹槽形柱洞，墓室内置两棺，西大东小（图4-20）。

M9是已发掘的11座墓中规模最大者，位于墓群东部。封土堆平面近方形，东西长38.5、南北宽38、高4.1米，土质、土色变化不大。墓道上见有建筑遗迹，破坏严重，已失去原貌，推测是与祭祀活动有关的瓦顶木构架建筑物（图4-21）。墓道两壁上遗留明显的锸类工具加工痕迹，道面两侧有下葬时绳索摩擦留下的沟槽。主室平面近长方形，长4.6、西端宽2.6、东端宽2.4米。门以土坯封闭，高2.85米，两端与墓壁连接处抹有草拌泥。筑法是先在内侧以土坯垒砌到所需高度，再立起一排木桩，之后在木桩外用土坯垒砌到相应高度，并在木桩间隙较大处竖砌一排土坯，两土坯墙之间

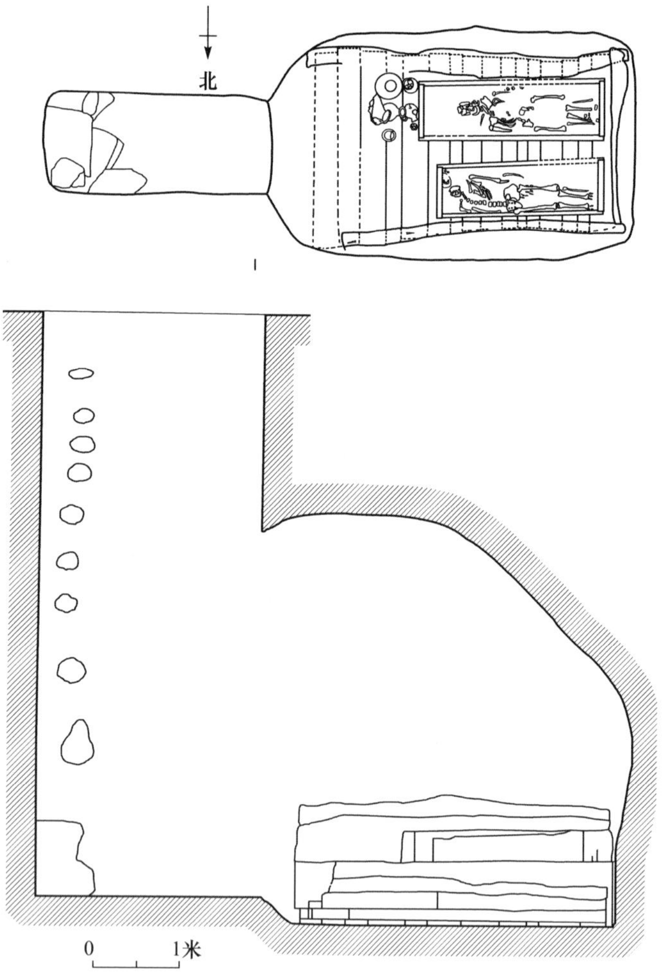

图 4-16　河北阳原三汾沟西汉 M2 平、剖面图

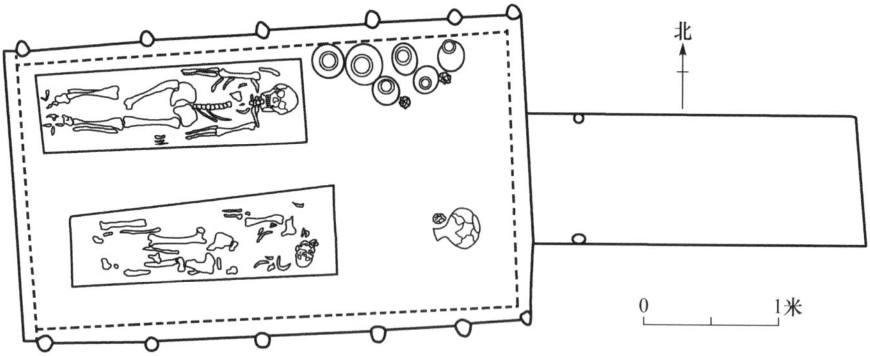

图 4-17　河北阳原三汾沟西汉 M4A 平面图

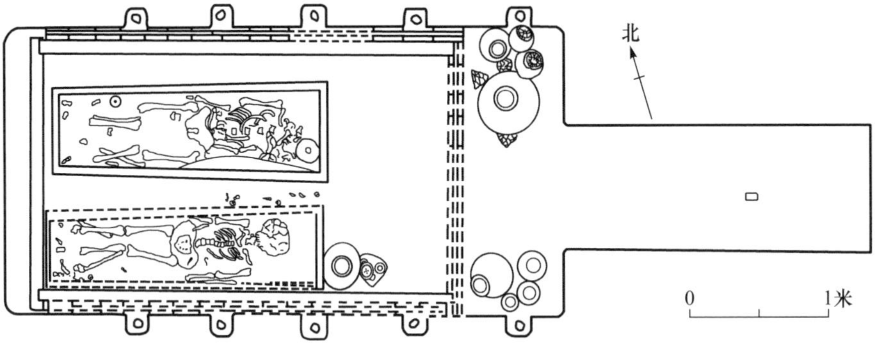

图 4-18　河北阳原三汾沟西汉 M5 剖面图

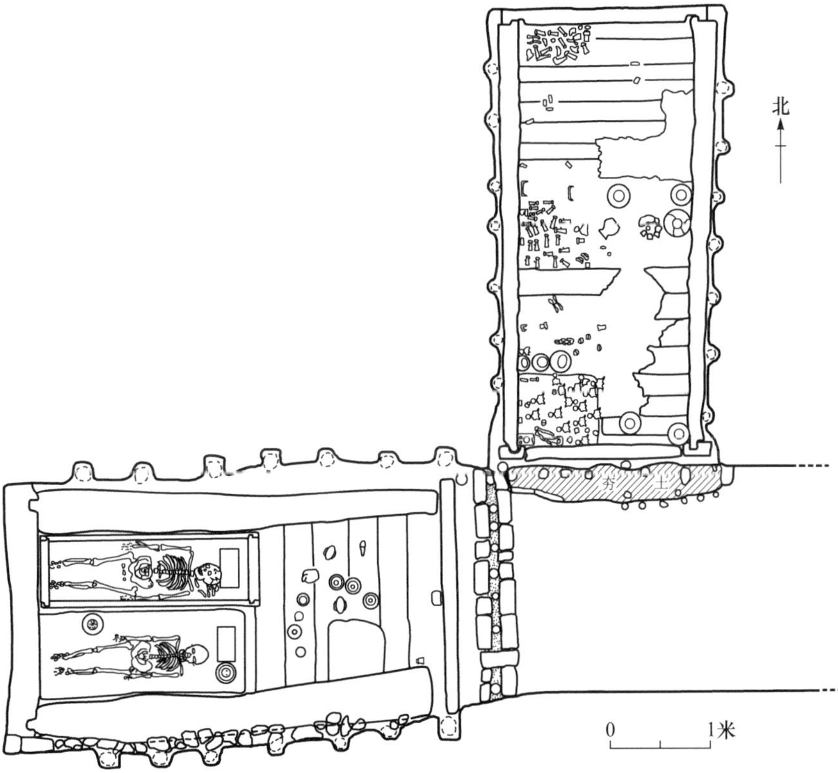

图 4-19　河北阳原三汾沟西汉 M9 平面图

木桩的间隙处可能还要填土，以求稳固[①]。墓室顶呈拱形，两侧壁上的凹槽

① 发掘简报关于该处土坯墙与木桩的砌建描述是：“先立一排木桩，两侧用土坯垒砌。”从墓葬平面图，结合土坯墙高度来看，先立木桩再在其内外两侧垒砌土坯墙，应该较为麻烦，且不利于施工，故做相关修改。

图 4-20　河北阳原三汾沟西汉 M3 平面图

远景　近景

图 4-21　河北阳原三汾沟 M9 墓道上的建筑遗迹

式柱洞对称分布，高 2.3～2.6、宽 0.15～0.2、进深 0.1～0.25 米，内残留朽木柱，底部置石柱础。两侧柱洞之间的上部有横梁，可知墓内原应有木构架设施，与墓道口的封门形成封闭空间。主室内有木椁，椁底由 15 块厚木板横向铺成，南、西、北三壁紧靠墓壁，用方木垒砌，连接处由榫卯结构连接，东壁由竖立的木板排列而成，下端嵌入沟槽内，椁盖用木板和半圆木铺成，共 11 块，盖顶上抹有 5～10 厘米厚的草拌泥，墓壁上留有痕迹。木椁内西部并列放置大小相近的两木棺，北棺死者为男性，南棺死者为女性，二人应为夫妻。侧室紧靠主室，两室形成 90 度夹角。侧室平面近长方形，顶部坍塌，两长壁也各有 7 个半圆形凹槽式柱洞，比主室的稍小，亦有柱础，木构架和木椁结构与主室基本相同。门用夯土封闭，筑法是内外两侧各立一排木桩和木板，中间填土夯实。侧室内主要放置随葬品。

除 M10 遭破坏外，此次发掘的其余 10 座墓葬保存相对较好，皆有一定数量的出土遗物。以陶器为主，另有铜、铁、漆、木器和纺织品等。综合墓葬形制及出土遗物来看，这批墓葬的年代应在西汉晚期，其中 M11 的年代可能偏早一些。各墓葬的形制、规模及出土遗物的数量存在差异和相似性，墓主的身份、地位也有不同。以出土遗物为例，M4A 出土不足 10 件，M3 出土 14 件，M2、M5 出土 20 余件，M9 出土遗物最为丰富，达 180 件，包括大量陶器、铜器（含大量多种类的车马器）、漆器及玉眼盖、琀、耳塞与鼻塞，另有玻璃器与绢、锦、罗、纱绮、漆纱等纺织品，体现出较大的差别。推测 M9 的男性墓主很可能为地方的高级别官吏，而其他洞室墓的男性墓主则可能为地方低级官吏，或具有相应财力和一定等级身份的人员。

二、墓道上的建筑遗存

北关 M1 与三汾沟 M9 均发现建筑遗存，皆位于墓道上。具体位置尤其是与封土相对位置的不同，反映出相关建筑不同的内涵和功用。

（一）北关 M1 建筑遗存

建筑遗存覆盖在封土下，去掉封土后发现。形状不规整，位于墓道的中部偏西，距离墓口相对较近，叠压在墓道填土之上，与墓葬开口地面基本无间隔。为瓦砾堆积，较薄，厚度仅 15 厘米。瓦很破碎，纵横无序，基本为板瓦和筒瓦。板瓦长 49.5、宽 36 厘米，素面；筒瓦长 45、宽 15 厘米，瓦表饰绳纹，内壁有布纹。汉代，尤其是西汉时期，素面板瓦及内壁饰布纹的筒瓦还极少见，故该遗存发现的板瓦和筒瓦对墓葬用瓦的制作及使用等提供了重要参考和借鉴。

建筑遗存形状不规整，基本为残碎板瓦与筒瓦的无序堆积，堆积较薄，且未见相关建筑的其他迹象如墙、台基等，推测应是毁弃后的遗存，而原建筑相对简单，很可能是木结构瓦顶，但规模不大，应属相对简易的建筑。该遗存是在去掉封土后发现的，其上原有较厚的封土，而该墓的封土为一次性堆积，故不存在打破封土再砌建的可能，结合其叠压在墓道填土之上等因素来看，原建筑应该是在墓道大致填平后至封土堆筑前被毁弃的。

作为封土下、墓道一侧的木架构瓦顶建筑，应与墓葬有着较为密切的关系。参考已有的考古资料，该建筑的功用存在两种可能：一是用于祭祀，二是服务墓葬的修建或墓主的下葬，即可能为祭祀设施或辅助设施。

该建筑属简易设施，用瓦量并不大，故其作为祭祀设施的可能性较小。据目前资料，汉代墓葬外用于祭祀的瓦顶建筑基本都会有台基或墙等，而该建筑并不具备。汉代中小型墓葬外的祭祀设施除祠堂外，还有祭祀坑、烧土、祭台或供台等，反映出汉代墓地祭祀设施的多样性，体现出汉代墓祭的发展和影响等[①]。这些设施部分位于封土外或与封土相邻，部分叠压在封土上。以祭台或供台为例，部分叠压在封土上，或在封土顶部，或在封土边缘，如河南辉县路固汉代墓地新莽至东汉中期的AM40、AM61、BM5等，坟丘上有砖砌祭台[②]。另如山东青岛土山屯西汉中晚期至东汉时期墓地，7处封土的南侧缓坡（坟丘前）有用于祭祀的略呈方形的砖构平台，边长2～2.5米，而且部分封土发现存在早晚关系的两处砖构平台，分别对应早晚两次封土[③]，其中时代早者可能在二次覆土时被掩盖，这与阳原北关M1封土下的建筑遗存相似，但北关M1的建筑为木构瓦顶而非砖构平台，位置靠近墓口而非封土边缘，其上封土较厚且非二次覆土，故作为墓外祭祀设施的可能性极小。考虑到其位于墓道偏北近墓口处的一侧，其上封土较厚，即便是祭祀设施，也应是墓主下葬或墓道口封填后用于祭祀的临时设施，但这种祭祀建筑目前在汉代中小型墓葬中还没有相关发现。

综合建筑的位置、用材及其毁弃时间、结构内容等分析，该建筑为墓葬修建或墓主下葬时服务性辅助设施的可能性较大，且具有临时性，最晚在堆筑封土前毁弃，相关遗物堆积在墓道旁侧，部分叠压在墓道填土上。与墓葬修建或墓主下葬相关的临时性、服务性辅助设施相关的遗存在西汉墓葬中有所发现。与下葬有关的设施中，有些墓葬的斜坡墓道两侧发现有柱洞和其他遗存，如河北献县M36，墓道两壁有二层台，二层台上分布17个柱洞，北壁9个，南壁8个，其中16个为两两相对，间距不等，平面形状不规则，柱洞底均低于墓道底面，部分内壁发现半圆形柱窝，柱洞或柱窝内未发现朽木痕迹，推测应为下葬时墓道搭棚所用，葬毕即拆除，空留柱洞，墓道底面可见4道平行凹槽，另有方形素面砖，也可能是服务于下葬的遗留[④]。河北石家庄鹿泉区获鹿高庄汉墓[⑤]、北新城M2[⑥]的东(主)墓道

---

① 刘尊志．汉代列侯与中小型墓地非祠堂类祭祀设施与遗存［J］．中原文物，2019（3）．

② 中国社会科学院考古研究所．辉县路固［M］．北京：科学出版社，2017：194-198、274-280、458-460．

③ 彭峪，林玉海．山东青岛土山屯墓群［J］．大众考古，2017（10）；彭峪．汉代县令家族的身后事——山东青岛土山屯墓群［J］．大众考古，2018（2）．

④ 河北省文物研究所，沧州市文物管理处，献县文物管理所．献县第36号汉墓发掘报告［M］// 河北文物研究所．河北省考古文集，北京：东方出版社，1998：241-260．

⑤ 河北省文物研究所，鹿泉市文物保管所．高庄汉墓［M］．北京：科学出版社，2006：6．

⑥ 河北省文物研究所，石家庄市文物研究所，鹿泉市文物保管所．北新城汉墓M2发掘简报［J］．文物春秋，2008（4）．

内均发现一根原木，推测与下葬有关，下葬完毕后弃置于墓道内。这些墓葬并未见板瓦、筒瓦等建筑材料，即没有相关建筑物。不过，有些地区如江苏徐州一带发现的较多西汉墓葬的地表残留有板瓦、筒瓦等的残片，可能与墓葬修建或墓主下葬的临时设施有关，尤其是未葬人的“空墓”体现得尤为明显。据考古资料，徐州地区已发现、发掘西汉“空墓”10座左右，基本为石坑墓，蔡山汉墓与水山M1等的竖穴底部及填土中均有一定数量的板瓦、筒瓦残片①。结合墓内未葬人，板瓦、筒瓦被弃置墓穴中，且不见瓦当等情况来看，板瓦、筒瓦应是墓穴外服务于墓葬修建时临时性房屋的相关建筑材料。从仅有板瓦、筒瓦来看，建筑构造简单、规模不大，这与西汉时期这一地区的石坑墓修建所需时间长，加之多位于山顶，与居住区有一定距离有关。而临时建筑可用于工匠居住和工具存放等，因墓葬未能葬人，临时建筑拆除后即回填墓坑之中，这也间接说明该地较多的西汉墓葬在修建时，墓穴外都可能有临时设施。阳原北关M1墓穴外墓道旁建筑的建材与徐州地区的较多西汉墓葬基本一致，且是简易建筑，并且在封土堆筑前被毁，建筑材料弃置于墓道旁和墓道填土之上，因此很可能是服务于墓葬修建的临时性建筑。由于其在封土堆筑前被毁，在墓主下葬时也可能有相应的服务功能，甚至还可能会有临时性祭祀，但就整体而言，其作为墓葬修建时临时性建筑的可能性最大。

（二）三汾沟M9建筑遗存

M9位于墓群的东侧，位置前突，相对独立，规模大，结构复杂。封土堆近方形，墓道东向，建筑遗存发现于封土堆东侧边缘、墓道前端上部，残余部分平面呈“冂”形，两侧对称，横跨墓道，包括黄土台、夯土台基、柱洞和瓦砾面等（图4-22）。瓦有板瓦和筒瓦两种，均为泥质灰陶，板瓦正面饰绳纹和弦纹，背面饰斜方格和麦穗状纹，长48.5～50、宽37.5～39.5、厚1～1.7厘米；筒瓦正面饰绳纹，背面饰布纹，长45、宽18.5～25、厚1.5厘米。

从遗迹平面图来看，建筑的前端少部分应在封土及墓道之外，由于封土及建筑已遭破坏，相关迹象并不明显。综合相关内容来看，该建筑遗存是一处局部内嵌于封土中、有黄土台及夯土台基的土墙瓦顶房屋形建筑，平面极可能为长方形，朝东，前端很可能开敞。东西约10.5、南北约6.5米，为大单开间的可能性较大，也可能为小的双开间。

---

① 新沂市博物馆李平，徐州博物馆耿建军．徐州西汉空墓的特点及形成原因［J］．湖南省博物馆馆刊（第九辑），2013：267-275．

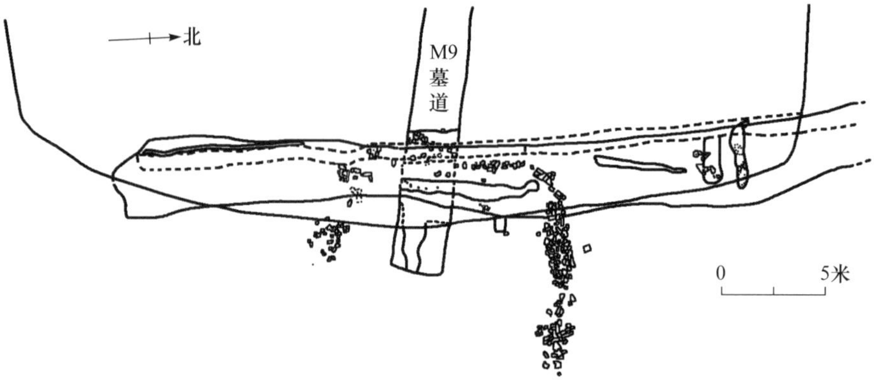

图 4-22　河北阳原三汾沟 M9 墓道上建筑遗存平面图

从建筑与墓葬的位置关系、建筑结构与形制、规模与朝向等来看，该建筑应是墓葬前的祠堂。西汉一代，墓葬或墓地的祠堂逐渐兴起并得到较大发展，且对东汉时期的墓葬有较大影响，可以说，两汉时期是古代墓葬或墓地祠堂初步发展和渐趋于繁荣的时期，这与墓祭的推广及丧葬内容和需求等的发展有着密切关系。关于西汉时的墓葬或墓地祠堂，传世与出土文献中均有记载，亦有较多考古发现。《汉书·朱邑传》载有“起冢立祠，岁时祠祭”①，是对墓葬或墓地祠堂功用的简要叙述，《盐铁论·散不足》载有“中者祠堂屏阁”②，说明墓葬或墓地祠堂的建造具有一定的等级性，而地位较高的张安世及霍光之传则分别记有“起冢祠堂”③、“盛饰祠室”④等，当然也有不愿立祠者，如龚胜：“敕以棺敛丧事：‘衣周于身，棺周于衣。勿随俗动吾冢，种柏，作祠堂。’”⑤湖北云梦睡虎地发掘的西汉文景时期 M77 出土有与西汉列侯丧葬有关的《葬律》竹简，记有西汉墓地祠堂的相关内

---

① （东汉）班固撰，（唐）颜师古注．汉书·朱邑传［M］．北京：中华书局，1962：3637.

② （西汉）桓宽．盐铁论·散不足，王利器．盐铁论校注［M］．北京：中华书局，1992：353.

③ （东汉）班固撰，（唐）颜师古注．汉书·张汤传附子安世传［M］．北京：中华书局，1962：2653.

④ （东汉）班固撰，（唐）颜师古注．汉书·霍光传［M］．北京：中华书局，1962：2950.

⑤ （东汉）班固撰，（唐）颜师古注．汉书·龚胜传［M］．北京：中华书局，1962：3085.

容："祠（？）舍盖，盖地方六丈。"[①] 目前所见考古资料较为丰富，相关西汉墓葬或墓地的祠堂绝大多数为土（石）墙瓦顶结构，而且一直延续至东汉末年。较典型的有南昌海昏侯墓前祠堂[②]、西安凤栖原西汉墓地祠堂[③]，规模相对大，亦较复杂；山东苍山县金山西汉墓的墓道之上有祠堂和其他建筑，祠堂房间较大[④]；西安市长安邮电学院西汉墓葬外祠堂为双开间[⑤]；徐州荆山村西汉墓地西南有双开间祠堂，石砌基础，土墙瓦顶[⑥]。三汾沟 M9 墓前封土边缘的建筑与上述墓葬的祠堂较为相符，因此作为祠堂当无疑问。

阳原三汾沟地处华北北部，其北距离长城较近，附近地区的西汉墓葬暂未有祠堂资料公布，推测 M9 祠堂可能受到都城长安及苏北、鲁南等地区西汉墓葬的影响，应与墓主自身有一定关系，职官调动或人员迁徙等都是可能的动因，这与海昏侯刘贺墓及其祠堂极为相似，同时也是祠堂不断推广普及的体现。上文所举诸墓例的等级普遍较高，一些属于列侯级别，山东苍山县金山西汉墓的墓主则很可能为地方高级官吏或贵族，抑或更高一些，三汾沟 M9 的等级亦应较高，男性墓主很可能为地方的高级官吏，这与上述墓葬基本相符，而这很可能是祠堂得以引进该地并得到使用的重要原因。综合来看，西汉时期使用祠堂的墓葬基本都具有相对较高的等级，也就是说，祠堂作为墓葬外或墓地的祭祀设施，是墓葬等级的体现，而对应的祠堂基本为瓦顶结构。

与其他西汉墓葬或墓地的祠堂在封土边缘外或距离稍远不同，三汾沟 M9 的祠堂叠压在墓道上且部分内嵌至封土中，这表明该祠堂为 M9 自身的祠堂，而非整个墓地的祠堂，加之该墓为夫妻同穴合葬墓，与海昏侯刘贺墓前祠堂、富平侯张安世家族墓地祠堂、徐州荆山西汉墓地祠堂有所不同，

---

① 湖北省文物考古研究所，云梦县博物馆．湖北云梦睡虎地 M77 发掘简报［J］．江汉考古，2008（4）；彭浩．读云梦睡虎地 M77 汉简〈葬律〉［J］．江汉考古，2009（4）．

② 江西省文物考古研究所，南昌市博物馆，南昌市新建区博物馆．南昌市西汉海昏侯墓［J］．考古，2016（7）．

③ 陕西省考古研究院．西安凤栖原西汉墓地田野考古发掘收获［J］．考古与文物，2009（5）．

④ 李振光，宋岩泉，党浩．山东苍山县金山发现大型汉墓［N］．中国文物报，2004-12-17（1）．

⑤ 西安市文物保护考古所．西安张家堡新莽墓发掘简报［J］．文物，2009（5）．

⑥ 徐州博物馆．徐州荆山村西汉墓群发掘简报［C］// 南京博物院．穿越长三角——京沪、沪宁高铁江苏段考古发掘报告［M］．北京：科学出版社，2013：25-42．

同时也说明 M9 在该墓地中的等级较高。但 M9 的祠堂规模相对不大，且未见瓦当等，又反映出墓葬等级或墓主身份地位相对稍低的特征。三汾沟 M9 的祠堂部分内嵌于封土边缘，属于该墓自身而非所属墓地的祠堂，这种形式在东汉墓葬中较为常见，山东嘉祥武氏祠的几座祠堂分属墓地中的不同墓葬①，根据嘉祥宋山②及徐州汉王东沿村③出土画像石复原的祠堂④均属此类型，考虑到东汉时期石祠堂虽已普遍使用，但仍有相当数量的墓葬或墓地使用瓦顶结构的祠堂，这些内容均体现出相应的发展、影响和延续。

三、墓穴内的木构设施

墓穴内的木构设施涉及墓葬较多，两处墓地中的北关 M1、M2 与三汾沟 M1～M9、M11 等均有发现，皆有柱洞遗迹，墓葬形制、柱洞位置及相关设施的不同，体现出木构设施功能的差异及对应丧葬内容、内涵的差别，同时也反映出一定的相似性特征。

（一）北关 M1 与 M2

两墓均为长方形土圹竖穴墓，虽存在有无墓道的区别，但皆在竖穴墓圹的两侧发现有柱槽，相关木构设施当大体一致。

北关 M1 北部为斜坡墓道，墓圹西边为 6 个等距离的方形“半明柱”柱槽，长 30、宽 25、间距 50 厘米，柱槽壁均用草拌泥涂抹，平整光洁，向下约 1.2 米柱槽消失。东边大致与之相同。墓室与墓道底部相接处发现的两个柱洞，直径分别为 15 和 20 厘米。M2 为竖井式，深 7.9 米，墓圹内类似 M1 的柱槽深达 3 米多。

M1 的墓圹内距墓口 1 米处的填土局部下塌，发掘报告称，“从坍塌迹象观察，填土以下当为空圹，在椁室上部形成一定的空间，应属墓顶隔阻而形成的现象”，但原木质物已腐朽，难以复原，笔者赞同这一推论。墓口下柱槽为方形“半明柱”式，底部大致平齐，柱槽虽经过细致处理，但并

① 蒋英炬，吴文祺．武氏祠画象石建筑配置考［J］．考古学报，1981（2）．

② 济宁地区文物组，嘉祥县文管所．山东嘉祥宋山 1980 年出土的汉画像石［J］．文物，1982（5）．

③ 刘尊志．江苏徐州东沿村出土东汉祠堂画像石浅析［J］．中原文物，2018（1）．

④ 徐州博物馆．徐州发现东汉元和三年画像石［J］．文物，1990（9）；王黎琳，李银德．徐州发现东汉画像石［J］．文物，1996（4）；蒋英炬．汉代的小祠堂——嘉祥宋山汉画像石的建筑复原［J］．考古，1983（8）．

不是用来竖立木柱的，因为柱槽浅且朝内开敞，其上覆物，很可能造成向内倾斜，且柱槽内未见柱础等。从考古发现的迹象看，柱槽下墓圹内为空圹，墓口下1米为填土，而槽的深度在1.2米左右，推测应是将相应直径的6根木柱横搭在东西两壁的方形柱槽上，横木上再置覆盖物，之下形成空圹，以阻隔填封墓口的土。用柱槽深度减去墓口以下填土的厚度，大约为0.2米，故横向木柱的直径应小于20厘米。但该墓的北侧为斜坡墓道，墓道填土时也可能有大量填土堆入墓坑内，墓室与墓道底部相接处的两个柱洞则可树立木柱，并以板状物封堵，使其内形成封闭的空圹。推测墓圹内的横向木柱等搭建较早，而下葬时从墓道进入墓室（墓道上的4道沟槽和两侧绳索摩擦形成的沟痕可证），置棺砌椁及摆放陪葬品等之后，再在墓圹与墓道相接处以相关材料封堵。以柱槽、木柱及板状物等搭建的木构设施是用于保护墓室的，其在置放木质棺椁、砌建石椁及下葬时也可用于防雨或其他防护，墓主下葬后则可长期保护墓室。但由于在墓口下1米左右横搭木柱及棚板上有填土，加之柱槽向外开敞且进深较小，在重压及填土折实等因素的促动下，西侧墓坑至墓道壁的局部坍塌。M2为竖井式，仅是在墓口下一定深度利用柱槽横搭木柱并覆盖相关板材，而与M1不同的是，其应在墓主下葬后才能搭建，这最重要的原因是其一侧无便于出入的斜坡墓道，加之柱洞较深，推测搭建时应借助吊放工具，这与公布资料所讲该墓也有“空洞”现象正好相符。两墓的墓穴较深，M1深8米多，M2近8米，墓壁的柱槽位置皆较偏上，估计是在开挖墓壁时达到一定深度后提前做好的，也存在墓坑修建完成后再架梯修建的可能，但前一种的可能性略大。顺带提及，M2的墓圹西南和东北两侧墓壁上均有脚窝交错上升，间距约45厘米，因搭建的木构设施顶部封闭，故脚窝与横搭的木柱等应无太大关系。M1有斜坡墓道，墓圹不见脚窝，对比可知，M2的脚窝很可能是在墓主下葬时方便相关人员上下，与墓圹的开挖可能无关。

河北鹿泉高庄西汉中期常山宪王刘舜墓（高庄M1）发现有类似柱槽。高庄M1为大型土坑石木椁木棺墓，墓道东向，紧贴墓室土圹的四壁均有柱洞分布：东壁靠近墓道南北两侧各有1方形柱洞；南、北壁土隔梁东向两侧各有2个柱洞，西壁土隔梁南侧有1个柱洞，均为圆形。墓圹底部四角也各有1圆形柱洞。这些柱洞深度不等，浅者不足半米，深者可达5米多，柱洞壁光滑，内均残留有木炭[①]（图4-23）。可以看出这些柱洞内原树有木柱，推测应是利用这些柱洞和所立木柱构筑成所需的木构设施，其功用公

① 河北省文物研究所，鹿泉市文物保管所. 高庄汉墓［M］. 北京：科学出版社，2006：4.

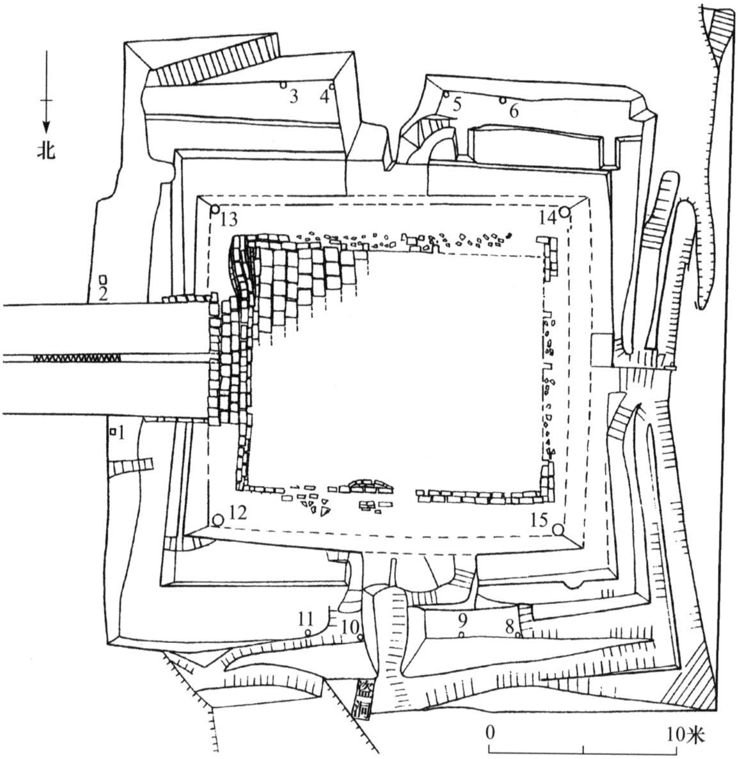

图 4-23　河北鹿泉高庄 M1 墓圹与柱洞分布图

1～15. 柱洞

布资料未做论述。笔者认为，虽然该墓为大型诸侯王墓，但亦是外以块石垒砌石椁，石椁内为木椁，木椁内为漆木棺，且有斜坡墓道的墓葬形制，故木构设施的功用与阳原北关 M1 的木构设施相似。而其墓圹底部四角也有柱洞，则与阳原北关两座西汉墓不同，高庄 M1 的这些柱洞和所用木柱在墓葬修建和墓主下葬时的功用可能较为突出。墓主下葬后，也可能利用树立木柱搭建保护石椁及墓室的设施，这与阳原北关两座汉墓亦有相似。高庄 M1 规格高，时代也相对要早，加之相距不远，所以就发展和影响来讲，阳原北关两座西汉墓可能吸收和借鉴了高庄 M1 的相关内容，并结合自身特点和需求形成了相应的木构设施。

（二）三汾沟西汉墓群

1985 年发掘的西汉墓葬中，M10 为竖穴土圹墓，无柱洞或柱槽。另外 10 座墓葬皆为竖穴洞室墓，或为竖井墓道，或为斜坡墓道，除 M4A 外，皆在洞室内两长壁有对称的柱槽或柱洞（含 M9 的侧室）。柱槽或柱洞数量不等，方形或长方形居多，部分则为不规则圆形，有些底部置石柱础。虽在数量、形状及尺寸上有所差异，但柱槽或柱洞所对应的木构设施的构筑及功用应基本一致。

以 M9 主室为例，其平面近长方形，长 4.6、西端宽 2.6、东端宽 2.4 米，顶呈拱形，两侧壁各有 7 个相互对称的凹槽式柱洞，柱洞高 2.3～2.6、宽 0.15～0.2、进深 0.1～0.25 米。由柱洞底部的石柱础和洞内残留的朽木柱，可知柱槽或柱洞内原有木柱，高度应超过柱洞的高度。主室以土坯封门，高 2.85 米，室内木柱的高度应与之接近或相差不远。柱槽或柱洞间有横梁朽木，说明在立柱上部还应有与主室长壁走向一致的木棍或相关材料，与竖立木柱捆绑或以槽（或榫卯）扣合固定，其上再搭横梁，而横梁上好像有覆盖物。

三汾沟这些墓葬的洞室顶基本都是拱形，一方面拱形室顶相对坚固，另一方面也可能便于木构设施的搭建。木构设施的搭建可有效阻挡墓顶及墓壁的坍土，达到保护墓室内木质棺椁、陪葬品及墓主的尸身等目的。这些木构设施与阳原北关两座汉墓的木构设施在搭建、功用等方面有一定的相似之处，但也存在差异，如三汾沟几座西汉墓是在相对封闭的洞室内搭建包绕木椁的相关建筑，而非在墓圹内，不会形成空圹，而柱槽内木柱竖立，并搭有横梁等。考虑到三汾沟这几座墓葬的时代晚于阳原北关的两座汉墓，墓地相距较近，其中应存在一定的影响、借鉴和发展关系。

三汾沟几座西汉墓葬于洞室内木质棺椁外搭建的木构设施具有较明显的保护功能，这与其他地区一些西汉中晚期尤其是西汉晚期墓葬，特别是同为洞室墓的相关设施有着相近和相似之处，反映出汉代墓葬设施发展中的共性及具体形式上的多样性。共性是在保护棺椁、随葬品、墓主尸身及其他丧葬需求的促动下，结合墓葬形制的发展，搭建或砌建相关设施，而这些设施犹如现实生活中的房屋，在实现对棺椁、随葬品、墓主尸身等的保护的同时，又体现出汉墓发展过程中渐趋第宅化的特征；多样性是指具体设施的建造方式、所用材料及其形制、形式等有所不同，并在分布地域上存在差异。

相关墓葬及设施以中原地区西汉晚期土坑竖穴洞室墓内的砖砌设施及今徐州地区西汉中晚期石坑竖穴洞室墓内的瓦顶木构建筑为代表。中原地区的西汉墓葬多为土坑竖穴，其中有一定数量的洞室墓，西汉中晚期，一些墓葬的洞室以砖砌建，内置木棺，西汉晚期此类墓葬明显增多。例如，河南辉县路固 BM50，土坑竖穴，底部南侧为洞室，墓道与洞室之间为砖砌封门，墓室长方形，前端有两个耳室，墓室为拱顶土洞结构，其内以砖砌室，底为人字形铺砖，墙为平砖错缝平砌，顶为拱形砖券[①]（图 4-24）。与三

① 中国社会科学院考古研究所．辉县路固［M］．北京：科学出版社，2017：45、46．

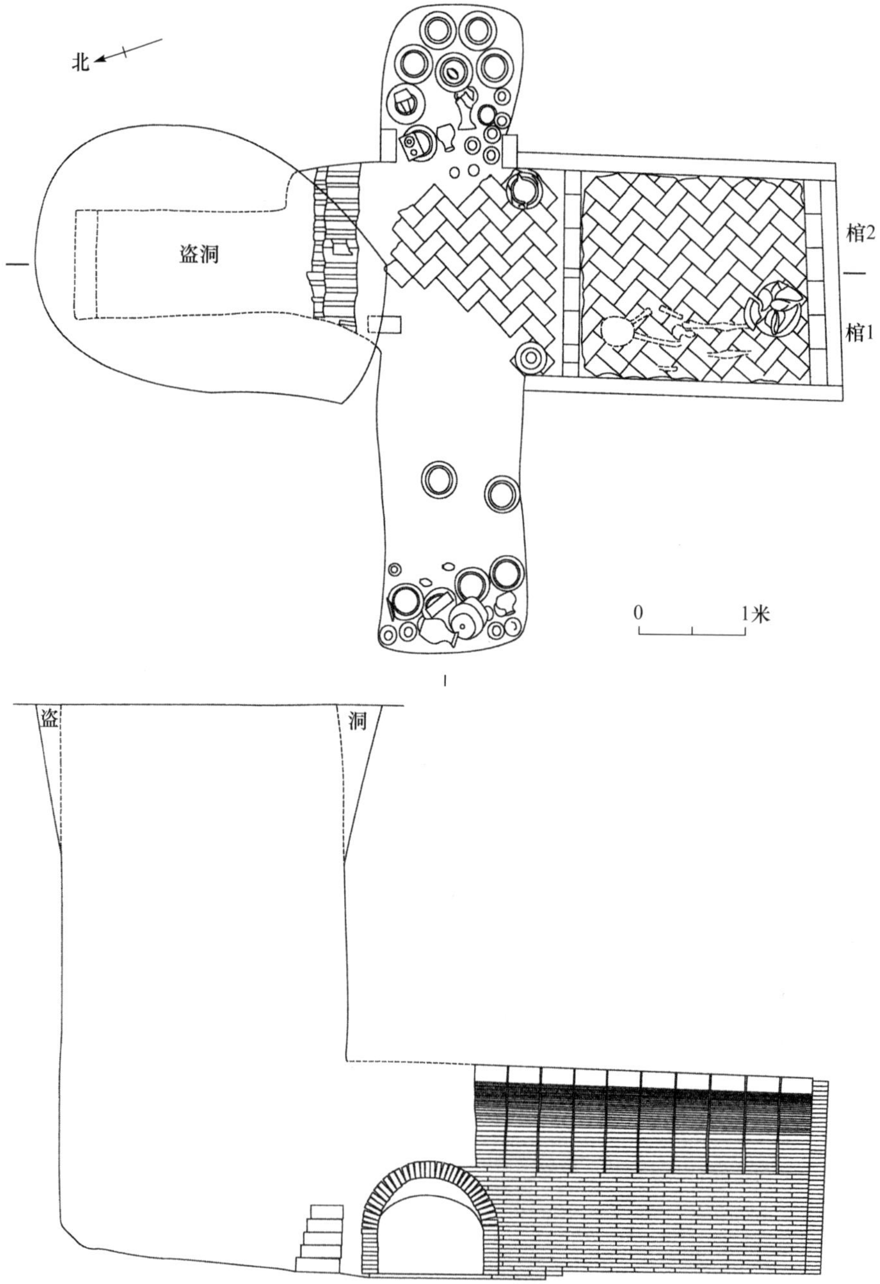

图 4-24　河南辉县路固 BM50 平、剖面图

汾沟几座搭建木构设施的西汉墓相似，路固 BM50 的洞室亦为拱顶，沿洞室壁砌建的砖砌设施对葬具等具有保护功能，二者之间当存在一定联系或影响。不同的是，路固 BM50 洞室内设施为砖砌，葬具有棺但很可能无椁，墓主的身份等级也相对略低。今徐州地区部分西汉中晚期石坑竖穴洞室墓的洞室内有瓦顶木构建筑，典型墓葬如南郊拖龙山 M3 与 M4[①]、东郊碧螺山 M5[②] 等。该地区的西汉诸侯王墓内砌建瓦顶木构设施的时代略早，大致在西汉中期偏早阶段，如西卧牛山 M2[③]、小龟山楚王与王后墓[④] 等，较多墓室内出土瓦当及残瓦片等，可知内有仿地面建筑的瓦顶木构建筑。受大型王墓的影响，其他墓葬也有在洞室内砌建瓦顶木构设施的情况，而这些墓葬的等级都相对较高，墓主基本为西汉楚国的官吏或地主。拖龙山 M3、M4 竖穴底部西侧为洞室，M3 发现“福□□□”朱雀纹瓦当及板瓦、筒瓦残片等，建筑痕迹内置棺椁；M4 洞室近竖穴处出土较多板瓦、瓦当及与瓦当相连的筒瓦等，因遭盗掘，棺椁被移至竖穴下，推测墓葬被盗时瓦顶木构设施还没完全损毁（图 4-25）。碧螺山 M5 的洞室亦位于竖穴底部西侧，其内有木结构瓦顶设施，长 2.44、宽 1.8 米，四角置立柱，四面有木板墙，东部

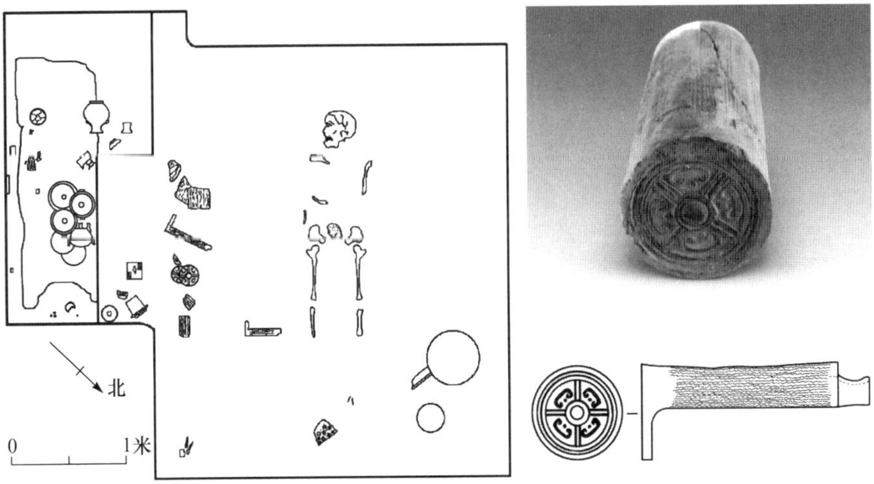

图 4-25　江苏徐州拖龙山 M4 平面图及出土筒瓦

① 徐州博物馆. 徐州拖龙山五座西汉墓的发掘［J］. 考古学报，2010（1）.

② 徐州博物馆. 徐州碧螺山五号西汉墓［J］. 文物，2005（2）.

③ 耿建军，刘超. 徐州市泉山区西卧牛山汉墓发掘［C］// 江苏省文物局. 江苏考古（2010-2011）［M］. 南京：南京出版社，2013：87-91.

④ 南京博物院，铜山县文化馆. 铜山龟山二号西汉崖洞墓［J］. 考古学报，1985（1）.

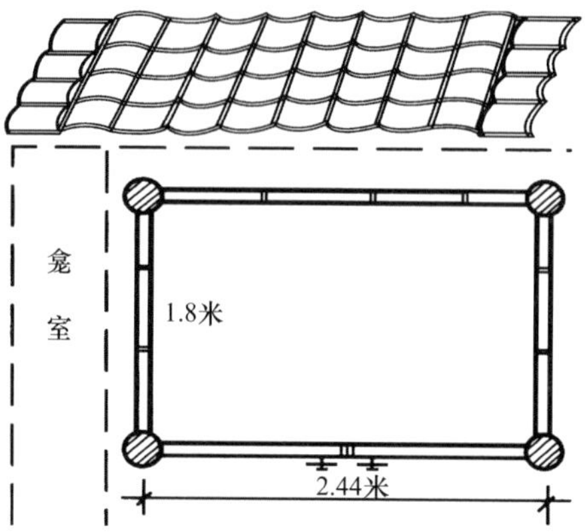

图 4-26　江苏徐州碧螺山 M5 墓内瓦木建筑复原图

木板墙上钉有 2 个铜质铺首衔环，象征房门，房内髹红漆，外髹黑漆，顶覆 10 排板瓦，每排 4 块，两侧为横排扣放，再内左右各有一组竖排扣放，中有六组竖排仰放，形成一面坡式瓦顶，由东向西倾斜（图 4-26），木结构瓦顶设施内一侧为龛室，另一侧较大面积，为棺室，内置葬具，葬夫妻二人。徐州地区这几座西汉墓葬洞室内的木构设施与阳原三汾沟西汉墓葬有较多相似之处，基本以木料为主要构建材料，贴近洞室壁搭建木架构，其内置棺椁及相关陪葬品，碧螺山 M5 还在四角置立柱，而且墓葬等级上两者也较为接近。不同之处是三汾沟几座西汉墓的洞室均为竖长方形，即窄端朝向竖穴，木构设施的平面形状及出入口随之形成，徐州地区有瓦顶木构设施的西汉墓葬，洞室基本位于竖穴底部的宽侧，木构设施的四面有木板墙，一长壁有象征性房门朝向竖穴，顶部向外倾斜，柱洞少或不见。今徐州地区与阳原三汾沟相距较远，相近的墓葬形制及洞室内相似的木构设施体现出西汉晚期相关设施在发展过程中较为相似的统一特征，这与汉代墓葬的整体发展特点也较一致，而相互之间因一些特定原因如人员迁徙等，或会存在相应的影响和促进。

（三）相关问题

河北阳原北关两座西汉墓的墓圹内及三汾沟几座西汉墓葬的洞室内均有由柱洞（柱槽）、木柱及木板等搭建而成的木构设施，可对覆盖或围成空间内的棺椁、墓主尸身及陪葬品等起到有效的保护作用。

三汾沟几座西汉墓葬洞室内的木构设施与中原地区一些西汉土坑竖穴洞室墓砌建的砖室结构在封闭空间及功用方面相似，而徐州地区西汉晚期的一些石坑竖穴洞室墓的洞室内搭建的瓦顶木构设施与其相似性更大，且对应的墓葬等级及墓主身份、地位皆相对较高。徐州地区的竖穴洞室墓在使用瓦顶木构设施方面所受的影响最直接的来源应是本地西汉诸侯王墓。徐州地区的西汉诸侯王墓皆为横穴崖洞墓，目前已知较多地区的西汉诸侯王墓则与之不同，为竖穴土（石）坑墓，其内大多有木构棺椁和相关设施，石椁仅有少量发现，相当数量的王侯墓在棺椁外有黄肠题凑，可对棺椁起到有效的保护作用，同时还可设置相应的外藏内容。黄肠题凑是汉代对汉之前高等级人员丧葬制度及墓葬设施的继承，在继承的基础上又有较多的发展，等级性明显，第宅化特征日渐突出，很多西汉早期诸侯王墓使用的黄肠题凑已设置门、窗等，仿现实特征和内容不断丰富，如湖南长沙发现的象鼻嘴 M1，其墓主为西汉早期某代长沙王①（图 4-27）。徐州地区的横穴崖洞墓亦有较强的等级性，基本为诸侯王及其王后的墓葬，而其横穴式结构及各室的具体结构、设置和布局等，均较多地体现出第宅化的内容和内涵。

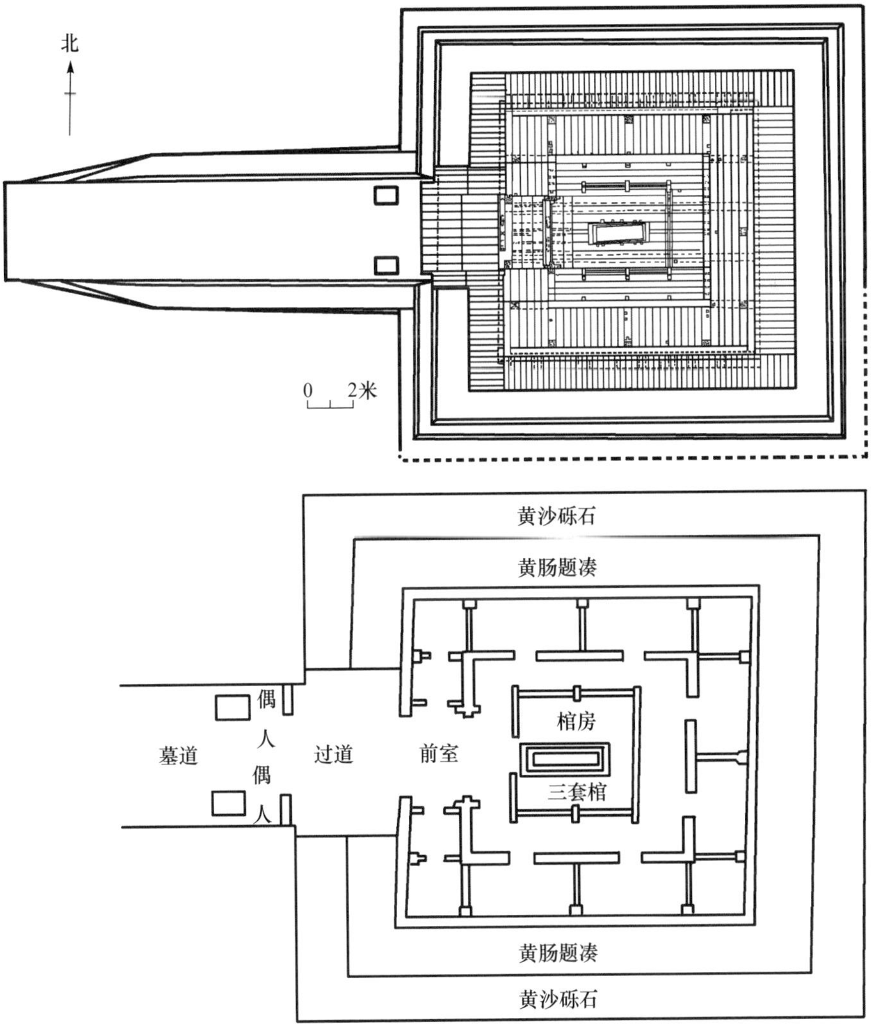

图 4-27　湖南长沙象鼻嘴 M1 平面图及墓内结构图

① 湖南省博物馆. 长沙象鼻嘴一号西汉墓［J］. 考古学报，1981（1）.

西汉中期偏晚至晚期偏早阶段在早期发展如设帷帐、修饰墙壁等的基础上，在墓葬装饰及保护棺椁、墓主尸身、陪葬品等要求的促动下，在“事死如事生”的丧葬思想和行为的推动下，参照现实建筑，较多的墓室内搭建了瓦顶木构设施，使得墓葬第宅化特征更为突出，也可实现相应的丧葬目的和需求。横穴崖洞墓使用木材搭建具有第宅化特征的瓦顶木构设施，在最初很可能借鉴了普遍使用的黄肠题凑结构，形成与自身墓葬结构相对应的墓内设施，而相互间的影响可能更为突出。随着墓葬形制发展，木构瓦顶建筑开始推广到一些中型墓葬中，这些墓葬等级相对较高，基本为竖穴洞室墓，且木构瓦顶建筑修建在洞室内，受横穴崖洞墓的影响较为明显。

阳原一带地处北方，与其距离最近的西汉横穴崖洞墓为河北满城M1与M2。此两墓时代为西汉中期，相关室内有瓦顶木构建筑，而后室紧贴室壁皆有石板搭建的石屋[①]，这或许对阳原地区西汉中晚期墓葬中木构设施的使用有所影响。就今京津冀地区的西汉诸侯王墓葬来讲，横穴崖洞墓并不流行，更多的是大型竖穴土坑墓，其中一些为有相关设施（如回廊等）的大型土坑木（石）椁墓，如上文提及的获鹿高庄M1、北新城M1[②]和M2等，高庄M1紧贴墓室土圹四壁的柱洞及相关设施可能与阳原地区西汉墓葬的木构设施存在相应的关联。还有相当部分为西汉中晚期黄肠题凑结构的诸侯王墓葬，如河北定州八角廊中山怀王刘修墓（定州M40）[③]、北京大葆台M1与M2[④]及老山汉墓[⑤]等，对阳原地区西汉中晚期墓葬内使用木构设施的影响则更为突出和明显。主要原因有以下几点：①阳原地区与北京、河北定州等地距离不远；②时代较为接近，基本都是西汉中晚期；③上述西汉诸侯王墓的黄肠题凑结构与阳原西汉墓中的设施皆为木构；④阳原西汉墓葬中的木构设施与上述西汉诸侯王墓的黄肠题凑均将墓葬的棺椁包绕，起到保护棺椁、墓主尸身和陪葬品等的作用。

一些西汉诸侯王墓如鹿泉高庄M1等，有石椁、木椁及木棺，在墓圹四

---

① 中国社会科学院考古研究所，河北省文物管理处．满城汉墓发掘报告［M］．北京：文物出版社，1980：16-23、222-227.

② 河北省文物研究所，鹿泉市文物保管所．鹿泉市北新城汉墓M1发掘简报［C］// 河北省文物研究所．河北省考古文集（五）［M］．北京：科学出版社，2014：70-80.

③ 河北省文物研究所．河北定县40号汉墓发掘简报［J］．文物，1981（8）.

④ 大葆台汉墓发掘组，中国社会科学院考古研究所．北京大葆台汉墓［M］．北京：文物出版社，1989.

⑤ 王鑫，程利．石景山老山汉墓［R］．中国考古学会编．中国考古学年鉴·2001［M］．北京：文物出版社，2002：104、105.

壁有柱洞，某种程度上应是借鉴和参考了一些诸侯王墓葬的黄肠题凑结构。阳原北关两座西汉墓葬在搭建木构设施方面也应参考和借鉴了距离相对较近的诸侯王墓葬，但设施还不甚完善或较简略，一方面与其时代稍早有关，另一方面也与墓葬形制、规模等有关。北关M1保存相对较好，与高庄M1相似，外为石椁，内有木椁，再内为木棺，木构设施将石椁、木椁、木棺及墓主尸身、陪葬物品等保护在内。三汾沟西汉晚期洞室墓木构设施修建在洞室内，虽相对简略，但能够充分利用洞室内空间，与洞室形制、尺寸对应，相对较完备，受较高等级墓葬黄肠题凑结构的影响亦较明显，而且木构设施与木椁的构建又相互结合，反映出借鉴和参考黄肠题凑结构的特征和内容。6座竖井墓道洞室墓的木椁，三壁用木板或圆木垒砌而成，洞室口用立木插封构成另一壁，椁底板横铺在方木上，方木嵌入两端紧靠墓壁挖好的沟槽内，其中M2椁室下部用木板分隔为上下两层，下层矮，放置一定数量的陪葬品。4座斜坡式墓道洞室墓以M9最具代表，主室内有木椁，南、西、北三壁紧靠墓壁，用方木垒砌，椁底由15块厚木板横向铺成，东壁则由竖立的木板排列而成，下端嵌入沟槽内，椁盖用木板和半圆木铺成。这两类墓葬的底部或铺有专门的方木，或由厚木板横向铺成，均可与木构设施构成一体。阳原北关两座西汉墓与三汾沟数座西汉墓葬时代存在差异，形制明显不同，但墓内皆有搭建的木构设施，二者可能存在相应的发展和影响关系，又都受到西汉诸侯王墓黄肠题凑结构的影响，木构设施可达到与黄肠题凑在保护棺椁、墓主尸身、陪葬品等方面相近或相似的作用，实现相应的丧葬目的与要求。

阳原地区西汉墓葬内木构设施的内容和特征与墓葬等级或墓主的身份地位存在较为密切的关系。首先，木构设施的搭建和使用在某种程度上可体现墓葬等级或墓主身份地位，同时又具有较重要的保护作用，这与黄肠题凑具有相同之处；其次，北关两座西汉墓与三汾沟的多座西汉墓的墓主均具有一定的身份等级，具备了借鉴和参考西汉诸侯王墓黄肠题凑结构的可能；再次，今阳原地区地处汉王朝的北方，靠近长城，地理位置与政治地位重要，一些具有相应等级的官吏（可能也有部分贵族）可能来自京师或相关诸侯国，因政治等因素形成人员迁徙，并在今阳原一带构成相应的家族集团和官僚体系，他们会将黄肠题凑结构的相关内容带至今阳原一带，并结合实际情况进行不同形式的运用改造和推广，这与墓主的等级身份应有关系；最后，西汉一代，黄肠题凑的使用具有较强的等级性，就现有资料而言，黄肠题凑为西汉帝王陵墓内的专用设施，列侯及以下级别人员的墓葬不能使用（特殊情况除外，但基本不见），阳原两处西汉墓地中搭建木构设施的墓葬的墓主虽都具有相应的等级，但上不至列侯，基本属地方官吏或一般贵族级别，墓葬规模亦较小，木构设施的形式、功用虽与黄肠题凑有相似之处，但仅仅是在借鉴和参考黄肠题凑结构的基础上形成的较为简略的墓葬设施，既不会有僭越之嫌，又能够达到保护墓葬、显示墓主身份等级的目的和作用。

阳原地区两处西汉墓地墓葬中的木构设施在形式和内容上存在的差别，应与时代及墓葬形制的差异等有关。类似的木构设施在距阳原不远的山西浑源毕村西汉木椁墓[①]中也有发现（墓主为地方官吏），但其形式和内容与阳原西汉墓葬存在差异，体现出木构设施在同一区域使用的统一性、普遍性及差异性、灵活性，这与地理位置及政治特征应有关联。木构设施有较强的保护功能，同时也体现出较为明显的第宅化特征，如公布资料的相关论述中所讲，为探讨汉代土圹木椁墓向砖室墓的演变提供了很有价值的资料，而这一演变在中原地区西汉晚期土坑竖穴洞室墓内与上述木构设施有较大相似性的砖砌设施上则体现得更为明显。

综上所述，阳原地区两处西汉墓地发现的墓道上的建筑遗存和墓穴内的木构设施，在很大程度上与墓葬等级及墓主身份、地位等较为相符，体现出与墓葬修建、墓主下葬、墓葬祭祀及墓葬保护等有关的诸多内容。尽管部分出土遗物包含匈奴文化的因素——这与其地理位置有较大关系，但就墓葬的形制、结构、设施及主要出土遗物等来讲，阳原地区西汉墓葬仍是以汉文化的丧葬内容为主体或主导。在发展演进过程中，除自身地域特征的沿用外，借鉴和吸收了一定的北方匈奴文化因素，但更多的是采用不断增强的邻近诸侯国及京师、中原等地区的丧葬文化，一些内容则是在保证不逾制的情况下，或参考使用，或根据实际情况在借鉴、模仿的基础上进行简化和改变，以实现丧葬目的，达到丧葬需求，满足丧葬愿望。可以说，阳原地区两处西汉墓地发现的墓道上的建筑遗存及墓穴内的木构设施在一定程度上体现出汉代丧葬文化发展中的统一性和多样性，反映出相应的地域性和复杂性，同时也对汉代墓葬的发展和演变研究具有相应的参考和学术价值。

还有一点需做说明，《河北阳原县北关汉墓发掘简报》指出，阳原北关西汉墓这种木构架墓室土圹墓的发现，为探讨汉代土圹木椁墓向砖室墓的演变提供了很有价值的资料[②]，而在墓室内有木构架设施的现象在阳原三汾沟的较多西汉墓葬中也有发现，且多构筑在洞室中，与阳原北关西汉墓相

---

① 山西省文物工作委员会，雁北行政公署文化局，大同市博物馆．山西浑源毕村西汉木椁墓［J］．文物，1980（6）.

② 河北省文物研究所．河北阳原县北关汉墓发掘简报［J］．考古，1990（4）.

对比，可能存在相应的发展和演进，而综合两处墓地中墓室内有木构设施的墓葬来看，不仅为土圹木椁墓向砖室墓的演变，也为整个竖穴椁墓向横穴室墓的转变提供了重要的参考和借鉴。

第三节　河北抚宁邴各庄东汉墓地的相关问题[①]

邴各庄东汉墓地位于河北省秦皇岛市抚宁县城东北4千米处，距邴各庄村约0.5千米，1996年4～6月发掘，清理东汉墓葬6座，分别编号为M1～M6，时代为东汉末期，公布资料对墓地时代、墓外设施、墓内祭祀及家族墓地等进行了探讨和分析[②]，也有学者对该墓地M1出土的陶楼进行了专门研究[③]，这为进行该墓地相关问题的研究提供了重要参考。本节拟在已有研究的基础上，对邴各庄东汉墓地的一些相关问题做相关探讨。

一、墓地布局与家族墓地

从墓葬位置示意图来看，邴各庄东汉墓地大致在邴各庄村北，是由多个墓葬集中分布而形成的一处墓地。1990年8月，该村东南1千米处发掘了2座西晋初期的砖室墓[④]，考虑到相距较远，是否为同一家族的墓葬还很难确定，本节亦不做过多探讨。

邴各庄村北东汉墓地共计发掘东汉末年的墓葬6座，M1规模大，有三条墓道，皆北向，多室，大致呈“中”形，另外5座规模较小，皆单室，墓室规模大致接近（图4-28），除M2的墓道位于墓室北壁中部、北向，整体呈凸字形外，其余4座墓葬的墓道均偏于墓室东侧，整体呈刀把形，其中M3的墓道位于墓室北壁东侧，北向，M4～M6的墓道皆位于墓室南壁东侧，均南向。

M1的墓外有方形石砌遗存，石砌遗存的南、西两侧各有一处砖砌遗迹；M2位于M1西侧石砌遗存之外，紧邻石砌遗存，其北侧较近距离为

① 本节相关内容已发表，详见刘尊志．河北抚宁邴各庄东汉墓地相关问题探讨［J］．文物春秋，2020（3），特做说明。

② 河北省文物研究所．河北抚宁县邴各庄汉墓发掘简报［J］．文物春秋，1997（3）．

③ 吴克贤，袁秉成，赵子英．河北抚宁县邴各庄出土东汉陶楼［J］．文物春秋，1996（4）．

④ 秦皇岛市文物管理处，抚宁县文物保管所．河北抚宁邴各庄古墓清理简报［J］．文物，1992（2）．

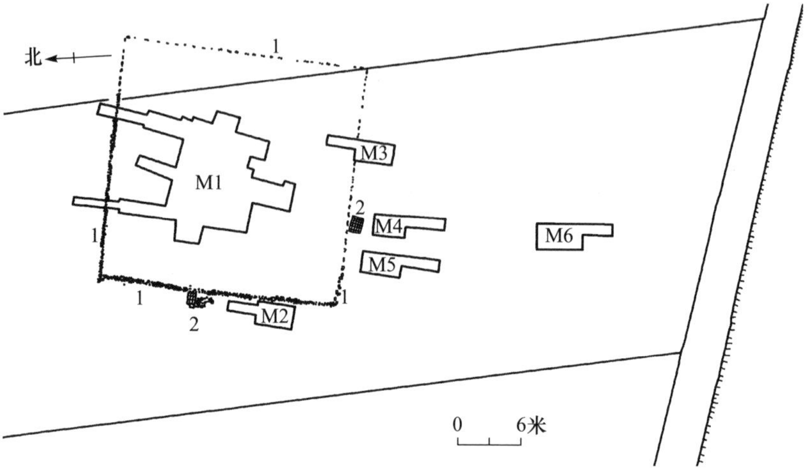

图 4-28　河北抚宁县邴各庄东汉墓地墓葬分布图
1. 石砌遗存　2. 砖砌遗迹

一处砖砌遗迹；M3 位于 M1 南侧，位置偏东，墓道打破石砌遗存并向北延伸；M4、M5 东西并列，位于 M3 南侧偏西，北侧与石砌遗存稍有距离，M4 北侧与石砌遗存之间为另一砖砌遗迹；M6 位置略远，在 M4、M5 南约 10 米处，东壁与 M4 大致对齐。整个墓地中，M1 规模大，位置在最北侧，M2～M6 的规模相对要小，相对方位均在 M1 的偏后位置，皆在较近距离围绕石砌遗存，仅 M6 的位置略偏远一些，但其距离石砌遗存也不足 20 米。具体来看，M2、M3 与石砌遗存距离较近，且均北向，M4、M5 与石砌遗存的距离也较近，二墓与 M6 皆南向，这应有相关原因。五座墓葬与 M1 的相对方位及它们与 M1 外石砌遗存的关系，体现出该墓地以 M1 为核心的布局和安排。考虑到墓葬之间的距离大多较近或紧邻，墓地中有规模较大的核心墓葬，其他墓葬围绕该墓葬分布，规模接近且相对略小，还有相当数量墓葬的形制（含墓向）较为一致，加之时代大致相同，此处为一处家族墓地当无疑问。

经科学考古发掘，可知 M1 为多人葬，至少墓内的Ⅵ室、Ⅶ室、Ⅷ室三个室内葬人，从共葬同一墓穴及共享前室（Ⅴ室）内祭祀来看，M1 内葬人判定为同一大家庭的不同成员较为合适。Ⅵ室葬 2 人，据此可大致推断另二室也应葬 2 人，即 M1 内很可能葬 3 对夫妻。这三个室中，Ⅷ室为主后室，且面积较大，Ⅵ室、Ⅶ室为前室侧室，面积稍小，因此就该大家庭中以夫妻为单位的小家庭来讲，Ⅷ室墓主夫妇的辈分及等级相对较高，Ⅵ室、Ⅶ室墓主夫妇的辈分及等级相对要低一些。据公布资料，M3 的墓圹南北长 3.68、东西宽 2.16 米，棺室长约 2.9、宽约 1.4 米左右（图 4-29），墓内葬 1～2 人

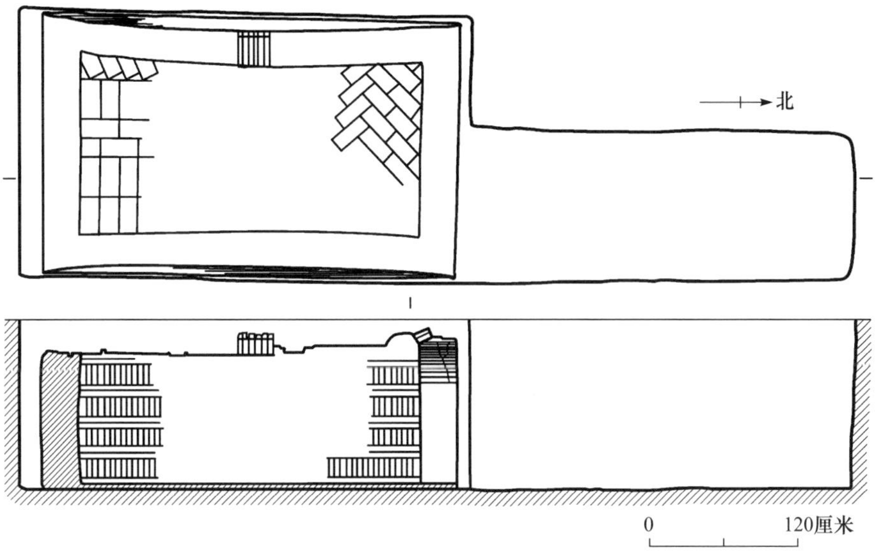

图 4-29　河北抚宁县邴各庄东汉墓地 M3 平、剖面图

为宜，结合 M1Ⅵ室宽 1.6 米、内葬 2 人的情况，M3 的棺室宽度亦不算窄，考虑到东西两壁有向内挤压的可能，M3 内葬 2 人的可能性较大。M2 及 M4～M6 的墓圹与 M3 尺寸相近或相当，墓葬内都很可能葬 2 人，即夫妻二人。因此，邴各庄村北东汉墓地是以 M1Ⅷ室墓主家庭为核心、由多个夫妻同穴合葬墓组成的家族墓地。

墓地中各墓葬位置或方位的不同及其规模、形制的差异，体现出对应墓葬的等级、墓主地位与辈分及整个家族中的亲属关系等内容。M1 规模大，还有石砌遗存，为该处墓地的核心墓葬，墓主所属家庭在家族中等级要高，尤以 M1Ⅷ室墓主最为突出。M2 呈凸字形，单独位于石砌遗存的西侧，虽位置略偏西南，但某种程度上与 M1 东西并列，墓主夫妇很可能与 M1 的墓主为较近的族亲，等级也会稍高一些。M3～M5 均在 M1 后（南）侧，M3 墓室紧贴石砌遗存，但墓道打破石砌遗存，M4、M5 则与石砌遗存稍有距离，三座墓葬的平面形状均为刀把形，规模相似，与 M1 相关墓主的关系也应较密切，但较之 M2 墓主可能稍差。M6 的形制、规模与 M3～M5 相似，虽距离略远，也应是家族中的成员，并与其他墓葬的墓主有着相应的亲族关系。

在上述分析的基础上，可再审视该墓地的墓葬布局。M1 规模较大，墓外有面积更大的石砌遗存，石砌遗存外南侧略偏西和西侧中部稍偏北还各有一处砖砌遗迹。这两处砖砌遗迹作为墓外祭祀设施当无疑问，就其具体内涵、性质及与墓葬布局等相关的内容，笔者将在下文作专门论述。M1 墓位及相关遗存确定后，其他墓葬当是以其为核心修建和分布，这在较多汉代家族或家庭墓地中均有体现，且西汉时期已较普遍，如江苏徐州奎山发现的西汉墓群，M11 规模大、等级高，墓内葬 3 人，周边几座基本为夫妻合葬墓[①]，可见邴各庄村北东汉墓地中墓位的安排和布局是有继承和延续的。M2 墓主为 M1 墓主较近的族亲，墓葬选择在 M1 西侧偏南，紧邻石砌遗存，墓向与 M1 一致，平面形状呈凸字形，有别于其他几座墓葬，且相对独立，而墓外前端的祭祀设施也可能与 M1 共用。M3～M5 的墓主与 M1 墓主的亲族关系大致接近，墓葬的相对位置基本在 M1 南侧，即后侧，这样的安排凸显了 M1 在墓地中的地位。M3 在石砌遗存的东侧，墓圹紧邻石砌遗存，墓道北向，局部打破石砌遗存，时代应晚于 M1 和石砌遗存。推测 M3 在开挖墓圹时，选择紧邻石砌遗存，因其位于南侧，若墓道开于东侧或西侧可达到要求，但其在墓向方面选择了与 M1 一致，所以形成墓圹与墓道南北向，墓葬北向并局部打破石砌遗存的情况。M4、M5 亦应选择了紧邻石砌遗存，若定在 M3 东侧则距离 M1 远，且位置较偏，选定偏西侧较为合适。M4 与石砌遗存南侧中心点向南延伸水平线的垂直距离与 M3 基本相同，也说明了当时进行墓位安排与布局时的规划和要求。M5 则与 M4 东西并列，距离较近，应是 M4 位置确定后的墓位安排和定位。就 M4 来讲，选择这一位置，其北侧即为砖砌祭祀设施，所以该墓与 M5 不仅距离石砌遗存稍远，亦不能选择北向墓道，但从另外一个方面看，至少这两座墓葬可与 M1 共用祭祀设施（M3、M6 亦有可能），达到享祭的目的，该祭祀设施使用时间较长也可说明这一点，而祭祀设施位于 M1 与 M4、M5 之间许也是墓葬布局的规划。M6 位置稍远，墓向与 M4、M5 一致，应该是在两墓布局基础上的规划和安排。可以说，该墓地的墓葬分布和布局与墓主家族存在较大关系，呈现出的家族墓地特征也较为突出和典型。

二、石砌遗存与砖砌遗迹

M1 是邴各庄北东汉墓地中规模最大、结构最复杂者，其墓圹四周的地面发现有一周用石块和河卵石垒砌的近方形的遗存，该遗存的南墙与西墙外紧邻处还发现有砖砌遗迹，体现出不同的内容和用途。

（一）石砌遗存

方形石砌遗存的北墙多用较大的河卵石垒砌，西墙多用大块的不规则

---

① 徐州博物馆．江苏徐州市奎山四座西汉墓葬［J］．考古，2012（2）．除这四座墓葬外，附近还有相关墓葬发现，特做说明。

状石块垒砌，现存 2 层石块，高约 0.4 米，东墙经钻探也是用石块垒砌，南墙仅西南角余石块，其他几座规模相对较小的墓葬分布于石砌遗存的南侧和西侧。关于该遗存，公布资料称之为石围墙。

笔者认为，该遗存作为石砌的墙当无疑问，是否为围墙还需讨论。关于围墙，出土文献及传世文献中均有记载，多针对等级较高墓葬，且以西汉墓葬居多，湖北云梦睡虎地 M77 出土《葬律》竹简载，西汉列侯墓地“中垣为门，外为阙，垣四陬为不（罘）思（罳）”[①]；汉哀帝令将作为宠臣高安侯董贤“起冢茔义陵旁，……周垣数里，门阙罘罳甚盛”[②]。对等级稍低的墓葬，《盐铁论·散不足》中有“中者祠堂屏阁，垣阙罘罳”[③]的记载。可以看出，文献所载墓地围墙多有相关配套设施，如门阙、罘罳等。考古发现的墓地围墙也较多。西汉时期等级较高的墓地如江西南昌海昏侯墓地，夯土围墙，有门及门阙，墙内有多座墓葬及道路、水井等[④]；山东苍山县金山西汉墓，石砌围墙的墙体部分保存较好，并与房屋等建筑的墙相连接，包绕墓葬及其他建筑等，部分借助相关建筑的墙体[⑤]。东汉墓地也有较多发现，如安徽萧县破阁东汉中晚期 M88，围墙长方形，四角近直角，面积约 650 平方米，出入口似在南侧稍偏东，墙用石块砌筑，墙内中部略偏北有墓葬 1 座[⑥]（图 4-30）；江苏邳州青龙山南麓的东汉彭城相缪宇墓周围有石砌围墙，墙内南部有一定面积的开阔地，南墙基东端有一方形凹槽，似为门框臼窝[⑦]（图 4-31）；江苏徐州市贾汪石猴林墓地为一处东汉时期家族墓埋葬区，外围存有围墙遗迹，由石板材和石块等砌成，南北长 48 米、东西宽 39 米，西侧可能有门，围墙内墓葬时代相近[⑧]（图 4-32）。上述考古发现的墓地

① 湖北省文物考古研究所，云梦县博物馆．湖北云梦睡虎地 M77 发掘简报［J］．江汉考古，2008（4）；彭浩．读云梦睡虎地 M77 汉简《葬律》［J］．江汉考古，2009（4）．

②（东汉）班固·汉书·佞幸传［M］．北京：中华书局，1962：3734．

③（西汉）桓宽．盐铁论·散不足，王利器·盐铁论校注［M］．北京：中华书局，1992：353．

④ 江西省文物考古研究所，南昌市博物馆，南昌市新建区博物馆．南昌市西汉海昏侯墓［J］．考古，2016（7）．

⑤ 李振光，宋岩泉，党浩．山东苍山县金山发现大型汉墓［N］．中国文物报，2004-12-17（1）．

⑥ 安徽省文物考古研究所，安徽省萧县博物馆．萧县汉墓［M］．北京：文物出版社，2008：144、145．

⑦ 南京博物院，邳州博物馆．东汉彭城相缪宇墓［J］．文物，1984（8）．

⑧ 徐州博物馆．贾汪徐工综合试验场项目考古调查试掘［C］// 徐州博物馆．徐州考古资料汇编（2014 年度），内部资料，2015-2：43-50．

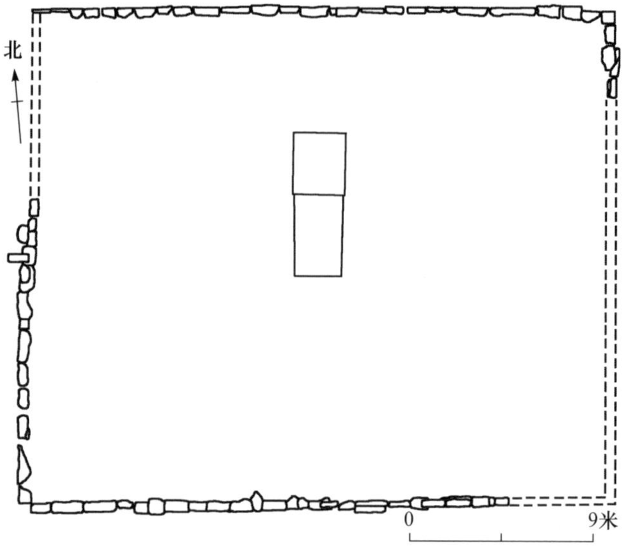

图 4-30　安徽萧县破阁东汉中晚期 M88 围墙

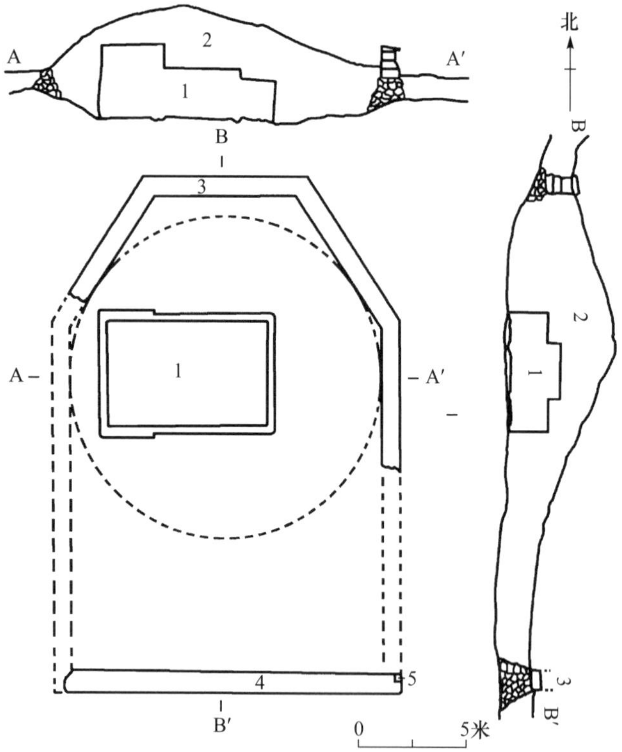

图 4-31　江苏邳州燕子埠东汉彭城相缪宇墓围墙

1. 墓室　2. 封土　3. 墙垣　4. 基石　5. 方形凹槽

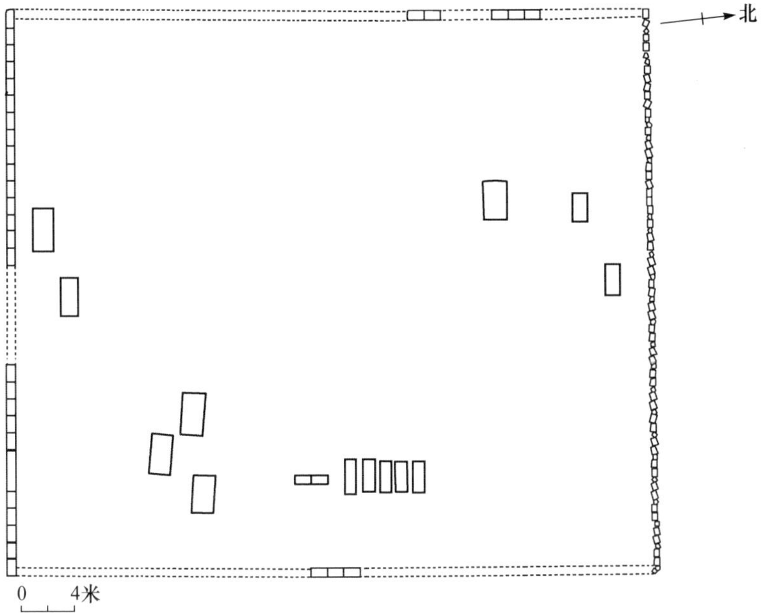

图 4-32　江苏徐州市贾汪石猴林家族墓地围墙

围墙均有配套设施，就东汉墓地的围墙来讲，至少都有门或出入口。围墙设有出入口，是进出围墙内外的必要设施，为保护墓葬等，围墙的门大多时候应该是关闭的，在进行墓祭和其他活动时则需打开，但郦各庄东汉 M1 外方形石砌遗存并无门或出入口。

围墙，简单来讲，就是围合或保护某一区域或区域内相关遗存的墙体，而自身也因此形成相应遗存。墓地围墙是将墓葬及相关设施等包绕在内，使得围墙内形成相对独立或封闭的空间，同时还起到保护墓葬及相关设施的作用。从考古资料看，墓地围墙的围合面积较墓葬或墓葬封土要大，很多还要大出许多，墙内墓葬是主体，或仅 1 座，或有多座。围墙内有 1 座墓葬者多有相关设施，如山东苍山县金山西汉墓，围墙包绕墓葬和多个建筑，另有 2 个平坦开阔的室外场地；安徽萧县破阁 M88 的围墙内的墓葬位于中部略偏北，周边空间较大，可能会有道路及祭祀设施，惜遭破坏不见；江苏邳州东汉彭城相缪宇墓石砌围墙内南部的开阔地发现有石建筑构件，可能有祠堂类设施。围墙内有 2 座及以上墓葬者，有的亦有相关设施，如南昌海昏侯墓地围墙内墓葬、设施均较多。因此，汉代墓地围墙应该具备三个特点：①墙体与墓葬之间虽有紧邻者，但其他位置会有较大的空间，有的则是墓葬封土周边皆有较多空间；②同一家族墓地中多个墓葬位于围墙之内，这在已发现的汉代围沟家族墓地中也有体现，东汉墓地即有较多墓例，如河南偃师阎楼东汉墓地[①]、江苏邳州山头东汉家族墓地[②]等，而且皆有出入口；③无论围墙内有一座还是多座墓葬，相关设施如祭祀设施等基本位于围墙内。郦各庄村北东汉墓地发现的石砌遗存与这三个特点并不相符，尤其是其他墓葬距离较近，但均在墙外，而砖砌的祭祀遗迹也在墙外。

墓地围墙将墓葬及墓地设施围合在墙内，与围墙外空间相对隔断，内部则形成相对封闭、互有联系的空间，围墙最突出的作用为保护墓葬及相关设施，同时也可达到相应的丧葬目的与需求，如可作为年岁较久远后便于识别的标志等。因此，墓地围墙要有相应的高度和坚固度，这样才能减少或尽量避免无关人员进入，从而减少损毁和破坏。汉代墓地的围墙或为土筑，或为石砌，少见或不见砖砌者，如贾汪石猴林墓地围墙局部由砖块和石材混砌。西汉晚期至东汉，有山地区多数用石砌，这与取材及砌建要求等有关，上述相关考古资料皆可体现。有的墓地围墙使用形体较大的块石，如邳州缪宇墓围墙的墙基础为夯土和碎石，墙主体由加工过的条石垒砌四层而成，顶面凿成屋檐状坡面，浮雕瓦垄、瓦当；贾汪石猴林墓地的围墙由加工的石板材配以石块和少量砖块砌成；萧县破阁 M88 围墙用大小石块错缝垒砌，中以小石块填充。从平面图来看，郦各庄北东汉 M1 外的方形石砌遗存相对较窄，与之对应的原墙体不会太高，同时砌建材料为石块和河卵石而非块石或板材等，且体积均较小，亦很难垒砌相对高度的墙体。北墙多用河卵石垒砌，这种做法比较少见，河卵石光滑无棱角，更不便于垒砌相对宽度与高度的墙体。另从墓葬分布看，M3 墓室紧邻石墙，墓道则打破石墙，若该遗迹为围墙，M3 修建时其应有相应的高度，M3 的墓道将其打破不合情理。

综合以上几点，郦各庄村北东汉 M1 外的方形石砌遗存不应被视作围墙，笔者认为，其作为 M1 封土边缘的石砌墓垣较为恰当。墓垣也是人为砌筑的墙体，大多较低矮，具有闭合性，因紧邻封土，无需门或出入口，主要作用是保护封土，减少水土流失，同时也是一个具体墓葬的标志。考古发现汉代墓葬的墓垣资料较多，一些西汉墓葬有两重或两重以上的墓垣，如徐州东郊东甸子 M1[③]与南郊拖龙山 M7[④]等，均在封土边缘及中部各有一重

① 洛阳市第二文物工作队，偃师市文物管理委员会．偃师阎楼东汉陪葬墓园［J］．文物，2007（10）．

② 南京博物院，邳州博物馆．邳州山头东汉墓地［M］．北京：科学出版社，2010：156、193．

③ 徐州博物馆．徐州东甸子西汉墓［J］．文物，1999（12）．

④ 徐州博物馆．徐州拖龙山五座西汉墓的发掘［J］．考古学报，2010（1）．

石砌墓垣。东汉墓葬的墓垣多为一重，基本位于封土的边缘，因此墓垣也可视为具体墓葬的外在界限，虽然东汉时期较多墓葬使用圆形封土，但就墓垣的平面形状来讲，则是有圆有方，一些墓葬的墓垣一侧还有相关设施。河南密县（今新密市，下不再注）打虎亭 M1，圆形封土的底部边缘用方形和长方形青石构件环砌圆形石墙，青石构件达四五层之多，凿制比较规整，棱角分明，上下层错缝垒砌，原高度保留约 3 米左右，此为圆形墓垣[①]（图 4-33）。江苏徐州贾汪土龙山墓地是一处家族墓葬群，M10 等级略高，圆形封土，现存封土最大径为 29 米，边缘为石砌方形墓垣，以石块垒砌数层，较规整，每两边垂直相交，所用石料不大[②]（图 4-34）。安徽宿州褚兰墓

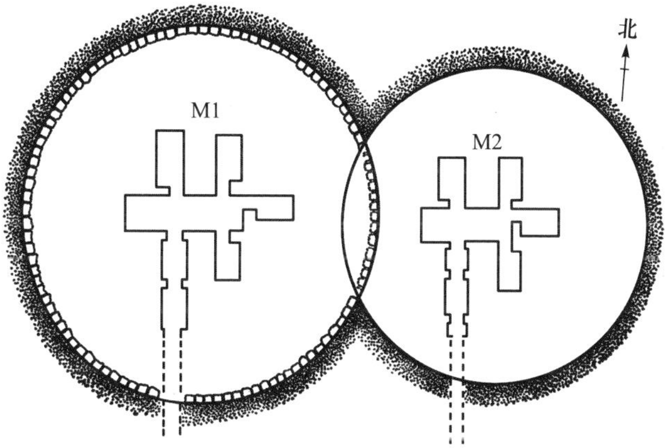

图 4-33　河南密县打虎亭汉墓封土与墓垣

图 4-34　江苏徐州贾汪土龙山 M10 墓垣西北角

① 河南省文物研究所．密县打虎亭汉墓［M］．北京：文物出版社，1993：6．

② 徐州博物馆．贾汪徐工综合试验场项目考古调查试掘［C］// 徐州博物馆．徐州考古资料汇编（2014 年度），内部资料，2015-2：43-50．

山孜 M1 与 M2（胡元壬墓）也是圆形封土的边缘砌方形墓垣，但有石祠堂位于一侧（基本为南侧）墓垣墙正中，背靠墓冢封土，左右两侧与墓垣连结，祠堂后墙亦作为墓垣墙，祠堂与墓内不通（图 4-35）；M1 的墓垣墙由墙基、墙壁、墙顶叠砌而成，通高 0.48 米，墙基为菱形纹，外壁平直且整齐，墙面饰竖行凿齿纹，墙顶雕成瓦垄，檐头刻云纹圆瓦当，连檐刻水波纹；M2 的墓垣墙与 M1 相似，东西略长，垣墙相对低矮，墙顶向外面坡雕成瓦垄，石祠两侧山墙与墓垣相接[①]。

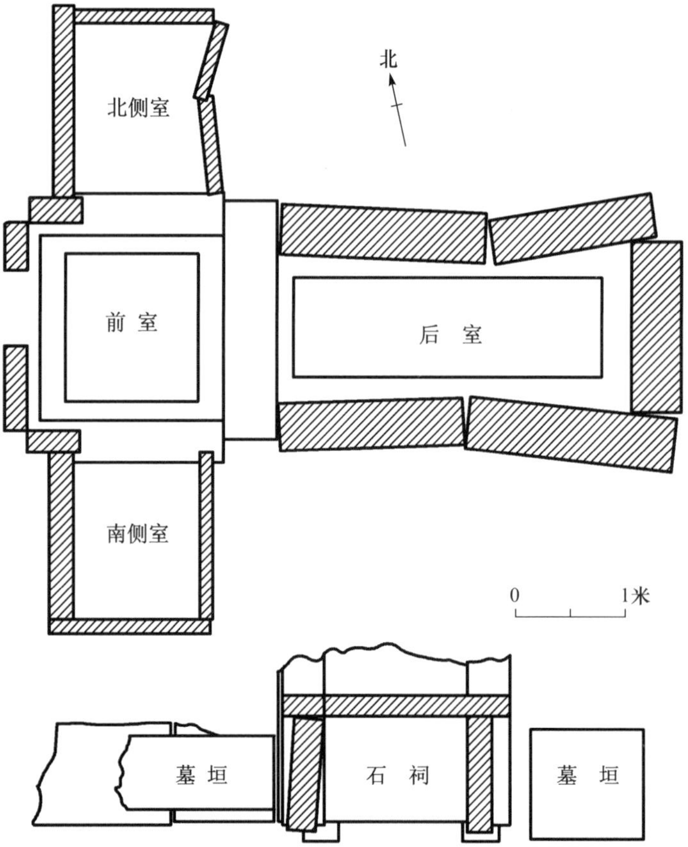

图 4-35　安徽宿州褚兰墓山孜 M2 墓葬、墓垣与祠堂

郗各庄村北东汉 M1 外的方形石砌遗存围绕 M1 砌建，虽多数墙体与墓葬有一定距离，但考虑到墓葬形状、大小及其所筑封土的面积和范围，石砌遗存大致可将该墓的封土底部边缘包绕，结合上文所述，其墙体不可能太

① 王步毅．安徽宿县褚兰汉画像石墓［J］．考古学报，1993（4）．

高，又无出入口，加之使用的石材不是太大，故作为墓垣的可能性较大。而石砌的墓垣又是其在墓地中区别于其他墓葬的标识，也是M1与其他墓葬的界限。作为东汉晚期甚至末期的墓葬，该墓的封土很可能为圆形，但与上述一些东汉墓葬相似，墓垣为方形，就墓葬本身来讲，其所形成的“外方内圆”的平面设置，可能与相应的观念、思想及相关丧葬需求等有关。该墓的墓垣外南、西两侧紧邻处有祭祀遗迹，这与上述有石祠堂的石砌墓垣在形式上较接近，从这方面来看，紧邻墓垣处设置祭祀设施也或许是方形墓垣砌建的原因之一。圆形封土边缘砌建方形墓垣，可能与封土底部边缘堆积形状的变化有关，也存在将圆形封土边缘位于方形墓垣外的部分进行清理、平整的可能。从遗迹平面图看，M1的两条墓道伸出墓垣墙外一定距离，且墓垣墙叠压在这两条墓道之上，换言之，该墓的封土边缘并未覆盖墓道，这与封土边缘及墓垣最后的修砌和修整应有关系。此类墓例也较多，如河南密县打虎亭M1、M2等，而这也从侧面说明石砌遗存应为墓垣而非围墙。

（二）砖砌遗迹

M1封土底部边缘石砌墓垣外南侧与西侧皆有砖砌遗存，面积不大，保存较差。墓垣南墙外侧为一层平铺的砖，东西长0.7、南北宽0.6米，砖面凸凹不平，似经过长期踩踏或多次使用；墓垣外西侧为用砖垒砌的方台，现长0.7、宽0.4、高0.35米。

关于两处砖砌遗迹，公布资料认为是墓外祭祀设施，这一点当无疑问，但称之为祠庙类设施似乎稍有不当。就汉代而言，祠庙基本为西汉诸侯王墓外特定祭祀建筑的称呼，东汉早期还有沿用，而且一些列侯死后，朝廷也会在其墓外起祠庙，但相对少见①。《后汉书》载：“（光武）帝为（安成孝侯刘赐）营冢堂，起祠庙，置吏卒，如舂陵孝侯。”②随着帝陵不再使用陵庙，诸侯王墓的相关建筑则转化为相应的祭祀礼仪设施，很少再被称为祠庙。两汉列侯墓葬及较多中小型墓葬外的房屋型祭祀设施多称为祠堂或享堂、食堂、斋祠等，郝各庄村北东汉墓地M1墓垣外发现的祭祀遗迹面积较小，为砖砌的台，与房屋型的祠堂有明显差别，故不能称为祠堂。与之相似的考古发现有一定数量，或位于坟丘之上，或位于墓前，时代以东汉为主，少量为西汉，所涉墓葬具有一定的等级。山东青岛土山屯墓群中有7处封土发现砖构平台，其中封10南侧缓坡之上的砖构平台略呈方形，中

① 刘尊志. 汉代诸侯王墓研究［M］. 北京：社会科学文献出版社，2012：285.

② （南朝·宋）范晔撰，（唐）李贤等注. 后汉书·安成孝侯赐传［M］. 北京：中华书局，1965：565.

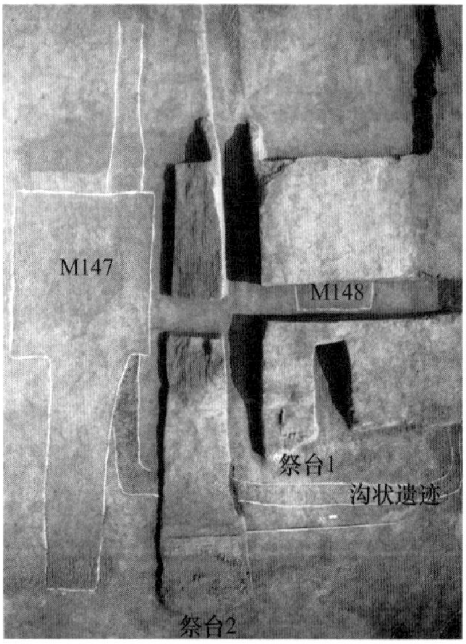

1

2

图 4-36　山东青岛土山屯西汉墓地中的墓前祭台
1. 4 号封土遗迹分布情况
2. 10 号封土前的祭台

央放置一灰陶罐[①]（图 4-36）。豫北地区发现较多，最典型的为辉县路固汉代墓地，有的坟丘上以砖砌祭台，如 AM40、AM61、BM5，时代为新莽至东汉中期，更常见的是坟丘前用砖砌祭台，如 AM23、AM59、AM73、CM3、CM2 等，时代贯穿东汉一代，其中 CM3 坟丘南侧的砖砌祭台为平砖平砌，至少 5 层[②]（图 4-37）。上述汉代墓地中，在墓前以砖修砌的面积不大、高度较小的祭台或供台，基本都位于封土边缘或附近，邴各庄村北东汉墓地 M1 墓垣外的砖砌遗迹在面积、形制、砌建材料、相对位置等方面均与上述墓葬的此类遗迹较为相似，故其为祭台或供台较为合适。祭台或供台的砌建，可能受到墓外祭祀建筑如祠堂等的影响，其面积不大，修砌相对简单，祭祀时用于摆放祭品等，或与汉代的“露祭”有关，而且有些会多次使用[③]。

邴各庄村北东汉 M1 墓垣南外侧紧邻的一处砖砌祭台，应与 M1 的墓外祭祀有关。其具体位置稍偏西，南侧 1 米多为 M4，现存一层平铺的砖，约 0.42 平方米，使用时间较长。根据上文有关分析，M2～M6 时代基本都晚于 M1，推测在 M1 封填后修建了该祭祀设施，并用于 M1 的墓外祭祀，而在其他墓葬陆续修建后，其还很可能会被用于其他墓葬，尤其是 M4、M5 的墓外祭

① 彭峪．汉代县令家族的身后事——山东青岛土山屯墓群［J］．大众考古，2018（2）；青岛市文物保护考古研究所，黄岛区博物馆．山东青岛土山屯墓群四号封土与墓葬的发掘［J］．考古学报，2019（3）.

② 中国社会科学院考古研究所．辉县路固［M］．北京：科学出版社，2017：194-198、269-271、274-280、415-421、450-460.

③ 刘尊志．汉代列侯与中小型墓地非祠堂类祭祀设施与遗存［J］．中原文物，2019（3）.

图 4-37　河南辉县路固汉代墓地 CM3 墓前供台

祀，即属于多座墓葬共用的祭祀设施，而这也应是其有相应损毁的原因之一。M1 的墓垣外应经修整，加之有墓垣护挡封土，将祭台修建在墓垣紧邻处较为合适，而因有其他墓葬的墓位规划，将其位置定在南侧，可与多座墓葬共用。另一处砖砌祭台位于 M1 墓垣西外侧，紧邻墓垣，为垒砌方台。从位置上看，该祭台又位于 M2 前，面积小，约 0.28 平方米，保存则相对较好，位置与上述其他地区的墓前祭台极为接近，再结合 M2 的等级在该墓地中相对稍高的情况，推测该祭台应是 M2 封填后修建的祭祀设施，服务于 M2，但其又紧邻 M1 的墓垣，某种程度上又可用于祭祀 M1 的墓主。

秦皇岛市抚宁县邴各庄地处河北省的东北部，距离汉代的两京地区较远，与这一时期墓外祭祀设施使用较多的今苏皖北部、鲁中南部、豫北冀南部等地的距离也不近，体现出汉代大一统背景下丧葬内容的发展、传播与影响。这一地区处于汉廷与东北地区交流往来的要道，各种因素促成的人员迁徙，使得中原的相关丧葬内容逐渐影响和传播至这一地区，一些具有相应等级的墓葬或墓地开始使用中原及相关地区已相对普遍的丧葬内容和习俗，该墓地的时代为东汉末期或许是证明。M1 北向，笔者猜测，在其墓前也许会有面积更大、砌建更为规整的祭台或供台，抑或还会有墓前祠堂。

三、墓葬形制与出土遗物

邴各庄村北东汉墓地共发掘墓葬 6 座，形制不尽相同，由于盗扰和破坏，出土遗物相对较少，以 M1 的规模最大、形制最复杂，出土遗物的数量和种类亦较多，体现出相应的丧葬内容和内涵。

（一）墓葬形制

邴各庄村北东汉墓地的 6 座墓葬均为砖室墓，M1 为三条墓道多人葬的多室墓，M2～M6 均为一条墓道的夫妻合葬单室墓。关于 M2～M6，发掘简报仅对 M3 作了介绍，本文亦不多作探讨，重点是对 M1 的形制及相关问题作分析。

M1 有三条北向墓道，东西两条墓道位置偏北，中间一条墓道明显内收，末端未至另两条墓道的前端。东西两条墓道连接的甬道均较长，甬道末端各连接一长方形墓室（东：Ⅶ室，西：Ⅵ室），每条甬道近墓室处向外侧各有一耳室（东：Ⅹ室，西：Ⅸ室）。中墓道连接的甬道相对要短，东西两侧各有二耳室（东侧北耳室：Ⅰ室，东侧南耳室：Ⅳ室，西侧北耳室：Ⅱ室，西侧南耳室：Ⅲ室），甬道末端连接前室（Ⅴ室），前室有短甬道向南连接主后室（Ⅷ室）（图 4-38）。可以看出，M1 可分为东西并列的三个相对独立的单元，每一单元均通过甬道连接墓道并可通向墓外，而各单元的最后端室（最南端室）内葬人，结合上文，每个最后端室内应葬有夫妻 2 人。但三个单元位于同一个大的墓穴内，相互之间又有密切联系，中间甬道东西两侧的耳室皆有通道与所在一侧另一单元的甬道相通，中甬道末端连接

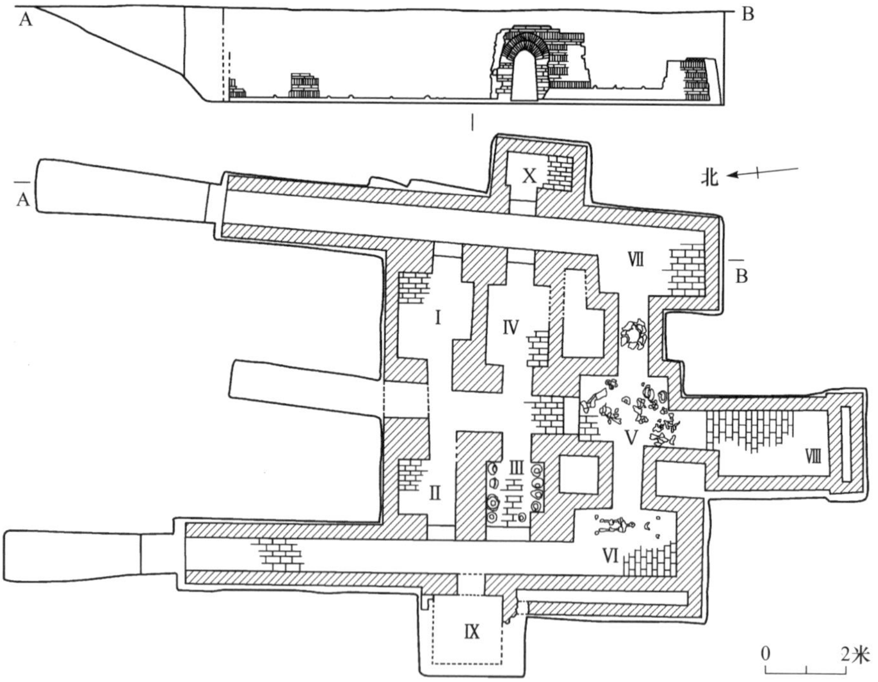

图 4-38　河北抚宁县邴各庄东汉墓地 M1 平、剖面图

的前室与另两个单元葬人的后室有通道连接，而前室中摆放有祭器，考虑到墓内葬人非一次性葬入，可能每次葬人会在此设祭。

多人葬，一般是指3人及3人以上葬于同一墓穴之内，汉代多人葬墓有较多发现（不包括西汉时期数量不多的殉葬）。相比西汉，东汉时期的多人葬更为普及，占出土墓葬总数的比例也相对较大，且分布地域较广，这与家族葬或家庭葬的发展普及应有一定关系。多人葬的东汉墓中，一条墓道的单室墓偶有发现，二至三室及多室墓则相对较多，如河北宣化东升路东汉M2等①，两条或更多墓道的墓葬数量相对较少，如宣化东升路东汉M3为两条墓道②，郦各庄村北M1则有三条墓道，其形成原因应与多人葬的丧葬需求有着较大关系。

从M1平面布局可以看出，去掉东西两侧墓道、甬道及甬道外侧的Ⅸ、Ⅹ二耳室，M1由墓道、甬道及东西两侧二耳室、前室与东西侧室、后室等组成，这就与许多附有耳室、侧室等的前后室东汉墓葬较为相似或接近了。因此笔者猜测，东西两侧墓道、甬道及甬道外侧的Ⅹ、Ⅸ二室可能原本不存在，是后期扩建的，或者东西两侧甬道的南段部分原本存在，其作为通道连接中甬道两侧的耳室及前室的东西侧室，类似“回廊”。因相关丧葬要求，即要在该墓内再安葬两对夫妻，则需在Ⅵ室偏东侧及Ⅶ室偏西侧修建长甬道，将原有耳室与新修甬道间打通，并各向外砌建一个耳室。如果是后一种可能，则需将东西两侧原有的通道修整后向北延伸，并在东西两侧相应位置各砌建一耳室——这两种改造都可形成现在所见的墓葬形制。笔者更倾向于后一种可能。

因需再葬人而对M1原有设计和内容进行改造的情况还可从墓圹土坑边界线看出。Ⅹ室北侧，东甬道东侧砖墙外有明显向外多挖的迹象，形成南北相接的两处外凸部分，南侧外凸部分的边界向南的延长线恰与Ⅶ室东墙外墓圹边向北延长线基本重合，推测原规划中北侧外凸部分的内侧有砖墙，并西折与Ⅰ室东北角相接，这说明原设计中东侧边墙与Ⅰ、Ⅳ两耳室的东墙之间应有南北向的通道，后因该处改为甬道，而甬道内壁要与Ⅶ室东墙内壁取直，故而墙体内收并向北延长，伸出原墓圹后在西侧与原耳室东侧外墙取直处再砌另一侧墙及券顶。西侧则不同，Ⅵ室的南墙较厚，西侧为双重墙，应是为使西甬道宽度与东甬道宽度一致，且使Ⅵ室的南北长度与东侧的Ⅶ室的南北长度大体一致，故先将南墙内侧加厚，向西至所需宽度处转向北砌，并向外砌建耳室，最终形成另一条甬道。西侧Ⅸ耳室建好后，其南墙至原Ⅵ

---

① 张家口市宣化区文物保管所．河北宣化东升路东汉墓发掘简报［J］．文物，2014（3）．

② 张家口市宣化区文物保管所．河北张家口宣化东升路东汉墓（M3）发掘简报［J］．文物，2015（3）．

室的西侧壁距墓圹边界较远，这应是该处砌双重墙的原因，同时也说明原规划设计时墓圹西侧也应有南北向的通道。

不同室内死者的下葬时间虽有早晚差别，但该墓为砖砌墙体和券顶，若在原设计的墓葬建造完成后再进行如上文所述的改造和扩建，会对原有墙体及券顶等造成破坏，不仅很难衔接，还会影响到坚固性，并不可取，而考古资料亦未发现或报道此类现象。M1 的时代为东汉末年，相关室内的出土遗物也说明不同人员的下葬时间相距较近，相差并不明显。笔者推测，由于多人葬的需求，对于 M1 东西两侧的改造或重新砌建大致应在原墓圹开挖过程中或部分墙体的初建阶段。

从墓室的布局、两侧甬道的砌建及中部的前室摆放祭祀物品等情况来看，原后室（Ⅷ室）内的墓主应为最早下葬者。该室位置居中，又明显南凸，另外两个葬人的墓室原为其前室的东西两侧室，故Ⅷ室可称为主墓室。上文已述，墓垣墙大致应是 M1 封土的边界，从简报提供的墓葬分布图来看，M1 东西两侧的墓道均伸出墓垣北墙外，推测Ⅷ室内的墓主下葬后即对该墓进行了封土的堆筑，范围大致是后来所砌墓垣墙包绕的范围，但此时并未砌建墓垣墙。Ⅵ、Ⅶ二室内墓主下葬时沿墓道开挖部分封土及墓道内填土，打开甬道门即可下葬，而封土外的墓道可起到标记的作用，这也应是 M1 东西两侧甬道及墓道向北延伸较长的主要原因。封土的墓垣北墙叠压在东西两侧墓道之上，墓垣的时代应晚于东西两侧墓主下葬的时间，也就是说，在Ⅵ、Ⅶ二室内墓主下葬封填后才修建的石砌墓垣。墓地中的其他墓葬的分布又与墓垣有着密切关系，对应墓主的下葬时间应晚于 M1 内的墓主下葬时间，M3 尤为明显，墓道打破了 M1 墓垣的南墙。

（二）出土遗物

六座墓葬均遭盗掘，出土遗物不多，主要出自 M1 的前室及中甬道的两个西耳室，以陶器为主（图 4-39、图 4-40），另有少量铜器和钱币（图 4-41），M2、M3 出土少量陶器。综合来看，该墓地出土的大多数器物的种类及内容、内涵等与都城洛阳及其他地区东汉晚期或末期墓葬出土的器物较为相似和相近，尤其是陶器，生活类器物及仿生活器物、模型明器等均明显体现出汉代墓葬发展的一大趋势，即陪葬品的日趋生活化[①]，反映出汉文化在丧葬方面不断发展和渐趋统一的特征。关于出土遗物，发掘简报作了较为详细的介绍，并就相关器物的内容、内涵进行了相应分析。在此基础上，本节仅就相关内容作简要论述。

---

① 韩国河. 秦汉魏晋丧葬制度研究［M］. 西安：陕西人民出版社，1999：283-288.

图 4-39　河北抚宁县邴各庄东汉墓地 M1 出土陶器（一）

1、6、12、17. 奁　2、7、13. 罐　3、8、9. 盆　4. 器盖　5. 鼎　10. 瓮　11. 釜　14、15. 甑　16. 匜　18. 豆　19. 炉　20. 水桶　21、22. 耳杯　23. 案

1. 相关器物的定名

M1∶15，泥质灰陶，侈口，深垂腹，圜底，下承三蹄形足，腹部饰两道带纹、一道弦纹（图 4-39：5），发掘简报称之为"盆"。类似器物在较多东汉晚期墓葬中有出土，均将其定为陶"鼎"，笔者较为赞同。例如，山东济宁普育小学东汉墓①（图 4-42：1）、河南洛阳主干线商业局东汉

① 济宁市博物馆. 山东济宁发现一座东汉墓［J］. 考古，1994（2）.

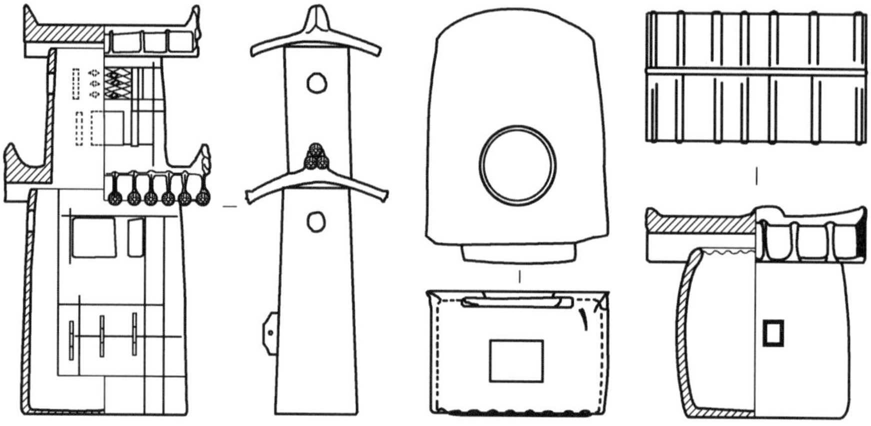

图 4-40　河北抚宁县邴各庄东汉墓地 M1 出土陶器（二）

1. 陶楼（M1：27）　2. 陶灶（M1：1）　3. 陶仓（M1：2）

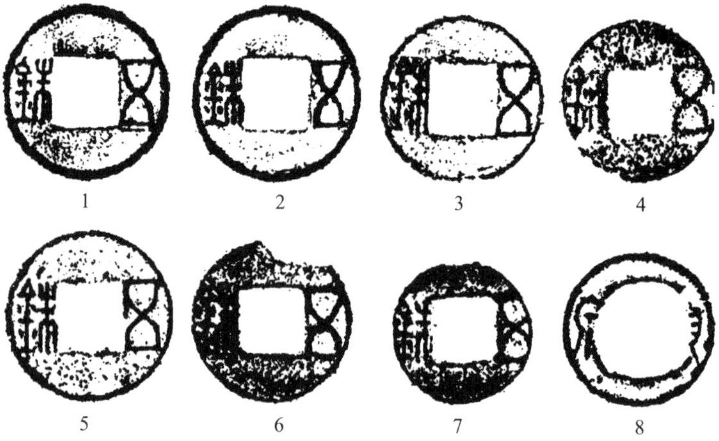

图 4-41　河北抚宁县邴各庄东汉墓地 M1 出土钱币

1～7. 五铢　8. 货泉

M4904 与机车工厂东汉 C5M346[①]（图 4-42：2、3）、河南濮阳南乐宋耿洛东汉 M3[②]（图 4-42：4）等，时代基本为东汉晚期或末期，墓葬等级为王侯级别或与列侯级别相差不远，这也说明邴各庄 M1 的等级相对较高。东汉早期，陶礼器陪葬明显衰落，但在一些等级较高墓葬中还使用陶鼎、壶等

① 洛阳市文物工作队. 洛阳发掘的四座东汉玉衣墓［J］. 考古与文物，1999（1）.

② 王国平，张文彦，史国强，等. 南乐汉墓［M］. 郑州：中州古籍出版社，2015：55、56.

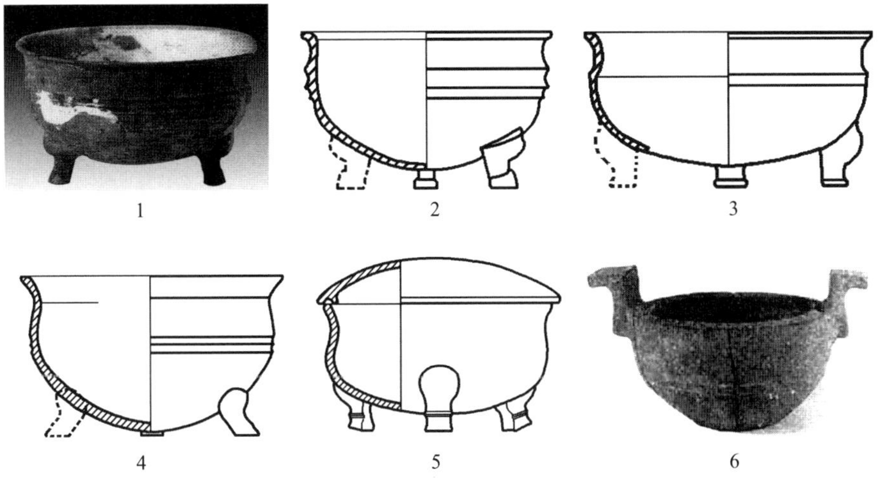

图 4-42　相关东汉墓葬出土陶鼎

1. 山东济宁普育小学东汉墓出土　2. 河南洛阳主干线商业局东汉 M4904 出土　3. 河南洛阳机车工厂东汉 C5M346 出土　4. 河南濮阳南乐宋耿洛东汉 M3 出土　5. 山东东平王陵东汉墓出土　6. 河南南阳教师村东汉 M10 出土

陪葬。东汉中晚期，陶礼器更趋衰落，很多墓葬不再使用，但仍有一些墓葬以之作为墓主身份等级的象征，有的墓葬出土的陶鼎大致保存了鼎的形态，如山东青州马家冢子东汉墓[①]与河北保定蠡县汉墓[②]等出土的陶鼎，耳与蹄形足俱有，鼎身呈釜状，口部内收；另有一些墓葬出土的鼎的形制发生了较大变化，多数器身如盆，无耳无盖，仅保留三个矮蹄足，如上述相关墓例；个别有盖、足，无耳，如山东东平王陵山东汉墓出土的陶鼎[③]（图 4-42：5）；还有的有耳，无足、盖，如河南南阳教师新村 M10 出土的陶鼎[④]（图 4-42：6）等。因此，邴各庄村北东汉 M1 出土的该器物应该是衰落形制的陶鼎，但其还是具备了鼎的一些特征，如深腹、圜底，尤其是三蹄足。另外，东汉墓葬中还常见形制与上述器物相似的一类器物，基本为宽平底，底下为三矮短足，多饰兽面或兽纹，腹部有二对称铺首——该类器物多称为釜。

M1：10 与 M1：13，泥质灰陶，敞口，束颈，折肩，斜腹内收，平底或内凹，高度分别为 17.5、14 厘米（图 4-39：13），发掘简报称之为“尊”。

---

① 山东省青州市博物馆．山东青州市马家冢子东汉墓的清理［J］．考古，2007（6）.

② 河北省文物研究所．蠡县汉墓发掘纪要［J］．文物，1983（6）.

③ 山东省博物馆．山东东平王陵山汉墓清理简报［J］．考古，1966（4）.

④ 南阳市文物考古研究所．南阳市教师新村 10 号汉墓［J］．中原文物，1997（4）.

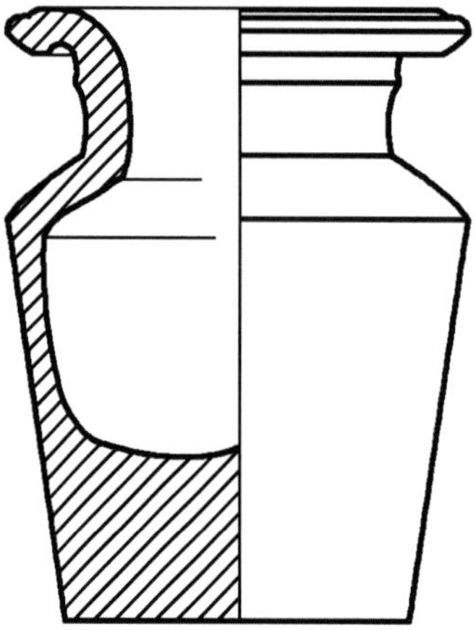

图 4-43　河北石家庄肖家营 M1 出土陶罐

尊在汉代墓葬中已极少使用，从这两件器物的形制来看，当为陶罐。类似器物在西汉墓葬中已有使用，如江苏徐州小龟山西汉 M1 出土的两件陶罐[①]，与郡各庄村北 M1 出土的这两件陶罐的大小、形制均较相似；河北石家庄肖家营东汉 M1 中也有出土，定名为罐[②]（图 4-43），与郡各庄村 M1：10 极为相似。

M1 出土的钱币中，有的五铢钱外无郭，“五”“铢”二字外边缘均不完整，似为剪边后的五铢，但剪边较轻（图 4-41：7）；1 枚“货泉”钱币（M1：37），内无方孔，“货”“泉”二字内部边缘均不全（图 4-41：8），当为綖环钱。两汉时期剪边钱和綖环钱基本都在王朝的末期有较多使用，这与社会经济的萧条等有关，东汉末年使用更为普遍，因此这两种钱币对判断 M1 乃至整个墓地的年代具有重要的参考作用。

2. 墓内祭祀物品

M1 前室出土有陶奁、案、耳杯等器物，发掘简报指出，这些器物皆为祭器，前室可能为墓内设祭的地方，即每一次葬人都在此设祭。东汉时期，墓内祭祀在前代发展的基础上更加普遍，今京津冀地区的东汉墓内也有较多发现。少量为墓内砌建祭台，如河北廊坊三河小崔各庄东汉中早期夫妇合葬墓，墓室北端设高出墓底 0.26 米的祭台，宽 0.86 米，摆放陶盒等陪葬品[③]（图 4-44）。河北张家口宣化东升路东汉晚期 M1 出土有陶圆案、方案，方案上摆放陶耳杯 2 排 8 件（图 4-45），伴出的还有陶罐、魁、盆、盘、奁等[④]，更多东汉墓内，尤其是前后双室、前中后三室及多室墓，多在前室置陶案，案上摆放耳杯等，案旁还有陶奁、罐等。相关墓葬内祭祀遗物的出

① 南京博物院. 铜山小龟山西汉崖洞墓［J］. 文物，1973（4）.

② 河北省文物研究所，石家庄市文物研究所. 河北石家庄肖家营汉墓发掘报告［C］// 河北省文物考古研究所. 河北省考古文集（三）［M］. 北京：科学出版社，2007：73-97.

③ 廊坊市文物管理处. 廊坊市三河小崔各庄东汉墓［J］. 文物春秋，2004（4）.

④ 张家口市宣化区文物保管所. 河北宣化东升路东汉墓发掘简报［J］. 文物，2014（3）.

土表明，东汉时期尤其是东汉晚期，墓内祭祀在今京津冀地区的东北和北部也已较普遍，进而反映出汉代丧葬文化不断推广、普及和趋于统一的特征。

综上所述，抚宁郦各庄村北墓地是一处以一座规模大、等级相对较高且时代略早的墓葬为核心分布的东汉家族墓地。M1规模大，形制复杂，墓葬的建造与多人葬的需求及墓外设施的砌建有着密切关系，该墓葬外的石砌遗存为该墓的墓垣，两处砖砌遗迹为墓葬外的祭台，二者又与墓地布局和墓位安排有着密切关系。郦各庄村北墓地中的墓外设施及相关出土遗物等从多方面体现出汉代丧葬文化的不断推广、普及和趋于统一的特征，对开展京津冀地区汉代家族墓地及其相关内容的研究具有重要的参考价值和意义。

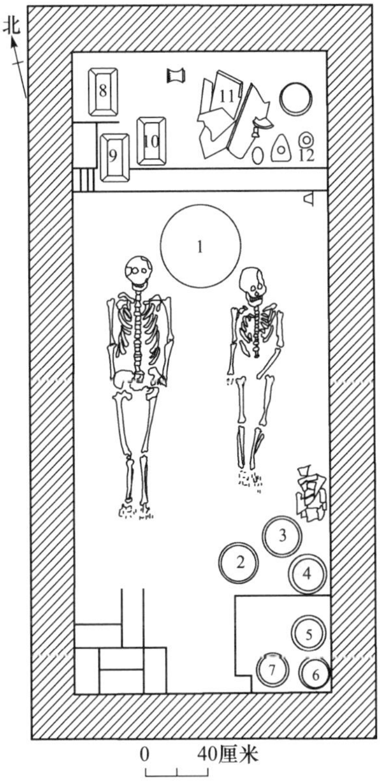

图 4-44　河北廊坊市三河小崔各庄东汉墓平面图

1. 陶瓮　2～7. 陶壶　8～10. 陶盒　11. 陶案、耳杯　12. 陶灶

图 4-45　河北宣化东升路东汉 M1 出土陶案与陶耳杯

第五章　京津冀汉墓丧葬内容专题研究

汉代，丧葬获得较大发展，而墓葬作为汉代丧葬的重要组成部分，蕴含着较多的丧葬内容。京津冀地区众多汉代墓地和墓葬的发现、发掘，为认识这一地区汉代丧葬内容提供了重要的实物资料。关于京津冀地区汉墓蕴含的丧葬内容，相关发掘简报或报告中多有涉及，也有与之相关的研究和论述。本章拟在已公布墓葬资料及相关研究的基础上，对这一地区汉代墓葬有关的一些丧葬内容进行分析和论述，主要包括夫妻合葬、屈肢葬、多人葬等内容。

第一节　京津冀地区的汉代夫妻合葬

汉代是夫妻合葬发展的重要阶段，合葬形式较为多样，并体现出由异穴合葬向同穴合葬不断发展演进的趋势。京津冀地区是汉代墓葬分布的重点区域之一，合葬形式及发展过程与全国其他地区存在较大的统一性，并在统一性之中有着本地区的相关特点。

一、合葬形式

通过梳理和统计，京津冀地区的汉代夫妻合葬墓所体现的合葬形式主要有以下几类。

一是同茔无坟异穴合葬。数量较少，目前所知仅河北保定满城中山靖王刘胜及其夫人窦绾的墓葬，分别位于均位于陵山主峰的中部和偏西侧，皆是东坡，南北并列，墓门相距 120 米，皆为因山为藏的崖洞墓，墓葬规模较大，无封土，为同茔无坟异穴合葬[①]（图 5-1：1）。

二是同茔异坟异穴合葬。是指夫妻二人葬于同一茔地，皆有独立的封土，或间距较远，或相距较近，甚至会有局部叠压现象。采取此类合葬方式的多为规格等级较高的墓葬，如王侯级别墓葬及部分贵族、官吏的墓葬，

---

① 中国社会科学院考古研究所，河北省文物管理处. 满城汉墓发掘报告［M］. 北京：文物出版社，1980：7、8.

或是时代相对稍早（大致在西汉早中期）的中小型墓。根据合葬墓的多少，又可分为二型。

A型　一男性墓与二女性墓的同茔异坟异穴合葬。数量较少，目前所知仅有河北定州三盘山中山王墓与王后的墓葬，皆有独立封土，与墓地中另外一座独立封土的墓葬分列于墓地的重要位置，很可能为一王二后的墓葬布局。

B型　一男性与一女性墓葬的同茔异坟异穴合葬。河北定州八角廊M40为中山怀王刘修的墓葬，有独立封土及其方形垣墙①，其王后墓应与其为异坟异穴合葬墓。河北石家庄鹿泉高庄西汉常山宪王刘舜及其王后的墓葬，即高庄M1与M2，为南北并列的两座大型竖穴土坑墓，皆有自身独立的封土，因两墓距离近，封土连在一起②。石家庄鹿泉区获鹿北新城M1与M2，南北并排，墓坑相距32米③，情况应与高庄M1、M2相似。北京市大葆台M1和M2为广阳顷王刘建及其王后的墓葬，两墓相距26.5米，均为竖穴土坑黄肠题凑墓，两墓封土相连成一东西近100、南北近80米的高大的土丘，但从封土剖面图看，二墓封土相对独立，M2封土局部叠压M1的封土④（图5-1：2）。位于河北邢台南郊北陈村南的南曲侯刘迁墓所在墓地，有三座封土大墓东西一字毗连，各距数十米，此墓位在最西边⑤。参照湖南长沙马王堆M1～M3⑥及山东平度界山M1～M3⑦等来看，其中一座并非列

---

① 河北省文物研究所．河北定县40号汉墓发掘简报［J］．文物，1981（8）．

② 石家庄市文物保管所，获鹿县文物保管所．河北获鹿高庄出土西汉常山国文物［J］．考古，1994（4）；河北省文物研究所，鹿泉市文物保管所．河北高庄汉墓发掘简报［C］// 河北省文物考古研究所．河北省考古文集（二）［M］．北京：燕山出版社，2001：141-182；高庄汉墓［M］．北京：科学出版社，2006：2-4．

③ 河北省文物研究所，石家庄市文物研究所，鹿泉市文物保护管理所．鹿泉市北新城汉墓M2发掘简报［J］．文物春秋，2008（4）；河北省文物研究所，石家庄市文物研究所，鹿泉市文物保管所．北新城汉墓M2发掘报告［C］// 河北省文物研究所．河北省考古文集（四）［M］．北京：科学出版社，2011：111-134；河北省文物研究所，鹿泉市文物保管所．鹿泉市北新城汉墓M1发掘简报［C］// 河北省文物研究所．河北省考古文集（五）［M］．北京：科学出版社，2014：70-80．

④ 大葆台汉墓发掘组，中国社会科学院考古研究所．北京大葆台汉墓［M］．北京：文物出版社，1989：1-4．

⑤ 河北省文物管理处．河北邢台南郊西汉墓［J］．考古，1980（5）．

⑥ 湖南省博物馆，中国科学院考古研究所．长沙马王堆一号汉墓［M］．北京：文物出版社，1972年；湖南省博物馆，湖南省文物考古研究所．长沙马王堆二、三号汉墓［M］．北京：文物出版社，2004年。

⑦ 青岛市文物局，平度市博物馆．山东青岛市平度界山汉墓的发掘［J］．考古，2005（6）．

侯另一夫人的墓葬，而是其子嗣或关系极为密切人员的墓葬，故位于中部的可能为刘迁夫人的墓葬，其与刘迁墓为同茔异坟异穴合葬。较多中小型墓葬也有体现，有的资料将其称为并穴合葬，是指夫妻二人的墓葬左右并排，方向一致，有一定间距，各有独立封土，墓葬形制大体相同，规模大小近似，陪葬品的组合及内容也大体类似。京津冀地区此类合葬形式的墓葬较为多见，基本为竖穴土坑墓。河北定州南关墓地的M42和M43，为夫妻并穴合葬墓，均为竖穴土坑砖椁墓，M42墓主男性，M43墓主女性①（图5-1：3）。河北保定唐县高昌墓地至少发现了17组34座此种形式的夫妻并穴合葬墓，以南北向为主，也有东西向的，多为带生土二层台的竖穴土坑木棺墓（图5-1：4）②。河北石家庄常山郡故城南程墓地也发现较多两两并排、成对分布的墓葬，推测为夫妻异穴合葬墓，相关墓葬以竖穴土坑木椁墓为主，还有少部分为砖椁墓③。

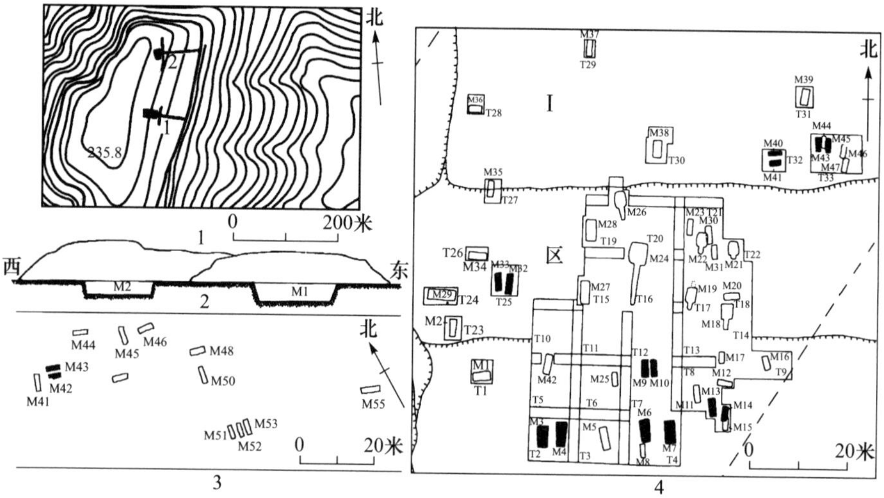

图5-1　同茔无坟异穴与同茔异坟异穴合葬

1. 同茔无坟异穴合葬（河北保定满城M1与M2）　2～4. B型同茔异坟异穴合葬（北京市大葆台M1和M2、河北定州南关M42和M43、河北唐县高昌墓地Ⅰ区部分墓葬分布图）

① 定州市文物保护管理所. 定州市南关墓地发掘简报［J］. 文物春秋，2004（4）.

② 南水北调中线干线工程建设管理局，河北省南水北调工程建设领导小组办公室，河北省文物局. 唐县高昌墓地发掘报告［M］. 北京：文物出版社，2010：249、250.

③ 河北省文物研究所，石家庄市文物研究所，元氏县文保所. 石武铁路客运专线南程墓地发掘报告［C］// 河北省文物研究所. 河北省考古文集（四）［M］. 北京：科学出版社，2011：68-110；南水北调中线干线工程建设管理局，河北省南水北调工程建设领导小组办公室，河北省文物局编著. 常山郡元氏故城墓地［M］. 北京：科学出版社，2014：210.

三是同坟异穴合葬。指夫妻二人葬在同一封土下，但不使用同一墓穴。京津冀地区合葬墓中少量西汉诸侯王墓及王后墓为此类合葬形式；有一些中小型墓葬的合葬亦属此类合葬，尤其是等级不高、墓穴并列且距离极近的夫妻墓葬，虽有较多资料公布不详，但考虑到墓葬距离较近，应为同一封土。西汉诸侯王墓中，河北沧州献县M36的墓主可能为河间王的夫人，经勘探，M36南约40米处另有1座规模更大的墓葬，亦在M36的封土下[①]。中小型墓中，河北邢台曹演庄M25与M21，墓向稍有偏差[②]；廊坊大坨头遗址M3与M2位于同一封土下，M3局部打破M2[③]（图5-2：1）。北京市怀柔城北M61与M62有生土隔墙，墓坑排列不甚整齐[④]（图5-2：2）；北京昌平史家桥M17与西侧的M16位于同一大的近正方形的浅坑内，坑内并排挖2长方形小坑，形成小坑四周有二层台、中间有一矮墙的情况，其中M17规模略大，是小孩与成人的并葬[⑤]（图5-2：3），但其可能为特殊性的夫妻合葬，这将在本章第三节中做详细论述；北京房山长沟墓地中的M5与M6并列，距离较近，墓向大体一致[⑥]，应为同坟异穴合葬。

四是同穴异室合葬。指夫妻二人共同葬于同一墓穴，但不在同一墓室。采用此类合葬方式的墓葬中，西汉时期多为中小型墓，数量不多，有不同的墓葬形制；东汉时期既有诸侯王墓，也有列侯级别墓葬，还有较多中小型墓葬，所涉及的墓葬形制较为多样。北京市昌平史家桥M39和M40，墓坑平面近正方形，在坑底部并排挖两个长方形小坑，小坑四边形成二层台，两小坑中间有一堵矮墙，两坑内各有一具木椁，分为头箱和棺箱，头箱内各有三件陶罐，棺箱内各置一木棺[⑦]（图5-2：4）。河北邯郸渚河桥M7，土圹内砌砖墙，中间设置隔墙，将墓室分为东西并列的两个墓室，内各葬一人[⑧]（图5-2：5）；与之类似的还有河北任丘东关M3[⑨]。北京市丰台区王佐

---

① 河北省文物研究所．献县36号汉墓发掘报告［C］// 河北省文物研究所．河北省考古文集［M］．北京：东方出版社，1998：241-260．

② 河北省文物研究所，邢台市文物管理处．邢台曹演庄汉墓群发掘报告［J］．文物春秋，1998（4）．

③ 天津市文化局考古发掘队．河北大厂回族自治县大坨头遗址试掘简报［J］．考古，1966（1）．

④ 北京市文物工作队．北京怀柔城北东周两汉墓葬［J］．考古，1962（5）．

⑤ 北京市文物工作队．北京昌平史家桥汉墓发掘［J］．考古，1963（3）．

⑥ 北京市文物研究所．长沟汉墓［M］．北京：科学出版社，2019：11-14．

⑦ 北京市文物工作队．北京昌平史家桥汉墓发掘［J］．考古，1963（3）．

⑧ 邯郸市文物保护研究所．邯郸渚河桥汉墓发掘报告［J］．文物春秋，2004（6）．

⑨ 天津市文化局考古发掘队．河北任邱东关汉墓清理简报［J］．考古，1965（2）．

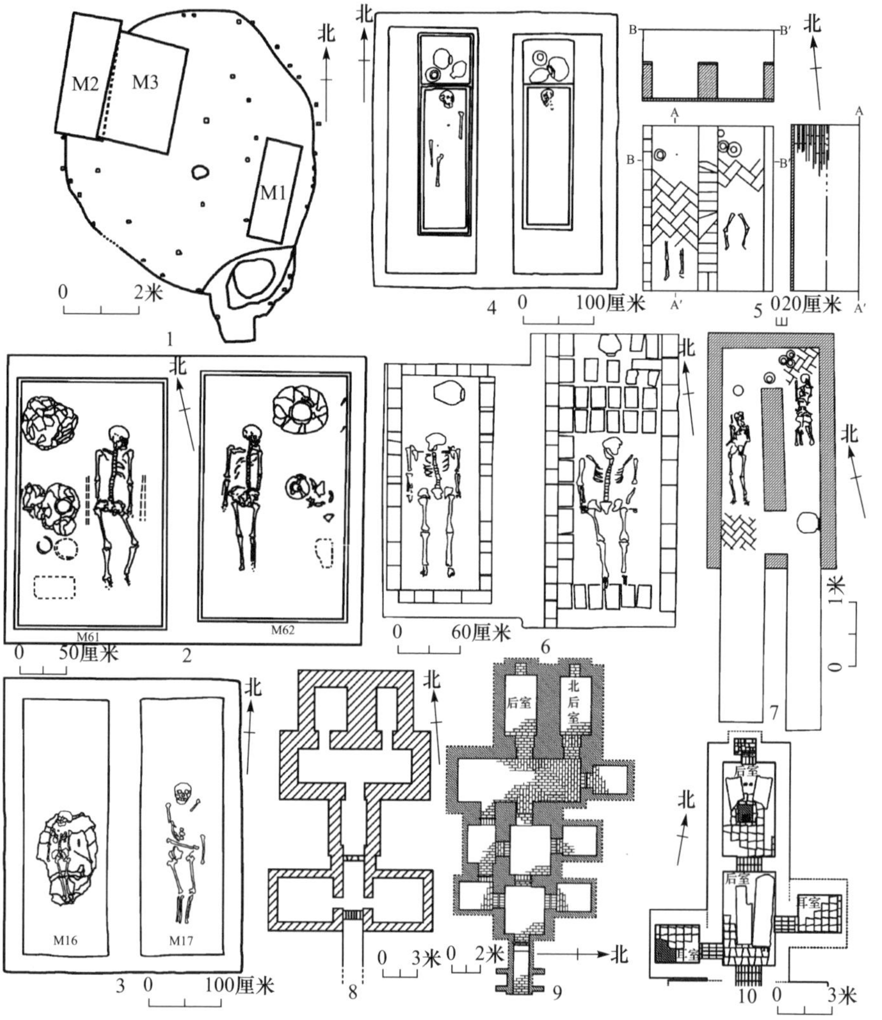

图 5-2　同坟异穴合葬与同穴异室合葬

1～3. 同坟异穴合葬（河北廊坊大坨头遗址 M3 与 M2、北京市怀柔城北 M61 与 M62、北京市昌平史家桥 M17 与 M16）　4～10. 同穴异室合葬（北京昌平史家桥 M39 和 M40、邯郸渚河桥 M7、北京丰台王佐 M42、河北任丘东关 M2、河北保定定州 M43、河北衡水安平逯家庄东汉壁画墓、河北保定望都 M2 后室）

M42，为竖穴土圹砖券双室墓，东西墓室四壁用青砖砌成，由于破坏严重，顶部券制不明，两墓室之间为生土隔梁[①]（图 5-2：6）。河北任丘东关 M2，竖井墓道砖室墓，墓室中间有砖砌隔墙，将墓室分为东西两个墓室，其南北端相通，并于东西墓室南壁各设有一单券门道，以砖封门，封门外为竖

① 北京市文物研究所. 丰台王佐遗址［M］. 北京：科学出版社，2010.

井墓道，东西二室各置一棺[①]（图 5-2：7）。北京顺义田各庄汉墓也采用这一合葬形式，夫妻二人的棺木分别位于两个并列的后室中[②]。东汉时期，一些高等级墓葬亦使用这一合葬形式。河北定州 M43 为东汉晚期的中山王穆王刘畅及其王后的同穴异室合葬墓[③]（图 5-2：8）；河北安平逯家庄东汉壁画墓，男性墓主葬于主后室，女性墓主葬于北后室（图 5-2：9）[④]。此外，河北保定望都 M2，后室又分为前后两个室，从墓葬剖面图看，应是每室各葬 1 人[⑤]，因此亦属于这一合葬形式（图 5-2：10）。京津冀地区的东汉双后室墓葬，亦可能为这一合葬形式，限于篇幅，不在多枚举。

五是同穴同室合葬。指夫妻二人葬于同一墓穴的同一墓室（或棺室）。数量较多，采用此合葬方式的墓葬形制也较为多样，以砖室或砖石混砌墓为主，墓葬等级高低不一。北京市昌平史家桥 M2，竖穴土坑墓，墓内有两具木棺，棺内各有一具人骨[⑥]（图 5-3：1）。河北廊坊三河小崔各庄东汉墓为无墓道长方形单室券顶墓，墓内一端为祭台，上置部分陪葬品，墓室内发现两具人骨，未见葬具[⑦]（图 5-3：2）。河北张家口阳原三汾沟 M5，竖井墓道洞室墓，墓室两壁有凹槽形柱洞，墓室顶部原应有木构架，木构架内为木椁，椁内置两具木棺[⑧]（图 5-3：5）；类似形制的墓葬还有河北邯郸涉县索堡 M1 和 M2，但二墓的墓室内还有砖筑结构[⑨]。北京市平谷区兴谷河道治理工程墓地 M1，平面呈刀形，墓道为斜坡台阶式，墓室为长方形，内置木椁，椁内有一头箱，并列放置两棺[⑩]（图 5-3：7）。河北张家口阳原三汾沟 M9，斜坡墓道洞室墓，主室内原有木构架，内为木椁，椁内并列放置两具木棺[⑪]（图 5-3：3）。北京市大兴区亦庄 X10 号地 M17，斜坡墓道砖砌单室

① 天津市文化局考古发掘队．河北任邱东关汉墓清理简报［J］．考古，1965（2）．

② 李建林．北京顺义田各庄汉墓发掘简报［J］．北京文博，1999（4）．

③ 定县博物馆．河北定县 43 号汉墓发掘简报［J］．文物，1973（11）．

④ 河北省文物研究所．安平东汉壁画墓发掘简报［J］．文物春秋，1989 年第 Z1 期；安平东汉壁画墓［M］．北京：文物出版社，1990：7、8．

⑤ 河北省文化局考古工作队．望都二号汉墓［M］．北京：文物出版社，1959：3．

⑥ 北京市文物工作队．北京昌平史家桥汉墓发掘［J］．考古，1963（3）．

⑦ 廊坊市文物管理处．廊坊市三河小崔各庄东汉墓［J］．文物春秋，2004（4）．

⑧ 河北省文物研究所，张家口地区文化局．河北阳原三汾沟汉墓群发掘报告［J］．文物，1990（1）．

⑨ 邯郸市文物管理处，涉县文物保管所．河北涉县索堡汉墓［J］．文物春秋，1996（1）．

⑩ 北京市文物研究所．平谷汉墓［M］．北京：科学出版社，2011：10、11．

⑪ 河北省文物研究所，张家口地区文化局．河北阳原三汾沟汉墓群发掘报告［J］．文物，1990（1）．

墓，后室并排放置两具木棺[①]（图 5-3：4）。北京市平谷区 M103，斜坡墓道砖砌前后室墓，有两个并列的后室，在其中一个后室中放置木棺两具[②]（图 5-3：6）。河北保定满城宏昌园 B 区 M9，斜坡墓道砖砌前后室墓，后室并排放置两具木棺[③]（图 5-3：8）。

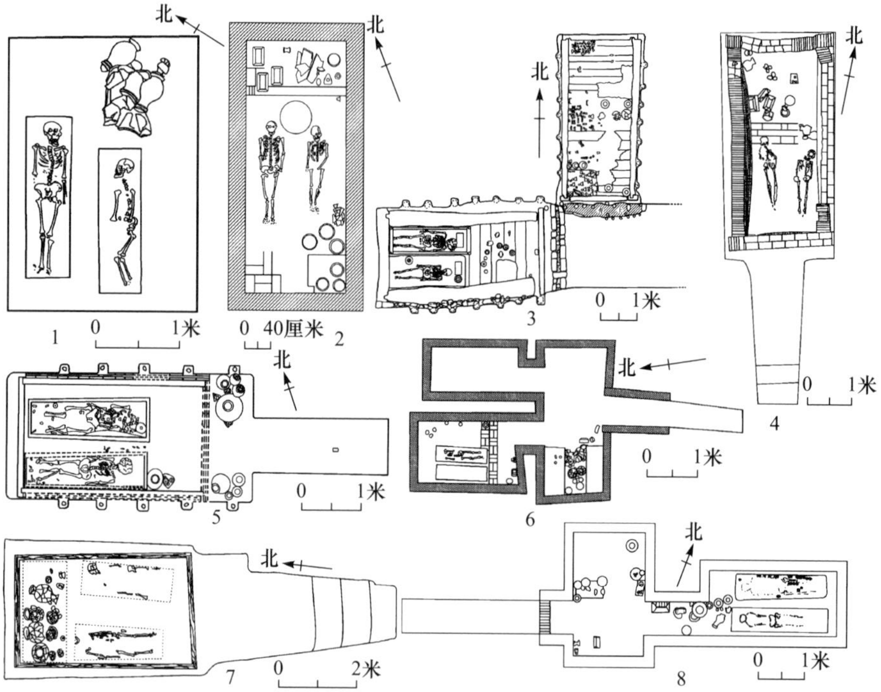

图 5-3　同穴同室合葬墓

1. 北京昌平史家桥 M2　2. 河北廊坊三河小崔各庄东汉墓　3. 河北阳原三汾沟 M9
4. 北京亦庄 X10 号地 M17　5. 河北阳原三汾沟 M5　6. 北京平谷 M103
7. 北京平谷兴谷河道治理工程墓地 M1　8. 河北满城宏昌园 B 区 M9

六是无合葬。一些等级相对较高的墓葬，确实由于墓主特殊的情况而无合葬，除特殊情况外，这一形式大多为等级不高的小型墓葬，中型墓

① 北京市文物研究所．北京亦庄 X10 号地［M］．北京：科学出版社，2010 年．北京市文物研究所，大兴区文物管理所．北京亦庄 X10 号地发掘简报［J］．文物春秋，2010（6）．

② 北京市文物工作队．北京平谷县西柏店和唐庄子汉墓发掘简报［J］．考古，1962（5）．

③ 满城县文物局．满城宏昌园 B 区汉墓发掘简报［J］．文物春秋，2012（3）．

葬亦少见。河北内丘张夺墓地[①]、石家庄市南元氏县南程村墓地[②]与石家庄市东藁城台西墓地[③]、保定唐县高昌墓地[④]及北京市的房山长沟墓地[⑤]、丰台区南苑墓地[⑥]、大兴区亦庄墓地[⑦]等均有相关墓葬发现，大多见于多个墓葬相对集中分布的较大墓地中，墓葬较独立，墓内葬1人，附近也没有并列或距离较近的墓葬，墓葬的墓主应是无合葬者。关于无合葬的内容，本章第二节关于屈肢葬墓的论述时还会有相关分析，此处不做多叙。至于形成无合葬的原因，可能与墓主没有嫁娶（含早殇）或是离异，抑或与配偶走失等有关。

二、有关问题

针对京津冀地区汉代夫妻合葬及对应墓葬，有以下三个问题需做相关说明和论述。

（一）发展与变化

京津冀地区汉代夫妻合葬方式经历了如下发展变化：西汉早中期，中小型墓以“并穴合葬”为主，大型墓有同茔异坟异穴合葬和同坟异穴合葬两种合葬方式，但同坟异穴合葬少见，是合葬出现新内容的体现，特殊性较强，且同茔异坟异穴合葬要早于同坟异穴合葬；西汉中期，同茔异坟异穴合葬和同坟异穴合葬两种形式仍有存在，但有简化的趋势，夫妻同穴异

---

① 南水北调中线干线工程建设管理局，河北省南水北调工程建设领导小组办公室，河北省文物局．内丘张夺发掘报告［M］．北京：科学出版社，2011年。

② 河北省文物研究所，石家庄市文物研究所，元氏县文保所．石武铁路客运专线南程墓地发掘报告［C］// 河北省文物研究所。河北省考古文集（四）［M］．北京：科学出版社，2011：68-110.

③ 河北省文物研究所，石家庄市文物保护研究所，藁城市文物保管所．藁城台西商、汉及宋代墓葬发掘简报［C］// 河北省文物研究所．河北省考古文集（五）［M］．北京：科学出版社，2014：110-135.

④ 南水北调中线干线工程建设管理局，河北省南水北调工程建设领导小组办公室，河北省文物局．唐县高昌墓地发掘报告［M］．北京：文物出版社，2010.

⑤ 北京市文物研究所．长沟汉墓［M］．北京：科学出版社，2019.

⑥ 北京市文物研究所．丰台南苑汉墓［M］．北京：科学出版社，2019.

⑦ 北京市文物研究所．北京亦庄考古发掘报告（2003～2005）［M］．北京：科学出版社，2009年.

室合葬出现，这是中小型墓采用的主要合葬方式，直至东汉一代仍在使用，较为特殊的同茔无坟异穴合葬及一王二后的墓葬布局于西汉中期出现在这一地区的诸侯王墓中，体现出夫妻合葬发展过程中的多样性特征；夫妻同穴同室合葬大致始于西汉中期，西汉晚期数量逐渐增多，东汉时期已成为夫妻合葬的主流方式，作为东汉时期与合葬有关的丧葬礼俗，后世仍一直不断沿用；无合葬的情况在两汉均有存在，但也有时代特点，即西汉多于东汉，至东汉这一现象减少的原因，很可能与以大家庭或小家族形式的多人合葬墓的普及有关，较多墓葬在前后室的基础上形成双后室、三后室及其增加侧室等皆可说明，而这在东汉晚期尤为普遍。

夫妻同穴合葬在西汉中晚期开始流行，至东汉时趋于普及，其背后应有一定的原因。笔者认为，大概有以下几点：一是经济发展使得个体家庭地位上升，为夫妻合葬习俗流行奠定了基础；二是家庭观念在社会政治、经济、思想文化等发展的背景下得到不断加强；三是墓地制度产生变革，族墓制瓦解，人们可自由选择葬地；四是统治者的提倡和儒家思想的推动，尤其是严格妇礼和从一而终的观念，使夫妻合葬有了思想基础；五是墓葬形制及建墓材料的变化以及墓葬修建技术的提高，尤其是横穴砖室墓的普及，较之竖穴室墓来讲，便于进行同墓合葬，这也促进了夫妻合葬礼俗的发展。关于这一点，已有较多学者对此进行了深入论述和分析[①]，本书不再赘述。

夫妻合葬形式的发展与上述因素有着较大的关系，可以说，上述因素在很大程度上推动了汉代合葬形式的发展演变和形式、内容的多样化。反过来，夫妻合葬的发展也在推动着相关内容的发展和演进，如墓葬形制的变革，特别是横穴室墓出现和砖室墓的普及背后都有夫妻合葬习俗的促进和影响。从中国古代墓葬的发展史来看，墓葬形制由竖穴向横穴的转变是古代墓葬发展进程中最为重要的变化之一，横穴室墓使得墓葬的内部空间结构发生了变化，进而影响了其他墓葬设施和丧葬礼俗，如外藏系统的衰落和消失，墓内祭祀的出现和普及，墓室壁画和装饰的增多及墓葬形制第

① 李如森．从汉墓合葬习俗看汉代社会变化轨迹［J］．史林，1996（2）；黄伟．论汉代夫妻合葬墓的类型与演变［C］// 四川大学考古专业编．四川大学考古专业创建三十五周年纪念文集［M］．成都：四川大学出版社，1998：264-283；吴桂兵．西汉中后期的夫妇同穴合葬［J］．四川文物，1998（1）；韩国河．试论汉晋时期合葬礼俗的渊源及发展［J］．考古，1999（10）；黄伟．试论周秦两汉夫妻合葬礼俗的几个问题［C］// 四川大学考古专业编．四川大学考古专业创建四十周年暨冯汉骥教授百年诞辰纪念文集［M］．成都：四川大学出版社，2001：322-335；刘尊志．徐州汉代夫妻合葬墓初论［J］．南方文物，2009（4）．

宅化和陪葬品生活化趋势等。横穴室墓出现、形成和推广普及与夫妻同穴合葬需求当有一定关系，至少这是原因之一。因此，汉代墓葬的诸多新因素都和墓葬由竖穴坑墓向横穴室墓发展变化有关，而其背后动因之一，应与夫妻合葬尤其是同穴合葬的丧葬需求有着较大的关系。除此之外，还有一点需要指出，随着横穴室墓，尤其是砖室或砖石皆用墓的普及，如有的墓葬使用石门，使得合葬趋于方便，这也使得夫妻同穴合葬得到全面普及，这也对东汉中晚期逐渐流行的一墓葬多人有着较大的影响，即已具备一墓葬下多个可能在不同时间去世人的便利条件，所以，一墓葬多人的丧葬习俗也得到不断推广和普及。

（二）地域特征

京津冀地区汉墓中夫妻合葬的形式与全国其他地区大体一致，但相比较而言，有的形式如同穴合葬出现和普及的时间相对略晚；该地区的夫妻合葬形式的运用与本地区的墓葬形制有着密切的关系，如西汉时期竖穴土坑墓为主流，夫妻合葬与之对应，体现出自身的特点，至东汉时期则与全国其他地区大致趋同，但双后室墓的同穴合葬在这一地区较为普及；本地区有些合葬形式在其他地区相对略少或并不普及，如同坟异穴合葬，这一地区有一定数量，而且在等级较高的王侯墓葬及一般中小型墓葬中均有使用，而无合葬在这一地区也相对较多见，这或许与本地区发现发掘的由多个等级不高的墓葬组成的大墓地数量相对较多有关；本地区的夫妻合葬还有一些特殊之处，如河北保定满城汉墓是同茔无坟异穴合葬，此特点在其他地区的诸侯王墓、列侯墓及其他中小型墓葬中基本不见，这与汉代墓葬已普遍使用封土，但满城汉墓无封土有关；再如河北保定望都 M2，后室为前后 2 个，相对独立，而非常见的左右并列，这也具有特殊性，至于其出现的原因，或许与这一地区多室砖墓的全面发展有关。

（三）男女家庭地位

汉代，男尊女卑是普遍现象，而随着儒家思想的推动和影响，女性本就卑低的家庭地位被进一步降低，这已成为一种毋庸置疑的社会现实。反映在夫妻合葬的习俗上，主要表现为男性墓主的墓室规模、陪葬品数量与质量等要胜过女性墓主，同穴合葬的墓葬中，男性墓主的棺室可能略高于女性等。通过方位也可体现男女墓主在家庭中地位的不同和差异。通过统计，在京津冀地区能够确定墓主性别的夫妻合葬墓中，不论采用何种合葬方式，男性墓主在女性墓主右侧者占大多数，即所谓“男右女左”，如北京市房山南郑 M24 为斜坡墓道砖砌单室墓，墓主夫妇头向东，男性在北侧，女性在南侧①，体现的就是“男右女左”（图 5-4）；河北保定唐县高昌墓地中，合葬形式相对多样，但就主体来讲，亦是“男右女左”②，而这种方位也正是汉代社会“以右为尊”社会意识的反映。

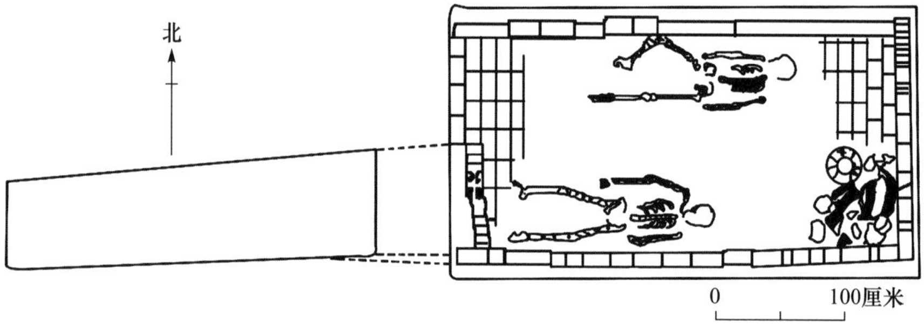

图 5-4　京津冀地区汉代夫妻合葬墓“男右女左”现象举例（北京房山南郑 M24）

墓葬在墓地位置的不同，也可体现男性墓主与女性墓主家庭地位的差异，这主要涉及异坟合葬及同坟异穴合葬。一般情况下，男性墓葬处于墓地的高亢或主要位置，抑或可叙述为尊位，女性墓主的墓葬位置则稍偏，为从属的位置。河北保定满城汉墓，M1、M2 在陵山顶部的位置，如图 5-1：1 所示，M1 居于顶部中间，M2 明显偏于西侧，而不是分列两侧或均居于中部，体现出男女墓主家庭地位的明显差异，当然，其中主要是墓主等级地位的差异。

综合来看，京津冀地区汉墓中的夫妻合葬形式多样，与全国其他地区汉墓相对比，可谓各种合葬形式基本具备，同时也有其相应的地域特征，并体现出异坟合葬、异穴合葬逐渐向同穴合葬的发展和过渡，且在西汉晚期至东汉早期基本完成了这一过渡和转变。可以说，京津冀地区的汉代夫妻合葬墓较全面、多方位地体现出汉代夫妻合葬的发展历程及其内容、内涵和特征。

第二节　京津冀地区汉代屈肢葬墓研究③

京津冀地区是汉代墓葬分布较为集中的地区之一，这与其重要的地理

① 北京市文物研究所．房山南正遗址：拒马河流域战国以降时期遗址发掘报告［M］．北京：科学出版社，2008：148．

② 南水北调中线干线工程建设管理局，河北省南水北调工程建设领导小组办公室，河北省文物局．唐县高昌墓地发掘报告［M］．北京：文物出版社，2010：249、250．

③ 本节相关内容已发表，详见刘尊志．京津冀地区汉代屈肢葬初步研究［J］．考古与文物，2017（5），特做说明。

位置及汉代社会、政治、经济与思想文化等发展密切相关。作为一种特殊的葬式与葬俗，屈肢葬在石器时代就已出现，东周及秦代获得相应发展，分布地域广，并在一些地区（如秦文化相对较为普及地区）较为发达。汉代，屈肢葬趋于衰落，已发掘墓葬中相对少见，屈肢葬墓所占汉代墓葬的比例较小，但在一些地区还有一定数量，今京津冀地区就是其中之一，体现出相应的地域特征和对应的葬制与葬俗等内容。关于屈肢葬，已有较多的研究成果公布[①]，但对于汉代屈肢葬的论述很少或仅是简单提及；一些学者对京津冀地区汉墓进行了研究[②]，关于该地区的汉代屈肢葬墓亦是少有涉及，笔者曾对京津冀地区汉代屈肢葬进行过初步研究[③]，而本节内容即是在该文基础上的扩展与补充。

一、发 现 概 况

多年来，京津冀地区发现、发掘的汉代屈肢葬墓已有数十座，时代贯穿西汉一代，部分可能晚至东汉初，相关墓葬或在某一地区较为集中，或在一些地区有零星分布（图5-5）。

较为集中的地区有北京市昌平区及河北省的邢台、邯郸等地。1960年，昌平半截塔村发现1座，编号为M18[④]；史家桥发现5座，分别编号为M2、M14、M23、M24、M43[⑤]。1992年，邢台郊区曹演庄发掘1座，编号

① 韩伟．试论战国秦的屈肢葬仪渊源及其意义［C］// 中国考古学会．中国考古学年会第一次年会论文集［M］．北京：文物出版社，1979：第204-211；谷观夏．我国古代屈肢葬俗研究［J］．中南民族学院学报（哲学社会科学版），1983（2）；王子今．秦人屈肢葬仿象“窋卧”说［J］．考古，1987（12）；戴春阳．秦墓屈肢葬管窥［J］．考古，1992（8）；滕铭予．秦文化：从封国到帝国的考古学观察［M］．北京：学苑出版社，2002；韩建业．中国古代屈肢葬谱系梳理［J］．文物，2006（1）；梁云．从秦墓葬俗看秦文化的形成［J］．考古与文物，2008（1）；陈洪，李宇，武丽娜，等．再谈秦墓屈肢葬渊源及其相关问题［J］．文博，2014（1）等．

② 郑君雷．论“西汉墓幽州分布区”［J］．考古与文物，2005（6）；蒋璐．北方地区汉墓的考古学研究［M］．杭州：浙江大学出版社，2016；姜佰国．京津冀地区汉代墓葬研究［J］．吉林大学边疆考古研究中心．边疆考古研究（第六辑）．北京：科学出版社，2007：227-273、435、436；穆朝娜．河北汉墓形制初论［C］// 河北省文物研究所．河北省考古文集（二）［M］．北京：燕山出版社，2001：386-402等．

③ 刘尊志．京津冀地区汉代屈肢葬初步研究［J］．考古与文物，2017（5）．

④ 北京市文物工作队．北京昌平半截塔村东周和两汉墓［J］．考古，1963（3）．

⑤ 北京市文物工作队．北京昌平史家桥汉墓发掘［J］．考古，1963（3）．

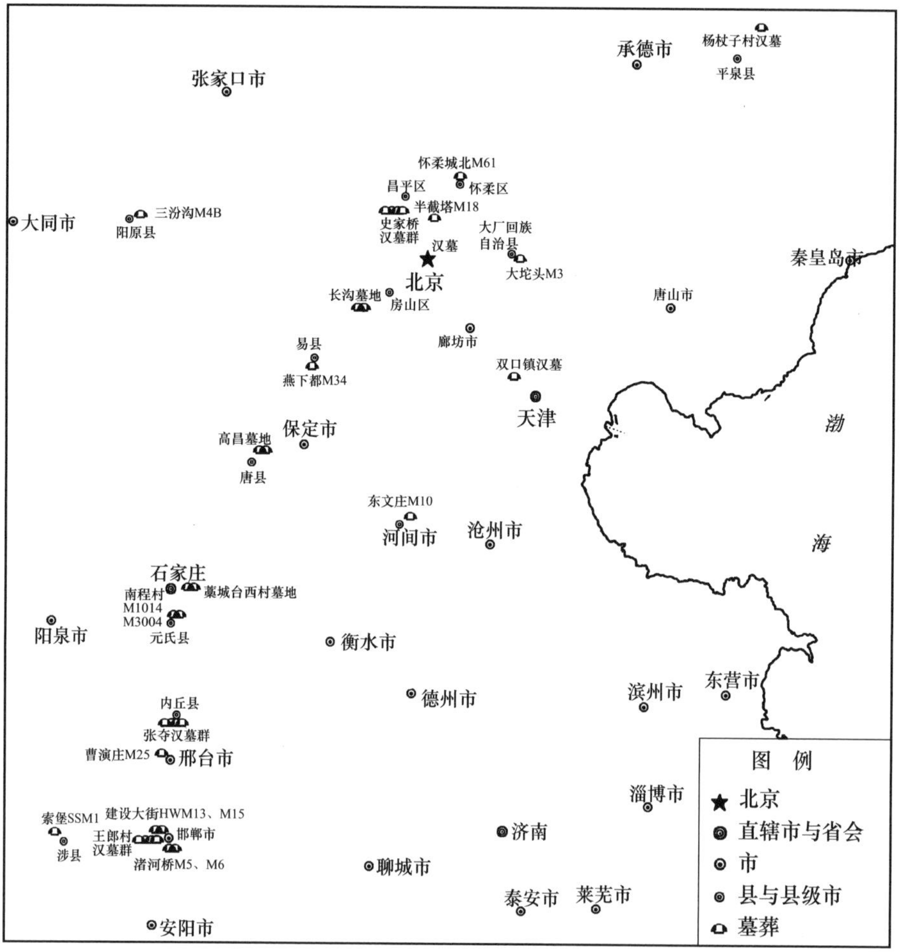

图 5-5　京津冀地区汉代屈肢葬墓分布示意图

为 M25①；2009～2010 年，内丘张夺墓地发掘多座，而该墓地发现的较多战国及秦代墓葬亦为屈肢葬墓②。1958 年，邯郸市西王郎村发掘 7 座，但资料公布简略，仅有相关叙述③；1993 年，邯郸西涉县索堡镇发现 1 座，编号为 SSM1④；1998～1999 年，邯郸市区西部建设大街发掘 2 座，分别编号为

① 河北省文物研究所，邢台市文物管理处．邢台曹演庄汉墓群发掘报告［J］．文物春秋，1998（4）.

② 南水北调中线干线工程建设管理局，河北省南水北调工程建设领导小组办公室，河北省文物局．内丘张夺发掘报告［M］．北京：科学出版社，2011.

③ 唐云明，江达煌．邯郸王郎村清理了五十二座汉墓［J］．文物，1959（7）.

④ 邯郸市文物管理处，涉县文物保管所．河北涉县索堡汉墓［J］．文物春秋，1996（1）.

HWM13 与 M15[①]；1999 年，邯郸市区南郊渚河桥发掘 2 座，分别编号为 M5 与 M6[②]。

汉代屈肢葬墓还散见于京津冀其他地区，地域分布较广，但每一处的墓葬数量均较少，或仅 1 座，或两三座不等。1959～1960 年，北京市怀柔城北发现 1 座汉代屈肢葬墓，编号为 M61[③]。2010 年北京长沟汉墓群发现两座，编号为 M29 与 M77[④]。1972 年，天津市北郊双口镇东北发现 1 座汉代屈肢葬墓[⑤]。其他相关墓葬均位于河北省境内。保定易县燕下都发现 1 座，编号为 M34[⑥]。2006 年发掘的保定唐县东北高昌镇西北的高昌墓地由 1 低矮山丘分成南北两块在时代上有延续和联系的墓地，其中有一定数量的屈肢葬墓，可确定者有 4 座，分别是位于山丘南墓地中的 M15、M17 及山丘北的 M53、M89[⑦]。

石家庄市南的元氏县南程村发现 2 座，编号为 M1014、M3004[⑧]。石家庄市东的藁城台西墓地发现一定数量，至少可确定 3 座，分别为 M9、M43、M74，M43 屈肢葬者的葬式与另 2 座墓葬中葬者的葬式存在明显差异[⑨]。另外还有承德平泉县杨杖子村汉墓[⑩]、阳原三汾沟 M4B[⑪]、廊坊大厂

---

① 邯郸市文物保护研究所．邯郸市建设大街战汉墓葬发掘报告［J］．文物春秋，2004（6）．

② 邯郸市文物保护研究所．邯郸渚河桥汉墓发掘报告［J］．文物春秋，2004（6）．

③ 北京市文物工作处．北京怀柔城北东周两汉墓葬［J］．考古，1962（5）．

④ 北京市文物研究所．长沟汉墓［M］．北京：科学出版社，2019：51、52，112．

⑤ 天津市文物管理处．天津北郊发现一座西汉墓［J］．考古，1972（6）．

⑥ 河北省文化局文物工作队．1964-1965 年燕下都墓葬发掘报告［J］．考古，1965（11）．

⑦ 南水北调中线干线工程建设管理局，河北省南水北调工程建设领导小组办公室，河北省文物局．唐县高昌墓地发掘报告［M］．北京：文物出版社，2010：3-5，39-43，84，113、114．

⑧ 河北省文物研究所，石家庄市文物研究所，元氏县文保所．石武铁路客运专线南程墓地发掘报告［C］// 河北省文物研究所．河北省考古文集（四）［M］．北京：科学出版社，2011：68-110．

⑨ 河北省文物研究所，石家庄市文物保护研究所，藁城市文物保管所．藁城台西商、汉及宋代墓葬发掘简报［C］// 河北省文物研究所．河北省考古文集（五）［M］．北京：科学出版社，2014：110-135．

⑩ 张秀夫．河北平泉县杨杖子村发现汉墓［J］．文物，1987（9）．

⑪ 河北省文物研究所，张家口地区文化局．河北阳原三汾沟汉墓群发掘报告［J］．文物，1990（1）．

回族自治县大坨头遗址 M3[①] 等，墓葬形制不同，时代等内容亦存在差异。

除上述墓葬外，还有部分汉代墓葬的墓主骨架下肢微曲，或一腿曲，一腿较直，发掘报告或简报多称其为直肢葬，但它们很可能为屈肢葬发展到一定阶段的表现形式，在某种程度上可称之为“屈肢葬”。如河北河间东文庄 M10，骨架右小臂内屈置于腹部，右腿直，左腿外曲[②]。北京昌平史家桥 M17，骨架双腿微曲，一臂置于腹部[③]。北京市房山长沟 M5，骨架双腿向左屈曲[④]。河北邢台内丘张夺发掘的汉墓中，09Ⅱ（TG2M9、TG3M52）、10NDZ1#MDTG4M34 及 10NDZ2#MD（TG1M9、TG1M18、TG2M32）等亦大致属此类情况[⑤]。河北保定唐县高昌墓地中，有一些墓葬的平面图体现出上肢与下肢均微有屈曲，或二下肢同向屈曲的墓葬，亦可视为屈肢葬墓，主要墓葬有 M12、M75、M94、M108 等[⑥]，该墓地中还有一些墓葬在文字描述中有一上肢内曲置于胸部或腹部者，或墓葬平面图中有一上肢或一下肢微曲者，但报告中未有上下肢屈曲的文字描述，本书不将其视为屈肢葬墓。

另外还有一些骨架不存或破坏严重的墓葬，其中也许存在屈肢葬墓，再考虑到还有一些资料暂未公布，京津冀地区的汉代屈肢葬墓可能还会更多一些。

二、分布与合葬形式

（一）分布

京津冀地区发现的汉代屈肢葬墓呈现出分布地域广，局部地区较集中，

---

① 天津市文化局考古发掘队．河北大厂回族自治县大坨头遗址试掘简报［J］．考古，1966（1）．

② 河北省文物研究所，沧州市文管处，河间市文保所．河间东文庄窑址和墓葬发掘简报［C］// 河北省文物研究所．河北省考古文集（二）［M］．北京：燕山出版社，2001：183-193．

③ 北京市文物工作队．北京昌平史家桥汉墓发掘［J］．考古，1963（3）．

④ 北京市文物研究所．长沟汉墓［M］．北京：科学出版社，2019：11、12．

⑤ 南水北调中线干线工程建设管理局，河北省南水北调工程建设领导小组办公室，河北省文物局．内丘张夺发掘报告［M］．北京：科学出版社，2011：82-86、128、265、266、301-303、310、311、324、325．

⑥ 南水北调中线干线工程建设管理局，河北省南水北调工程建设领导小组办公室，河北省文物局．唐县高昌墓地发掘报告［M］．北京：文物出版社，2010：35、36、106-108、125、126、168-173．

部分地区零星分布的总体特征。

从具体墓葬来看，汉代屈肢葬墓大多与其他墓葬共处于同一家族墓地中，而多个家族墓地又组成一个或多个更大的墓地。一些墓地规模大，墓葬数量亦较多，时代延续长，有一定数量的东周秦代墓葬，如北京昌平史家桥墓地与河北邢台内丘张夺墓地、邯郸建设大街墓地等；有些墓地则包含相当数量的东汉墓葬，如北京怀柔城北墓地，时代从东周至东汉，河北邢台曹演庄墓地以西汉、东汉墓葬为主，河间东文庄墓地中则基本是东汉墓葬。

京津冀地区的汉代屈肢葬墓在所属墓地中的位置及其分布情况具有多样性。屈肢葬墓分布于墓地之中，具体方位及墓向等并不完全统一，与其他墓葬有较多的一致性，也存在一些差别。一些屈肢葬墓与非屈肢葬墓并列，存在为夫妻合葬墓的可能，进而成为相对独立的家族墓地乃至更大面积家族墓地的组成部分，但也见较为独立者。根据所属墓地的不同，可分为三型。

A 型　所属墓地内仅 1 座墓葬，较独立，已公布的资料未言及周边或附近有其他墓葬。发现较少，如天津市北郊双口镇汉墓（图 5-6）、承德平泉县杨杖子村汉墓，墓葬是否独立或位于一处墓地之中，还有待进一步的考古资料来证明。

B 型　所属墓地内有一定数量的墓葬，墓葬间关系较为密切，属相对独立的家族墓地，但未有多个独立家族墓地组成的面积较大墓地。屈肢葬墓数量不多，基本是一两座，大多在所属墓地的边缘。河北邯郸渚河桥墓地有 7 座墓葬，间距相对较大，但整体集中，属同一家族性质的墓地，屈肢葬墓 2 座，位置偏东，其中 M5 属于墓地中等级较高者，M6 也有相应等级（图 5-7）。河北涉县索堡墓地发掘 4 座墓葬，虽墓葬间有一定间距，但整体上属同一家族墓地，屈肢葬墓 1 座，为 M1，位于墓地的东北，相对突前（图 5-8）。

C 型　所属墓地内墓葬数量较多，屈肢葬与附近墓葬关系密切，形成相对独立的家族墓地，而该墓地又属于一个面积大、墓葬数量多的大墓地，即屈肢葬墓不仅属于相对较小的家族墓地，也归属于大的墓地。屈肢葬墓数量不等，少者仅 1 座或 2 座，一些则在 5 座之上。根据屈肢葬墓是否属于同一相对独立的家族墓地可分为二亚型。

Ca 型　屈肢葬墓属于同一相对独立的家族墓地，大的家族墓地中其他相对独立的墓地不见屈肢葬墓。相关墓地有一定数量。北京市怀柔区城北墓地，墓葬数量多，根据墓葬的分布与间隔，可分为多个相对独立的家族墓地，南侧一个相对独立的家族墓地中有 1 座屈肢葬墓，为 M61，与 M62 紧邻，为同坟异穴合葬墓（图 5-9）。河北邯郸建设大街 99HW 墓区，大致可

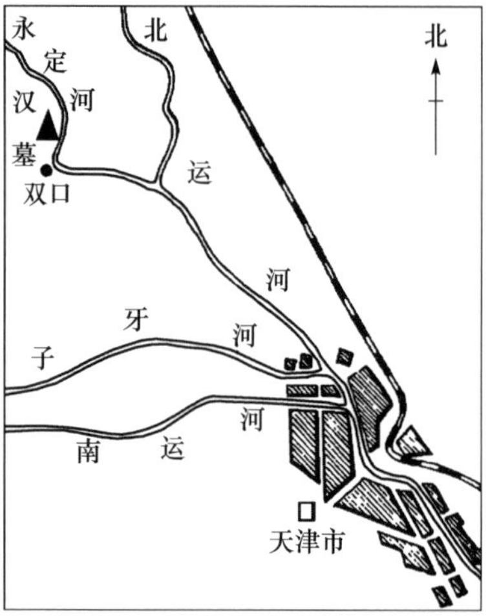

图 5-6　天津市北郊双口镇汉墓位置图

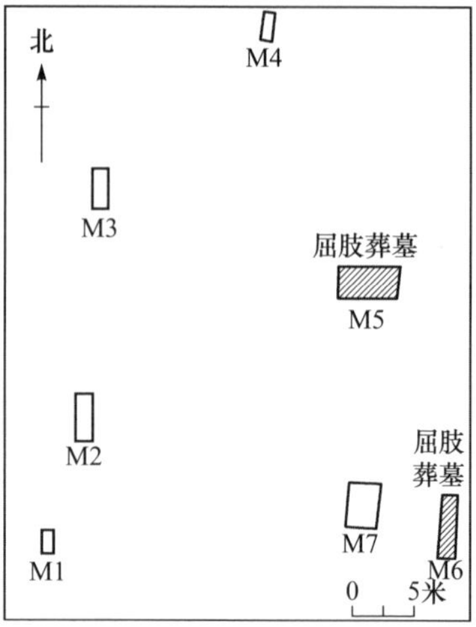

图 5-7　河北邯郸渚河桥墓地墓葬分布图

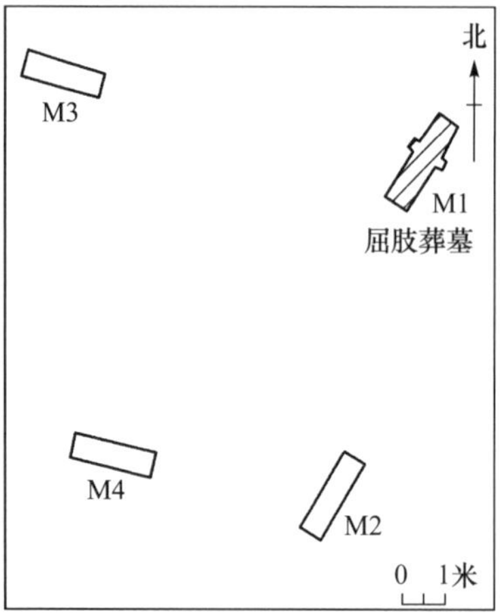

图 5-8　河北涉县索堡汉墓分布图

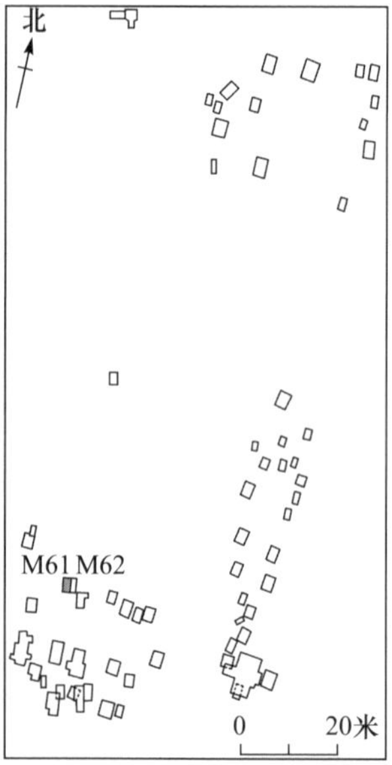

图 5-9　北京市怀柔城北第一区墓葬分布图

分为五个相对独立的家族墓地，中部偏西一组有 2 座屈肢葬墓，分别为 M15 与 M13，其他组不见屈肢葬墓（图 5-10）。河北省邢台曹演庄汉代墓地有汉墓 20 余座，包含西汉与东汉墓葬，可分为多个相对独立的小家族墓地，M25 与 M21 错位并列，属于一个相对独立的家族墓地，其中 M25 为屈肢葬墓，其他一些相对独立的家族墓地不见屈肢葬墓（图 5-11）。河北邢台内丘张夺 10NDZ1#MD（村南 1 号墓地）大致可分为 4 组或更多相对独立的家

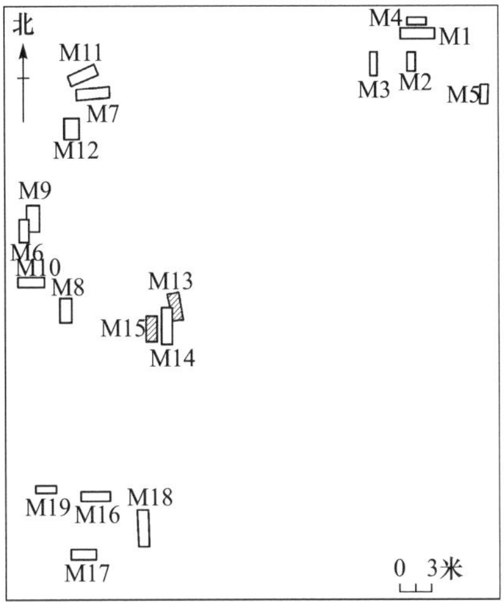

图 5-10　河北邯郸建设大街 99HW 墓区墓葬分布示意图

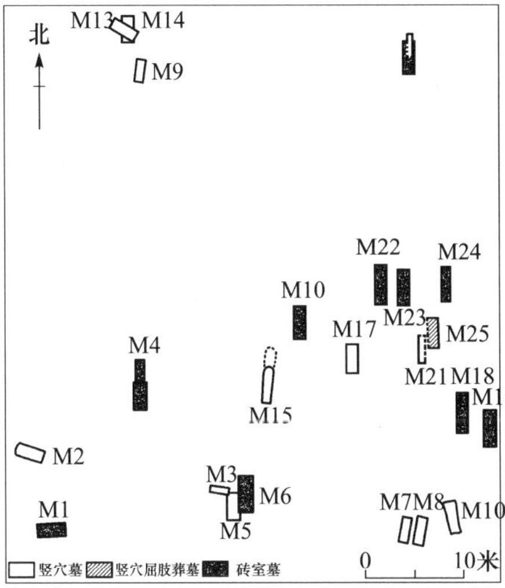

图 5-11　河北省邢台曹演庄汉墓分布图

族墓地，位于东北位置的一处相对独立的家族墓地中有 1 座屈肢葬墓，为 M34，其他不见（图 5-12）。

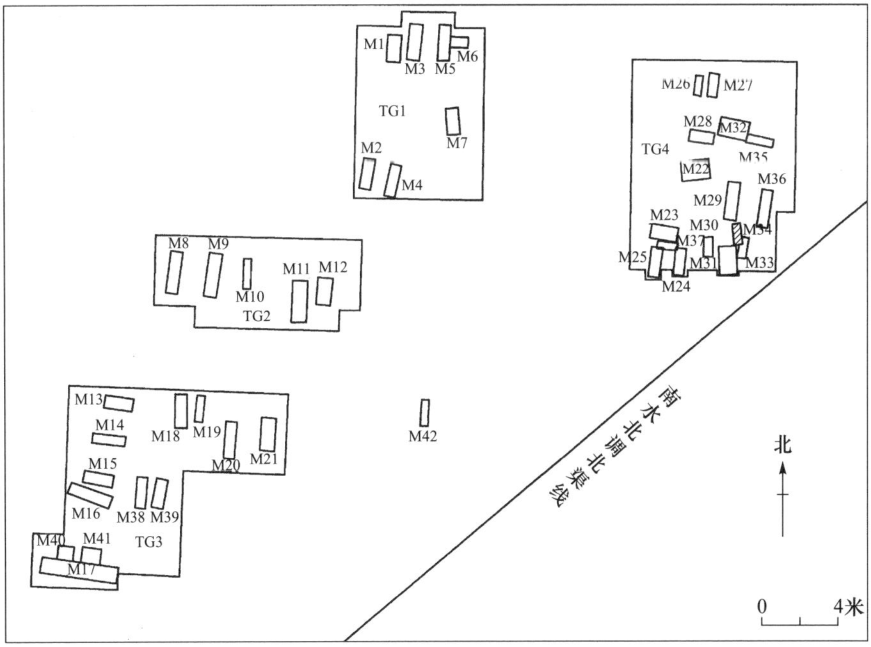

图 5-12　河北邢台内丘张夺村南 1 号墓地墓葬分布图

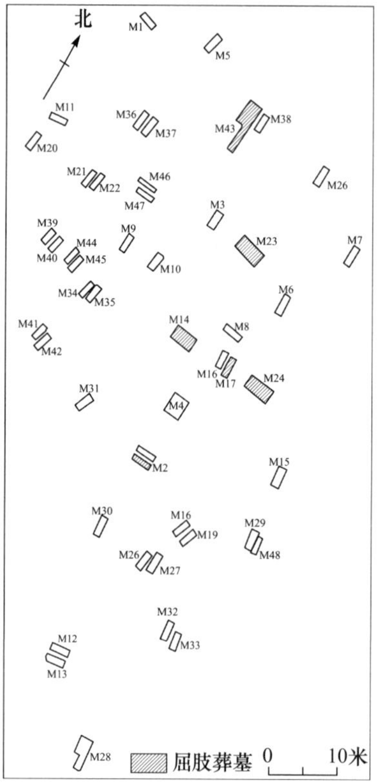

图 5-13　北京市昌平史家桥墓地墓葬分布示意图

Cb 型　屈肢葬墓分属相对独立的不同家族墓地，即屈肢葬墓分布于大的家族墓地中 2 个或更多相对独立的墓地中，而每个相对独立的墓地中屈肢葬墓的数量并不完全相同，相关墓地数量稍多。北京市昌平区史家桥墓地，可分为 3-4 个相对独立的家族墓地，由南至北共有 6 座屈肢葬墓，以中部墓地居多，为 3 座（图 5-13）。北京市房山区长沟汉代墓地，有墓葬数十座，另有墓地陶窑等，墓地中有多个相对独立的家族墓地，东部偏北的一处相对独立墓地北侧有 1 屈肢葬墓，为 M77，中部一处相对独立的墓地偏东北有 1 屈肢葬墓，另在大的墓地西部偏北还有一座有屈肢葬特征的墓葬（图 5-14）。河北邢台内丘张夺发现、发掘两处墓地，09II 区墓葬分布区大致可分为 9 或 10 个相对独立的家族墓地，中部偏北一处相对独立的墓地东南有 1 座屈肢葬墓，为 M21，西侧偏中北部一处相对独立墓地的南端有 1 座，为 M9，中部偏西一处相对独立墓地的东北有 2 座，分别为 M52 与 M57（图 5-15）；10NDZ2#MD 墓葬分布区至少为 2 个相对独立的家族墓地，东北相对独立墓地的中部有 2 个屈肢葬墓，分别为 M9 与 M18，西南相对独立墓地偏西南处有 1 座，为 M32（图 5-16）。河北省藁城台西墓地，大致可分为 9 或 10 个相对独立的家族墓地，东南相对独立墓地中的 M9 可确定为屈肢葬墓，西南边缘的 M7 为有屈肢葬特征的墓葬，紧邻另一相对独立墓地西南边缘也有 1 座有屈肢葬特征的墓葬，为 M23，但二墓仅有屈肢葬特征，只是墓主个别躯体微曲，中部偏北的一处相对独立墓地，墓葬数量不多，M74 为屈肢葬墓，其西侧与其并列的为 M73，或存在夫妻合葬墓的可能（图 5-17）。河北元氏县南程村墓地可分为南北四个发掘区，亦可区分为 4 个相对独立的家族墓地，第三区墓葬分布区中部偏西的 M3004 为屈肢葬墓，第一发掘区墓葬数量较多，或可再细分成不同的组，中部偏东有 4 座密集分布的墓葬，编号为 M1011～M1014，其中 M1014 为屈肢葬墓（图 5-18）。河北保定唐县高昌墓地中发现的汉代屈肢葬墓不仅分布于南北两个墓区，而且在这两个墓区中均呈分散分布，分属不同的相对独立的家族墓地。

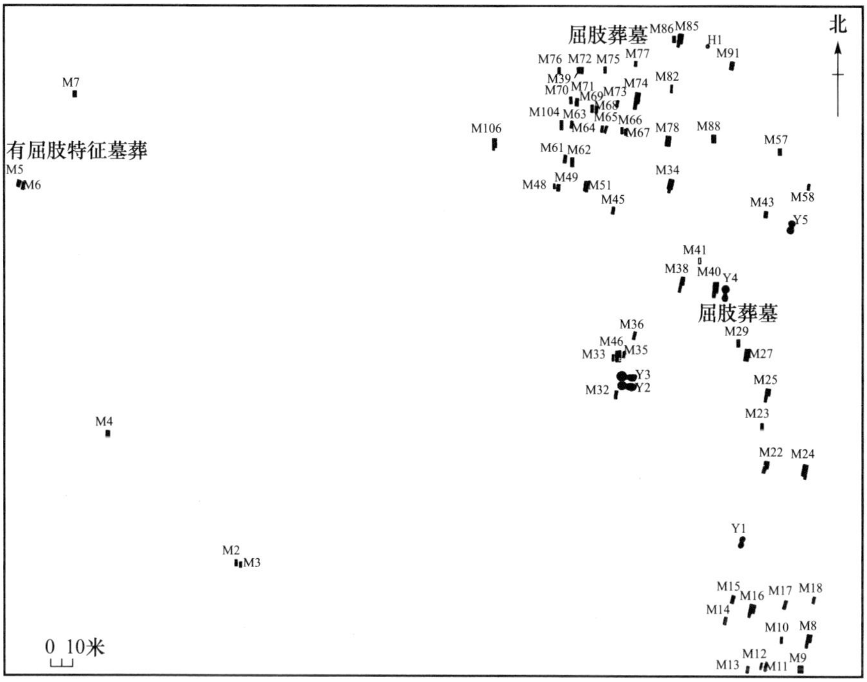

图 5-14　北京市房山区汉代墓地墓葬分布图

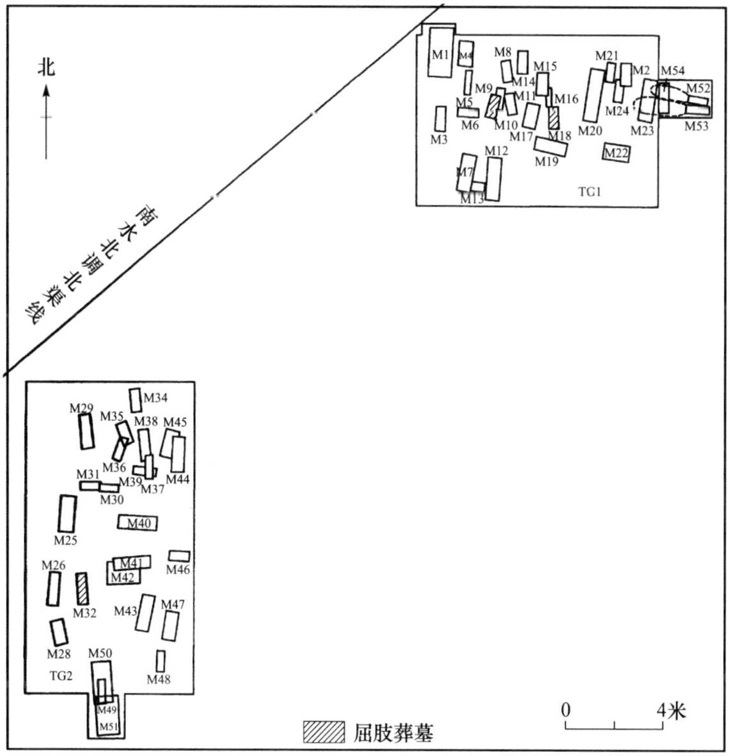

图 5-15　河北邢台内丘张夺 09Ⅱ区墓葬分布图

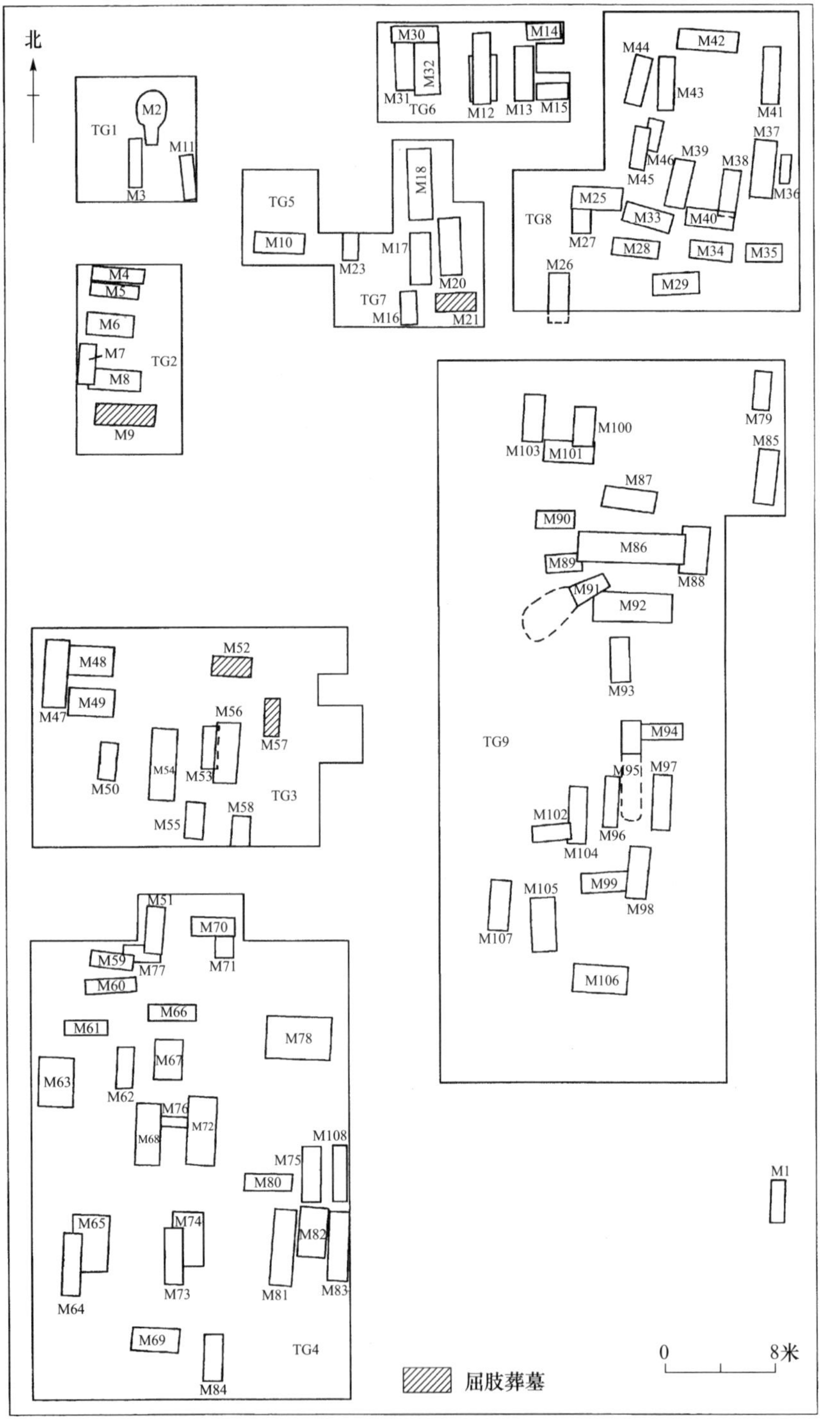

图 5-16　河北邢台内丘张夺 10NDZ2#MD 墓葬分布图

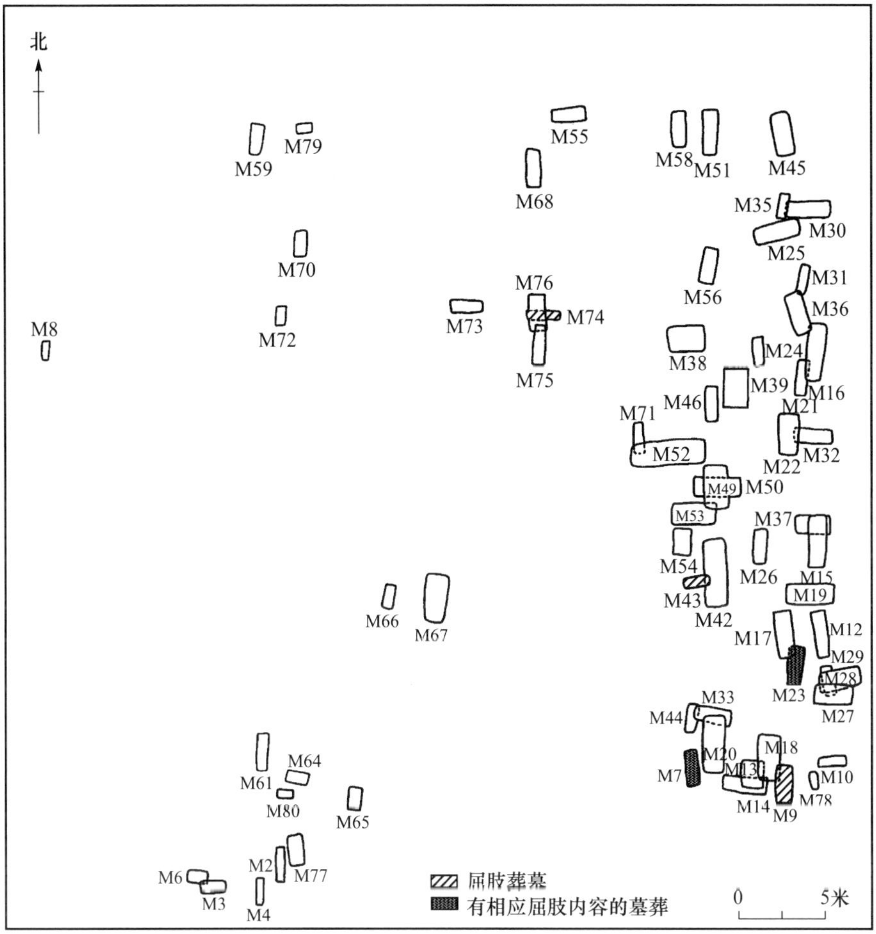

图 5-17　河北藁城台西墓地汉代墓葬分布图

总的来看，京津冀地区的汉代屈肢葬墓分布区域较大，具有一定的时代跨度，说明汉代这一形式的葬俗在该地区还较为普遍。很多此类墓葬属于同一家族墓地，而一些则分布于更大的墓地之中，归属于不同的家族墓地，这与汉代家族墓地及大墓地的发展较为一致。京津冀地区的汉代屈肢葬墓又体现出在局部地区或一定时间阶段内相对较为集中，一些地区仅有零星分布的特征，总体反映出相应的地域和时代特点。

（二）合葬形式

从合葬内容看，除无合葬者外，京津冀地区的汉代屈肢葬大多为夫妻合葬。极少数具有特殊性，如成人与小孩合葬、二未成年人合葬，但均存在夫妻合葬的可能。

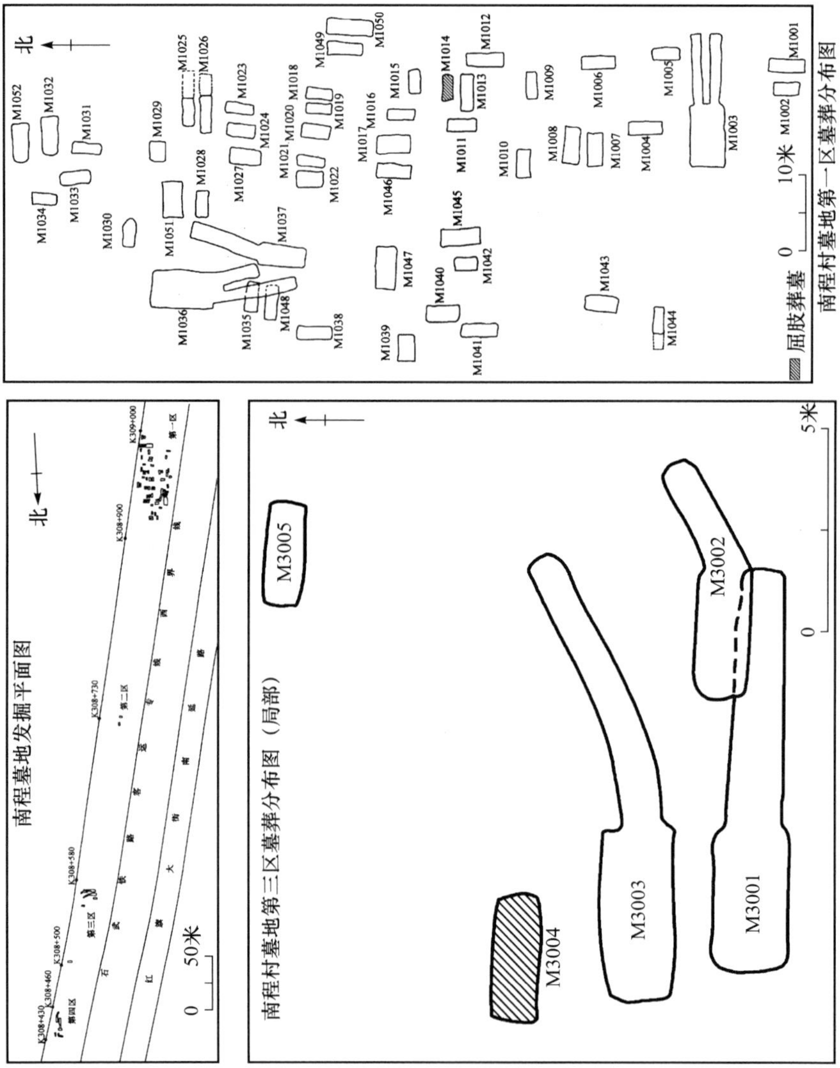

图 5-18 河北元氏南程墓地发掘平面图及第一、三区墓葬分布图

京津冀地区汉代屈肢葬墓的合葬形式较为多样，根据合葬方式不同大致可分为四型。

A型　异坟异穴合葬。数量略少。位于同一墓地，墓葬并列，有一定距离，墓向基本一致，时代相近，封土相对独立，均为单人葬，大多一为屈肢葬，一为直肢葬，屈肢葬的性别或男或女。相关墓葬如河北邢台内丘张夺09ⅡTG2M9与M8，M9墓主为男性，M8墓主为女性；内丘张夺10NDZ2#MDTG2M32与M26，M32时代为西汉早期，墓主男性，M26时代为西汉中期偏早，墓主骨架稍小，推测为女性，二者可能为夫妻合葬墓。另如河北元氏县南程村墓地的M1014与M1013、邯郸建设大街HWM15与M14等，均可能属此类合葬形式。

B型　同坟异穴合葬。数量略少。墓葬并列，距离较近，或有较窄隔墙，或有所打破，墓向基本一致，位于同一封土下，均为单人葬，大多一为屈肢葬，一为直肢葬，屈肢葬的性别或男或女，亦不统一。时代相近，但大多又存在下葬早晚的关系。相关墓葬如河北邢台曹演庄M25与M21，墓向稍有偏差；廊坊大坨头遗址M3与M2，M3局部打破M2（图5-19：1），但两墓时代较为接近，骨架均靠近西侧；北京怀柔城北M61与M62有生土隔墙，墓坑排列不甚整齐，骨架位于靠近隔墙的一侧（图5-19：2）。北京昌平史家桥M17与西侧的M16为同坟异穴合葬，二者位于同一大的近正方形的坑内，坑内并排挖2长方形小坑，形成小坑四周有二层台、中间有一矮墙的情况，内葬1人为屈肢葬，M16内为瓮棺葬，二墓骨架均居中，该墓很可能是小孩与成人并葬[①]，但也很可能为具有特殊性的夫妻合葬（图5-19：3）。北京房山长沟墓地中的M5与M6并列，距离较近，墓向大体一

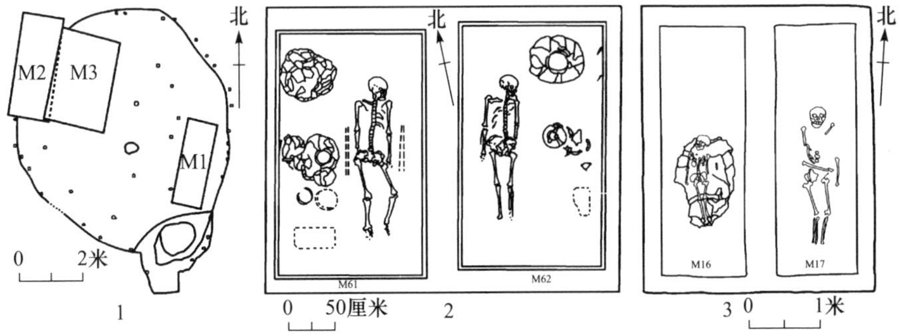

图5-19　B型合葬形式

1. 河北廊坊大厂回族自治县大坨头遗址M2、M3　2. 北京市怀柔城北M61、M62
3. 北京市昌平史家桥M16、M17

① 北京市文物工作队. 北京昌平史家桥汉墓发掘［J］. 考古，1963（3）.

致，应为同坟异穴合葬。

C 型　同穴合葬。数量稍多。合葬于同一墓穴之中，屈肢葬者多为女性，个别为男性。基本都有棺，两棺并列，有一定间隔，多有错位，少量平齐，女性的棺一般稍小。北京昌平史家桥几座汉代屈肢葬墓的两棺错位明显，屈肢者均为女性，M43 的屈肢葬者棺北端有一套独立的陪葬品，M2、M14、M23、M24 的骨架，多一仰身直肢，面向左，另一侧身屈肢，面向右（图 5-20）。河北平泉县杨杖子村汉墓，两棺错位明显，间隔稍小，头部外侧的陪葬品属男女墓主共有，屈肢者下肢曲向另一墓主。天津北郊双口镇汉墓，室内并列两棺，东侧棺小于西侧棺，内为屈肢葬者，下肢曲向西侧棺。河北邯郸涉县索堡 M1，墓室内靠右侧有一棺，内葬一男性，仰身，右下肢弯曲，墓室内靠左中下部为另一棺，内葬一女性，仰身直肢。少量墓葬无棺椁，如河北阳原三汾沟 M4B，洞室内有两具小孩骨架（一男一女），侧身，女性屈肢明显。河北保定唐县高昌墓地与屈肢葬有关的此类合葬墓仅 1 座，为 M94，墓内砌砖椁，北侧有 2 组相对独立的陪葬品，南侧有并列 2 棺，葬男女各一，西男性，东女性，女性右下肢屈曲明显。

D 型　无合葬。有一定数量。墓葬相对独立，单人葬，附近无并列、同墓向且时代接近的墓葬。一些墓葬有棺及椁，如河北邯郸渚河桥 M5，一椁一棺；渚河桥 M6、邢台内丘张夺 09ⅡTG7M21 为竖穴砖椁，内为一棺。较多的是墓圹底置一棺，如邯郸建设大街 HWM13、内丘张夺 10NDZ2#MDTG1M9、元氏县南程村 M3004（图 5-21）等，北京房山区长沟墓地中的 M77，在墓地中的位置较为独立，墓圹底置 1 棺，棺外头部有头箱；河北易县燕下都 M34 不见葬具，推测为一棺；邢台内丘张夺 09ⅡTG3M52、10NDZ1#MDTG4M34 等无陪葬品。河北保定唐县高昌墓地中无合葬的屈肢

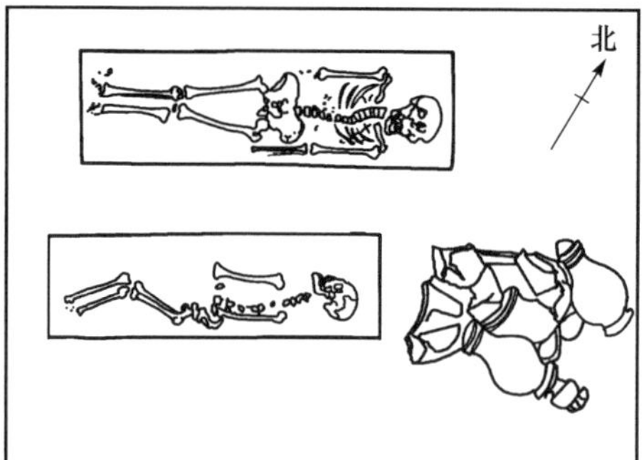

图 5-20　北京市昌平史家桥 M2 平面图

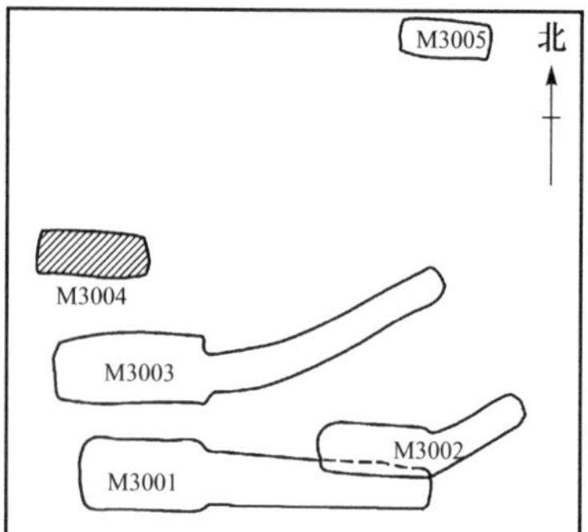

图 5-21　河北石家庄元氏县南程村墓地 M3004 与相关墓葬位置图

葬墓较多，M15 位于墓地东南，被 M14 打破，无并列墓葬；M12、M17、M53、M75 较独立，无并列墓葬；M89 与 M90 南北并列，M89 墓主男性，M90 遭盗扰严重，为带墓道的砖椁墓，规模大，陪葬品丰富，墓主为男性的可能性较大，故 M89 属无合葬的墓葬；M108 与 M107 南北错位并列，M108 墓主男性，M107 的人骨存下肢和上肢、骨盆残断，似为男性，所以 M108 为无合葬屈肢葬墓。

大致来看，京津冀地区汉代屈肢葬墓中，异坟异穴合葬墓的数量不多，同坟异穴合葬墓稍多，同坟同穴合葬及无合葬者数量较多。除无合葬墓，同坟异穴及同坟同穴合葬所占比例较大，特别是同坟同穴合葬墓，数量远多于异坟异穴合葬墓。这与汉代帝、王陵墓及其他等级较高墓葬多采用异坟异穴合葬的形式有着明显区别，但与众多中小型墓夫妻合葬的表现形式较为相符，既反映出屈肢葬墓墓主身份地位较低的特征，也展现出汉代夫妻合葬墓的整体发展轨迹。就无合葬墓而言，一方面是旧葬俗的延续和遗留，另一方面也可能是墓主身份地位较低的反映，部分墓葬的陪葬品较少或没有也说明了这一点。

除 D 型外，A～C 型三种合葬形式综合体现出汉代屈肢葬墓合葬夫妻之间的关系，反映出家庭观念不断加强。A、B 二型虽均为异穴合葬，但夫妻墓葬之间的距离均较近，A 型为异坟，B 型则是夫妻墓葬共用一个坟丘，其中北京市怀柔城北 M61、M62，骨架均位于靠近隔墙的一侧，合葬特征十分突出。C 型更是夫妻合葬于同一墓穴之中，且数量较多，达到了“大如生时同室，死同葬之”[①]的目的，在一定程度上实现了真正意义的夫妻合葬，也折射出同坟及同穴合葬，特别是同穴合葬已渐成为汉代中小型墓葬合葬形式的主流和发展趋势。A、B 二型合葬型式中，夫妻墓葬的大小或规模存在一定的差别，多是男性墓葬的规模略大一些，而 B 型中的屈肢葬者以女性居多。C 型中，男性与女性用棺的大小存在差别，稍小的棺内基本为屈肢葬者，多数为女性（河北省涉县索堡 M1，屈肢者为男性，相对少见，但男性用棺大于女性用棺），或屈肢葬者面朝另一棺，或屈肢方向朝着另一棺。A～C 型三种合葬形式中，墓坑或棺多有错位，男性位置突出，而且男性的陪葬品数量大多较多于女性，种类丰富。以上内容综合体现出夫妻在家庭中地位的差异和尊卑关系。

汉代屈肢葬墓的墓主作为家族成员，葬于家族墓地，而多个夫妻合葬

---

① （东汉）班固．白虎通义·崩薨注引《诗大车》曰：“穀则同室，死则同穴。”《传》：“穀，生也。”（清）陈立撰，吴则虞点校．白虎通疏证［M］，北京：中华书局，1994：556．

墓或位于同一家族墓地，或位于多个家族墓地组成的大墓地之中，体现出汉代以家庭为核心家族观念的加强和发展。就D型即无合葬的屈肢葬墓来讲，墓主基本为男性，等级较低，故推测出现无合葬的形式很可能与社会等级有关，也或许是无配偶社会现象的反映，但总体来看，比例不大，更多京津冀地区汉代屈肢葬墓的合葬形式是家庭及家族发展的体现或反映。

由上，通过京津冀地区发现的汉代屈肢葬墓可知，汉代屈肢葬墓已基本融入汉代墓葬的整体发展之中，虽然有自身的一些特点，但总的时代面貌和发展特征与汉代其他中小型墓葬已较为一致。

三、墓葬形制、陪葬品及相关葬俗

京津冀地区发现的汉代屈肢葬墓已有一定数量，少数墓葬因未公布详细的墓葬资料，暂不做研究。大致来看，这一地区发现、发掘汉代屈肢葬墓的形制、陪葬品及相关葬俗既有多样性，也有一致性，综合反映出屈肢葬墓及相关内容的发展与演进。

（一）墓葬形制

京津冀地区的汉代屈肢葬墓基本为竖穴式土坑，竖穴、墓室皆为长方形，个别不规则。墓葬规模不大，形制简单，结构亦不复杂，但具体的形制又存在相应差别，体现出不同的时代特征及墓主的身份地位等。根据平面形状及构筑方式等的不同，可将京津冀地区的汉代屈肢葬墓分为三类。

甲类　平面长方形，少量为不规则或近长方形，无墓道，墓室位于竖穴底部，葬具有所不同，部分有生土二层台、头箱、边箱等设施。根据葬具及相关设施的差异，可分为六型。

A型　无葬具，均单人葬，竖穴底部未见棺痕和其他葬具痕迹，大多数无其他设施，个别墓葬有二层台，部分墓葬不见陪葬品。墓向不一，部分平面形状较规整，部分平面形状为不规则长方形。根据墓口与墓底是否相同及是否有相关设施，可分为三亚型。

Aa型　墓口与墓底相同，无相关设施。河北易县燕下都M34，墓壁垂直，填土中有一层厚0.4米的夯土，随葬器物均放置在人骨架头部前（图5-22：1）。河北邢台曹演庄M25与之相似，陪葬品位于墓主头部外侧，之间有所间隔（图5-22：2）。河北邯郸建设大街HWM15，无陪葬品，墓壁稍规整。

Ab型　墓口略大于墓底，无相关设施。部分墓葬平面为不规则长方形，如河北藁城台西发现的部分墓葬。M43的西北、西南为抹角，壁由上至下微斜，墓底葬1人，无陪葬品（图5-22：3）。M74的四壁不规整，东

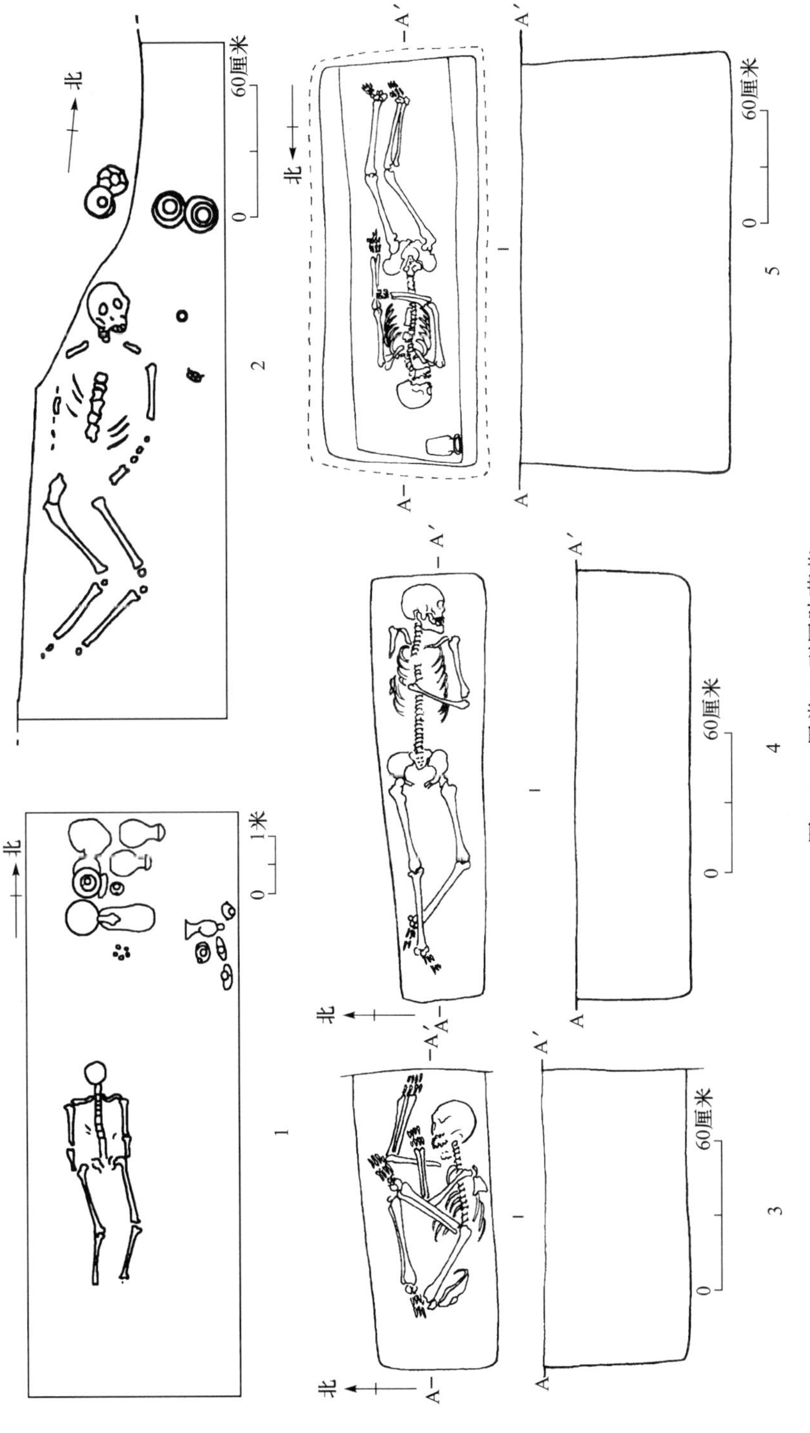

图 5-22　甲类 A 型屈肢葬墓

1、2. Aa 型（河北易县燕下都 M34、河北邢台曹演庄 M25）　3、4. Ab 型（河北藁城台西 M43、M74）　5. Ac 型（河北藁城台西 M9）

（墓主头部）稍宽，西（墓主脚部）稍窄，墓壁近底弧内收，墓底葬1人，无陪葬品（图5-22：4）。

Ac型　墓口小于墓底，有二层台。对应墓葬数量少，如河北藁城台西M9，平面形状不规则，东侧稍窄，西侧略宽，墓壁向外侧斜直，宽度相差明显，约为0.2米，距墓口1米处两长侧及北侧（墓主头部一侧）有二层台，不规整，北侧由东向西明显变窄，墓主头部左上方置1陶罐（图5-22：5）。

B型　有木棺，无椁，不见边箱或头箱，二层台或有或无，既有单人葬，也有夫妻同穴合葬，葬具相对独立且有陪葬品者，多将陪葬品置于墓主头前棺外。部分无陪葬品。根据墓室与竖穴开口的位置关系、二层台的有无及是否夫妻合葬等，可分为六亚型。

Ba型　墓室位置与竖穴开口有错位，偏向一侧，无二层台，单人葬。河北元氏县南程村M3004，墓室位置较之竖穴开口略偏西侧，陪葬品位于墓主头前棺外（图5-23：1）。

Bb型　墓圹上大底小，墓室位于竖穴底部，整体呈“斗”形，无二层台，单人葬。河北邯郸建设大街HWM13，墓圹较为规整，中部置一棺，陪葬品位于墓主头前棺外偏西侧（图5-23：2）。河北邢台内丘张夺09ⅡTG3M52，无陪葬品，木棺略偏向一侧（图5-23：3）。

Bc型　墓圹上大底小，墓室位于竖穴底部，整体呈“斗”形，无二层台，夫妻同穴合葬。北京昌平史家桥M2、M14、M23、M24等，长方形竖穴略宽，坑壁四面略向外倾，坑口尺寸稍大于底部。竖穴底部错位置放2棺，右侧骨架为仰身直肢，左侧骨架为侧身屈肢。M2底部的2棺偏向北侧，南侧一棺的墓主头前棺外有相关陪葬品（图5-20）。

Bd型　墓室位于竖穴底部，与竖穴开口尺寸基本相同，无二层台，单人葬。河北邢台内丘张夺墓地中，10NDZ2#MDTG1M9的竖穴底部偏南侧置一木棺，墓主头前棺外有陪葬品（图5-23：4）。09ⅡTG3M57（图5-23：5）与10NDZ1#MDTG4M34（图5-23：6）均无陪葬品，墓坑长宽不一，木棺或偏向一侧，或居中置放。北京房山长沟M5，竖穴底部偏西侧置木棺，墓主头部摆放陪葬品陶釜、罐等3件器物（图5-23：7）。河北保定唐县高昌墓地中的M12，墓坑窄长，陪葬陶器位于头前棺外（图5-23：8）；M53，竖穴平面略北宽南窄，无陶器陪葬（图5-23：9）。

Be型　竖穴下部有生土二层台，墓室位于竖穴底部二层台内，尺寸小于竖穴口部，单人葬。二层台的位置、宽度、高度等并不一致。有的在竖穴底部两长侧有生土二层台，如河北邢台内丘张夺墓地中的10NDZ2#MDTG1M18（图5-24：1）、09ⅡTG2M9（图5-24：2）等，二层台上有横向盖板痕迹，前者无陪葬品，后者的陪葬品位于墓主头前棺外偏北侧，数

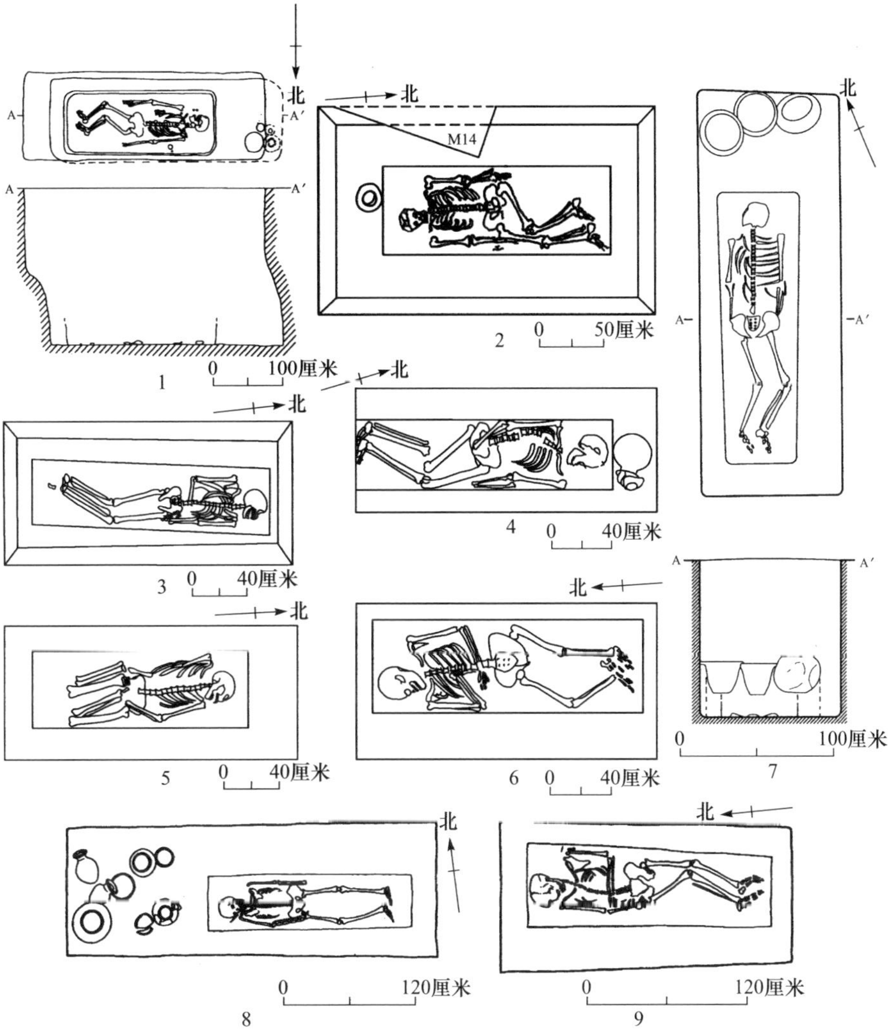

图 5-23 甲类 Ba、Bb、Bd 型屈肢葬墓

1. Ba 型（河北元氏县南程村 M3004） 2、3. Bb 型（河北邯郸建设大街 HWM13、河北邢台内丘张夺 09ⅡTG3M52） 4～9. Bd 型（河北邢台内丘张夺 10NDZ2#MDTG1M9、河北邢台内丘张夺 09ⅡTG3M57、河北邢台内丘张夺 10NDZ1#MDTG4M34、北京房山长沟 M5、河北保定唐县高昌 M12、河北保定唐县高昌 M53）

量不多。内丘张夺 10NDZ2#MDTG2M32，西、北、东三面有生土二层台，上有横向盖板痕迹，内置一棺，陪葬品位于墓主头前棺外偏东侧，仅 1 件（图 5-24：3）。河北保定唐县高昌墓地中的 M15 的竖穴两长壁有二层台（图 5-24：6），M17 的竖穴三壁有二层台（图 5-24：5），M89 的竖穴四壁有二层台（图 5-24：7）。

Bf 型　单人葬，与另一墓葬并穴，位于同一大坑内，是在坑之底部并排挖成两个长方形的小坑，形成小坑四边有二层台、中间为一矮墙的结构。北京昌平史家桥 M17，与 M16 并穴，位于平面近正方形的大坑内，四边有二层台，宽约 20 厘米，中间为矮墙，M16 内为瓮棺葬，葬 1 小孩，M17 有木棺，内葬 1 人，头部距北侧二层台有一定距离，但无陪葬品（图 5-24：4）。

C 型　有木棺，无椁，有头箱，不见二层台，单人葬。基本是口、底同大，墓壁直。北京市房山长沟 M29，骨架 1 具，木棺已朽，有头箱，内置 1 陶罐（图 5-25：1）；M77，骨架 1 具，头部棺外有头箱，置陶钵等（图 5-25：2）。

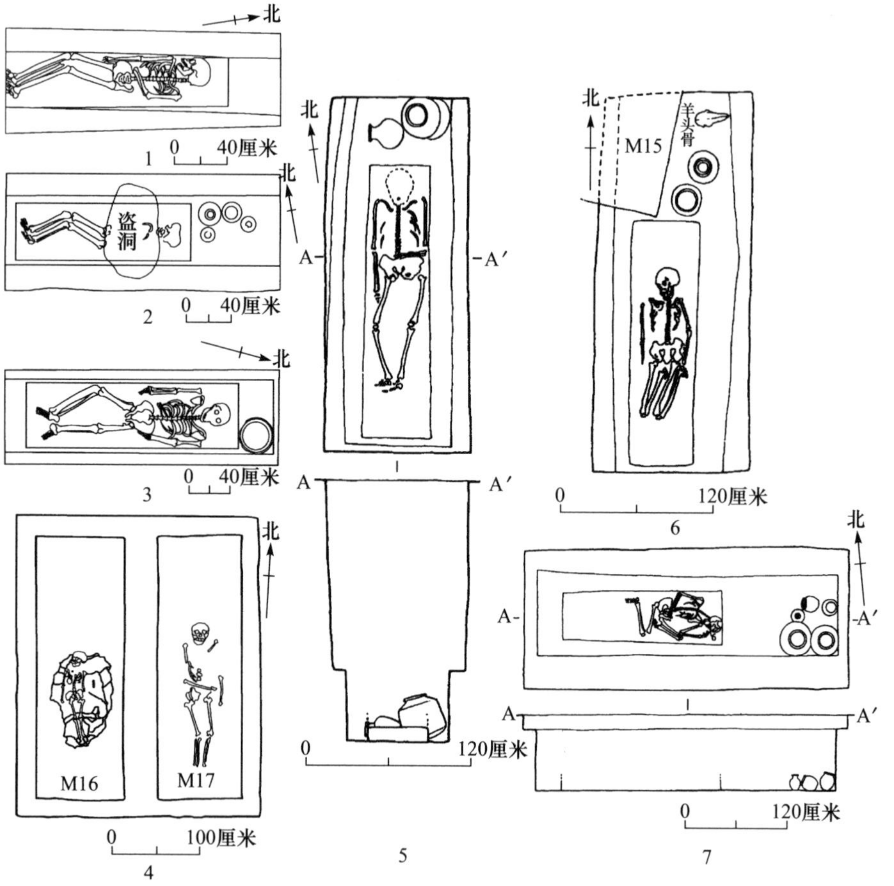

图 5-24　甲类 Be、Bf 型屈肢葬墓

1～3、5～7. Be 型（河北邢台内丘张夺 10NDZ2#MDTG1M18、河北邢台内丘张夺 09ⅡTG2M9、河北邢台内丘张夺 10NDZ2#MDTG2M32、河北保定唐县高昌 M17、河北保定唐县高昌 M15、河北保定唐县高昌 M89）4. Bf 型（北京市昌平史家桥 M16 与 M17）

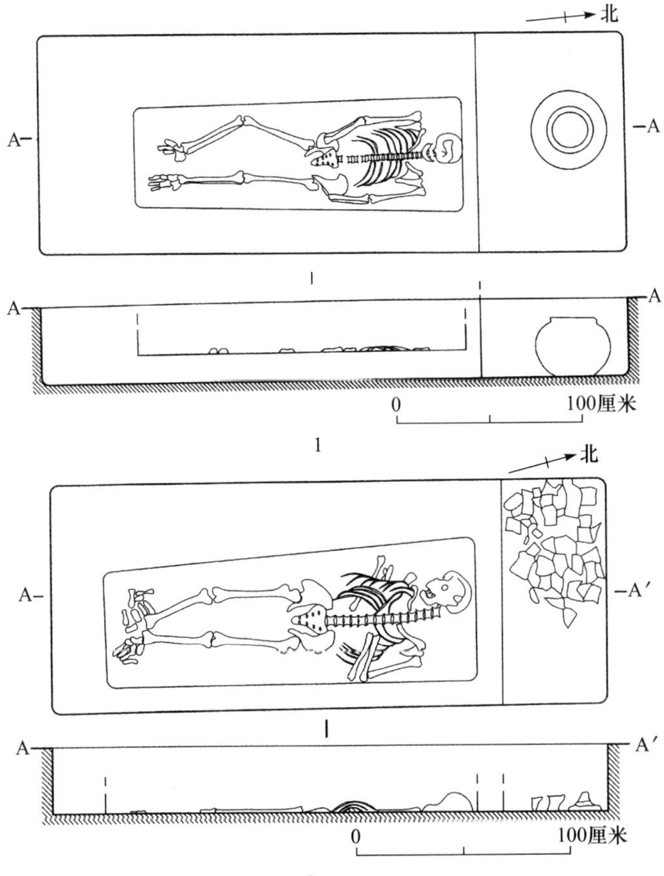

图 5-25　甲类 C 型屈肢葬墓

1. 北京房山长沟 M29　2. 北京房山长沟 M77

D 型　有木椁和棺，部分有头箱或边箱等设施，部分在椁内棺外墓主头前放置一定数量的陪葬品，但不一定有头箱，或头箱痕迹不明显，一些墓葬有生土二层台。根据相关设施的不同，可分为三亚型。

Da 型　无边箱，椁内棺外墓主头前放置一定数量的陪葬品，或无头箱，或头箱痕迹不明显，个别墓葬的头箱明显。河北元氏县南程村 M1014 与北京昌平半截塔 M18，陪葬品位于墓主头前棺外，有一定的面积，北京半截塔 M18 无生土二层台，元氏县南程村 M1014，在距墓口 1.2 米处留有生土二层台，葬具为一棺，二层台内壁有木椁，已被毁，局部可见木灰痕迹，墓主头前棺外椁内有较宽的长方形，置陶壶 3 件（图 5-26：1）。河北保定唐县高昌 M75 与 M108 的竖穴均较窄长，M75 无头箱，陪葬陶器置于椁内棺外墓主头前（图 5-26：2），M108 有头箱，内置陶瓮、罐、碗等

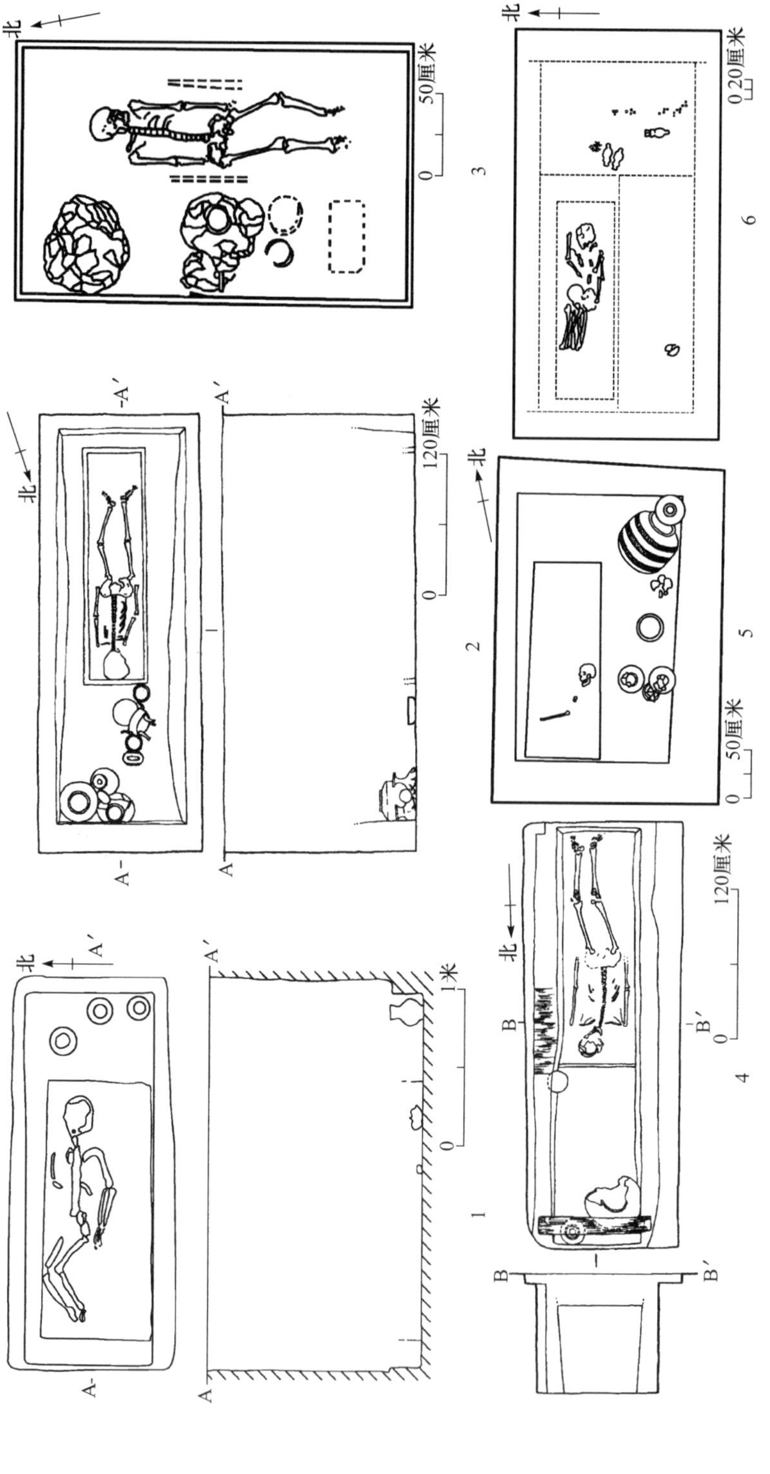

图 5-26　甲类 D 型屈肢葬墓

1、2、4. Da 型（河北元氏县南程村 M1014、河北保定唐县高昌 M75、河北保定唐县高昌 M108）　3、5. Db 型（北京市怀柔城北 M61、河北廊坊大坨头 M3）　6. Dc 型（河北邯郸渚河桥 M5）

（图 5-26：4）。河北易县燕下都 M34，未见二层台，虽发掘简报叙述其无葬具，但从墓葬平面图来看，骨架四周空余面积较大，葬具应是已朽不见，推测至少为一棺，墓主头部摆放的陪葬品较为集中，包括陶人俑、马俑、鼎、罐、瓮、碗等，且与墓主头部有相应间隔，但墓主骨架的两侧及脚部均不见陪葬品，推测墓主头部可能有头箱，其内放置陪葬物品，但痕迹不明显，结合陪葬品来看，墓葬具有相应的等级，在棺及头箱外还应有木椁。虽然本书依据简报公布资料将该墓归入甲类 Aa 型，但其属于本型的可能性较大。河北邢台曹演庄 M25 与易县燕下都 M34 较为相似，亦可能如此。

Db 型　有边箱，无头箱。北京市怀柔城北 M61（图 5-26：3）、河北廊坊大坨头遗址 M3（图 5-26：5）等，棺位于一侧，椁内另一侧为边箱，其内成排摆放陪葬品。

Dc 型　边箱、头箱均有。河北邯郸渚河桥 M5，椁室呈“Ⅱ”形，西部北侧为棺室，内置木棺一具，另有头箱、边箱各一，头箱居东，边箱与棺室并列，头箱、边箱内均有陪葬品，以头箱内居多（图 5-26：6）。

E 型　砖砌椁室，内置木棺，基本为单人葬。河北邢台内丘张夺 09ⅡTG7M21，土坑下部修葺砖椁，四壁较规整，南北两侧墙宽，为顺砖对缝平砌 6 层；东西两侧墙窄，为单砖表砌 2 层，底东西向平铺 2 排。砖椁内置 1 木棺，陪葬品位于墓主头前棺外偏北侧（图 5-27：1）。河北邯郸渚河桥 M6 亦为单室单人葬，但有木板盖顶。河北河间东文庄 M10，竖穴土坑，椁四壁及底均为砖砌，上部覆盖大量板瓦、筒瓦片（图 5-27：2）。

F 型　瓦砌椁室，内置木棺。天津市北郊双口镇汉墓，为双人葬。墓坑下部墓壁由一层筒瓦砌成，子口朝上，层层竖立，四壁相连，上部用筒瓦和半瓦当覆盖，顶有筒瓦，底部铺垫陶板瓦、筒瓦及其他陶器残片（图 5-27：3、4）。其内置二木棺，西部棺葬成年男性，仰身直肢，东部棺底铺有一层白灰，葬成年女性，下肢向西弯曲。女性无陪葬品，男性有相关器物陪葬。

乙类　平面刀形或近凸字形，一窄边有平面近梯形的斜坡墓道，墓道偏向一侧长边。墓室位于竖穴底部，平行或错位置放二漆木棺，每棺葬 1 人，部分墓室还有相关设施。根据葬具及相关设施等的差异，可分为二型。

A 型　有木椁或砖、石椁。河北平泉杨杖子村汉墓，长方形墓坑南侧有平面梯形的墓道，墓道近居中，微偏西侧，竖穴四壁稍内收，底部置木椁，椁内并置两棺，东侧棺所葬人为仰身，下肢弯曲，朝向西侧，西侧棺葬人情况不详，从陪葬的印章等物看，为男性，主要陪葬品位于二棺头档外侧，竖穴底部两长侧有 2 条平行的排水沟（图 5-28：1）。河北保定唐县高昌

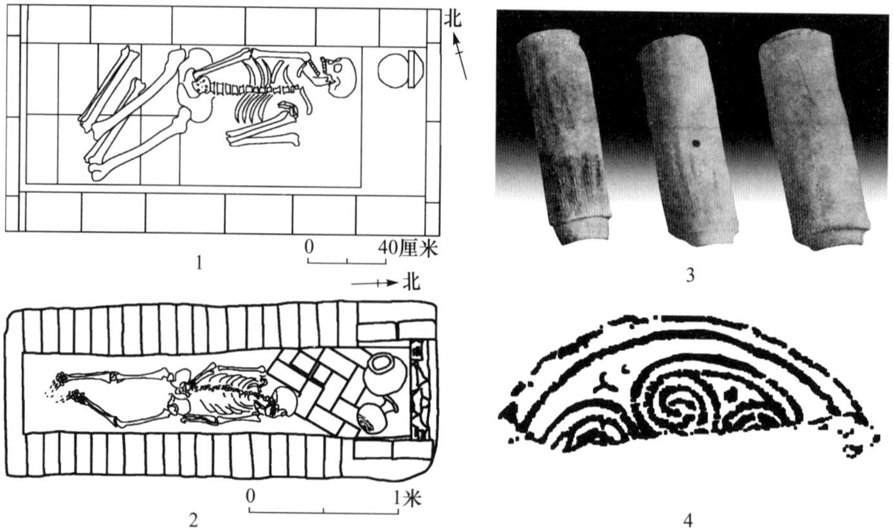

图 5-27　甲类 E、F 型屈肢葬墓
1、2. E 型（河北邢台内丘张夺 09ⅡTG7M21、河北河间东文庄 M10）
3、4. F 型（天津市北郊双口镇汉墓使用的陶筒瓦及瓦当）

M94，长方形墓坑南侧为墓道，南端底平，向北 3 米左右呈斜坡状，墓道平面位置偏西，竖穴底部砌砖椁，上用砖石压盖，椁内北端为两组陪葬品，南端平行置 2 棺，东棺小，内葬 1 女性，右下肢屈曲较甚，西棺大，内葬 1 男性，左下肢微屈，整体可视为直肢葬，二棺之间有砖槽（图 5-28：2）。

B 型　无木椁及其他设施。北京市昌平史家桥 M43，长方形墓坑不甚规整，东南侧为墓道，亦不甚规整，接近长方形，东壁与墓坑壁相连。墓坑底部置二棺，错位明显，东侧棺所葬人为侧身屈肢，西侧棺葬人为仰身直肢。主要陪葬品位于二棺头档外侧（图 5-28：3）。

丙类　平面呈刀形或十字形，竖穴墓道位于一侧，平面呈长梯形，墓道下部一侧掏挖有长方形洞室，顶部弧形，内葬二人。根据葬具及相关设施等的差异，可分为二型。

A 型　平面呈十字形，葬具为木质棺椁，并有甬道、门等。河北涉县索堡 M1，为竖穴土洞砖木室墓（图 5-28：4）。洞口平面呈矮梯形，墓门前面竖立并排九块木板将门口封闭，板外侧叠砌砖墙，砖墙外壁又有横向两块木板。洞口向里为甬道，平面呈长方形。洞室顶为由高向低下斜形的拱券式。洞室内用砖和木板砌筑成长方形椁室，左右两壁及后壁皆用单砖平砌，顶用 27 块木板横置平铺，底用长条形砖作人字形平铺。椁室内靠右侧有棺木一具，葬一男性，仰身，右下肢屈肢，靠左中下部葬另一人，女性，直肢。

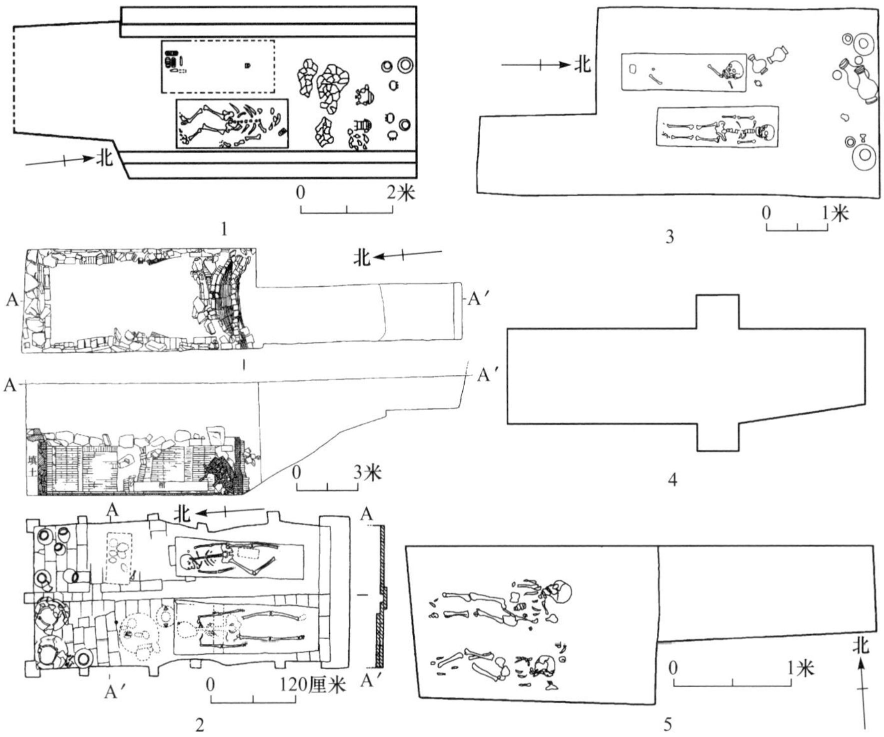

图 5-28　乙类、丙类屈肢葬墓

1、2. 乙类 A 型（河北平泉杨杖子村汉墓、河北保定唐县高昌 M94）　3. 乙类 B 型（北京市昌平史家桥 M43）　4. 丙类 A 型（河北涉县索堡 M1）　5. 丙类 B 型（河北阳原三汾沟 M4B）

B 型　平面呈刀形，无棺椁等葬具及相关设施。河北阳原三汾沟 M4B，竖穴墓道的西侧为不规则长方形洞室，顶部弧形，无棺椁痕迹，亦无陪葬品。葬二人，为两小孩，均侧身屈肢（图 5-28：5）。

（二）陪葬品

京津冀地区的汉代屈肢葬墓，部分遭盗扰破坏，部分未遭盗掘，就陪葬物品而言，体现出多寡不一、或有或无的特征，陪葬品的出土位置、数量、质地及种类等均有差别。

1. 出土位置

表现形式多样，结合上文对墓葬形制的分析来看，大致包括以下几种形式。

（1）无陪葬品。

一些墓葬因遭盗掘破坏较为严重，无陪葬品，但还有相当数量的墓葬未遭盗扰，亦无陪葬品。河北藁城台西、邢台内丘张夺及北京市昌平史家桥等地均发现有相关墓葬。河北藁城台西有 M43、M74 等墓葬，无葬具，北京市昌平史家桥 M17、河北邢台内丘张夺 09ⅡTG3M52 与 M57、10NDZ1#MDTG4M34 与 Z2#MDTG1M18 等均有木棺。

（2）墓穴内无葬具。骨架前有陪葬品，以陶器为主，大多墓葬陪葬物品数量较少，罐较常见，其他位置不见陪葬品。墓葬数量不多，河北藁城台西 M9，墓主骨架前西北角有 1 陶罐。河北易县燕下都 M34 及邢台曹演庄 M25 也可能如此，但就上文分析，二墓可能有棺椁，则属于其他形式。

（3）墓穴内有棺无椁，又可分为两种情况。

第一，棺的头档外摆放陪葬品，或无头箱，或有头箱，其他位置不见。墓葬数量多，北京市房山长沟 M5 无头箱，M29 与 M77 均有头箱，陪葬品均为陶器；昌平史家桥 M2 的屈肢葬者棺的头档外摆放陶器。河北邢台内丘张夺的 10NDZ2#MDTG1M9 与 TG2M32 等无头箱，头挡外置放陶器。

第二，棺的头档外摆放陪葬品，或无头箱，或有头箱，多摆放陶器，棺内也有一定数量或不同种类的物品，如钱币、带钩等，多金属质地，应是随墓主尸身敛葬于棺内。河北元氏县南程村 M3004，棺的头挡外有一定数量的陶器，棺内出土铜镜、五铢钱币、带钩等；邯郸建设大街 HWM13，棺内出土带钩等，头挡外有 1 件陶器；邢台内丘张夺 09ⅡTG2M9，墓主口内含铜钱币，头挡外有壶、罐、钵等陶器。

（4）墓穴内有棺和椁，又可分为四种情况。

第一，椁内棺的头挡外（可能有头箱）放置陪葬品，多为陶器，其他位置不见。河北邢台内丘张夺 09ⅡTG7M21、河间东文庄 M10 皆为砖椁，椁内棺的头挡外放置少量陶器。北京市昌平史家桥 M43，屈肢葬者的棺头当处有陶器，头箱内还有一定数量的陶器。河北易县燕下都 M34 若有葬具，当属此类情况。

第二，椁内棺旁侧的边箱放置器物，多为陶器。河北廊坊大坨头 M3、北京市怀柔城北 M61，出土器物均位于边箱中。

第三，椁内棺外的边箱与头箱均放置器物。河北邯郸渚河桥 M5，头箱及边箱均有相关陪葬品，以陶器为主。

第四，椁内棺外皆有出土，棺内物品多金属质地，应是随墓主尸身敛葬于棺内，棺外以头箱常见，多放置陶器。河北元氏县南程村 M1014，棺头挡外放置 3 件陶壶，棺内墓主口部含一钱币；平泉杨杖子村汉墓，二棺错位并列，头箱内有较多器物，屈肢葬者的棺内有钱币等；邢台曹演庄 M25 若有葬具，当属此类情况。

大致来看，陪葬品的有无及其出土位置的不同，尤其摆放方式简易与复杂的区别，在某种程度上可能会与墓葬等级或墓主的身份及经济实力等有一定的关系。

2. 数量与质地

有陪葬品者，数量多寡不一。少者仅1件，如河北邢台内丘张夺10NDZ2#MDTG2M32，仅有陶盆1件，09ⅡTG7M21、10NDZ2#MDTG1M9均出土陶罐、钵各1件，但从出土情况分析，应为1件器物，即带盖罐，类似的器物在较多汉代墓葬中均有发现，如河南新乡老道井东周至汉代墓群等，而且新乡老道井东周至汉代墓群中，出土此类器物的墓葬，葬式有相当部分为屈肢葬①。北京市房山长沟M77，头箱内放置陶器，资料公布为残陶钵1件，线图无底，但从墓葬平面图及照片来看，头箱内陶片较多，除陶钵外，应该还有陶罐1件②（图5-29），推测二者在一起应该也是带盖

图5-29　北京房山长沟M77及头箱出土遗物

① 河南省文物局. 新乡老道井墓地［M］. 北京：科学出版社，2011：135、138-140、165、187等.

② 北京市文物研究所. 长沟汉墓［M］. 北京：科学出版社，2019：图版二四-3，4.

罐。河北保定唐县高昌墓地中的较多墓葬为陶罐与陶碗同出，其中一些陶碗的形制与河北邢台内丘张夺墓地出土陶盖罐的盖形制相同①，推测部分为罐盖。有的仅2件器物，如河北邯郸建设大街HWM13，棺内有1件铜带钩，棺外有1件陶罐。其他如河北元氏县南程村M1014，棺外3件陶壶，棺内有1件作为口琀的铜钱币；邢台内丘张夺09ⅡTG2M9，棺外有2件陶壶和1件带盖罐，棺内有1件作为口琀的铜钱币。有些墓葬的陪葬品较多，北京市怀柔城北M61有13件，河北易县燕下都M34有18件（组），河北涉县索堡M1葬二人，共同的陪葬品近50件。陪葬品数量的不同与墓葬的规模、形制、等级、合葬形式等应有一定关系，也在一定程度上体现出墓主身份地位等的差别。

陪葬品的质地也相对单一，种类亦较少。陶器居多，所占比例较大，以泥质灰陶为主，另有少量泥质红陶或其他陶质。铜、铁、漆木、骨等质地器物有一定数量（图5-30），但所占比例较小，除钱币外，所属墓葬不多。个别夫妻同穴合葬墓中的铜器数量相对稍多，如河北平泉杨杖子村汉墓，有钱币、镜、印章、銺、筒形器、洗等8件（组），邯郸涉县索堡M1有五铢钱币及专作明器使用的小型车马饰件等22件（组）。铁、漆木、骨质器物均相对较少，玉器及金银器等不见，而如河北保定唐县高昌M94的女性（屈肢葬者）头部有绿松石管，可能为头部的装饰物，此类器物在其他较多屈肢葬墓中也基本不见，这一方面说明高昌M94墓主的身份地位可能稍高，同时也折射出较多屈肢葬墓的墓主身份地位整体相对较低的特征。铜质器物部分与日常生活有关，如平泉杨杖子村汉墓出土的相关器物，部分则与丧葬有关，如涉县索堡M1出土小型车马饰件的明器特征即十分突出，这与汉代铜质陪葬品日趋生活化与明器化的发展特征较为相符。就钱币而言，基本为铜质，部分具有生活化特征，是拥有财富的体现和象征，部分则融入丧葬之中，很多钱币被墓主含在口中即是证明，如河北元氏南程村M3004。用钱币而非玉质口琀，一方面说明墓主的地位不高，另一方面也体现出相应葬俗的发展。陪葬品中铁、骨、漆木器基本为生活类器物，如铁带钩、刀与骨簪、饰件及漆奁等，明器少见或不见。

3. 器物类型

从器物种类来看，陶器主要包括陶礼器和日用陶器两大类，有少量陶俑，不见模型明器（图5-31）。陶礼器主要包括鼎、豆、盒、壶等，无陶

① 南水北调中线干线工程建设管理局，河北省南水北调工程建设领导小组办公室，河北省文物局. 唐县高昌墓地发掘报告［M］. 北京：文物出版社，2010：232.

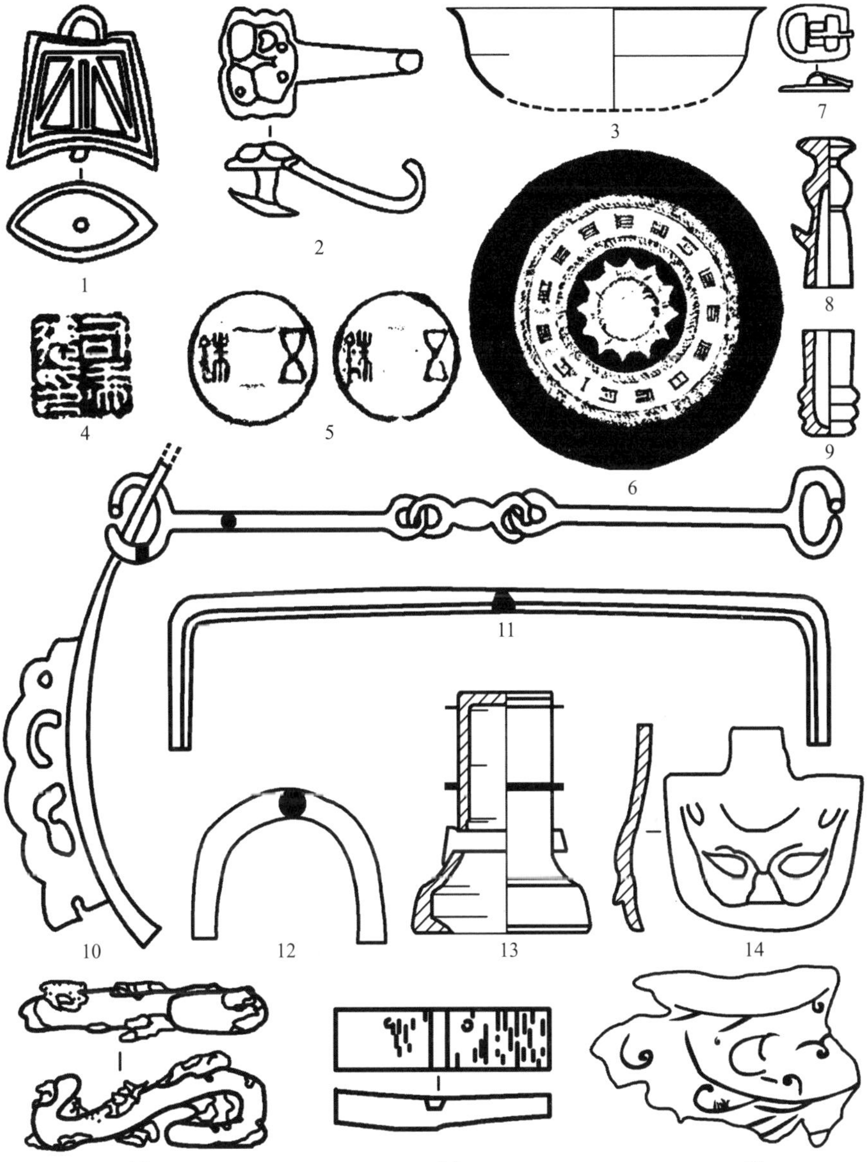

图 5-30　京津冀地区汉代屈肢葬墓土的部分铜、铁、骨、漆器

1. 铜铃（河北涉县索堡 M1：17） 2. 铜带钩（河北邯郸建设大街 HWM13：2） 3. 铜釜（河北廊坊大坨头遗址 M3：4） 4. 铜印章、5. 铜五铢钱币、17. 漆器残片（河北平泉杨杖子村汉墓出土） 6. 铜镜、7. 铜带扣（河北元氏县南程村 M3004：1、河北元氏县南程村 M3004：3） 8. 铜盖弓帽、9. 铜衡末轭首饰（河北邯郸渚河桥 M6 出土） 10. 铜衔镳、11. 铜较、12. 铜轙、13. 铜軎、14. 铜兽面车饰（河北涉县索堡 M1：22） 15. 铁带钩、16. 骨饰件（河北涉县索堡 M1：23、河北涉县索堡 M1：24）

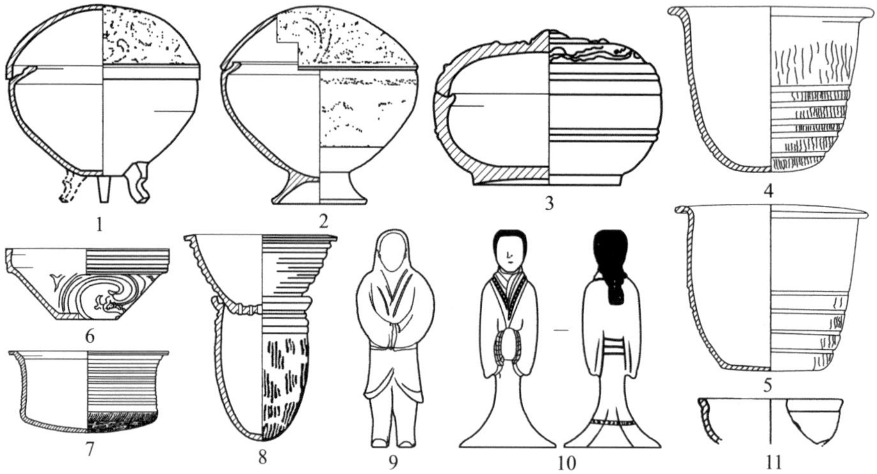

图 5-31　京津冀地区汉代屈肢葬墓出土的部分陶器

1. 鼎、2. 豆（北京市怀柔城北 M61 出土） 3. 盒（河北邢台曹演庄 M25：6） 4、5. 北京市房山长沟 M5 出土釜（M5：1、M5：2） 6. 碗（河北易县燕下都 M34：13） 7. 盆（河北邢台内丘张夺 10NDZ2#MDTG2M32：1） 8. 甗（河北涉县索堡 M1：16） 9、10. 侍俑（河北邯郸渚河桥 M5：1、河北易县燕下都 M34：5） 11. 钵（北京市房山长沟 M77：1）

钫，这与不见模型明器一样，应该是该类墓葬的特征之一。陶礼器极少成套或成组出现，多者两类搭配，少者仅见一类，而且鼎、豆、盒仅出土于个别墓葬中，数量较少，数量较多的为陶壶，这在一定程度上体现出陪葬品趋于生活化的特征。日用陶器主要包括罐、瓮、釜与甑、盆、碗等，釜与甑、盆、碗等仅出土于个别墓葬中，罐较常见，相应的组合较少。陶俑基本为侍俑，种类单一。下文仅就较为常见的陶壶、罐做相关分析。

壶　盘口，弧颈，溜肩，鼓腹。根据有无圈足或假圈足，可分为二型。

A 型　有圈足或假圈足，腹部有铺首衔环，个别器物残无。根据圈足或假圈足的不同，可分为二亚型。

Aa 型　圈足弧外侈。河北元氏县南程村 M1014 出土 2 件。盘口不甚明显，近呈斗状，溜肩较甚，垂腹明显，圜底。腹下部及圈足饰简单纹饰。南程村 M1014：2，腹部略圆鼓，有铺首，位于腹部略偏上（图 5-32：1）。南程村 M1014：1，腹壁略直，铺首残无（图 5-32：2）。

Ab 型　假圈足，壁斜外侈。河北邯郸涉县索堡 M1：12，盘口明显，束颈，扁鼓腹，腹中上部饰数组凸弦纹，铺首位于中部偏下，平底稍内凹（图 5-32：3）。

B 型　无圈足或假圈足，平底。根据盘口的不同，可分为二亚型。

Ba 型　口呈仰盘状。根据颈、腹、底等的变化，可分为二式。

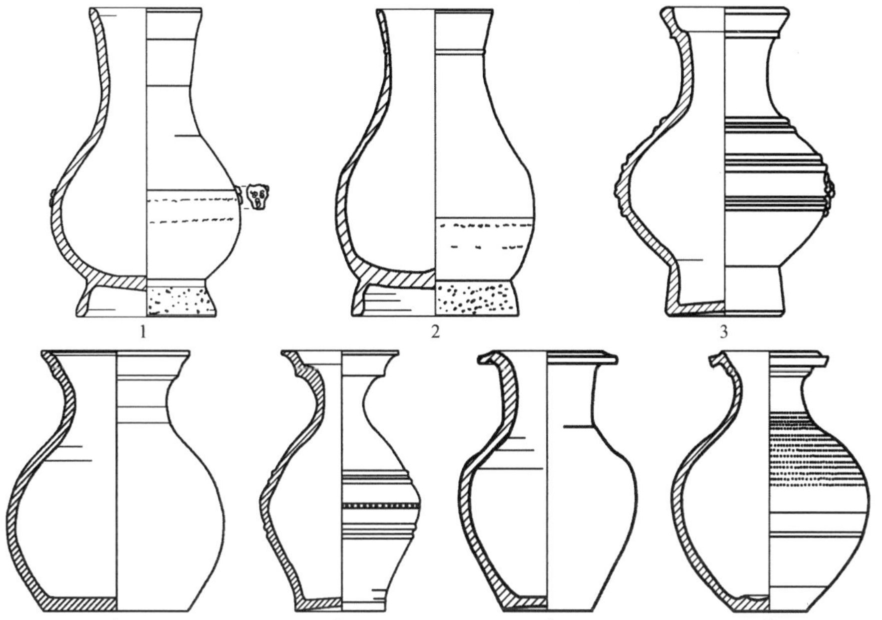

图 5-32　京津冀地区汉代屈肢葬墓出土陶壶

1、2. Aa 型（河北元氏县南程村 M1014：2、河北元氏县南程村 M1014：1） 3. Ab 型（河北涉县索堡 M1：12） 4. Ba 型Ⅰ式（河北邢台内丘张夺 09ⅡTG2M9：3） 5. Ba 型Ⅱ式（河北邢台曹演庄 M25：1） 6. Bb 型Ⅰ式（河北涉县索堡 M1：10） 7. Bb 型Ⅱ式（河北邢台曹演庄 M25：5）

Ⅰ式：颈部略粗，扁鼓腹，宽平底。河北邢台内丘张夺 09ⅡTG2M9：3，颈部饰两道细弦纹（图 5-32：4）。

Ⅱ式：细颈，腹下部较高，壁弧内收，底小，微内凹。河北邢台曹演庄 M25：1，腹部有四道凸棱，凸棱间有一圈刻划的小圆圈（图 5-32：5）。

Bb 型　口呈覆盘状。根据颈、腹、底等的变化，可分为二式。

Ⅰ式：颈部略粗，腹上部圆鼓，下部斜弧内收，底稍宽，微内凹。河北涉县索堡 M1：10，口部覆盘状明显，肩部略圆鼓，颈内部有凹凸弦纹（图 5-32：6）。

Ⅱ式：细颈，腹较鼓，下部斜内收，底小。河北邢台曹演庄 M25：5[①]，口部覆盘状不甚明显，底内部突出一棱，腹部饰弦纹及麻点纹（图 5-32：7）。

罐　鼓腹，平底，部分素面无纹，部分饰有纹饰。根据盖的有无，可分为二型。

A 型　有盖。根据盖的形制及盖与罐扣合情况的不同，可分为三式。

① 原简报将其定为罐，但其形制更接近壶，故在此处分析。

Ⅰ式：盖呈钵状，平底，弧腹，近口部略直。盖口径大于罐口径，扣合后盖住罐的口及领或颈部。河北邢台内丘张夺 09ⅡTG7M21：1-2，钵形盖底部微内凹，口微敛。罐口部残，腹较鼓，上部有相关纹饰，底略宽（图 5-33：1）。河北邢台内丘张夺 09ⅡTG2M9：4-5，钵形盖口微敞。罐敞口，斜直领，圆鼓腹，底较宽，微内凹（图 5-33：2）。

Ⅱ式：盖呈钵状，平底，弧腹，有凹凸纹，近口部略直。盖口径与罐口径基本相同，扣合后位于口上部。河北邢台内丘张夺 10NDZ2#MDTG1M9：1-2，钵形盖口微敛。罐为侈口，外敞，圆鼓腹，下部饰绳纹，底略小，稍内凹（图 5-33：3）。北京市房山长沟 M77 出土带盖罐，极残，钵口微敞。

Ⅲ式：盖由饼状顶和柱状柄组成，柄上端实心，下端中空，削棱明显。饼状顶直径与罐口径基本相同，柄径小，可插入罐中。河北元氏县南程村 M3004：6-7，罐为盘口，外敞，短颈，腹竖向略扁鼓（图 5-33：4）。

B 型　无盖，根据口、颈及领等的不同，可分为五亚型。

Ba 型　覆盘口。根据口、颈、腹、底等的变化，可分为二式。

Ⅰ式：口沿宽圆，颈部较直，腹部圆鼓，底无内凹。河北邯郸建设大街 HWM13：1，腹横向圆鼓，底稍宽，肩部饰数周暗弦纹，下腹近底部有“邯亭”圆形戳记两个（图 5-33：5）。河北保定易县燕下都 M34：8，腹竖向圆鼓，底略窄，腹下部饰绳纹（图 5-33：6）。

Ⅱ式：口沿扁尖，颈部斜弧，腹略扁鼓，底稍小，微内凹。河北涉县索堡 M1：7，肩及腹部有两条平行外凸宽带，内饰阴凹锯齿纹，腹下部及底饰细绳纹（图 5-33：7）。

Bb 型　仰盘口，近直口，短颈，鼓肩，肩及腹上部有纹饰。根据肩、腹及底部的变化，可分为二式。

Ⅰ式：唇略扁尖，扁略鼓，腹横向扁鼓，宽底稍内凹，底径略大于口径。河北涉县索堡 M1：6，肩及腹上部饰锯齿纹（图 5-33：8）。

Ⅱ式：唇略圆，鼓肩明显，腹较圆鼓，窄底无内凹，近圜底，底径小于口径。北京市房山长沟 M29：1，肩及腹上部饰宽带纹，上部宽带内饰绳纹（图 5-33：9）。

Bc 型　敞口，斜领。根据领、口、肩等的变化，可分为二式。

Ⅰ式：领微外斜，口略敞，圆唇，鼓肩，腹圆鼓，底稍内凹，底径略小于口径。河北涉县索堡 M1：4，肩部饰凹凸纹，腹下部及底饰篮纹（图 5-33：10）。

Ⅱ式：领外斜明显，口外侈较甚，唇方折，溜肩，扁鼓腹，底无内凹，底径与口径接近或稍小。河北平泉杨杖子村汉墓罐 1，领略矮，腹竖向扁

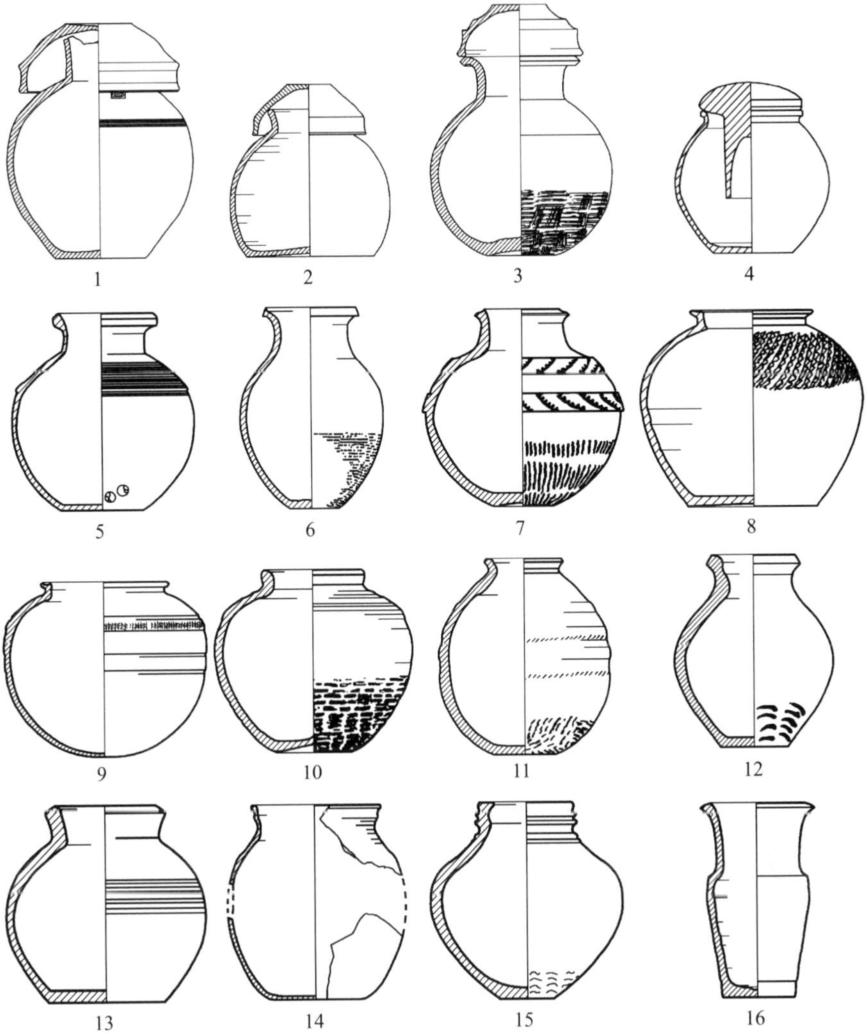

图 5-33　京津冀地区汉代屈肢葬墓出土陶罐

1、2. A 型Ⅰ式（河北邢台内丘张夺 09ⅡTG7M21：1-2、河北邢台内丘张夺 09ⅡTG2M9：4-5） 3. A 型Ⅱ式（河北邢台内丘张夺 10NDZ2#MDTG1M9：1-2） 4. A 型Ⅲ式（河北元氏县南程村 M3004：6-7） 5、6. Ba 型Ⅰ式（河北邯郸建设大街 HWM13：1、河北易县燕下都 M34：8） 7. Ba 型Ⅱ式（河北涉县索堡 M1：7） 8. Bb 型Ⅰ式（河北涉县索堡 M1：6） 9. Bb 型Ⅱ式（北京市房山长沟 M29：1） 10. Bc 型Ⅰ式（河北涉县索堡 M1：4） 11～13. Bc 型Ⅱ式（河北平泉杨杖子村汉墓罐 1、5、2） 14. Bd 型Ⅰ式（北京市房山长沟 M5：3） 15. Bd 型Ⅱ式（河北平泉杨杖子村汉墓罐 4） 16. Be 型（河北藁城台西 M9：1）

鼓，腹中上部饰凹凸纹及 2 组斜线纹，下部饰绳纹（图 5-33：11）。平泉杨杖子村汉墓罐 5，领稍高，腹竖向扁鼓，腹下部压印篮纹（图 5-33：12）。平泉杨杖子村汉墓罐 2，领稍高，腹横向扁鼓，宽底，腹上部饰两组弦纹

（图 5-33：13）。

Bd 型　领略高，外壁有凸楞纹，溜肩，底径小于口径。根据领、口、腹、底的变化，可分为二式。

Ⅰ式：领微外侈，敞口，腹圆鼓，底径略小于口径。北京房山长沟 M5∶3，领外壁凸棱纹不甚明显（图 5-33：14）。

Ⅱ式：直领，口内敛，方唇，腹扁鼓，底径明显小于口径。河北平泉杨杖子村汉墓罐 4，领外壁凸棱明显，内壁有一周内凹，腹下部饰细绳纹（图 5-33：15）。

Be 型　高领，弧外侈，敞口，尖唇。河北藁城台西 M9∶1，形体不大，领的高度稍小于罐体的高度，肩部微折，腹略鼓，最大径靠上，腹壁斜直，至底部微弧内收（图 5-33：16）。

（三）分期与断代

关于京津冀地区汉代屈肢葬墓的年代，相关发掘简报或报告皆有分析和论述，在此基础上，结合前文有关章节对墓葬形制与陪葬品的分析，可将京津冀地区汉代屈肢葬墓分为三期（表 5-1、表 5-2）。

表 5-1　京津冀地区汉代屈肢葬墓形制分期表

墓葬形制 \ 分期			一期		二期		三期	
			Ⅰ段	Ⅱ段	Ⅰ段	Ⅱ段	Ⅰ段	Ⅱ段
甲类	A	a	√	√				√
		b		√				
		c		√				
	B	a					√	
		b	√	√				
		c						√
		d	√	√	√			
		e	√	√	√		√	
		f						√
	C					√		
	D	a	√			√	√	
		b			√		√	
		c			√			
	E			√		√		√
	F			√				

续表

墓葬形制＼分期		一期		二期		三期	
		Ⅰ段	Ⅱ段	Ⅰ段	Ⅱ段	Ⅰ段	Ⅱ段
乙类	A					√	√
	B						√
丙类	A			√			
	B					√	

表 5-2　京津冀地区汉代屈肢葬墓出土陶壶、罐分期表

型/式＼分期				一期		二期		三期	
				Ⅰ段	Ⅱ段	Ⅰ段	Ⅱ段	Ⅰ段	Ⅱ段
陶壶	A	a						√	
		b				√			
	B	a	Ⅰ			√			
			Ⅱ						√
		b	Ⅰ			√			
			Ⅱ						√
陶罐	A	Ⅰ			√	√			
		Ⅱ				√	√		
		Ⅲ						√	
	B	a	Ⅰ	√	√				
			Ⅱ			√			
		b	Ⅰ			√			
			Ⅱ				√		
		c	Ⅰ			√			
			Ⅱ						√
		d	Ⅰ		√				
			Ⅱ						√
		e			√				

一期：可分为两段。

Ⅰ段：主要包括甲类 Aa 型、Bb 型、Bd 型、Be 型、Da 型墓葬。河北易县燕下都 M34 很可能有葬具及相关设施，属 Da 型墓葬的可能性较大。陪葬品中的陶壶与罐主要为 Ba 型Ⅰ式陶罐等，部分墓葬无陪葬品。出土的陪葬品中，陶礼器仅见鼎，组合不全，日用陶器有罐、瓮等，另有陶俑、钱币等。相关墓葬不多。河北邢台内丘张夺 09ⅡTG3M52 与 M57 无出土物，形制与所在地区的秦代墓葬接近。河北保定唐县高昌 M15 与 M17 出土陶器以罐为主，时代较早。保定易县燕下都 M34 出土器物略多，生活类器物、陶俑等早期特征明显。该墓内出土 1 枚大半两，直径 2.8 厘米，据发掘简报描述，燕下都 M34～M36 出土半两钱币 73 枚，只有 M34 出大半两 1 枚，其余 72 枚均为小半两，直径 2.4 厘米[①]。M34 仅出土钱币 1 枚，为直径 2.8 厘米的大半两。参考西汉时期半两钱币的直径，榆荚半两的直径在 2 厘米以下，八铢半两直径为 2.7～2.8 厘米或稍大，四铢半两的直径大多在 2.2～2.4 厘米，推测燕下都 M34 出土的大半两钱币应为八铢半两，该墓无四铢半两钱币出土。由此来看，该段的时代大致相当于西汉早期偏早阶段，具体为汉文帝颁行四珠半两钱币（前 175 年）之前。

Ⅱ段：主要包括甲类 A 型（含 Aa、Ab、Ac 型）、Bb 型、Bd 型、Be 型、E 型、F 型墓葬及 A 型Ⅰ式、Ba 型Ⅰ式、Bd 型Ⅰ式、Be 型陶罐等，部分墓葬无陪葬品。墓内出土的陪葬品多为陶罐，个别有陶盆等，大多为 1 件，多者也仅 3 件左右，陶礼器、俑、钱币等极少或不见。相关墓葬稍多，主要墓葬有北京市房山区长沟 M5、天津市北郊双口镇汉墓、河北邯郸建设大街 HWM13 与 HWM15、保定唐县高昌 M12 与 M53，河北藁城台西 M9、M43、M74 及邢台内丘张夺 09ⅡTG7M21、10NDZ1#MDTG4M34、TG1M18 与 TG2M32 等。其中保定唐县高昌 M12 与 M53，发掘报告将二者定为西汉早期，高昌 M12 出土陶罐的时代稍晚，可定为该段，M53 仅出土铜带钩 1 枚，时代或更早，综合墓葬形制及墓主屈肢葬的程度，定在本段较为合适。大致来看，本段时代基本相当于西汉早期偏晚阶段，具体为文景时期至武帝颁行五铢钱币（前 118 年）之前。

二期：可分为两段。

Ⅰ段：主要包括甲类 Bd 型、Be 型、Db 型、Dc 型与丙类 A 型墓葬，Ab 型、Ba 型Ⅰ式、Bb 型Ⅰ式壶，A 型Ⅰ式与Ⅱ式、Ba 型Ⅱ式、Bb 型Ⅰ式、Bc 型Ⅰ式罐等。陪葬品的多寡不一，部分墓葬仅 1 件器物，部分则多达 10 余件，陪葬品较少的墓葬，陪葬品的种类和数量均较少。生活类陶器所占比例大，而且种类多。陶礼器在一些陪葬品稍多的墓葬中有所发现，少量墓葬出土种类较多，包括鼎、盒、壶等。部分墓葬有较多模型车马器，陶俑、钱币、铜镜等仅在少量墓葬中有所发现，时代特征明显。相关墓葬有一定数量，主要墓葬有河北邢台内丘张夺 09ⅡTG2M9 与 10NDZ2#MDTG1M9、邯郸涉县索堡 M1 与渚河桥 M5、北京市怀柔城北 M61 等。怀柔城北 M61

① 河北省文化局文物工作队. 1964-1965 年燕下都墓葬发掘报告［J］. 考古，1965（11）.

出土陶器具有西汉中期偏早的特征；邯郸渚河桥M5出土陶俑有早中期过渡特征，且中期特点较明显，铜镜与河北满城M2：4114的纹饰[①]近似，墓葬体现的西汉中期偏早阶段特征突出；涉县索堡M1出土五株钱币2枚，字体瘦长，“铢”字的朱字头有圆折意，钱面穿上靠铢字旁无郭，铸工较粗糙，为郡国五铢，墓葬年代在西汉武帝元狩五年与元鼎五年（前118与前112年）之间或稍后[②]。内丘张夺09ⅡTG2M9，墓主口中所含钱币为半两钱，直径2.4厘米，属四铢半两，但就出土陶器而言，又具有中期的特征。综合来看，该期段的时代大致相当于西汉中期偏早阶段，具体为颁行五铢钱币之后的汉武帝统治时期或稍晚。一期Ⅱ段所涉的一些墓葬时代可能会略晚，或可至本期段，如河北藁城台西的几座西汉屈肢葬墓、邯郸建设大街HWM13与M15及天津北郊双口镇汉墓等，但不会太晚。

Ⅱ段：主要包括甲类C型、Da型、E型墓葬及A型Ⅱ式、Bb型Ⅱ式罐。部分墓葬出土陪葬品较少，仅1件或1套，基本为罐，一些墓葬由于遭盗扰，陪葬品并不全面。有鼎、盒等陶礼器，生活类陶器不多，无陶俑，另有钱币及模型车马器等。相关墓葬数量少，主要有北京市房山区长沟M29与M77、昌平半截塔M18及河北邯郸渚河桥M6等。房山长沟M29与M77出土陶罐各1件，具有西汉中期或稍晚特征，昌平半截塔M18出土陶鼎、盒具有西汉中期特点，邯郸渚河桥M6出土有鎏金铜车马器及五铢钱币1枚，参考该墓地中与该墓时代接近墓葬出土的五株钱币，M6出土的五铢钱很可能为昭宣五铢，结合墓葬形制与出土的车马器等，发掘简报将M6的时代定为西汉中期偏晚阶段[③]。推测该期段的时代大致相当于西汉中期偏晚阶段，具体为昭帝至宣帝时期。

三期：可分为两段。

Ⅰ段：主要包括甲类Ba型、Be型、Da型、Db型及乙类A型、丙类B型墓葬，Aa型壶及A型Ⅲ式罐等。部分墓葬无陪葬品。出土器物中，陶礼器或仅为壶，或为壶、盒等，生活类陶器有罐、瓮等，其他质地的器物还有铜镜、钱币等，时代特征明显，不见王莽时期钱币。主要墓葬有河北元氏县南程村M1014、M3004及廊坊大坨头M3、保定唐县高昌M89与M94、张家口阳原三汾沟M4B等。南程村M1014与高昌M89，墓主口中皆含五铢1枚，南程村M3004与高昌M89皆出土钱币多枚，均具有西汉晚期五

---

① 中国社会科学院考古研究所，河北省文物管理处．满城汉墓发掘报告［M］．北京：文物出版社，1980：262、265、266．

② 邯郸市文物管理处，涉县文物保管所．河北涉县索堡汉墓［J］．文物春秋，1996（1）．

③ 邯郸市文物保护研究所．邯郸渚河桥汉墓发掘报告［J］．文物春秋，2004（6）．

铢钱币的特征（图 5-34），M3004 出土铜镜为昭明镜，是西汉晚期常见的镜类，两墓出土陶器也体现出西汉时期同类器物中相对较晚的特征[①]。廊坊大坨头 M3 打破 M2，两墓时代相差不远，均出土有五铢钱，M3 出土的五铢钱时代略晚[②]，陶器较之西汉早中期的同类陶器也明显要晚。推测该期段的时代大致相当于西汉晚期偏早阶段，具体为元帝时期至王莽新朝（8 年）之前。二期Ⅱ段中所涉的一些墓葬时代可能略晚，或可至本期段，如北京市房山长沟 M29 与 M77。

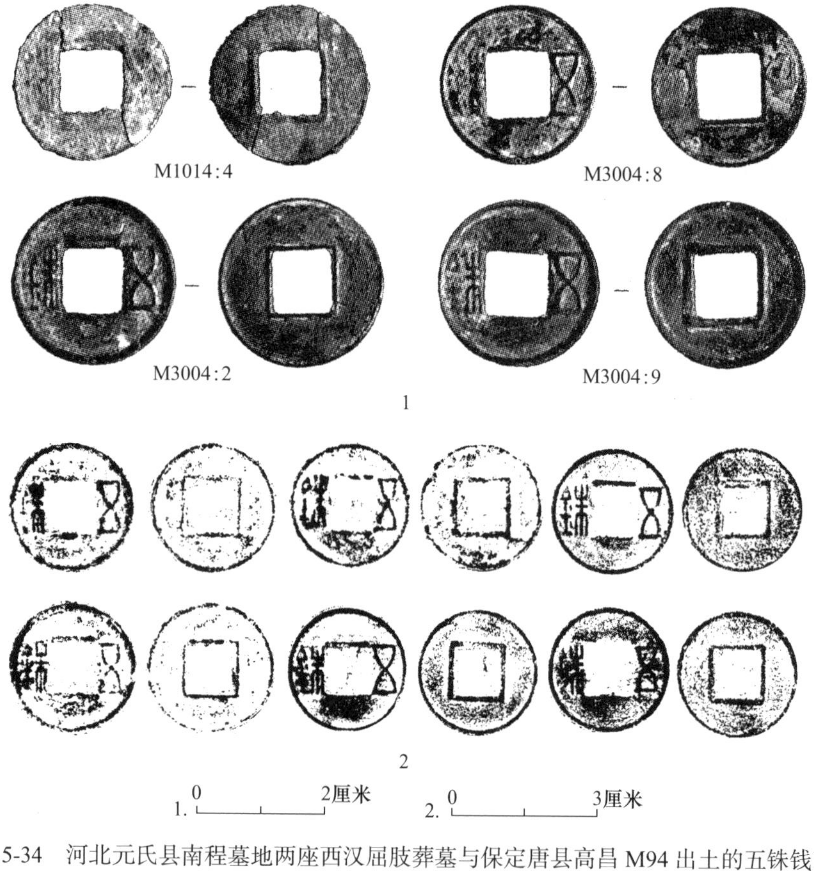

图 5-34　河北元氏县南程墓地两座西汉屈肢葬墓与保定唐县高昌 M94 出土的五铢钱币

1. 元氏县南程墓地两座西汉屈肢葬墓出土五铢钱币　2. 保定唐县高昌 M94 出土五铢钱币

---

① 河北省文物研究所，石家庄市文物研究所，元氏县文保所．石武铁路客运专线南程墓地发掘报告［C］// 河北省文物研究所．河北省考古文集（四）［M］．北京：科学出版社，2011：68-110．

② 天津市文化局考古发掘队．河北大厂回族自治县大坨头遗址试掘简报［J］．考古，1966（1）．

Ⅱ段：主要包括甲类 Aa 型、Bc 型、Bf 型、E 型及乙类 A 型与 B 型墓葬，Ba 型Ⅱ式、Bb 型Ⅱ式壶，Bc 型Ⅱ式、Bd 型Ⅱ式罐等，若河北邢台曹演庄 M25 有葬具，则该期段还包括 Da 型墓葬，而无 Aa 型墓葬。陪葬品方面，生活类器物以陶罐为主，另有陶瓮等，个别墓葬还有相关铜器。陶礼器多有发现，个别墓葬不见，部分种类较多，有鼎、豆、盒、壶等，部分有 2 或 3 种不等，且搭配不统一。铜镜、钱币等时代特征明显，有钱币出土者均见王莽时期的钱币。主要墓葬有北京市昌平史家桥 M2、M14、M17、M23、M24、M43 及河北平泉杨杖子村汉墓、邢台曹演庄 M25、河间东文庄 M10 与邯郸王郎村的相关墓葬（7 座）。北京市昌平史家桥的一些屈肢葬墓或可早至本期Ⅰ段，但整体以本段为主[①]。河北省河间东文庄 M10，发掘简报称其时代可至东汉[②]，但从墓葬形制、出土器物等分析，墓葬的时代可能早至西汉晚期偏晚阶段，下限可至东汉初期。河北平泉杨杖子村汉墓出土有连弧纹日光镜，具有晚期特点，钱币 154 枚，其中“剪轮”五铢钱 2 枚、大泉五十钱币 1 枚，余为五铢钱[③]（图 5-35），从钱币内容及数量对比来看，该墓的时代为王莽新朝早期为宜。河北邢台曹演庄 M25 出土有货泉和大泉五十，均为王莽新朝时期钱币[④]（图 5-36）。推测该期段的时代大致相当于西汉晚期偏晚阶段，具体为王莽新朝时期。

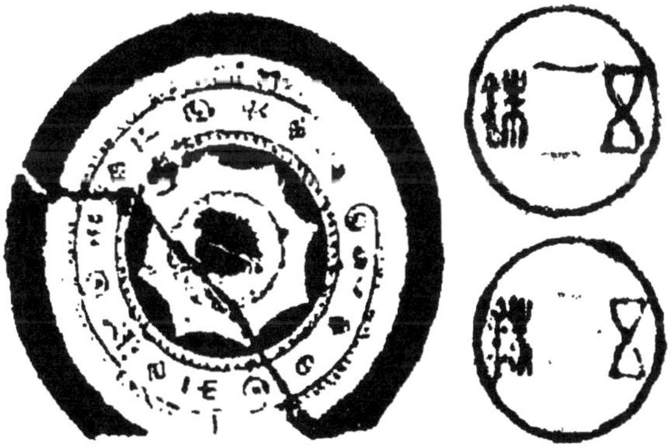

图 5-35　河北平泉杨杖子村汉墓出土铜镜及五铢钱币

① 北京市文物工作队. 北京昌平史家桥汉墓发掘［J］. 考古，1963（3）.

② 河北省文物研究所，沧州市文管处，河间市文保所. 河间东文庄窑址和墓葬发掘简报［C］// 河北省文物研究所. 河北省考古文集（二）［M］. 北京：燕山出版社，2001：183-193.

③ 张秀夫. 河北平泉县杨杖子村发现汉墓［J］. 文物，1987（9）.

④ 河北省文物研究所，邢台市文物管理处. 邢台曹演庄汉墓群发掘报告［J］. 文物春秋，1998（4）.

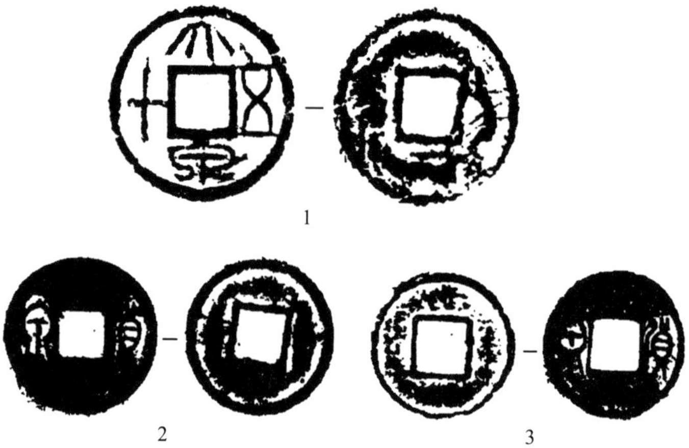

图 5-36　河北邢台曹演庄 M25 出土大泉五十及同一墓地中时代相同的墓葬出土的同类货泉

1. M25：3　2. M17：2　3. M11：1

（四）发展与演变

京津冀地区的汉代屈肢葬墓大致可分为三类，每类墓葬均有自身的特征和不同的形式。甲类墓葬数量多，分布地域广，时代跨度长，是该地区汉代屈肢葬墓形制的主体。E、F 型墓葬均是汉代新出现的墓葬类型，且时代最早为西汉早期偏晚阶段，乙、丙两类墓葬数量少，时代基本为西汉中晚期，但分布地区相对较多，可视为京津冀地区汉代屈肢葬墓对其他汉墓的借鉴与吸收及在其他汉墓影响下的发展。总体而言，西汉早期偏早阶段，京津冀地区的汉代屈肢葬墓对前代继承明显，墓葬平面呈长方形，无墓道，墓室位于竖穴底部，不见其他设施，部分无葬具。早期偏晚阶段，部分墓葬增加了生土二层台，且使用了 E、F 型等新的墓葬形制，是在继承基础上的发展及对其他汉墓的吸收与应用。受汉代丧葬观念及墓葬自身发展的影响，夫妻同穴合葬开始出现。西汉中期，无二层台的墓葬仍有存在，但较多墓葬使用了二层台、边箱、头箱等设施，与之同步，出现了一些等级稍高的墓葬，如河北邯郸渚河桥 M5 等。西汉晚期，墓葬的种类增加，甲、乙、丙三类墓葬均有发现，多数墓葬有相关设施，夫妻同坟及同穴合葬较为普遍，一些墓葬的等级也相对稍高。

陪葬品方面，西汉早期有相当数量的墓葬无陪葬品，有陪葬品者，数量及种类亦较少，生活类器物以陶罐为主，陶礼器组合不全，仅个别墓葬有陶俑、钱币等。西汉中期，无陪葬品的墓葬减少，有陪葬品者数量及种类均有所增加，这在生活类器物及陶仿制礼器等方面均有体现。陶俑在西汉中期偏早阶段还用来陪葬，其后基本不见，钱币、铜镜等在一些墓葬中有所发现，部分墓葬有一定数量的铜质车马器。这些内容与该地区小型西汉墓陪葬品的发展脉络大体一致。西汉晚期偏早阶段基本为西汉中期偏晚阶段发展的延续，晚期偏晚阶段则有了新的特征，生活类器物及陶礼器的数量及种类均有所增加，特别是陶礼器，可能与王莽改制及墓主的需求等有关。铜镜、钱币多见，一些墓葬还有其他铜质器物，但铜质车马器基本不见，这与该地区及全国其他地区的中小型汉墓亦大体相似。

京津冀地区汉代屈肢葬墓的墓葬形制及陪葬品等体现出相应的时代和地域特点及其发展特征，这与汉代社会的整体发展、葬制葬俗的演进等有着较为密切的关系，如砖椁墓的使用，铜质车马器的使用和消失，夫妻同穴合葬墓的推广等。同时，这也与屈肢葬墓墓主自身有较大关联，如社会地位及丧葬思想等的发展变化，可能会在较大程度上促使其墓葬形制及陪葬品等的变化和发展。

（五）其他葬俗

关于京津冀地区汉代屈肢葬墓，还有一些葬俗的内容需作相关讨论，其中既有与丧葬活动有关的内容，也有与陪葬物品相关的内容。

1. 二次葬与迁葬

京津冀地区的一些汉墓中，墓主骨骼较为散乱，置放无序，发掘简报或报告多称其为二次葬或迁葬。二次葬或迁葬均有很久的历史，汉代之前就已存在。就汉代的二次葬或迁葬而言，则多有相关原因。所谓二次葬，顾名思义，就是再次下葬，即人死后先葬一次，后又因相关原因再葬一次，而且很可能会改变安葬位置。迁葬，即从原有的安葬之地迁移至另一处安葬，在某种程度上其与二次葬有着很大的相似之处。在骨骸迁移过程中，很多的骨骼发生位移或错位，形成散乱无序或堆积摆放的情况，与正常下葬形成的骨骼情况明显不同。河北省邢台市邢台旅馆02XLM10，时代为西汉，骨架集中堆放，较为散乱，应为二次葬[①]；邢台内丘张夺10NDZ2#MDTG2M37，时代为西汉早期，单人葬，墓主骨骼杂乱，胸骨、头骨、盆骨错位，推断为二次葬[②]；河间市东文庄汉代M5，时代为西汉末

① 李敏，李恩玮，李军，李淑芹. 邢台旅馆汉唐宋墓葬的发掘［C］// 河北省文物考古研究所. 河北省考古文集（三）［M］. 北京：科学出版社，2007：108-128.

② 南水北调中线干线工程建设管理局，河北省南水北调工程建设领导小组办公室，河北省文物局. 内丘张夺发掘报告［M］. 北京：科学出版社，2011：327、328.

至东汉初，墓主骨架散乱无序，为迁葬或二次葬[①]；邯郸市建设大街西汉HWM18[②]，骨架散乱，亦可能为迁葬或二次葬。

屈肢葬虽然表现出肢体屈曲状态，但相对较为规整有序，与二次葬或迁葬有着明显区别。河北邯郸渚河桥M5，棺内置人骨一具，骨架微侧身，下肢骨叠放在一起，发掘简报称其应为二次葬[③]。从整体上观察，该骨架还是较为规整的，上身较为有序，下肢骨呈叠放状态，可能与下葬情况及墓葬被盗等有关，再结合墓室设置、陪葬品等来看，应为屈肢葬。河北涉县索堡M1所葬女性，骨架呈堆积状，并在骨架上部发现有植物编织痕的泥块，发掘简报认为其显然是迁葬。笔者认为，该墓为竖穴土洞砖木室墓，土洞内用砖和木板筑成墓室，洞内葬2人，但墓道填土未见二次葬痕迹，考虑到墓室内木板腐朽及水的渗透，墓室内器物基本被移位，墓室、棺内全被淤塞等情况，骨架局部散乱堆积可能是墓室内积水、淤塞及其他原因所致。另外，在湖北云梦睡虎地秦代M7的骨架上也有草席覆盖，并有彩色的织物残片[④]，与河北涉县索堡M1女性骨架上的覆盖物相似，但睡虎地秦代M7并不是迁葬。关于迁葬，汉代人也有相关解释，《周礼·地官·媒氏》载："禁迁葬者与嫁殇者。"郑玄注曰："迁葬，谓生时非夫妇，死既葬，迁之使相从也。"[⑤]就河北涉县索堡M1来讲，未见二次葬痕迹，应是男女墓主共同葬入墓室后封填的，墓内女性骨架呈堆积状，结合郑注所述，该墓或可能是在男性墓主下葬时，从他处将女性尸身迁移至该墓中，与男性墓主共葬一室，两死者生时或许并非夫妇，但在该墓中又形成夫妻同穴合葬。因此，关于河北涉县索堡M1内的女性墓主，很可能与郑玄所述迁葬有关，这可为研究汉代丧葬习俗及其与郑玄所述迁葬有关的社会内容等提供重要的参考。

根据上文内容，京津冀地区汉代屈肢葬墓的时代下限为西汉末至东汉

---

① 河北省文物研究所，沧州市文管处，河间市文保所．河间东文庄窑址和墓葬发掘简报［C］// 河北省文物考古研究所．河北省考古文集（二）［M］．北京：燕山出版社，2001：183-193.

② 邯郸市文物保护研究所．邯郸市建设大街战汉墓葬发掘报告［J］．文物春秋，2004（6）.

③ 邯郸市文物保护研究所．邯郸渚河桥汉墓发掘报告［J］．文物春秋，2004（6）.

④ 湖北孝感地区第二期亦工亦农文物考古训练班．湖北云梦睡虎地十一座秦墓发掘简报［J］．文物，1976（9）.

⑤（清）孙诒让撰，王文锦、陈玉霞点校．周礼正义［M］．北京：中华书局，2013（2）：1050.

初期，为单人葬或双人合葬，且单人葬居多，而这一地区西汉时期的二次葬或迁葬墓亦多为单人葬，双人合葬较少，两者之间存在一定的共性。不过，就迁葬或二次葬的原因，笔者认为其与夫妻合葬的发展关系较为密切，即为了尽量达到夫妻葬在一处的目的而选择迁葬或二次葬。可能是考虑到同穴合葬会对另一合葬者有所影响，较多地采取了异穴合葬的形式，形成现在看到的单人葬情况。至东汉时期，迁葬又得到新的发展，家庭（带有家族性质）多人合葬墓出现，可以说是同时期流行的家族聚葬形式在一个墓穴里的缩小，或者说是夫妻同室合葬外延的扩大[①]。河北满城四道口东汉墓为多室砖石混筑墓，由前、中、后室和东西两耳室构成，墓室较多，但面积均不大，埋葬30多具人骨架，部分曲身侧卧，或股骨以下的肢骨已不见，或头骨与身骨断离；部分为人骨架堆积，多数是肢骨，很少发现头骨，堆放杂乱无章[②]，当为迁葬后的多人合葬。类似的墓葬在其他地区也有发现，墓葬中的一些骨架极为散乱，较为无序，明显区别于屈肢葬。

整体来看，京津冀地区屈肢葬墓中的屈肢葬者与迁葬及二次葬者的关系不大，更多的是因为丧葬习俗的延续，结合自身的丧葬需求而采取的屈肢葬葬式，并非由于迁葬或二次葬而形成的屈肢葬。

2. 未成年人合葬

京津冀地区汉代屈肢葬墓中有2座与小孩合葬有关的墓葬。

1座为北京市昌平史家桥M17，墓内葬1成年人，仰身屈肢，与其并列的为M16。两墓位于1个平面近方形的墓坑内，是按需求在坑底部并排挖成两个长方形墓穴，同时形成二层台及两墓穴间的矮墙，墓穴内各葬1人，正常情况当下为合葬。两墓在墓穴排列及所形成的合葬形式与该墓地中其他一些并穴合葬墓基本一致，但合葬内容并不相同。M16内所葬为小孩，与M17内墓主东西并列，墓穴内摆放瓮棺，以夹砂灰陶瓮和泥质灰陶甑四件合为三节，棺长约75厘米，骨架保存完整，根据骨架的特征测定死者是男性小孩，发掘简报推测该墓很可能是小孩与成人的并葬[③]（图5-19：3）。该墓体现的合葬内容与一般的夫妻并穴合葬存在差异，存在家庭中非夫妻关系成员的合葬或并葬。两墓穴中死者的关系或为父子，或为母子，但也存在为夫妻合葬的可能。相关理由有以下几点：①这种同一墓坑内二

① 韩国河．秦汉魏晋丧葬制度研究［M］．西安：陕西人民出版社，1999：231．

② 保定市文物管理处．满城县四道口东汉墓发掘简报［J］．文物春秋，1991（1）．

③ 北京市文物工作队．北京昌平史家桥汉墓发掘［J］．考古，1963（3）．

墓穴尺寸大小、形制结构基本相同的并穴合葬墓基本都是夫妻并穴合葬墓葬，这在北京昌平史家桥墓地中有充分体现；②如果是子女与父母葬在一起，一般情况下，父母是夫妻合葬，子女的墓葬位于父母合葬墓葬的附近，M17 仅有 1 个成人，两墓附近也不见同向并列的墓葬，说明仅有父母中的 1 个葬于此处，这具有较强的特殊性，从常理上很难说通，而子女的墓葬正常也不会与父母墓葬位于同一墓坑内，M16、M17 并穴，加之尺寸大小、形制结构等基本相同则更具有特殊性，与常理不符；③发掘资料未就 M17 的墓主做详细描述，但从墓葬平面图看，M17 的墓主为女性的可能性较大，而在北京市昌平史家桥墓地中，与 M16、M17 时代接近或相差不远的夫妻合葬墓中，死者头北向者，基本都是女性居东（右），如简报提供墓葬平面图的 M2、M39 与 M40、M43 等[①]，因此，同一墓坑内两个并列且尺寸大小、形制结构等基本相同的墓穴（M16、M17）内葬男女各 1 人，其作为夫妻同坟异穴合葬的可能性极大。但是，昌平史家桥 M16、M17 作为同坟异穴夫妻合葬的最大问题是 M16 内葬 1 未成年的男性，而 M17 内所葬为成年女性，这是其特殊性的体现，当与二墓主在当时社会背景中具体的夫妻关系有关。笔者认为，M16 墓主为未成年男性，因相关原因早殇，在其去世后，其家庭可能会找一相近时间去世的女性与其配婚，并合葬在一起，以希望其在另一世界有妻陪伴，有自身的家庭生活，这其实也是“事死如事生”[②]丧葬内容、思想和做法的体现。《汉代婚丧礼俗考》一书也指出，汉代有本非夫妇取男女两殇合葬者[③]，即郑玄所言“嫁殇者谓嫁死人也，今时娶会是也”[④]，只是北京市昌平史家桥 M16、M17 两墓的夫妻合葬者为未成年男性与年龄稍大女性的合葬，相对特殊，但 M17 内所葬女性，屈肢，无陪葬品，等级较低，这和该墓主与 M16 墓主配婚并合葬在一起又较为相符。

另一座为河北张家口阳原三汾沟 M4B，与另一墓葬（M4A）并穴位于同一封土下，简报将两墓合称为 M4，M4A 位于封土下中部，M4B 位于 M4A 的南侧不远，M4A 东侧有竖井式墓道，长 2.5、宽 0.96、深 5.38 米，西侧为墓室，长 3.9、宽 2.2 米，顶已坍塌；M4B 平面呈刀形，东西向，竖

---

① 北京市文物工作队. 北京昌平史家桥汉墓发掘［J］. 考古，1963（3）.

② （战国）子思著，余庆编译. 中庸诠解［M］. 沈阳：万卷出版公司，2018：178.

③ 杨树达撰，王子今导读. 汉代婚丧礼俗考［M］. 上海：上海古籍出版社，2000：141.

④ （清）孙诒让撰，王文锦、陈玉霞点校. 周礼正义［M］. 北京：中华书局，2013（2）：1050.

井式墓道，长1.9、宽0.78、深4.6米，墓室长2.1、宽1.3米，顶部坍塌，室内无棺椁痕迹，也无陪葬品，仅有两具小孩骨架，一男一女，皆侧身屈肢[①]（图5-37）。三汾沟M4B为男女同穴合葬，所葬二人皆为小孩，且均是屈肢葬，这与北京市昌平史家桥M16、M17有所不同，但屈肢葬、无陪葬品等又与史家桥M16、M17较为相似。三汾沟M4B与M4A位于同一封土下，M4A葬成年夫妻二人，M4B内葬二小孩，反映出父母二人夫妻合葬，子女墓葬位于父母合葬墓葬附近的特征，这种情况可称为并葬，但更确切地说应为祔葬，M4B内所葬为小孩可能是形成同一封土下有两座墓葬的重要原因，与三汾沟同时代的墓葬中仅此一例，较特殊。三汾沟M4与北京市昌平史家桥M16、M17时代接近，均为西汉晚期，这也从某种程度上说明北京市昌平史家桥M16、M17应该不是母亲与儿子的并葬，而更应该是夫妻的合葬。M4B内所葬男性为未成年的小孩，属早殇者，与其同穴合葬的为一未成年的女性，二者年龄相差不大，说明该未成年男性去世时，其父母应为其寻求相近时间去世、年龄相差不大的女性与其配婚，合葬在一起，可能因未成年，采用了不同于常见直肢葬葬式的屈肢葬葬式，并葬在父母的

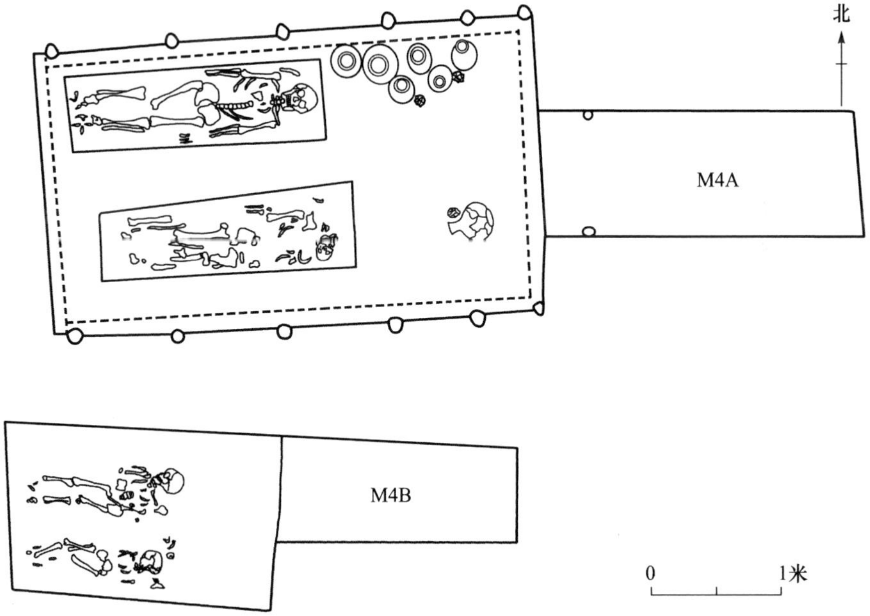

图5-37　河北张家口阳原三汾沟M4平面图

① 河北省文物研究所，张家口地区文化局．河北阳原三汾沟汉墓群发掘报告［J］．文物，1990（1）．

墓位旁或较近距离，在父母去世合葬后，共筑在同一封土下。可以说，河北张家口阳原三汾沟 M4 反映的配婚与合葬及其本非夫妇取男女两殇合葬的特征更为突出和明显，体现出的家庭及社会内容更为全面。

就京津冀地区发现的与配婚及男女两殇合葬有关的西汉墓葬来讲，基本都采用屈肢葬，墓葬的时代基本为西汉晚期，这说明了屈肢葬这一葬式及丧葬内容等在这一地区的延续和发展。此类性质的墓葬，因墓主早殇及本非夫妻，但经特殊配婚后合葬于地下，所采取的葬式及丧葬内容不同于一般墓葬可以理解，北京市昌平史家桥 M16 所葬男性小孩为瓮棺葬，M17 所葬女性为屈肢葬，河北张家口阳原三汾沟 M4B 同穴合葬的二未成年男女皆为屈肢葬。两处墓葬似乎也说明，该形式下合葬的女性基本都是屈肢，这或许是共性之一。另外，由于这类墓葬等级不高，与之相关墓葬的等级也不是太高，如河北张家口阳原三汾沟 M4A，加之有特殊因素存在，此类墓葬不见陪葬品，这是两处墓葬的另一共性，同时也很可能是当时与此类墓葬有关的葬俗，甚至是相关的规定或有关制约。根据郑玄注《周礼·地官·媒氏》载“禁迁葬者与嫁殇者”所云：“殇：十九以下未嫁而死者。生不以礼相接，死而合之，是亦乱人伦者也。”[①] 由此来看，因有相应需求，配婚与两殇合葬在汉代有一定数量的存在，但又不被提倡，这也许是此类墓葬少及墓内无陪葬品的原因之一。

京津冀地区的东汉墓葬中也可能存在和北京市昌平史家桥 M16 与 M17、河北张家口阳原三汾沟 M4B 相似的丧葬内容。北京市丰台区南苑发现的东汉晚期墓葬中，新宫 M5，前室为南北向长方形，东侧有 2 侧室，每个侧室内皆有 2 并列的陶棺，大小存在差异，长度不超过 1.5、宽度不超过 0.5 米，伴出钱币等物，每个室各葬 2 人，很可能属于未成年者[②]；植物油厂 M12，二后室东西并列，西后室内有砖砌器物台，另有一长 1.3、宽不足 0.3 米的陶棺，内葬 1 人，可能为未成年人，陶棺外还发现有骨架，可能还葬有 1 人[③]。二墓中的陶棺规格较小，所葬当为未成年人，而且基本是二人共葬一室，为“夫妻合葬”的可能性较大，就其性质和内容来讲，应与北京市昌平史家桥 M16 与 M17、河北张家口阳原三汾沟 M4B 相近或相似，体现出这一丧葬内容的发展和延续，但数量不多，而且不见屈肢葬，这又与该地区汉代屈肢葬的发展较为一致。相关墓葬基本为砖室墓，二未成年

---

① （清）孙诒让撰，王文锦、陈玉霞点校．周礼正义［M］．北京：中华书局，2013（2）：1050．

② 北京市文物研究所．丰台南苑汉墓［M］．北京：科学出版社，2019：108-115．

③ 北京市文物研究所．丰台南苑汉墓［M］．北京：科学出版社，2019：166-179．

人合葬在一室之中，并与墓内的其他葬者构成多人葬，但具体位置相对独立，这与西汉时期此类墓葬的墓穴相对独立既有相似之处，又存在较大的不同，是汉代墓葬发展的体现，而这类墓葬与多人葬墓有着密切关系，也是该地区多人葬墓逐渐推广普及的反映。

3. 钱币的陪葬与敛葬

钱币作为流通、贸易的媒介，在一定程度上是财富的象征和体现。汉代，钱币作为陪葬或敛葬品的现象已较为普遍。京津冀地区汉代屈肢葬墓中，以钱币陪葬或敛葬大致可分为以下几种情况。

一是与其他陪葬品一起置于棺外，或距离墓主尸身较远。河北易县燕下都 M34，钱币位于墓主头部外较远距离，为半两钱币。如该墓有棺椁设施，当是位于棺外，与陶俑、鼎、罐等器物共同组成陪葬内容[①]。

二是置于死者尸身旁或尸身上，有的距离头部或口部较远，有的则与头部或口部较近，有棺者均位于棺内。河北平泉杨杖子村汉墓，内置二棺，出土钱币 154 枚，部分黏附着丝织物，东侧棺内墓主为仰身屈肢，面西，墓主人头部左上方及腹部各有 15 枚钱币，西侧棺内墓主人右脚外侧有五铢钱 124 枚，这些钱成串整齐地摆放在一起[②]，二棺内出土钱币体现出不同的置放位置。河北廊坊大坨头遗址 M3，墓主骨架胸部偏上出土 1 组五铢钱币，该遗址的 M1、M2，墓主的腹部各有 1 组五铢钱币，三者有相似之处，且出土时皆有丝带穿系[③]。河北邢台曹演庄 M25，墓主头部一侧稍近距离出土有钱币，有货泉和大泉五十等[④]。河北元氏县南程村 M3004，墓主头偏向右侧，头骨右侧偏下位置与口部较近距离处有 3 枚五铢钱币，其中 1 枚置于肩部[⑤]。

三是出土于死者口中，数量较少，大多为 1 枚。河北邢台内丘张夺

---

① 河北省文化局文物工作队．1964—1965 年燕下都墓葬发掘报告［J］．考古，1965（11）．

② 张秀夫．河北平泉县杨杖子村发现汉墓［J］．文物，1987（9）．

③ 天津市文化局考古发掘队．河北大厂回族自治县大坨头遗址试掘简报［J］．考古，1966（1）．

④ 河北省文物研究所，邢台市文物管理处．邢台曹演庄汉墓群发掘报告［J］．文物春秋，1998（4）．

⑤ 河北省文物研究所，石家庄市文物研究所，元氏县文保所．石武铁路客运专线南程墓地发掘报告［C］//河北省文物研究所．河北省考古文集（四）［M］．北京：科学出版社，2011：68-110．

09ⅡTG2M9，墓主口中含1枚半两钱[①]（图5-38：1）。河北涉县索堡M1，男性墓主葬式为屈肢葬，口中含1枚五铢钱，保存较好（图5-38：2），该墓女性墓主骨架左侧出土1枚五铢钱[②]，与第二种情况相似。河北元氏县南程村M1014，墓主口中含1枚五铢钱[③]（图5-38：3）。河北保定唐县高昌墓地中的一些汉代屈肢葬墓有相关发现，如M12、M17、M89（图5-38：4）、M108等，而且这几座墓葬的其他位置未见钱币[④]。

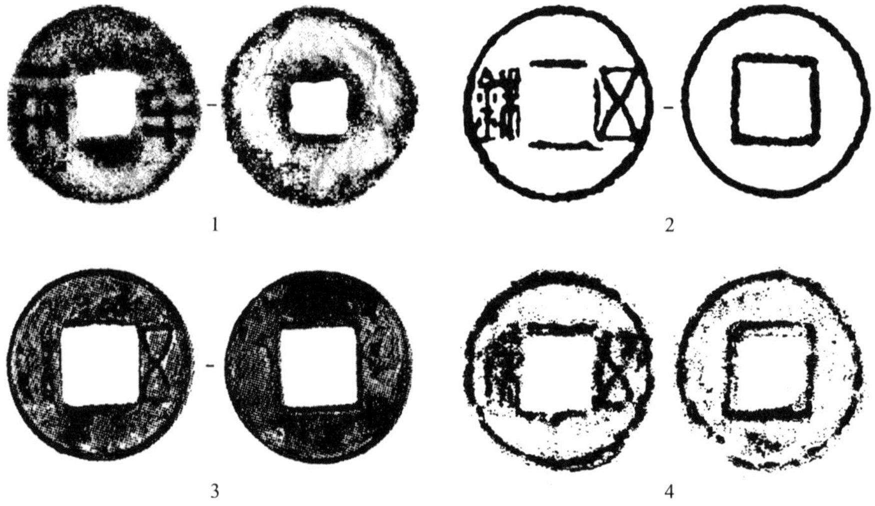

图5-38　京津冀地区汉代屈肢葬墓出土用作口琀的铜钱币

1. 半两钱币（河北邢台内丘张夺09ⅡTG2M9：1）　2～4. 五铢钱币（河北涉县索堡M1：20、河北元氏县南程村M1014：8、河北保定唐县高昌M89：6）

第一种情况，钱币作为陪葬品当无疑问，这是死者生前对财富拥有的体现，也是死者在另一世界继续使用的愿望和需求。

第二种情况，钱币置于死者尸身旁或尸身上，有棺者均位于棺内，这

① 南水北调中线干线工程建设管理局，河北省南水北调工程建设领导小组办公室，河北省文物局．内丘张夺发掘报告［M］．北京：科学出版社，2011：82-86.

② 邯郸市文物管理处，涉县文物保管所．河北涉县索堡汉墓［J］．文物春秋，1996（1）.

③ 河北省文物研究所，石家庄市文物研究所，元氏县文保所．石武铁路客运专线南程墓地发掘报告［C］// 河北省文物研究所．河北省考古文集（四）［M］．北京：科学出版社，2011：68-110.

④ 南水北调中线干线工程建设管理局，河北省南水北调工程建设领导小组办公室，河北省文物局．唐县高昌墓地发掘报告［M］．北京：文物出版社，2010：35、36、42、43、113、114、125、126.

些钱币一般被视为陪葬物品，功能和作用与第一种情况相似。该情况又可细分为死者尸身上及头骨附近两个不同位置，个别如河北平泉杨杖子村汉墓，屈肢葬者的棺内是尸身上与头骨附近的组合，其他则较单一。在死者尸身上或头骨附近摆放钱币，也许具有一定的含义或用途，推测可能与希望死者在地下世界拥有财富有关，而墓主头骨附近的钱币也可能具有辟邪或辅助墓主灵魂升仙的作用，这种猜测是否正确还有待进一步的研究和考证，但就这些钱币来讲，是与墓主尸身共同敛葬入棺的，应具有相应的敛葬内容及涵义，至少一些钱币不能仅作为陪葬物品来看待。汉代墓葬中，除正常的钱币陪葬外，还有较多与钱币有关的丧葬内容，如墓葬中的铺钱现象，与正常的陪葬钱币不同，铺放钱币主要用于墓主敛葬或葬具装饰，可达到满足敛葬需求、保护尸身、实现墓主升仙及辟邪等目的[①]。而如河南省陕县刘家渠东汉 M8，墓内置三棺，三棺中尸身之上均铺放较多五铢钱币，二、三号棺内有明显编缀后铺在死者身上的特征[②]（图 5-39），体现的丧葬内容较为丰富，很可能是与织物配合用于敛葬时包裹尸身或作为外层敛衣，进而达到保护尸身的功能和作用，也可能与辟邪及墓主升仙等有关[③]。

第三种情况，钱币位于墓主口中，个别墓葬距离死者口部较近位置有几个钱币，拟或原在墓主口中，因骨架朽腐或其他原因，散落在旁边，但这仅是一种猜测。就含在死者口中的钱币来讲，应是具有敛葬功能的口琀。作为敛葬的一项重要内容，口中含物在先秦时期已较流行，至汉代，这丧葬礼俗得到了推广和普及，使用较为普遍，考古资料反映的汉代口琀材质有玉、滑石、玛瑙、琉璃、铜等。玉及类玉质的琀较为常见，一些等级较低者还使用残玉片或残玉块，如江苏徐州顾山 M2，出土的虽为玉琀，但原为配饰的小残段[④]。一些等级较低者用铜质钱币作为口琀，且相对普遍，一方面可达到敛葬的目的，另一方面起到象征财富的作用。京津冀地区的部分汉代屈肢葬者即是如此，该地区的一些直肢葬者也有以钱币作口琀者，河北邢台曹演庄 M7，死者口中含有半两钱[⑤]；河北任丘东关汉代 M4，人骨架口中衔有五铢钱八枚，M3 为同一墓圹内砌砖形成 2 墓室，每一墓室内各

---

① 刘尊志．汉代墓葬中的铺钱现象［J］．中国国家博物馆馆刊，2017（12）．

② 黄河水库考古工作队．河南陕县刘家渠汉墓［J］．考古学报，1965（1）．

③ 刘尊志．汉代墓葬中的铺钱现象［J］．中国国家博物馆馆刊，2017（12）．

④ 徐州博物馆．江苏徐州顾山西汉墓［J］．考古，2005（12）．

⑤ 河北省文物研究所，邢台市文物管理处．邢台曹演庄汉墓群发掘报告［J］．文物春秋，1998（4）．

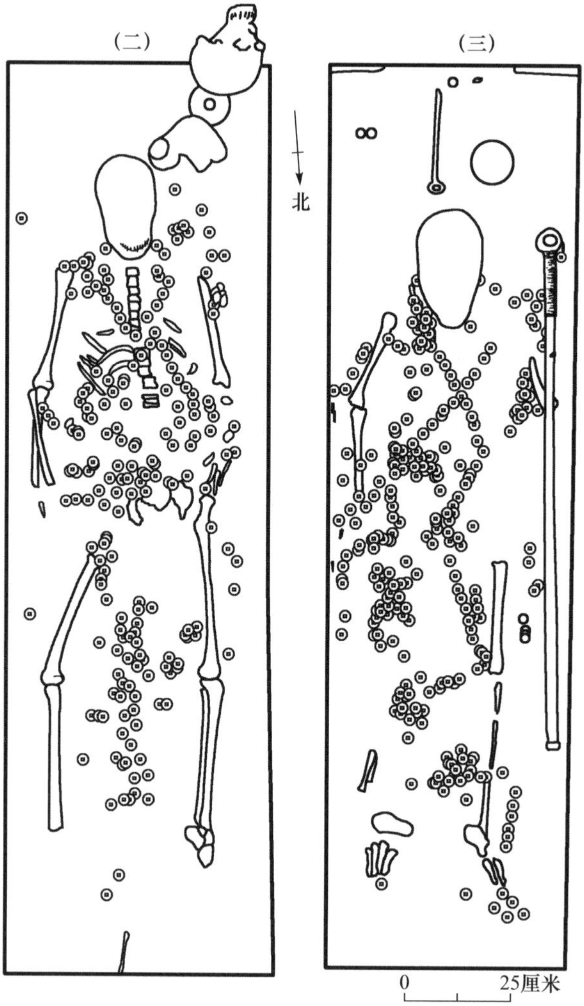

图 5-39　河南陕县刘家渠东汉 M8 二、三号棺平面图

葬 1 人，每个死者口中各衔 4 枚五铢钱，两座墓葬的时代大致在西汉中期[①]，另外还有其他墓葬，不再一一列举。口琀是汉代丧葬内容中对周制继承的体现，这说明京津冀地区的汉代屈肢葬已基本处于汉制的影响范围之内。以钱币代替玉质口琀，反映出墓主身份地位较低的特征，而一些屈肢葬的墓主仅含 1 枚钱币，身份地位则更低。对于很多的屈肢葬墓主来讲，钱币也是较为珍贵的，而且是财富的体现与象征，这也许是钱币作为口琀的原因之一。

① 天津市文化局考古发掘队．河北任邱东关汉墓清理简报［J］．考古，1965（2）．

4. 动物骨骼及相关问题

京津冀地区汉代屈肢葬墓中，有少量墓葬出土有动物骨骼，种类有所不同，位置亦有所差异，有的在棺盖板上置放动物，有的则在头箱或棺前（以头向为前）放置动物骨骼。

河北涉县索堡M1，棺盖板上面的后部有一幼狗骨架，且墓主躯体下面铺一层谷粒。发掘简报指出："随葬狗在商代以前就有，但在棺盖上随葬狗的报道很少，汉代则作为明器。躯体下铺谷粒这种葬俗还没有发现，有何涵意，不得而知，有待考证。""这两种现象带有浓重的地方风俗。"[①]笔者查阅相关资料，葬具盖板上置放动物骨骼的现象在先秦及秦代墓葬中均有使用。以秦代墓葬为例，湖北云梦睡虎地秦代M11的椁盖板上正中有一具完整的牛头骨，发掘简报认为这与入葬时祭祀有关[②]，类似的还有云梦县睡虎地秦代M3，椁盖板上放置一个马头骨[③]。湖北云梦睡虎地秦代M3与M11的墓主为低级官吏或相关人员，河北涉县索堡M1的墓主身份与之相似或稍低，且时代为西汉中期，置放位置为棺盖板上面的后部，动物为幼狗，稍有差别。墓主躯体下面铺一层谷粒的现象在湖北云梦县睡虎地秦代墓葬中也有发现，如M7的棺底板上有稻谷壳[④]。就出土的动物骨骼而言，河北涉县索堡M1所体现的相关内容与湖北云梦县睡虎地秦代M3、M11等较为相似，存在着祭祀行为，反映出相应的丧葬习俗。湖北云梦睡虎地秦代M7棺底板上有稻谷壳与河北涉县索堡M1墓主躯体下面铺一层谷粒的现象也较为相似，一方面可能与相关葬俗有关，象征财富或相关内容；另一方面也可能与尸身防潮、防腐有关，起到保护尸身的作用。其他地区的一些汉墓中也有相关现象，有的墓葬时代可至王莽新朝时期，表明这一内容的延续和发展，如江苏南京六合李岗M1，为新莽时期的竖穴土坑木椁墓，木棺内底残存一层粟米颗粒，还有一些草编织物[⑤]。与铺放谷物相似的还有在棺内铺钱者，基本位于尸身之下，江苏省扬州市西北邗江姚庄的

---

① 邯郸市文物管理处，涉县文物保管所．河北涉县索堡汉墓［J］．文物春秋，1996（1）．

② 湖北孝感地区第二期亦工亦农文物考古训练班．湖北云梦睡虎地十一座秦墓发掘简报［J］．文物，1976（9）．

③ 湖北孝感地区第二期亦工亦农文物考古训练班．湖北云梦睡虎地十一座秦墓发掘简报［J］．文物，1976（9）．

④ 湖北孝感地区第二期亦工亦农文物考古训练班．湖北云梦睡虎地十一座秦墓发掘简报［J］．文物，1976（9）．

⑤ 南京市博物馆，南京市六合区文化局．南京六合李岗汉墓（M1）发掘简报［J］．文物，2013（11）．

西汉晚期 M101[①] 与西汉晚期至王莽时期的 M102[②]，均为竖穴土坑木椁夫妇合葬墓，每座墓葬的椁内两棺内底部皆平铺五铢钱，且钱数较多，M102 内钱币平铺特征明显。扬州市西北平山养殖场 M4，为土坑竖穴木椁单棺墓，木棺内底板上满铺“大泉五十”，墓葬时代为新莽时期[③]。西汉中期偏晚阶段的江西南昌海昏侯墓，墓内漆木棺为内外两重，内棺底部平铺一层金饼，金饼上铺一金缕琉璃席[④]。关于汉代墓葬棺内底部铺钱现象，相关发掘简报认为这种现象可能具有特殊意义[⑤]，也有简报指出这种现象可能是墓主人显示其富有的一种象征，或可能是当时当地的习俗[⑥]，这对于认识相关墓葬棺底铺放谷物可提供相应的参考。不可否认，棺内底部铺钱与铺放谷物应有相似之处且有一定的关联，而棺内底部铺钱的西汉墓葬时代为西汉中期偏晚至晚期，且以西汉晚期偏晚阶段居多，这或许是受到棺内底部铺放谷物的影响。

河北邯郸市渚河桥 M5 出土有幼猪骨，置于头箱内，M6 内亦随葬幼猪骨，另在渚河桥 M8 的棺前发现有一堆鸡骨[⑦]。河北保定唐县高昌 M15，棺外墓主头前距离较近处放置陪葬陶器，较远距离靠近墓壁处有 1 羊头骨[⑧]。汉代墓葬中，墓室中置放动物骨骼的现象较为常见，如江苏徐州市区凤凰山西汉 M1[⑨]、东郊翠屏山西汉墓[⑩]等墓室内均发现有成组的牛骨。类似现象在云梦县睡虎地秦代 M9 中也有发现，该墓靠近南壁的一个壁龛内殉一只羊[⑪]。陕西华县东阳墓地中的一些秦墓如 M24、M29、M40 等，均在棺外发

① 扬州博物馆. 江苏邗江姚庄 101 号西汉墓［J］. 文物，1988（2）.

② 扬州博物馆. 江苏邗江县姚庄 102 号汉墓［J］. 考古，2000（4）.

③ 扬州博物馆. 扬州平山养殖场汉墓清理简报［J］. 文物，1987（1）.

④ 江西省文物考古研究所，南昌市博物馆，南昌市新建区博物馆. 南昌市西汉海昏侯墓［J］. 考古，2016（7）.

⑤ 扬州博物馆. 扬州平山养殖场汉墓清理简报［J］. 文物，1987（1）.

⑥ 扬州博物馆. 江苏邗江县姚庄 102 号汉墓［J］. 考古，2000（4）.

⑦ 邯郸市文物保护研究所. 邯郸渚河桥汉墓发掘报告［J］. 文物春秋，2004（6）.

⑧ 南水北调中线干线工程建设管理局，河北省南水北调工程建设领导小组办公室，河北省文物局. 唐县高昌墓地发掘报告［M］. 北京：文物出版社，2010：39-41.

⑨ 徐州博物馆. 江苏徐州凤凰山西汉墓的发掘［J］. 考古，2007（4）.

⑩ 徐州博物馆. 江苏徐州市翠屏山西汉刘治墓发掘简报［J］. 考古，2008（9）.

⑪ 湖北孝感地区第二期亦工亦农文物考古训练班. 湖北云梦睡虎地十一座秦墓发掘简报［J］. 文物，1976（9）.

现有动物骨骼①，其中M24、M29发现的动物骨骼位于头前棺外，与其他陪葬品一起，M40发现的动物骨骼位于棺外椁内北侧，而其他陪葬品则位于棺外椁内西侧。河北任丘东关汉代M4,头部北端有狗骨架一具②。徐州市区凤凰山西汉M1、东郊翠屏山西汉墓及陕西华县东阳M40等内发现的动物骨骼可能具有一定的祭祀功能，也是财富、地位的象征，而华县东阳M24、M29发现的动物骨骼与其他陪葬品一起，作为象征财富的陪葬品特征较为明显。邯郸市渚河桥M5、M6陪葬的幼猪骨及M8陪葬的鸡骨性质大致与华县东阳M24、M29发现的动物骨骼有相同之处，但也可能具有一定的祭祀性质。

四、葬式及相关内容

京津冀地区汉代墓葬的葬式以仰身直肢葬为主，屈肢葬所占比例较小。大致来看，屈肢葬可分为仰身屈肢和侧身屈肢两大类，下肢弯曲的具体情况和程度等有所不同，而仰身屈肢葬的数量较侧身屈肢葬相对要多，体现出相应的葬制与葬俗。因一些墓葬的墓主下肢微曲或仅有一肢弯曲，相关发掘简报或报告将其定为直肢葬③。笔者考察相关资料后初步认为，这些墓主的葬式在很大程度上应是屈肢葬发展到一定阶段的表现形式。

（一）葬式分析

1. 仰身屈肢

上身平躺。上肢部分弯曲，部分较直，下肢屈曲情况和程度有所差别。根据下肢的屈曲程度及上、下肢屈曲情况等的不同，可分为三型。

A型　面部朝向一侧。上肢中一肢微曲，手置于腹部，另一肢置于身侧。下肢后曲较甚。根据下肢屈曲程度等的不同，可分为二式。

Ⅰ式：下肢上部与下部夹角较小，双小腿后曲叠压于骨盆下。河北邢台内丘张夺09ⅡTG3M57，墓主面部朝左，右臂局部叠压身下，左小臂微内曲，手部置于髋骨处（图5-40：1）。

---

① 陕西省考古研究所，秦始皇兵马俑博物馆．华县东阳［M］．北京：科学出版社，2006年：246-248、257、258．

② 天津市文化局考古发掘队．河北任邱东关汉墓清理简报［J］．考古，1965（2）．

③ 如内丘张夺的部分汉墓等．见南水北调中线干线工程建设管理局，河北省南水北调工程建设领导小组办公室，河北省文物局．内丘张夺发掘报告［M］．北京：科学出版社，2011：84、128、266、311、325．

Ⅱ式：下肢上部与下部夹角稍大，双小腿与盆骨有一定距离。河北邢台内丘张夺 09ⅡTG7M21，墓主面部朝右，右小臂微内曲，手部置于髋骨偏下，左小臂上曲置于肩外侧（图 5-40：2）。

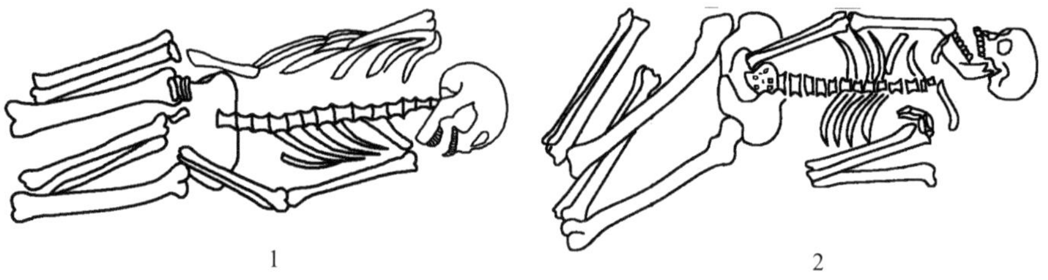

图 5-40　A 型仰身屈肢葬

1. Ⅰ式（河北邢台内丘张夺 09ⅡTG3M57）　2. Ⅱ式（河北邢台内丘张夺 09ⅡTG7M21）

B 型　面部朝向一侧。一手臂弯曲或二手臂均弯曲。下肢多双腿并曲，方向一致，少量一腿屈曲，一腿近直，屈曲者程度较轻，上部与下部夹角大于 90°。根据上、下肢屈曲情况的不同，可分为三亚型。

Ba 型　一手臂弯曲，手部置于下腹或髋骨处，一手臂略直，靠近身体。双腿并曲，多数面部朝向与屈肢方向一致，少量相反。根据手臂弯曲程度及手部位置等的不同，可分为四式。

Ⅰ式：内曲手臂基本呈垂直状，手部置于下腹部偏上，另一臂紧贴身体或微内曲。河北邢台内丘张夺 09ⅡTG3M52，墓主右小臂内曲，面部及下肢均向左侧（图 5-41：1）。河北保定唐县高昌 M53，墓主左小臂内曲，夹角近 90°，右臂微内曲，手置于盆骨上，双下肢左曲，左下肢稍轻，右下肢较甚，面向右侧（图 5-41：2）。

Ⅱ式：内曲手臂的夹角略大于 90°，手部置于下腹部，另一臂紧贴身体。河北邢台内丘张夺 10NDZ2#MDTG1M18，墓主左小臂内曲，面部及下肢均向右侧（图 5-41：3）。河北藁城台西汉代 M9，墓主右小臂内曲，面部向左，下肢曲向右侧（图 5-41：4）。河北邢台内丘张夺 09ⅡTG2M9，墓主面部及下肢曲向均为右侧（图 5-41：5）。

Ⅲ式：内曲手臂的夹角略大，手部置于髋骨处，另一臂与身体稍有间隔。河北元氏县南程村 M1014，墓主左小臂内曲，面部及下肢均向右侧（图 5-41：6）。

Ⅳ式：内曲手臂的夹角大，手部置于髋骨处，另一臂与身体间隔稍大。河北邢台曹演庄 M25，墓主左小臂微内曲，面部及下肢均向左侧（图 5-41：7）。北京市昌平史家桥 M17，墓主右小臂微内曲，面部及下肢均向左侧（图 5-41：8）。

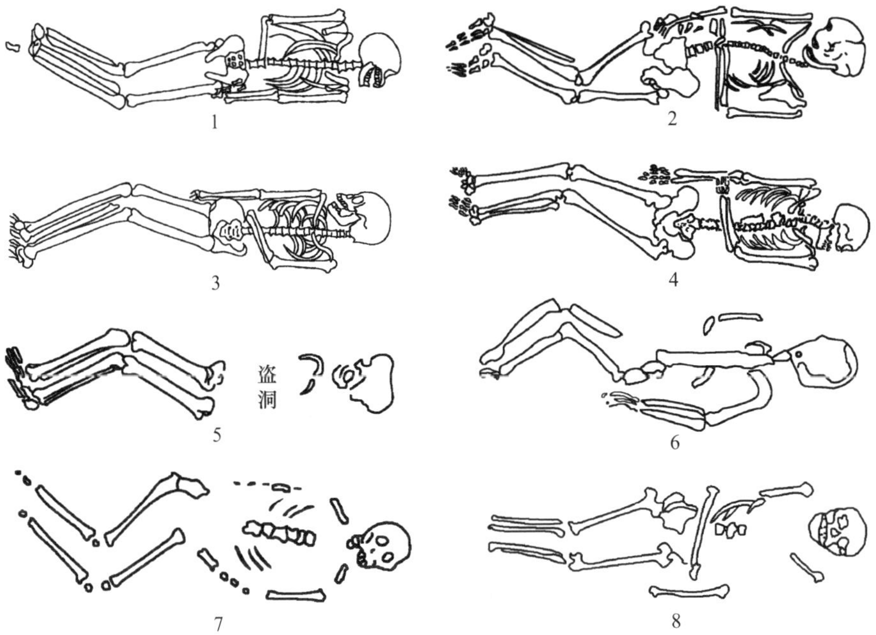

图 5-41　Ba 型仰身屈肢葬

1、2. Ⅰ式（河北邢台内丘张夺 09ⅡTG3M52、河北保定唐县高昌 M53）3～5. Ⅱ式（河北邢台内丘张夺 10NDZ2#MDTG1M18、河北藁城台西汉代 M9、河北邢台内丘张夺 09ⅡTG2M9）6. Ⅲ式（河北元氏县南程村 M1014）7、8. Ⅳ式（河北邢台曹演庄 M25、北京市昌平史家桥 M17）

Bb 型　一手臂弯曲，一手臂略直，靠近身体。一腿外曲，一腿近直，面部朝上或与下肢曲向一致。根据弯曲手臂屈曲程度的变化，可分为二式。

Ⅰ式：一手臂屈曲较甚，夹角略大于 90°，手部置于下腹部，双脚距离较近。河北保定唐县高昌 M17，左臂内曲，左腿向内侧斜伸，右腿向外屈曲，双脚距离近，头骨已朽，可能面向上（图 5-42：1）。

Ⅱ式：一手臂微内曲，双脚距离稍远。河北保定唐县高昌 M94 内女性墓主，右臂微曲，左腿直，面部与右腿曲向均为右侧（图 5-42：2）。河北河间东文庄 M10，墓主右臂微内曲，手部置于髋骨处，右腿近直，左腿外曲，面部与下曲肢向均朝向左侧（图 5-42：3）。

Bc 型　二上肢均弯曲，手部位于胸及腹上部，略有错位。一腿外曲，一腿微曲或近直，面部朝向与下肢曲向一致。根据下肢屈曲程度等情况不同，可分为三式。

Ⅰ式：一腿外曲，另一腿微曲，方向一致，双腿无交叉。河北邢台内丘张夺 10NDZ1#MDTG4M34，墓主左手置于腹上部，右手置于胸部，面部与下肢曲向均为右侧，左腿微曲，右腿屈曲稍甚（图 5-42：4）。

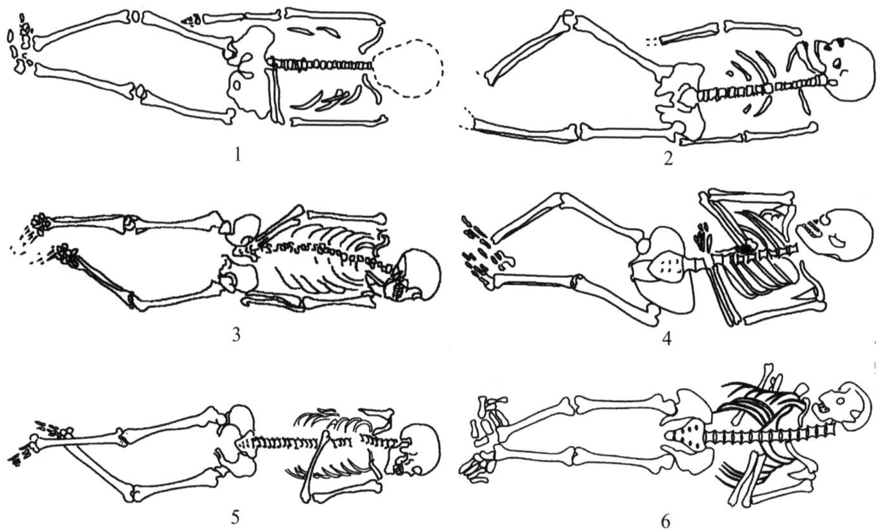

图 5-42　Bb、Bc 型仰身屈肢葬

1. Bb 型Ⅰ式（河北保定唐县高昌 M17） 2、3. Bb 型Ⅱ式（河北保定唐县高昌 M94 女性墓主、河北河间东文庄 M10） 4. Bc 型Ⅰ式（河北邢台内丘张夺 10NDZ1#MDTG4M34） 5. Bc 型Ⅱ式（河北藁城台西汉代 M74） 6. Bc 型Ⅲ式（北京市房山长沟 M77）

Ⅱ式：一腿外屈，另一腿近直，两小腿有交叉。河北藁城台西汉代 M74，墓主双小臂放在胸部偏下，面部与下肢曲向均为左侧，左腿外曲明显，右腿近直，左小腿弯曲压在右小腿下（图 5-42：5）。

Ⅲ式：一腿外曲较轻，一腿近直，脚跟相对。北京市房山长沟 M77，墓主双小臂在胸部，面部及下肢曲向均为右侧，左腿直，右腿微曲，脚跟相对，两脚向外伸（图 5-42：6）。

C 型　双臂伸直，平置于身体两侧。面部向上或朝向一侧。根据下肢屈曲情况的不同，可分为三亚型。

Ca 型　二下肢平行屈曲，较轻，双臂微外伸，与身体略有间隔，面部朝向与下肢曲向一致。河北元氏县南程村 M3004 墓主、平泉杨杖子村汉墓女性墓主，面部与下肢均曲向右侧（图 5-43：1、2）。

Cb 型　一下肢屈曲较轻，另一稍甚，夹角均大于 90°，双臂与身体紧贴，面部朝向与下肢曲向或一致，或相反。根据下肢屈曲的变化，可分为二式。

Ⅰ式：二下肢均明显屈曲。河北保定易县燕下都 M34、唐县高昌 M108，墓主面部与下肢曲向均为左侧，燕下都 M34，墓主双臂紧贴身体，面部可能向上（图 5-43：3），唐县高昌 M108，墓主双臂与身体稍有距离，面部向左（图 5-43：4）。北京市房山长沟 M5，墓主下肢向左（东）屈曲，面部向

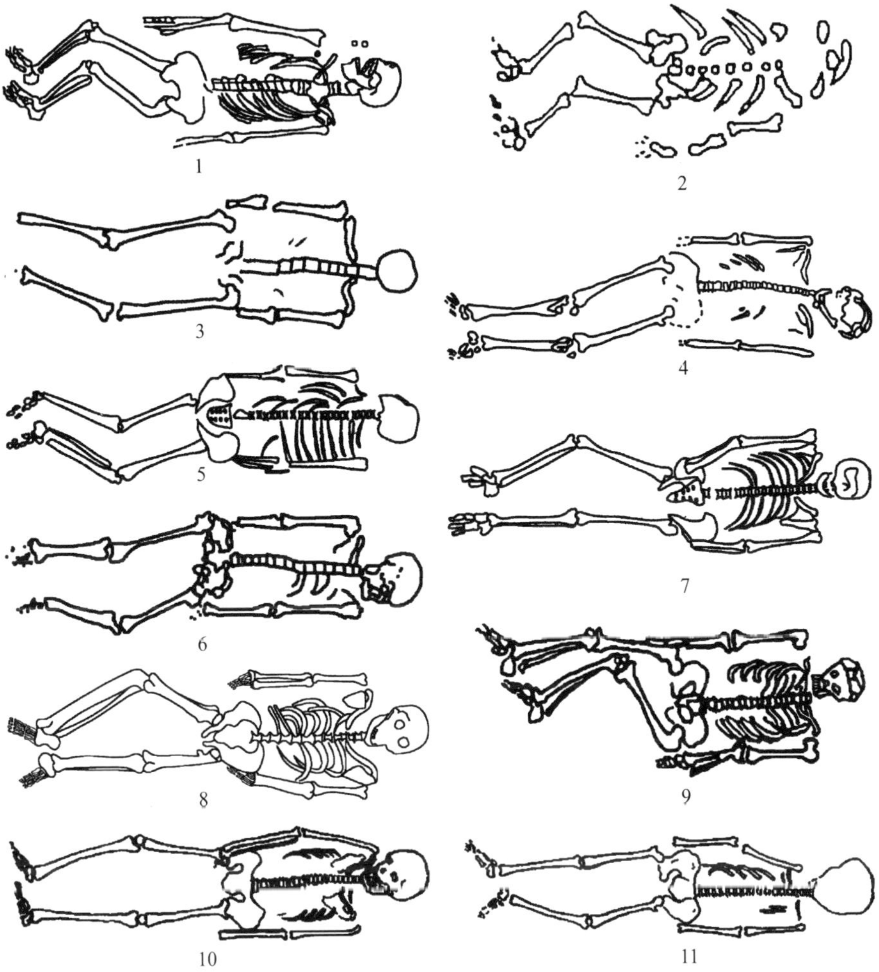

图 5-43　C 型仰身屈肢葬

1、2. Ca 型（元氏县南程村 M3004 墓主、平泉杨杖子村汉墓女性墓主） 3～5. Cb 型Ⅰ式（河北易县燕下都 M34、河北保定唐县高昌 M108、北京市房山长沟 M5） 6. Cb 型Ⅱ式（北京市怀柔城北 M61） 7～11. Cc 型（北京市房山长沟 M29、河北邢台内丘张夺 10NDZ2#MDTG2M32、河北邯郸建设大街 HWM13、河北保定唐县高昌 M12、河北保定唐县高昌 M75）

右（西）（图 5-43：5）。

Ⅱ式：一下肢屈曲明显，一下肢微曲近直，面部朝向与下肢曲向一致。北京市怀柔城北 M61，墓主右下肢微曲，左下肢稍甚，均向左曲，面部朝左（图 5-43：6）。

Cc 型　一下肢作屈曲状，较轻，方向内外皆有，另一下肢较直，面部朝上，上肢基本贴身。北京市房山长沟 M29，墓主右下肢向外（右）弯曲，左下肢较直，右臂微内收，左臂略直（图 5-43：7）。河北邢台内丘张夺 10NDZ2#MDTG2M32，墓主右下肢向外（右）弯曲，左下肢较直，左臂微内收，右臂略直（图 5-43：8）。河北邯郸建设大街 HWM13，墓主左下肢向内（右）弯曲，右下肢较直，两臂较直（图 5-43：9）。河北保定唐县高昌 M12，右臂微内曲，右下肢微外曲，头面向右（图 5-43：10）；M75，右臂微内屈，左下肢微外屈，头面向右（图 5-43：11）。

2. 侧身屈肢

身体侧躺，左右方向皆有，面部与侧身方向一致。上肢或一臂弯曲，一臂略直，或两壁皆弯曲。下肢屈曲情况和程度有所差异。根据下肢的屈曲程度及上、下肢屈曲情况等的不同，可分为三型。

A 型　上、下肢均屈曲较甚。根据下肢屈曲形式的不同，可分为二式。

Ⅰ式：右手臂弯曲上举，手部过头，左臂亦弯曲上举，高度低于右手臂。左腿向上弯曲，小腿上举，右腿蜷曲，面部侧向一侧较甚。河北藁城台西汉代 M43 墓主，体侧向右，左手弯曲护住脸部，左膝顶住腹部，右小腿下伸（图 5-44：1）。

Ⅱ式：左手臂弯曲上举，手至面部，右臂下垂向内曲，夹角稍大于 90°，右下肢呈跪式屈曲，左下肢上翘屈曲，几乎并拢，面部稍偏向一侧。河北保定唐县高昌 M89，墓主体侧向左，右上肢手部置于左侧盆骨上（图 5-44：2）。

B 型　下肢上部与下部叠放，上肢屈曲较轻，下垂贴身，面部稍偏向一侧。根据上下肢屈曲程度的不同，可分为二式。

Ⅰ式：一上肢内曲明显。河北保定唐县高昌 M15，墓主左臂内曲（图 5-44：3）。

Ⅱ式：一上肢微内屈。河北邯郸渚河桥 M5，墓主左臂微内曲（图 5-44：4）。

C 型　体侧向右或向左。上部手臂略弯曲，置于腹及髋骨处，另一手臂略直，与身体稍有间隔。下肢基本为平行并曲，屈曲度较轻，方向与侧身方向一致。根据下肢屈曲程度的不同，可分为二式。

Ⅰ式：下肢屈曲稍甚。河北邢台内丘张夺 10NDZ2#MDTG1M9，墓主向左侧身，右小臂斜内曲（图 5-44：5）。

Ⅱ式：下肢屈曲较轻。北京市昌平史家桥 M2 屈肢葬墓主，向右侧身，左小臂内曲（图 5-44：6），M14、M24、M43 与之相似。河北张家口阳原三汾沟 M4B 葬二人，均侧身屈肢，方向相反（图 5-44：7、8）。廊坊大坨头 M3 墓主，面向西。

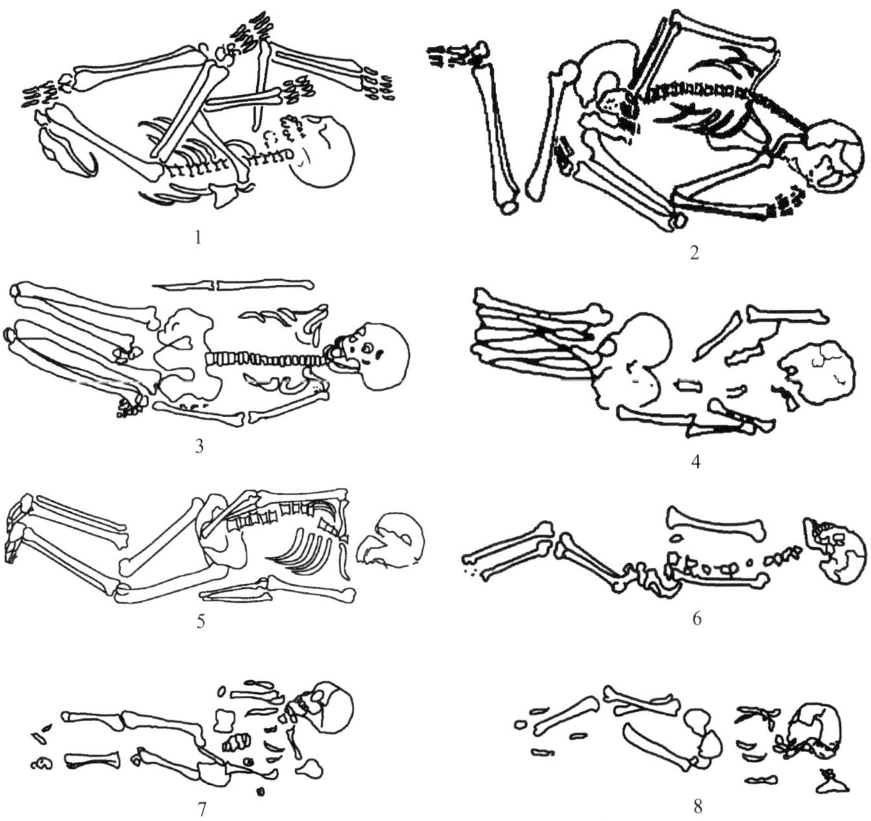

图 5-44　侧身屈肢葬

1. A 型Ⅰ式（河北藁城台西汉代 M43） 2. A 型Ⅱ式（河北保定唐县高昌墓地 M89） 3. B 型Ⅰ式（河北保定唐县高昌墓地 M15） 4. B 型Ⅱ式（河北邯郸渚河桥 M5） 5. C 型Ⅰ式（河北邢台内丘张夺 10NDZ2#MDTG1M9） 6～8. C 型Ⅱ式（北京市昌平史家桥 M2、河北张家口阳原三汾沟 M4B 二人）

（二）时代特征和发展演变

在上文对屈肢葬葬式分析的基础上，结合墓葬分期，可对京津冀地区汉代屈肢葬葬式的时代特征和发展演变有相应的认识。

一期Ⅰ段主要包括 A 型Ⅰ式、Ba 型Ⅰ式、Bb 型Ⅰ式、Cb 型Ⅰ式仰身屈肢葬及 B 型Ⅰ式侧身屈肢葬；一期Ⅱ段主要包括 A 型Ⅱ式、Ba 型Ⅰ式与Ⅱ式、Bc 型Ⅰ式与Ⅱ式、Cb 型Ⅰ式、Cc 型仰身屈肢葬及 A 型Ⅰ式侧身屈肢葬；二期Ⅰ段主要包括 Ba 型Ⅱ式、Cb 型Ⅱ式仰身屈肢葬及 B 型Ⅱ式、C 型Ⅰ式侧身屈肢葬；二期Ⅱ段所知屈肢葬葬式基本为仰身屈肢葬，型式较少，主要包括 Bc 型Ⅲ式与 Cc 型；三期Ⅰ段主要包括 Ba 型Ⅲ式、Bb 型Ⅱ式、Ca 型仰身屈肢葬及 A 型Ⅱ式、C 型Ⅱ式侧身屈肢葬；三期Ⅱ段主要有 Ba 型Ⅳ式及 Bb 型Ⅰ式、Ca 型仰身屈肢葬及 C 型Ⅱ式侧身屈肢葬（表 5-3）。

表 5-3　京津冀地区汉代屈肢葬葬式分期表

型/式			分期	一期		二期		三期	
				Ⅰ段	Ⅱ段	Ⅰ段	Ⅱ段	Ⅰ段	Ⅱ段
仰身	A		Ⅰ	√					
			Ⅱ		√				
	B	a	Ⅰ	√	√				
			Ⅱ		√	√			
			Ⅲ					√	
			Ⅳ						√
		b	Ⅰ	√					√
			Ⅱ					√	
		c	Ⅰ		√				
			Ⅱ		√				
			Ⅲ				√		
	C	a						√	√
		b	Ⅰ	√	√				
			Ⅱ			√			
		c			√		√		
侧身	A		Ⅰ		√				
			Ⅱ					√	
	B		Ⅰ	√					
			Ⅱ			√			
	C		Ⅰ			√			
			Ⅱ					√	√

A 型仰身屈肢葬中，微曲上肢的夹角渐大，手部位置也随之下移；下肢上部与下部的夹角也渐增大，屈曲后的双小腿与盆骨之间由几近重叠发展为有一定间隔，体现出仰身后屈肢葬渐趋舒缓的发展特征。Ba 型仰身屈肢葬的下肢基本平行弯曲，上部与下部夹角较大，一期屈肢明显，至三期Ⅱ段已近直肢；弯曲上肢的夹角由垂直逐渐变大，至三期Ⅱ段仅微曲，已近直，手部位置也逐渐下移。Bb 型仰身屈肢葬在一期Ⅰ段就已出现，一上肢屈曲明显，但与该亚型有关的墓葬较少，三期Ⅰ段、Ⅱ段有少量墓葬，墓主的上肢一臂及一下肢微曲，反映出趋近直肢的特征。Bc 型仰身屈肢

葬，下肢由一腿外曲一腿微曲发展为一腿微外曲另一腿近直，双腿由无交叉发展为两小腿有交叉，再至脚跟相对，上肢的变化不甚明显，相关墓葬的时代则基本集中于第一、二期。Ca 型仰身屈肢葬，上肢双臂微外伸，仅下肢略屈曲，而对应墓葬的时代较为集中，基本为西汉晚期，是屈肢葬发展到后期阶段的体现。Cb 型、Cc 型仰身屈肢葬均有一定的时代跨度，基本是时代较早者下肢屈曲稍甚，时代稍晚者略轻，体现出相应的变化，其中 Cb 型仰身屈肢葬的下肢还由两下肢屈曲明显发展为一下肢屈曲明显，一下肢微曲近直。侧身屈肢葬方面，A、B、C 三型中每型的二式均体现出屈肢渐轻缓的发展特点，另在一些细处也有相应的变化。A、B 型屈肢较甚，A 型尤为明显，延续至三期Ⅰ段，B 型屈肢稍轻，至二期Ⅰ段已消失不见；C 型总体屈肢较轻，二期Ⅰ段时出现，但数量较少，至三期即西汉晚期得到发展，对应的墓葬数量也相对较多，这与同时期的部分仰身屈肢葬有较大相似之处。

总的来看，一期的屈肢葬葬式种类多，大部分屈肢明显或较甚，但也显现出屈肢渐趋轻缓的发展态势。二期对一期有较多的继承，但 A 型仰身屈肢葬基本不见，而其他葬式的屈肢程度也较一期趋于轻缓。第三期，屈肢葬葬式种类明显减少，A 型、Bc 型、Cb 型、Cc 型仰身屈肢葬与 B 型侧身屈肢葬均不见，A 型侧身屈肢葬也仅见于个别墓葬，其他葬式的屈肢程度也更舒缓，虽然划分为不同型式，但总体上较为相似，一些已与直肢葬极为接近，这可能也是一些发掘简报或报告将其称为直肢葬的原因，但整体分析，屈肢的特征还明显存在。可以说，京津冀地区汉代屈肢葬葬式的发展是由屈肢较甚向屈肢较轻，并向逐渐接近直肢葬方向发展的，在这一过程中，屈肢葬葬式种类不断减少，形式也逐渐趋同。

（三）相关内容

1. 数量

京津冀地区发现的汉代屈肢葬墓中，除河北邯郸王朗村的相关墓葬因资料公布较早无详细报道外，多数有相关描述。除邯郸王郎村发掘的屈肢葬墓以外，较明确的仰身屈肢葬有 32 具骨架，占 71.11%，比例较大；较明确的侧身屈肢葬有 13 具骨架（河北张家口阳原三汾沟 M4B 内为 2 具侧身屈肢葬骨架），占 28.89%，所占比例相对较小。将邯郸王郎村的相关墓葬计算在内，京津冀地区目前已知的屈肢葬墓有 51 座。从时代上来看，西汉早期的屈肢葬墓 20 座，占已知屈肢葬墓的 39.22%，这一时期以仰身屈肢葬为主，一期（西汉早期）Ⅰ段与Ⅱ段仅个别墓葬的墓主为侧身屈肢葬，如河北保定唐县高昌 M15、藁城台西 M43；西汉中期屈肢葬墓 9 座，占已知屈肢葬墓的 17.65%，侧身屈肢葬主要集中于二期（西汉中期）Ⅰ段，数量不多，为河北邯郸渚河桥 M5、邢台内丘张夺 10NDZ2#MDTG1M9 等，二期Ⅱ段基本不见；三期（西汉晚期至东汉初）的屈肢葬墓有 22 座，占已知屈肢葬墓的 43.13%，侧身屈肢葬墓的数量增多，刨除邯郸王郎村发掘的屈肢葬墓，侧身屈肢葬墓与仰身屈肢葬墓的数量几乎相当。

从数量对比看，仰身屈肢葬是京津冀地区汉代屈肢葬的主流，侧身屈肢葬所占比例虽小，但也体现出时代及共同发展的特征。目前已发现、发掘的京津冀地区汉代屈肢葬墓中，侧身屈肢葬在西汉早期仅 2 座，中期偏早亦仅为 2 座，余皆为西汉晚期，体现出递增的趋势。究其原因，可能与西汉中晚期夫妻合葬的多样性发展普及，特别是同坟及同穴合葬的日益推广等有关，或许存在相关人群重新使用这一葬式的可能，但含义与目的已有所不同，另外也可能与西汉早期的相关墓葬暂未发现有关。不过就总体而言，侧身屈肢葬数量不多，所占比例并不大，并非京津冀地区汉代屈肢葬的主流。

2. 合葬

就目前资料，异坟异穴合葬、无合葬中屈肢葬墓的墓主大多数为仰身屈肢，一些墓如河北藁城台西 M43、保定唐县高昌 M15 与 M89 为侧身屈肢葬，而同坟异穴合葬墓中仅河北廊坊大坨头遗址 M3 的屈肢葬者为侧身屈肢；同穴合葬中，北京市昌平史家桥 M2、M14、M23、M24、M43 及河北张家口阳原三汾沟 M4B 中的屈肢葬者均为侧身屈肢，墓主为仰身屈肢的墓例目前仅知河北涉县索堡 M1 一例。可以看出，仰身屈肢葬在各类合葬形式中均有使用，相对较为普及，但在同穴合葬中使用较少，而侧身屈肢葬在同穴合葬中相对较多，在其他合葬形式中除无合葬者外则较少或不见。合葬形式的多样性体现出家族墓地的发展及家庭中夫妻之间的密切关系，就部分侧身屈肢葬而言，还反映了汉代家庭的社会特征。北京市昌平史家桥 M2、M14、M23、M24 等，右侧骨架仰身直肢，左侧骨架侧身屈肢朝向右侧骨架，右侧骨架形体较大，当为男性，左侧骨架形体稍小，应是女性。河北保定唐县高昌 M94，女性为屈肢葬，面部朝向右侧男性，上下肢的屈曲方向也朝向男性。女性在埋葬时侧身屈肢朝向男性，在一定程度上说明男性在家庭中地位较高，女性处于从属地位，折射出汉代家庭中男尊女卑的社会现实。就北京市昌平史家桥 M17 及河北张家口阳原三汾沟 M4B 两座屈肢葬墓来讲，体现的这一特征并不明显，史家桥 M17 的女性墓主下肢向左屈曲，其右侧为男性墓葬（M16）；三汾沟 M4B 内女性的下肢向右屈曲，其右侧为男性墓主，但女性的面部向左，这或许与配婚及两殇合葬有一定的关系。

3. 屈曲度

屈曲度是指上肢或下肢的弯曲程度，本文以弯曲后的夹角度数表示，夹角越小，屈曲度越大，夹角越大，则屈曲度越小[①]。京津翼地区的汉代屈肢葬中，下肢皆有弯曲，充分体现出屈肢葬的特征，但程度有所不同，部分上肢较直、下肢弯曲，部分上、下肢均弯曲，反映出屈肢葬的多样性。从整体来看，上、下肢的屈曲度因时代不同而存在不同，体现出相应的发展特征。下肢方面，A 型仰身屈肢葬的Ⅰ、Ⅱ式，下肢上部与下部的夹角在 10°～30°，Cc 型仰身屈肢葬中的河北邯郸建设大街 HWM13，墓主下肢上部与下部的夹角为 100°，相关墓葬的时代为西汉早期，而西汉中晚期的屈肢葬基本不见夹角低于 100° 者。B 型、C 型中的部分仰身屈肢葬及较多侧身屈肢葬的下肢上部与下部夹角多在 120° 以上，部分可达 150° 以上，对比汉代之前及该地区西汉早期屈肢葬的下肢屈曲度，可知下肢的屈曲度逐渐趋小。上肢方面，Bc 型Ⅰ式的代表墓例为河北邢台内丘张夺 10NDZ1#MDTG4M34，该墓时代为西汉早期，墓主左臂屈曲近垂直，右臂屈曲呈锐角（45°）；A 型仰身屈肢葬Ⅰ式的上臂与小臂夹角为 135°，Ⅱ式则在 140° 以上；Ba 型仰身屈肢葬中，Ⅰ式的上臂与小臂接近垂直，Ⅱ～Ⅳ式的上臂与小臂夹角渐大，Ⅳ式的部分夹角为 140°，屈曲度较小。河北藁城台西 M43，墓主为侧身屈肢葬，下肢左腿弯曲上翘，右腿蜷曲，小腿下垂，上肢均弯曲上举，整体屈曲较甚，体现出时代较早的特点，而该墓的时代为西汉早期，二者较为相符。河北保定唐县高昌 M89 的时代为西汉晚期Ⅰ段，墓主屈肢也较明显，但较之藁城台西 M43 的墓主，屈曲程度明显减轻，C 型侧身屈肢葬则明显舒缓，而墓葬则以西汉晚期居多。以上表明，较早阶段的屈肢葬，屈曲程度整体较明显，随着发展，屈肢程度逐渐减弱，并渐与直肢接近。

4. 骨架及相关内容

京津冀地区已发现、发掘的汉代屈肢葬墓约 51 座，这些墓葬中屈肢的骨架及相关内容既有相似性和一致性，也存在较多的不同和差别（表 5-4）。

---

① 本文所涉及的京津冀地区汉代屈肢葬的屈曲度，均由作者根据线图等测量所得，特做说明。

表 5-4　京津冀地区汉代屈肢葬墓骨架及相关内容统计表

墓葬＼内容				骨架方向	头向	面部朝向		屈肢葬类型	墓主性别
						具体方位	相对朝向		
天津	北郊双口镇汉墓			南北向	北	朝上	/	仰身屈肢	女
北京	昌平	史家桥 M2		东西向	东	朝北	朝右	侧身屈肢	女
		史家桥 M14		东西向	东	朝北	朝右	侧身屈肢	女
		史家桥 M17		南北向	北	朝上	/	仰身屈肢	女
		史家桥 M23		东西向	东	朝北	朝右	侧身屈肢	女
		史家桥 M24		东西向	东	朝北	朝右	侧身屈肢	女
		史家桥 M43		南北向	北	朝西	朝右	侧身屈肢	男
		半截塔 M18		南北向	北	不详	不详	仰身屈肢	男
	怀柔	城北 M61		南北向	北	朝东	朝左	仰身屈肢	男
	房山	长沟 M5		南北向	北	朝西	朝右	仰身屈肢	女
		长沟 M29		南北向	北	朝上	/	仰身屈肢	男
		长沟 M77		南北向	北	朝西	朝右	仰身屈肢	男
河北	邯郸	王郎村 7 座墓葬		南北向	不详	不详	不详	不详	不详
		建设大街 HWM13		南北向	南	朝上	/	仰身屈肢	男
		建设大街 HWM15		南北向	北	朝西	朝右	仰身屈肢	女
		渚河桥 M5		东西向	东	朝北	朝右	侧身屈肢	男
		渚河桥 M6		南北向	北	不详	不详	仰身屈肢	男
		涉县索堡 SSM1		南北向	不详	不详	不详	仰身屈肢	男
	邢台	曹演庄 M25		南北向	北	朝东	朝左	仰身屈肢	男
		内丘张夺	09ⅡTG2M9	东西向	东	朝北	朝右	仰身屈肢	男
			09ⅡTG3M52	南北向	北	朝东	朝左	仰身屈肢	男
			09ⅡTG3M57	南北向	北	朝东	朝左	仰身屈肢	女
			09ⅡTG7M21	东西向	东	朝北	朝右	仰身屈肢	男
			10NDZ1#MD TG4M34	南北向	北	朝西	朝右	仰身屈肢	男
			10NDZ2#MD TG1M9	南北向	北	朝东	朝左	侧身屈肢	男
			10NDZ2#MD TG1M18	南北向	北	朝西	朝右	仰身屈肢	男
			10NDZ2#MD TG2M32	南北向	北	朝上	/	仰身屈肢	男

续表

墓葬＼内容				骨架方向	头向	面部朝向		屈肢葬类型	墓主性别
						具体方位	相对朝向		
河北	藁城	台西	M9	南北向	北	朝西	朝右	仰身屈肢	男
			M43	东西向	东	朝北	朝右	侧身屈肢	男
			M74	东西向	东	朝南	朝左	仰身屈肢	男
	保定	唐县高昌	M12	东西向	西	朝北	朝右	仰身屈肢	女
			M15	南北向	北	朝西	朝右	侧身屈肢	男
			M17	南北向	北	朝上	/	仰身屈肢	男
			M53	南北向	北	朝西	朝右	仰身屈肢	男
			M75	南北向	北	朝西	朝右	仰身屈肢	男
			M89	东西向	东	朝南	朝左	侧身屈肢	男
			M94	南北向	北	朝西	朝右	仰身屈肢	女
			M108	南北向	北	朝东	朝左	仰身屈肢	男
	河间	东文庄 M10		南北向	北	朝东	朝右	仰身屈肢	男
	廊坊	大厂回族自治县大坨头 M3		南北向	北	朝西	朝右	侧身屈肢	女
	元氏县	南程村 M1014		东西向	东	朝北	朝右	仰身屈肢	女
		南程村 M3004		东西向	西	朝南	朝右	仰身屈肢	男
	易县	燕下都 M34		南北向	北	朝上	/	仰身屈肢	男
	承德	平泉杨杖子村汉墓		南北向	北	朝西	朝右	仰身屈肢	女
	阳原	三汾沟 M4B		东西向	东	分朝南北	分朝左右	侧身屈肢	男女

说明：①北京昌平史家桥 M43，发掘简报称该墓墓主为右仰身左屈肢，但墓葬平面图为左仰身右屈肢，参考 M2 的平面图，本文将其定为左仰身右屈肢。②史家桥 M2，发掘简报称骨架为南北向，但从平面图来看，为东西向较为恰当。③河北内丘张夺 10NDZ1#MDTG4M34，发掘报告称该墓墓主面向东，但墓葬平面图为墓主面向西，本文以墓葬平面图为准。

（1）骨架方向。

本书所述骨架方向是指骨架在墓葬中摆放形式所体现出的前后方向，这与头向有相似，但头向仅指头部的朝向，骨架方向则是整体方向。京津冀地区的汉代屈肢葬墓葬中，绝大多数是一座墓葬内有一个屈肢葬者，即使是同一墓穴内合葬 2 人，也大多如此，目前所知仅河北张家口阳原三汾沟 M4B 内葬男、女各 1 人，但均为未成年人，具有特殊性。需做说明的是，本书对骨架方向的统计是以墓葬为单位，阳原三汾沟 M4B 以 1 墓计算。

大致来看，京津冀地区汉代屈肢葬墓的骨架以南北向居多，相关墓葬37座，占72.55%，东西向稍少，相关墓葬14座，占27.45%。河北邯郸王郎村的7座汉代屈肢葬墓，骨架多为南北向；邯郸建设大街HWM15与M14并列，规模小于M14，二墓距离较近，为夫妻合葬墓的可能性较大，M14为南北向，M15墓主骨架面部向西，当为南北向。屈肢葬骨架呈东西向的约有12座，其中北京市昌平史家桥M2，发掘简报称为南北向，但从墓葬平面图及墓地中墓葬分布图等来看，该墓更可能为东西向。

就京津冀地区汉代屈肢葬墓的骨架方向来讲，正南北或正东西方向者虽有发现，但数量不多，大多数是与正南北或正东西方向有所偏斜，偏斜角度不等，但基本都可体现出南北向，或是东西向。这些墓葬内屈肢葬者的骨架方向与墓葬方向较为统一，南北向与东西向的不同与墓地规划、墓位安排及丧葬需求等均有一定关系，而占据少数的东西向，也在一些地区有发现，且在西汉晚期的较多墓葬中仍然存在即是体现。总的来看，南北向为主流，这与汉代较多等级不高的墓葬中骨架的方向基本一致，体现出屈肢葬已逐渐融入汉代丧葬文化的体系；东西向也有一定数量，除上面所述的原因外，也可能会与旧葬俗的孑遗有关，在一定程度上反映出丧葬文化的多元性特征。

（2）头向。

因骨架方向对头向有较大影响，而尸身在墓穴中具体摆放的差异也使得头向存在区别，如带墓道的相关墓葬中，一些墓葬内死者头朝向墓道，如河北张家口阳原三汾沟M4B；一些墓葬内死者则是脚朝向墓道，如北京市昌平史家桥M43、河北平泉杨杖子村汉墓、河北保定唐县高昌M94等，这些均使得屈肢葬者的头向体现出多样性特征。大致来看，头向东、南、西、北四个方向皆有。

有些墓葬内的屈肢葬者的头向不详，如河北邯郸王郎村的7座汉墓、涉县索堡SSM1，公布资料未见描述，不能确定，所占比例为15.68%。可确定屈肢葬者的头向以北向居多，时代较早为西汉早期偏早阶段，如09ⅡTG3M52的屈肢葬者，晚可到西汉晚期偏晚至东汉初，如河北邢台曹演庄M25、河间东文庄M10等。河北邯郸建设大街HWM15的墓主头向，参考M14墓主头向，当为北向。大致来看，京津冀地区汉代屈肢葬墓的墓主头向为北向者共有28座，占比为54.9%。头东向者数量次之，计12座，占比为23.54%，早中晚三期的墓葬均有发现，西汉早期的墓葬如河北邢台内丘张夺09ⅡTG7M21、河北藁城台西M43与M74等，但不见早期偏早的墓葬；中期的墓葬有河北邢台内丘张夺09ⅡTG2M9及邯郸渚河桥M5，中期偏晚的墓葬暂未发现；晚期的墓葬有河北元氏县南程村M1014、北京市昌平史家桥 M2 与 M14 等，河北张家口阳原三汾沟 M4B 内两具骨架的头向均为东。头南向与西向者数量较少，南向者只有 1 座，占比例为 1.96%，为河北邯郸建设大街 HWM13，时代为西汉早期偏晚阶段。头西向者 2 座，占比例为 3.92%，河北保定唐县高昌 M12 的时代为西汉早期偏晚，河北元氏县南程村 M3004 的时代为西汉晚期偏早阶段。

京津冀地区汉代屈肢葬墓的头向在数量上的差异也在一定程度上体现出相应的地域性和时代特点。头南向、西向者数量极少，仅在冀南及保定唐县高昌墓地的个别屈肢葬墓中存在；北京地区的汉代屈肢葬墓中墓主头向基本是北向和东向，而除昌平史家桥的一些屈肢葬的墓主头向为东向外，其他皆为北向；河北邢台内丘张夺发现的汉代屈肢葬墓，墓主头向以北为主，另有一些为东向。就时代性而言，头南向者及头西向者，时代或早或晚，其他时期不见，而头向东者，墓葬时代也大多集中于西汉的早期或晚期，中期相对少见。就同一墓地屈肢葬者的头向来讲，有的较为统一，如北京市房山长沟的 3 座屈肢葬墓；更多的则既有统一又存在差异，如北京市昌平史家桥及河北邯郸建设大街、邢台内丘张夺、藁城台西、保定唐县高昌等墓地中屈肢葬墓主的头向，这与墓葬时代、墓位安排、墓主亲疏与远近、墓主身份地位的差异等可能都会有一定的关系。就整体而言，京津冀地区汉代屈肢葬者的头向以北向为主，这是统一性的体现，而其他不同方向的并存又反映出统一中的多样性。

（3）面部朝向。

京津冀地区汉代屈肢葬的面向与下肢屈曲方向的对应关系大致可分为三种形式：①与下肢屈曲方向一致；②仰面朝上，与下肢屈曲方向“垂直”；③与下肢屈曲方向相反。具体来看，B、C 型仰身屈肢葬的面向与下肢屈曲方向大多一致，A 型仰身屈肢葬及侧身屈肢葬的部分墓葬亦是如此，相关墓葬数量较多，所占比例亦较大。面向朝上的仰身屈肢葬所属墓葬数量不多，面向与下肢屈曲方向相反的墓葬数量亦较少，多见于见 A 型仰身屈肢葬及侧身屈肢葬中的部分墓葬。河北邢台内丘张夺 09ⅡTG7M21 与北京市昌平史家桥 M43，均是下肢屈曲向左，面部向右，河北张家口阳原三汾沟 M4B 南侧骨架则是下肢屈曲向右，面部向左。仰身屈肢葬也有发现，如北京市房山长沟 M5，下肢屈曲向左，面部向右。需要指出的是，有合葬特征的屈肢葬者，面向与合葬形式有着一定关系，即面部大多朝向合葬者，且屈肢方向也多朝向合葬者，而合葬者若非仰面，亦大多向着屈肢葬者，如北京市昌平史家桥 M2 等。个别合葬者的面向与屈肢葬者的面向一致，即同一方向，而非相对，如北京市怀柔城北 M61 与 M62，较为少见。也有面部并不朝向合葬者的，如河北邯郸建设大街 M15，墓主为屈肢葬，面西，该墓东侧为 M15 的异穴合葬墓。另外，少量同穴合葬墓中屈肢葬者并不面向合葬者，其面向则多与下肢屈曲方向相反，如北京市昌平史家桥 M43、河北张家口阳原三分沟 M4B 等。刨除一些特殊情况，具有合葬特征的墓葬中屈肢葬者的面向，能从整体上体现出家庭，特别是夫妻之间的关系，并有不同的表现形式。

因多种因素的影响，京津冀地区汉代屈肢葬者的面向呈现出多样性特征。考虑到河北张家口阳原三汾沟 M4B 内所葬男女 2 人皆为屈肢葬者，故统计这一地区汉代屈肢葬者的骨架为 52 具。其中河北邯郸王郎村的 7 座汉墓、邯郸渚河桥 M6、涉县索堡 SSM1 及北京市半截塔 M18 的面向不详，计 10 具，所占比例为 19.23%；面朝上者 7 具，所占比例为 13.46%；其他是东、南、西、北四个方位均有，朝北者 11 具，所占比例为 21.16%，朝南者 4 具，所占比例为 7.69%，朝东者 7 具，所占比例为 13.46%，朝西者 13 具，所占比例为 25%。上述为屈肢葬者面向的具体朝向，就其与尸身来讲，还有左右之分，可称为相对朝向。其中资料不详者所占比例为 19.23%；因面部朝上而无左右之分者所占比例为 13.46%；余下的屈肢葬者，面左 9 具，所占比例为 17.31%，面右 26 具，所占比例为 50%。屈肢葬者面向的具体方位及相对朝向与骨架方向、头向及其合葬需求、具体丧葬内容等均有一定的关系，而不同内容也反映出京津冀地区汉代屈肢葬具有多样性和复杂性，体现出屈肢葬在这一地区的发展。

（4）性别。

京津冀地区汉代屈肢葬者的性别有男有女，并具有相应的时代特征。西汉早期的女性屈肢葬有一定数量，但相对略少，如河北邢台内丘张夺 09ⅡTG3M57、邯郸建设大街 HWM15、保定唐县高昌 M15 及北京房山长沟 M5、天津市北郊双口镇汉墓的墓主，可确定为女性。其他基本为男性，其中河北保定易县燕下都 M34 的规模略大，陪葬品丰富，且有陶马、人物俑等。河北保定唐县高昌 M17，墓主骨架大，但髋骨相对稍小，墓主很可能为男性。可以确定为西汉中期女性屈肢葬墓的情况极少或不见，但大多数可明确为男性屈肢葬墓，如河北邯郸涉县索堡 M1、邢台内丘张夺 09ⅡTG2M9 与 10NDZ2#MDTG1M9 等。其他墓葬如北京市怀柔城北 M61、昌平半截塔 M18 及河北邯郸渚河桥 M5、M6 的墓主性别，公布的发掘资料未有说明，可结合相关资料进行判断。北京市怀柔城北 M61 与 M62 为合葬墓，M61 较 M62 规模略大，陪葬品丰富，特别是陶礼器较为丰富，加之 M61 所葬墓主骨架较大，推测应为男性。北京市昌平半截塔 M18 及河北邯郸渚河桥 M5 均为一椁一棺，有相对丰富的陪葬品，昌平半截塔 M18 陪葬的陶器为 3 鼎 1 盒，均属陶礼器，不见罐等，墓主为男性的可能性较大；

邯郸渚河桥 M5，有一定数量的陶俑陪葬，墓主具有相对较高的等级，陪葬品中没有象征女性的相关物品，结合墓葬形制与规模，推测墓主为男性的可能性较大。河北邯郸渚河桥 M6 有成套的车马器，墓主亦很大可能为男性。西汉晚期偏早阶段的相关墓例中，河北张家口阳原三汾沟 M4B 葬二人，均为屈肢葬，为 1 男 1 女；廊坊大坨头遗址 M3 与 M2 可能为合葬墓，M3 打破 M2，时代稍晚，M2 的陪葬品数量稍多，骨架亦较大，墓主当为男性，M3 墓主则为女性。其他墓葬中，石家庄元氏县南程村 M1014 与 M1013 可能为夫妻合葬，M1014 有木椁，而 M1013 为砖椁，M1013 规模明显大于 M1014，推测 M1013 的墓主为男性，M1014 所葬为女性。南程 M3004 可能有木椁，而从平面图看，墓主骨架较大，可能为男性。西汉晚期偏晚阶段至东汉初的相关墓葬中，女性屈肢葬者数量稍多。北京市昌平史家桥 M2，屈肢葬者与合葬者相比较，骨架及所属墓圹均较小，当为女性，其他如 M14、M23、M24 亦大致如此。史家桥 M43，东南有斜坡墓道，墓穴内葬 2 人，棺独立，有错位，二棺北侧有共用的陪葬品。屈肢葬者的棺略窄长，位置居内且偏南，有相对独立但数量不多的陪葬品，棺内还有铁器陪葬；合葬者的棺略宽短，位置居外且偏北，无独立陪葬品。一般来讲，男性墓主去世时间相对早一些，棺很可能居于墓室内侧，而从骨架的大小看，屈肢葬者的骨架略大，再结合陪葬物品等综合判断，屈肢葬者应为男性，合葬者为女性。河北平泉杨杖子村汉墓，屈肢葬者所属棺位于墓室内东侧，边缘清楚，长 2.1、宽 0.75 米，骨架保存基本完好；西侧棺宽 0.88 米，尺寸略大于东棺，棺内陪葬品亦较东侧棺丰富，骨架腐蚀严重，在棺内相当于死者胸部位置发现篆书“司马德印”铜印章一枚[①]，这说明西棺内所葬为男性，而该墓内与其合葬的屈肢葬者为女性。北京市昌平史家桥 M17 与 M16 为异穴合葬，M16 的墓主为未成年男性，瓮棺葬，M17 的墓主与该男性属于具有特殊性的配婚及两殇合葬，墓主为女性，两墓墓圹大小接近。河北邢台曹演庄 M25 与 M21 存在合葬的可能，规模大于 M21，墓主可能为男性，而且从墓葬平面图来看，墓主骨架较大，也说明其应为男性。河北沧州河间东文庄 M10，墓主骨架大，但髋骨相对稍小，墓主很可能为男性。

同一墓地中，屈肢葬者的性别不一定都统一，此特点在北京市昌平史家桥、房山长沟及河北邢台内丘张夺墓地均有体现。不同墓地中，或女性屈肢葬者居多，或男性屈肢葬者居多，其中北京昌平史家桥发现的屈肢葬墓中，女性屈肢葬者较多，内丘张夺墓地发现的汉代屈肢葬墓中，男性屈

① 张秀夫. 河北平泉县杨杖子村发现汉墓［J］. 文物，1987（9）.

肢葬者多，所知仅09ⅡTG3M57的墓主为女性屈肢葬者。

综合考察，在京津冀地区汉代屈肢葬中，男性占有较大比例，女性则相对较少，其中河北张家口阳原三汾沟M4B内所葬2人（男女各1）皆为屈肢葬者，故本文统计的这一地区汉代屈肢葬者的骨架为52具。其中河北邯郸王郎村7座汉代屈肢葬墓的资料公布较为简略，墓主性别不详，所占比例为13.46%；女性屈肢葬骨架14具，所占比例为26.92%；男性屈肢葬骨架31具，所占比例为59.62%。

西汉早中期，女性屈肢葬者较少，西汉晚期，数量有所增加，特别是西汉晚期偏晚阶段至东汉初，比例大增，但男性屈肢葬仍有一定数量。较多男性屈肢葬墓墓主可能是汉代之前屈肢葬者的后裔，西汉早中期的一些屈肢葬女性亦大致如此。西汉晚期至东汉初期的女性屈肢葬者数量增加，部分还集中于同一墓地之中，这些女性屈肢葬者部分为较早阶段使用屈肢葬者的后裔，部分可能不是。笔者大胆推测，随着家庭的发展及丧葬礼俗的演进，一些使用屈肢葬的男性后裔为体现自身在家庭中的地位等，逐渐使用了直肢葬，而受旧有葬俗的影响，有些家庭中的女性还可能会对屈肢葬有所使用，同时这也许是为适应合葬，体现家庭关系及家庭成员之间地位的不同而采取的丧葬行为。但不论如何，这些屈肢葬已与直肢葬较为接近，从整体上反映出屈肢葬的衰落及向直肢葬发展的趋势（表5-5）。

五、墓主身份与等级

汉代墓葬包含内容丰富多样，从多方面体现出墓主身份地位，也反映出汉代社会的等级内容。京津冀地区汉代屈肢葬墓的规模均不大，形制也较简单，陪葬品数量较少或没有，以陶器居多，制作粗糙，品种不多，反映出墓主身份等级普遍较低的特征。

（一）墓葬分布

京津冀地区的多数汉代屈肢葬墓位于一个或多个家族墓地之中，相对独立的墓葬较少。目前所知，仅天津市北郊双口镇汉墓、河北平泉县杨杖子村汉墓相对较为独立，周边暂无其他墓葬发现，其他的汉代屈肢葬墓基本都散布于各自所属墓群之中，墓群中的墓葬数量或多或少，一些墓群的时代跨度较长。一些屈肢葬墓在诸多方面与周围墓葬存在相似之处，如北京市昌平史家桥（图5-45）、河北邯郸建设大街等地发现的汉代屈肢葬墓，很难反映出相互间身份等级的不同。但仔细观察，墓葬的分布还是会

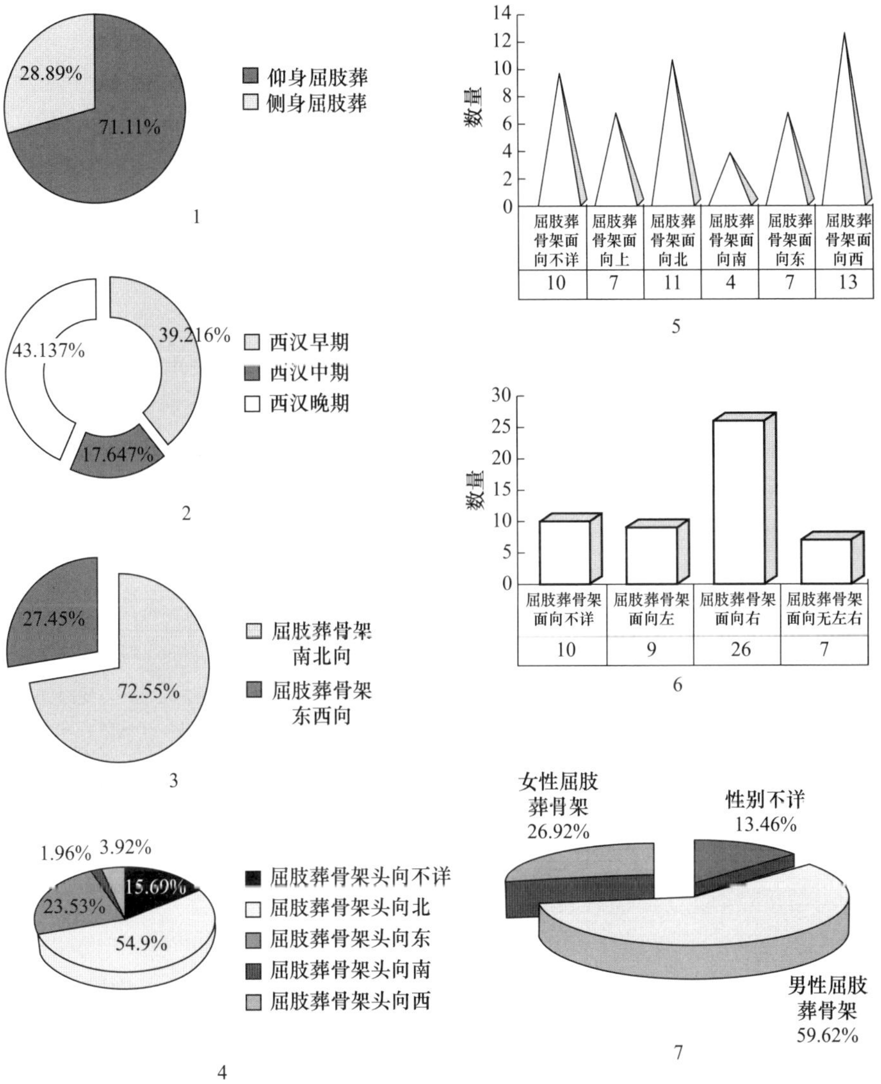

表 5-5　京津冀地区汉代屈肢葬墓相关数据

1. 京津冀地区汉代屈肢葬墓葬式比例　2. 京津冀地区汉代屈肢葬墓的时代比例　3. 京津冀地区汉代屈肢葬墓中骨架方向比例　4. 京津冀地区汉代屈肢葬墓中骨架头向比例　5. 京津冀地区汉代屈肢葬墓中骨架面部朝向的具体方位数据统计　6. 京津冀地区汉代屈肢葬墓中骨架面部相对朝向数据统计　7. 京津冀地区汉代屈肢葬墓中男女性别比例

在一定程度上反映出汉代屈肢葬墓主身份等级的差别。一般来讲，家族墓地中墓葬的分布与排列较为有序，长辈或地位高者多处于显位，辈分及等级地位较低者的墓位基本不位于显位，部分会处于边缘地带，体现出家族中辈分和地位等差异。京津冀地区的汉代屈肢葬墓极少见居于核心尊位者，

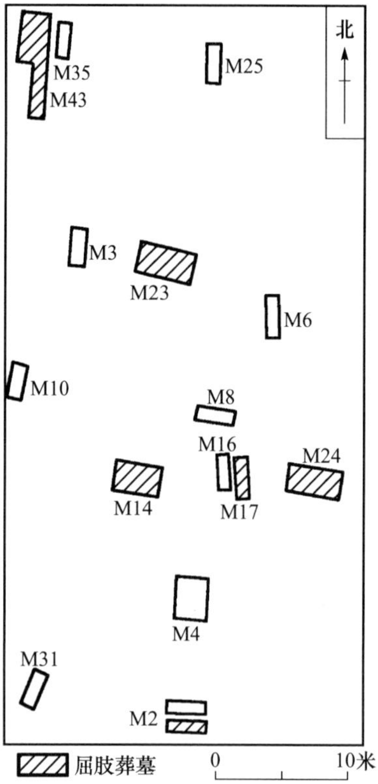

图 5-45　北京昌平史家桥部分汉代屈肢葬墓分布图（局部）

而是多处于边缘地带，反映出墓主身份等级相对较低的特征。而居于家族墓地中心部位或突前位置的墓葬，部分规模大，陪葬品丰富，有很多体现身份地位的内容和内涵。

已公布的京津冀汉代屈肢葬墓资料中，部分无墓葬分布图，亦无相关描述。有相关资料的墓葬中，如北京市房山长沟墓地，M77 位于大的墓地北部，所属家族墓地的边缘，M29 位于所属家族墓地的北端，而具有屈肢葬特征的 M5 在整个墓地的西北，附近墓葬较少；河北石家庄元氏县南程村墓地中的 M1014、M3004、邯郸建设大街 HWM13 与 HWM15、张家口阳原三汾沟 M4B、邢台曹演庄 M25、邯郸渚河桥 M6 及藁城台西墓地中的 M9、M43、M74 等，或位于所在墓地的边缘，或处于所属家族墓地的边缘，时代与周边墓葬也大致接近，而如藁城台西墓地中有相应屈肢葬内容的 M7 与 M23 也基本如此。M7 与 M23 规模不大，等级较低，与墓地中的几座屈肢葬墓有较多相似，其中 M23 的墓主头部有陶罐、碗各 1 件，M7 的墓主腰部有 1 件铜带钩，从葬肢来看，M7 墓主的左小臂内曲，M23 墓主的两脚交叠在一起，其余部位较直且舒展，基本可视为仰身直肢葬（图 5-46），本书将二者视为有屈肢特征的墓葬，暂不列入屈肢葬墓。河北保定唐县高昌墓地中可确定的 8 座屈肢葬墓中，从分布上看，大多位于墓地的边缘，有合葬者甚少。其中竖穴土坑木棺或木棺木椁墓大多等级不高，M94 为砖椁带墓道的墓葬，位置相对独立，内葬夫妻 2 人，等级相对较高，位置的独立也是墓主身份地位的另一种体现。河北邢台内丘张夺发现的汉代屈肢葬墓较多，分布于多个区域。二号遗址中，09ⅡTG2M9 位于家族墓群的南端，TG7M21 位于家族墓群的东南边缘，TG3M52 与 M57 位于家族墓群的东北边缘（图 5-47）。村南 1 号墓地的 10NDZ1#MDTG4M34 位于家族墓群的东部边缘。村南 2 号墓地中的 10NDZ2#MDTG2M32 位于家族墓群的北部边缘，而在村南 2 号墓地中，TG1 发现的墓葬数量较多，其中 10NDZ2#MDTG1M9 与 M18 均位于 TG1 所见墓葬的中部，但从相关墓葬

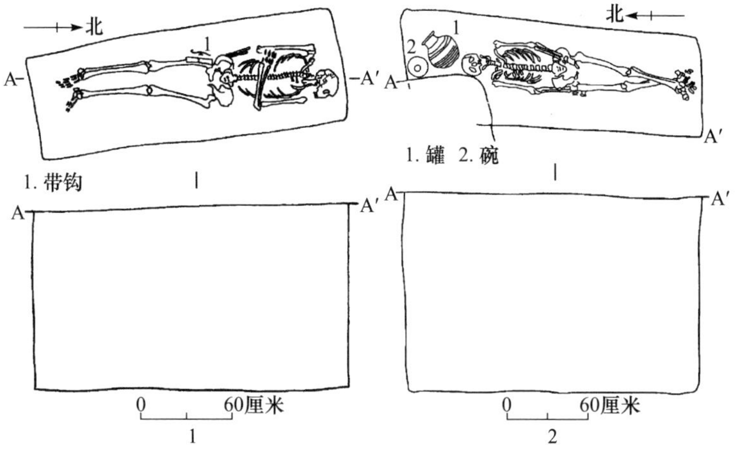

图 5-46　河北省藁城台西汉代墓地中有相应屈肢内容的 2 座西汉墓葬
1. M7 平、剖面图　2. M23 平、剖面图

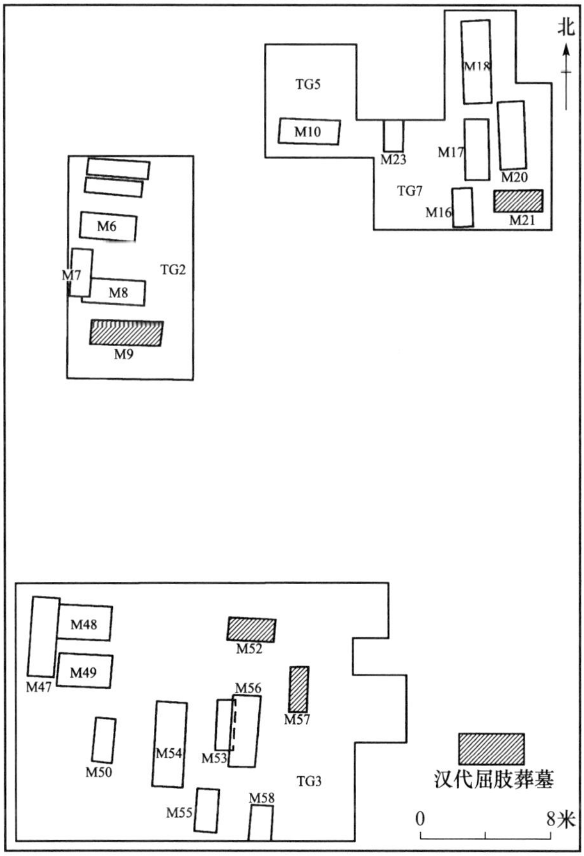

图 5-47　河北邢台内丘张夺 09Ⅱ区墓葬分布图（局部）

的墓向、相互间的间隔及墓葬时代等来看，TG1 内的墓葬大致可分为四组，M9 与 M18 分别位于西部第二组的东、西两侧边缘，性质与上述屈肢葬墓基本相同（图 5-48）。上述位于家族墓地边缘地带的一些汉代屈肢葬墓的墓向也体现出与其他墓葬不同的特点，如河北邢台内丘张夺 09ⅡTG7M21，墓圹为东西向，周边的其他墓葬则基本为南北向。需做说明的是，一些墓地中的屈肢葬墓为同穴或同坟异穴合葬，如北京市昌平史家桥的相关墓葬，墓葬的位置由合葬夫妻二人的身份地位等综合因素所决定，这可能是未体现出其位于家族墓群边缘地带的原因之一。

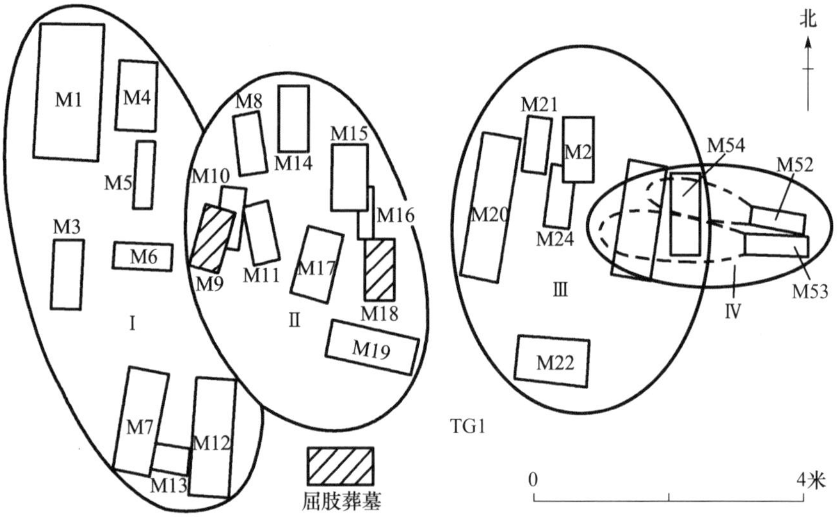

图 5-48　河北邢台内丘张夺 10NDZ2#MD 墓葬分布图（局部）

京津冀地区汉代屈肢葬墓所属家族墓地的等级整体不高，就屈肢葬者而言，身份等级亦不太高，考虑到多数屈肢葬墓位于家族墓地的边缘地带，相应的墓主身份等级在总体上还会偏低一些。就北京市昌平史家桥 M17 与河北张家口阳原三汾沟 M4B 两座具有特殊性的屈肢葬墓来讲，史家桥 M17 与 M16 同坟异穴，M17 墓主为女性，屈肢葬，M16 的规模、大小与 M17 接近，但其墓主为未成年男性，二者为合葬，在整个墓地中是以 M16 为主体的，M17 不见陪葬品，墓主等级较低；阳原三汾沟 M4B 为未成年男女的合葬墓，与 M4A 位于同一封土下，位置偏于一侧，而 M4A 为该封土下的主体墓葬，再参考该墓地中已发掘的西汉墓葬，仅此一个封土下有两座墓葬，这与 M4B 内所葬二未成年男女配婚及男女两殇合葬应有关系，墓内没有陪葬品，与特殊合葬有关，也从侧面反映出墓主的等级不高，再结合同一封土下的 M4A 所葬夫妇的陪葬品基本为陶器，女性墓主仅有 1 件陶壶，反映出等级较低的特征，应是家族墓地中身份地位较低者，这也说明 M4B 的墓主身份等级较低。另外，北京昌平史家桥 M17 所葬女性与河北阳原三汾沟 M4B 内所葬女性因特殊原因与男性墓主合葬于一墓之中，为等级较高的女性的可能性极小，更应该为等级低的人员。

（二）墓葬形制与规模

京津冀地区的汉代屈肢葬墓基本为竖穴式土坑，形制简单，结构亦不复杂。封填简单，很多墓葬不见封土，有封土者面积小，较低矮，竖穴或墓道内的填土经夯筑者较少。竖穴、墓室皆为长方形，坑壁或墓室壁部分不甚规整。相关设施方面，部分有二层台，但四面均有二层台者不多。其他设施少见，相关墓葬亦极少，如河北平泉杨杖子村汉墓墓室底部有两条南北纵向的排水沟；邯郸涉县索堡 M1 用砖和木板筑成墓室，并有木质封门及叠砌砖墙等。葬具方面，有的无葬具或仅有一漆木棺，部分为一棺一椁，少量有头箱或头箱及边箱均具备，但整体较为简略。

墓葬的规模均不大。河北邢台内丘张夺发现的汉代屈肢葬墓的墓口最长为 2.7、最宽为 1.1、棺痕最长为 2.1、最宽为 0.9 米，多数墓葬的墓口长 2～2.2、宽 0.6～1、棺痕长 1.55～1.8、宽 0.4～0.7 米。北京市房山长沟的屈肢葬墓中，M29 的墓口长 3.16、宽 1.12 米，M77 的长度与 M29 接近，宽度略大。河北石家庄元氏县南程村 M1014，墓口长 2.5、宽 1.02～1.12 米，M3004，墓口长 3.5、宽 1.2 米。其他地区多数屈肢葬墓的墓口长度低于 3.5、宽度小于 1.5 米。少量同穴合葬墓及有二层台或边箱或头箱的墓葬尺寸略大一些，如天津市北郊双口镇汉墓，为同穴合葬，墓口长 2.7、宽 1.95 米。河北廊坊大坨头遗址 M3，四壁有较宽的生土二层台，葬具为一棺一椁，椁的东侧可能为边箱，较宽，墓口长 3.5、宽 2.5 米。河北平泉杨杖子村汉墓，既是同穴合葬，又可能有头箱，墓圹长 5.6、宽 3.2 米。河北邯郸渚河桥 M5，有头箱和边箱，墓圹长 4.5、宽 2.4 米。除少量墓葬外，多数屈肢葬墓与所属墓地中的其他墓葬相比，规模较小。河北石家庄元氏县南程村 M1014、M3004 及邢台内丘张夺的汉代屈肢葬墓、邢台曹演庄 M25、邯郸建设大街 HWM13 与 M15 及保定唐县高昌墓地中的 M12、M15、M17、M53、M75、M89、M108 等，规模多小于周边墓葬，这从墓葬分布平面图可以看出，但就保定唐县高昌墓地中的 M94 来讲，规模明显较大，墓葬的等级也相对较高。

（三）陪葬品

京津冀地区汉代屈肢葬墓中，部分墓葬无陪葬品，部分仅有一两件陶器，另有较多墓葬有 2 件以上、10 件以下的陪葬品，仅有少量墓葬的陪葬品超过 10 件，其中还有一定数量的夫妻同穴合葬墓。

质地以陶质居多，制作相对粗糙，陶器多与日常生活类器物有关，罐较常见，陶礼器仅出土于部分墓葬中，组合大多不全，模型明器不见，俑仅在个别墓葬中有所发现，数量少，品种较单一。其他质地器物所占比例较小，铜质器物出土于个别墓葬中，与日常生活关系密切，个别墓葬出土有车马器，但明器特征较为明显。铁、漆木、骨等质地器物较少，玉器及金银器等基本不见。有一些墓葬用钱币陪葬，但数量均不多。部分墓葬出土的钱币数量极少，且被用作口琀，这在一定程度上也体现出墓主身份等级不高的特征，是低等级人员对高等级人员死后含玉习俗的模仿。河北保定唐县高昌 M94 为带斜坡墓道砖砌椁室的夫妻同穴合葬墓，男性墓主有大理石质的口琀，明显不同于该墓地中较多死者口中的含钱，而男女墓主均有一定数量的漆器陪葬，男性墓主陪葬的漆器还饰铜铺首，这都说明该墓的等级相对较高。

（四）等级差别

京津冀地区汉代屈肢葬墓虽有较多的相同点，但也有诸多不同，体现出相互间的等级差别。

墓葬分布方面，既有较多墓葬位于所属墓地的边缘地带，也有一些墓葬的位置并不在墓地的边缘，甚至有些墓葬居于墓地较显著的位置，如河北邯郸渚河桥 M5、涉县索堡 M1 等，墓主的身份等级也相应较高。

墓葬形制与规模方面体现的内容较多。墓葬的封填体现出一定的差别，封土面积及高度略大者一般等级稍高，封土规模小及不见者可能稍低；竖穴内的填土也有差别，经夯筑的墓葬一般等级稍高，而这种差别不仅体现在屈肢葬墓之间，在同一墓地的墓葬之间也有所反映，如河北邯郸市渚河桥 M5、M6，竖穴填土均为夯筑，而该墓地已发掘的其他一些汉墓的填土则为五花土，不经夯筑，二墓的等级当较其他墓葬稍高一些。有的墓葬无墓道，有的为斜坡墓道，有的则是带竖穴墓道的洞室墓，以无墓道的墓葬居多。大致来看，较多无墓道的墓葬等级稍低，但有一些无墓道的墓葬规模略大，等级也相对稍高，有斜坡墓道的墓葬及竖穴洞室墓等级略高，但也有规模较小的竖穴洞室墓。有相关设施如二层台的墓葬与其他墓葬的等级差别并不大，但部分也体现出等级稍高的特征，而个别墓葬设施多，内涵丰富，墓主的身份等级也相对稍高，如河北涉县索堡 M1。同等情况下，墓圹及墓室等的大小也体现出一定的等级差异。不仅如此，相关墓葬与所在墓地其他墓葬的墓圹、墓室规模的不同也体现出相应墓主身份等级的差别。多数屈肢葬墓的墓圹与墓室规模小于其他墓葬，反映出墓主等级身份较低的特征，但一些墓葬如河北邯郸渚河桥 M5、涉县索堡 M1 等，与所在墓地中其他墓葬相比，墓室面积较大，又反映出墓主身份等级稍高的特征。葬具方面，棺椁的有无体现出相应的差别，一般情况下，有棺椁者墓主等级稍高，有棺无椁者墓主等级略低，而无棺者墓主等级最低。一些墓葬还有头箱或边箱，一些则二者兼备，如邯郸渚河桥 M5，墓主的等级应更高一些。

陪葬品数量体现出一定的等级差异，数量稍多者较没有或仅有一两件者的墓主身份等级要稍高一些，而数量较多者的墓主身份等级可能更高。陪葬品质地及种类多寡也有体现，一般来讲，随葬品质地的多样性也反映出种类的多样性，二者综合反映出墓主的身份等级。一些墓葬仅有陶质器物陪葬，部分墓葬的陶质陪葬品数量较少，墓主的身份等级较质地多样、种类丰富陪葬品的墓葬墓主等级一般要低。河北邢台内丘张夺墓地中，一些屈肢葬墓没有陪葬品，一些仅有一两件陶器，墓主身份等级均较低。有些墓葬的陪葬品数量、质地、种类均较多，如河北邯郸渚河桥 M5，葬 1 人，陪葬品有 4 种质地，包括陶俑、铜镜与泡钉、铁环、幼猪骨等；邯郸涉县索堡 M1 葬 2 人，共同的陪葬品近 50 件，有 5 种质地，包括陶罐、壶、瓮、釜甑，铜铃、车马饰件、五铢钱币及铁带钩、骨饰件、漆钵等，制作较为精致；河北平泉杨杖子村汉墓仅铜质器物就包括钱币、镜、印章、盉、筒形器、洗等，另外还有较多陶器、漆器等，这些墓葬的墓主身份等级也相对稍高。墓主的身份等级在陪葬品的具体内容上也有反映，一些墓葬仅使用一两件陶罐陪葬，墓主等级相对较低，身份最多为一般平民；一些墓葬使用模型车马器或动物骨骼陪葬，墓主则可能为有一定政治地位的人员。陪葬陶人俑、马俑是西汉墓葬墓主身份等级相对稍高的表现，河北保定易县燕下都 M34 出土有陶人俑、马俑，邯郸渚河桥 M5 出土有陶人俑，虽种类相对单一，数量亦较少，但也说明墓主可能具有一定的政治地位。

合葬在一定程度上反映出不同性别之间身份地位的差异，如女性在合葬形式中处于从属地位，多面向男性，男尊女卑的现象较为常见等，相关内容在上文已做论述。考虑到多数女性的等级身份是与其夫相对应的，其差别应主要体现在家庭之中，但也有一部分女性可能会是家庭中的奴婢。

（五）墓主身份等级推测

参考京津冀地区汉代屈肢葬墓所属家族墓地的等级及屈肢葬墓在墓地中的位置，墓葬形制与陪葬品的特征及与相关墓葬的对应关系，墓葬体现的身份等级差别，结合发掘简报与报告的结论等综合推断，京津冀地区少量汉代屈肢葬墓的墓主等级身份略高，为低级官吏或富庶的地主家族成员，如河北邯郸渚河桥 M5、涉县索堡 M1、平泉杨杖子村汉墓、保定易县燕下都 M34、唐县高昌 M94 等的墓主；也有一些等级身份较低，可能为依附农或雇农甚至奴婢等，如河北邯郸建设大街 HWM15 及邢台内丘张夺墓地中部分无陪葬品墓葬的墓主；而介于二者之间的屈肢葬墓墓主，一般没有较强的经济实力和相应的政治地位，多为一般平民或庶民，相关墓葬较多，如河北邯郸建设大街 HWM13、邯郸渚河桥 M6、邢台曹演庄 M25、廊坊大坨头 M3、河间东文庄 M10、北京市怀柔城北 M61、北京市昌平半截塔村 M18、天津市北郊双口镇汉墓的墓主及北京市昌平史家桥、河北石家庄元氏县南程村、邢台内丘张夺、唐县高昌等墓地中相关墓葬的墓主，其中的邯郸渚河桥 M6、北京昌平史家桥 M43 等墓葬的墓主身份可能会高一些。需要指出的是，屈肢葬墓的规模、形制及陪葬品的种类、质地与数量等，可能与墓主的经济实力有关，因此有些墓葬规模略大、形制略复杂、设施稍多、陪葬品相对丰富，但无陶俑、车马器等明确证明墓主等级身份的物品，如河北平泉杨杖子村汉墓等，墓主地位高者可能为富庶的地主家族成员，低者则可能是以农为本的富豪之家，而非有相应政治地位的低级官吏。另外，河北张家口阳原三汾沟 M4B 的墓室面积较小，无陪葬品，可能与埋葬小孩及配婚、男女两殇合葬有关，但考虑到其墓葬形制为土坑竖穴洞室墓，再结合同一封土下的 M4A，判其所属家庭等级应为平民家庭，且有一定的经济实力。

六、继承、发展与消亡

汉代是我国古代丧葬发展的重要时期，相关制度、习俗及其他内容等方面均在继承前代的基础上得到较大发展，并逐渐形成具有自身特点的丧葬内容。屈肢葬在汉代虽较少见，但作为该时期丧葬内容的一个组成部分，亦有相应的继承和发展，并在一定时期趋于衰落和消亡，体现出自身的发展过程和特点。

（一）继承

屈肢葬作为一种特殊的葬式与葬俗，较直肢葬的发展与普及程度均稍逊色，但屈肢葬在石器时代即已产生，并有着持续的发展，也有相应范围的分布地域。《中国古代屈肢葬谱系梳理》一文将其分为南方、北方和西方三大传统，每一大的传统之中又有着不同的支系，如北方传统就包括秦支系、陕甘宁支系和东北地区的东部支系等[①]。东周时期，屈肢葬在北部的许

① 韩建业．中国古代屈肢葬谱系梳理［J］．文物，2006（1）．

多诸侯国如燕、秦及从晋国分出的赵国等国中均有使用。以秦国为例，屈肢葬较为普及，春秋、战国时期的相关墓葬多有发现，使用者的阶层也较多样，可能包括奴隶[①]、中小贵族和一般平民[②]或家奴[③]、部分军功贵族[④]等。随着秦的东进和军事扩张、秦文化的东渐，加之相关人员的迁徙等原因，具有秦文化特点的屈肢葬得以推广，特别是战国晚期至秦统一之后，具有秦文化特点屈肢葬的使用区域明显扩大，影响也在逐步加深。

京津冀地区早在新石器时代已有屈肢葬，并有以屈肢葬为主体的墓地。河北省阳原县姜家梁遗址清理新石器时代墓葬 78 座，葬式均为仰身屈肢葬，多数屈幅很大，双脚接近骨盆位置，少数屈幅小，双脚距骨盆较远[⑤]。1973～1977 年，在北京地区的琉璃河燕国墓地发现少量西周时期的屈肢葬墓，葬式均为侧身屈肢[⑥]，1995 年发掘的 95F15M2 的 2、3 号殉人，下肢微曲[⑦]。东周时期，这一地区的屈肢葬得到了继续发展，主要表现为墓葬数量增多，使用地域扩大，而且屈曲程度不一，各具特点。据目前考古资料，相关墓葬主要分布于今河北保定、邯郸、邢台三地区，北京市及河北承德、张家口、唐山等地也有少量发现。河北保定地区发现的东周屈肢葬墓数量较多，多数屈肢葬者蜷曲程度较大。1986 年，保定徐水大马各庄村清理出 37 座春秋时期墓葬，其中 26 座墓葬的墓主为屈肢葬，多仰身，上、下肢皆屈，有的上肢屈于下颌骨处，有的互叠于胸前，有的腕骨相叠置于腹部；下肢屈曲较甚，多数股骨与胫骨的夹角不足 60°，最甚者股骨和胫骨叠在一起[⑧]。易县燕下都 13 号遗址 65ⅠYBM1 为仰身屈肢葬，左手在下，右手在

---

① 韩伟. 试论战国秦的屈肢葬仪渊源及其意义［C］// 中国考古学会. 中国考古学年会第一次年会论文集［M］. 北京：文物出版社，1979：204-211.

② 赵化成. 早期秦文化の発見とそれに伴う諸问题［J］. 日本中国考古学会会报，1993（3）.

③ 陈洪，李宇，武丽娜等. 再谈秦墓屈肢葬渊源及其相关问题［J］. 文博，2014（1）.

④ 陈洪. 中型秦墓墓主族属及身份探析——以渭水流域中型秦墓的葬俗为视角［J］. 郑州大学学报（哲学社会科学版），2011（3）.

⑤ 河北省文物研究所. 河北阳原县姜家梁新石器时代遗址的发掘［J］. 考古，2001（2）.

⑥ 中国社会科学院考古研究所，北京市文物研究所琉璃河考古队. 1981—1983 年琉璃河西周燕国墓地发掘简报［J］. 考古，1984（5）.

⑦ 北京市文物研究所，北京大学考古学系. 1995 年琉璃河遗址墓葬区发掘简报［J］. 文物，1996（6）.

⑧ 河北省文物研究所，保定地区文物管理所，徐水县文物管理所. 河北徐水大马各庄春秋墓［J］. 文物，1990（3）.

上，两手交叉放于腹部，两腿弯曲，左腿在下，右腿在上，墓葬时代大致在春秋晚期至战国早中期[①]。邯郸地区发现的东周屈肢葬墓也有一定数量，市区建设大街农机公司西仓库发现 1 座，编号为 HNM12，棺内置人骨架一具，男性，仰身，下身一腿压在另外一腿上，随葬铁带钩 1 件、大型尖足布币 10 枚，根据布币由空首变为平首，由大变小，由平肩平足变为耸肩尖足和平肩尖足的发展规律分析，10 枚尖足布币应为战国早中期的，其铭文“甘丹”“□阳”“大阴”“邪山”等均为赵国地名，所以推断为赵国布币，故墓葬应为战国早、中期的赵国平民墓[②]。邯郸武安县午汲镇古城发现一定数量的屈肢葬墓，其中春秋晚期至战国早期的屈肢葬墓为三座，战国早期的屈肢葬墓 2 座，下肢屈度均在 90° 以上，战国中期的屈肢葬墓 2 座，其中 1 个是侧身[③]。邯郸百家村发现战国中期墓葬中，屈肢葬 11 具，部分为殉人，更多的为独立葬[④]。北京地区的怀柔城北 M3，葬式为侧身屈肢，下肢屈成 130°，时代为春秋时期[⑤]；昌平区松园村 M1，骨架屈肢成 70° 锐角，M2 墓主的下肢亦屈曲，时代为战国中期[⑥]。河北承德地区的滦平县付营子乡东营子墓地的 2004LPDⅢM1，墓主侧身屈肢，右臂置于腹下部偏下，双腿屈于一侧，时代为战国中晚期[⑦]。张家口地区的怀来县甘子堡发现有春秋战国之际的屈肢葬墓，葬式为仰身屈肢，头东脚西[⑧]。唐山贾各庄发现 4 座战国时期的屈肢葬墓，墓主均身向右卧，双膝弯曲[⑨]。河北邢台地区的内邱县官庄小驿头遗址发掘的春秋战国时期墓葬中，明确的屈肢葬墓有 8 座，均侧身

---

① 河北省文物研究所．河北易县燕下都第 13 号遗址第一次发掘［J］．考古，1987（5）．

② 邯郸市文物保护研究所．邯郸市建设大街战汉墓葬发掘报告［J］．文物春秋，2004（6）．

③ 河北省文物管理委员会．河北武安县午汲古城的周、汉墓葬发掘简报［J］．考古，1959（7）．

④ 河北省文化局文化工作队．河北省邯郸百家村战国墓［J］．考古，1962（12）．

⑤ 北京市文物工作处．北京怀柔城北东周两汉墓葬［J］．考古，1962（5）．

⑥ 苏天钧．北京昌平区松园村战国秦墓发掘记略［J］．文物，1959（9）．

⑦ 河北省文物研究所，承德市文物局，滦平县文物保护管理所．东营子墓地发掘简报［C］// 河北省文物研究所．河北省考古文集（三）［M］．北京：科学出版社，2007：18-53．

⑧ 贺勇，刘建中．河北怀来甘子堡发现的春秋墓群［J］．文物春秋，1993（2）．

⑨ 安志敏．河北省唐山市贾各庄发掘报告［J］．《考古学报》（第六册），1953：57-116，图版一～二十四．

屈肢，性别男、女均有，时代从春秋中期至战国中期，属赵人墓[①]。河北省灵寿县及平山县也有相关墓葬发现，分布于中山国灵寿城址的周围，主要包括灵寿县的岗北村西、蒲北窑场及平山县的下三汲村、中七汲村，较为明确的屈肢葬墓计9座，基本为灵寿城外中山国的一般墓葬，均土圹竖穴，墓内填土多经夯实，葬1人，陪葬品多数较少，等级除个别稍高外多数较低，时代集中于战国中晚期，葬式有仰身与侧身屈肢葬两种，中期以侧身屈肢葬居多，晚期则常见仰身屈肢葬，岗北村M8011，葬式为仰身屈肢，屈曲较轻，陪葬品40余件，质地及种类多样，等级稍高，时代为战国中期早段；蒲北窑场M9301，葬式为侧身屈肢，等级不高，时代为战国中期；岗北村西M8010，葬式为仰身屈肢，屈曲较甚，陪葬品不足10件，均为陶器，制作粗糙，等级较低，时代为战国晚期早段；中七汲村北M8001，葬式为仰身屈肢，陪葬品少，陶器有明显的赵国民间葬俗风格，等级低，时代为战国晚期，可能是赵灭中山后的墓葬，其在某种程度上可能属于赵国墓葬[②]。

具有战国晚期秦文化特征的屈肢葬墓在京津冀地区也发现有相当数量，部分可能与本地传统的屈肢葬墓并存。一些墓地的相关墓葬数量较多，时代延续性较强，从战国晚期至秦代乃至汉代皆有存在。河北承德围场东台子发现几座战国晚期至秦代的屈肢葬墓，有侧身屈肢和俯身屈肢两种葬式，秦统一之前，该地属于燕国，其中葬式为侧身屈肢葬的M12，出土有勺形铜带钩等器物，具有明显的战国特点，考虑到该处屈肢葬墓的整体时代为战国晚期至秦代，秦统一时，这里可能是右北平郡下设县或亭的所在地，且相关遗址还出土有秦代铁权等遗物，具有秦文化元素的屈肢葬在此出现也属正常[③]，而战国晚期的屈肢葬墓也可能因秦的扩张或其他原因具有了秦墓屈肢葬的部分内涵。河北邢台地区发现的战国晚期屈肢葬墓较多，主要集中分布于内丘张夺，张夺一带在战国时属赵国，但在战国晚期，随着秦文化的东渐，部分屈肢葬墓已渐具有了秦文化的因素，张夺遗址已发掘的墓葬中，战国晚期屈肢葬墓11座，有仰身屈肢（下肢微弯曲）、仰身后屈肢、侧身屈肢三种葬式，多数屈肢较甚，而同时期的直肢葬墓仅有1

① 河北省文物研究所．内邱小驿头遗址发掘报告［C］// 河北省文物研究所．河北省考古文集［M］．北京：东方出版社，1998：154-178．

② 河北省文物考古研究所．战国中山国灵寿城（1975～1993年考古发掘报告）［M］．北京：文物出版社，2005：290-326、362-382．

③ 围场县文物管理委员会．河北围场东台子战国晚期至秦代墓地出土文物［C］// 文物编辑委员会．文物资料丛刊（10），北京：文物出版社，1987：142-145．

座，屈肢葬墓的墓葬形制对该地区前代墓葬有一定的继承，出土的器物如鼎、壶、高柄豆、匜及盘等也与邢台地区战国中晚期墓葬出土的同类器物基本相同，特别是侧身屈肢葬中的自然弯曲属本地传统的屈肢葬；而将上肢摆放成具有一定含义的姿势，下肢小腿沿大腿回折或将小腿与大腿摆放成直角的人为弯曲又具有明显的秦文化特点，表明秦人在此时已进入赵地，葬式上保留有屈肢，但在丧葬中使用当地明器，部分墓主可能为秦国商人①。除商业贸易外，秦国的扩张和吞并也在一定程度上促进了秦文化屈肢葬在原赵国统治区域内的发展。史书记载："（秦昭襄王）二十五年（前282年），拔赵二城。"②秦始皇十一年至十五年（前236～前232年），秦多次举兵攻赵。"十八年（前229年），大兴兵攻赵，王翦将上地，下井陉，端和将河内，羌瘣伐赵，端和围邯郸城。十九年（前228年），王翦、羌瘣尽定取赵地东阳，得赵王"③，赵公子嘉携宗室逃到代郡（今河北蔚县），称代王。秦始皇二十五年（前222年），"攻代，虏代王嘉"④。随着秦国对赵地的占领，秦文化开始大量渗透，秦文化屈肢葬也随之传播到赵地。秦灭赵，特别是秦统一之后，对该地区的统治不断加强，有一部分秦人迁徙至此，其中可能会包括一批"罪人"⑤，而他们对于屈肢葬的使用使得一些地区的秦文化屈肢葬更快地发展起来。秦代屈肢葬墓在今河北邢台内丘张夺的不同墓地中均有发现，已发掘的有20余座，较多墓葬极少或没有陪葬品，与迁徙"罪人"的特点较为相符。这些墓葬的墓主屈肢特征十分明显，主要有仰身屈肢、仰身后屈肢、侧身屈肢、侧身后屈肢四种，蜷曲较甚，仰身后屈肢居多，侧身屈肢数量少。个别墓葬还出土具有秦文化特征的陶器。其他地区还可能有一些墓葬，因墓葬形制、陪葬品等或与本地区战国晚期墓葬接近，或与西汉早期墓葬相似，未被定为战国晚期秦墓或秦代墓葬，这在一定程度上影响了对京津冀地区具有秦文化特征的屈肢葬墓的认识。

就京津冀地区汉代屈肢葬的形成与发展而言，当对本地区东周传统屈肢葬及秦墓屈肢葬有较大的继承，并在继承的基础上，与汉代丧葬文化不

---

① 南水北调中线干线工程建设管理局，河北省南水北调工程建设领导小组办公室，河北省文物局．内丘张夺发掘报告［M］．北京：科学出版社，2011：467、468、503、504．

② （西汉）史马迁．史记·货殖列传［M］．北京：中华书局，1959：3274．

③ （西汉）司马迁．史记·秦始皇本纪［M］．北京：中华书局，1959：233．

④ （西汉）司马迁．史记·秦始皇本纪［M］．北京：中华书局，1959：234．

⑤ 南水北调中线干线工程建设管理局，河北省南水北调工程建设领导小组办公室，河北省文物局．内丘张夺发掘报告［M］．北京：科学出版社，2011：504．

断融合，逐步发展，日渐形成具有时代及地域特点的屈肢葬内容及特征。

从分布地域看，该地区汉代屈肢葬墓的分布与东周、秦代屈肢葬墓的分布区域大致接近，基本都包括中北部的北京与河北保定、张家口、承德及南部的邢台、邯郸等地，这在很大程度上体现出承继的关系。而如北京怀柔城北、河北邢台内丘张夺等墓地，或战国屈肢葬墓与汉代屈肢葬墓并存，或战国、秦代、汉代的屈肢葬墓并存，时代延续较长，体现的继承特征更为突出。

京津冀中北部地区自新石器时代即有屈肢葬，两周时期获得较大发展。周武王灭商，“封召公于北燕”[①]，中北部的许多地区开始处于燕国的统治之下。东周时期，燕国以今北京、易县两地为统治中心，不断向周边扩张，控制了京津冀中北部的大部分区域。战国中晚期，在燕国的统治区域内，屈肢葬得到了相应发展，分布区域扩大，墓葬数量也增多。京津冀中北部已发现的东周屈肢葬墓基本为燕国墓葬，春秋时期的一些墓地如河北保定徐水大马各庄村墓地发现的屈肢葬，屈曲较甚，多数股骨与胫骨的夹角不足60°，最甚者叠在一起；战国时期屈肢葬的屈曲程度大多较轻，除北京市昌平区松园村M1屈肢成70°锐角外，多数在90°以上，墓葬头向以北向为主，陪葬陶器中鼎、豆、壶、盘等较为常见。中北部地区的汉代屈肢葬墓对东周燕国屈肢葬墓有较多继承，北京市昌平史家桥M2与怀柔城北M3的葬式十分相似，均为侧身屈肢，下肢自然弯曲，且头向均为北偏西，河北保定易县燕下都发现的战国和汉代屈肢葬墓在墓葬形制和葬式上也表现出较多的一致性。京津冀中北部地区发现的汉代屈肢葬屈曲程度普遍较轻，且墓主头部大多北向，亦延续了东周特别是战国时燕国屈肢葬墓的特点。陪葬品方面，北京市昌平史家桥几座汉代屈肢葬墓出土的陪葬品以陶鼎、豆、壶、罐为主，基本延续了东周燕墓陪葬鼎、豆、壶的陶器组合形式，且器物的造型上也表现出明显的继承，而北京市怀柔城北M61出土的陶鼎、豆等器物对当地战国墓葬中同类器物的继承特征也较为明显。由上可知，中北部地区的汉代屈肢葬对本地区东周尤其是战国时期的屈肢葬有较多继承，在很大程度上是该地区屈肢葬传统的延续。而战国晚期至秦代，随着秦的扩张及统治的日益加强，秦墓屈肢葬在该地区也得到发展，这也会在一定程度上影响到这一地区汉代屈肢葬墓的发展，如洞室墓的使用等，但整体上并不突出和明显。

京津冀南部地区汉代之前的屈肢葬墓主要集中于今邯郸、邢台两个地区，秦占之前均属赵国的统治领域。公元前386年，赵敬侯迁都邯郸，这

① （西汉）司马迁．史记·燕召公世家［M］．北京：中华书局，1959：1549．

里遂成为赵国统治的中心地带。邯郸地区屈肢葬墓大致出现于春秋晚期至战国早期，战国早期至中期得到进一步的发展。葬式有仰身和侧身屈肢葬两种，仰身居多，下肢多略弯曲（屈曲度大于90°），少量两脚相交。该地及附近地区发现的较多汉代屈肢墓基本为仰身，下肢略弯曲，应是对该地战国屈肢葬的继承，而墓葬形制、陪葬品的相似和发展延续性也说明了这一点。另如河北邯郸建设大街墓葬群，战国与汉代屈肢葬墓均有发现，也体现出相应的继承和延续。除对本地区战国屈肢葬葬俗的继承外，邯郸地区的一些汉代屈肢葬也体现出对秦墓屈肢葬的继承。邯郸渚河桥M5，下肢叠放在一起，与河北邢台内丘张夺09ⅡTG3M49、TG5M55及10NDZ1#MDTG4M26等战国末及秦代的秦文化屈肢葬墓[①]极为相似，且邯郸渚河桥M5的墓主骨架为头东脚西，应是对秦文化葬俗的继承。河北邯郸涉县索堡M1为竖穴式土洞墓，用砖和木板筑成墓室，墓室内置木棺一具，砖墙外壁用圆木进行支撑加固[②]，这种竖穴式墓道、流行木棺和屈肢葬、墓室内架圆木的做法是秦文化洞室墓的典型特点[③]。河北邢台地区发现有春秋中晚期至战国中期的屈肢葬墓，属赵人墓。战国晚期，本地区传统的屈肢葬还有发展，但具有秦文化因素的屈肢葬开始增多，秦统一之后，屈肢葬的秦文化特征更为突出，并一直影响到西汉早中期或更晚，这在河北邢台内丘张夺墓地中表现得尤为明显。如张夺09ⅡTG7M21，仰身后屈肢葬，屈肢较甚，右臂微曲放于腹下，左小臂置放于胸部外侧，与该地区发现的09ⅡTG8M46、TG4M62[④]等秦代的仰身后屈肢葬极为相似。墓葬形制方面，部分墓葬如10NDZ1#MDTG4M34，保留着战国墓葬“斗”形竖穴土坑的某些特征，而该地更多的汉代屈肢葬墓则继承了秦墓的特点，如使用整体较窄长的长方形竖穴土坑、墓葬内有生土二层台等。陪葬品方面，河北邢台内丘张夺墓地的较多西汉早期屈肢葬墓出土的陪葬品数量较少，以陶罐为主，部分墓葬无陪葬品，与该地区战国、秦代秦文化屈肢葬墓较为一致。也有一些汉代屈肢葬的下肢屈曲程度较小，则可能是秦文化与本地传统屈肢葬融合发展的结果，而这也正是汉代屈肢葬整体发展的走向。因此，河

---

① 南水北调中线干线工程建设管理局，河北省南水北调工程建设领导小组办公室，河北省文物局．内丘张夺发掘报告［M］．北京：科学出版社，2011：52-545、258-259．

② 邯郸市文物管理处，涉县文物保管所．河北涉县索堡汉墓［J］．文物春秋，1996（1）．

③ 韩建业．中国先秦洞室墓谱系初探［J］．中国历史文物，2007（4）．

④ 南水北调中线干线工程建设管理局，河北省南水北调工程建设领导小组办公室，河北省文物局．内丘张夺发掘报告［M］．北京：科学出版社，2011：122、123、143、144．

北邢台内丘张夺一带汉代屈肢葬对秦文化屈肢葬的继承较多，也较为明显，但也有本地区传统屈肢葬葬俗的相应影响和延伸，只是不甚明显。

战国时期，在燕、赵二国之间还有一“千乘之国”——中山国，它是由鲜虞族建立的一个小国。公元前414年，中山国初立，公元前406～前405年，魏国灭中山国，公元前380年，中山桓公复国，建灵寿城邑，公元前296年，中山国被赵国所灭[①]。春秋至战国早期的中山国墓基本不见屈肢葬，而灵寿城址周围发现的屈肢葬墓时代均为战国中晚期，这可能与中山国和周边地区交往联系的日益发展和增多有关。受燕、赵及其他地区的影响，屈肢葬墓在战国中期的中山国开始出现，并逐渐普及。除战国中期早段有个别等级稍高的人员外，如岗北村西M8011墓主，其他时期屈肢葬墓墓主的等级均较低。战国中山国屈肢葬的发展也会在一定程度上对后世产生影响，中七汲村北的M8001很可能为赵灭中山后的屈肢葬墓，体现了这一葬俗的延续。河北省元氏县（战国时属中山国）发现的汉代屈肢葬墓等级均较低，有的形制为长方形竖穴土坑木椁墓，有的填土经夯实，与战国时期中山国的屈肢葬墓有相似之处，可能存在一定的继承。不过，考虑到元氏县南程村发现的两座汉代屈肢葬墓时代均为西汉晚期，其墓主人既可能是战国时中山国屈肢葬墓主的后裔，也存在为战国其他诸侯国屈肢葬者后裔迁徙此地的可能。

总的来看，京津冀地区的汉代屈肢葬既有对本地区传统屈肢葬的沿用，也有对秦文化屈肢葬的继承。不同地区，针对不同葬俗的继承或延续有所不同，这种差异的形成与地方传统丧葬文化的影响和秦文化的传播程度有关。有的地区受传统屈肢葬葬俗影响大，有的则对秦文化屈肢葬葬俗继承较多，但更多的是本地传统与秦文化屈肢葬融合发展的延续。当然，若再追溯，本地传统的屈肢葬及秦文化屈肢葬可能各有其渊源，虽然均存在争论，但多数指向甘青文化区屈肢葬，而这并不在本书的讨论范围之内，不再赘叙。

（二）发展

除对前代的继承和延续外，京津冀地区的汉代屈肢葬墓也有诸多自身的发展和变化，体现出相应的时代特点和地域特征。

京津冀地区汉代屈肢葬墓的分布在总体上与东周秦代较为接近，但对比可知，汉代屈肢葬的使用区域较之东周秦代明显扩大，分布地区更多，

---

① 河北省文物考古研究所．战国中山国灵寿城（1975～1993年考古发掘报告）[M]．北京：文物出版社，2005：4、5．

由于不同地域所受影响及发展程度等方面的不同，又反映出相应的地域特征。东周秦代有屈肢葬墓的较多墓地，如河北保定易县燕下都、邯郸建设大街、邢台内丘张夺、北京市怀柔城北等，汉代仍有屈肢葬墓。一些地区如北京及河北邯郸等，有较多地点发现有汉代屈肢葬墓，但很多墓地中没有东周秦代屈肢葬墓发现。以河北邯郸为例，除市区的建设大街外，还有市西王郎村、南郊渚河桥、涉县索堡镇等。另外河北省的元氏、阳原、河间、承德平泉、廊坊大厂及天津市北郊等地也有汉代屈肢葬墓发现，数量不等。使用地域的扩大及分布点的增多，可能与相应人群的迁徙及屈肢葬葬俗的发展延续等有关，而一些分布集中区域有很大可能是屈肢葬人群的集中居住地。

关于使用人群，有学者指出，西汉初期，部分秦人后裔依然采取屈肢葬这种葬式[①]，这在河北邢台内丘张夺等墓地中表现得较明显，而在一些传统屈肢葬葬俗影响较深的地区，也可能会有一些东周时使用本地屈肢葬墓主的后裔。考虑到京津冀地区汉代屈肢葬的延续时间较长，这些后裔们并非全部使用屈肢葬，而且可能会有少量非后裔者受到影响而采用屈肢葬。

京津冀地区汉代屈肢葬墓延续的时间较长，从西汉初至西汉末或东汉初期均有使用，一些墓地对屈肢葬的使用延续性较强，一些墓地则在某一阶段有较多的屈肢葬墓。从分期来看，每一期段均有一定数量的屈肢葬墓，西汉晚期仍占较大比例。每一期段的屈肢葬墓都有其时代特点，如西汉早期至中期偏早阶段的相关屈肢葬者屈肢较甚，而西汉晚期则普遍屈肢较轻。整体来看，屈肢葬的葬式在较早阶段对东周秦代继承明显，一些屈肢较甚，但也有一些屈曲度大于90°或一腿较直一腿弯曲者，体现出与直肢葬的葬俗逐渐融合。随着发展，屈肢较甚者渐失，屈曲度普遍大于120°，而从西汉中期至西汉末，有一定数量屈肢葬的屈曲度在140°～150°以上，原有的屈肢葬含义已大为削弱，更多的是承继和沿袭，同时也体现出向直肢葬过渡的特征，这与直肢葬的全面推广当有密切的关系。

除葬式与直肢葬不断融合外，京津冀地区汉代屈肢葬墓的发展还与汉代其他葬制、葬俗相结合，逐渐形成具有汉文化特点的墓葬制度和习俗。墓葬形制及陪葬品等在西汉早期部分保留或继承了东周、秦代的特征，部分则逐渐与汉代丧葬相融合。西汉中期开始，汉文化的元素逐渐在屈肢葬墓中占据主流，东周与秦代丧葬的相关内容仅出现在少数墓葬之中，一些只是局部或个别有体现，特别是西汉晚期，汉文化的特征更为明显，东周与秦代的一些丧葬内容已难觅踪迹，其所保留的仅是葬式为屈肢葬罢了。

---

① 王子今．秦人屈肢葬仿象“窋卧”说［J］．考古，1987（2）．

汉代，夫妻合葬的逐步推广和普及也在一定程度上影响着屈肢葬墓的发展，特别是同坟及同穴合葬。据目前资料，该地区的东周秦代屈肢葬墓基本不见夫妻同坟或同穴合葬，但在西汉早期，一些屈肢葬墓出现了夫妻于同一墓穴合葬的现象，如天津市北郊双口镇汉墓，从南壁中部的连接痕迹和东西两壁筒瓦的不同特点可知该墓为两次建造，男女墓主系先后葬入，男性先葬，仰身直肢，女性后葬时仅在原有墓室的基础上扩建加宽，并且作侧身屈肢的姿势，体现出妻随夫葬的特点。西汉中晚期，该地区夫妻同坟或同穴合葬的屈肢葬墓逐渐增多，多为女性屈肢，朝向男性，男性则基本为直肢葬，而且多数男性的墓室比女性的墓室大，女性的陪葬品数量和质量亦较男性逊色，如北京市昌平史家桥M2、M14、M23、M24等。究其原因，可能与汉代伦理思想对墓葬发展的影响有关，屈肢葬墓亦无例外，而这也在一定程度上推动了家族墓地的发展。

（三）消亡

作为早期屈肢葬发展的延续和尾声，京津冀地区的汉代屈肢葬在经历西汉200余年的发展之后，在西汉末，至迟于东汉初年走向消亡。根据目前所知资料，该地区可以确定为东汉时期墓葬中均不见有屈肢葬者，也基本证明了这一点。

关于屈肢葬在这一时期趋于消亡的原因，笔者认为大致有以下几点。

一是屈肢葬自身的衰落与直肢葬的全面普及。上文已述，直肢葬在汉代丧葬中已占据主流，屈肢葬是在与直肢葬融合过程中发展的，屈肢程度越来越轻。西汉中晚期，一些屈肢葬仅是下肢简单弯曲，原有的含义大为削弱，向直肢葬过渡的特征已十分明显。当这种趋势发展到一定阶段时，屈肢葬已无存在的必要和意义，进而被直肢葬替代。

二是墓葬形制的转变。两汉之际，我国古代墓葬发生了重大转变，陪葬品、墓葬形制及相关葬制、葬俗均表现得较突出。陪葬品方面，礼器陪葬全面衰落，生活化器物开始成为主流。墓葬形制的转变更为明显，横穴墓葬取代竖穴墓葬，并很快得到全面普及和推广。据目前资料，汉代之前及西汉时期的屈肢葬墓基本都是竖穴式墓葬，而屈肢葬在竖穴墓葬中可以实现相应的密封要求，进而达到其思想信仰及丧葬目的等。横穴墓葬的墓室结构及与结构相关的下葬方式、葬具的置放方法等已不适用于屈肢葬，而墓葬由竖穴转化为横穴，第宅化特征更为明显，墓葬形制也完成了由封闭向开放的转化，这亦不适用于屈肢葬，换言之，横穴墓葬已不能体现屈肢葬的含义、目的及用途等。因此可以说，横穴墓取代竖穴墓，在一定程度上促进了以竖穴墓葬为依托的屈肢葬消亡。

三是政权的更迭。西汉末年至东汉初年，大致经历了刘姓西汉政权的崩溃、王莽新朝短暂统治、农民起义政权的建立及新的刘姓东汉王朝确立等政权的变换，社会秩序较为混乱。京津冀地区也深处这一动荡之中，以农民战争来讲，这一地区的农民起义爆发地域最广，参与人数众多①，这在一定程度上会限制或冲击着屈肢葬的发展。

四是社会相关内容的发展。西汉王朝经历200余年的发展，相关社会制度、思想、文化等渐趋完善和全面，也越来越具有自身特点，一些旧的制度、习俗逐渐消失或被融合。在经历西汉末至东汉初的社会动荡之后，一些新的制度、文化及思想得以确立，而旧制、旧俗等被摒弃不用。作为前代丧葬文化延续的屈肢葬，已无发展的潜力和环境，很难适应社会发展的要求，其消亡当在情理之中。

由上可知，京津冀地区的汉代屈肢葬是在继承本土东周文化及秦文化等的基础上，在与汉文化不断融合过程中发展的，具有统一性或一致性，但发展中的阶段性、时代特点和地域特征等又说明其具有诸多的不同，这与其他汉墓的发展基本一致。而前代影响的逐渐消退，汉文化特征的日益增强，正是其发展特征的充分体现。西汉末至东汉初，屈肢葬自身的衰落、墓葬形制的转变、政权的更迭及相关社会内容的发展，促进了汉代屈肢葬的消亡，并使之退出了历史舞台。

七、相关问题

关于京津冀地区的汉代屈肢葬墓，还有一些相关问题需做分析。

（一）京津冀地区汉代屈肢葬墓与其他地区东周至汉代屈肢葬墓的关系

汉代屈肢葬墓发现数量相对较少，分布地域上也有明显的局限。考察目前的考古资料，汉代屈肢葬墓主要分布于今河南省的中北部、京津冀地区、晋陕北部，甘宁地区、内蒙古自治区南部、辽宁省西南部的个别地区也有发现，整体分布区域并不太大，大致可相连成片，但就每个地区来讲，具体的汉代屈肢葬墓又呈现出或集中于某地、或零星分布的特征。受秦文化统治时间较久的今陕西西安、咸阳等地，极少发现汉代或是汉初之后的屈肢葬墓，可能与这一带在西汉时期作为政治中心有关。东周楚国的墓葬

---

① 翦伯赞. 秦汉史［M］. 北京：北京大学出版社，1983：320-324.

中，屈肢葬并不流行，秦在吞并战争中，虽多次赦罪人迁于楚地[①]，但在原楚地亦基本没有汉代屈肢葬墓发现，这与本地原有丧葬文化较为根深蒂固及西汉对楚的丧葬文化继承较多或许有关，致使一些使用屈肢葬的秦人很快融入直肢葬的行列。其他很多地区在东周时亦多无屈肢葬传统或仅有少量屈肢葬墓存在，加之汉代丧葬文化影响的不断加强，汉代无屈肢葬墓也在情理之中。就京津冀地区来讲，东周时即有屈肢葬的传统，而秦文化屈肢葬对这一地区的影响也较大，加之距离统治中心有一定的距离，葬制葬俗的演进可能会滞后于京师及相关地区，屈肢葬得以存留、延续和发展。

京津冀周边发现汉代屈肢葬的地区主要有山西省朔县（今朔州市）、辽宁朝阳等地。山西朔县发现的汉墓中，西汉早期的QM30及西汉中期的QM38，墓主下肢屈曲明显，为屈肢葬葬式，而秦至西汉初期的QM102，墓主下肢屈曲较轻，介于直肢葬与屈肢葬之间，三墓均为单人葬，等级较低[②]（图5-49）。辽宁朝阳袁台子西汉墓中，西汉早期的东M38、东M92，葬式均为侧身屈肢，墓葬规模小，皆为单人葬，陪葬品较少，墓主身份等级较低[③]。朔县及朝阳地区在西汉时均为汉王朝的管辖地带，屈肢葬仅出现于某一墓地，且数量不多，时代或集中于西汉早期，或为西汉早中期，与京津冀地区既有相同之处，又有所差别。考虑到两地区位于京津冀地区的周边地带，所发现的汉代屈肢葬与京津冀地区的汉代屈肢葬可能属于同一发展体系，但如上文所言，其数量少，仅在某一墓地中有发现，时代延续亦不长，或可看作北方汉代屈肢葬墓发展的边缘区域。

内蒙古乌海市西北15千米处的新地墓地中，M1、M7、M9均为竖穴洞室墓，单人葬，葬式为仰身屈肢（图5-50），M1与M7的墓主上肢小臂内曲至腹下部，墓主等级较低，两墓时代稍早，M9时代略晚，但均属西汉中期，墓葬形制、葬式及陪葬品等均体现出较多的秦文化特征[④]，推测墓主应为迁徙至此地的秦人后裔。

---

① 《史记·货殖列传》载有“二十六年（公元前281年），赦罪人迁之穰”“二十七年（前280年），错攻楚，赦罪人迁之南阳”等，穰与南阳原均为楚的领地。（西汉）司马迁．史记［M］．北京：中华书局，1959：3274．

② 平朔考古队．山西朔县秦汉墓发掘简报［J］．文物，1987（6）．

③ 辽宁省博物馆文物队．辽宁朝阳袁台子西汉墓1979年发掘简报［J］．文物，1990（2）．

④ 魏坚．内蒙古中南部汉代墓葬［M］．北京：中国大百科全书出版社，1998：179-196．《新地墓葬登记表》中，M8的葬式为“仰身屈肢”，但正文叙述及墓葬平、剖面图均表示M8的葬式为仰身肢，故本文未将其列入，特说明。

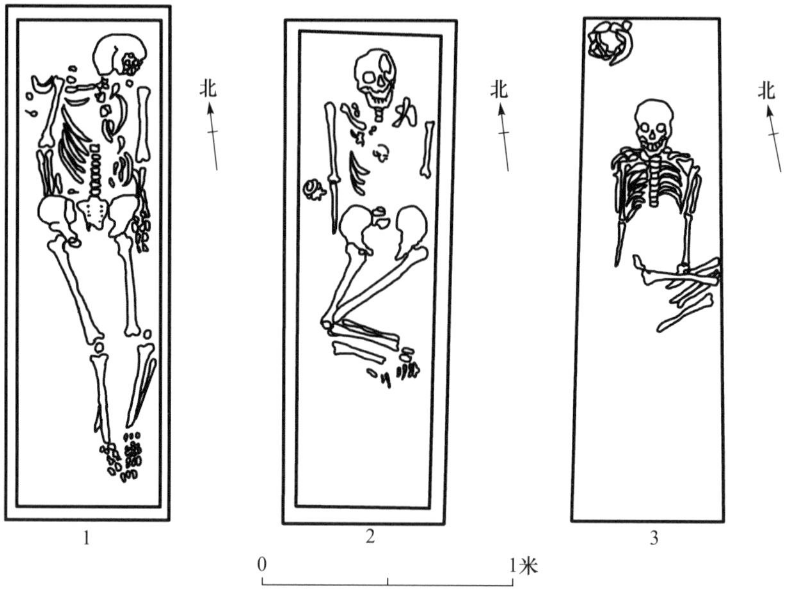

图 5-49　山西省朔县（今朔州市）秦汉墓地中的西汉屈肢葬

1. QM102　2. QM30　3. QM38

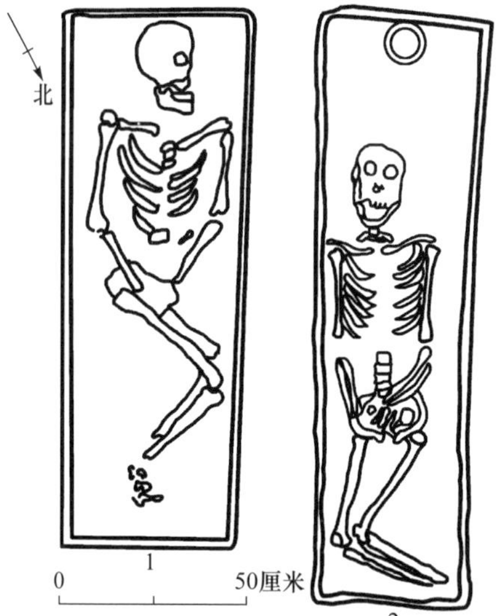

图 5-50　内蒙古乌海市新地墓地中的汉代屈肢葬

1. M1　2. M7

河南省中北部地区与河北省南部相连，今新乡、鹤壁、安阳与河北省的邯郸、邢台、石家庄南北相连，新乡、鹤壁、安阳等地发现、发掘的战国晚期墓葬中即有一定数量的屈肢葬墓，部分地区的屈肢葬墓可延续至汉代，而有的墓地中屈肢葬墓数量较多。公元前266年后，今新乡一带及其以北的一些地区已归属秦，至秦全面统一，今新乡市及其以北的较多地区已受秦文化的影响较久，今鹤壁、安阳一带也受到秦文化的较多影响和冲击，丧葬内容逐渐体现出秦文化的特征，一些战国末期的墓葬采取了具有明显秦文化特征的屈肢葬葬式，并延续和影响到该地区西汉时期的一些墓葬，这一点与京津冀部分地区如邯郸一带、邢台内丘张夺等地的汉代屈肢葬墓有着相似之处。河南新乡北部老道井墓地中的较多战国晚期墓葬为屈肢葬墓，屈肢葬葬式与秦式屈肢葬较为相似，而且很多屈肢葬墓出土有带盖罐①，这在京津冀地区的河北内丘张夺墓地等中也有较多发现。河南辉县张雷墓地2009HBZT9M3为竖穴砖椁，单人葬，墓室底部有骨架1具，头向东，面向南，侧身屈肢，女性，墓葬时代为西汉晚期②（图5-51）。河南鹤壁市淇县大马庄墓地M31为长方形竖穴土圹墓，无葬具，骨架1具，头北向，仰身屈肢，时代为战国晚期③（图5-52）。河南安阳市汤阴五里岗战国墓地中，较多战国晚期的墓葬为屈肢葬墓，墓葬等级普遍不高④，墓葬形制、葬式及相关陪葬品等与河南新乡老道井墓地及河北内丘张夺墓地中的战国晚期屈肢葬墓较为相似。相关研究指出，进入战国中后期，随着秦人扩张势力的加强，特别是战国晚期，中原地区多被秦人控制，中原的原著文化一点一点地被侵蚀，渐渐的中原原有的文化与秦文化相互融合，屈肢葬逐渐增多，成为一种通行的葬制，

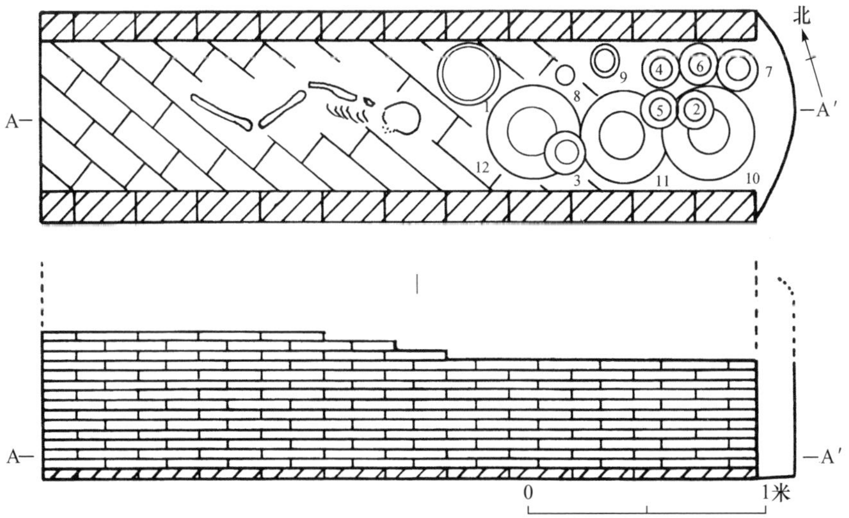

图5-51　河南省辉县张雷墓地2009HBZT9M3平、剖面图

1. 陶盆　2～7. 陶仓　8. 陶壶　9. 陶甗　10～12. 陶大口罐

① 河南省文物局. 新乡老道井墓地［M］. 北京：科学出版社，2011.

② 河南省文物局. 辉县汉墓（一）［M］. 北京：科学出版社，2014：102-104、114.

③ 河南省文物局. 淇县大马庄墓地［M］. 北京：科学出版社，2013：56、57、208、209. 关于该墓墓葬的葬式，公布资料描述为仰身直肢，但墓葬平面图所反映的葬式应为仰身屈肢葬，特说明。

④ 河南省文物局. 汤阴五里岗战国墓地［M］. 北京：科学出版社，2016.

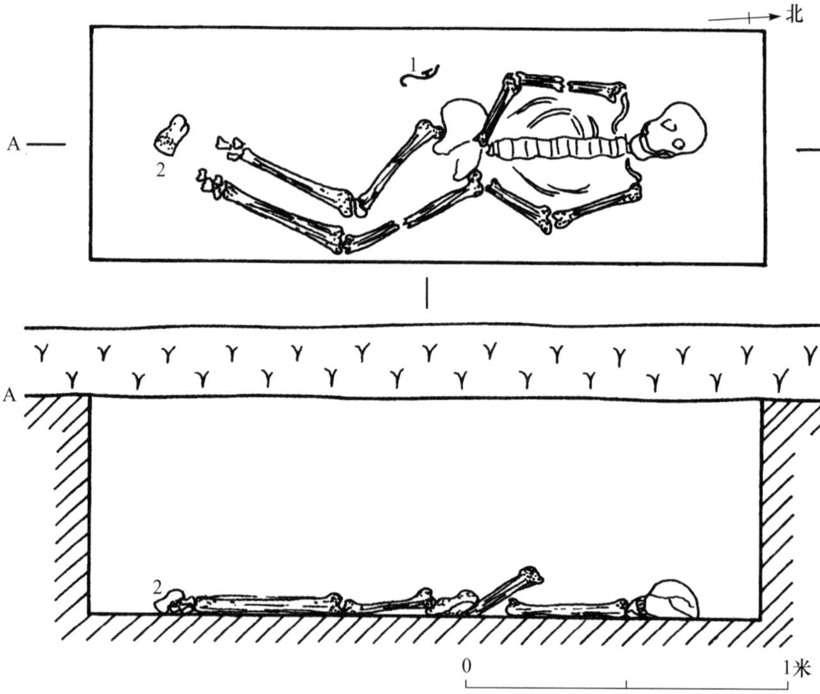

图 5-52　河南省鹤壁市淇县大马庄 M31 平、剖面图
1. 铜带钩　2. 石斧

这种现象在五里岗墓地体现得十分清楚，由于五里岗墓地的相对年代在战国晚期晚段，所以我们更倾向于五里岗战国墓地的屈肢葬主要还是受到了来自关中地区的秦文化的冲击和影响[①]。因此，从大的区域，结合墓葬形制、屈肢葬葬式、墓葬及墓主等级，乃至战国晚期至汉代屈肢葬墓中的相关陪葬物品如铜带钩、陶带盖罐等来看，今河南省中北部地区（新乡至安阳一带）的战国晚期至汉代屈肢葬墓与京津冀地区的战国晚期至汉代屈肢葬墓具有一定的相似性，并存在相应的关系和关联。不过，由于具体地理位置和地域的差异，河南中北部与京津冀南部地区的战国晚期至汉代屈肢葬墓也存在一定的差别，如河南中北部地区的战国晚期屈肢葬墓较多，汉代屈肢葬墓略少，而冀南地区战国晚期至汉代屈肢葬墓均有一定数量。

（二）关于河北保定唐县高昌墓地中相关墓葬的认识

河北保定唐县高昌墓地发掘墓葬数量较多，汉代墓葬尤其西汉墓葬是该墓地中墓葬的主体，墓葬等级普遍不是很高，但也有一些墓葬出土有陶

① 河南省文物局. 汤阴五里岗战国墓地［M］. 北京：科学出版社，2016：354.

俑等，体现出相应的差异。屈肢葬墓是高昌墓地中的一种墓葬形式，以汉代屈肢葬墓居多。

从分布来看，高昌墓地中的汉代屈肢葬墓大多位于墓地的边缘地带，有的归属于同一家族葬，有的归属于不同的家族葬，均是再与其他家族葬组成大的墓地。Ⅰ区（南区）墓地中汉代墓葬的时代整体略早，除少量为西汉中期墓葬外，大多数为西汉早期墓葬。Ⅰ区（南区）墓地中有3座可确定为具有屈肢特征以及屈肢葬墓，分别为M12、M15、M17，均位于Ⅰ区（南区）墓地的东南边缘，基本为无合葬墓，而且时代较早，M15与M17可早至西汉早期偏早阶段，M12的时代为西汉早期偏晚阶段，抑或稍早，而且三者与附近的几座墓葬可能属同一家族葬，形成小的家族墓地（图5-53）。Ⅱ区（北区）墓地中汉代墓葬的时代下限则延续至西汉末至东汉早期，砖砌墓葬在Ⅱ区（北区）墓地中有较多使用即可体现，由于较多砖砌墓葬分布于北部，又反映出Ⅱ区（北区）墓地中的墓葬在整体上为南早北晚的分布。Ⅱ区

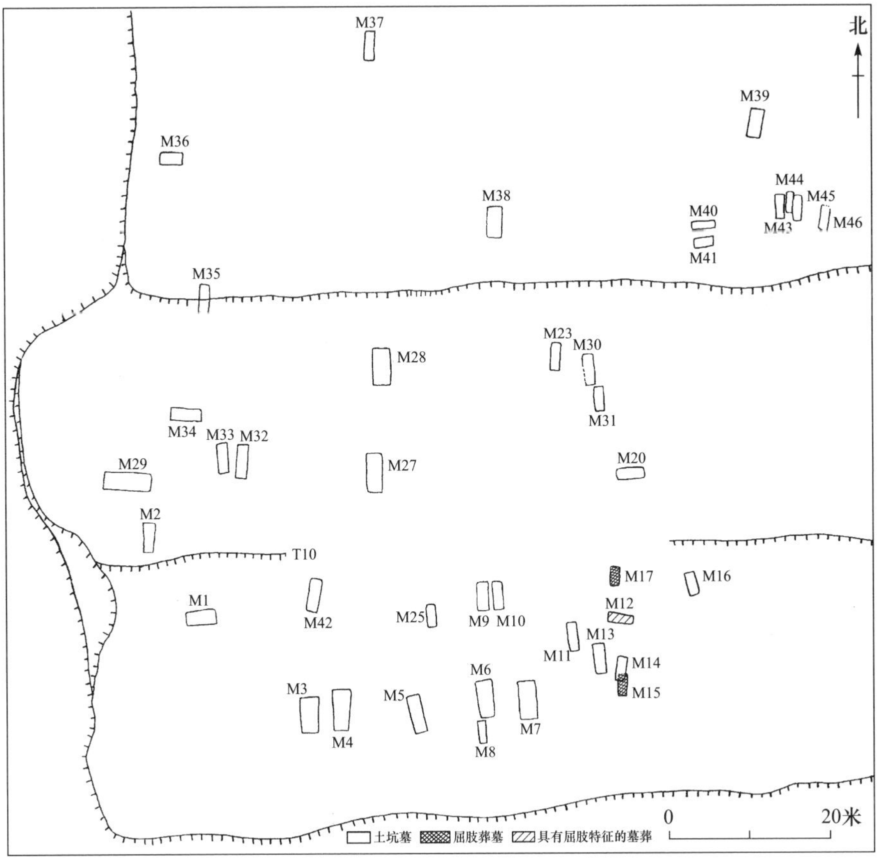

图5-53　河北保定唐县高昌墓地Ⅰ区（南区）西汉墓葬分布图

（北区）墓地中可确定为具有屈肢特征以及屈肢葬墓的数量略多，有 6 座，分别为 M53、M75、M89、M94、M64、M108，这些墓葬分散于不同位置，分属于不同的家族葬，但多数位于家族葬或Ⅱ区（北区）墓地的边缘地带，M53、M75、M89、M108 位于边缘地带是墓葬等级低的体现，而 M94 独立一处则又是墓葬等级区别于其他墓葬的体现（图 5-54）。M94 为带墓道砖椁夫妻同穴合葬墓，时代为西汉晚期，出土遗物较丰富，其中男性墓主的口琀为大理石质，接近玉料，这都是该墓在这一墓地中等级较高的体现。

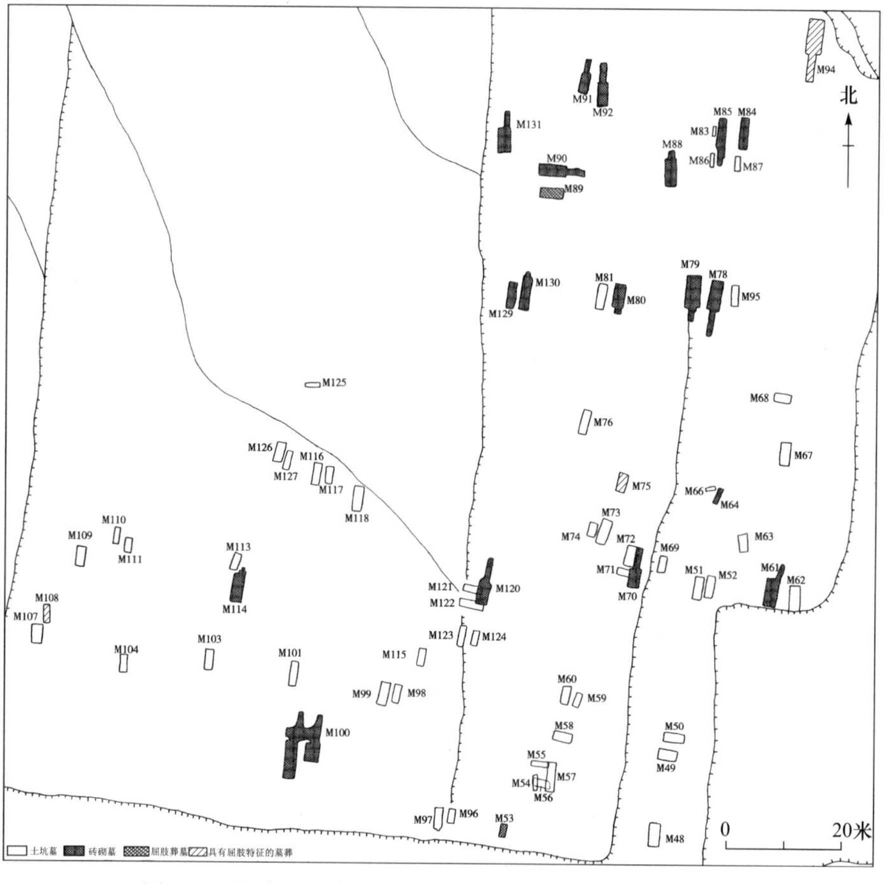

图 5-54　河北保定唐县高昌墓地Ⅱ区（北区）汉墓葬分布图

高昌墓地中可确定的汉代屈肢葬墓无合葬者居多，这与墓葬等级相对较低可能有关。墓葬形制也有体现，除 M94 外，另外 7 座基本为竖穴土坑，多数仅有一棺，个别有木椁，也相对简单，7 座墓葬中，使用头箱的仅有一座，无使用边箱者，基本是在棺外墓主头前放置器物。陪葬器物普遍较少，以陶罐常见（图 5-55），棺内有遗物的墓葬不多，个别有带钩，口内含钱

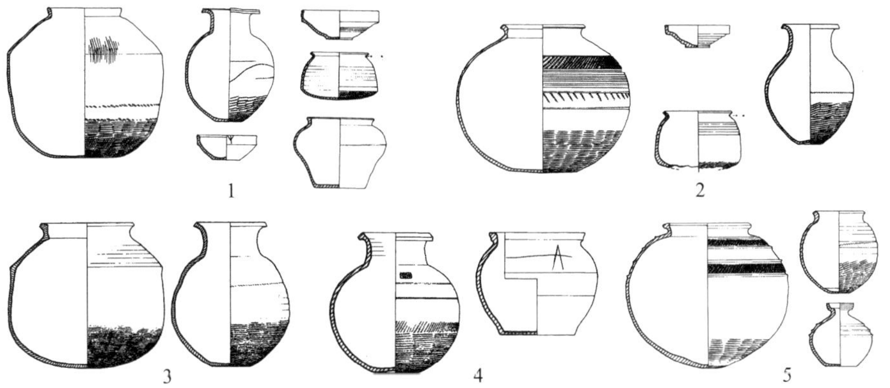

图 5-55　河北保定唐县高昌墓地中部分汉代屈肢葬墓出土陶器

1. M12 出土　2. M108 出土　3. M17 出土　4. M15 出土　5. M89 出土

相对略多。M12、M15、M17、M8 均仅有木棺，无椁，M108 有棺椁，但较简单，5 座墓葬的墓主口内均含钱，竖穴内棺外有陶罐等，M12 为陶罐 5 件、碗 3 件，M15 为陶罐 2 件，M17 为陶罐 2 件，M89 为陶罐 5 件，M108 有头箱，出土陶罐、瓮、碗各 1 件；M53 的墓主左肩肱骨处出土铜带钩 1 件；M75 的棺内无出土物，竖穴内棺外有陶罐 2 件、碗 2 件，另有陶鼎、壶各 1 件，还有漆耳杯；M94 内男女墓主的陪葬品相对独立，屈肢的为女性，棺内有绿松石管 1 件、漆器 1 件，棺外头前端有陶罐 5 件，另有漆器。该女性在陪葬品方面与其他屈肢葬墓有所相似，反映出女性在家庭中的地位并不太高。从器物形制来看，高昌墓地 8 座屈肢葬墓出土的相关器物与上文分析京津冀地区汉代屈肢葬墓出土的相关器物在时代上较为切合，尤其是陶罐，作为京津冀地区汉代屈肢葬墓出土频率最高的器物，同一时代不同墓葬出土的同类器物较为相似，如西汉晚期的高昌 M89、M94 出土陶罐，与河北平泉杨杖子村西汉晚期墓葬出土陶罐即较为接近。

高昌墓地中汉代屈肢葬墓的时代以西汉早期和西汉晚期两阶段居多，西汉中期基本不见，这与京津冀地区西汉中期屈肢葬墓较少的特征较为一致。汉代屈肢葬墓的墓主性别以男性为主，仰身屈肢葬墓多，且葬式相对舒缓，侧身屈肢葬者则是西汉早期、晚期各有一墓，这与京津冀地区汉代屈肢葬墓的总体特征也较相符。唐县高昌墓地中有少量战国时期的墓葬，个别墓葬的墓主有肢体屈曲的现象，如 M77，墓主左上肢微内曲，手置于盆骨上，右下肢外曲，有一定的夹角①。该墓地中，汉代屈肢葬以舒缓的仰

① 南水北调中线干线工程建设管理局，河北省南水北调工程建设领导小组办公室，河北省文物局. 唐县高昌墓地发掘报告［M］. 北京：文物出版社，2010：9-11.

身屈肢葬为主，可能受到战国时期影响，同时也是继续发展的体现。该墓地的屈肢葬墓的墓主基本为成年人，基本不存在二次葬和迁葬，较多无合葬的屈肢葬墓也说明了这一点。墓地中有未成年人的墓葬，如M66，仰身直肢，时代为西汉中期，从位置上看，与其距离较近的为M64，时代为西汉末至东汉早期，两墓应不存在关系[①]。

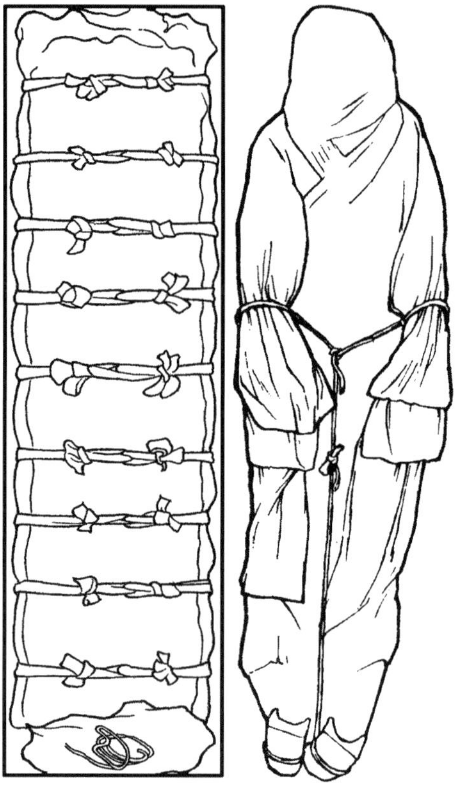

图 5-56　湖南长沙马王堆 M1 棺中尸体的包扎及捆扎

就墓主骨架呈现的状态而言，京津冀地区汉代葬墓中的一些骨架，或双下肢微曲，或一腿屈曲一腿较直，部分手臂亦有屈曲，发掘简报或报告对该类葬式的定名并不统一，或称屈肢葬，或称直肢葬。这在其他地区也存在，如《洛阳邙山战国西汉墓发掘报告》一文报道的屈肢葬中，有的双腿或向内侧或向外侧，屈曲的程度非常舒缓，有些只是小腿部分略有弯曲[②]。笔者认为，京津冀地区汉墓中发现的“双下肢微曲，或一腿屈曲一腿较直且有的手臂亦屈曲”的骨架，大部分可称为屈肢葬。汉代，尸体下葬之前多有相关的丧葬礼仪，敛衣后要綦结于跗，之后还要衣衾裹尸，湖南长沙马王堆M1墓主衣衾裹尸后还横扎丝带9道[③]（图 5-56）。甘肃武威磨咀子M48，男尸在敛后

① 南水北调中线干线工程建设管理局，河北省南水北调工程建设领导小组办公室，河北省文物局．唐县高昌墓地发掘报告［M］．北京：文物出版社，2010：95-97、143、144．

② 洛阳市第二文物工作队．洛阳邙山战国西汉墓发掘报告［J］．中原文物，1999（1）．

③ 湖南省博物馆，中国科学院考古研究所．长沙马王堆一号汉墓［M］．北京：文物出版社，1973：28-31．

捆扎4道麻绳，女尸敛后扎3道丝带[①]（图5-57：1）；磨咀子2003WMM25，墓主为女性，足穿麻鞋，以麻布裹尸，并用布带将身体上下交叉相系，以覆面蒙脸，外卷草席，保存较好[②]（图5-57：2）。尸体经过敛衣、结跗、捆扎等程序，肢体较直，正常情况下，下肢或上下肢不会屈曲，长沙马王堆M1、武威磨咀子M48均有明显体现。而一些骨架出现上述情况，应是屈肢葬发展到一定阶段的表现形式。随着直肢葬的全面普及和不断影响，较多屈肢葬者对于死后肢体的屈肢要求已不如从前严格，加之相关敛尸程序的简化，逐渐形成一些接近直肢葬的屈肢葬葬式。也有一些墓葬内的骨架上肢微曲或下肢微曲，而其他肢体均较直，如河北藁城台西M7的骨架上肢屈曲，藁城台西M23的骨架下肢脚部以上交叠在一起，上肢微向内屈曲[③]。因墓主身份等级较低，敛葬简单，个别肢体微曲可能为敛葬或下葬时所致，则应视为直肢葬。

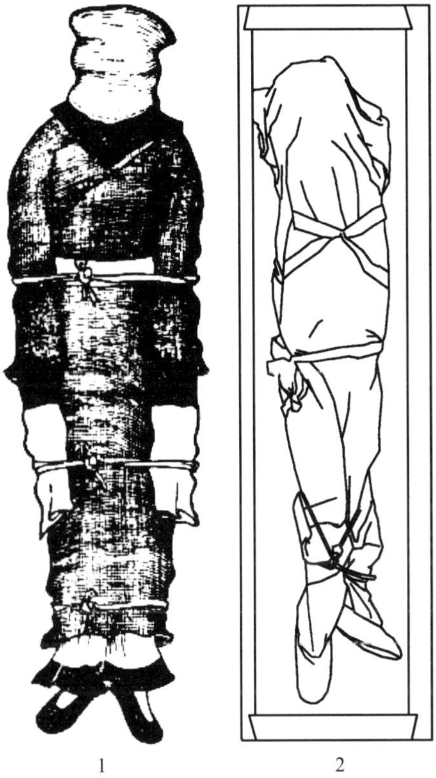

图5-57　甘肃武威磨咀子汉墓发现的尸体捆扎或包扎

1. 磨咀子M48女尸服饰与捆扎情况　2. 磨咀子2003WMM25女尸包扎情况

河北保定唐县高昌墓地中有相当数量的汉代墓葬，从墓葬平面图看墓主的骨架，或有一下肢微外曲，或有一上肢微内曲，少量为下肢朝两边外屈，少数是上肢微内曲且下肢微外曲，但绝大多数在文字中未见描述，发掘报告均将这些墓葬视为仰身直肢葬，相关墓葬有M2、M5、M9、M11、

① 甘肃省博物馆. 武威磨咀子三座汉墓发掘简报［J］. 文物，1972（12）.

② 甘肃省文物考古研究所. 甘肃武威磨咀子东汉墓（M25）发掘简报［J］. 文物，2005（11）.

③ 河北省文物研究所，石家庄市文物保护研究所，藁城市文物保管所. 藁城台西商、汉及宋代墓葬发掘简报［C］//河北省文物研究所. 河北省考古文集（五）［M］. 北京：科学出版社，2014：110-135.

M13、M25、M31、M34、M49、M51、M54、M55、M60、M67、M74、M81、M91、M99、M109、M118、M124、M126 等①（图 5-58）。这些墓葬规模不大，大多是竖穴土坑内置木棺，少量有椁，个别如 M91 为砖椁，皆葬一人，相当部分与屈肢葬墓一样，位于墓地的边缘，陪葬的物品也不多，以陶器为主（图 5-59），铜器少见，有个别墓葬如 M67 等，有陶车轮和彩绘陶礼器等，墓葬等级相对要高一些，而如 M5 还有陶人俑、马俑等，M99 不见陶车轮，但陶人俑、马俑及彩绘陶礼器等皆有，此类墓葬等级会更高。这些墓葬与河北藁城台西 M7、M23 较为相似，与本书所确定的屈肢葬存在一定差别，很难将其视为屈肢葬墓，但就骨架呈现的状态来讲，又很可能在某种程度上受到本地东周及其西汉屈肢葬墓的某些影响，尤其是等级普遍不高墓葬间的相互影响，因此可称为疑似屈肢葬墓，或可视为仰身直肢葬中具有一定特殊性的表现形式，这从一个方面表现出屈肢葬趋于衰落，直肢葬逐渐成为主流，进而反映出墓葬及葬式等的发展与变化，在这一发展过程中，一些直肢葬可能还会呈现少量与屈肢葬有关、相似或相近的内容，但葬式本身已经不再是屈肢葬，而是与汉代丧葬文化较为相符的直肢葬。但这些墓葬的发现和发掘对研究京津冀地区汉代中小型墓葬或这一地区汉代屈肢葬墓及其相关葬俗等均有着十分重要的参考价值，限于篇幅，不再做详细论述。

综上所述，汉代屈肢葬是汉代之前屈肢葬发展的延续，也是其发展的最后阶段，可视为我国早期屈肢葬发展的延续和尾声，而京津冀地区的汉代屈肢葬墓分布地域广，虽有集中与零星分布之别，但数量相对较多，使用时代长且有延续性，在某种程度上可视为汉代屈肢葬墓发展的代表。京津冀地区的汉代屈肢葬墓不仅为我们进行相关研究提供了丰富的实物资料，还对研究古代屈肢葬的内容、内涵及发展，汉代葬制、葬俗的特征及演进，汉代的社会内容如等级制度、人口的迁徙、家庭与家族的发展、迁葬及合葬背景下的某些特殊内容等，均具有较为重要的参考价值和意义。

---

① 南水北调中线干线工程建设管理局，河北省南水北调工程建设领导小组办公室，河北省文物局．唐县高昌墓地发掘报告［M］．北京：文物出版社，2010：20、21、25-28、30-32、34-38、46、55、56、59、60、77-79、80-82、84-87、90-92、97-99、105、106、110、111、118、119、126、127、132、133、137-140、159、160．

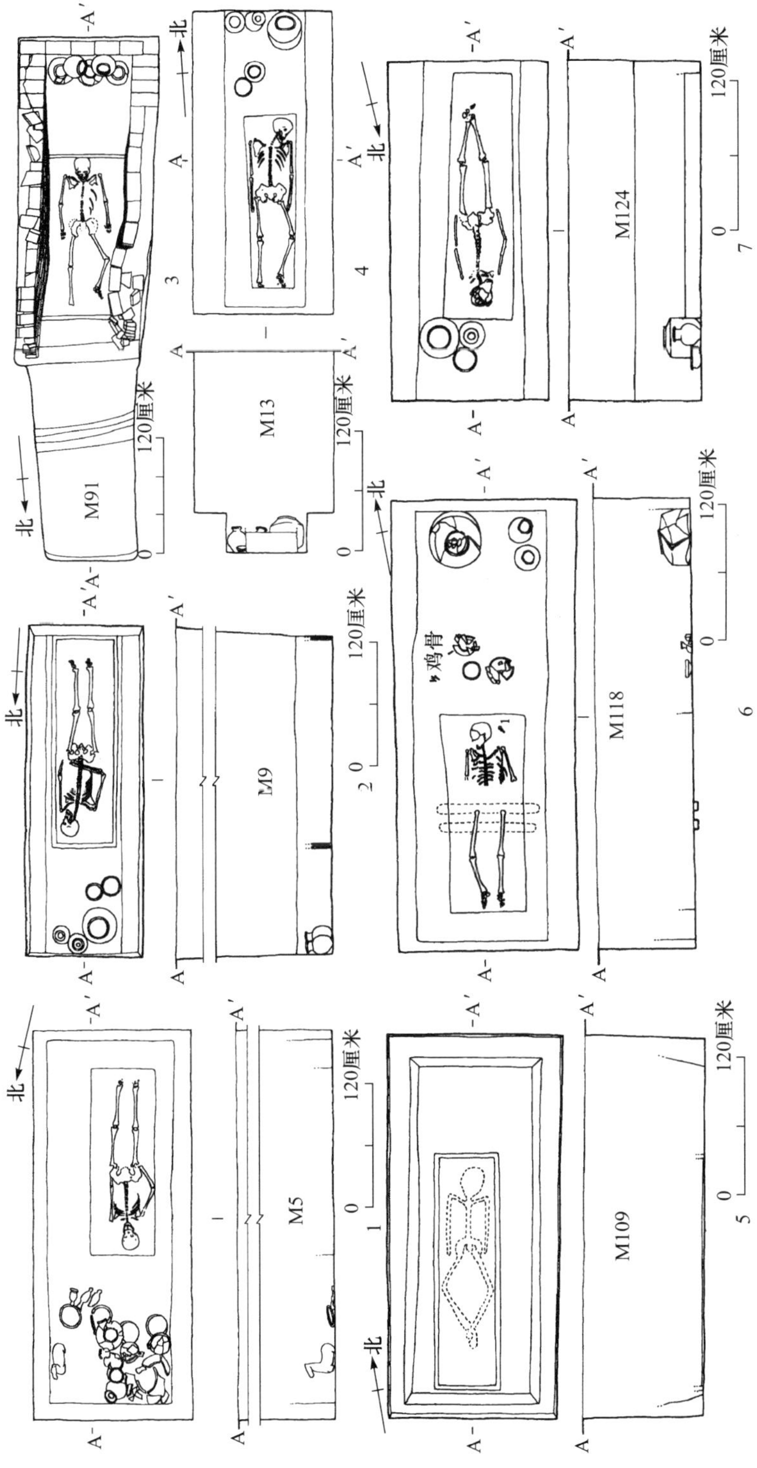

图 5-58　河北保定唐县墓地中部分有屈肢内容的汉代直肢葬墓

1. M5　2. M9　3. M91　4. M13　5. M109　6. M118　7. M124

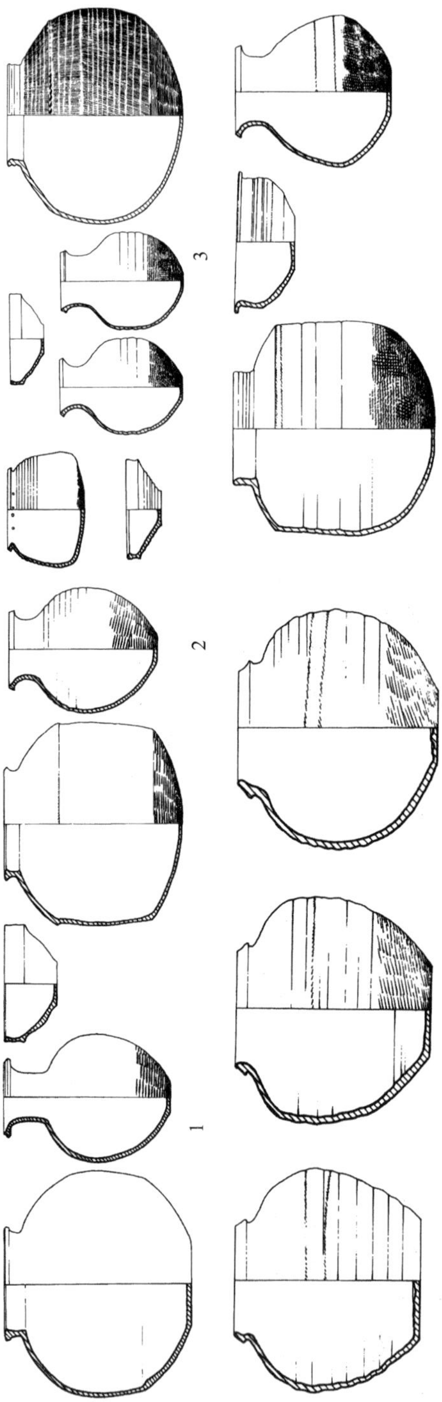

图 5-59　河北保定唐县墓地中部分有屈肢内容的汉代直肢葬墓出土陶器

1. M9 出土　2. M13 出土　3. M118 出土　4. M91 出土　5. M124 出土

第三节　京津冀地区东汉多人葬墓及相关问题

京津冀地区是汉代墓葬重要的分布区，境内东汉墓葬数量众多，分布地域广，时代跨度大。京津冀地区东汉墓葬的类型亦较多样，并在墓葬大小、等级、砌建材料等方面均有体现，且有相关研究。比较而言，关于京津冀地区东汉墓葬内葬人的数量及与之有关的问题研究较少。下文拟以考古资料为参考，对京津冀地区东汉墓葬中的多人葬及相关问题做相关论述。

一、考古发现概况

本书所述多人葬墓是指相对独立于墓地中其他墓葬的单体墓葬，为同穴而非异穴，即同一墓穴内葬多人。京津冀地区东汉墓中，单人葬数量较多，墓主性别男女皆有；双人葬也较常见，基本为夫妻同穴合葬；三人葬亦有相关发现，大多是1男性2女性，体现的是东汉家庭中男性与妻妾合葬一墓的现象，但并非全部皆如此，有的是夫妻2人与1未成年人合葬于一墓，反映的是一个家庭中成员的特殊合葬。还有一定数量的墓葬内葬4人或更多，很多是墓内葬2对或更多夫妻，有的还有单体或相对独立的骨架，所体现的多个家庭成员合葬一墓的家庭葬式家族葬特征较为明显。本书所述的多人葬，亦基本是指同一墓葬内葬4人及以上的一种丧葬行为或方式。

京津冀地区即今北京、天津及河北省所辖区域，整体南北向跨度略长。汉代，这一地区既是王侯封国较为集中的地区，也是郡县设置较多的区域，境内经调查、勘探、发掘的汉代墓葬已有相当数量，而多人葬墓是组成内容之一。多人葬墓在京津冀地区大致呈现出南少北多的分布状况，中南部少，中北部偏南位置东西向分布相对较多（图5-60）。京津冀地区发现的东汉多人葬墓大多遭到盗掘或破坏，这些墓葬中，一些有较为明显的多人葬迹象或遗存，有的虽遭盗扰，骨架等遗存已经位移或不完整，但还有较多保留，明显可知其为多人葬的墓葬；一些墓葬内骨架等留存较少，以此无法判断是否为多人葬，但从墓葬的形制、结构或墓道、后室等的数量来看，存在多人葬可能。现将相关墓葬列举如下。

（一）存在较明显多人葬迹象或遗存的东汉墓葬

1. 河北石家庄市东郊北宋村东汉M2

为东汉晚期砖砌多室墓，由两座大致对称的砖砌墓组合而成，中间隔

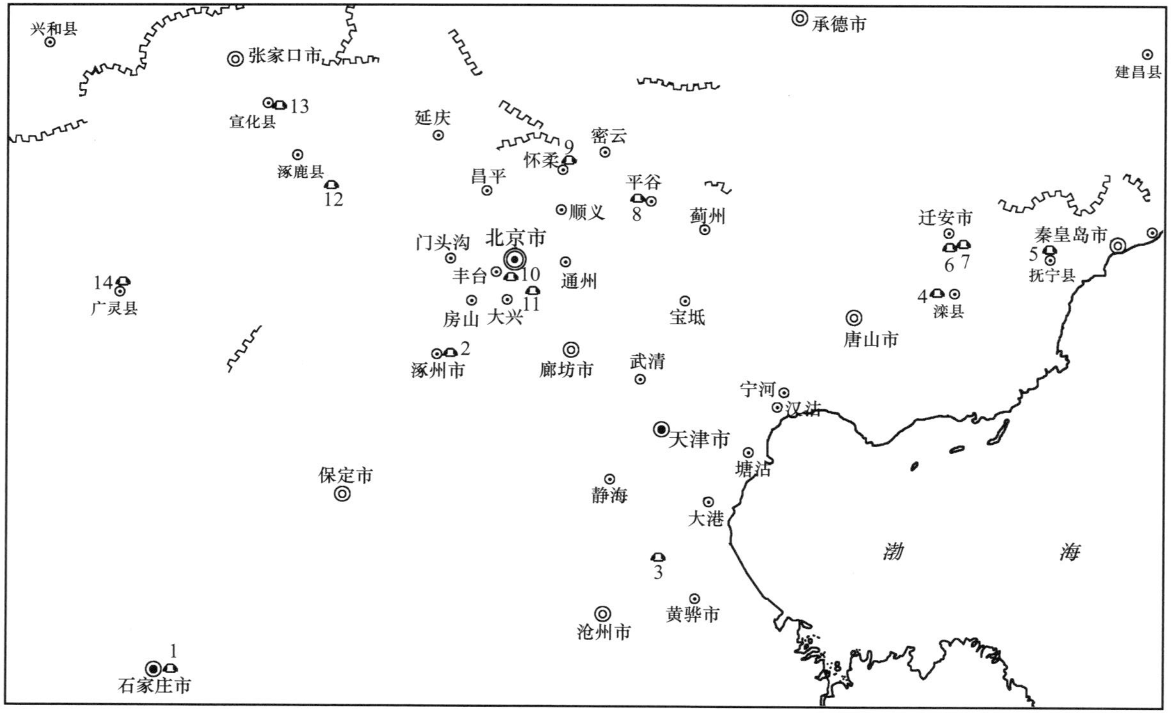

图 5-60　京津冀地区东汉多人葬墓分布示意图

1. 河北石家庄市东郊北宋村东汉 M2　2. 河北保定涿州凌云集团新厂东汉 M5　3. 河北沧州黄骅齐家务东汉 M1　4. 河北唐山滦县雷庄镇新农村东汉 M1　5. 河北唐山迁安于家村 M1　6. 河北唐山迁安苏各庄东汉 M6　7. 河北秦皇岛抚宁郦各庄东汉 M1　8. 北京市平谷区唐庄子东汉 M103　9. 北京市怀柔区城北东汉 M31　10. 北京市丰台区南苑东汉墓　11. 北京市大兴区亦庄东汉墓　12. 河北涿鹿矾山五堡东汉 M3 与 M4　13. 河北宣化东升路东汉 M2　14. 山西省广灵县北关汉代墓地中的 M49、M52、M95

有界墙互不相通[①]。西墓甬道外凸，与东墓甬道间有砖墙相连，另西墓甬道西墙外及东墓甬道前皆有用残条砖平垒成的假墙，说明两墓为一个相连的整体，而非同坟异穴的2个独立墓葬。西墓主室发现人的下颌骨1块，前室南门口发现人骨架1具，头在甬道内，脚在南室内，头部附近有棺木朽迹，可知西墓至少葬2人；东墓主室内的人骨架已朽，数量未述。从墓葬平面图看，东西两墓的主室大小相同，且相对较宽，东墓内可能葬2人，而西墓前室南门口发现有1具骨架，很可能在非主室的室内也葬人，故该墓基本可确定为多人葬。

2. 河北保定涿州凌云集团新厂东汉M5

为东汉中晚期砖砌墓，由墓道、墓门、前室、后室等部分组成，后室又可分为东、西二室，中间由砖墙相隔[②]。前室平面呈长方形，东西较宽，东西两侧各设1平台，西宽东窄，东侧平台上有零散尸骨1具，陪葬有钱币，无其他遗物；西侧平台未见尸骨及陪葬品。两后室较宽，东室有东西2具骨架，因盗扰不完整；西室与前室西侧平台一样，未见尸骨及陪葬品，应与盗扰较甚有关。推测西后室应葬人，很可能为2人，而前室西侧平台也可能葬人，该墓当为多人葬。

3. 河北沧州黄骅齐家务东汉M1

为东汉末年一座砖砌墓，编号为2018QJWM1[③]。有一主墓室，其内有木棺，发现两具凌乱的人骨，保存极差，无法鉴定年龄和性别；北侧室北部有木棺痕迹，略呈梯形，棺有少量人骨碎块，无法鉴定性别及年龄；东北侧室中部有木棺痕迹，棺内人骨损毁严重，无法鉴定年龄、性别；东南侧室中部有木棺痕迹，棺内有一具人骨，仰身直肢，头向西，残损严重，根据残存耻骨可初步断定为中年女性，该墓共葬5人（图5-61）。

4. 河北唐山滦县雷庄镇新农村东汉M1

为东汉晚期砖砌墓，由墓道、甬道、前室、后室等部分组成[④]。前室的东西两侧各有1侧室，西侧室面积偏大，前室南侧偏西还有一面积较小的

---

① 河北省文物管理委员会．石家庄市北宋村清理了两座汉墓［J］．文物，1959（1）.

② 史殿海．涿州凌云集团新厂东汉墓群发掘简报［J］．文物春秋，2007（3）.

③ 河北省文物研究所，黄骅市博物馆．河北黄骅发现的两处古墓葬［J］．文物春秋，2019（6）.

④ 唐山市文物管理处，滦县文物管理所．河北滦县新农村东汉墓群发掘简报［J］．文物春秋，2002（4）.

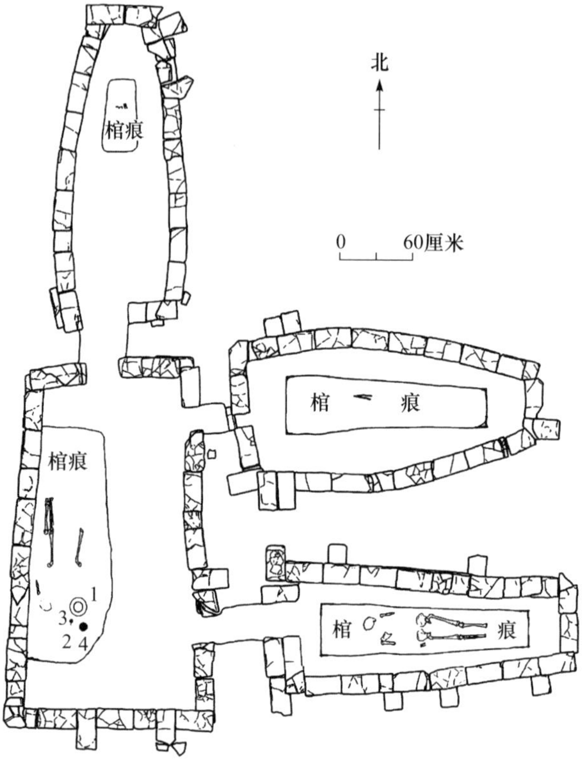

图 5-61　河北沧州黄骅齐家务东汉 M1 平面图
1. 陶罐　2. 铜簪（2 件）　3. 铜钱　4. 铜镜

耳室，其内为陪葬品；后室又可分为东、西二室，较宽，面积接近，中间由砖墙相隔。该墓曾经多次被盗，南耳室中被大幅度翻动过，现空无一物。前室的东南角与西南角各有 1 石棺，棺盖掀开，东南角石棺稍小，棺盖东西向部分搭在棺上；西南角石棺略大，盖置于棺北，两棺内无明显骨骼，可能与遭多次盗扰有关。西耳室发现有棺灰和少量遗物，葬具为 2 木棺，并呈东西向摆放。两个后室依据少量遗物判定，葬具也各是 2 木棺，且为南北向摆放。推测该墓内葬 6～8 人，抑或更多。

5. 河北唐山迁安于家村 M1

为东汉晚期偏早阶段的砖砌多室墓，由墓道、甬道、墓门、墓室主通道、四面回廊、左右前耳室、前堂、棺室、左右后室、左前侧室及左后侧室等部分组成，早年多次被盗[1]。该墓的一些室是对回廊的借用，并在局部

① 迁安县文物保管所．河北迁安于家村一号汉墓清理［J］．文物，1996（10）．

加宽成室，如左前侧室及左后侧室，从墓葬平面图看，左前侧室葬 1 人，左后侧室因被盗不详，但有陪葬品，估计亦葬 1 人。墓葬南侧回廊向内延伸有一方形室，发掘简报称之为棺室，发现有少量焚烧过的棺灰，西部有人骨、棺钉及陶质陪葬品等。该室内葬人，可视为棺室，但其位置偏于一侧，且面积小，应不是主棺室。前室方形，室内西北部发现人骨，其他位置还有一定数量的陪葬品。主通道偏东北侧为右后室，为长宽差别明显的长方形，主通道偏东南侧有一更大的墓室，近方形，门开向东回廊，为左后室，因盗掘，两室内未见人骨及其他遗物，但均存在葬人的可能，尤其是左后室，应为该墓的主棺室，从宽度看，其内至少葬夫妻 2 人。推测该墓葬人数多可达 7 人，至少葬 4 人。

6. 河北唐山迁安苏各庄东汉 M6

为东汉中晚期砖砌墓，由墓道、甬道、墓门、前室、后室及前室的南北两侧室、东南角耳室等部分组成[①]。前室内散落 3 个头骨及部分肢骨，主要集中在东南角与西北角；南侧室散布有一些肢骨，北侧室有头骨 2 个及一些肢骨；后室发现 3 个头骨和部分肢骨，散乱分布于室内北部和西南角。该墓内至少葬 8 人，可能还会更多一些。

7. 河北秦皇岛抚宁邴各庄东汉 M1

为东汉晚期 1 处墓葬较为集中墓地中规模最大的 1 座，砖砌多室墓，墓道 3 条，长短不一，皆有甬道，耳室、前室、后室等计 10 室，各室之间都能互通[②]。其中主后室 个，其前端为前室，前室两侧各有 ·室，发掘简报称二者为东、西侧室，但二室往前皆有耳室、甬道和较长墓道，因此可视为相对独立的后室。由于盗扰严重，主后室及东侧后室虽均有人骨发现，但数量不详，西侧后室内发现两具腐朽的人骨架，头南向，伴出的有棺钉等。由此可知，墓内至少葬 4 人，东西两侧后室与主后室皆为南北向长方形，大小接近，主后室略大，东侧后室稍小，西侧后室最小，推测东侧后室与主后室皆葬 2 人，与西侧后室相同，为夫妻合葬一室，换言之，该墓最大可能是葬 3 对夫妻，即 6 人。

8. 北京市平谷区唐庄子东汉 M103

为东汉晚期砖砌墓，由墓道、甬道、墓门、前室、东西二后室等部分

---

① 唐山市文物管理处，迁安市文物管理所. 迁安苏各庄战国、东汉墓葬发掘报告［J］. 文物春秋，2008（4）.

② 河北省文物研究所. 河北抚宁县邴各庄汉墓发掘简报［J］. 文物春秋，1997（3）.

组成[①]。前室西侧有南北对称的两座长方形砖台，中间内凹，摆放较多器物，中东部较空敞，可能与被盗掘有关，存在原葬人的可能，但因遭破坏已不可知。西后室较宽，棺床满布于棺室，可放 3 口棺；东后室无相关遗存，亦应与被盗掘有关，其宽度虽小于西后室，但较西后室内两棺东西并列宽度大出许多，葬 2 人应无问题。推测该墓至少葬 5 人，可能更多。

9. 北京市怀柔区城北东汉 M31

为东汉晚期的砖砌墓，由墓道、甬道、前室、后室等部分组成，墓葬遭破坏严重，大部分墓砖已被拆除[②]。墓道南向，前室南端左、右各有 1 耳室，北端左、右各有 1 棺室，前室以北还有 1 南北长 4.5、东西宽 5 米的土坑，坑的东、西、北 3 壁还遗留有砖痕，推测这里应是置放两个棺的墓室。由于发掘简报公布资料较简略，且未见墓葬平面图，该墓的具体形制并不太详细，推测可能为 3 后室，至少葬 4 人。

10. 北京市丰台区南苑东汉墓

多座，均为砖砌墓，由墓道、墓门、甬道、前室、后室等部分组成，前室大多有侧室，而且侧室内多葬人，墓葬时代基本为东汉晚期[③]。槐房 M12，前室为南北向长方形，东侧偏北有 1 侧室，内宽 2 米，双后室，内宽均为 2.8 米。就宽度而言，三室内皆可葬 2 人。二后室均发现有残骨，前室内中部也有发现，推测该墓内葬人数为 5 人或以上。槐房 M18 由 2 个有前后室，前室侧室对称分布以连接过道构成一体的双墓道砖室墓，东墓侧室在前室东侧，西墓侧室在前室西侧。墓葬的西前室、西侧室、东前室、东侧室及东后室皆发现有人骨，有火烧痕迹，就 2 后室来讲，室内宽度在 1.8 米左右，可葬 2 人，故该墓至少葬 6 人，多可至 8 人上下。新宫 M5，前室为南北向长方形，东南为墓道，东侧有 2 侧室，每个侧室内皆有 2 并列的陶棺，大小存在差异，长度不超过 1.5、宽度不超过 0.5 米，伴出有钱币等物，每个室当各葬 2 人，但很可能属于未成年者；前室西南还有 1 侧室，是否葬人不详；两后室长 2.6～2.8、宽 1.8～2 米，每室葬 2 人的可能性较大。植物油厂 M12，前室近方形，西南位置有 2 具人体骨骼，皆为下肢骨，并排放置，其余部位骨骼无存，头北向；两后室东西并列，中有较

---

① 北京市文物工作队．北京平谷县西柏店和唐庄子汉墓发掘简报［J］．考古，1962（5）．

② 北京市文物工作队．北京怀柔城北东周两汉墓葬［J］．考古，1962（5）．

③ 北京市文物研究所．丰台南苑汉墓［M］．北京：科学出版社，2019：45-49、65-75、108-115、166-179．

大间隔，西后室内有砖砌器物台，另有一长1.3、宽不足0.3米的陶棺，内葬1人，陶棺外还发现有骨架，可能还有葬人，东后室也有器物台，未见陶棺，但应有葬人。

11. 北京市大兴区亦庄东汉墓

均为砖砌墓，由墓道、墓门、甬道、前室、后室等部分组成，前室皆有侧室，1或2个不等，时代基本为东汉晚期[①]。编号为79号地中的M10与M34皆为双后室墓，前室有南北两侧室，后室为南北两后室。M10发现的骨架零散分布于前室与北侧室的过道间和南后室内，这说明侧室与后室皆有葬人，推测该墓很可能葬4人。M34的两后室相对独立，且北后室较宽，有2.46米，在前室东北角、北后室西南角、南后室西侧发现数段残骨，南侧室内发现头盖骨1个，推测墓内至少葬4人，而北后室宽度大，其内葬2人的可能性较大，所以该墓很可能葬5人，抑或更多。编号为80号地中的M74为单后室墓，前室东北有1侧室，南北向，其东侧前室西南角形成类似耳室的空间，前室北侧、前室东北角侧室及后室均发现有散乱的骨架，前室北侧与东北角侧室可能各葬1人，而后室宽度较大，可能葬2人，推测墓内大致葬4人。80号地M78，前室西北角修建一个面积相对较小的室，因其与后室并列，原发掘资料将其视作1个后室，这可以说通，但从大小及位置等来看，其也可视为前室的另一侧室，本书采用发掘资料之说，即该墓为双后室，而前室有1侧室，为东侧室，其内葬人，根据其宽度，应葬1人，西后室较窄，内葬1人；后室外凸，东西宽1.6米，北部由砖隔成2棺室，各葬1人，另在前室西北侧也发现有骨架，推测墓内至少葬4人，多或可至5人。

12. 河北涿鹿矾山五堡东汉M3与M4

为一处东汉中期墓地中的2座砖砌墓葬[②]。M3位于墓地中部，墓道北向，有前、中、后三室，前室、中室东侧各有一侧室（简报称为耳室），中室西侧偏北还有1龛，后室为南北向长方形。墓内出土4具骨架，残缺不全，葬具无存，无法判断骨架的位置以及葬式情况，经鉴定，死者为3男1女，均为30岁以上的成年人。M4在M3西侧，东向，为前后室结构，皆近方形，前室的南北两侧各1长方形侧室（简报称为耳室）。墓室内出土4

---

① 北京市文物研究所．北京亦庄考古发掘报告（2003～2005）［M］．北京：科学出版社，2009：31-33、35-43、62-70、81-83．

② 张家口地区博物馆．河北涿鹿矾山五堡东汉墓清理简报［J］．文物春秋，1989（4）．

具骨架，均残缺不全，破碎较甚，无法测定其性别及年龄。

13. 河北宣化东升路东汉 M2

为一处东汉中晚期墓地中的 1 座砖砌墓葬，为前后室结构，墓道北向，甬道西侧有 1 耳室，前室略呈东西向长方形，西侧有 1 侧室（发掘简报称甬道西侧的室为侧室，该室为耳室），后室近方形[①]。前室出土有人头骨 3 个，均为成年人，1 个为女性，其他性别不清；前室西侧室内出土有人头骨 1 个，性别不清；后室中出土有人头骨 3 个，均为成年人，1 个为女性，其他性别不清。以头骨计算，该墓至少葬 7 人，部分为女性。

除上述墓外，在山西省东北部的广灵县北关汉代墓地中的 M49、M52、M95 三座墓葬也是较为明确的多人葬墓[②]，本书在图 5-60 中做了标注，编号为 14，特此说明。

（二）存在多人葬可能的东汉墓葬

东汉墓中，有少量墓葬可基本确定为多人葬墓，大多数墓葬被盗扰严重，骨架发现少，葬人情况不详，参考同一墓地或相近地区多人葬墓，一些墓葬存在多人葬的可能。简单叙述如下。

河北唐山迁安苏各庄东汉 M2，由墓道、甬道、前室、后室等部分组成，无侧室，墓室中部大部分被挖沟时破坏，前室的南北两侧及后室南侧皆有人骨存留，可确定为头骨 3 个及一些肢骨[③]（图 5-62），加之该墓早年被盗，被大面积破坏的位置还很可能有人骨。所以，该墓存在为多人葬墓的可能。

北京市平谷区西柏店 M1[④]，形制与唐庄子 M103 较为接近（图 5-63）。前室稍有不同，器物台是单一的长方形砖台，横砌在前室的左侧，而前室东侧有较多器物，出土有骨梳，推测前室葬人的可能性较大。二后室中，西后室较宽且长，棺室与摆放器物有明显界隔，棺室的西侧有棺床，仅能放 1 棺，而其东侧还有较大空间，约为留存棺床的 1 倍，考虑到棺室无任何遗物，被盗扰的可能性较大，而留存棺床的东侧空间原很可能有葬人，大致葬 1 或 2 人。东后室的宽度相当于西后室宽度的三分之二，可能葬 2 人。所以该墓很可能为多人葬墓。

---

① 张家口市宣化区文物保管所．河北宣化东升路东汉墓发掘简报［J］．文物，2014（3）．

② 大同市考古研究所．山西广灵北关汉墓发掘简报［J］．文物，2001（7）．

③ 唐山市文物管理处，迁安市文物管理所．迁安苏各庄战国、东汉墓葬发掘报告［J］．文物春秋，2008（4）．

④ 北京市文物工作队．北京平谷县西柏店和唐庄子汉墓发掘简报［J］．考古，1962（5）．

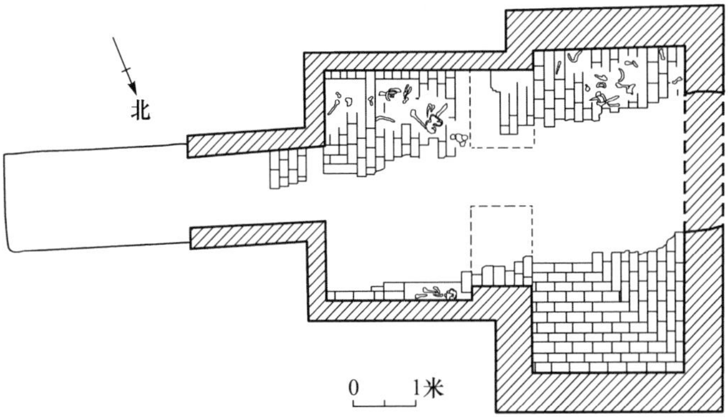

图 5-62　河北省迁安苏各庄 M2 平面图

图 5-63　北京市平谷区西柏店 M1 平面图

北京市丰台区南苑东汉墓葬中，疑似多人葬的墓葬形制与该处确定为多人葬的墓葬较为相似，均为砖砌墓，由墓道、墓门、甬道、前室、后室等部分组成，前室多砌建有侧室，数量不等[①]。槐房 M1，前室东侧有 2 侧室，西侧 1 侧室，双后室（图 5-64：1），东后室稍窄，可葬 1 人，西后室较宽，相当于东后室的 1 倍，当葬 2 人，若前室的侧室内有葬人，则该墓内葬人在 4 人或以上。槐房 M24，前室的东西两侧各有两侧室，北端为后室，东部二侧室与西侧南侧室皆宽 2.2 米，西侧北侧室宽 2.8 米，后室宽 2.8～2.9 米，遭盗扰严重，仅前室西北部发现零星人骨（图 5-64：2），但侧室与后室的宽度皆可葬 2 人，该墓为多人葬的可能性较大。新宫 M7，前室的东西两侧各有 1 侧室，长 2～2.3、宽 1.76～1.8 米（图 5-64：3），二室内若葬人，很可能每室 2 人，二后室相距 0.3 米，中间填熟土，宽度均为 1.1 米，各葬 1 人的可能性较大。新宫 M15，前室的东西两侧各有 2 侧室，宽度在 2～2.8 米（图 5-64：4），若有葬人，每室可葬 1 或 2 人，后室宽 2.1～2.18 米，北部可能为 1 长方形棺床，但东西长仅有 1.54 米，南北宽则仅为 0.76 米，是否为棺床还不能完全确定，结合其他室，该墓也很可能为多人葬墓。

北京市大兴区亦庄东汉墓葬中，疑似多人葬的墓葬，形制亦与该处确定为多人葬的墓葬较为相似，均为砖砌墓，由墓道、墓门、甬道、前室、后室等组成，前室多砌建有侧室，数量不等[②]。79 号地 M7，前后室结构，前室东侧有一侧室，侧室宽 1.8 米，后室宽 1.6 米（图 5-65：4）。参考 80 号地 M78 的后室宽度与葬人数，两室内皆可能葬 2 人，另在前室西北角砌一棺床，其上及附近发现有骨骼，应葬 1 人，推测该墓可能葬 5 人。博兴路 M6 为前后室结构，有二后室，宽度均为 1.64 米（图 5-65：1），或许每室葬 2 人，另在前室东南部发现有骨架，亦可能葬人。新凤河路 M9，前室东侧有 2 并列的侧室，宽 1.2～1.3 米（图 5-65：6），若葬人，应是每室各 1 人，后室内宽 1.92 米，葬 2 人的可能性较大。一些双后室墓的后室宽度均在 1.6 米以上，如新凤河路 M1、M2、M8、M11 等，其中 M2 的东后室宽 1.8、西后室宽 2.08 米，每室葬 2 人的可能性是存在的，M8 已残，从后室的宽度看，二后室皆葬 2 人的可能性是存在的（图 5-65：5）。另如新凤河路 M10，西后室宽 1.54、东后室宽 1.6 米（图 5-65：2），也可能每室葬

---

① 北京市文物研究所．丰台南苑汉墓［M］．北京：科学出版社，2019：10-14，86-92，117-119，138-141.

② 北京市文物研究所．北京亦庄考古发掘报告（2003～2005）［M］．北京：科学出版社，2009：25-30、96-104、108-116、130-134.

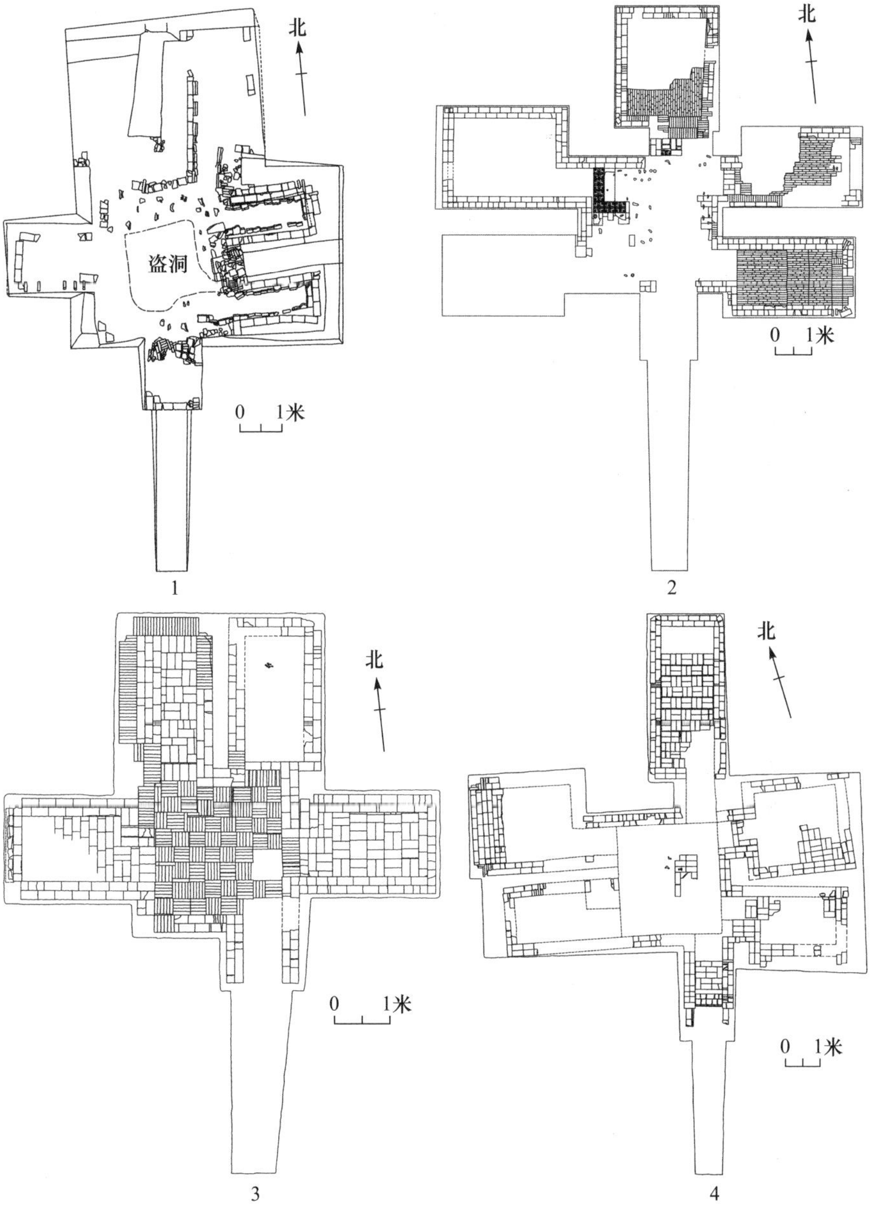

图 5-64　北京市丰台区南苑东汉墓葬中疑似多人葬墓葬

1. 槐房 M1　2. 槐房 M24　3. 新宫 M7　4. 新宫 M15

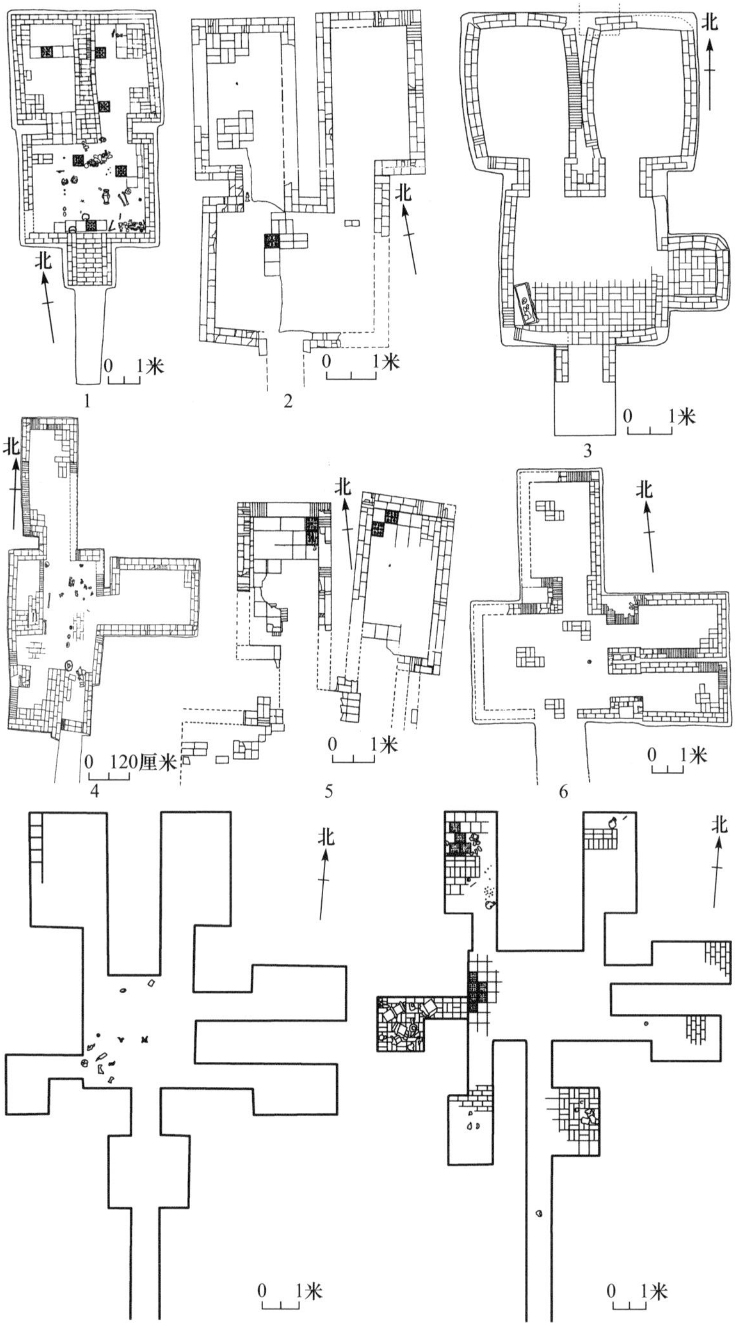

图 5-65　北京市大兴区发现东汉墓葬中疑似多人葬墓

1. 博兴路 M6　2. 新凤河 M10　3. X11 号地 M16（10YZM16）　4. 79 号地 M7　5. 新凤河路 M8　6. 新凤河路 M9　7. 三台山东汉 M1　8. 三台山东汉 M2

2人。亦庄X11号地东汉墓中，少量砖室墓也存在为多人葬墓的可能，如10YZM16，砖砌前后室，前室东侧中部有1耳室，面积较小，不能葬人，前室内西南角有1小陶棺，残长0.9、残宽0.3米，内有骨架，2后室的宽度在1.86～2.1米左右①（图5-65：3），皆可葬2人，推测该墓会葬4或5人。三台山东汉M1、M2，均为前后室结构，后室皆为2个，每室可能葬2人，另外，M1的前室有3个侧室，M2的前室有4个侧室，有些侧室面积相对较大，其内也可能葬人，故两墓均可能是多人葬墓②（图5-65：7、8）。

河北宣化东升路东汉M3，为双墓道、双前室有通道相连的砖砌墓葬，坐西向东，可分为南北2墓，皆前后室结构，前室均有侧室，北2南1，北墓有2后室，南墓1后室（发掘简报将前室称为南北二主室，其他室均为主室的耳室），南墓前室东北角出土一个头骨，残碎，性别不明；北墓前室室内填土中散落人骨，已残碎，其他室因遭盗掘破坏较为严重，未见人骨，但就该墓来讲，可能与家族迁葬有关③（图5-66），或是用来满足家族葬的需求，再参照M2内葬多人的情况，推测该墓很可能亦是多人葬墓，只是因盗掘破坏极为严重，所见人骨或葬人数量较少。

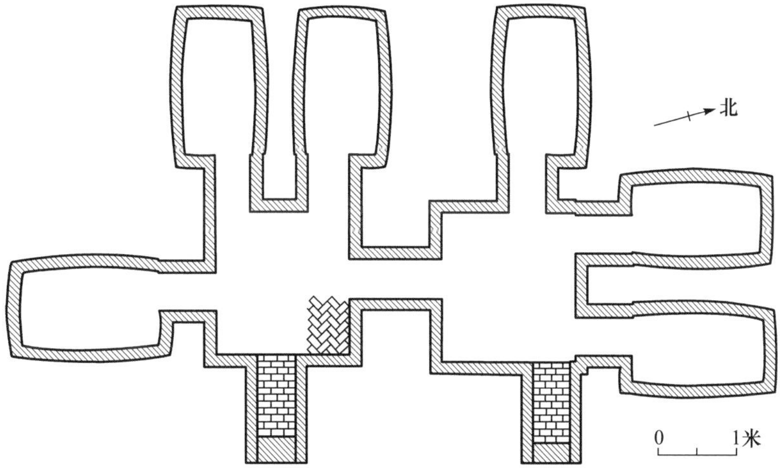

图5-66　河北省张家口宣化东升路东汉M3平面图

① 北京市文物研究所. 北京亦庄X11号地考古发掘报告［M］. 北京：科学出版社，2012：44-49.

② 北京市文物工作队. 北京东南郊三台山东汉墓发掘简报［M］. 北京历史考古丛书编辑组编. 北京文物与考古，1983：19-27.

③ 张家口市宣化区文物保管所. 河北张家口宣化东升路东汉墓（M3）发掘简报［J］. 文物，2015（3）.

综合来看，京津冀地区发现的东汉多人葬墓数量并不太多，与常见的东汉墓葬尤其是与夫妻同穴合葬墓相比较，所占比例不大。有些墓地，发掘墓葬量不大，多人葬墓在同一墓地的数量及其在相应地区或区域中的数量及比例等都较低，加之有些墓葬遭盗扰严重，很难确定为多人葬，而这也是东汉多人葬墓整体数量不多、比例较小的重要原因。有些墓地仅发掘少量甚至一两座墓葬，很难反映这一墓地及其所属区域东汉多人葬的情况，有些墓地发掘面积大，揭露墓葬数量多，如北京市丰台区南苑三处汉代墓地，多人葬墓的数量明显略多。因此可以说，京津冀地区东汉墓葬中还有一些多人葬墓，还有待进一步的发掘和确认。

二、多人葬墓形制分析

墓内空间是葬人的基础和条件，而墓葬形制促成了墓内空间的布置和布局，就京津冀地区发现的东汉多人葬墓来讲，分布于不同地区，时代不尽相同，墓葬形制也因此呈现出多样性特征，并在多样性之中反映出统一性特点。

（一）平面布局与墓葬形制

京津冀地区的东汉多人葬墓均为砖砌，墓上有封土，大多被破坏，墓道基本为斜坡状，长短不一，另有墓门、甬道、前室、后室，相当数量还有耳室、侧室等，由于相关设施如墓道、相关室的数量差异及室的位置、形状、大小等的不同，墓葬的平面布局和形制也存在不同和差异，进而反映出多人葬与墓葬空间布局、利用的关系，体现出相应的丧葬行为与思想。

根据墓道的多少，可将京津冀地区东汉多人葬墓的平面布局与形制分为三类。

1. 三条墓道的多人葬墓

数量极少，目前所知仅河北秦皇岛抚宁邴各庄 M1 一座。三条墓道位于同一侧，长短不一，有一定距离，均连接有墓门、甬道，形成三个相对独立、各有后室、甬道旁耳室的墓葬单位，但三者又可相通，且有些室相互借用（图 5-67）。三个墓葬单位的后室中，中间后室为主后室，每个后室各葬 2 人，构成多人葬。两侧墓葬单位在各自甬道靠外侧各有 1 个耳室，中间的墓葬单位的前室祭祀特征突出，与左右两个后室共用，甬道两侧皆有 2 耳室，有通道与另两个墓葬单位相通。

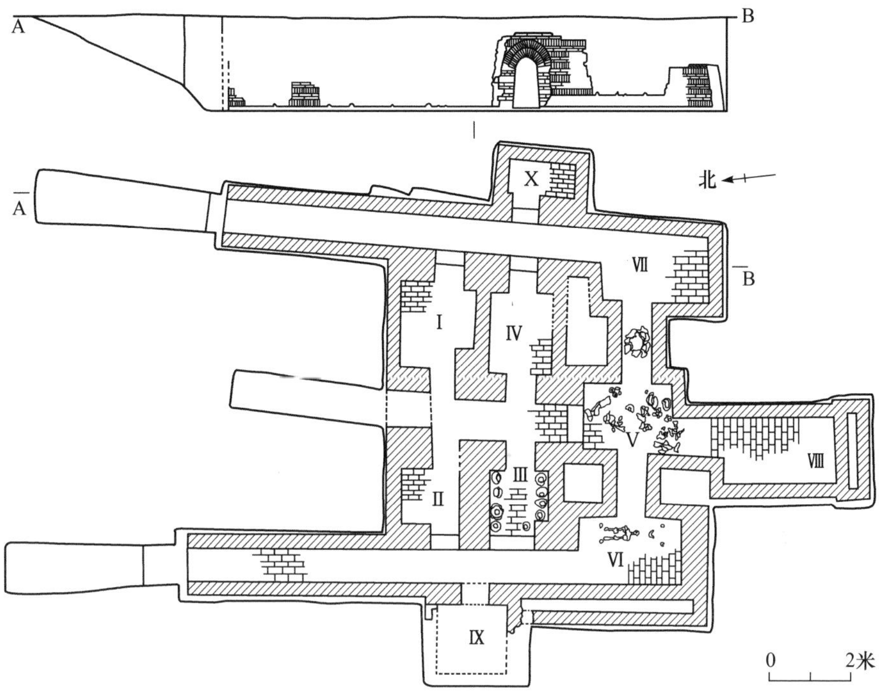

图 5-67　三条墓道的多人葬墓（河北省秦皇岛抚宁县邴各庄东汉 M1 平、剖面图）

2. 两条墓道的多人葬墓

数量不多。两条墓道位于同一侧，并列但有一定距离。墓道向内延伸，各有墓门、甬道与相关室等，形成两个相对独立的墓葬单位，但有墙相隔或以其他设施相连接。两个墓葬单位大致对称，有的在室的数量、具体位置等方面存在差异。根据连接设施的不同，可分为二型。

A 型　以窄墙连接，二墓葬单位中有界墙，互不相通，目前所知仅河北石家庄市东郊北宋村东汉 M2 一座。二墓葬单位中，西墓外凸，墓室多，有前室、二中室、后室；东墓偏后，墓室稍少，为前中后三室（图 5-68）。两墓葬单位皆葬人，至少各 2 人，为多人葬。

B 型　以通道连接。基本是在二墓葬单位的前室有砖砌通道，可以互通。根据相关室的布局是否对称，可分为二亚型。

Ba 型　整体较对称。北京市丰台区南苑槐房 M18，二相连墓葬的结构及相关室的大小、形状基本相同，均为前堂后室结构，两前室（堂）一侧分别有 1 侧室，与所属前室有短通道，形成拐角，东西对称，后室呈刀把形，各偏向一侧（图 5-69）。二墓葬单位的后室可能各葬 2 人，两前室及其侧室也均有葬人，墓葬各室在葬人方面也较一致。

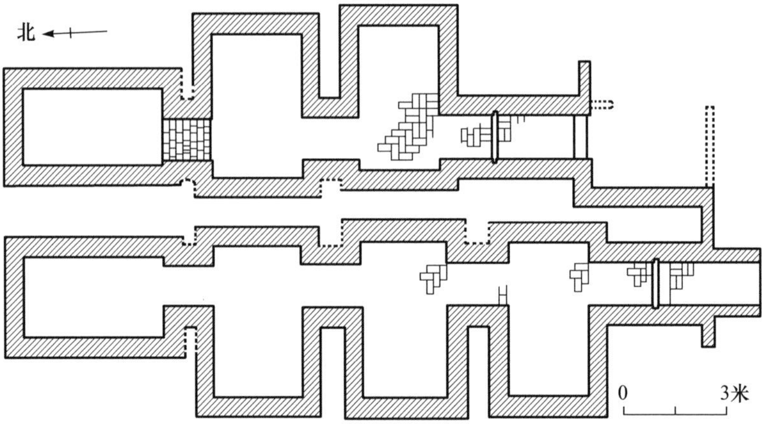

图 5-68　A 型两条墓道的多人葬墓（河北省石家庄市东郊北宋村 M2 平面图）

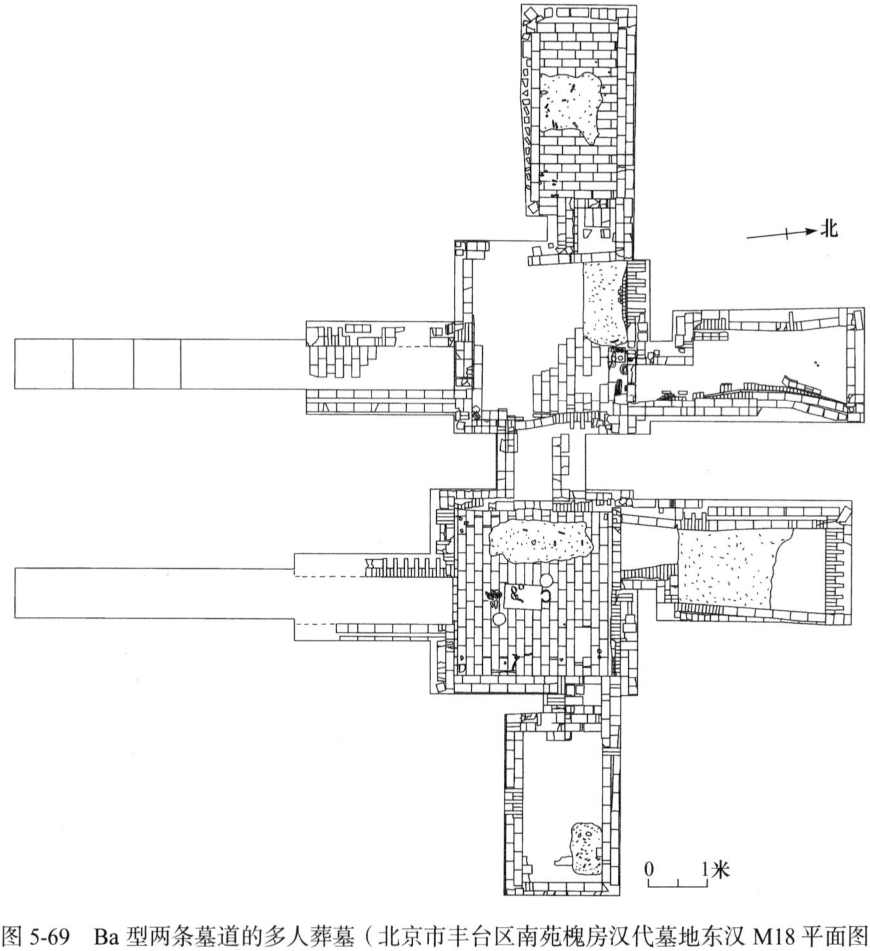

图 5-69　Ba 型两条墓道的多人葬墓（北京市丰台区南苑槐房汉代墓地东汉 M18 平面图）

Bb 型　整体不对称。宣化东升路东汉 M3 亦为双墓道，南北平行排列，前室的平面形状及大小基本相同，但在侧室及后室的设置方面存在不同，北墓前室西侧为 1 后室，北侧为 2 东西并列的侧室；南墓前室北侧为 1 侧室，西侧为 2 南北并列的后室，与所属前室有通道，形成拐角（图 5-66）。相关室内葬人，形成多人葬。

3. 一条墓道的多人葬墓

数量多，分布地域相对较广，主要墓室以前后室的布局为主，少见前中后三室或更多室者，基本为单前室。大多有其他设施，如前室旁的侧室，也见在前室砌建棺室者，有的在甬道或前室的旁侧砌有耳室，后室或 1 个或 2 个，二后室较常见。除后室外，一些墓葬的其他一些室内也发现有葬人，有的还有陶棺等。根据主要墓室布局的不同可分为六种类型。

（1）前室、中室、单后室墓葬。

数量较少。主室为前、中、后三室，前、中室配有侧室等，后室无侧室。目前所知仅河北涿鹿矾山五堡 M3 一座。墓葬的前、中、后三室由北向南排列，前、中室皆近方形，东侧各有 1 侧室，有短通道形成拐角，中室西壁偏北有 1 龛，后室为竖长方形（图 5-70）。墓内出土骨架 4 具，但具体位置未有详述，很可能后室葬 2 人，两侧室各葬 1 人。

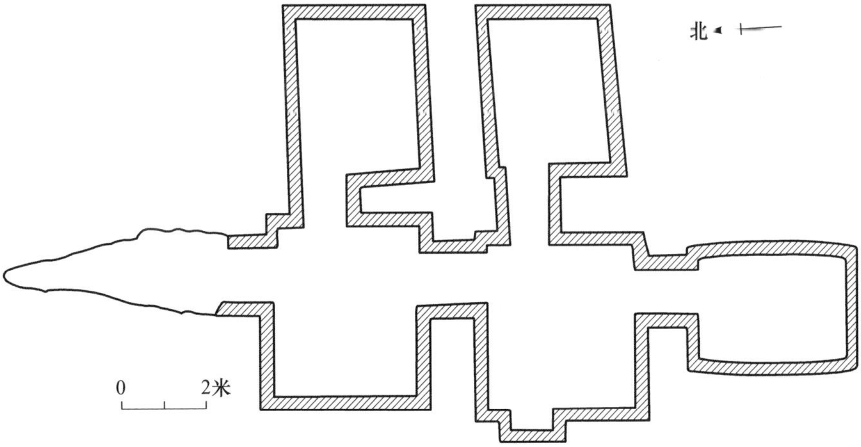

图 5-70　一条墓道的多人葬墓（河北省涿鹿矾山五堡东汉 M3 平面图）

（2）前室单后室墓葬。

数量较多。前室、后室为长方形或近方形，后室较宽，内可葬 2 人或更多；前室多有侧室，部分还有耳室，侧室数量不等，有 2 侧室者多数较对称，后室无侧室。根据前、后室平面形状的不同，可分为五型。

A 型　前、后室平面均为横长方形，前室无侧室。河北迁安苏各庄 M2，前后室均为南北向竖长方形，有短甬道相通（图 5-62）。前后室皆葬人，可能葬 4 人或更多。

B 型　前室平面为横长方形，后室平面为竖长方形。根据前室侧室数量及具体位置的不同，可分为二亚型。

Ba 型　前室一侧有 1 侧室，偏于前室一角。北京市大兴区亦庄 80 号地 M74，墓道与甬道向墓内延伸有一通道，前室东北有 1 侧室，门连接通道，有短通道，形成拐角，侧室局部属前室空间，局部外伸（图 5-71）。后室、侧室及前室通道另一侧（北侧）均葬人，墓内大致葬 4 人。

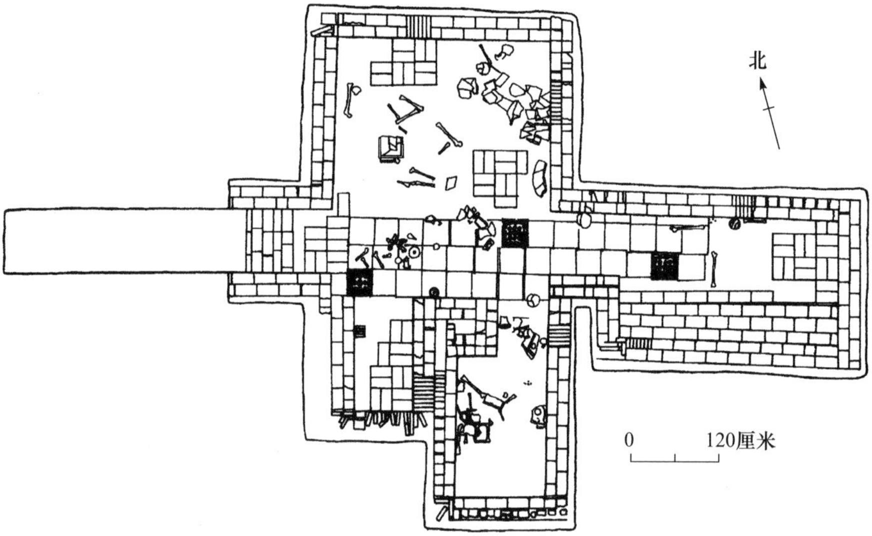

图 5-71　一条墓道的多人葬墓（Ba 型，北京市大兴区亦庄 80 号地 M74 平面图）

Bb 型　前室一侧并列二侧室，边框与前室相连。北京市大兴区亦庄新凤河 M9，前室稍偏于西侧，后室甬道开于前室东北角。两侧室位于前室东侧，中有隔墙，与前室间均有短过道相通，形成拐角（图 5-65：6）。墓内可能葬 4 人。

C 型　前后室均为竖长方形，前室有 1 侧室。北京市大兴区亦庄 79 号地 M7，墓道位于前室一侧。前室东侧偏北有 1 面积较大的侧室，西南角有 1 面积较小的耳室，前室的西北角还砌有棺室（图 5-65：4）。墓内可能葬 5 人。

D 型　前室方形，后室为竖长方形，偏于一侧，与前室相连的甬道口位于前室一角。北京市丰台南苑新宫 M15，墓葬南向，后室偏东北，前室为规整方形。前室两侧各有 2 侧室，大体对称，每侧 2 侧室间有间隔，且侧室与前室间均有短通道。东侧2侧室有夹角，墓圹为南北向长方形，北侧室与通道呈凸字形，南侧室与通道形成拐角；西侧2侧室大致平行，侧室与通道为同向拐角，墓圹不甚规整，北侧室微外凸（图5-64：4）。墓内大致葬5人。

E型　前、后室大致平齐或稍偏，皆为方形或近似方形，多数较规整，前室有侧室，数量不等，与前室间有通道，个别墓葬的墓门后甬道一侧有耳室。根据侧室数量的不同及位置差异，可分为三亚型。

Ea型　前室一侧有1侧室，后室位置稍偏。河北宣化东升路M2，甬道接墓葬封门，甬道较长，西侧有1耳室，通道位于中部，前室近方形，西侧有1侧室，与前室有通道相连，通道较长，口位于前室东壁偏北，侧室为东西向长方形，与通道形成拐角，前室后经甬道连接方形后室（图5-72）。除前端甬道及耳室外，其余各室皆葬人，数量不等，墓内至少葬7人。

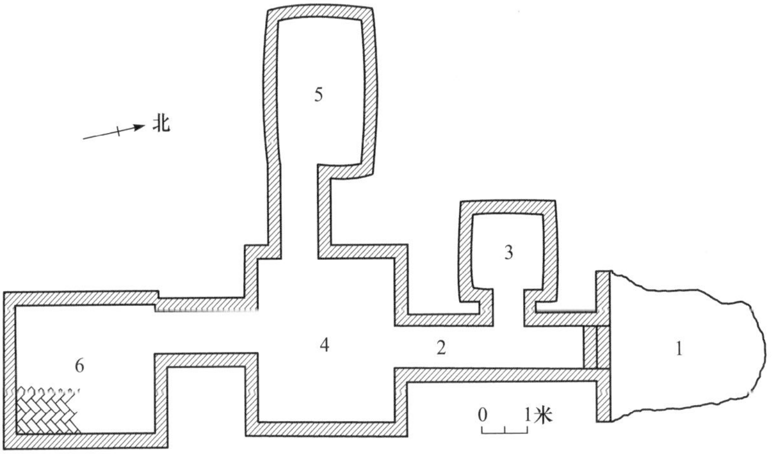

图5-72　一条墓道的多人葬墓（Ea型，河北省张家口宣化东升路东汉M2平面图）
1. 墓道　2. 甬道　3. 耳室　4. 前室（出土人头骨3个，均为成年，一个为女性，其他性别不清）
5. 侧室（出土人头骨1个，性别不清）　6. 后室（出土人头骨3个，均为成年，一个为女性，其他性别不清）

Eb型　前室两侧各有1侧室，计2侧室，对称布局，后室与前室平齐。河北涿鹿矾山五堡M4，墓葬东向，前室南北两侧各1侧室，均为南北向竖长方形，有短通道与前室相通，与侧室形成拐角，2侧室均是东壁直，西壁近前室处有拐角（图5-73）。墓内葬4人，可能是后室2人，2侧室各葬1人。河北迁安苏各庄M6，墓葬东向，前后室及2侧室均为方形，大小接近。2侧室有短通道与前室相通，通道位于中部，后室与前室间有甬道相连，前室东南角另有1小耳室（图5-74）。除小耳室外，其余各室内皆葬人，大致为8人左右。

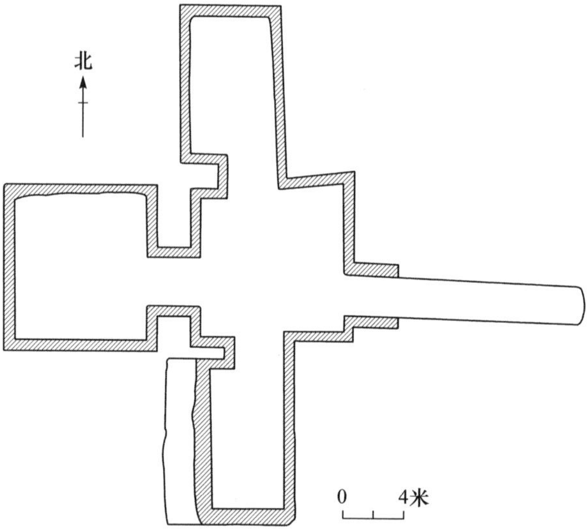

图 5-73　一条墓道的多人葬墓（Eb 型，河北省涿鹿矾山五堡东汉 M4 平面图）

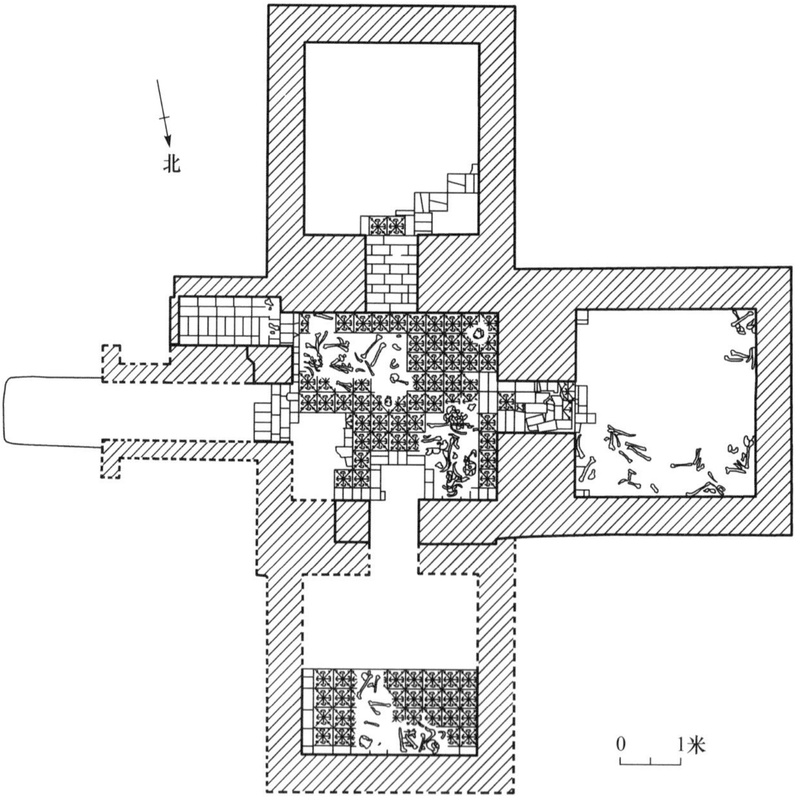

图 5-74　一条墓道的多人葬墓（Eb 型，河北省迁安苏各庄 M6 平面图）

Ec 型　前室两侧各有 2 侧室，计 4 侧室，较对称，每侧 2 侧室相互平行，有间隔。北京市丰台南苑槐房 M24，墓南向，前室的东西两侧各有 2 侧室，皆有通道与前室相通，形成拐角，而且相邻两侧室壁较直，两侧壁与通道形成拐角（图 5-64：2）。墓内可能葬多人。

（3）前室双后室墓葬。

数量较多。前室或长方形或方形，以长方形居多，侧室或有或无，有者 1 或 2 个，个别 3 个，不见 4 个侧室者，少量不仅有侧室还有面积较小的耳室，后室无侧室。侧室与前室之间或有短通道或无，有通道者部分与侧室形成拐角。后室均有窄甬道与前室相通，基本都与后室壁形成拐角，而多数墓葬的 2 后室的两内壁直，外壁有拐角。墓葬的两后室均为竖长方形，多数平行，少量有夹角，大多数尺寸、大小接近，但也有相差明显者，墓葬平面布局有明显的错位。葬人位置多，反映出多人葬的特征，有的还在前室或后室摆放陶棺，用于葬人。个别墓葬因遭破坏严重，仅余 2 后室，其他情况不详，如北京市大兴区亦庄新凤河 M8，本文不做讨论。根据前室有无侧室及侧室数量的不同，可分为四型。

A 型　前室多为横长方形，个别为近方形，无侧室。墓道及甬道或偏于前室一侧，或居于中间，有的前室葬人，并有与葬人有关的设施，个别还见有耳室，2 后室并列，或大小有差异，或基本相同，有的 2 后室间有隔墙，有的为宽度不等的间隔。根据 2 后室大小是否存在差异及前室形状、是否有耳室等，可分为二亚型。

Aa 型　2 后室大小差异明显，有明显间隔，横前室窄长，长度大于 2 后室边墙之间的长度，前室无耳室，有的墓葬前室可能葬人。北京市平谷区西柏店 M1，南向，2 后室间距大，西后室长且较宽，室内南半部放置器物，北半部葬人，中间有间隔，东后室则较窄短，北端与西后室北端距离较大（图 5-63）。2 后室皆可能葬 2 人，另在前室发现有骨梳等遗物，也可能有葬人。北京市平谷区唐庄子 M103，南向，2 后室之间隔略小，长度基本一致，北端基本平齐，西后室明显宽于东后室（图 5-75）。西后室葬 3 人，东后室可葬 2 人，前室没有发现葬人遗存。

Ab 型　2 后室大小相同或基本接近，有的存在一定间隔，有的墓室壁相邻，墓道与甬道位置居中，横前室宽度小于二后室边墙之间的长度，无耳室，有的墓葬前室葬人。北京市大兴区亦庄新凤河 M10，2 后室的间隔明显（图 5-65：2），前室无葬人遗存，该墓 2 后室可能各葬 2 人。北京市大兴区亦庄博兴路 M6，2 后室内墙砌建在一起，较宽，横前室宽度较之二后室边墙之间长度稍短（图 5-65：1），前室东南可能葬人，2 后室可能各葬 2 人。河北涿州凌云集团新厂 M5，北向，2 后室大小稍有差别，中有间隔，

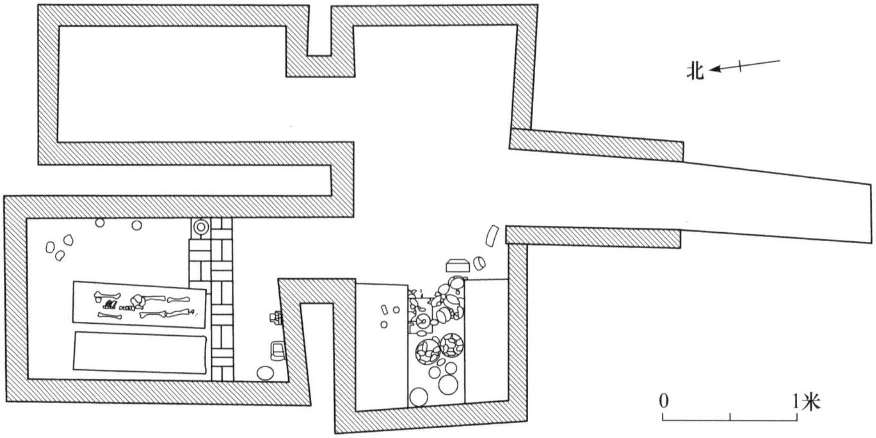

图 5-75　一条墓道的多人葬墓（Aa 型，北京市平谷区唐庄子东汉 M103 平面图）

两端皆有墙相连，前室的东西两侧各设 1 平台，东侧平台有明显葬人遗存，西侧平台也可能会葬人，东后室葬 2 人，西后室可能与之相同（图 5-76）。

Ac 型　二后室大小相同或基本接近，或有间隔或紧邻，前室近方形，宽度小于 2 后室边墙之间的长度，有小耳室，前室有葬人。北京市大兴区亦庄 10 号地 M16，南向，墓道与甬道位置居中，墓室壁大部分为弧形，2 后室内壁紧邻，整体位置略偏西，前室东壁中间有 1 耳室，另在前室的西南有陶棺，棺内葬人（图 5-65：3），2 后室可能各葬 2 人。北京市丰台区南苑植物油厂 M12，南向，墓道与甬道位置偏东侧，墓壁直，2 后室间隔明显，前室的西南侧葬 2 人，另在前室北侧正中、二后室的甬道之间有一小室，当为耳室，二后室可能各葬 2 人（图 5-77）。

B 型　前室或为横长方形，或为接近方形的竖长方形，有 1 侧室，位置不固定，2 后室左右平行，有一定间隔。根据 2 后室大小是否存在明显不同，可分为二亚型。

Ba 型　2 后室大小明显不同，后壁有较大距离的错位。北京市大兴区亦庄 80 号地 M78，南向，前室为接近方形的竖长方形，墓道和甬道位于前室偏东南角，侧室位于前室东侧，无拐角，2 后室一大一小，西后室较小，无拐角，东后室较大，有拐角，内置二棺，2 后室北壁错位较多，西后室葬 1 人，东后室葬 2 人，前室及东侧室也可能葬人，形成多人葬（图 5-78）。

Bb 型　2 后室大小基本一致，后壁无错位。北京市丰台区南苑槐房 M12，西向，前室为横长方形，墓道和甬道位于前室偏西南角，侧室位于前室东北角，有拐角，2 后室大小相同，无错位，2 后室及前室中部发现有残骨，所葬人数为 5 人或更多（图 5-79）。

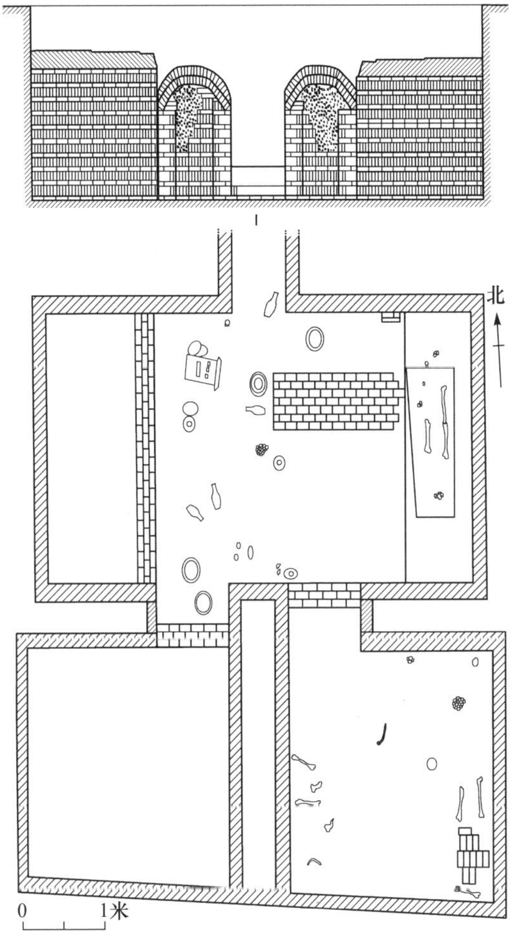

图 5-76　一条墓道的多人葬墓（Ab 型，河北省涿州凌云集团新厂东汉 M5 平、剖面图）

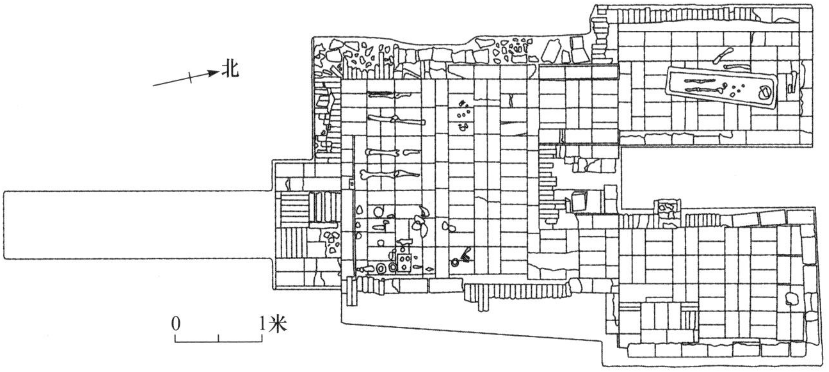

图 5-77　一条墓道的多人葬墓（Ac 型，北京市丰台区南苑植物油厂汉代墓地东汉 M12 平面图）

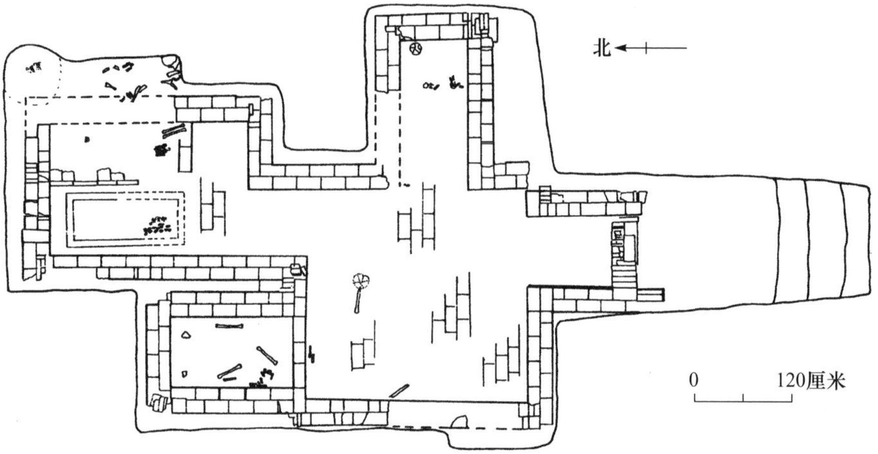

图 5-78　一条墓道的多人葬墓（Ba 型，北京市大兴区亦庄 80 号地 M78 平面图）

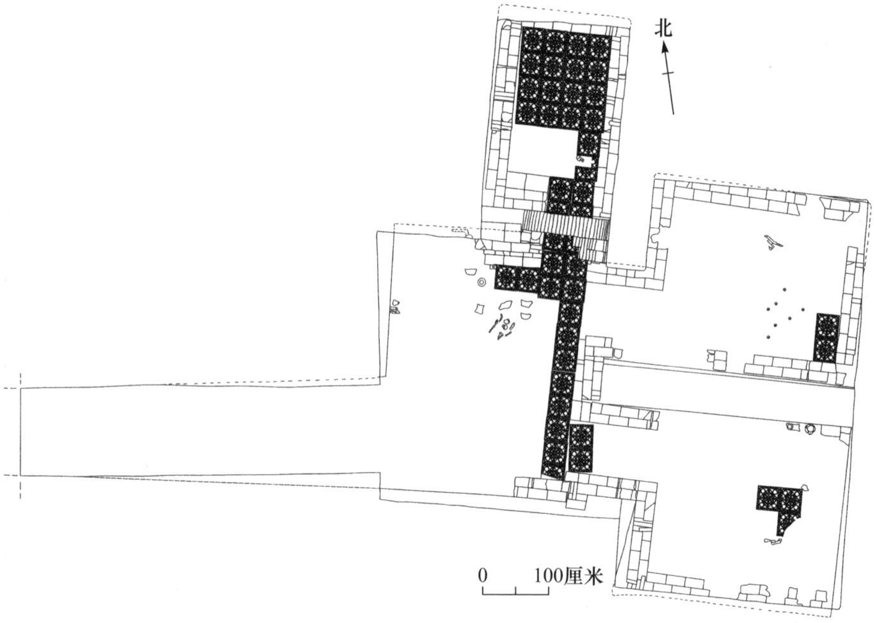

图 5-79　一条墓道的多人葬墓（Bb 型，北京市丰台区南苑槐房汉代墓地
东汉 M12 平面图）

C 型　前室平面近方形或为横长方形，有 2 侧室，左右各 1，部分大小接近且对称，部分大小不同，不甚对称，2 后室大多左右平行，个别有夹角，或有一定间隔，或无间隔，除个别外，大小基本接近。根据侧室、后室的大小是否相同及前室形状、有无耳室等，可分为四亚型。

Ca 型　前室方形，2 侧室与 2 后室大小相同，较对称。北京市丰台区南苑新宫 M7，南向，墓道与甬道位置偏于前室东南角，前室东西两侧各 1 侧室，北为 2 后室，侧室与后室均较对称，且大小基本相同，2 后室有明显间隔（图 5-64：3）。侧室与后室都可能葬人，构成多人葬。

Cb 型　前室方形，2 后室大小相近，2 侧室大小有差，不甚对称。北京市大兴区亦庄 79 号地 M10，西向，墓道与甬道位于前室西侧稍偏北，南北 2 侧室的长宽皆存在差别，不甚对称，2 后室较相似，内侧壁墙砌建在一起，墓内可能葬 4 人（图 5-80）。

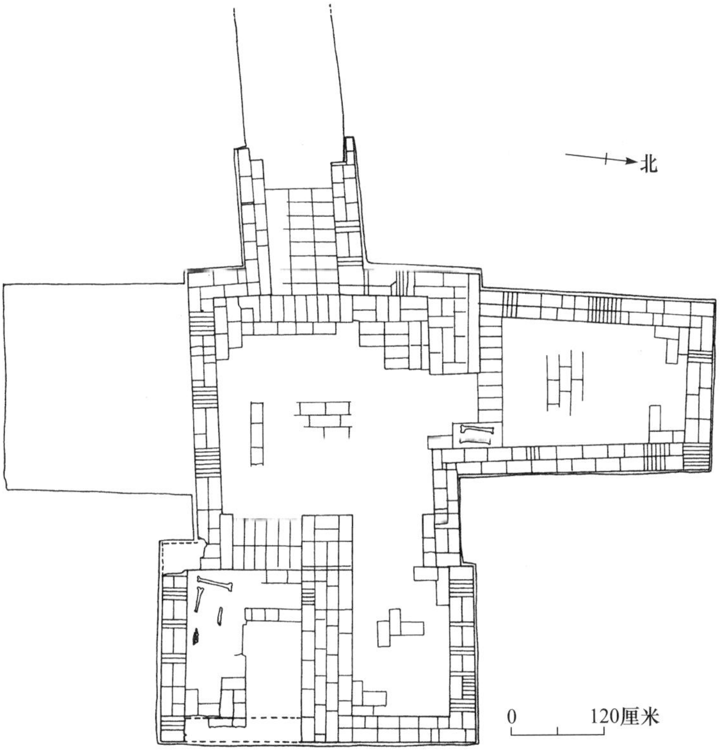

图 5-80　一条墓道的多人葬墓（Cb 型，北京市大兴区亦庄 79 号地 M10 平面图）

Cc 型　前室方形，二侧室的形制、大小及二后室的大小、宽度均有差别，不对称，二后室有错位。北京市大兴区亦庄 79 号地 M34，西向，墓道与甬道位置居中，南侧室略小，无通道和拐角，北侧室稍大，有通道和拐角，东后室略窄，面积小，南后室较宽，面积大，二者有间隔，稍有夹角，后壁墙错位明显，墓内可能葬 5 人或更多（图 5-81）。

Cd 型　前室为横长方形，二侧室的形制、大小不同，前室有小耳室，

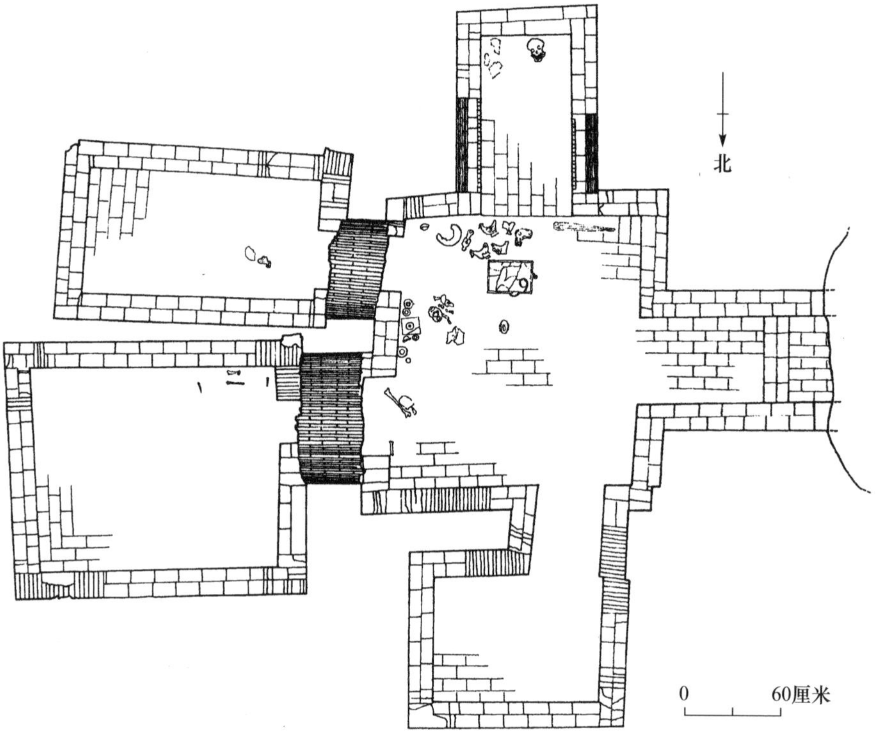

图 5-81　一条墓道的多人葬墓（Cc 型，北京市大兴区亦庄 79 号地 M34 平面图）

2 后室大小相同，较对称。河北唐山滦县雷庄新农村 M1，南向，甬道和墓道位于前室中部稍偏东，侧室与前室间有通道，东侧室小，有拐角，西侧室大，通道位于中部，前室西南角砌建 1 小耳室，内置器物，2 后室与前室间均有甬道，与后室壁形成拐角，2 后室内侧壁紧邻，后端平齐，后室、侧室均有葬人，前室还有 3 个陶棺，构成多人葬（图 5-82）。

D 型　前室方形，有 3 侧室，其中一侧有 2 侧室，另 1 侧室的位置则不固定，后室形制与大小基本相同，与前室间有甬道相通，与后室壁形成拐角，后室后壁较平齐。根据侧室位置的差异又可分为二亚型。

Da 型　侧室位于前室的左右两侧，左一右二。北京市丰台区南苑槐房 M1，南向，墓道和甬道位置稍偏东，前室东侧有 2 侧室，与前室间无窄通道，另 1 侧室位于前室西侧壁中部（图 5-64：1）。墓内葬 4 人或更多。

Db 型　侧室不位于前室的左右两侧。北京市丰台区南苑新宫 M5，南向，墓道和甬道位于前室东南角，前室东侧壁有 2 侧室，与前室间无窄通道，另 1 侧室位于甬道西侧，与甬道平行，东侧 2 侧室内各有 2 个陶棺，2 后室亦葬人，形成多人葬（图 5-83）。

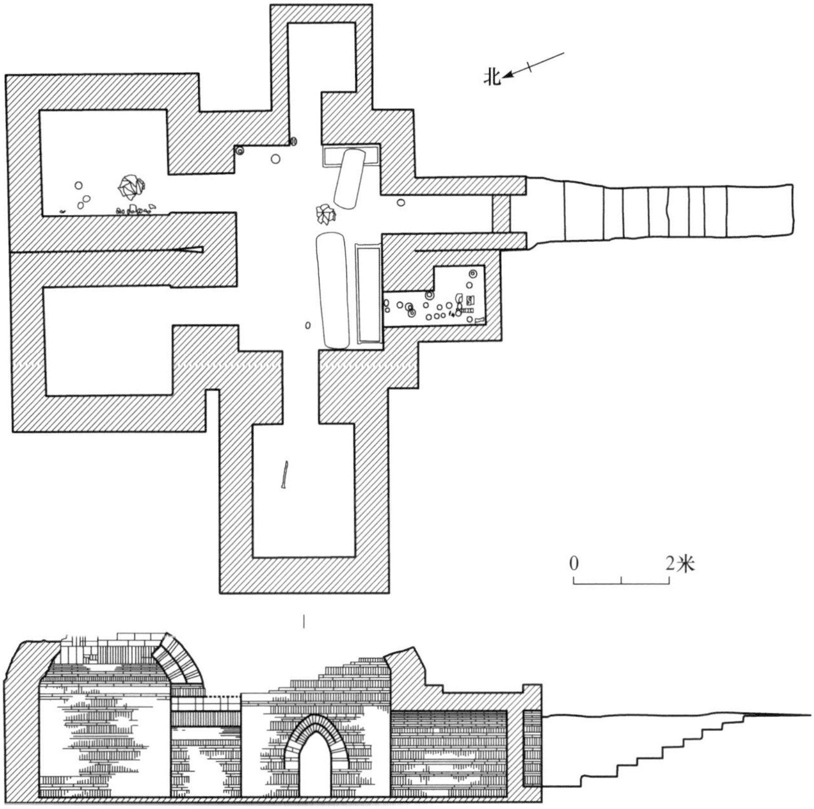

图 5-82　一条墓道的多人葬墓（Cd 型，河北省唐山滦县雷庄镇新农村东汉 M1 平、剖面图）

图 5-83　一条墓道的多人葬墓（Db 型，北京市丰台区南苑新宫汉代墓地东汉 M5 平面图）

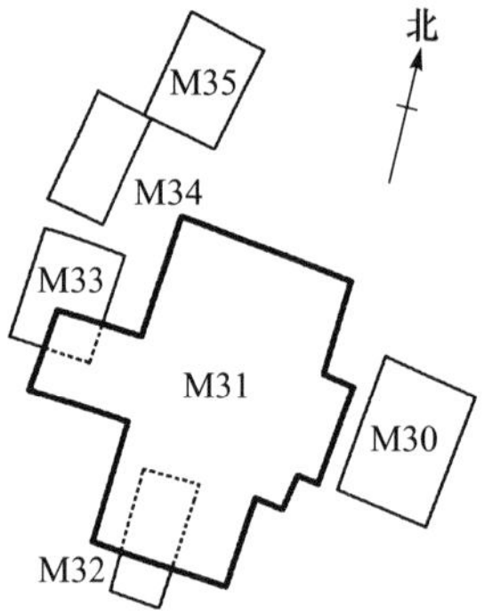

图 5-84　前室三后室墓葬
（北京市怀柔区城北东汉
M31 墓圹平面图）
（M30、M32、M35 为东周墓；
M33、M34 为西汉墓）

（4）前室三后室墓。

数量较少。前室后端有 3 个室，皆葬人，构成多人葬，目前所知仅北京市怀柔区城北东汉 M31，南向，前室南端左、右有对称耳室各 1，北端左、右各有 1 棺室，前室以北还有 1 面积较大的室，三者构成 3 后室，后室无侧室，墓内至少葬 4 人（图 5-84）。

（5）单主室墓。

发现数量极少。河北沧州黄骅齐家务 M1，主室南北向，略呈梯形，南宽北窄，其内葬 2 人。主室的东壁有 2 侧室，各葬 1 人，主室的北壁亦有 1 侧室，内葬 1 人（图 5-61）。

（6）带回廊的多室混合墓。

数量较少。墓室周边为回廊，局部加宽为室，有的室内葬人，其他可以连通一些墓室构成两个前后室，另有侧室等，相关室内有葬人，构成多人葬，目前所知仅河北迁安于家村 M1 一座。该墓墓道西向，进入墓门后为回廊，回廊经西北角转角后局部变宽，形成 1 室，内有葬人，经该室后回廊向东延伸接 1 方形室，该室与回廊西北角墓室形成前后室，且其内葬人。墓门向东有通道，先是 2 对称的小耳室，耳室接一较大的方形室，之后通道向内延伸连接东回廊，东回廊南侧中部接一大的墓室，为后室，其与通道处的方形室形成前后室，后室内应葬主要的男女墓主 2 人，通道东侧偏北接 1 侧室，回廊东北角局部变宽亦形成一侧室，2 室内也可能葬人（图 5-85）。

（二）时代特征及发展特点

京津冀地区东汉多人葬墓的平面布局较为多样，涉及东汉时期较为常见的多种墓葬形制，从总体来看，绝大多数又以前、后室为主体，并在此基础上发展和衍生出前室与双后室或三后室的组合，较多配有耳室、侧室，或在相关室内设置葬人设施等，一些则有 2 条或 3 条墓道。就墓葬平面布局、形制及配套设施来讲，有对单人葬、夫妻合葬乃至三人葬墓的参考和借鉴，又可充分适应于多人葬，满足多人葬的需求，体现出相应的发展与时代特点。

综合考察京津冀地区东汉多人葬墓的时代，大多体现出相对较晚的特征，基本为东汉的中晚期，且以东汉晚期的墓葬数量居多，这也与考古资料所公布的京津冀地区多人葬墓的时代较为一致，反映出相应的发展与时代特点（表 5-5）。

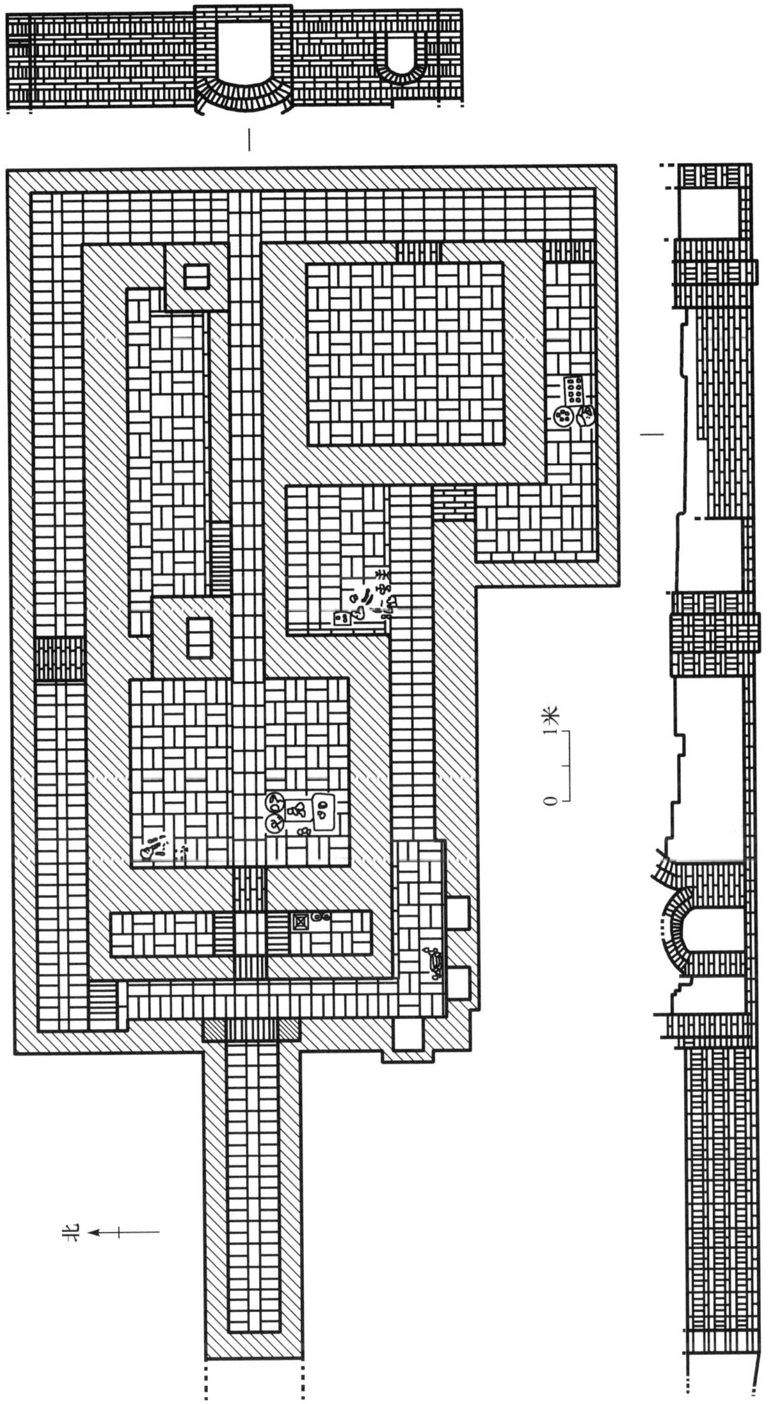

图 5-85　带回廊的多室混合墓（河北唐山迁安于家村 M1 平、剖面图）

表 5-5　京津冀地区部分东汉多人葬墓葬形制与时代统计表 ※

地区 / 墓葬名称			墓葬形制与类型		葬人数量	葬人位置	时代
河北省		石家庄市东郊北宋村 M2	2 条墓道的多人葬墓，为前中（或二中）后室结构	2-A	4 人或更多	2 相对独立墓葬单位的后室或其他位置	晚期
		涿州凌云集团新厂 M5	1 条墓道前室双后室墓，前室无侧室	3-（3）-Ab	4-6 人	前室两侧平台及 2 后室	中晚期
		滦县雷庄新农村 M1	1 条墓道前室双后室墓，前室有 2 侧室及小耳室	3-（3）-Cd	6-8 人	前室、侧室、后室	晚期
		河北沧州黄骅齐家务 M1	1 条墓道单主室多侧室	3-（5）	5	主室、东部 2 侧室、北部 1 侧室	末期
		抚宁邴各庄 M1	3 条墓道的多人葬墓，含多室，有前后室与侧室	1	6 人	3 个后室	晚期
		迁安于家村 M1	1 条墓道带回廊多室墓，含多室，有前后室与侧室	3-（6）	4-7 人	后室及侧室	晚期偏早
		迁安苏各庄 M6	1 条墓道前室单后室墓，前室有 2 侧室及小耳室	3-（2）-Eb	至少 8 人	前室、南北侧室、后室	中晚期
		涿鹿矾山五堡 M3	1 条墓道前中后三室墓，前、中室有侧室	3-（1）	4 人	可能为后室与侧室	中期
		涿鹿矾山五堡 M4	1 条墓道前室单后室墓，前室有 2 侧室	3-（2）-Eb	4 人	可能为后室与侧室	中期
		宣化东升路 M2	1 条墓道前室单后室墓，前室有 1 侧室	3-（2）-Ea	至少 7 人	前室、侧室、后室	中晚期
北京市		平谷区唐庄子 M103	1 条墓道前室双后室墓，前室无侧室、耳室	3-（3）-Aa	至少 5 人	2 后室	晚期
		怀柔区城北 M31	1 条墓道前室三后室墓，前室南端有对称耳室	3-（4）	至少 4 人	3 个后室	晚期
	大兴区亦庄	79 号地 M10	1 条墓道前室双后室墓，前室有 2 侧室	3-（3）-Cb	4 人	侧室、后室	晚期
		79 号地 M34	1 条墓道前室双后室墓，前室有 2 侧室	3-（3）-Cc	5 人或更多	前室、侧室、后室	晚期
		80 号地 M74	1 条墓道前室单后室墓，前室一侧有 1 侧室	3-（2）-Ba	大致 4 人	前室通道一侧、侧室、后室	晚期
		80 号地 M78	1 条墓道前室双后室墓，前室一侧有 1 侧室	3-（3）-Ba	4-5 人	前室、侧室、后室	晚期

续表

地区 / 墓葬名称			墓葬形制与类型		葬人数量	葬人位置	时代
北京市	丰台区南苑	槐房 M12	1 条墓道前室双后室墓，前室一侧有 1 侧室	3-（3）-Bb	5 人或更多	前室、后室	晚期
		槐房 M18	2 条墓道，二墓葬单位皆有前室、侧室与后室	2-Ba	6-8 人	二墓葬单位的前室、侧室、后室	晚期
		新宫 M5	1 条墓道前室双后室墓，前室 1 侧 2、1 侧 1 侧室	3-（3）-Db	8 人	侧室、二后室	晚期
		植物油厂 M12	1 条墓道前室双后室墓，前室无侧室，有小耳室	3-（3）-Ac	4 人或更多	前室、后室	晚期

注：限于篇幅，本表仅列举存在较明显多人葬迹象或遗存的部分东汉墓葬。

据目前资料，可确定为东汉中期的多人葬墓相对较少，主要是河北涿鹿矾山五堡 M3 与 M4。墓葬形制为前后室结构或前中后三室结构，有侧室，但均是单后室，属上文分析的 3-（1）与 3-（2）-Eb 两种类型，墓葬形制在东汉中期已有较多使用。就墓葬而言，后室是葬人主要场所，涿鹿矾山五堡 M3 与 M4 为单后室，因要满足多人葬的需求，则在侧室内葬人，而且前室或中室内可能还会葬人，这对时代晚的多人葬墓应有一定影响，但也体现出自身时代稍早的特征，如仅在一处墓地有所发现，具有一定的偶然性，而葬人数量基本为 4 人，相对较少。

时代稍晚，大致定为东汉中晚期的多人葬墓数量稍多，存在较明显多人葬迹象或遗存的墓葬有河北保定涿州凌云集团新厂 M5、唐山迁安苏各庄 M6、张家口宣化东升路 M2 等。墓葬的分布地点增多，葬人数量大增，其中涿州凌云集团新厂 M5 内葬 4-6 人，迁安苏各庄 M6 内至少葬 8 人，宣化东升路 M2 葬至少 7 人。墓葬形制方面，不见前中后三室者，1 条墓道的前后二室的主体结构被接受，并在此基础上有新的发展。张家口宣化东升路 M2 的形制相对简单，属上文分析的 3-（2）-Ea 类型，整体上与河北张家口涿鹿矾山五堡 M4 的形制相似，甬道处有 1 耳室，前室有 1 侧室，耳室与侧室均位于墓葬一侧，这与涿鹿矾山五堡 M3 又有相似，与墓葬自身前后室的主体结构相对应，也体现出相应的影响和继承。唐山迁安苏各庄 M6 的平面布局较为规整，属上文分析的 3-（2）-Eb 类型，与涿鹿矾山五堡 M4 更为接近，不同的是在前室的一角设有小耳室，内置陪葬物品。保定涿州凌云集团新厂 M5 则是双后室结构，属上文分析的 3-（3）-Ab 类型，体现出新的变化；而且前室没有侧室，也应是变化之一，但该墓前室为横长方形，东西两侧各设一南北向的平台并有葬人，在某种程度上又与前室的侧室有着某种相似的功能。整体来讲，这一时间段的多人葬墓在主体结构上趋于稳定，具体设施上则存在多样性，为达到墓内葬多人的目的和要求，墓内较多位置葬人，一些则增加葬人的室，如河北保定涿州凌云集团新厂 M5 使用双后室，前室内葬人在上述墓葬中均存在，体现出这一时间段的特点，也反映出不甚完善的特征。张家口宣化东升路 M2 在甬道设耳室，唐山迁安苏各庄 M6 在前室的一角设耳室，用来放置相关物品，这也为前室葬人提供了相应空间。

东汉晚期的多人葬墓数量大增，表 5-5 中列举存在较明显多人葬迹象或遗存的东汉多人葬墓多数属于这一时期；分布地域明显扩大，具体的分布点也较多；葬人数量体现出与丧葬需求、墓葬形制及平面布局等相关的内容，葬 4 人或更多者均有相应数量；有些墓地中有多座多人葬墓，而在此之前，大多墓地仅 1 座，极少数为 2 座。墓葬的平面布局与形制较为多样，上文墓葬平面布局分析中的绝大多数类型在这一时期的多人葬墓中均有体现；有对之前形制的继续使用，还有较多的新内容，如 2 条或 3 条墓道的墓葬、一条墓道有主墓室及侧室的墓葬、带回廊的多室墓等，这都是发展的体现；2 后室较为普遍，还可能有 3 后室者，表明双后室的多人葬墓已成为主流；表现形式多样，大多墓葬的前室有侧室，有的在前室有相关葬人设施，有些墓葬还有耳室等设施；相关墓葬的平面布局及其形制趋于复杂化和多样化，更加适用于多人葬。有一点需要指出，与东汉中晚期相比，这一时期许多人葬于相关室内，前室虽有葬人发现，但相对较少，并不多见，体现出发展过程中的完善。

三、葬人位置、数量

关于京津冀地区东汉多人葬墓的葬人位置及数量，上文论述中已有所涉及，表 5-5 中也有所体现，但位置与数量是研究多人葬不可缺少的重要内容。下文就这两方面的问题再做相关梳理和分析。

（一）葬人位置与数量

葬人位置是指将死者尸身葬在墓葬的某一位置，这些位置可能葬有不同数量的尸身，达到一定数量的尸身葬在同一墓葬中，即形成多人葬。根据表 5-5 的统计来看，较为笼统的葬人位置主要为后室、侧室和前室，其中后室最普遍，侧室次之，前室略少一些。同一墓葬会有不同的具体葬人位置，不同墓葬的具体葬人位置既有相同点也存在相应的差异性，进而形成葬人位置的不同组合与形式，这与墓葬的形制结构有着较密关系。根据墓葬形制的差异，京津冀地区多人葬墓的葬人位置可分为四型，每型之中又有不同划分，与墓葬形制相结合，在一定程度上体现出葬人数量的差异和区别。

A 型　单后室与其他室内葬人。为单墓道墓葬，多前后室结构，个别为前中后三室。后室内葬人，以 2 人居多，另有其他室内亦葬人。可分为五亚型。

Aa 型　单后室与前室内葬人。河北唐山迁安苏各庄 M2，前室无侧室，前后室内皆葬人，葬人数为 4 人或更多。

Ab 型　单后室、单侧室与前室内葬人。前室有 1 侧室，内葬人，前、后室亦葬人。北京市大兴区亦庄 80 号地 M74 内大致葬 4 人，79 号地 M7 的前室西北角砌棺室，墓内可能葬 5 人。河北张家口宣化东升路 M2，墓内至少 7 人。

Ac 型　单后室与 2 侧室内葬人。前中后三室墓如河北张家口涿鹿矾山五堡 M3，后室可能葬 2 人，两侧室各葬 1 人，计 4 人。前后室墓葬如北京市大兴区亦庄新凤河 M9，前室一侧有 2 侧室，每个侧室内可能葬 1 人，后室葬 2 人，计 4 人，河北涿鹿矾山 M4 与之相似，墓内葬 4 人。

Ad 型　单后室与 4 侧室内葬人。北京市丰台南苑新宫 M15 与槐房 M24，前室两侧各有 2 个侧室，若其内皆葬 1 人，加上后室内葬人，大致为 5 人。

Ae 型　单后室与前室、侧室内葬人。河北唐山迁安苏各庄 M6，前室有 2 对称侧室，后室、前室、侧室内皆葬人，约葬 8 人。

B 型　双后室内葬人。多数墓葬为单墓道的前后室墓，极少为 2 条墓道的多人葬墓。根据是否有其他位置及具体位置葬人的差异，可分为六亚型。

Ba 型　除后室外，无其他位置葬人。2 条墓道的多人葬墓如河北省石家庄市北宋村 M2 与张家口宣化市东升路 M3，有 2 个相对独立的墓葬单位，每个墓葬单位的后室皆可能葬 2 人，计 4 人。北京市平谷区唐庄子 M103，西室宽于东室，西室内葬 3 人，东室内葬 2 人，前室无葬人；大兴区亦庄新凤河 M10，2 后室葬人，前室未葬人。

Bb 型　2 后室与前室内葬人。北京市平谷区西柏店 M1，2 后室大小差异明显，但皆可葬 2 人，前室也可能葬人。若前室葬人的可能性排除，则与唐庄子 M103 相同；大兴区亦庄博兴路 M6、10 号地 M16，2 后室可能各葬 2 人，前者的前室东南可能葬 1 人，后者的前室西南有陶棺。丰台区南苑新宫 M5，2 后室可能葬 2 人，前室内西南侧葬 2 人；槐房 M12，前室有 1 侧室，葬人主要位于 2 后室及前室中部，葬 5 人或更多。河北保定涿州凌云集团新厂 M5，2 后室可能各葬 2 人，前室两侧亦各有平台，平台上各葬 1 人。

Bc 型　2 后室与前室、单侧室内葬人。北京市大兴区亦庄 80 号地 M78，东后室葬 2 人，西后室葬 1 人，前室西北侧可能葬人，前室东侧有 1 侧室，亦可能葬人，墓内大致葬四五人。亦庄 79 号地 M34，前室有 2 侧室，2 后室、前室东北角、南侧室葬人，墓内葬四五人或更多。

Bd 型　双后室与 2 个侧室内葬人。2 条墓道的多人葬墓中，北京市丰台南苑槐房 M18，有 2 个相对独立的墓葬单位，每个墓葬单位的后室及侧室内皆可能葬 2 人，而每个侧室内也可能葬 1 人，该墓可能葬 6～8 人。单墓道前室与双后室结构的墓葬数量更多。丰台区南苑新宫 M7、大兴区亦庄 79 号地 M10，2 后室及 2 侧室皆可能葬人，墓内葬 4 人或更多。南苑新宫 M5，2 后室皆葬人，前室有 3 个侧室，东侧的 2 个侧室内皆有 1 陶棺，内均葬 1 人。若该墓的另 1 侧室也有葬人，则属于新的类型，即双后室与三侧室内葬人，但前室西南侧室是否葬人并不清楚。

Be 型　双后室、2 侧室及前室内葬人。河北唐山滦县新农村 M1，2 后室、前室均葬人，前室发现 3 个陶棺，墓内应葬多人。

Bf 型　双后室、2 侧室及双前室内葬人。河北省唐山迁安市于家村 M1，为带回廊的多室混合墓，但该墓可分解为一大一小 2 个墓葬单位，东南部分为小的墓葬单位，有前后室，皆葬人；其他位置除回廊外为大的墓葬单位，前有 2 耳室，往东为 1 大的前室，其内葬人，其后南侧为 1 侧室，可能有葬人，主通道向东延伸右转，接 1 个大的后室，其内葬人，而该室的南侧与回廊相连为 1 窄长的侧室，亦可能葬人。

C 型　三后室内葬人。3 条墓道的多人葬墓如河北秦皇岛抚宁郦各庄 M1，一个主后室，其东西两侧还各有 1 后室，三后室皆葬 2 人，计 6 人。单墓道前后室墓中，北京市怀柔区城北 M31，前室及其耳室未葬人，但前室北端有左右棺室，各葬 1 人，中间还有 1 个更大的室，可能葬 2 人，墓内大致葬 4 人或更多。

D 型　主后室及各侧室皆葬人，主室葬人多，侧室各葬 1 人，如河北沧州黄骅齐家务 M1。

除上述类型外，一些墓葬如北京市丰台区南苑槐房 M1，前室有 3 个侧室，另有双后室，墓内可能葬 4 人或更多。该墓的双后室内葬人应无问题，而其有 3 个侧室，形成不对称布局，侧室内葬人的可能性也较大。

（二）相关特点与内容

由上述分析可以看出，后室是京津冀地区东汉多人葬墓葬人的主要场所，所有多人葬墓都会在后室葬人，这与东汉墓葬所确立前堂后室的整体布局有着较大关系，在事死如事生丧葬思想与行为的促动下，后室葬人已被普遍接受，而这也是汉代墓葬第宅化特征不断完善的体现。京津冀地区的东汉多人葬墓，既有单后室，也有双后室，个别为三后室，无一例外的是后室均葬人。双后室与三后室应是在相关丧葬需求促动下形成的，而更好地满足多人葬则是较多采用双后室与三后室的原因。其中，单后室与双后室墓数量较多，体现出被普遍接受的特征，而三室墓则可能与墓葬的设计、修建难度及葬人需求等有关，并不是太多见。侧室是京津冀地区东汉多人葬墓第二类常见的设施，很多墓葬为满足多人葬，会在侧室内葬人，表现在墓葬方面，有较多墓葬砌建侧室，而且侧室有相应的宽度和面积。侧室作为墓葬的非主要室，其内葬人可更好地满足多人葬，也在一定程度上体现出辈分尊卑及等级地位的差异，这一地区一些东汉多人葬墓的侧室内葬有未成年人可说明这一点，而这也是更好实现家庭葬或家族葬的一种方法和要求。前室在东汉墓葬中多象征现实生活中“堂”，但京津冀地区的一些东汉多人葬墓也会利用前室葬人，这应是多人共葬一墓的需求和体现，说明当时一些墓葬的前室除摆放相关陪葬品，特别是供墓内祭祀的物品外，还可以利用剩余空间达到相应的丧葬需求，而前室内的葬人之处有的砌平台，有的砌棺室，相对独立，可视为前室的一类设施，在某种程度上或与侧室相似，只是没有特别明显的独立空间。

就现有资料看，京津冀地区的东汉多人葬墓中，双后室墓数量最多，单后室墓数量次之，三后室及单主室墓数量最少。单后室墓葬中，单后室、单侧室与前室内葬人（Ab 型）及单后室与 2 侧室内葬人（Ac 型）对应的墓葬多；双后室墓葬中，双后室与前室内葬人（Bb 型）、双后室与 2 个侧室内葬人（Bd 型）对应的墓葬多，体现出上文所述“后室—侧室—前室”三者作为多人葬的主体且在使用频率上有着一定差异的内容和特点。

京津冀地区东汉多人葬墓中的葬人位置较为多样，有的组合使用频率高，有的组合则仅见于个别或极少数墓葬，这与墓葬时代及不同的丧葬需求等均有一定的关系，进而使得墓葬形制结构呈现出多样性和复杂性。有的墓葬形制结构相对简单，有的则较为复杂，就较复杂墓葬形制与结构来讲，时代大多为东汉晚期，应是多人葬在这一地区发展到一定阶段的一项重要体现。位置的多样性也体现出葬人时对具体位置的选择存在一定灵活性，即根据需求和墓葬的形制结构，将死者葬在相应的位置。京津冀地区的多人葬墓较多会在侧室内葬人，但有的如北京市丰台区南苑槐房 M12，前室东北角有 1 侧室，但葬人位置是 2 后室及前室中部；再如北京市大兴区亦庄 79 号地 M34，前室有 2 侧室，2 后室、前室东北角葬人，侧室则仅有南侧室葬人，这些墓葬均体现出相应的灵活性。

这一地区东汉多人葬墓中的葬人数并不统一。从时代上看，东汉中期的多人葬墓内葬人数略少，4 人者居多，中晚期墓葬中，仍有较多葬 4 人者，但也有相当数量的墓葬内葬人数在 4 人以上。葬人数量与位置及其组合有着密切的关系，同一墓葬中多个位置葬人就可能形成多人葬。从上文对葬人位置与数量的分析来看，位置组合相对复杂，葬人的数量就可能会多一些，位置组合相对简单，葬人的数量就可能会少一些。但是，这并不适用于所有墓葬，有的墓葬形制结构并不复杂，位置组合也相对简单，但墓内葬人数量较多，如河北张家口宣化东升路 M2，墓内至少葬 7 人；唐山迁安苏各庄 M6，墓内约葬 8 人，另有一些墓葬内葬人数也在 5 人或以上，这与同一后室，或同一前室，或同一侧室内葬几人，葬不葬人等有着密切关系。有的墓葬，前室内葬多人，加之后室、侧室内的葬人，整体葬人数就会很多；有的虽然在 2 后室、2 侧室内葬人，但每室只葬 1 人，总的葬人数就不会太多。因此，对于多人葬墓的葬人，一方面要考虑墓葬的时代、形制与结构，另一方面要参考葬人位置，同时还要分清每一位置葬几人，这样才能更好地认识多人葬及其内容和内涵，分析与之有关的家庭葬或是家族葬，进而探讨相应的葬制、葬俗等。

（三）总体特征

京津冀地区已发现相当数量的东汉多人葬墓，分布地区较大，墓葬时代从东汉中期至晚期，以晚期居多，墓葬的平面布局及其形制较为多样，墓内葬人的位置有多种组合，所葬人数为 4 人及 4 人以上，而且不同的墓葬形制及平面布局、葬人的位置与数量存在多种情况，综合反映出与这一地区东汉多人葬墓相关的特征。

（1）多样性中的统一性和主体化。

京津冀地区的东汉多人葬墓数量多，墓葬的平面布局及形制较为多样，体现出多样性特征，这与墓葬的时代及其发展、地域分布等均有相应关系。在多样性之中，京津冀地区东汉多人葬墓还有其统一性，一些则明显具有主体化的特征。墓葬砌建方面，基本为砖砌，与该地区东汉非多人葬墓有着较大的相似性，同时也可适应多人葬的需求，如便于修改和局部重建，河北秦皇岛抚宁邴各庄 M1 很可能就存在改扩建的情况，而这当是京津冀地区东汉多人葬墓的主体化特征之一。葬人位置方面，后室是主要场所，至东汉晚期，多人葬墓多数采用双后室也说明了这一点，这是其又一主体化特征。统一性的特征还表现在以下三点：①多人葬墓内有以单人葬为独立单位的埋葬现象，但体现更多和较为普遍的内容是以夫妻合葬为单位，两对或更多对夫妻合葬于同一墓内形成多人葬；②葬人时对侧室的使用较为普遍，侧室与后室成为墓内葬人的主要场所；③墓葬的平面布局及形制虽较多样，但一条墓道的前后室布局最为常见，虽然有的墓葬为两三条墓道或有回廊并且多室，但数量少。就具有一定特殊性的多人葬墓来讲，恰反映出相应的创新，这亦是京津冀地区东汉多人葬墓发展的体现。

（2）发展中的渐进、演变与推广。

京津冀地区的东汉多人葬墓在东汉中期出现，至晚期兴盛，墓葬的数量、种类及平面布局、形制等均经历了一个逐步发展的过程。这一过程中，有中期及稍晚阶段墓葬数量的逐渐增多，也有晚期阶段墓葬的较为普遍，这是一个渐进的过程。为适应多人葬的需求，相关墓葬在葬人时充分利用空间或扩大、增多埋葬空间，还有的在已有墓葬形制基础上创造新埋葬空间，亦有增加设施者，以求尽可能多地葬人，这些均在某种程度上推动了墓葬形制及平面布局的改变。多人葬墓对于相应人群来讲，可较好地实现理想中的丧葬需求，进而被更多的人或人群所接受，而得到推广，这在数量、分布地域方面皆有体现，而一个大的墓地或某一地区的墓地中有较多的多人葬墓，如北京市丰台区南苑汉代墓葬区、大兴区亦庄汉代墓葬区等，也充分反映出多人葬的推广和普及。

（3）满足需求、实现目的背景下的借鉴、吸收与创新。

京津冀地区的东汉多人葬墓存在相应的发展和演变，为实现墓内葬多人的需求，实现相关丧葬目的，多人葬墓对东汉单人葬、双人葬及三人葬的墓葬形制有所借鉴和吸收，并在此基础上，结合自身葬多人的丧葬目的和需求有所创新和发展，如在侧室、前室等内葬人，较多使用双后室，出现2条乃至3条墓道的多人葬墓，还有的借鉴和参考带回廊的墓葬，结合自身需求，形成多室多人葬墓；有的墓葬则扩大前室，增加石棺、陶棺等，以求满足所需的多人葬。河北唐山滦县雷庄镇新农村东汉M1的前室东南角及西南角各置1石棺，由棺盖和棺体组成，二者皆由一整块大石凿刻而成，东南角所置石棺形体小，棺体内外素面，西南角所置石棺较大，棺的前、后和左侧分别雕刻图案，有捣药图、龙纹、羽人戏虎、鱼等（图5-86）。北京大兴区亦庄10YZM16的前室内置1件陶棺，形体不大，平面梯形，前宽后窄，器表与内底饰篮纹（图5-87）。京津冀地区的东汉多人葬墓本身就是东汉墓葬的内容之一，而其又具有特殊性，即一座墓葬内葬多人，在这种丧葬需求的推动下，产生了相应的借鉴和继承，并在其发展过程中，为更好地实现和达到多人葬的目的，又有所发展和创新，形成与多人葬自身特征相符的墓葬平面布局及形制特点。

（四）一点说明

与多人葬墓形制密切相关的是墓葬内设施尤其是相关室的尺寸和大小，

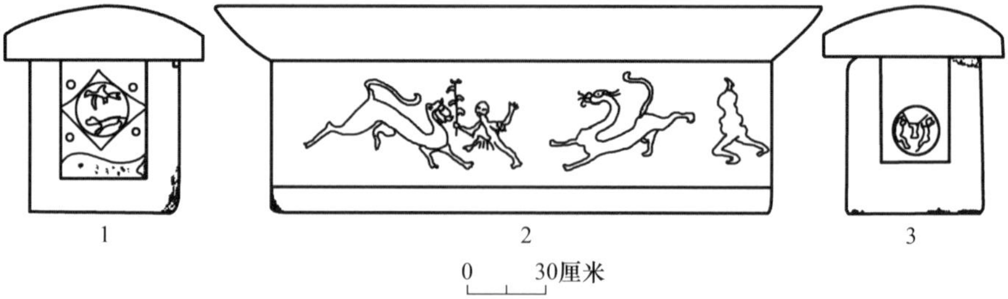

图 5-86　河北唐山滦县雷庄镇新农村东汉 M1 出土石棺

1. 正面　2. 左侧面　3. 后面

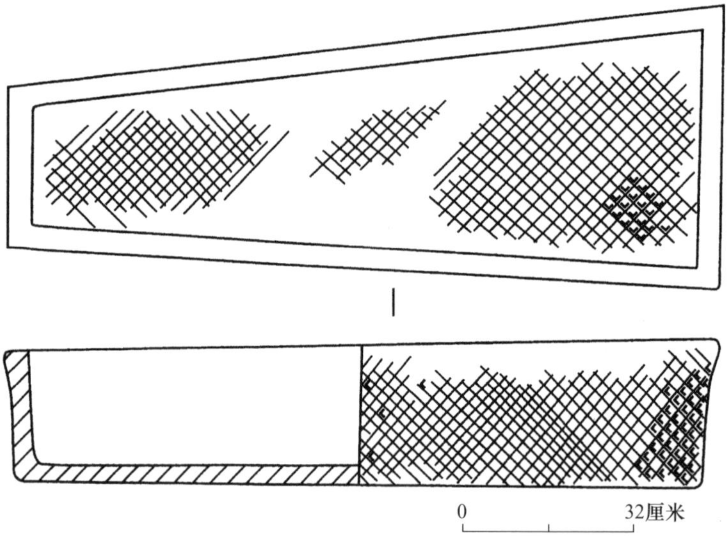

图 5-87　北京市大兴区亦庄 10YZM16 前室内出土陶棺

这关系到一个具体的室内可葬几个人，进而涉及墓内可葬几人，也会影响到葬人位置在具体墓葬中的分布。京津冀地区发现、发掘的有些东汉墓葬亦为双后室，但每室的宽度仅半米左右或更窄，同一室内葬 2 人的可能性不大。但有些墓葬，后室宽度在 1.5 米以上，甚至 2 米多，同一室内则存在葬 2 人的可能，上文所举较多葬多人的墓葬，一室葬 2 人或更多者，室一般较宽。

在准备进行多人葬的前提下，室内较宽且有相应面积，则可葬 2 人或更多，这样，墓内或有些位置不需安排葬人或整个墓内葬人数量增多；室内较窄且面积不大，葬人少或仅葬 1 人，墓内其他位置则需安排葬人或整个墓内葬人数量相对较少。因此，就多人葬墓来讲，相关室的大小很可能会影响到墓葬的平面布局及其形制，尤其是平面布局，而墓室的宽窄长短是较直接的体现，这也能体现出墓葬是否为多人葬或墓内葬多少人。

四、陪葬物品

京津冀地区东汉多人葬墓基本都遭受盗掘和破坏，仅部分可明确或基本确定为多人葬墓，还有较多是存在多人葬可能的东汉墓葬。正是因为遭受盗掘和破坏，墓葬内不仅死者的骨架不全、散乱或不见，陪葬的物品也或被盗走，或残碎较甚，较多不在原来的位置，诸多的信息和所反映的内容等已不可知。由于存在多人葬可能的东汉墓葬的陪葬品及其信息缺失较多，本书仅就可基本确定为多人葬的东汉墓葬（表5-5所列墓葬）的陪葬品及相关内容做相关论述。

（一）陪葬物品出土概况

可以确定为多人葬的东汉墓葬，绝大多数出土有一定数量的陪葬品，但数量、品种不一，但也有少量墓葬，或基本不见陪葬品，或因报道资料较为简略，具体内容不详，还有一些墓葬未有出土遗物分布图，陪葬品的具体位置及其大致空间所属也不可知。下文对表5-5中所列墓葬出土陪葬品的情况做简单概述。

1. 河北省发现的可基本确定为多人葬的东汉墓葬

石家庄市东郊北宋村M2由2个相对独立的墓葬单位组成，以窄墙相连，出土一定数量的陪葬物品及带文字的墓砖等（图5-88）。东墓主室出土陶猪、奁、鸭等及五铢钱币，中室出土陶扁壶、罐、壶、鼎、碗、灯、鸭、圆盘、勺、奁、耳杯及五铢钱等，前室有陶罐、灯、盘、灯及铁器、漆器残件等，另在甬道有陶狗、罐、鼎、钵等；西墓出土陶罐、楼、案、奁、猪、鸭等，中室出土陶罐、案、方奁、楼、壶、勺、耳杯、鸡及五铢钱和一些铜、铁质车马器等，前室有陶盘、奁及金属车马器等，南室有骨架，相关器物有陶罐、奁、壶、灶、楼、灯、俑及一些金属车马器等。

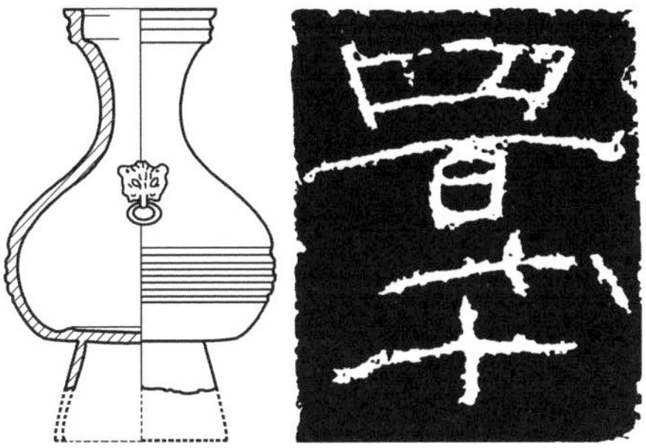

图5-88　石家庄北宋村M2出土陶壶及墓砖刻字

1. 陶壶　2. 墓砖刻字

保定涿州凌云集团新厂M5，东后室出土钱币及铜镜、带钩，前室偏东侧有陶罐、壶、瓶、盘、仓、灶、井等。

唐山滦县雷庄新农村东汉 M1，墓内共出土器物 49 件，其中陶器 46 件。前室出土陶器、钱币等，西侧室出土有铜刀及部分钱币，东后室出土有陶耳杯、泥塑动物等，南耳室出土有陶器，东耳室和西后室均无陪葬品（图 5-89）。

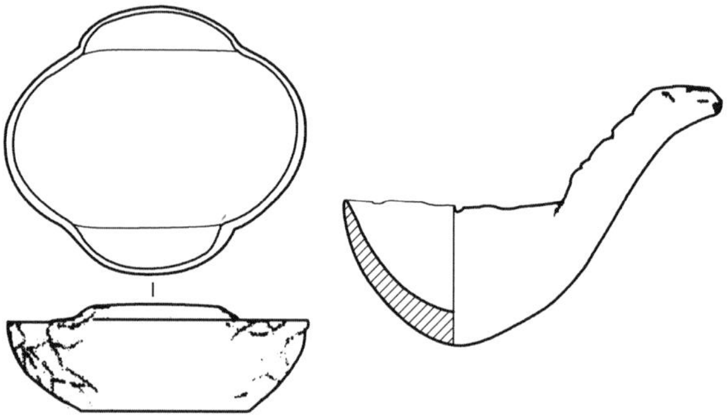

图 5-89　河北唐山滦县雷庄新农村东汉 M1 出土陶耳杯、勺

1. 耳杯　2. 勺

秦皇岛抚宁邴各庄 M1，属于主墓室的耳室（中甬道的耳室）有一定数量的陶器，以Ⅲ室内最多；前室内有许多破碎陶器和少量铜器，如铺首衔环等，后室中有陶片，其中前室发现的奁、案、耳杯、尊、等皆为祭器，另有一定数量的铜钱币（图 5-90）。

唐山迁安于家村 M1，主墓室的左侧耳室有陶楼、壶等，前室偏南侧（中部主通道的南侧）有陶耳杯及方、圆形陶案等，与室内北侧葬人有明显界隔，而葬人处有少量鎏金铜饰件，主室的南侧室也有一定数量的陶器，包括陶方案、耳杯、楼等，北侧室遗物很少。东南侧墓葬单位的前后室有一些陪葬品，以陶器居多，其中后室有陶灶、连枝灯、俑等（图 5-91）。

唐山迁安苏各庄 M6 遭盗掘严重，仅后室有铁斧、钱币等出土（图 5-92）。

张家口涿鹿矾山五堡 M3，出土陶器多残，有楼、仓楼、罐、奁、炉、魁、钵、鼎、盘、耳杯、长方形案、圆形案及釉陶壶等，另有铜镜等（图 5-93），但位置及与骨架的关系不详。

张家口涿鹿矾山五堡 M4，出土陶器多残，有楼、仓楼、罐、扁壶、奁、炉、鼎、灯、碗、洗、勺、长方形案及羊、猪、狗、鸡等动物俑，另有钱币等（图 5-94），但位置及与骨架的关系不详。

张家口宣化东升路 M2，前室出土人头骨 3 个，室内出土少量钱币和残

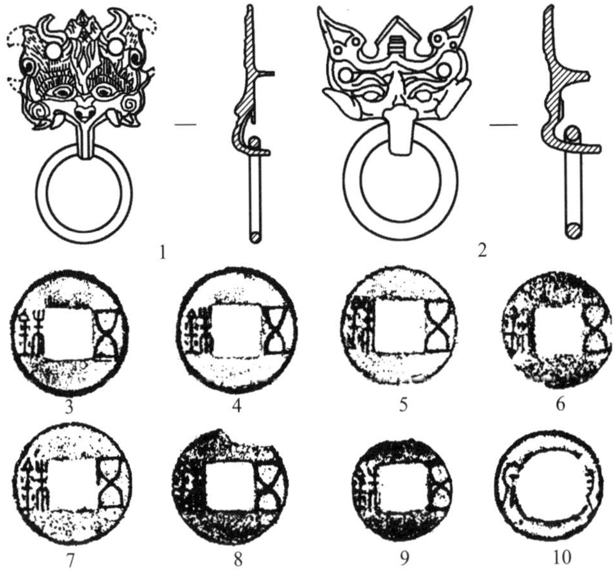

图 5-90 河北秦皇岛抚宁邴各庄东汉 M1 出土铜铺首衔环与钱币

1、2. 铺首（M1：22、M1：23） 3～9. 五铢（M1：30、31、32、33、34、35、36） 10. 货泉（M1：37）

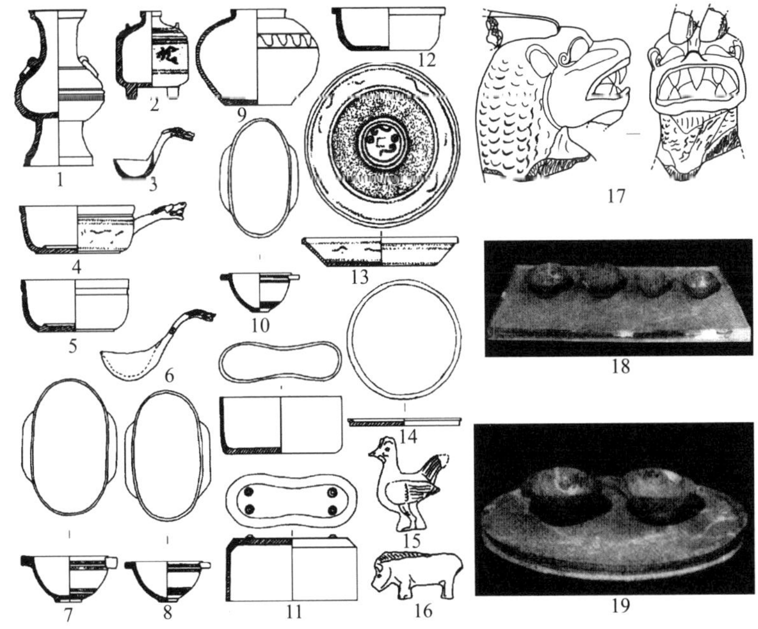

图 5-91 河北唐山迁安于家村 M1 出土器物

1. Ⅰ型陶壶 2. Ⅱ型陶壶 3、6. 陶勺 4. 陶魁 5. 陶钵 7、8、10. 陶耳杯 9. 陶瓮 11. 陶奁 12. 陶盆 13. 陶盘 14、18. Ⅰ型案 15. 陶鸡 16. 陶猪 17. 石雕兽头 19. Ⅱ型陶案

图 5-92　河北唐山迁安苏各庄东汉 M6 出土钱币

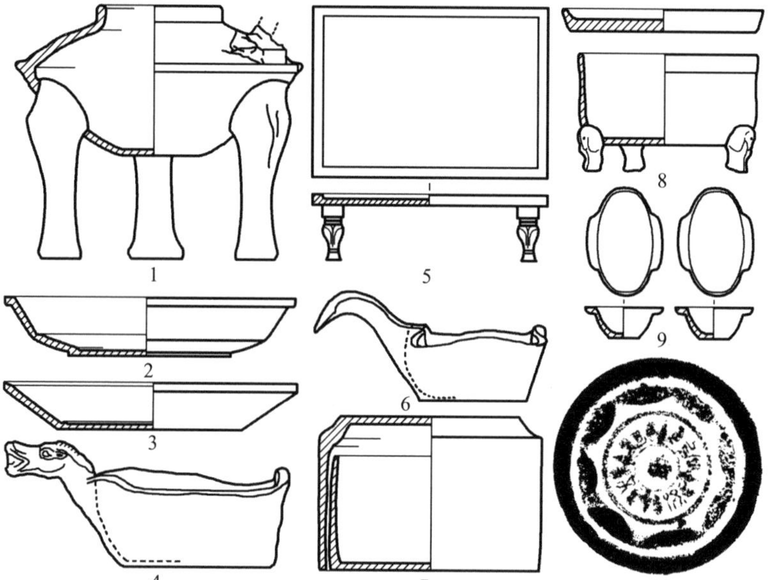

图 5-93　河北张家口涿鹿矾山五堡 M3 出土器物

1. B 型陶鼎　2. A 型陶盘　3. B 型陶盘　4、6. 陶魁　5. A 型陶案　7、8. 陶奁　9. 陶耳杯　10. B 型铜镜

陶器；侧室出土人头骨 1 个，后室出土人头骨 3 个，皆没有出土器物，墓内的主要出土遗物有陶仓楼、井、灶、盆、案、豆、勺、甑、耳杯及铜镜、铁凿、绿松石珠、钱币等（图 5-95）。

2. 北京市发现可基本确定为多人葬的东汉墓葬

平谷区唐庄子 M103，出土器物以陶器为主，西后室的棺室有陶罐、炉及铜粉盒，棺室外有罐 3 件，其他基本为陶器，出土于前室西侧，有朱绘陶盘与陶案、耳杯、奁、勺、盒、猪圈等（图 5-96）。与唐庄子 M103 形制相似的西柏店 M1，西后室中间有砖砌隔墙，内侧为棺室，外侧摆放陪葬品，陶器有灯、罐、虎子、瓮、扁壶、灶等，与墓内祭祀有关的陶奁、盘、案、耳杯、勺等位于前室西侧。

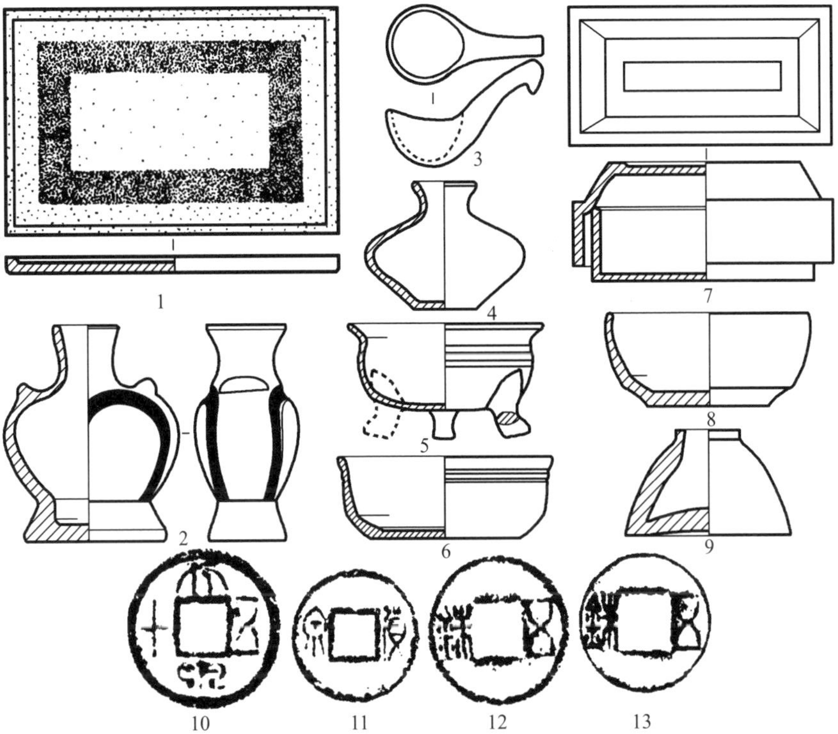

图 5-94　河北张家口涿鹿矾山五堡 M4 出土器物

1. 陶案　2. 陶匣　3. 陶勺　4. 陶罐　5. 陶鼎　6、8. 陶碗　7. 陶奁　9. 陶洗　10～13. 铜五铢

图 5-95　河北张家口宣化东升路 M2 出土陶器

1. 盆　2. 猪　3. 仓楼

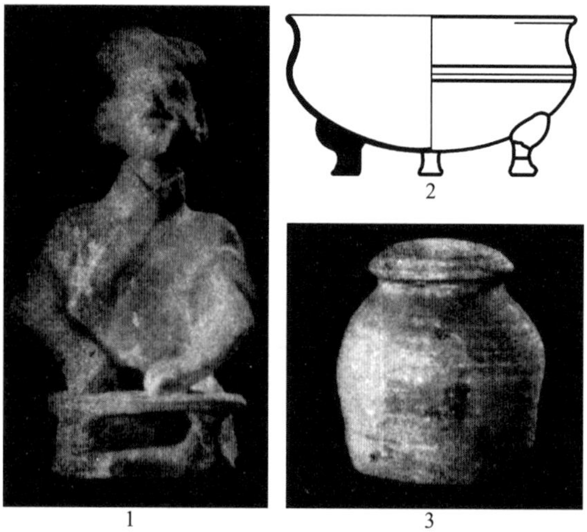

图 5-96　北京市平谷区唐庄子 M103 出土陶器

1. 厨俑　2. 鼎　3. 罐

怀柔区城北 M31，发掘简报未见遗物出土位置的描述及出土遗物平面图，根据器物描述可知，出土陶器主要有楼、仓、井、灶、俑、耳杯、圆盘、奁、炉、鼎、灯、罐、壶等（图 5-97）。

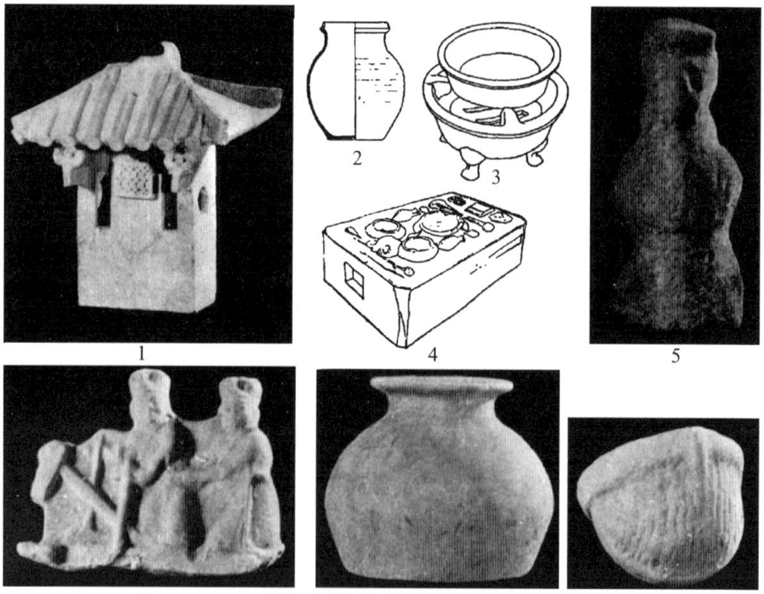

图 5-97　北京市怀柔区城北 M31 出土陶器

1. 楼　2. 罐　3. 炉　4. 灶　5. 俑　6. 踏碓俑　7. 罐　8. 水斗

大兴区亦庄 79 号地 M10，仅存部分骨架零散分布于前室与北侧室的过道间和南后室内，不见葬具和陪葬品。

大兴区亦庄 79 号地 M34，陪葬品大多置于前室的东南角，共 26 件，包括陶人俑、镇墓兽、狗、鸡、猪、井、灶、磨、厕、楼、轮、盆、斗、魁、耳杯、案及铜镜、剑、削刀、钱币等（图 5-98），另有铁棺钉等，陶案在南部偏中的位置，耳杯等在其北侧，位置散乱。

大兴区亦庄 80 号地 M74，遭盗扰，陪葬品主要分布于前室，包括陶鸡、猪、狗、鸟、人俑、磨、房、盘、器足、杯、豆、壶、勺、案及钱币、铅饰等（图 5-99），另有残碎陶棺。

大兴区亦庄 80 号地 M78，遭盗扰严重，仅在室内出土钱币 1 枚。

丰台区南苑槐房 M12，大多出土于前室偏北部，有陶罐 1、奁 2、仓 1、盆 2、案 1 件，南后室东北部和北侧室东部各出土陶壶 1 件，北后室中部出土钱币 10 枚（图 5-100）。

丰台区南苑槐房 M18，出土遗物主要集中在两个前室，东前室相对丰富，各有成组的陶器，主要包括樽 1、奁 1、仓 2、灶 1、井 1、盆 3、碗 1、魁 1、器盖 1、扁壶 1、磨 2、案 1、盘 1、耳杯 3、勺 1、灯 2、汲水罐 1、

图 5-98　北京市大兴区亦庄 79 号地 M34 出土陶器

1、2. 耳杯　3. 盆　4. 俑　5、6. 鸡　7. 镇墓兽　8. 狗

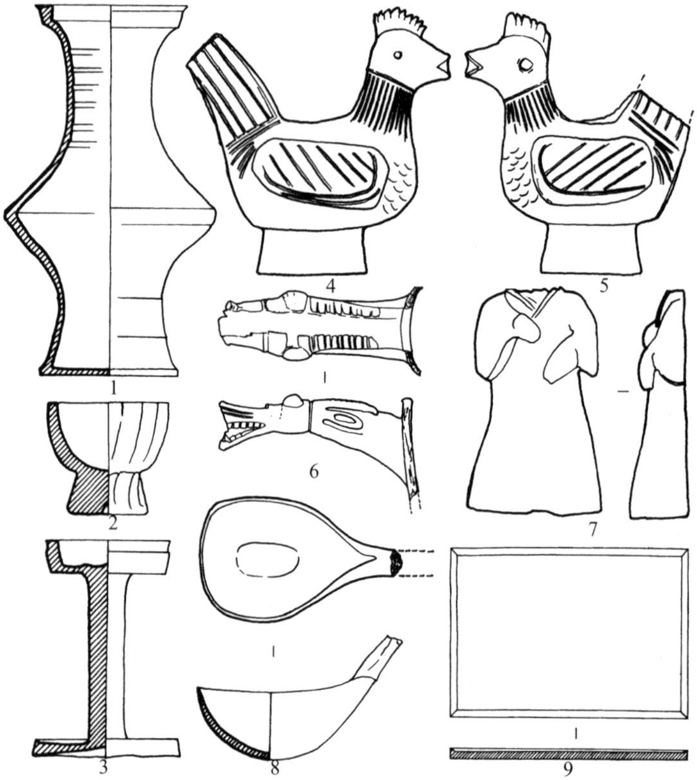

图 5-99　北京市大兴区亦庄 80 号地 M74 出土陶器

1. 壶　2. 杯　3. 灯　4、5. 鸡　6. 魁柄　7. 俑　8. 勺　9. 案

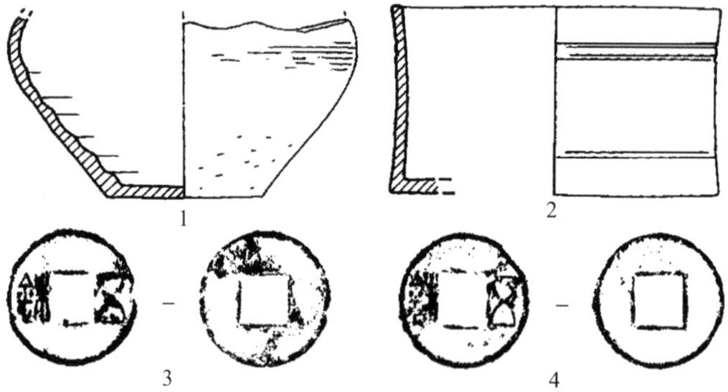

图 5-100　北京市丰台区南苑槐房 M12 出土遗物

1. 陶罐　2. 陶奁　3、4. 铜五铢

圈 1、人俑 1、狗 1、猪 1、鸡 2 件，另有石砚 2、研 1 件，钱币多枚等（图 5-101）。

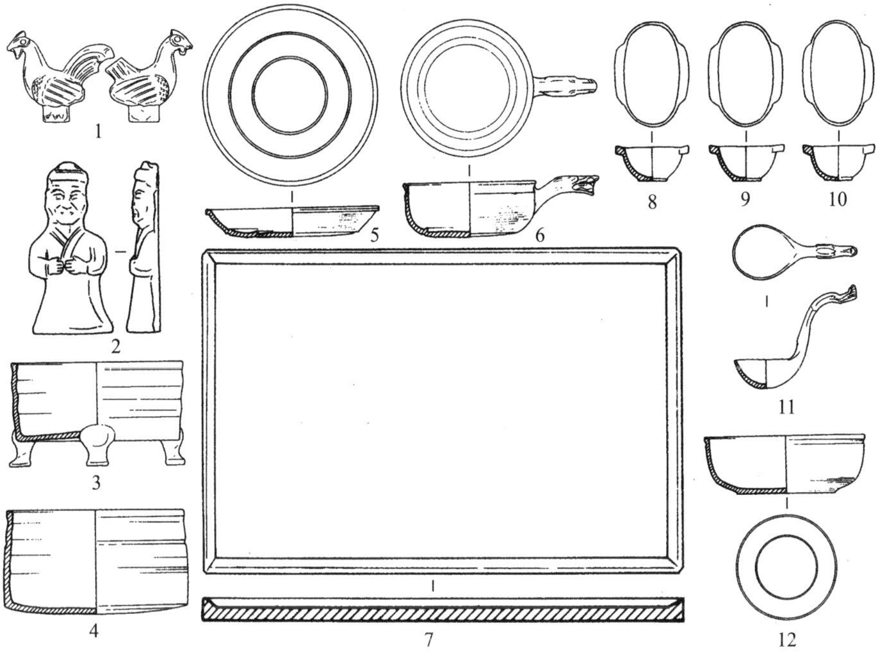

图 5-101　北京市丰台区南苑槐房 M18 出土陶器

1. 鸡　2. 俑　3. 樽　4. 奁　5. 盘　6. 魁　7. 案　8～10. 耳杯　11. 勺　12. 碗

丰台区南苑新宫 M5，盗扰严重，仅在相关侧室内出土有一些五铢钱币。

丰台区南苑植物油厂 M12，随葬品集中出土于前室东南部近墓门处，西侧人骨架边放置钱币及铜镜，陶棺内有钱币（图 5-102）。

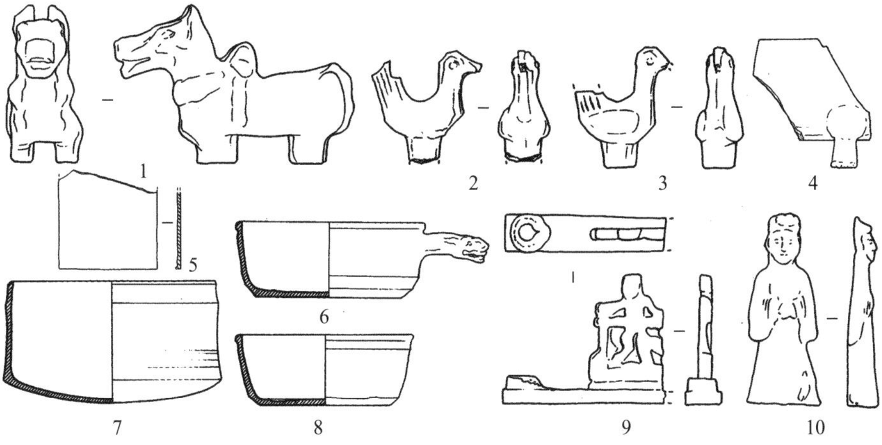

图 5-102　北京市丰台区南苑植物油厂 M12 出土陶器

1. 狗　2、3. 鸡　4. 樽　5. 案　6. 魁　7. 奁　8. 盆　9、10. 俑

（二）与多人葬有关的特征

1. 同一多人葬墓的陪葬品分布

由上述墓例来看，大致可分为两种情况。

（1）作为多人葬墓，虽有墙相隔或通道相连，但有相对独立的墓葬单位或埋藏空间，如有自身的墓道、甬道、前室、后室，有的还有侧室等；或是带回廊的多室墓，虽多处相通，但可分为相对独立的墓葬单位或埋藏空间，亦有自身的前室、后室等。这些墓葬内的陪葬品基本按照独立的墓葬单位或埋藏空间进行布置，即在相关室内按照墓葬中相同或相似类型墓葬常见的陪葬品位置进行布置或摆放，如后室葬人，有自身的一套随葬物品，前室摆放较多陶器，即使前室葬人也不会有太大改变，另有其他室放置一些陪葬品，若有葬人，也会有自身的一套随葬物品。这些墓葬，除个别为1条墓道外，其余的或2条，或3条墓道，墓葬单位或埋藏空间的独立性较为突出，陪葬品的分布也因此具有较强的独立性。整体来看，此类墓葬相对较少，基本为京津冀地区多人葬墓中具有特殊性的几座墓葬。河北石家庄北宋村东汉M2，东墓3室，西墓4室，体现的特殊性更为突出，如东墓，中室出土具有墓内祭祀性质的陶器，而非前室。需指出的是，这些多人葬墓，独立墓葬单位或埋藏空间内的陪葬品摆放与常见墓葬中相同或相似墓葬的陪葬品摆放较相似，这又是东汉墓葬统一特征的体现。

（2）一条墓道的前后室结构多人葬墓，前室或无侧室，或有1～4个侧室，有的还有耳室或其他设施，后室一或两个最为常见。个别墓葬为前中后室，相对特殊，如河北张家口涿鹿矾山五堡M3，出土一定数量的器物，如模型明器、陶礼器及仿生活类陶器如奁、炉、魁、钵等，还有与墓内祭祀有关的盘、耳杯、长方形案、圆形案等，墓内发现4个人头骨，但陪葬品的位置未见描述，推测在陪葬品的布置上与常见前中后三室有所相似，与墓内祭祀有关的物品被放在中室或前室，而后室与侧室内应葬人，体现出与多人葬有关的内容。更多墓葬的主墓室为前后室结构，无论是双后室还是单后室，后室皆葬1人或多人，均有属于后室自身的陪葬品。北京市平谷区唐庄子M103与西柏店M1的西后室内还有隔墙，隔墙内有随身葬的物品，隔墙外则是一些容器或与生活类器物相关的物品，不见与墓内祭祀相关的陶器等，前室有模型明器和一些陶容器，而与墓内祭祀相关的陶器如案、奁、耳杯、勺等被置于前室。较多一条墓道的前后室结构多人葬墓，后室未见隔墙，但皆有属于自身的陪葬物品，基本是随身葬的物品，也有一些容器或与生活类器物相关的物品，亦见与墓内祭祀相关的陶器等。有些此类墓葬的前室内无葬人，有些则有葬人，葬在前室者也多有属于自身的一些陪葬物品，数量不多，较多的此类墓葬有侧室，有些侧室内葬人，亦有属于自身的一些陪葬物品，但无论前室或侧室葬人与否，前室内基本都有一定数量的陪葬品，包括一些容器或与生活类器物相关的物品，有的还有模型明器，而最为突出的是，与墓内祭祀相关的器物如案、奁、耳杯、勺等被置于前室，其他室则基本不见，因盗扰位移者除外。多人葬中的不同葬人也有属于自身的一些陪葬物品，较多墓葬体现明显。河北唐山滦县雷庄新农村 M1 遭受较为严重的盗掘，东后室出土有陶耳杯、泥塑动物及东耳室、西后室均无陪葬品等皆可说明，但就该墓西侧室来讲，其内出土的铜刀及钱币，应属该室所葬之人的陪葬物品，而前室西南有一大的石棺，占据前室相应的面积，在石棺南侧砌建一面积不大的耳室，其内出土较多陶器，应是专门属于该石棺内葬人的陪葬物品。另就前室内的陪葬品来讲，墓内祭祀物品摆放于前室最为普遍，这应是较为统一的葬俗，同时也是相应丧葬需求的体现，由于一些侧室内葬人，且有属于其内所葬死者的陪葬物品，相当数量墓葬的前室内还有容器、模型明器、动物俑及一些仿生活器物的陶器等，体现出与多人葬相符的陪葬品摆放或布置特点。

可以说，京津冀地区东汉多人葬墓内陪葬品的位置与布置，在某些方面与非多人葬墓中陪葬品摆放有相似之处，但在此基础上，又结合多人葬的需求，形成一些与自身有关的特点，就此而言，同一多人葬墓的陪葬品分布体现出较多与多人葬相对应的特殊性。

2. 同一多人葬墓中的共同陪葬品

京津冀地区的东汉墓葬中，同一墓葬内葬 4 人或以上则构成多人葬，而同一多人葬墓中，既有属于每一葬者的随身陪葬之物，也有属于多个葬者的共同陪葬物品，并存在不同的表现形式。

（1）虽有墙体相隔或通道相连，但两个墓葬单位相对独立，二者无共同或共用的陪葬品，但就每一个墓葬单位来讲，其内公共空间摆放的物品应属该墓葬单位中的葬者共同享有。河北石家庄北宋村 M2、张家口宣化东升路 M3 及北京市丰台区南苑槐房 M18 等，皆属于这一情况。河北唐山迁安于家村 M1 为带回廊的多室墓，可分为 2 个相对独立的墓葬单位，在陪葬品的分布与布置及其共用陪葬品方面与上述几座墓葬相似，就该墓的主体墓葬来讲，前室、主后室、南侧室内均有葬人，皆有属于每个葬人的陪葬品，同时，前室、北侧室等内的陪葬品又属于前室、主后室、南侧室内葬人共同的陪葬物品。

（2）多条墓道的多室多人葬墓，目前所知仅河北唐山抚宁邴各庄 M1，三条墓道和墓内的室形成 3 个相对独立的墓葬单位或埋藏空间，皆有前后室，后室葬人，各有自身的陪葬品，中部主墓室还有多个耳室，其内陪葬品属主墓室后室内所葬夫妇二人所有应无疑问。但在主墓室前有一面积较大的南北向前室，该室与另外 2 墓葬单位的后室相连，其内物品最主要的是与墓内祭祀有关的陶器。发掘简报指出，该墓死者不是一次性葬入的，前室发现的奁、案、耳杯等皆为祭器，前室可能为墓内设祭的地方，即每一次葬人都在此设祭 [①]，这也说明该前室内的相关器物尤其是祭器应是墓内葬者共用的。

（3）一条墓道的前后室或前中后室墓，相关葬人的室内有独立陪葬品，这些陪葬品因葬人数量不等，也存在是否为共有内容的问题。一些室内仅葬 1 人，室中的陪葬品无共有性质，但若葬 2 人以上，则存在共有性质，而且每个葬人还各有自己的随身葬物品，这种共有可称为局部共有，当然，其中会存在一些死者无陪葬品的现象。北京市平谷区唐庄子 M103 与西柏店 M1 的西后室内还有隔墙，墙内葬人，墙外有一定数量的陪葬品，应属共同陪葬品。一条墓道的前后室结构多人葬墓，共同的陪葬品基本集中于前室，一些前室的耳室属于前室的附属设施，其内陪葬品也可视为共同的陪葬品。少量墓葬如河北张家口宣化东升路 M2，在甬道一侧有耳室，独立于葬人的各室，其内器物也是共同的陪葬品。还有的侧室没有葬人，其内的器物也可能属于共同的陪葬品。前室内作为共同陪葬品的器物，最常见的是用于墓内祭祀的陶器，如案、耳杯、盘、奁、勺等，另有一些容器和仿生活用品的器具，若侧室内有葬人，一些模型明器、人物俑、动物俑等也置于前室，作为共同的陪葬品。有些墓葬的前室内亦葬人，则形成前室内葬人有自身的陪葬品，同时又与其他室内的葬者共同享有前室陪葬物品的情况。另有数量极少的前中后三室墓，如河北张家口涿鹿矾山五堡东汉 M3，墓内葬 4 人，后室及东侧 2 侧室葬人的可能性最大，前、中室的相关物品属共同的陪葬品。考察京津冀地区一条墓道的前后室结构多人葬墓，被盗掘严重者较多，但很多墓葬的遗留陪葬品多出土于前室，这也说明前室是墓内放置陪葬品的主体位置，而且很多应属所葬多人共用的物品。其中北京市丰台区南苑槐房 M12，残留陪葬品大多出土于前室偏北部；北京市大兴区亦庄 80 号地 M74，陪葬品主要分布于前室，亦庄 79 号地 M34 的陪葬品大多置于前室的东南角。河北保定涿州凌云集团新厂 M5，东后室出土钱币及铜镜、带钩等，为葬者随身陪葬的物品，而前室内有陶罐、壶、瓶、盘、仓、灶、井等，属共同的陪葬品。

上述三种情况，在多人葬完成后，墓外进行的祭祀应是针对所有葬者的，也可能会有偏重，但具体内容已不可知。不过，多数墓葬（个别 2 条

---

① 河北省文物研究所. 河北抚宁县邴各庄汉墓发掘简报［J］. 文物春秋，1997（3）.

墓道有墙相隔的墓葬除外，如河北石家庄北宋村东汉 M2），墓内祭祀器物为共用，墓外祭祀亦属共用，体现出较强的统一性，而就石家庄北宋村 M2 来讲，虽墓内祭器相对独立，属于不同的墓葬单位，但墓外祭祀应是共同拥有的。

3. 同一多人葬墓中陪葬品的差异

与上述两个方面的内容相似，不同的多人葬墓有着不同的体现，但又存在一些共同之处。

河北石家庄北宋村东 M2，2 个独立的墓葬单位之间有墙相连，但墓葬互不相通，墓室的数量也不相同，陪葬品数量、种类等方面也会有差异。2 条墓道的多人葬墓，2 墓葬单位的形制、大小较为接近，但在细节上有差别，陪葬品数量、种类等亦有相应差别，上述陪葬品的发现概况中皆可体现。河北唐山迁安于家庄 M1，可分解的 2 个墓葬单位在面积、组成内容及陪葬品数量、种类方面皆有差别，秦皇岛抚宁邴各庄 M1 的 3 个墓葬单位亦是如此，主墓居中，有 4 个耳室，后室的面积也相对较大，陪葬品方面均有差异，而前室的物品也是以主墓为主体的。就一条墓道的多人葬墓来讲，除去唐山迁安于家庄 M1，后室、侧室乃至前室皆有葬人者，相关室主要是前室内的共用陪葬品基本是以后室葬者为主体，就具体所属的陪葬品来讲，在数量、种类、质量等方面大致会体现出后室—侧室—前室渐次降低的特点。同一室内的葬人也有相应差别，这可能与辈分、性别、家庭或家族中长幼等的差异有关，如同一室内葬夫妻二人者，大多是妻的陪葬物品要明显逊于夫的陪葬物品，这是以夫妻为主体的家庭中男尊女卑社会内容的体现。双后室墓中，不同室内葬人具体所属的陪葬品有差异，而这与室面积的大小、位置的主次等应有关系，另外，前室内共用陪葬品有的会偏置于一侧，也体现出不同和差异，如北京市平谷区唐庄子 M103 及西柏店 M1，前室的陪葬品大多置于西侧，对应的西侧后室面积大，差异的特征较为明显。有的墓葬如北京市丰台区南苑槐房 M12，陪葬品大多出土于前室偏北部，大兴区亦庄 79 号地 M34，陪葬品大多置于前室的东南角，对应后室的面积与另一室接近，甚至要小，但在陪葬品分布集中一侧还有 1 侧室，更多体现的应是共用的内容。上述差异更多的是家庭或家族成员内部的差异，是辈分及相关人员在家庭或家族中地位的差异，而非身份等级的差异。至于京津冀地区是否会存在一些奴婢或等级相对较低人员与家主及家庭或家族成员葬于同一墓葬的可能，目前的考古资料还很难体现。笔者认为，东汉时期，豪强地主及地方势力获得较大发展，奴婢或等级相对较低人员可视作一些家庭或家族的附属品或私有财产，但对应人员等级较低，若无特殊情况，几乎不可能与家主及家庭或家族成员葬于同一墓葬，他（她）们可能会与家主及家庭或家族成员葬于同一墓地，但在墓地中的位置也会较偏，且墓葬规模小，陪葬品较为简单，形成与陪葬相近但又具有袝葬性质的内容。不过，有的家庭中的低等级人员也会与家主葬于同一墓葬中，今西安地区等有所发现，或许也会享用共同陪葬品，但不会太突出和明显，而京津冀地区基本不见此类墓葬。

综合来看，京津冀地区东汉多人葬墓中的陪葬品，既有相对独立者，又有共同使用者，还体现出相应的主次和差异，这些恰恰是多人葬的特征和体现，反映出多人葬墓自身的内容和特点。

五、多人葬墓的形成及发展

京津冀地区的东汉多人葬墓数量大、类型多，内容、内涵较为丰富，有范围相对较大的分布区域，就时代而言，大致从东汉中期延续至东汉晚期，而该地区的汉墓中，西汉一代至东汉早期的墓葬中未见与上述东汉多人葬墓内容、性质相同或相近的墓葬。这说明，京津冀地区东汉多人葬墓应是在东汉中期形成的，并存在相应的发展过程。

（一）多人葬墓的形成与发展

综合考察全国其他地区的汉代墓葬，西汉时期，个别地区的个别竖穴墓葬有多人葬现象。其中湖北秭归何家坪遗址西汉 M5，土坑竖穴，内一椁七棺，由东西并列南北向 6 棺，另有 1 棺偏于西南侧（图 5-103），墓内出土有四乳四螭纹铜镜和半两钱币，时代为西汉早期①。该时期的此类多人葬于一墓的现象极为少见，且并非殉葬，具有明显的特殊性。滕州市西汉中期的染山西汉画像石墓 M1，墓内合葬五人②，亦具有特殊性，这与墓主很可能是因酎金被免的郁郎侯刘骄有关。西汉晚期，同一墓葬内葬多人的墓例稍有增多，但在同一地区也往往仅有 1 座，亦具有明显的特殊性。鲁南苏北地区有少量发现，其中山东济宁师范学校发现汉墓 1 座，为西汉晚期四石棺并放的墓葬③（图 5-104）；微山县微山岛新莽时期的 M20，五石椁并列放置④（图 5-105）；江苏新沂奶奶山 M4，竖穴下为双层二层台，下层二层台

---

① 湖北省文物考古研究所. 湖北秭归何家坪遗址发掘简报［J］. 江汉考古，2002（3）.

② 滕州市汉画像石馆. 山东滕州市染山西汉画像石墓［J］. 考古，2012（1）.

③ 王思礼. 山东济宁发现汉墓一座［J］. 考古通讯，1957（1）.

④ 微山县文物管理所. 山东微山县微山岛汉代墓葬［J］. 考古，2009（10）.

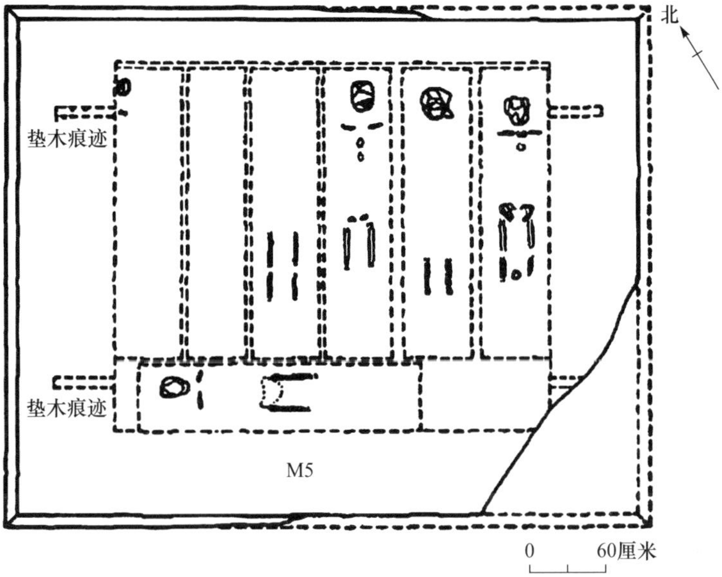

图 5-103 湖北省秭归何家坪遗址西汉 M5 平面图

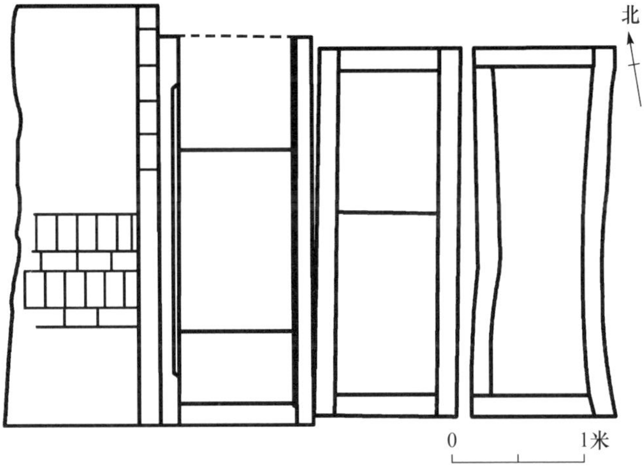

图 5-104 山东省济宁市济宁师范学校西汉晚期墓葬平面图

内为墓室，葬 2 人，两侧二层台上也各葬 1 对夫妇，共葬 6 人，且为 3 对夫妇，家族或家庭葬的特征较为明显[①]。由上可以说明，以家族或家庭葬为特点的多人葬墓在西汉时期已经出现，西汉晚期有增多的趋势，这与地方家庭或家族及其墓葬修建等的发展应有一定关系，但整体上还具有特殊

① 刘尊志. 徐州汉墓与汉代社会研究［M］. 北京：科学出版社，2011：70、262.

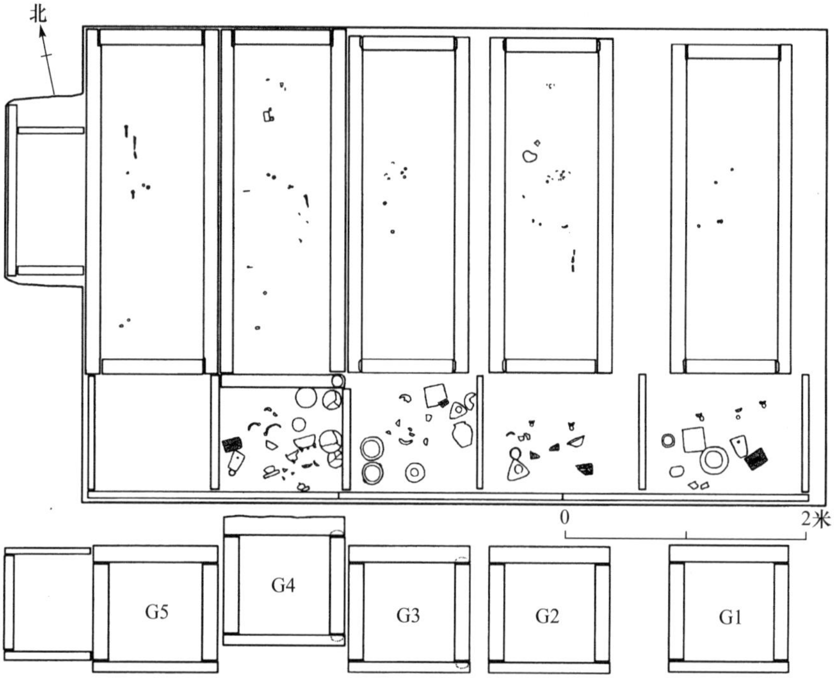

图 5-105　山东省微山县微山岛新莽时期 M20 平、剖面图

性，某一地区仅发现 1 座，而同一墓地中等级相近的墓葬基本不见亦说明其并不普及，特殊性较为突出。东汉时期，以横穴室墓为载体的多人葬墓开始在一些地区出现并逐渐发展、推广和普及，而且时代及葬人数量与京津冀地区时代较早的东汉多人葬墓十分相似。较为典型的为西安地区的一些东汉墓葬，如西安市雅荷城市花园东汉 M1（图 5-106：1）、雅荷智能家园 M10（图 5-106：2）、佳馨花园 M60（图 5-106：3）、旭景名园 M1（图 5-106：4）、曲江雁湖小区 M16（图 5-106：5）等，墓葬时代皆为东汉中期，葬人的位置和形式较多样，但均为 4 人，且墓葬基本为砖室结构[①]。因此可以说，多人葬砖砌墓在东汉中期或稍早阶段开始出现，之后逐渐增多，分布地域也不断扩大，今陕西、山西、内蒙古、河南、山东等地的东汉墓葬中皆有发现，湖北北部及重庆万州等地也有个别墓葬，而今京津冀地区也是重要区域之一。

统观汉代墓葬，有些墓葬内葬多人，但内容及性质与上文所述东汉多人葬墓不同，而相关墓葬的时代大多为西汉时期，这可能会对东汉多人葬

① 西安市文物保护考古所. 西安东汉墓［M］. 北京：文物出版社，2009：138-148、194-200、289-302、341-356、470-483.

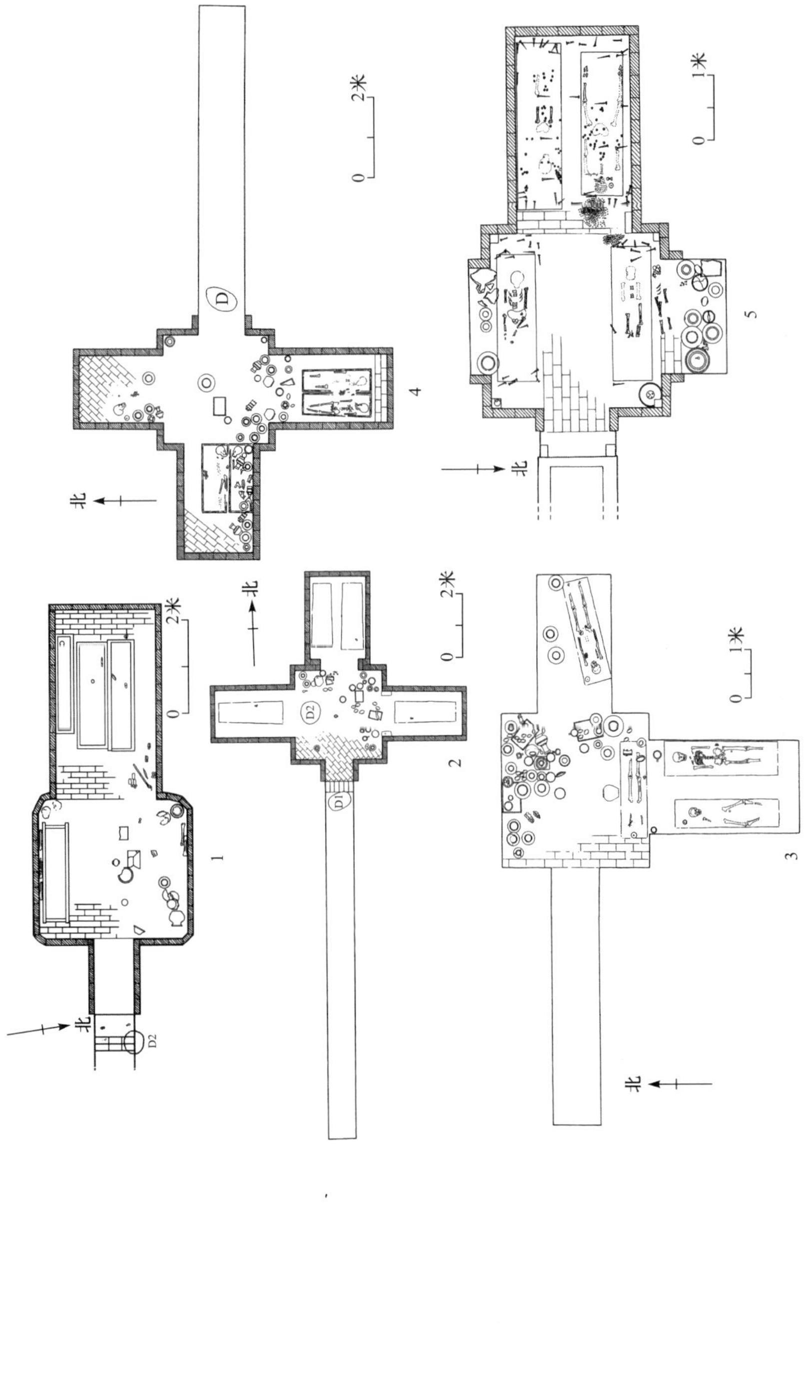

图 5-106　陕西西安地区东汉中期砖砌多人葬墓

1. 雅荷城市花园东汉M1　2. 雅荷智能家园M10　3. 佳馨花园M60　4. 旭景名园M1　5. 曲江雁湖小区M16

墓的形成有所影响和促动。具体来看，相关墓葬内，除墓主或墓主夫妇外，还有一些殉葬者，这些墓葬大多具有一定等级。西汉时期的诸侯王墓如江苏省徐州狮子山汉墓，为横穴崖洞多室墓，楚王葬于墓葬后端，着金缕玉衣，并有镶玉漆棺，墓穴（含墓道）内有3处殉葬人的地方，各葬1人，一处为墓道内的“食官监”墓，墓主是1名40余岁的男子；一处为E4室，葬1名30岁左右女性；一处为E5室，亦葬1名女性①。广东省广州市南越王墓，为竖穴岩坑多室墓，墓葬的一些室及外藏椁内均有殉葬者，墓内葬多人②。据文献记载，汉宣帝时，平干缪王刘元，“病先令，令能为乐奴婢从死，迫胁自杀者凡十六人，暴虐不道”，其被奏“不宜立嗣”，并因此“国除”③。这一方面说明殉葬这一行为在西汉时期已不被提倡，甚至被认为是“暴虐不道”的行为，有此行为的贵族官吏会受到严厉制裁；另一方面，有的诸侯王还准备用人殉葬，以实现相关丧葬需求，而且还表明殉葬延续时间较长。西汉时期的部分列侯墓葬也有殉人现象，广西贵县罗泊湾M1、M2皆有发现，其中M1的椁室底层发现7具殉葬木棺，每棺殉葬1人④；江苏徐州火山刘和墓，墓道内葬1人，从竖穴墓道内的填土情况看，墓道内的死者与刘和应同时埋葬⑤，可视为殉葬。东汉时期也有殉人墓发现，数量极少，如河南洛阳东关殉人墓，属列侯级别，墓葬的甬道上部夯土层中有10人殉葬，为5男5女，殉葬者的骨架保存完好，骨架相互挤压在一起，姿态紊乱，有的直肢、有的蜷屈，显示出他们是被强制活埋的，另外还有1只活殉的狗⑥（图5-107）。就形式来讲，河南洛阳东关东汉殉人墓的殉人情况与西汉时期的一些王侯墓葬存在较大差异，但就墓葬等级及殉葬性质来讲，均属于低等级人员对高等级者殉葬，可视为一种特殊的陪葬，殉葬者或属于低级别官吏、家臣、奴婢，或为王侯的低等级嫔妃，不能够

---

① 狮子山楚王陵考古发掘队．徐州狮子山西汉楚王陵发掘简报［J］．文物，1998（8）；韦正，李虎仁，邹厚本．江苏徐州市狮子山西汉墓的发掘与收获［J］．考古，1998（8）．

② 广州市文物管理委员会，中国社会科学院考古所，广东省博物馆．西汉南越王墓［M］．北京：文物出版社，1991：18-20、254-259．

③（东汉）班固撰，（唐）颜师古注．汉书 • 景十三王传（赵敬肃王刘彭祖传）［M］．北京：中华书局，1965：2421、2422．

④ 广西壮族自治区博物馆．广西贵县罗泊湾汉墓［M］．北京：文物出版社，1988：13-19、99、114-124．

⑤ 耿建军，盛储彬．徐州火山汉墓［R］．中国考古学会编中国考古学年鉴（1997）［M］．北京：文物出版社，1999：132、133．

⑥ 余扶危，贺官保．洛阳东关东汉殉人墓［J］．文物，1973（2）．

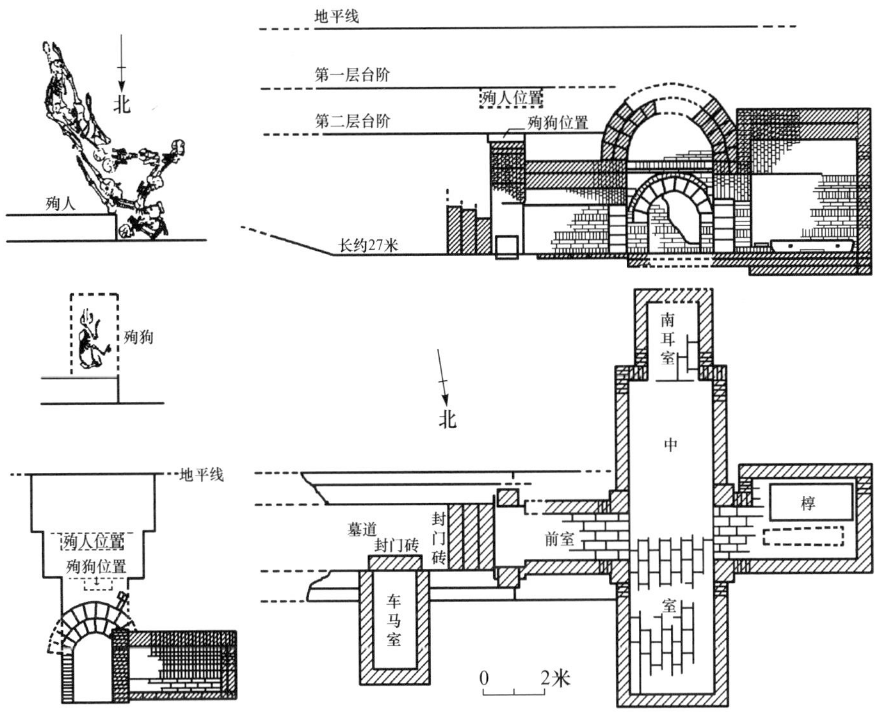

图 5-107　河南洛阳东关殉人墓平、剖面图

构成家族葬或家庭葬。西汉时期的竖穴墓葬还存在 3 人葬的情况，基本是男性墓主居中，两侧为女性，男性墓主一般为具有相应等级的贵族、官吏或地主，今江苏徐州地区有一定数量，时代为西汉中晚期。较典型的有西汉中期偏早徐州市区奎山 M11，男性墓主葬于竖穴下，两侧洞室各葬 1 女性，南侧还有一龛，内置模型车马及其他器物[①]（图 5-108）。西汉中期稍晚的徐州市西北郊大孤山 M2，竖穴一侧开较宽洞室，内侧葬 1 女性，外侧葬 1 男性，竖穴底部葬 1 女性，三者并棺[②]（图 5-109）。西汉末年的徐州市铜山县凤凰山西汉 M2，竖穴底部西侧有下凿墓室，葬 1 男性，竖穴底部西侧葬 1 女性，另在竖穴中部北侧还葬 1 人[③]。西汉末年的沛县栖山 M1，竖穴下砌 3 石椁，各葬 1 人[④]（图 5-110）。上述墓葬中，铜山县凤凰山西汉 M2 的竖穴

① 徐州博物馆. 江苏徐州市奎山四座西汉墓葬［J］. 考古，2012（2）.

② 徐州博物馆. 江苏徐州市大孤山二号汉墓［J］. 考古，2009（4）.

③ 徐州博物馆. 江苏铜山县凤凰山西汉墓［J］. 考古，2004（5）.

④ 徐州博物馆，沛县文化馆. 江苏沛县栖山汉画像石墓清理简报［C］// 考古学集刊（2）［M］. 北京：中国社会科学出版社，1982：106-112.

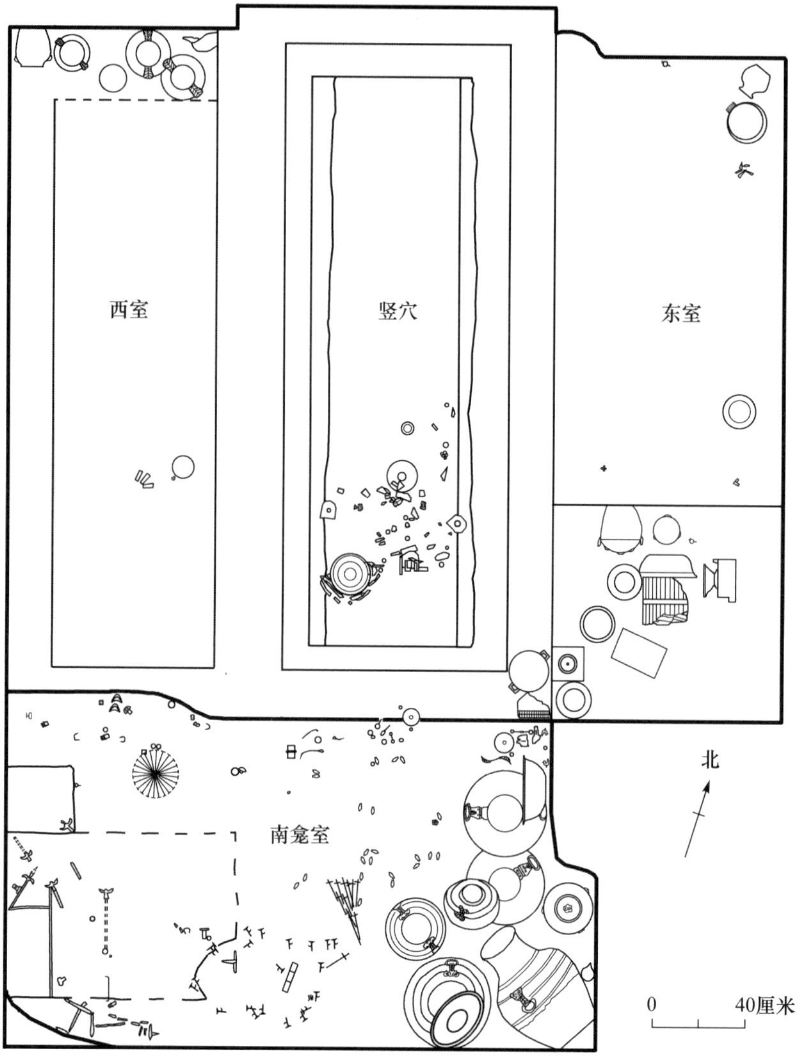

图 5-108　江苏省徐州市奎山西汉 M11 平面图

中部北侧葬人可能为男性，而该墓很可能与家庭葬或家族葬有关。

就东汉多人葬墓来讲，很大可能对西汉时期的多人殉葬墓、两汉中晚期逐渐流行的三人葬及西汉时期出现至晚期有零星分布的具有家族葬或家庭葬性质的多人葬有相应继承，并在此基础上逐渐发展和推广普及，形成东汉时期一种具有相应特殊性和自身特点的丧葬内容。京津冀地区的东汉多人葬墓则是在这一发展大环境下，与周边一些地区形成具有地域特点的东汉多人葬墓。关于东汉时期多人葬墓及今京津冀地区东汉多人葬墓形成、发展、推广、普及的背景和原因，大致可概括为以下几点。

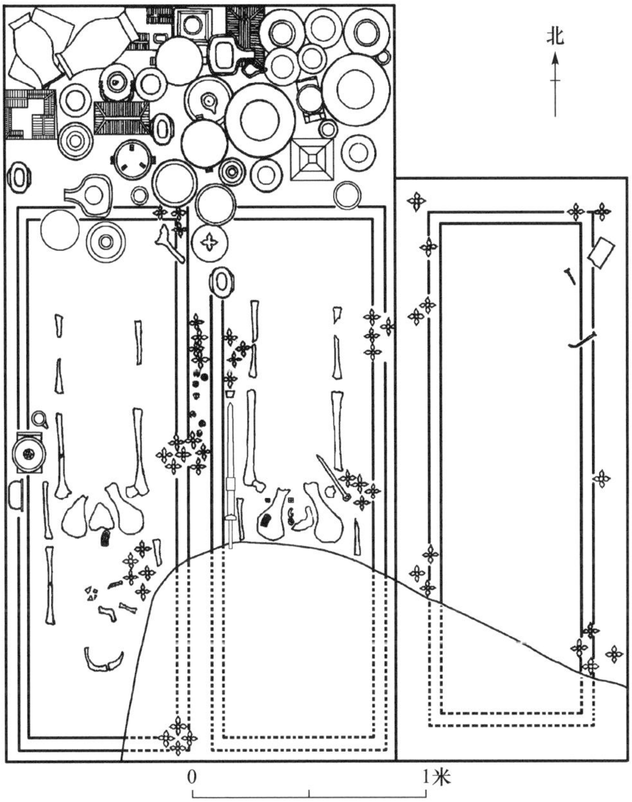

图 5-109　江苏省徐州市大孤山 M2 平面图

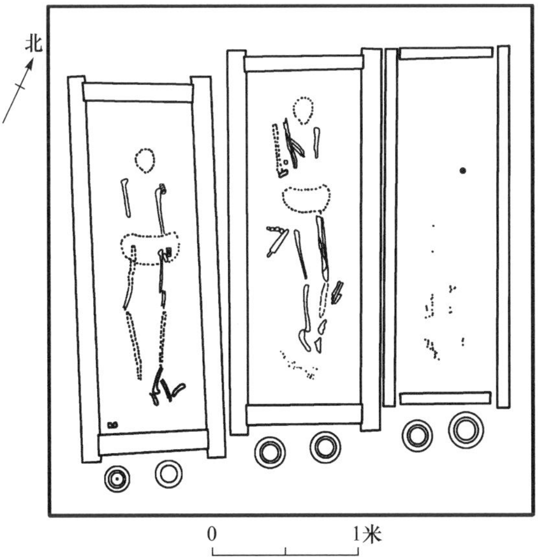

图 5-110　江苏省徐州市沛县栖山西汉 M1 平面图

1. 东汉时期社会发展的大环境

东汉时期，中央集权得到不断加强，分封于各地的诸侯王及列侯等的权利和政治地位较之西汉时期大为下降，与之相对应，地方官僚体系得到加强，地主势力获得极大发展，而庄园经济逐渐趋于成熟，为修建多人葬墓提供了相应的经济支撑。出于家族与家庭团结等目的，并在此目的促动下，为达到相应的丧葬需求，在墓葬修建及其室内设置、面积等许可的前提下，多人葬墓得以发展和推广。河北唐山迁安于家村 M1 的布局结构及多人葬特点，很可能是当时地方豪强势力发展，庄园、坞堡等封闭式防御设施加强的反映[①]。另外，东汉时期，儒家思想在西汉发展的基础上对社会的影响不断扩大，已渗透至社会的各个方面，家庭、家族及丧葬也不例外，孝道思想深入人心，这也可能是多人葬墓得到发展和推广普及的原因之一。

2. 家庭、家族的发展

东汉多人葬墓内的葬人涉及相应的家庭或家族，多人葬于同一墓葬之内，与东汉时期家庭、家族的发展及同族观念的日渐增强应有关系。东汉时期，地方势力在政治、经济等方面获得较大发展，儒家思想也在这时全力推动着家庭观、家族观的增强，出于推动家庭团结、凝聚家族势力、促进家族发展及带动家庭或家族中成员发展等目的，多人葬墓因此得到较大发展。如，河北秦皇岛抚宁邴各庄 M1，至少为两三代人同埋一墓，墓地中的其余墓葬都在 M1 的南部，推测邴各庄东汉墓地可能为一宗族墓地，而 M1 为宗族中的一望族，该墓父子、子孙可以埋葬在一起，这一情况从侧面体现了当时封建大土地所有制和封建家庭关系的强化，说明家族观念在当时是非常浓厚的[②]。一夫多妻现象的普遍也可能是多人葬出现和发展普及的原因之一，这与家庭葬关系密切，以北京市大兴区亦庄发现的汉代墓地和墓葬为例，大量形制丰富的陪葬品以及多人合葬等现象，体现了汉代厚葬之风，同时也反映了汉代一夫多妻制相当普遍的现象[③]。因此，家庭（或带家族性质）多人合葬的正式出现，可以说是同时期流行的家族聚葬的缩小，或是夫妇同室合葬的扩大[④]。

---

① 迁安县文物保管所．河北迁安于家村一号汉墓清理［J］．文物，1996（10）．

② 河北省文物研究所．河北抚宁县邴各庄汉墓发掘简报［J］．文物春秋，1997（3）．

③ 北京市文物研究所．北京亦庄考古发掘报告（2003～2005）［M］．北京：科学出版社，2009：341．

④ 韩国河．试论汉晋时期合葬礼俗的渊源及发展［J］．考古，1999（10）．

3. 丧葬内容的多方位发展

东汉时期，墓葬较之西汉时期经历了较大的转变和发展，横穴室墓基本取代竖穴椁墓，砖砌墓成为主流，这为多人葬墓提供了场所和条件，如砖室墓便于砌建，可根据需求建造相关墓室，确定墓室大小，甚至还可以改扩建。陪葬品方面，生活化的特征已较突出，陶礼器较少，不成组合，仿现实生活器具的陶器大量增加，陶质模型明器、人俑、动物俑等相对普及，这也为东汉多人葬对于器物的共用及其他内容提供了条件。家族墓地经西汉一代的发展，至东汉时期已被普遍接受，而多人葬墓是家族墓地或家庭聚葬的进一步发展，更能凸显族葬的特征。前代由殉人形成墓内葬多人的情况为同一横穴砖室墓内进行多人葬提供了借鉴和参考，三人葬的推广普及也是推动多人葬形成和推广的重要因素。夫妻同穴合葬在西汉早期已经得到一定程度的发展，如江苏徐州东甸子西汉 M1，竖穴底部葬二人①，经西汉中晚期及东汉早期的发展，已成为普遍被接受的合葬内容，异穴合葬墓数量大减，所占比例较小，考察东汉多人葬墓，其内葬人较多为夫妻同穴，而夫妇同室也较普遍，而这应是促进多人葬墓发展的一个重要因素。横穴砖室墓的推广，使得墓门在需要时可以打开，不仅有利于合葬，也为墓内多次葬人提供了便利。东汉时期，归葬与迁葬得到发展，相关墓葬内的葬人及出土的文字资料均可以体现，而这一丧葬内容在一定程度上可直接形成多人葬，京津冀地区某些东汉多人葬墓中的葬人或与迁葬有关，如河北张家口宣化东升路 M3，很可能已经突破了夫妻合葬的埋葬形式，发展为家族合葬，而其采用的双墓道、双甬道的墓葬形式，很可能是为了满足家族迁葬时的实际需要而设置的②。西汉时期，在先秦发展的基础上，墓祭获得较多发展，但无论文献资料的记载，还是考察考古资料，西汉时期尤其是早中期，墓祭设施及其行为、内容等大多是与等级相对较高的人员有关，中下层人员涉及较少，西汉晚期或西汉末年，这一现象有所改变，墓祭逐渐推广到中下阶层并得到普及，这对东汉墓葬有着较大影响。东汉时期，与墓祭有关的内容得到全面发展，一方面是墓内祭祀，在墓内前室或象征前堂之处多放置成套或成组的祭品，包括圆形或方形案，或二者皆有，另有陶耳杯、奁、勺等，这在较多京津冀地区东汉多人葬墓内均有发现；另一方面是墓外祭祀，有修建祠堂者，有砌建祭台或供台者，前者可将祭品置于祠堂类房屋设施中，后者则基本为露祭。东汉时期，墓内、墓外祭祀设施的统一发

① 徐州博物馆. 徐州东甸子西汉墓［J］. 文物，1999（12）.

② 张家口市宣化区文物保管所. 河北张家口宣化东升路东汉墓（M3）发掘简报［J］. 文物，2015（3）.

展，使得汉代丧葬内容更为全面和多样化，而这也对多人葬墓的形成、发展和推广有着重要的促进作用，墓内祭祀设施便于多次下葬时在墓内祭祀已葬者和在葬者，墓外祭祀设施则可满足统一祭祀的需求，可以说，二者可实现共同祭祀，使死者共同享祭，而多人葬可以与之相对应，实现相应的丧葬需求和达到所需的丧葬目的。墓内设祭在当时冀东地区也流行。河北秦皇岛抚宁邴各庄 M1，墓内共用的前室内有成套的祭器，可供每次下葬时使用，封土边缘发现的石砌遗迹西侧有砖砌方台，南墙外侧有砖铺面，这些遗迹可能为当时的露祭遗存，充分体现出墓葬内外祭祀设施和内容的有机结合①。

4. 墓葬等级与墓主身份

考察已发现、发掘的东汉多人葬墓虽然有一定的面积，但主要是服务于多人葬，而非体现墓主的身份等级。就形制而言，带回廊者、前中后三室或更多室者少见，更多的是前后室结构，部分有侧室或耳室等；陪葬品中少见高等级墓葬中常见的铜器、玉器、金银器等，尤其是玉器和金银器极为少见，而铜器也多为生活类器具，数量不多，有的还有一些模型车马器等，陶俑包括人物俑和动物俑两类，人物俑相对较少，且大多和日常的侍奉及劳作有关，其他内容少见，这些均说明墓葬等级普遍不高。多人葬墓内所葬之人也有等级或身份地位的差异，就其中等级高者而言，也基本为一般或低级官吏，或是地方的一般地主，甚至一些为具有一定财力的平民。正是这些阶层人群，在东汉社会、政治、经济、思想发展的背景下，受东汉墓葬整体发展的影响，出于凝聚家族团结、提升家族势力，以墓葬作为团结家族或家庭的纽带，更好实现家族葬与墓祭等丧葬目的，促进了多人葬的形成、发展和推广、普及，换言之，多人葬墓比较适用于相应人群，并在这些阶层人群中易于推广，进而普及开来。

（二）京津冀地区多人葬的发展与推广

就京津冀地区东汉多人葬墓来讲，除上述原因或促动因素外，其发展与普及还与这一地区的地理位置及对应内容等有一定的关系。

（1）东汉时期，今京津冀地区北临匈奴，连接东北，尤其是中北部地区，相对都城洛阳的位置而言较为偏僻，且距离较远，但地理位置又极其重要。经历西汉一代的发展，至东汉时期，京津冀中北部地区的汉文化内容越来越丰富和多样，已成为社会文化内容的主导，汉代之前的燕文化、秦文化及民族交流带来的匈奴文化逐渐消退或融入汉文化之中，政治、经

① 河北省文物研究所. 河北抚宁县邴各庄汉墓发掘简报［J］. 文物春秋，1997（3）.

济、思想、文化等的汉文化特征已十分突出，作为考古遗存最为重要的内容，墓葬体现得较为直接和明显，建墓材料、墓葬形制、葬具与葬式、陪葬物品及墓内外的祭祀等均与中原及其他地区东汉墓葬的差别极小。参考上述东汉多人葬墓形成、发展的因素，这一地区出现并有相当数量的东汉多人葬墓当在情理之中。从时代来看，这一地区的东汉多人葬墓出现的时间与其他地区如长安一带较为接近，也说明上述推论的合理性。另外，因地理、政治、经济、战略位置的重要性，汉政府十分重视这一地区，出于巩固统治、加强边防等需要，会在这一地区设郡置县、移民实边和开发巩固，这样会带动相关人员的迁徙，其中既有地方官吏的调动，也有地主及一般劳动者的迁移，而这会带动丧葬内容的传播、互动和发展，所以人员的迁徙也很可能是这一地区多人葬墓发展的原因之一。其中，河北迁安一带，处于关内与关外的交接地带，在汉代属于边境地区，墓葬形制、陪葬品的种类与组合方式等都与中原地区的同类汉墓相差不大，说明汉文化的影响所及已较为深远，这对了解燕山南北地区东汉时期的文化形态和文化交流等有着重要意义[①]；河北唐山滦县新农村东汉墓的发掘，为了解唐山地区东汉时期的葬俗、民风及其与中原地区的融合提供了翔实的资料[②]；今河北张家口宣化一带，东汉时期属幽州上谷郡下落、涿鹿县地[③]，上谷郡在东汉时期属北部边远郡县，战略地位十分重要，"辖八城，户万三百五十二，口五万一千二百四"[④]，宣化东升路发掘的3座东汉墓葬（至少2座为多人葬墓），为研究东汉中晚期上谷郡下落、涿鹿一带社会和经济的发展情况提供了重要的参考资料[⑤]。通过上述已公布考古发掘资料结语中的总结或结论可以看出，京津冀地区尤其中北部地区的地理位置及对应内容，对这一地区东汉多人葬墓的形成和发展有着较大影响，而这也应是这一地区多人葬墓发现较多的原因之一。

---

① 迁安县文物保管所. 河北迁安于家村一号汉墓清理［J］. 文物，1996（10）.

② 唐山市文物管理处，滦县文物管理所. 河北滦县新农村东汉墓群发掘简报［J］. 文物春秋，2002（4）.

③ 郭维城总修，王继红整理. 宣化县新志·地理志（1922年版）［M］. 北京：北京出版社，2010：2.

④（南朝·宋）范晔撰，（唐）李贤等注. 后汉书·郡国志［M］. 北京：中华书局，1973：3528.

⑤ 张家口市宣化区文物保管所. 河北宣化东升路东汉墓发掘简报［J］. 文物，2014（3）；张家口市宣化区文物保管所. 河北张家口宣化东升路东汉墓（M3）发掘简报［J］. 文物，2015（3）.

（2）今京津冀地区发现、发掘的东汉墓葬以砖砌室墓为大宗，所占比例较大，其他材料砌建的横穴室墓极为少见，体现出相应的统一性，这也是其地域性的体现。这与川渝地区有较多的崖墓不同，也不同于豫南鄂北、陕北与晋西北、苏鲁豫皖大交界地区等使用石材修建的横穴石室墓及横穴砖石混筑墓。砖砌墓葬便于根据丧葬要求进行砌建，这对于多人葬墓内相关室的面积、室内设施的建造、后室大小及数量等的掌控来讲，均较为便利，同时砖砌墓葬也便于改扩建，以实现或完成多人葬，如河秦皇岛抚宁邴各庄 M1，为达到或实现多人葬，可能对东西两侧进行了改扩建，墓坑扩特别是东侧的墓坑扩体现得较为明显①。

（3）两汉时期，今京津冀地区是汉王朝统治的重要区域，就东汉时期来讲，京津冀地区的南部及中部偏南的一些区域，有诸侯王国及相当数量的列侯侯国分封，但中部偏北地区没有诸侯王国的分封，列侯侯国的数量也较少，尤其是东汉中晚期，原有的一些侯国被废，数量有所减少。东汉时期，尤其是东汉中晚期，今京津冀是以郡县统治和管辖为主的，这也使得这一地区的较多墓葬普遍体现出等级不高的特征，对应的墓主身份地位也相对低一些，系统梳理京津冀地区发现、发掘的东汉多人葬墓墓主的身份和等级，也可说明这一点（表 5-6）。上述因素对于多人葬墓的形成、使用、推广和普及有着重要推动作用，而综合考察目前已知东汉具有家族葬或家庭葬性质的多人葬墓，列侯墓葬中的绝大多数都不是多人葬，诸侯王墓更无一例多人葬墓，体现出不同墓葬等级与墓主身份地位等级在多人葬是否使用方面的差异。地方官吏尤其是一般官吏、地主阶层、富庶士绅或具有一定财力的平民阶层，出于促进家族团结、实现家族葬或家庭葬、便于统一进行墓祭等需求和目的而采用多人葬，并使之得到发展和推广。

表 5-6　京津冀地区东汉多人葬墓的等级与墓主身份地位统计表

地区 / 墓葬名称		墓葬等级与墓主身份地位
河北省	石家庄市东郊北宋村 M2	墓葬有一定等级，墓主为低级官吏或相近人员，属中下阶层
	保定涿州凌云集团新厂 M5	墓葬有一定等级，墓主为低级官吏或地方地主，属中下阶层
	沧州黄骅齐家务 M1	墓葬等级不高，墓主为一般平民或略高，有一定的财力，属中下阶层
	唐山滦县雷庄新农村 M1	墓葬有一定等级，主要墓主为低级官吏或地方地主，属中下阶层
	唐山迁安于家村 M1	墓葬有一定等级，主要墓主为地方官吏或贵族，生前地位相对较高 (1)

① 关于河北秦皇岛抚宁邴各庄 M1 的改扩建问题，详见本书第四章第三节中关于抚宁邴各庄东汉墓地及墓地中相关墓葬的专门论述，在此不多做讨论。

续表

<table>
<tr><th colspan="3">地区 / 墓葬名称</th><th>墓葬等级与墓主身份地位</th></tr>
<tr><td rowspan="6">河北省</td><td colspan="2">唐山迁安苏各庄 M6</td><td>墓葬有一定等级，主要墓主为地方官吏或豪强地主，或为富贵之人(2)</td></tr>
<tr><td colspan="2">秦皇岛抚宁郦各庄 M1</td><td>墓葬有一定等级，主要墓主为低级官吏或地方豪强地主，属中下阶层</td></tr>
<tr><td colspan="2">张家口涿鹿矾山五堡 M3</td><td>墓葬有一定等级，主要墓主为具有相应经济实力的平民或一般地主</td></tr>
<tr><td colspan="2">张家口涿鹿矾山五堡 M4</td><td>墓葬有一定等级，主要墓主为具有相应经济实力的平民或一般地主</td></tr>
<tr><td colspan="2">张家口宣化东升路 M2</td><td>墓葬有一定等级，主要墓主为地方官吏或豪强地主阶层</td></tr>
<tr><td colspan="2">张家口宣化东升路 M3</td><td>墓葬有一定等级，主要墓主为有一定职级的地方官吏或富庶士绅</td></tr>
<tr><td rowspan="10">北京市</td><td colspan="2">平谷区唐庄子 M103</td><td>墓葬有一定等级，但不高，有一定经济实力，属中下阶层</td></tr>
<tr><td colspan="2">怀柔区城北 M31</td><td>墓葬有一定等级，主要墓主为低级官吏或地方地主，属中下阶层(3)</td></tr>
<tr><td rowspan="4">大兴区亦庄</td><td>79 号地 M10</td><td rowspan="2">主要墓主有一定社会地位和经济实力，为地方官吏或豪强地主的可能性较大，属中下阶层</td></tr>
<tr><td>79 号地 M34</td></tr>
<tr><td>80 号地 M74</td><td rowspan="2">墓葬有一定等级，主要墓主有一定社会地位和经济实力，或可能为有一定财力的平民阶层</td></tr>
<tr><td>80 号地 M78</td></tr>
<tr><td rowspan="4">丰台区南苑</td><td>槐房 M12</td><td rowspan="4">墓葬有一定等级，但不高，墓主有一定社会地位和经济实力，或可能为有一定财力的平民，整体上属中下阶层</td></tr>
<tr><td>槐房 M18</td></tr>
<tr><td>新宫 M5</td></tr>
<tr><td>植物油厂 M12</td></tr>
</table>

注：限于篇幅，本表仅列举存在较明显多人葬迹象或遗存的部分东汉墓葬，表中的（1）（2）（3）为下文的三点需要说明的涉及墓葬。

关于京津冀地区多人葬墓主的身份等级，还有三点说明。

（1）河北唐山迁安于家村 M1 是目前所知京津冀地区东汉多人葬墓中墓葬等级与墓主身份地位较高者，从此墓的规模、结构和出土的大量仿漆器与釉陶器等来看，墓主人生前应具有较高的地位；墓葬形制方面，整个墓室由东西主通道和四面回廊连成一体，墓葬的形制、结构和布局，是当时地方豪强势力发展，庄园、坞堡等封闭式防御设施加强的反映；陪葬品方面，该墓虽然多次被盗，但所出随葬器物仍非常丰富，仅陶器就达百余件，另外还有铜矛及较多的鎏金铜饰品。墓内出土石兽 1 件（M1：145），仅存头颈和胸之一小部分，系细砂岩圆雕而成，头部作龙首形，双角粗壮，阔口巨齿，长鼻大眼，颊下有须，颈部满刻龙鳞纹，从残存姿态看应为昂首状①。

① 迁安县文物保管所．河北迁安于家村一号汉墓清理［J］．文物，1996（10）．

该类石雕动物在东汉墓葬中出土不多，从目前资料看，有类似遗物出土的墓葬大多属王侯级别，个别级别较列侯墓葬稍低，诸侯王墓如河南淮阳北关 M1①，列侯或稍低级别墓葬如山东济南长清大觉寺村 M2②。但是，就该墓的规模来讲，较已发现的东汉列侯墓葬相对要小，形制也并不显复杂，且墓内结构设施更多地是为了满足多人葬的需求，虽有回廊，但回廊及其他部位并无“徼道”“户”等文字；就陪葬品来讲，数量虽多，但基本不见东汉列侯墓葬中常见的玉璧等玉质器物，更不见玉衣，甚至玉衣片及玉质的任何残留都不见。另外，查找史书的相关记载，河北唐山于家村及迁安一带在东汉时并无侯国分封。因此，唐山迁安于家村 M1 虽较京津冀地区已发现发掘的其他东汉多人葬墓的等级要高一些，但较之东汉列侯墓葬明显要低很多，墓主为地方具有相应级别的官吏或地主的可能性极大，整体上还是属于中下阶层。

（2）河北唐山迁安苏各庄 M6 有相应规模，建造规整，同一墓地中的 M2 也很可能为多人葬墓，结构相对简单，两墓与同一墓地中的 M1，三者整体上体现出墓室规模较大、结构严谨、用砖考究等特征，就用砖来讲，不仅出土了“富贵大人”“侯夫人”等文字砖（图 5-111），花纹砖也十分精美，如没有一定的经济实力和社会地位是望尘莫及的，反映出墓主人的身份应为豪强地主或富贵之人，同一墓地中的 M5，规模虽小，但墓砖用长形砖材，其建筑风格大体相似，并出土了鎏金帽形铜泡，表明墓主人也有一定的经济实力，另外 M10 还出土有“王”字铭文砖③。迁安苏各庄东汉墓地中的几座墓葬，尤其是规模相对较大的 M2、M6，为多人葬墓，墓葬的形制、陪葬物品及建筑材料等虽表明墓葬具有一定的等级，但就上述三方面的具体内容来看，还不能达到列侯墓葬或相近墓葬的级别，更不可能为诸侯王墓，墓内所葬的主要墓主为地方官吏或豪强地主，或为富贵之人的可能性较大。

（3）北京市怀柔区城北 M31，可能有三后室，墓葬时代为东汉晚期，墓底铺边长 36 厘米的方砖，其中一块方铺地砖上刻有隶书十九字，为“吾阳成北千无不为孝廉，河东公府椽史五曹治”④（图 5-112），这或许对佐证墓

① 周口地区文物工作队，淮阳县博物馆．河南淮阳北关一号汉墓发掘简报［J］．文物，1991（4）．

② 济南市考古研究所，长清区文物管理所．济南市长清区大觉寺村一、二号汉墓清理简报［J］．考古，2004（8）．

③ 唐山市文物管理处，迁安市文物管理所．迁安苏各庄战国、东汉墓葬发掘报告［J］．文物春秋，2008（4）．

④ 北京市文物工作队．北京怀柔城北东周两汉墓葬［J］．考古，1962（5）．

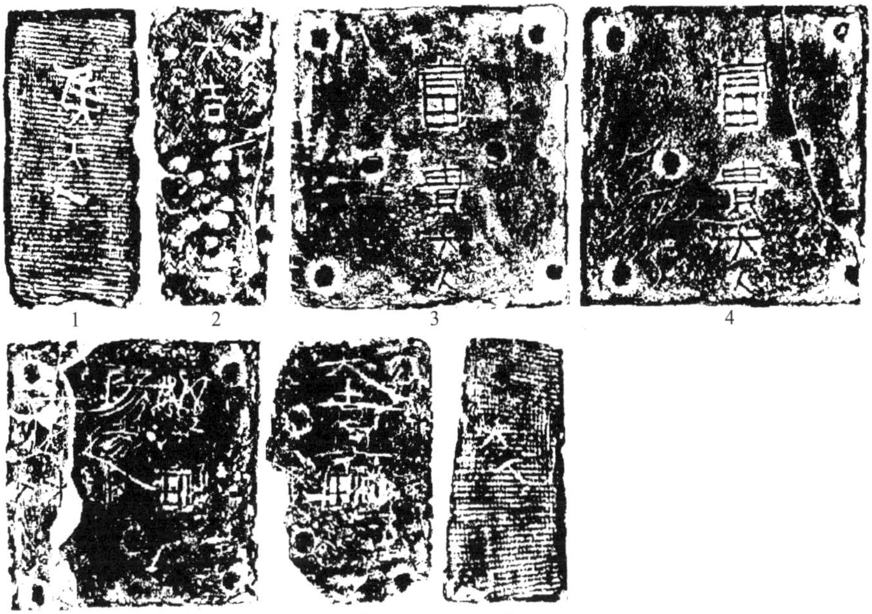

图 5-111　河北省迁安苏各庄东汉墓地相关墓葬出土墓砖上的文字

1. “侯夫人”（M1）2. “大吉”（M1）3. “富贵大人”（M1）4. “富贵大人，以教子孙”（M1）5. “阳燧（？）”（M1）6. “大吉宁”（M1）7. “大人”（M2）

主身份等级有一定参考作用，而且表明主要墓主可能为低级官吏或相近等级人员。

由上来看，京津冀地区东汉多人葬墓的等级普遍不是太高，墓主基本属于中下阶层人员，但大多又都有一定的政治地位或经济实力，虽属于中下阶层，但非一般的平民或贫民阶层，这与东汉时期这一地区的政治、经济及相关社会内容的发展有着较为密切的关系。

图 5-112　北京市怀柔区城北 M31 出土方铺地砖上文字

（三）京津冀周边及其他地区东汉多人葬墓概况

与西汉晚期个别地区零星出现且具有相应特殊性的多人葬墓相比较，东汉时期的多人葬墓虽在数量、比例上与一般葬人墓（内葬 1 人或两、三人）相比较为逊色，但整体数量相对较多，分布地域亦较广，且同一地区甚至同一墓地中会有 2 座以上甚至多座，体现出发展过程中的推广和普及，这也说明其渐趋普遍化的特征。除京津冀地区尤其是中北部地区有较多发现外，全国其他地区也有一定数量的多人葬墓被发现和发掘，内容及内涵与京津冀地区东汉多人葬墓有较多相似之处，同时也体现出一定的地域特征。

1. 山西北部地区

数量不多，特征与京津冀中北部地区发现的东汉多人葬墓较为相似，如均为砖砌墓，主体为前后室结构等，与京津冀中北部地区距离较近处的汉代墓地，同一墓地中会有多座东汉多人葬墓。与京津冀中北部地区紧邻的大同广灵县北关汉代墓地中，M95 由墓道、甬道（北侧有 1 耳室）、前室（南侧有一面积较小的耳室，北侧有 1 面积较大的侧室）、后室等组成，前室及侧室、后室均葬人，计 5 人（图 5-113）；M49、M52 在主体结构上与 M95 相似，两个墓葬内均葬 4 人[①]。距离稍远的山阴县新广武收费站东汉墓地发现 2 座墓葬，其中 M1 规模大，由墓道、前室及西侧室与西侧假耳室、东西两个后室等组成，前室内发现散乱骨架及头骨 3 个，其中 1 个为小孩头骨；西侧室内发现头骨 1 个及肱骨 1 根；西侧假耳室门口铺地砖上发现头骨及下颌骨各 1 个；西后室内发现小孩头骨 1 个；东后室因遭盗掘严重，未发现人骨（图 5-114），另外，与 M1 较近的 M2 规模相对小一些，形制亦较简单，无多人葬迹象[②]。

2. 内蒙古地区

发现地区少，但在个别地区的墓地中有多座，基本为砖砌，主体结构以前后室或前中后室墓为主，另有侧室、耳室等，较多室内葬人，个别墓葬的葬人数较多，而且很多都是两个一对，是多个夫妻的同墓合葬。最具代表性的是包头南郊召湾村西北的汉代墓地，有多座墓葬。M62 为砖洞墓，斜坡墓道，墓门砖封，另有方形前室，前室东西两侧各有 1 侧室，前室南侧为后室，前室西侧靠后放 1 木棺，后室与前室西侧室各并置 2 棺，东侧室置 1 人骨（图 5-115：1）；M61 的甬道西侧有 1 耳室，方形前室的西侧为 1 长方形侧室，东侧为 2 独立的侧室，单后室，甬道西耳室、前室的西北与

① 大同市考古研究所．山西广灵北关汉墓发掘简报［J］．文物，2001（7）．

② 山西省考古研究所，山西大学文博学院．山西新广武汉墓发掘报告［C］// 山西省考古研究所，山西省考古学会．三晋考古（第三辑）［M］．太原：山西人民出版社，2006：286-296．

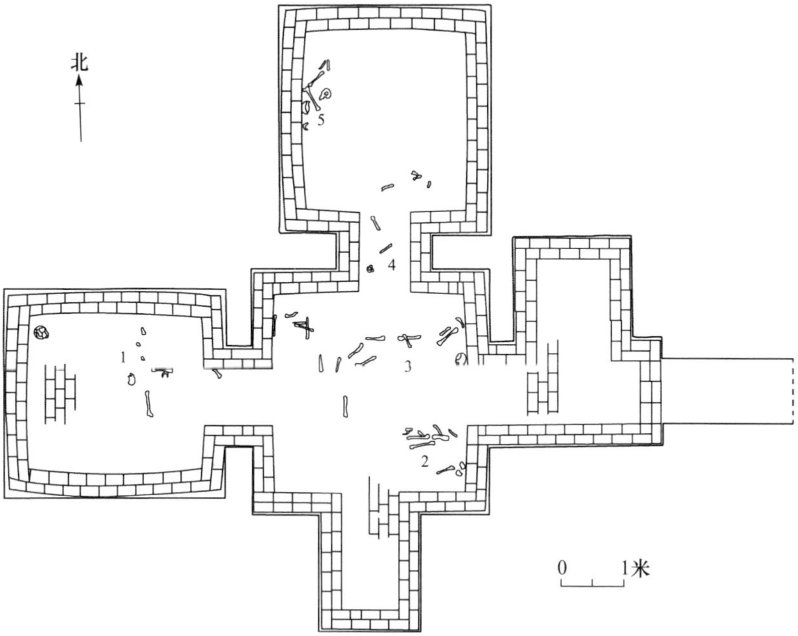

图 5-113　山西省广灵北关东汉墓 M95 平面图

1～5. 人骨

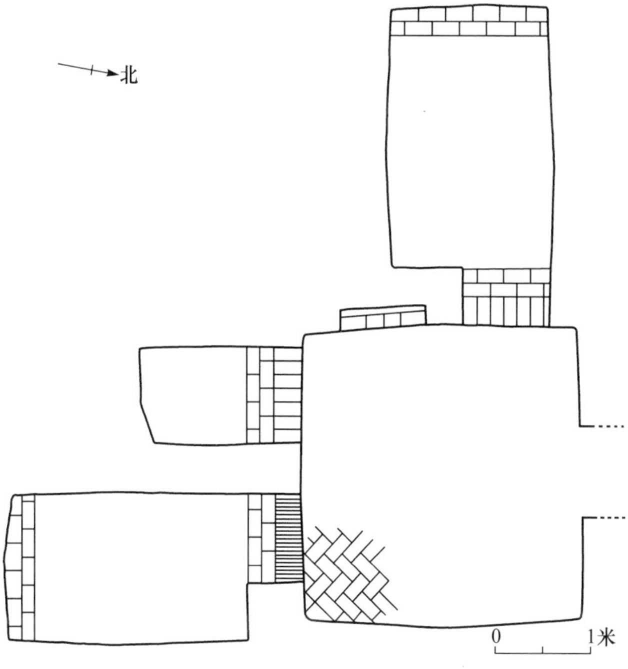

图 5-114　山西省山阴新广武东汉 M1 平面图

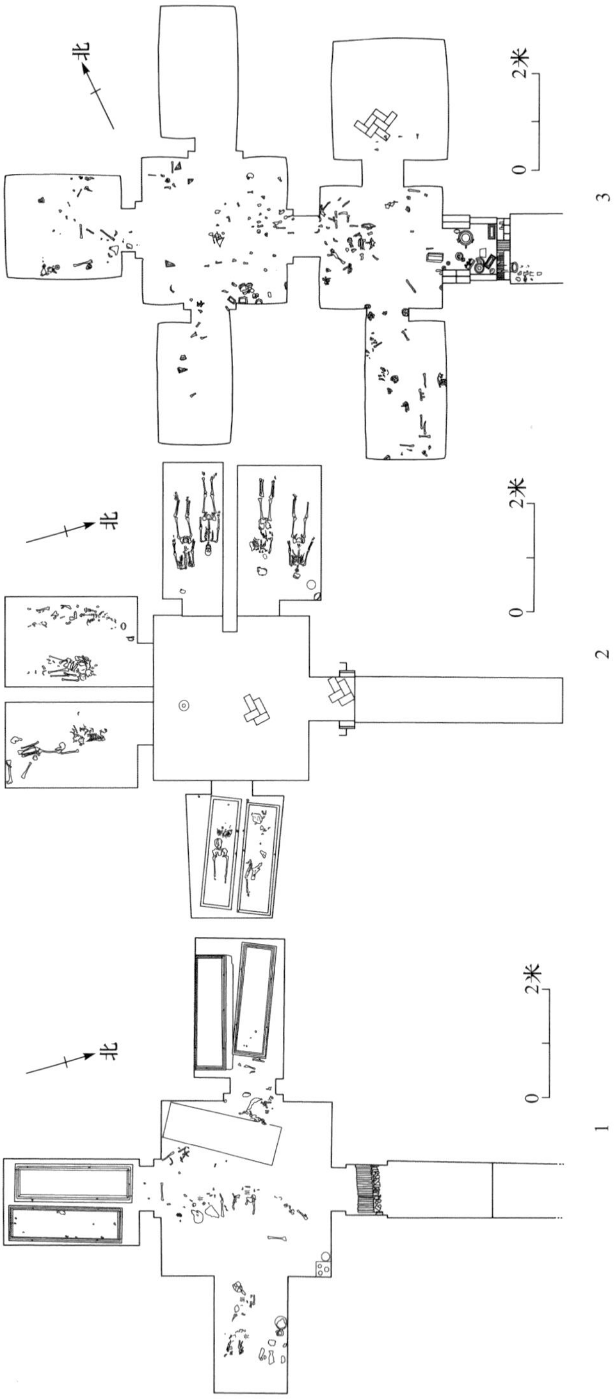

图 5-115　内蒙古自治区包头市南郊召湾墓地的东汉多人葬墓

1. M62　2. M64　3. M67

东北拐角处都散布人骨，东侧南侧室为1具人骨；M64的方形前室西侧为2独立的侧室，每个侧室内各葬2人，东侧为1平面梯形的侧室，内葬2人，双后室，东后室葬2人，西后室葬1人（图5-115：2）；M66的前室东侧有1侧室，南侧为后室，墓内出土骨骼分属4个个体；M67、M72、M87的主体墓室为前中后三室，M67前室、中室两侧各有2侧室，墓内散存骨骼较多（图5-115：3）；M72的前室小，中室、后室面积大，中室两侧各有1侧室，室内人骨散乱；M87的前室、后室面积小，中室较大，北侧有1侧室，墓内较多位置发现有散乱人骨[①]。

3. 山东地区

主要位于中南部地区，这与该地区汉代墓葬的总体分布较为一致，砖室墓少见，另有石室或砖石混筑墓，有的室内有多个石椁。可以看出，在墓葬的砌建材料、形制及葬具等方面，该地区的东汉多人葬墓与京津冀地区东汉多人葬墓存在一些相似之处，但自身的地域特征较为突出。滕州东小宫墓地M324为带墓道的石室墓，由墓道、前室、后室组成，墓内合葬5人，后室内有4个石椁，葬4人，前室南侧1石椁，葬1人（图5-116：1），该墓的时代为东汉早期[②]，具有特殊性，其与上文所述的微山岛M20、济宁西汉晚期墓葬等为砖砌多人葬墓的形成和发展起到了一定的促进作用。淄博张庄东汉墓为砖石混筑墓，由斜坡墓道、墓门、前室、中室、后室、右侧室、左前侧室和左后侧室八部分构成，几乎每个墓室内皆发现有人骨，这些人骨属于不同个体，至少属四具人骨（图5-116：2），年代为东汉晚期，墓主为下层官吏或豪强地主[③]。无棣车镇村北东汉墓，砖砌，由墓道、甬道、前室、横室、中室、两后室、耳室、东通道、侧室等组成，为两个有通道相连的相对独立的墓葬单位，东墓小，仅1室，西墓大，有前中后室及侧室、耳室等，且为双后室，西墓墓室前0.4米处发现一具人骨，中室西北部发现人骨一具，侧室发现两具儿童头骨（图5-116：3），年代为东汉晚期，墓主人为当地豪门望族[④]。

---

① 魏坚．内蒙古中南部汉代墓葬［M］．北京：中国大百科全书出版社，1998：220-225．

② 山东省文物考古研究所．鲁中南汉墓（滕州东小宫墓地）［M］．北京：文物出版社，2009：214-218．

③ 淄博市博物馆．山东淄博张庄东汉画像石墓［J］．考古，1986（8）．

④ 郭世云．山东无棣清理一座东汉墓［J］．考古，1992（9）．

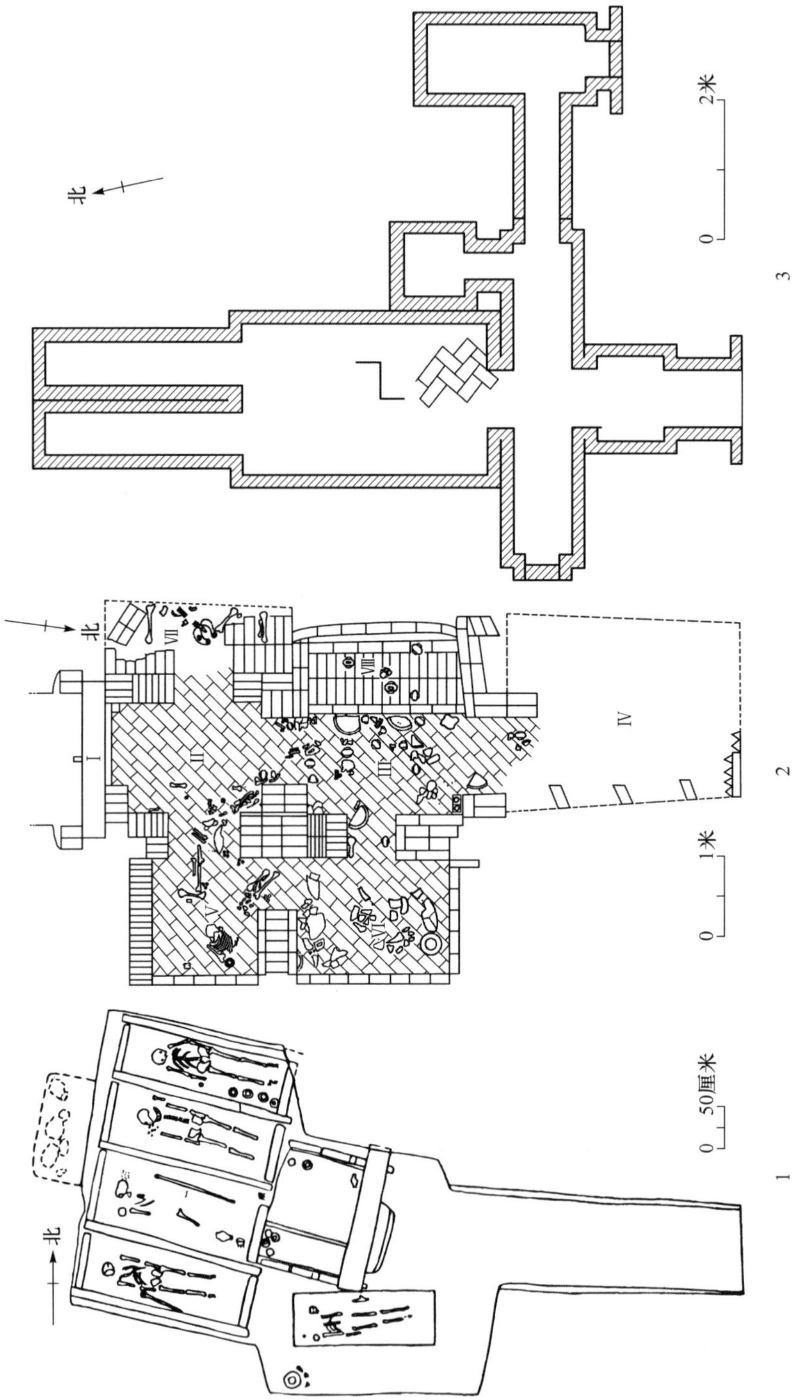

图 5-116　山东地区部分东汉多人葬墓

1. 滕州东小宫墓地 M324　2. 淄博张庄东汉墓　3. 无棣车镇村北东汉墓

4. 陕西西安地区

为西汉时期都城及附近地区，东汉墓葬数量众多，基本为砖室墓，主体墓室为前后室或前中后室，有的有侧室、耳室等。曲江池净水厂 M18，前后室结构，前室的南北两侧各有 1 侧室，前室葬 1 人，两侧室各葬 2 人，后室葬 3 人，共葬 8 人[①]。《西安东汉墓》一书公布了较多东汉墓葬资料，其中一些为东汉多人葬墓，上文已列举 5 座本书所公布的西安地区东汉多人葬墓，下文不再赘述，仅就其他相关墓葬做简要叙述。西安市电信局第二长途通讯大楼 M67，主体为前中后室结构，墓葬东向，前室南侧有 1 棺，北侧为 1 侧室，内置 2 棺，前室与中室间为甬道，甬道内偏南与前室西侧置 1 棺，中室为南北向长方形，南北两侧各有 1 侧室，北侧室较宽，内置 2 棺，南侧室稍窄，其内偏西侧置 1 棺，另在中室南侧近南侧室口处东西向置 1 棺，后室不宽，偏北侧置 1 棺，墓内共置 9 棺，而且一些棺的摆放位置明显体现出下葬的早晚关系（图 5-117：1）；西安邮电学院长安校区 M22，前室方形，两侧各有 1 长方形侧室，后室亦为长方形，南侧室 1 棺葬 2 人，北侧室西侧 1 棺葬 2 人，东侧 1 棺葬 1 人，后室偏南侧置 1 棺，葬 1 人（图 5-117：2）；西柞高速公路杜曲段 M13，墓南向，前室东西两侧各有 1 长方形侧室，西侧室葬 1 人，东侧室葬 2 人，其中 1 人有棺，1 人在草席内，为小孩，后室葬 2 人[②]（图 5-117：3）。

5. 河南洛阳地区

以烧沟汉墓中的一些东汉墓葬最具代表，基本为砖砌墓，以前后室墓常见，有的为横前室 + 双后室，有的前室为相对独立二墓以通道相连，与京津冀地区东汉多人葬墓有较多相似。M36，前室两侧有小侧室，内为小棺，葬儿童，后室葬成年夫妇（图 5-118：1）；M1034，墓道及甬道后为近方形的前室，一侧有侧室，内葬 2 人，一侧为耳室，内置器物，后端为后室，内葬 2 人（图 5-118：2）；M1038，前室有耳室和侧室，一侧还隔出专门的室，侧室与隔出的室内皆葬人，后室内葬 2 人（图 5-118：3）；M1035，横前室，右端葬棺 2 具，两后室，一室内葬棺 1 具，一室内葬棺 3 具（图 5-118：4）；M1037 的形制与 M1035 相似，二后室均应葬人，形成多人葬（图 5-118：5）；M59 由 2 个相对独立有墓室及耳室的墓葬通过通道连接而成，

---

① 陕西省考古研究所配合基建考古队．西安净水厂汉墓清理简报［J］．考古与文物，1990（6）．

② 西安市文物保护考古所．西安东汉墓［M］．北京：文物出版社，2009：236-261、833-841、858-862．

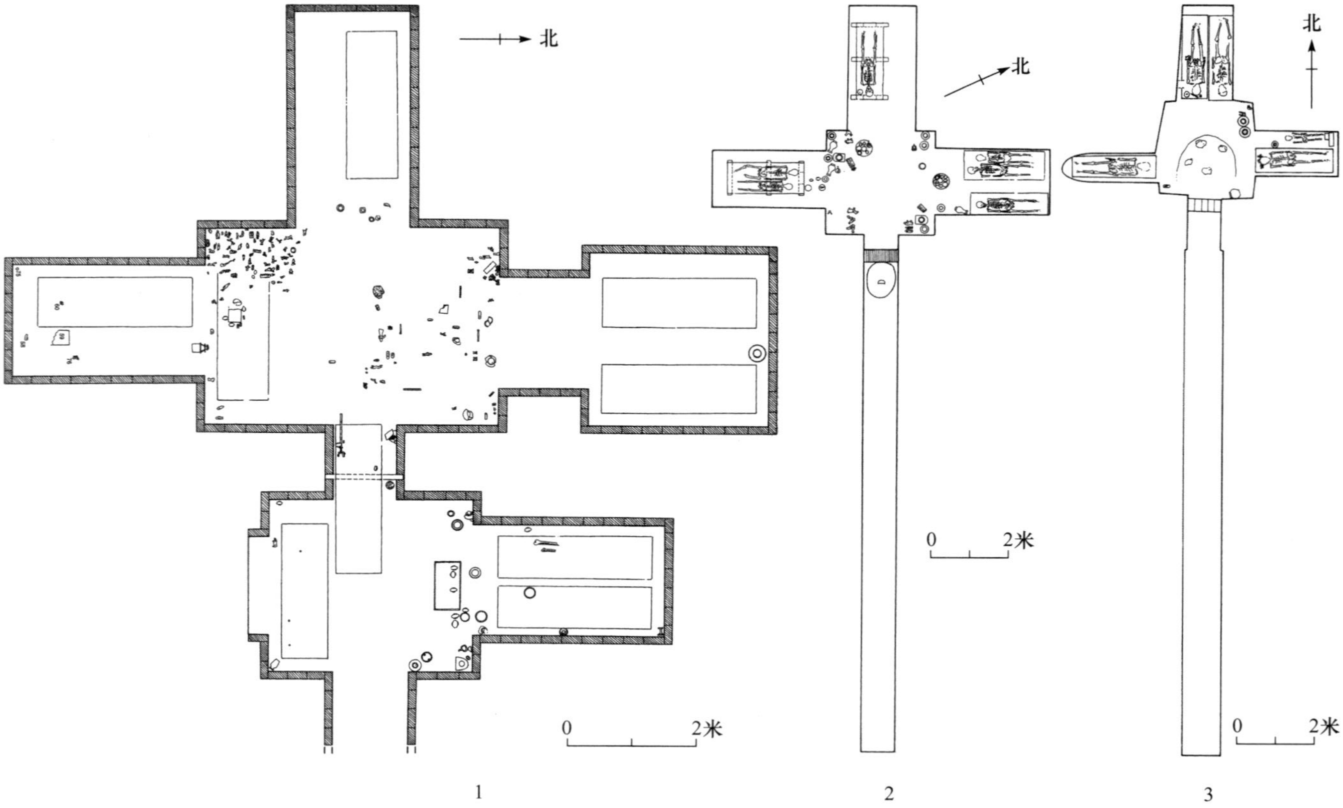

图 5-117　陕西省西安市发掘的部分东汉晚期至曹魏时期多人葬墓

1. 西安市电信局第二长途通讯大楼 M67　2. 西安邮电学院长安校区 M22　3. 西柞高速公路杜曲段 M13

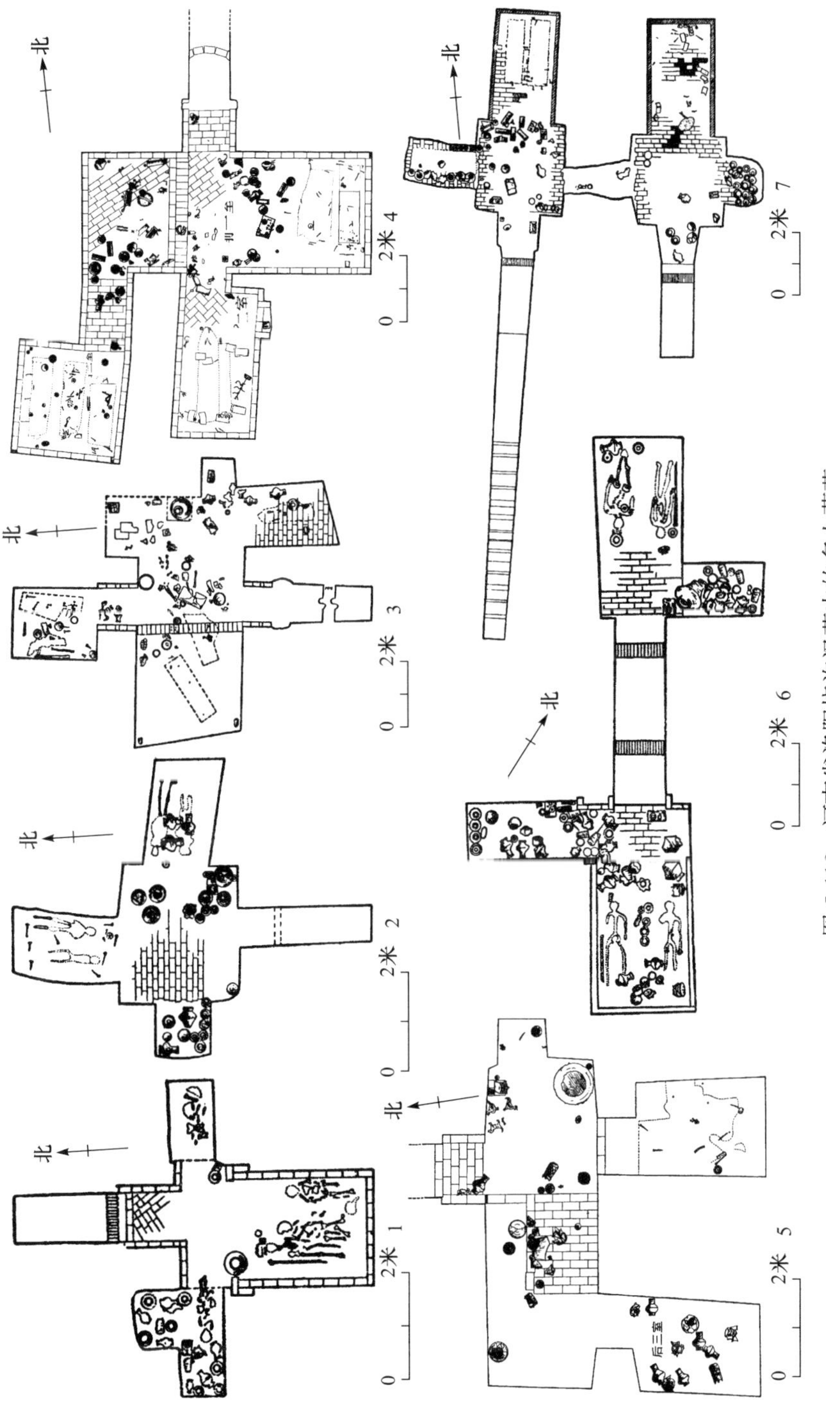

图 5-113　河南省洛阳烧沟汉墓中的多人葬墓

1. M36　2. M1034　3. M1038　4. M1035　5. M1037　6. M59　7. M1009

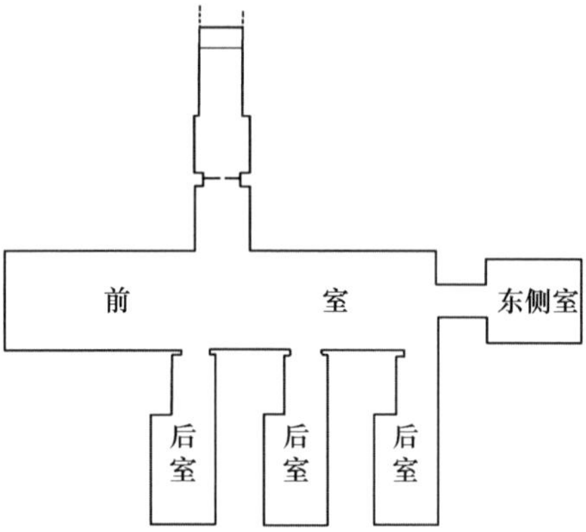

图 5-119　河南省荥阳苌村东汉壁画墓平面图

每个墓室内皆葬 2 人（图 5-118：6）；M1009 为左右并列、有通道相连的两个相对独立的墓葬单位构成，每个墓葬单位的后室置 2 棺，形成多人葬[①]（图 5-118：7）。洛阳烧沟东汉多人葬墓的时代基本为东汉中晚期，以晚期墓葬居多，这为上文所述东汉多人葬砖室墓的产生和发展提供了相应的佐证。

另外，在距离不远的荥阳苌村村西发现一座东汉壁画墓，砖石结构，墓向正北，由甬道、前室、东侧室和三个后室组成，很可能为家族合葬墓[②]（图 5-119）。

6. 湖北、重庆地区

数量较少，为砖砌墓或砖石混砌墓，墓葬平面基本呈凸字形，甬道较宽，内有葬人并摆放器物，类似前室，这与京津冀地区的东汉多人葬墓明显不同。湖北省襄樊市长虹南路汉墓 M16，为砖石混砌墓，葬具均已腐烂，甬道和墓室内各发现一长方形红色漆皮棺痕，墓室内共葬人 8 个，人骨架 5 具，西南角 2 具南北并列，头向相反，骨架稍乱，葬式不明，东端中部 1 具骨架较完整，仰身直肢；东北、西北角各 1 具，头向分朝东、西，骨架叠压在一起，另在墓室内西端偏南、西北角、中部偏南处各有一件头骨[③]（图 5-120）。

重庆市万州区钟嘴东汉 M1，墓室内发现人骨 8 具，其中有 7 具在甬道和墓室的交接地带，分两排并列，头朝甬道，尸骨保存得较好，依现场判定其中有 3 具是儿童的遗骨，墓室的西北角还有 1 具，已经朽烂，依稀辨得头骨，头向不明，均不见棺木痕迹（图 5-121：1）；M2 形制与 M1 相似，墓室内发现人骨 4 具，两两成组，头向均与墓向一致，一些部位的骨头稍显凌乱，如南侧一具尸骨的下颌骨落至大腿骨处，不见棺木痕迹[④]（图 5-121：2）。

---

① 中国科学院考古研究所编辑．洛阳烧沟汉墓［M］．北京：科学出版社，1959：33、40、55、58、81、73-76、76-78．

② 郑州市文物考古研究所，荥阳市文物保护管理所．河南荥阳苌村汉代壁画墓调查［J］．文物，1996（3）．

③ 襄樊市考古队．襄樊长虹南路墓地第二次发掘简报［J］．江汉考古，20017（1）．

④ 山东省博物馆，重庆市博物馆，重庆市文化局．重庆万州区钟嘴东汉墓发掘简报［J］．华夏考古，2004（1）．

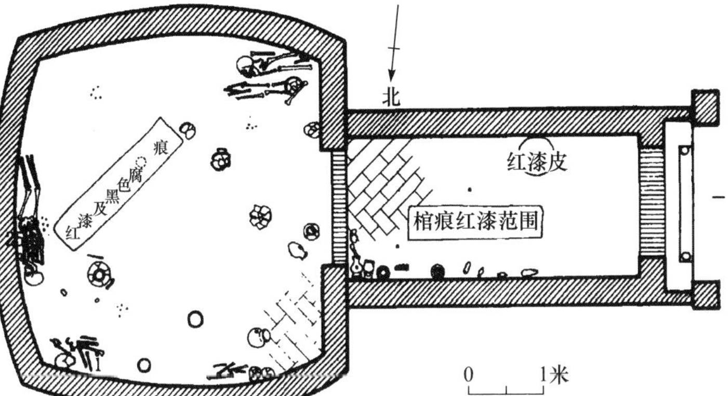

图 5-120　湖北省襄樊市长虹南路汉墓 M16 平面图

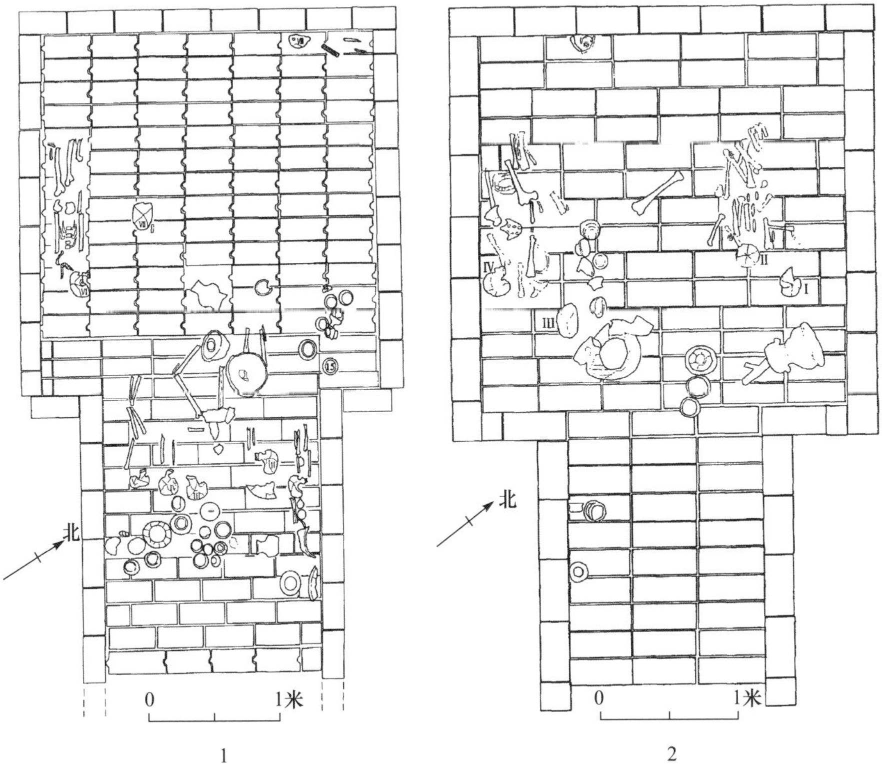

图 5-121　重庆市万州区钟嘴东汉 M1、M2 平面图

1. M1　2. M2

另外还有其他一些地区或墓地中有多人葬墓，限于篇幅，不再一一列举。由上来看，东汉时期的多人葬墓，尤其是砖砌的多人葬墓大多分布于

汉代的两京及以北地区，两京以南地区相对少见，体现出相应的地域分布特点，究其原因，可能与这一大的区域中东汉墓葬的整体发展及对应的丧葬内容和需求等的发展有着一定关系。东汉早期，这一大的区域内有个别墓葬为多人葬，如山东滕州东小宫墓地 M324，为带墓道的石室墓，石室内摆放多个石椁[①]，明显不同于东汉中后期的砖砌（个别为砖石混砌，但以砖为主）多人葬墓，是西汉时期零星出现的多人葬墓的延续，并对东汉中后期砖砌多人葬墓的形成及发展有着相应的影响和促进作用。东汉中期以后，这一大的区域内多人葬墓的趋同性明显增强，体现出较多的统一性特征，而这也应是促进这一地区多人葬墓发展的一个因素。当然，其中也存在具体地域的一些自身特点，如山东地区可见砖石混筑墓，内蒙古自治区发现的东汉多人葬墓分布区域较为集中，山西地区的东汉多人葬墓发现相对较少等。不过，就这一大的区域来讲，两京地区有较大的相似性，而其他地区的东汉多人葬墓又与两京地区东汉多人葬墓存在诸多相同或相似之处，反映出相应的影响、借鉴及发展等内容。重庆市及湖北襄樊市发现的东汉多人葬墓数量不多，形制上与两京及以北地区有着明显区别，呈凸字形，由甬道和墓室组成，甬道在一定程度上为象征性前室，但与所在地区的较多东汉墓葬相似或相近，墓葬的甬道和墓室内葬多人形成多人葬，可见是在本地流行的墓葬形制基础上形成的多人葬，反映出的地域特征相对明显，而如湖北省襄樊市长虹南路汉墓 M16，又与本地区常见的画像石墓相结合，在墓门等处使用画像石，形成砖石混筑墓[②]。就时代而言，重庆市万州区钟嘴东汉 M1 与 M2[③] 及襄樊市长虹南路汉墓 M16 的时代为东汉中期偏晚阶段，钟嘴两座东汉墓葬的时代可能还会稍晚一些，在多人葬墓的使用方面相对要晚，所以可以说是在两京地区尤其是洛阳地区使用多人葬墓的影响下，结合所属地区的墓葬形制及特点而形成的多人葬墓，但并不普及，且自身的特点相对较为突出。京津冀地区的东汉多人葬墓，则与两京地区尤其是洛阳地区的东汉多人葬墓在类型、方式等方面较为相似，这与该地区受洛阳一带丧葬文化影响较深且统一性较强有着较大关系，而该地区东汉墓的形制、陪葬品及封土、墓葬内外的祭祀设施等也都较明显地体现出汉文化尤其是丧葬文化及内容、内涵的统一性。

---

① 山东省文物考古研究所．鲁中南汉墓（滕州东小宫墓地）［M］．北京：文物出版社，2009：214-218.

② 襄樊市考古队．襄樊长虹南路墓地第二次发掘简报［J］．江汉考古，20017（1）.

③ 山东省博物馆，重庆市博物馆，重庆市文化局．重庆万州区钟嘴东汉墓发掘简报［J］．华夏考古，2004（1）.

还有一点需要指出，东汉中晚期尤其是晚期至三国时期，我国西南地区的崖墓获得较大发展，家族葬或合家葬的现象较为普遍，多室家族墓的规模一般较大，由墓道、甬道、前厅（厅堂）、主室、多个侧室等组成，墓内的室或平行或呈树枝放射状，内葬多人，这与两京及以北地区发现的多人葬墓有相似之处。其中四川忠县涂井 M5，为双室墓，与京津冀地区的一些东汉多人葬墓有所相似，内葬 3 男 3 女，而且每次葬人时皆有相应的祭奠行为[①]；成都天迴山汉墓 M1、M3，墓内有两个或以上的墓室，M1 有三个后室并列，其中两个后室内各有两棺（图 5-122：1），M3 形制复杂，有多个墓室，而且每个室内都置放有棺，2 棺并列者最多，少量为 1 棺或 3 棺并列[②]（图 5-122：2）；乐山麻浩 M1，结构复杂，有 3 条通道可进入前室，前室东侧连接多个墓室，每个室内皆有葬人[③]（图 5-122：3）。上述三处墓地中的崖墓时代为东汉晚期，一些墓葬的时代下限可至蜀汉时期，这与两京

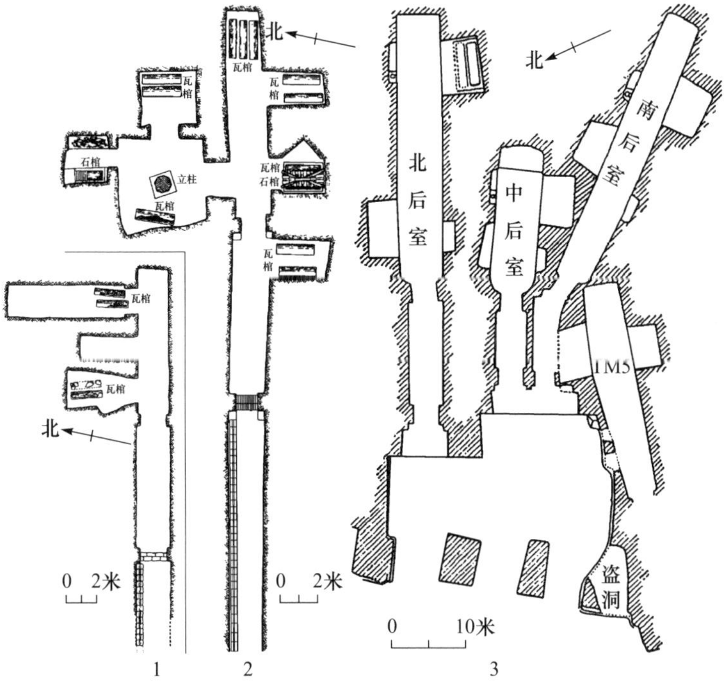

图 5-122　四川省相关地区发现的崖墓

1、2. 成都天迴山汉墓 M1、M3　3. 乐山麻浩 M1

① 四川省文物管理委员会. 四川忠县涂井蜀汉崖墓［J］. 文物，1985（7）.

② 刘志远. 成都天迴山崖墓清理记［J］. 考古学报，1958（1）.

③ 乐山市文化局. 四川乐山麻浩一号崖墓［J］. 考古，1990（2）.

及北部地区的东汉多人葬墓的时代有重合，可能也存在相应的影响和传播，而崖墓与较多的砖砌（少量砖石混筑）多人葬墓虽然存在较多或较为明显的差异，但在性质（如家族葬）及墓内葬多人等方面是一致的，共同体现出东汉时期多人葬墓的发展、推广和普及，这与东汉一代尤其是东汉中晚期相关丧葬内容的发展演进应有较为密切的关系。

六、相关问题

京津冀地区的东汉多人葬墓体现出较多与丧葬及社会发展等相关的内容和内涵。关于这一地区的东汉多人葬墓，还有一些问题需做相关论述和分析。

（一）京津冀地区的东汉三人葬墓

三人葬介于单人葬或夫妻二人合葬与多人葬之间，也是汉代丧葬内容之一，并体现出其特殊性。三人葬在西汉墓葬中已得到发展，一些地区有一定数量，反映出发展和相应的推广，相关墓例在上文已有列举，不再多述。东汉时期的三人葬墓有数量增多和分布地域扩大的趋势，体现出对西汉时期的继承及在此基础上的延续和发展。一些地区发现的东汉三人葬墓数量稍多，体现出地域性及推广和普及，如鲁南一带，西汉时期的三人葬墓已发现一定数量，东汉时期的三人葬墓在此基础上相对更多一些。其中有东汉早期的滕州东小宫 M315、M332 等，墓葬形制及三人葬的形式还延续西汉时期的特点，为竖穴石椁墓，而这一地区的这一形式与相同墓葬形制的三人葬一直延续至东汉晚期，如滕州封山墓地的 M57 与 M103 等[①]。山东地区还有较多横穴式墓葬为三人葬，时代基本为东汉中晚期，如莒县沈刘庄汉画像石墓[②]、梁山汉墓[③]、临沂吴白庄汉画像石墓[④]等，加之东汉时期墓葬中横穴墓葬已成为主流，横穴式墓也成为这一地区东汉中晚期三人葬墓的主要形式。《西安东汉墓》一书收录的东汉墓葬中也有较多三人葬墓，多为前后室结构，前室多有侧室，东汉早期的西北有色金属研究院 M13，前室、后室及一侧室内各葬 1 人，曲江春晓园 M15，无前后室及侧室，墓室

---

① 山东省文物考古研究所．鲁中南汉墓［M］．北京：文物出版社，2009：212-217，28-31．

② 苏兆庆，张安礼．山东莒县沈刘庄汉画像石墓［J］．考古，1988（9）．

③ 关天相，冀刚．梁山汉墓［J］．文物参考资料，1955（5）．

④ 临沂市博物馆．临沂吴白庄汉画像石墓［M］．济南：齐鲁书社，2018．

内摆放 3 棺，棺内各葬 1 人，从骨架大小看，应是 1 男 2 女；东汉中期的雅荷智能家园 M12，后室错位置 2 棺，南侧棺略大，葬男性，另一墓主为女性，前室北侧室葬 1 女性；东汉晚期的雁塔南路 M22，前室北侧、前室南侧与南侧耳室间、后室内偏南侧各葬 1 人，骨架已朽；世家星城 M141，前室东侧有一侧室，前室西侧错位摆放 2 棺，西侧近壁处棺大，葬 1 男性，另 2 棺各葬 1 女性[①]。另外，在全国较多省市发现和发掘的东汉墓葬中也有一定数量的三人葬墓，限于篇幅，不再一一列举。

京津冀地区发现的汉代三人葬墓数量不多，所占该地区已发现、发掘汉代墓葬的比例较小。该地区东汉墓葬中时代较早的三人葬墓以河北省保定徐水 M2 为代表，该墓为砖室墓，南侧为墓道，墓室长方形，中部与北部以砖砌 2 南北向的墙隔成 3 棺室，人骨架散乱，从残存的头骨推断墓内当葬 3 人，因骨骼未鉴定，死者性别不详[②]（图 5-123：1）。其他较多三人葬东汉墓的时代基本为东汉中晚期。河北省邯郸磁县双庙汉代墓地发现的 2 座东汉墓葬，横穴砖室结构，均是一大的墓室一侧配有小耳室，墓室内砌棺床，棺床上葬人，M27 的墓室地面铺砖，其西南部和西北部各有 1 棺床，在墓室的西南和西北发现有人骨，三具，仰身直肢，较散乱，西南部棺床宽 0.9、西北部棺床宽 0.3 米，推测西南部葬 2 人，西北部葬 1 人（图 5-123：2）；M36 底部铺砖被破坏，有无棺床或棺床情况不详，推测与 M27 相似，人骨 3 具，1 男 2 女，较散乱，葬式、头向等不详[③]（图 5-123：3）。河北满城神星镇荆山村西北东汉墓地中的 M6，由墓道、甬道、墓室组成，单墓室，长方形，内置长方形木棺 3 具，大小相近，长 2、宽 0.5 米左右，每棺内有成年人骨架一具，仰身葬，人骨腐朽较甚，性别难辨[④]。从墓葬平面图看，西南位置的棺居内且略宽，棺内骨架形体稍大，所葬应为男性，另 2 棺位于其北侧和东侧，棺内骨架略小，所葬应为 2 女性（图 5-123：4）。

大致来看，京津冀地区的东汉三人葬墓的葬人基本为 1 男 2 女，应属家庭中的一夫与妻妾各一的合葬形式，这一家庭合葬形式的葬者为夫妻

---

① 西安市文物保护考古所．西安东汉墓［M］．北京：文物出版社，2009：81-93、551-554、200-209、584-606、598-709.

② 保定地区文物管理所．河北省徐水县防陵村二号汉墓［J］．文物，1984（4）.

③ 南水北调中心干线工程建设管理局，河北省南水北调工程建设领导小组办公室，河北省文物局．磁县双庙墓群考古发掘报告［M］．北京：文物出版社，59-64、87-90.

④ 河北省文物研究所，满城县文物保管所．河北满城荆山汉墓发掘简报［J］．文物春秋，2014（3）.

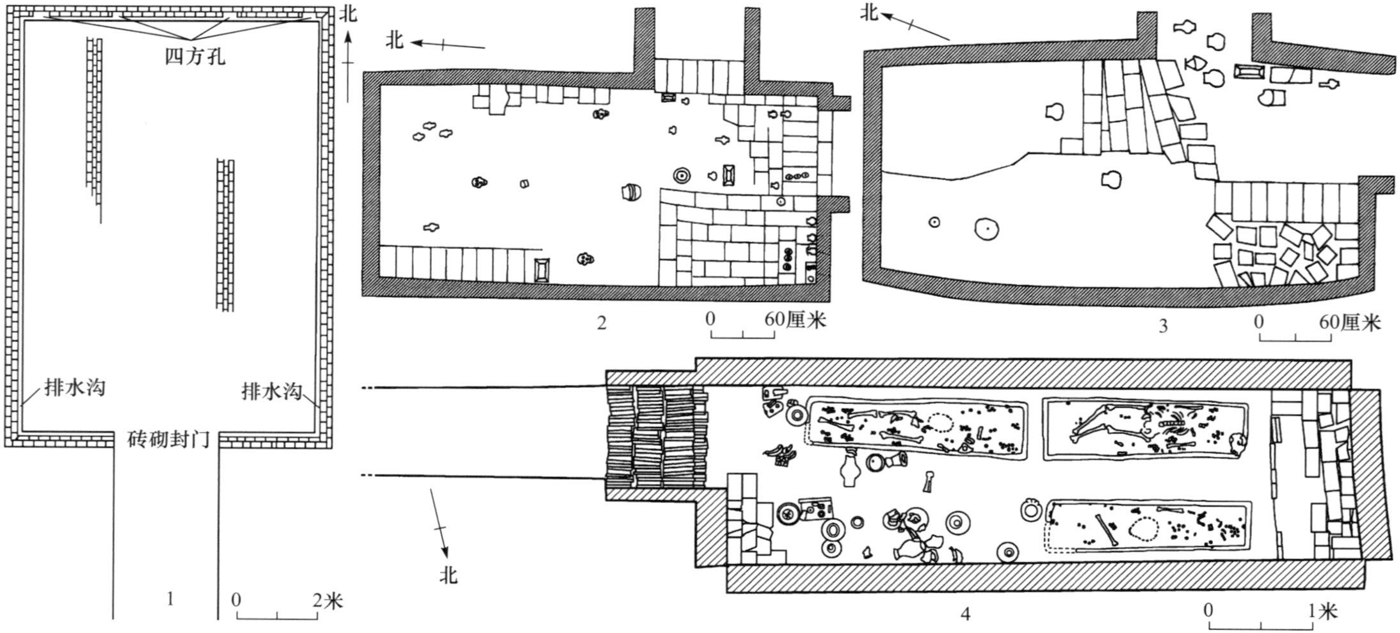

图 5-123　河北省境内发现的部分东汉三人葬墓

1. 保定徐水 M2　2. 邯郸磁县双庙 M27　3. 邯郸磁县双庙 M36　4. 保定满城神星镇荆山村西北 M6

（含妾）的关系，是家庭夫妻关系的体现，但不包含家庭中的子女及相关成员，这与多数多人葬墓明显不同。上文所举西安地区的一些东汉三人葬墓中一些可大致确定为1男2女的合葬形式，再如山东梁山汉墓，中间为墓主，两侧为妻妾[①]，而京津冀地区东汉三人葬墓也基本体现出夫居中，妻妾居两侧的特点。三人葬不同于单人葬或夫妻2人合葬及多人葬，就其性质和具体内容来讲，更接近于夫妻同穴合葬，但也与多人葬在家庭成员合葬等方面有相似之处。因此，三人葬墓与夫妻同穴合葬墓及多人葬墓存在较为密切的关系，又体现出自身的独立性和特点，是汉代合葬形式发展及多样化的组成内容之一。京津冀地区的三人葬墓出现时代早于多人葬墓，如东汉早期的河北保定徐水M2，由此来看，该地区的东汉三人葬墓抑或会对该地区多人葬墓的形成和发展有着相应影响。多人葬墓可视为三人葬墓的扩大和进一步发展，形成与相关丧葬需求、社会需求相对应的丧葬内容，如上文所言，三人葬墓墓主大多为同一家庭中的夫与妻妾，而多人葬则是大家庭合葬或为家族葬；多人葬中的葬者大部分为多对不同辈分、相对独立的夫妻，进而组成大家庭合葬或家族合葬，三人葬则更重视单一家庭的合葬。山西山阴县新广武收费站东汉M1为多人葬，前室、西后室均发现小孩骨架，而且前室为3具骨架，小孩骨架为其中之一，西后室内为1个小孩头骨，体现的大家庭合葬或家族合葬特征更为突出[②]。

需做说明的是，东汉时期三人葬墓内的死者，除较常见的一夫与妻妾各一的合葬外，还可能会存在其他内容或形式的合葬。一方面是夫妻与家庭中的奴婢葬于同一墓葬内，但这一点不便于确认，或许可从能够明确认定夫妻之外另一合葬者的葬具、位置、陪葬物品等来判断，但由于大多墓葬被盗，且墓葬等级、墓主身份存在多样性，加之相关丧葬需求及陪葬品的摆放存在自身特点，确认起来存在较大难度。另一方面是子女与父母合葬一墓之内，而子女多为年少或年龄更小者，所以呈现出来的是墓内某一骨架个体较小，未成年人特征明显，而这是相对便于确认的，但也有骨架略大，接近或为成年者。山西忻州原平北贾铺东汉墓地中发现几座三人葬墓[③]，

---

① 关天相，冀刚．梁山汉墓［J］．文物参考资料，1955（5）．

② 山西省考古研究所，山西大学文博学院．山西新广武汉墓发掘报告［C］//山西省考古研究所，山西省考古学会．三晋考古（第三辑）［M］．太原：山西人民出版社，2006：286-296．

③ 山西省考古研究所，忻州市文物管理处，原平博物馆．原平北贾铺东汉墓葬发掘简报［C］//山西省考古研究所，山西省考古学会．三晋考古（第三辑）［M］．太原：山西人民出版社，2006：262-285．

M16 为单室墓，室内偏西北并列摆放 3 棺，应为一夫一妻一妾合葬（图 5-124：1）；M17 为前后室结构，后室错位摆放 2 棺，为夫妻合葬，而前室西北角摆放的陪葬品应主要服务于二者，前室的南壁摆放 1 棺，葬 1 男性，墓主头部罐的东北侧有独立一套服务于该死者的陪葬品，推测该死者与后室所葬夫妻为同一家庭成员，很可能为后室所葬夫妻的儿子（图 5-124：2）；M1 亦为单室墓，南侧有一侧室，内置 1 棺，葬 1 人，为女性，无陪葬品，墓室偏西北并置 2 棺，与另 1 葬者相距稍远，葬夫妻 2 人，近处有一耳室，内置较多陪葬品，服务于夫妻二人（图 5-124：3），该处女性头部有 1 玉珠饰及 1 铜镜，右手背置 1 鎏金凤纹铜饰，右手指戴 1 金指环，右手腕戴 3 件金手镯，明显区别于另一女性无陪葬品的特征，推测另一女性很可能是家庭中的女性奴婢，当然也可能为妾，但地位较低。

（二）京津冀地区的东汉多人葬与聚族葬

京津冀地区东汉多人葬墓内葬 4 人以上，这些人葬在同一墓穴内，当有较密切的关系。但就这一地区的东汉多人葬墓所葬成员来看，并不能笼统地称为家族合葬。根据目前资料，结合上文研究来看，京津冀地区的东汉多人葬墓大致包括以下两种主要合葬内容：一是一般家庭葬成员，包含父母子女（或有孙辈）及类似奴婢性质的其他家庭成员的合葬；二是大家庭葬，也可称为小家族葬，包含 2 对或更多夫妇，男性之间有直接血缘关系且较多应存在辈分差异，另外还可能有其他成员。除上述两种主要形式外，还可能存在多对夫妇合葬同一墓葬内，一些男性在辈分上有差别，但血缘关系相对疏远，此类合葬内容称为家族葬当无疑问，但这一情况极为少见。

东汉一代，随着家族观念的不断加强，家族葬及与之有关的家族墓地获得较大发展，多个有较近血亲关系的家庭成员葬在同一墓地，墓位相对集中，构成了家族葬和家族墓地。多人葬墓所葬人员或为一个相对独立家庭中的成员，或是大家庭式的小家族葬，而为了达到更多家族成员聚葬于同一墓地之目的，多人葬墓基本都会与相对较大的家族中其他成员的墓葬集中分布，形成家族葬式的家族墓地。相当数量的多人葬墓规模较大，较多还位于家族墓地的突出位置，这样可在家族墓地中凸显其等级，这应是大部分多人葬墓与家族中其他成员墓葬共处一个墓地的原因之一，而正是这一原因，使得一些人或家庭会采用多人葬，这又是东汉多人葬墓得到发展和推广的原因之一。

多人葬墓内或是一个相对独立家庭中成员的合葬，或是大家庭式的小家族葬，这些成员均位于多人葬墓内，而多人葬墓之外则是大的家族中其他成员的墓葬，这些墓葬形成聚族葬，进而构成较多墓葬按要求、有规划

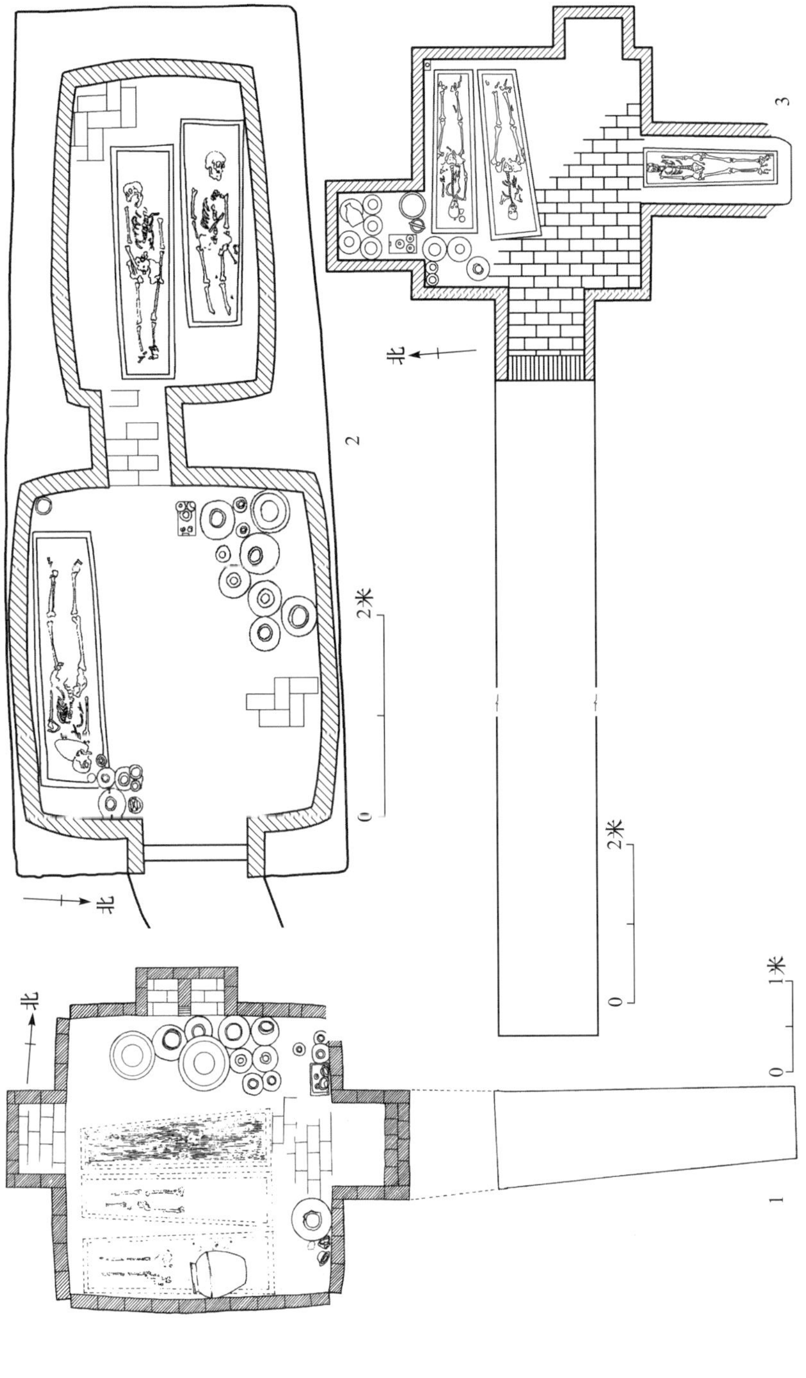

图5-124　山西忻州原平北贾铺三座东汉三人葬墓

1. M16　2. M17　3. M1

的集中分布、同时又具有家族凝聚力的家族墓地。京津冀地区发现的多人葬墓与所属墓地均有体现，简单概述如下。

1. 河北省

石家庄市北宋村发现并发掘东汉砖室墓 2 座，M2 为同一封土下双墓道多人葬墓，M1 为前中后三室墓，前室的两侧有 2 侧室，二墓距离较近，时代基本一致，皆是东汉晚期[①]，应为同一家族墓地的墓葬。

保定涿州凌云集团新厂东汉 M5 为多人葬墓。其左侧为 M1，前后室结构，M2、M3、M4 在 M5 西侧，均为单室砖墓，四墓皆南向，M5 位置偏北，规模大，北向，在墓地中的位置突出，且墓向与其他墓葬不同。五座墓为同一封土，距离较近，时代均为东汉中晚期，现存封土为边长 20、高 6.8 米的土丘[②]（图 5-125）。

图 5-125　河北省涿州凌云集团新厂东汉墓群封土及封土下墓葬分布图

秦皇岛抚宁邴各庄东汉 M1 为砖砌多室的多人葬墓，与之共同被发现、发掘的还有 5 座墓葬，M1 位置偏北，外有封土，封土边缘为方形石砌墓垣，面积大，墓葬较为突出，其他墓葬基本分布于墓垣外，其中 4 座（M3～M6）位于 M1 南侧，M2 位于 M1 西南侧，另在石砌墓垣的西侧和南侧还发现 2 处具有祭祀性质的砖砌遗存（图 5-126）。发掘简报称：“M1 至少二至三代人同埋一墓，其余墓都在 M1 的南部，推测邴各庄汉墓可能为一宗族墓地，而 M1 为宗族中的一望族，该墓父子、子孙可以埋葬在一起；出现这一情况，从侧面体现了当时封建大土地所有制和封建家庭关系的强化，说明家族观念在当时是非常浓厚的。”[③]笔者认为，该墓地称为宗族墓地是可

① 河北省文物管理委员会. 石家庄市北宋村清理了两座汉墓［J］. 文物，1959（1）.

② 史殿海. 涿州凌云集团新厂东汉墓群发掘简报［J］. 文物春秋，2007（3）.

③ 河北省文物研究所. 河北抚宁县邴各庄汉墓发掘简报［J］. 文物春秋，1997（3）.

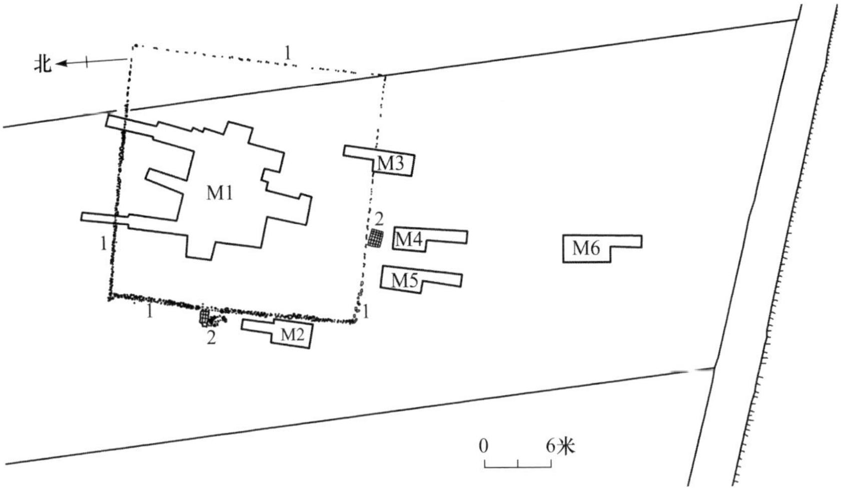

图 5-126　河北省抚宁邴各庄东汉墓地墓葬与墓外设施分布图

1. 围墙　2. 砖砌祭台

以的，但其作为具有血缘关系的家族墓地可能更为恰当，M1 内是大家庭式的小家族葬，该墓与其墓垣外的其他墓葬构成双重家族葬或聚族葬。

唐山迁安于家村 M1 所属墓地位于迁安县城东南约 4 公里的一片高地上，M1 有独立的高大封土堆，其西并排为另一座大型汉墓，两墓位置突出，在 M1 的南部与西南部尚有大小墓葬若干座[①]。M1 与其西侧的墓葬规模大，墓位居北侧，特殊性较为明显，南部及西南部的一些墓葬则很可能为家族中其他成员的墓葬。

唐山迁安苏各庄村北的 M6 为多人葬墓，M2 也存在较大可能性，另外该处还发现、发掘东汉墓葬 4 座，平面呈凸字形的单室墓 3 座，分别为 M3、M4、M5，平面呈吕字形的前后室墓 2 座，分别为 M1 与 M2，M6 的前室有侧室，平面呈中字形[②]，反映出 M2、M6 在墓地中的等级较高，而该墓地墓葬不多，但有 2 座多人葬墓，体现出双重家族葬或聚族葬的多样性，即并非 1 处家族墓地仅 1 座多人葬墓，而同一墓地中的多人葬墓在形制、规模等方面也可以有差别。

张家口涿鹿矾山五堡发现一定数量的东汉墓葬，位于一高台上，发掘面积为 300 平方米，清理东汉墓葬 4 座，其中 M3 与 M4 为多人葬墓，四墓时代接近，均为具有一定财力的平民墓葬，墓主为同一家族中的不同成员，

① 迁安县文物保管所. 河北迁安于家村一号汉墓清理［J］. 文物，1996（10）.

② 唐山市文物管理处，迁安市文物管理所. 迁安苏各庄战国、东汉墓葬发掘报告［J］. 文物春秋，2008（4）.

通过 M3 与另外几座墓葬规模、形制、用砖、装饰及其出土遗物等的对比可知，M3 墓主的经济实力较高，其他三墓墓主的经济实力则相对弱一些，反映出墓主人经济高低的不同情况[①]。

张家口宣化东升路发现、发掘的 3 座东汉墓葬处在一个东西向的岗地之上，现存岗地西高东低，M1 和 M2 东西并列，朝向一致，关系密切，相距仅 4 米，很有可能共用一个封土堆，墓主应属同一家族[②]，M2 与 M3 相距 87.2 米，三座墓葬年代相同，距离不远，当属于同一家族的墓葬[③]（图 5-127）。该墓地墓葬数量虽然不多，但体现的家族葬组合形式较为复杂，既有同一封土下与多人葬结合的家族葬，又有封土外与多人葬结合的家族葬，体现出家族间不同成员亲疏远近的同时，也反映出京津冀地区东汉多人葬与家族葬关系的多样性。

图 5-127　河北省张家口宣化东升路东汉墓分布图

2. 北京市

平谷区唐庄子东汉 M103 与西柏店 M1 分别为所属墓地中的多人葬墓，并与其附近的相关墓葬组成家族墓地[④]。

怀柔区城北墓地共发现、发掘东汉墓葬 9 座，M1 位置居北，距离其他东汉墓葬较远，基本无关系，其他较多东汉墓位于发掘区的南部偏东，M31 规模大，为多人葬，其位置偏东，相对独立，其西侧 30 米有多座东汉墓葬，共同组成家族墓地[⑤]（图 5-128）。M31 作为多人葬墓，位置突出，这与其规模和等级应有关系。

---

① 张家口地区博物馆．河北涿鹿矾山五堡东汉墓清理简报［J］．文物春秋，1989（4）．

② 张家口市宣化区文物保管所．河北宣化东升路东汉墓发掘简报［J］．文物，2014（3）．

③ 张家口市宣化区文物保管所．河北张家口宣化东升路东汉墓（M3）发掘简报［J］．文物，2015（3）．

④ 北京市文物工作队．北京平谷县西柏店和唐庄子汉墓发掘简报［J］．考古，1962（5）．

⑤ 北京市文物工作队．北京怀柔城北东周两汉墓葬［J］．考古，1962（5）．

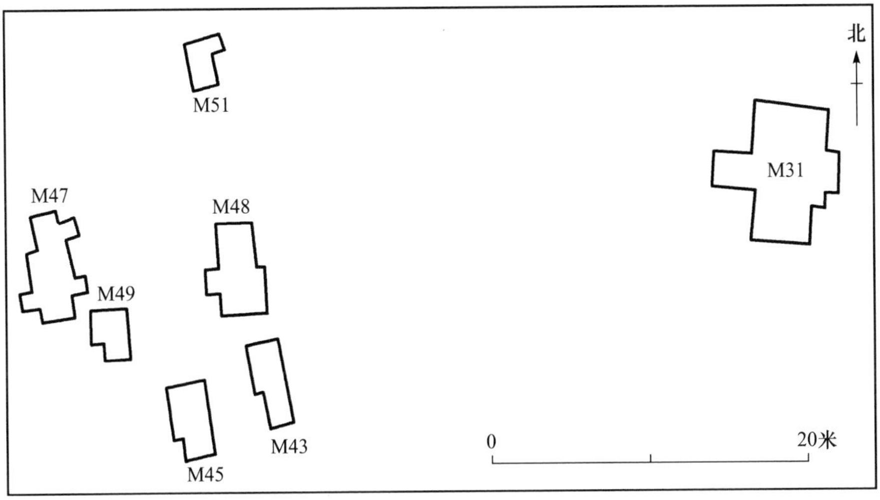

图 5-128　北京市怀柔区城北墓地东汉 M31 与其他部分东汉墓位置示意图

丰台区南苑槐房发掘区中，M1、M18、M24 为多人葬，三墓相对独立大致南北呈一条直线，三墓的西侧一定距离皆有成组的墓葬南北排列，多数规模不大，亦分成 3 组，与东侧三墓相对应，每一组与东侧对应墓葬构成家族墓地，而多人葬墓相对独立，位置凸前，体现出特殊性①（图 5-129）。

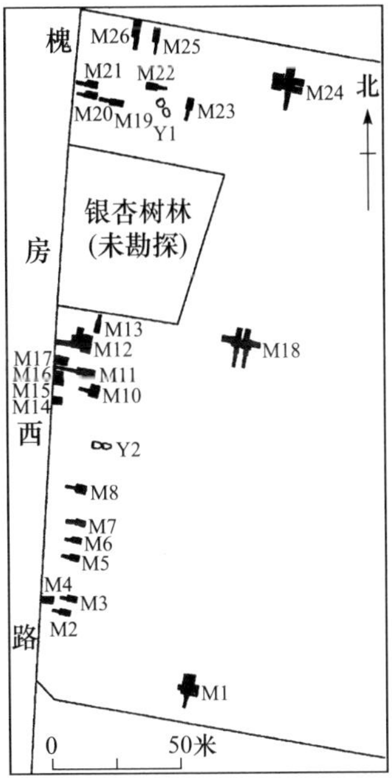

图 5-129　北京市丰台区南苑槐房东汉墓地墓葬分布图

丰台区南苑新宫东汉墓发掘区中，西区的 M15 为多人葬，位置偏东北，相对独立，其西南有 3 座紧密分布的墓葬，四者构成家族墓地，北侧还有多座服务于墓地的陶窑；东区中的 M5、M7 为多人葬，M7 位置居南，M5 在其北，明显独立于 M5 东北密集分布的 4 座墓葬，M1～M7 构成家族墓地，其中的每座多人葬墓皆与其他几座墓葬构成双重族葬的内容②（图 5-130）。

大兴区亦庄 79 号地发掘区偏东侧有 3 座墓葬为多人葬墓，分别为 M7、M10、M34～

① 北京市文物研究所. 丰台南苑汉墓［M］. 北京：科学出版社，2019：5.

② 北京市文物研究所. 丰台南苑汉墓［M］. 北京：科学出版社，2019：6.

M36，三墓附近皆有非多人葬墓，另在西侧还有一些非多人葬的墓葬，共同构成一个由多座墓葬组成的家族墓地[①]（图 5-131）。

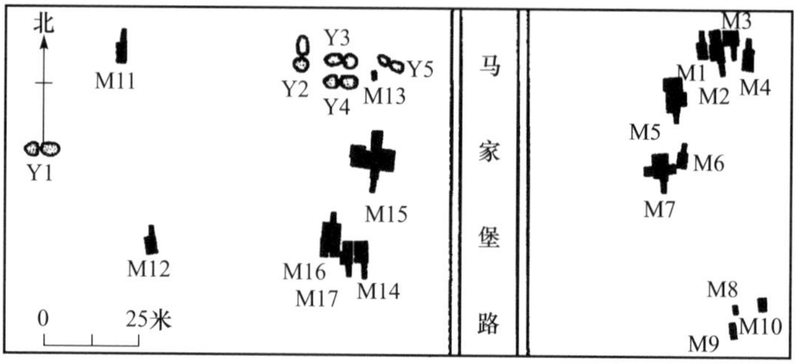

图 5-130　北京市丰台区南苑新宫东汉墓地墓葬分布图

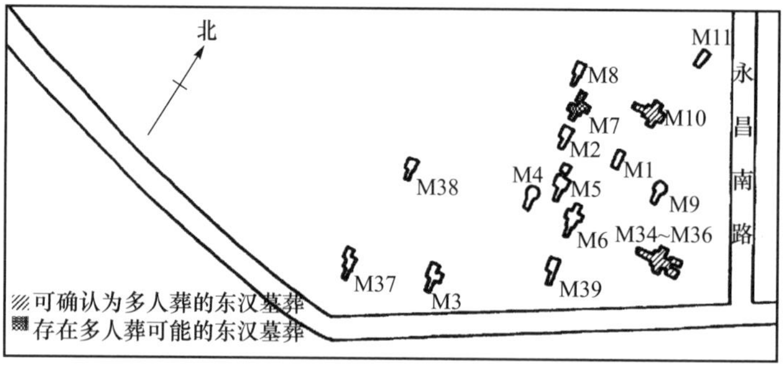

图 5-131　北京市大兴区亦庄 79 号地部分墓葬分布图

大兴区亦庄 80 号地发掘区的南部有 2 座多人葬墓，西侧为 M78，与附近其他三四座墓葬形成家族墓地；东侧的 M74 位置偏西，其东侧有 3 座非多人葬墓，组成家族墓地，而 M74 的位置较为突出[②]（图 5-132）。

大兴区亦庄博兴路发掘区中，位置偏南偏西的 M6 为多人葬墓，其东侧距离较近为 M5，二者构成双重家族葬，在两墓北有 3 座墓葬，两墓南有 1 座墓葬，6 座墓葬有共同构成家族葬[③]（图 5-133）。

① 北京市文物研究所. 北京亦庄考古发掘报告（2003～2005）[M]. 北京：科学出版社，2009：4.

② 北京市文物研究所. 北京亦庄考古发掘报告（2003～2005）[M]. 北京：科学出版社，2009：7.

③ 北京市文物研究所. 北京亦庄考古发掘报告（2003～2005）[M]. 北京：科学出版社，2009：11.

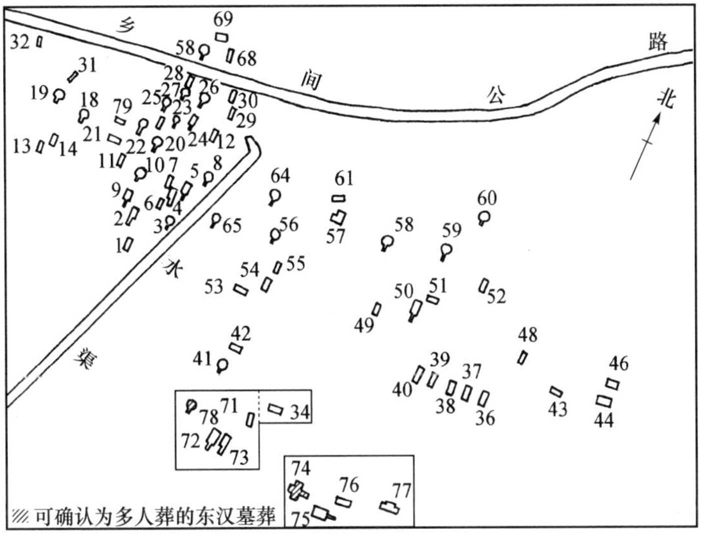

图 5-132　北京市大兴区亦庄 80 号地墓葬分布图

大兴区亦庄新凤河墓地中，M1 与 M2、M10 与 M11 皆为多人葬墓，较密集分布的墓葬中，四墓位置居东，西侧有一定数量的东汉墓葬，构成同一家族的墓地，附近还有服务于墓地的陶窑 1 座①（图 5-134）。该家族墓地既有不同多人葬墓形成的家族葬，还有墓地中其他非多人葬墓共同组成的家族墓地。

大兴区亦庄 X11 号地 10YZM16 存在为多人葬墓的可能，其位于北京经济技术开发区河西区 X11R2 号地发掘区的南部居中位置，周边有多座墓葬并有服务于墓地的 3 座陶窑②（图 5-135）。

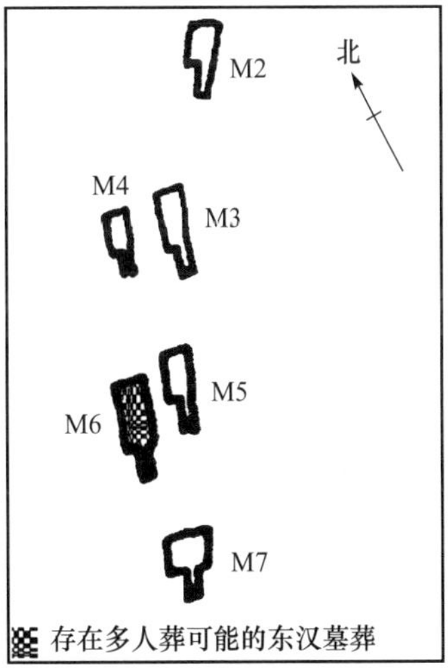

图 5-133　北京市大兴区亦庄博兴路墓地部分墓葬分布图

京津冀地区的东汉多人葬墓内葬 4 人或更多，形成大的家庭葬或小型家族葬，而该地区绝大多数东汉多人葬墓又与其他数量不

① 北京市文物研究所. 北京亦庄考古发掘报告（2003～2005）[M]. 北京：科学出版社，2009：12.

② 北京市文物研究所. 北京亦庄 X11 号地考古发掘报告 [M]. 北京：科学出版社，2012：5.

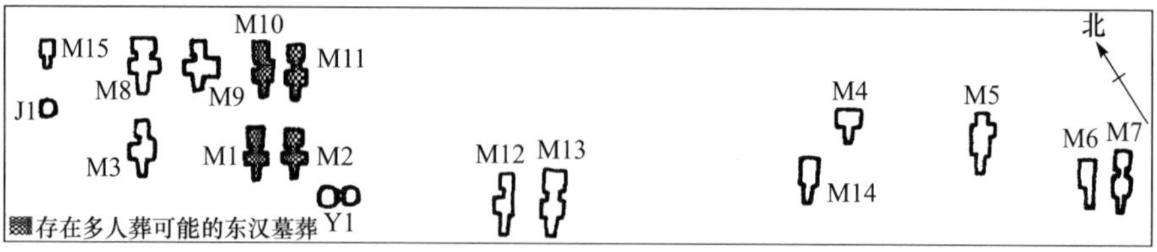

图 5-134　北京市大兴区亦庄新凤河路西段墓地墓葬分布示意图

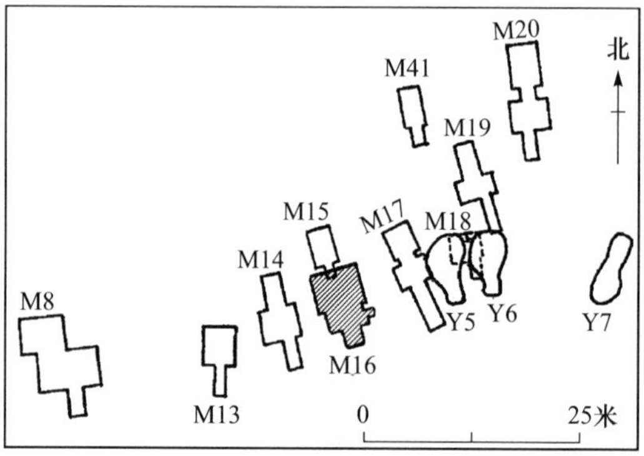

图 5-135　北京市大兴区亦庄 X11 号地南部东汉墓葬分布图

等、时代接近、等级稍有差异的东汉墓葬共处一地，进而形成含义更丰富、包含因素更多的家族墓地。同墓多人葬这一存在较近血缘或相应关系的聚葬形式更多地突出大家庭或有较近血缘关系的小家族，而包含多个墓葬的家族墓地则是相对较大家族的聚葬，一些墓主的血缘关系已渐疏远，但又包含在同姓、同宗同祖的家族之中。包含多个墓葬的家族墓地是汉代尤其是东汉时期家族势力发展和团结、凝聚的重要体现和写照，多人葬墓所体现的大家庭或小家族是同宗同祖大家族的组成部分，若无特殊情况，当与其他墓葬共处于家族墓地之中，多人葬墓的等级较之家族墓地中其他墓葬的等级一般要高一些，墓主在家族中有相应的地位，不便于舍弃家族墓地另建坟地，这也应是多人葬墓安置在家族墓地中的原因之一，因墓主地位及墓葬等级相对要高，墓位多在家族墓地中较突出，这亦促进了多人葬墓与其他墓葬共处于同一家族墓地之中。

多人葬墓与其他墓葬构成聚族葬，进而形成家族墓地。根据上文对多人葬墓与所属墓地及其他墓葬的叙述，可将京津冀地区包含多人葬墓的家族墓地的聚葬分为双重聚族葬和三重聚族葬，抑或还有其他类型的聚族葬，因墓地及墓葬遭破坏严重，已不可知。双重聚族葬，即多人葬墓内葬大家庭或小家族的成员，墓外为大的家族中其他成员，此类型所占比例大，较为普遍和常见，有的墓地虽有 2 个或更多的多人葬墓，但针对某一座多人葬墓来讲，与墓地中其他墓葬所构成的基本上还都是双重聚族葬，只是内容更为丰富和多样。双重聚族葬又可分为两种不同的具体聚葬形式。一是多人葬墓与其他墓葬不在同一封土下，相对独立。此类墓葬有一定数量，河北秦皇岛迁安抚宁邴各庄东汉 M1，有面积较大的封土，封土边缘为石砌墓垣，同一墓地的其他墓葬大多为夫妻二人同穴合葬，基本都在 M1 的墓垣外，根据亲疏关系和丧葬要求安排墓位。二是多人葬墓与其他墓葬位于同一封土下，墓穴相对独立。此类墓葬数量相对较少，河北保定涿州凌云集团新厂东汉 M5 与另外 4 座墓葬位于同一大的封土下，墓穴有明显的特殊性，如位置居北且北向，其他墓葬则为南向。河北张家口宣化东升路 M1、M2 与之类似，也处于同一封土下，但该处墓地还有另一多人葬墓（M3）。三重聚族葬数量较少，一些墓地或存在相应可能。张家口宣化东升路 M1、M2 位于同一封土下，M2 为多人葬，二者形成双重聚族葬，属上述第二种双重聚族葬的形式，但二者同一封土，形成一个整体，该封土东侧一定距离还有一座有独立封土的多人葬墓（M3），M1 和 M3 之间则形成三重内容，即三重聚族葬，每一重内墓主的血缘或血亲关系存在不同，但又都属于一个大家族中的成员。这在 M1 方面可充分体现，若以 M3 为参考，则 M3 为自身的家庭葬或小家族葬，其与西侧 M1、M2 共用的封土形成双重聚族葬，而封土下又有详细划分，构成第三重聚族葬（图 5-136）。北京市大兴区亦庄的一些东汉墓地中也可能存在类似情况，一些多人葬墓较近距离还有 1 座墓葬，二者可能共用一个封土，形成双重聚族葬，再与封土外墓地中的其他墓葬形成三重聚族葬，而如博兴路墓地，作为多人葬墓的 M6 与 M5 紧邻，二者可能共用一个封土，其北侧、南侧还有其他墓葬；新凤河路西段墓地，M1 与 M2 并列，可能共用一个封土，M10 与 M11 并列，可能共用一个封土，四墓都是多人葬，封土下两墓形成双重聚族葬，再与墓地中的其他墓葬形成三重聚族葬。

双重聚族葬与三重聚族葬在一定程度上体现出墓地中所葬人群血缘关系的远近，也反映出家族墓地的组成和性质。无论双重还是三重聚族葬的形式，都存在一个较为普遍的内容，即多人葬墓是形成的重点，而且多人葬墓在墓地中处于较为明显和突出的位置，有着相对较高的地位，进而凸显出与其他墓葬的差异和区别。当然，同一墓地中多个多人葬墓相互之间也是有差别的，这在墓葬位置、规模及陪葬物品等方面均会有所体现。

与聚族葬相关的还有一个问题，即墓外祭祀。京津冀地区发现的包含多人葬墓的东汉墓地中，仅河北秦皇岛抚宁邴各庄东汉墓地发现有墓外祭祀设施，计两处，皆为砖砌遗存，一处位于 M1 石砌墓垣的南侧偏西，又在

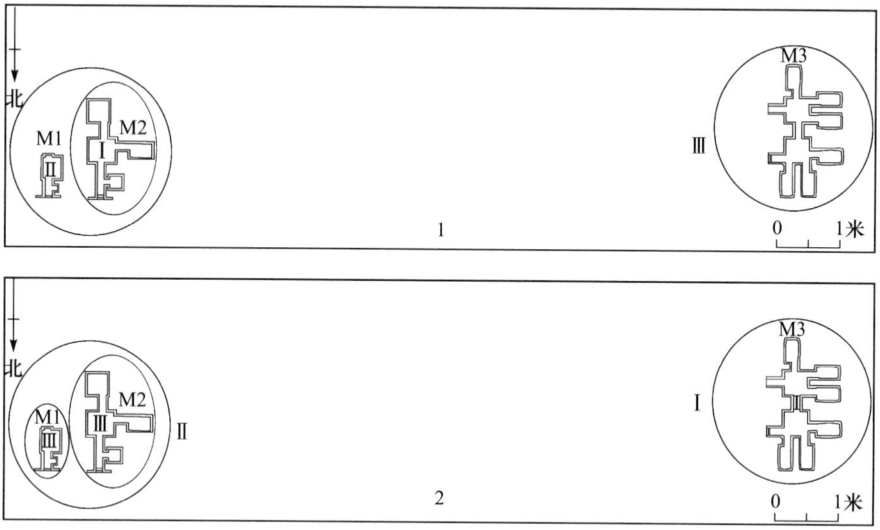

图 5-136　河北省张家口宣化东升路东汉墓地三重聚族葬示意图

M4、M5 后侧；一处位于石砌墓垣的西侧中部偏北，在 M2 的墓道口南[①]。关于这两处墓外祭祀遗存，本书的第四章第三节已有所论述，其中 M1 墓垣南侧偏西的祭祀遗存主要用于 M1 的墓外祭祀，而其他墓葬时代晚于 M1，在其他墓葬陆续修建后，还很可能会被用于其他墓葬，因此可视其为多座墓葬的祭祀设施；另一祭祀设施主要服务于 M2，但某种情况下又可用于祭祀 M1 的墓主。该处墓地及墓地设施较为特殊，结合墓葬布局及祭祀设施的位置，每一祭祀设施很可能仅服务于一座墓葬，即墓垣南侧偏西的祭祀遗存服务于 M1，另一设施服务于 M2。一个墓地中，多座墓葬各有自身祭祀设施的现象在东汉时期较为常见，苏鲁豫皖交界地区东汉墓地的石祠堂大多如此，豫北及山东青岛地区发现的砖砌祭台也大多如此，而就京津冀地区包含多人葬墓的东汉墓地来讲，墓地中的墓葬是否会有自身的祭祀设施，还要与其等级或墓主的身份地位、经济实力相联系，而多人葬墓大部分是墓地中等级较高者，有自身的墓外祭祀设施可以理解，其他墓葬则不一定，而整个墓地是否会有统一的墓外祭祀设施则不好断定。再结合其他地区东汉墓地中祭祀设施多服务于单体墓葬来看，统一的墓外祭祀设施存在的可能性并不大。

和东汉多人葬相关的聚族葬及家族墓地在其他地区也有较多发现，体现出整体或主要内容与京津冀地区发现的包含多人葬墓的东汉墓地较为

① 河北省文物研究所．河北抚宁县邴各庄汉墓发掘简报［J］．文物春秋，1997（3）．

相似，反映出东汉一代丧葬的日趋统一及汉代丧葬文化渐趋一体化的特点，但在一些细节或具体内容方面又各有特点。山西山阴县新广武收费站东汉M1为多人葬墓，其西侧为M2[①]，二者构成双重聚族葬的家族墓地（图5-137）。西安邮电学院长安校区M22为多人葬墓，相对独立[②]，与附近相关墓葬构成双重聚族葬（图5-138）；西安市电信局第二长途通信大楼M67位于墓地东南，相对独立，其西侧有较多墓葬，构成家族葬[③]（图5-139）；西安曲江雁湖小区M16，位于墓地东侧，较独立，其他墓葬位于其西侧，另在北侧有1座墓葬[④]（图5-140）。有些则相对复杂，为三重聚族葬，但表现形式并不尽相同。重庆万州区钟嘴东汉墓地中，M1、M2相距较近，当在同一封土下，M3距离稍远，相对独立[⑤]，M1、M2均为多人葬，二者形成双重聚族葬，并与M3形成三重聚族葬的家族墓地（图5-141）。西安市雅荷城市华园M1为多人葬墓，位置偏东，其他一些位于其西侧或西北侧，在其北部的M2规模较大，亦位置突出，西侧与西北侧有一些规模不大的墓葬，但与M1及附近墓葬有明显界隔[⑥]（图5-142），M1与其附近墓葬形成双重聚族葬，而M1与附近墓葬、M2及附近墓葬则形成三重聚族葬的家族墓地。类似不同层次的聚族葬家族墓地在西汉墓地中也有发现，但数量较少，这与西汉时期的多人葬墓少，并不普及有关，如山东省微山县微山岛西汉晚期墓地中，M20为多人葬墓，位置偏于东北，相对独立，其他墓葬多分布于其西南[⑦]

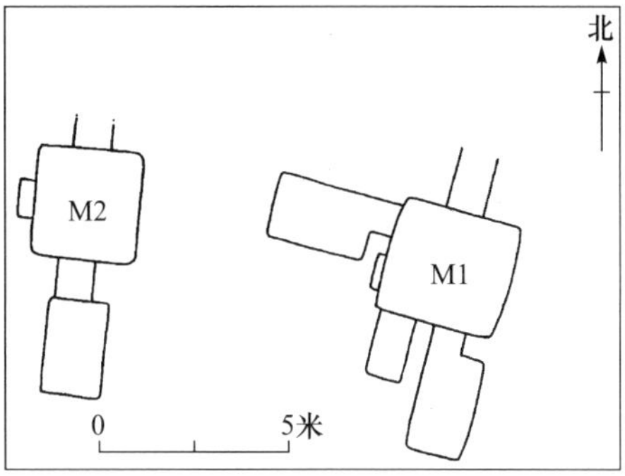

图5-137　山西山阴新广武收费站东汉墓葬分布图

① 山西省考古研究所，山西大学文博学院．山西新广武汉墓发掘报告［C］．山西省考古研究所，山西省考古学会．三晋考古（第三辑）［M］．太原：山西人民出版社，2006：262-285．

② 西安市文物保护考古所．西安东汉墓［M］．北京：文物出版社，2009：27-28（夹页）．

③ 西安市文物保护考古所．西安东汉墓［M］．北京：文物出版社，2009：17．

④ 西安市文物保护考古所．西安东汉墓［M］．北京：文物出版社，2009：21．

⑤ 山东省博物馆，重庆市博物馆，重庆市文化局．重庆万州区钟嘴东汉墓发掘简报［J］．华夏考古，2004（1）．

⑥ 西安市文物保护考古所．西安东汉墓［M］．北京：文物出版社，2009：13、14（夹页）．

⑦ 微山县文物管理所．山东微山县微山岛汉代墓葬［J］．考古，2009（10）．

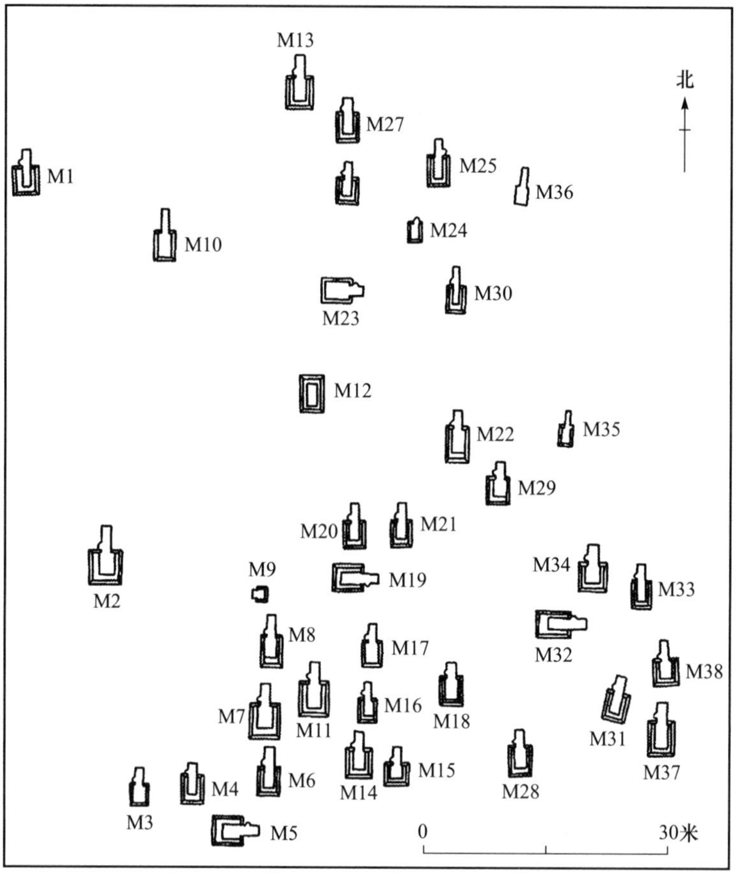

图 5-138　陕西省西安市西安邮电学院长安校区 M22 及部分墓葬分布图

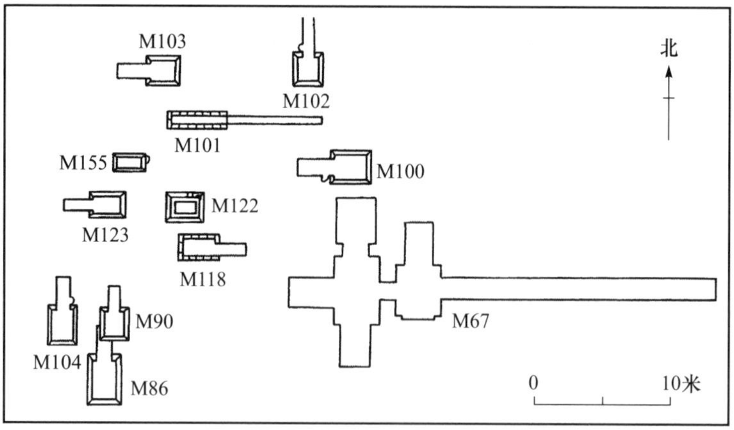

图 5-139　陕西省西安市电信局第二长途通信大楼 M67 与相关墓葬分布图

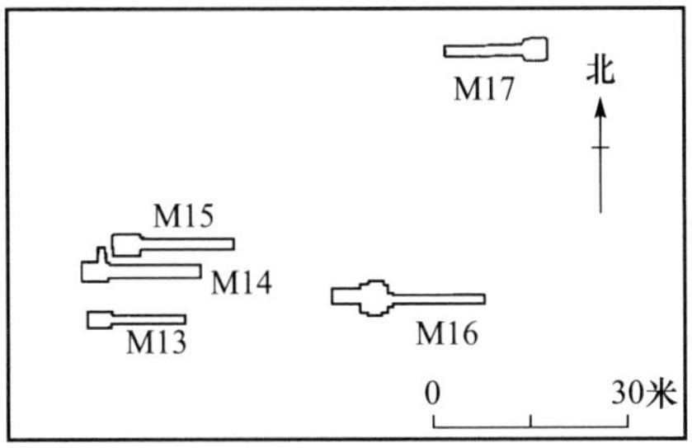

图 5-140　陕西省西安市曲江雁湖小区 M16 与相关墓葬分布图

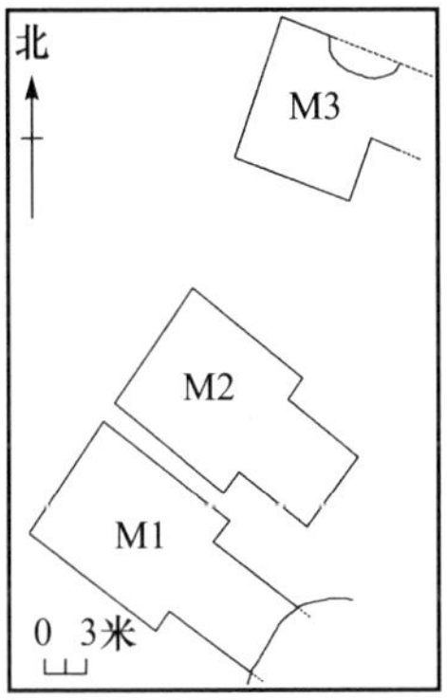

图 5-141　重庆市万州区钟嘴东汉墓葬分布示意图

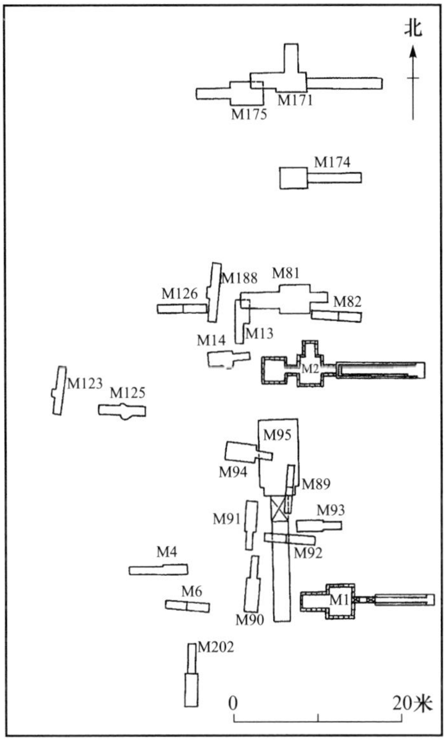

图 5-142　陕西省西安市雅荷城市华园 M1 与相关墓葬分布图

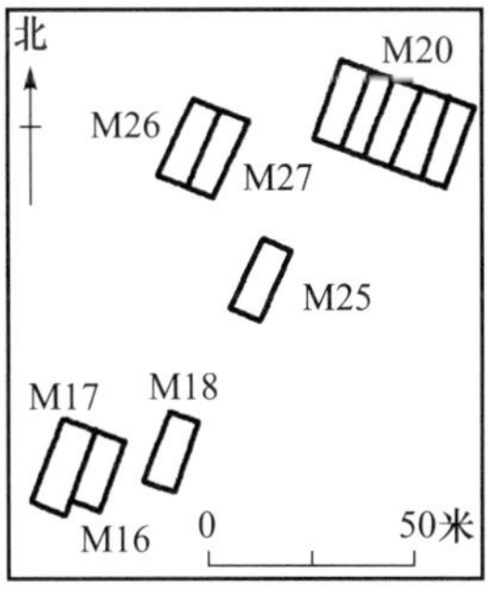

图 5-143　山东省微山县微山岛 M20 与相关墓葬分布图

（图 5-143），相互间应为双重聚族葬。但这一形式会对东汉时期包含多人葬墓的聚族葬家族墓地的形成和发展产生相应影响，一些基本延续其内容，一些则在此基础上形成三重聚族葬的家族墓地，如上述诸墓例。还有一些墓地的族葬内容更为丰富，充分体现出东汉时期家族墓地、多人葬墓及相关内容的多样化和全面化。较典型的为西安净水厂东汉墓地，该墓地中，M16～M21、M30 一组，除 M30 外，其余 6 墓南北并排，墓葬皆向东（M30 向南），随葬器物特征、组合相似，表明葬俗是一致的，M30 位于 6 座墓葬的前方（东部），规模较大，随葬器物的组合、特征同上，比较而言，墓主的等级辈分较高，这种并排埋葬的形式说明这组墓葬应属于一次性排列的家族墓地，M30 有可能属于长辈墓居前的情况，而这组家族墓中的 M18 合葬有 8 人，后室为 1 男 2 女，南侧室为 1 男 1 女，应属于夫妇同室合葬的形式，后室北侧的人骨架无棺具，应属侍妾之类，前堂的人骨架可能为后代合葬，北侧室的2具人骨架无棺灰，且随葬陶器多放于该室，表明所葬者的等级、身份较低，有可能属于家庭内部侍从或仆人的合葬，后室及南侧室的夫妇合葬年代上有所差别，后室出的是“长宜子孙”镜，南侧室出土的是变形四叶纹镜、尚方三兽镜，前者流行于东汉中期偏晚，后者流行于东汉晚期，这说明M18至少是两代人的合葬，这种家族墓内存在的家庭合葬墓，对我们了解汉代社会的家庭结构有着一定意义①。综合相关墓地的内容，也可为认识京津冀地区同墓内的合葬者内容及家族墓地的内容、内涵提供相应参考和借鉴。换言之，京津冀地区的东汉多人葬墓及其所属家族墓地，因遭盗掘和破坏，一些信息并不全面或相对较少，或可能会存在其他地区多人葬墓内的合葬内容及与多人葬墓有关家族墓地的内容和形式。

综上所述，京津冀地区已发现、发掘一定数量的东汉多人葬墓，这些墓葬大多分布于京津冀中北部地区，体现出相应的地域特点，也与这一地区社会政治、经济等的发展有关。京津冀地区的东汉多人葬墓基本为砖砌，形制较为多样，但以前、后室的结构为主，一些则为前中后室结构或多室结构，而前、后室结构者则多有侧室，有的还有耳室或其他设施，体现出与墓主身份及经济实力相对应的特征。京津冀地区的东汉多人葬墓大约产生于东汉中期，至东汉晚期较为常见和普及，体现出发展和演进的内容。墓内葬人的位置和数量等既有统一性，也有多样性，反映出与墓葬形制的结合，也折射出相应的丧葬需求及合葬内容。从墓葬规模、形制及陪葬物品等综合考察，多人葬墓墓地中的等级一般相对要高，但总体上以地方官吏、地主或有一定财力的平民为主，上限达不到列侯，下限则为有一定经济实力的平民，较多墓主在其家庭和家族中则有相应的等级和较高的地位。东汉多人葬墓在我国其他地区也有较多发现，但主要分布于汉代的两京及以北地区，这与相关地区丧葬内容等的发展有着一定关系。综合考察，西汉时期个别地区已零星出现多人葬墓，与所属墓地及地区中的西汉墓葬相比较，明显具有特殊性，而西汉时期还有高等级墓葬中存在殉人现象及一定数量的三人葬墓，这均对于东汉多人葬墓的形成和发展有着重要的影响和促进作用，至东汉中期，砖砌结构的多人葬墓开始增多并流行，成为东汉墓葬形式的组成内容之一。多人葬墓的发展和推广也为东汉时期家族墓地的发展起到较大的推动作用，由多人葬带动的双重聚族葬及三重聚族葬，使得东汉时期的家族葬及家族墓地的内容、内涵更为丰富和多样。可以说，

① 陕西省考古研究所配合基建考古队. 西安净水厂汉墓清理简报［J］. 考古与文物，1990（6）.

京津冀地区的东汉多人葬墓对研究汉代不同形式的合葬墓、家族墓地的发展及开展汉代墓葬的整体研究等均具有重要价值。而这一丧葬内容也对后世有着一定的影响，北朝及隋唐乃至宋元时期，京津冀地区的一些墓葬也采用多人葬，可能是受到这一地区东汉多人葬墓的影响，可视为影响下的延续和发展。

第六章　京津冀汉墓陪葬品专题研究

京津冀地区汉墓数量大、种类多，等级不一，分布地域亦较广泛，虽有一些墓葬保存状况相对较好，但更多的墓葬保存状况较差或遭受到极为严重的盗掘和破坏，墓葬内的陪葬留存情况因此呈现出明显参差不齐的特征；而这一地区的汉代墓葬，因墓内外环境及其他因素，漆器、纺织物等留存较少，这也是该地区汉墓陪葬品现状的特征之一。虽然上述因素造成了京津冀地区汉墓内陪葬品的损毁、破坏或不存，但该地区的汉代墓葬仍出土数量众多、不同时期、不同质地、不同类型、不同用途的陪葬品，对研究京津冀地区汉墓的陪葬品内容与制度、墓葬的发展和演变、陪葬品与社会及与陪葬品相关的工艺、装饰等均提供了极为丰富的实物资料。本书以上章节已对京津冀地区汉墓中的部分陪葬品及相关问题进行了分析，且目前关于陪葬品的研究成果也有相当数量，限于篇幅，本章主要就京津冀地区汉墓出土的陶俑、陶连枝灯和陶楼进行相关研究，并就与这三类器物有关的问题进行相应分析，以期对京津冀地区汉代墓葬陪葬品有更为全面的认识。

第一节　陶　　俑[①]

“俑”字在东周时期的典籍中已有见到，《孟子·梁惠王上》：“仲尼曰：‘始作俑者，其无后乎？’为其象人而用之也。”汉赵岐注：“俑，偶人也，用之送死。仲尼重人类，谓秦穆公时以三良殉葬，本由有作俑者也，恶其始造，故曰：此人其无后嗣乎？”宋孙奭疏：“正义曰：《记》云：‘孔子谓为俑者不仁。’《埤仓》云：‘木人送葬，设关而能踊跳，故名之曰俑。’鲁文公六年（公元前621年），秦穆公卒，以子车氏之三子奄息、仲行、鍼虎为殉。……”[②]可见，俑是用来为死者陪葬的物品，并且像人。《中国大百科全书·考古学》解释“俑”为：“中国古代坟墓中陪葬用的偶人。可能是象

---

① 本节相关内容已发表，详见董雪迎．河北地区汉代陶俑初探［J］．文物世界，2015（5），具体内容有所删减和补充，特做说明。

② 李学勤主编．十三经注疏·孟子注疏［M］．北京：北京大学出版社，1999：14、15．

征殉葬奴隶的模拟品……质料以木、陶质最常见。”[①]

由此可知，“陶俑”应是指墓葬及其相关设施（如陪葬坑等）中埋藏的用以陪葬死者的陶质偶人，其形象以侍从、乐舞、士兵等人物形象为主，因此本节的研究对象首先涉及京津冀地区汉代墓葬中出土的各类人物形象陶俑，主要包括侍俑、跽坐俑以及庖厨俑、舂米俑等劳作俑。而随着考古资料的不断丰富，汉代墓葬中还出土了大量的陶质动物，它们是对现实动物的模仿，也用以陪葬死者，京津冀地区汉墓中常见猪、狗、鸡、鸭等家禽、家畜等动物模型，它们与人物俑关系密切，功能相似，故本文也将家禽、家畜模型纳入研究范畴之中，称为“动物俑”。

一、类 型 分 析

京津冀地区汉代陶俑主要包括人物俑和动物俑两大类。人物俑有侍俑、跽坐俑、劳作俑（主要为庖厨俑、舂米俑和农夫俑）、伎乐俑、骑动物俑；动物俑有马、狗、猪、羊、鸡、鸭、鹅、鸳鸯、鸽等。质地为泥质灰陶或红陶，制法多为模制。部分陶俑整体或局部施白衣，其上加绘各式衣冠或装饰的纹饰，另有陶俑外施铅釉。本书选择出土数量较多、延续时间较长的几类陶俑进行分析。

（一）男侍俑

立姿，即作站立状。根据有无冠饰，可分为二型。

A型　有冠饰。根据冠饰、服饰和手部姿势的变化，可分为三式。

Ⅰ式：头戴巾帻，长衣及地，双手交握于腹部。标本河北保定易县燕下都D6T31②M8：12，头戴平上帻，身着红领右衽广袖白色长衣，从背面看系有红色腰带，两足尖露于长衣外[②]（图6-1：1）。

Ⅱ式：头戴巾帻，长衣过膝，双手交握于腹部。标本河北邢台曹演庄M1：7，头着软巾，脸作椭圆形，身着双重右衽交领长衣，笼手，巾呈棕色，外衣领、袖、衣缘呈朱红色[③]（图6-1：2）。

---

① 中国大百科全书总编辑委员会《考古学》编辑委员会. 中国大百科全书·考古学［M］. 北京：中国大百科全书出版社，1986：622.

② 河北省文物研究所. 燕下都遗址内的两汉墓葬［C］// 河北省文物研究所. 河北省考古文集（二）［M］. 北京：燕山出版社，2001：67-140.

③ 河北省文物研究所，邢台市文物管理处. 邢台曹演庄汉墓群发掘报告［J］. 文物春秋，1998（4）.

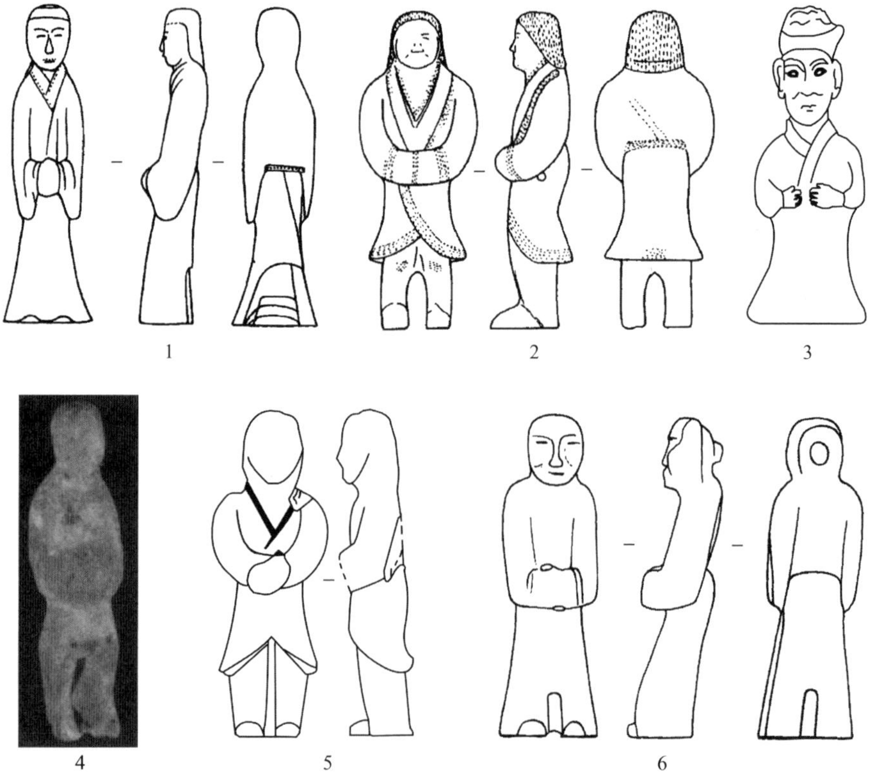

图 6-1　男侍俑

1. A 型Ⅰ式（河北保定易县燕下都 D6T31 ② M8：12）　2. A 型Ⅱ式（河北邢台曹演庄 Ml：7）　3. A 型Ⅲ式（河北唐山迁安于家村 M1：77）　4. B 型Ⅰ式（河北保定易县燕下都 M34：1）　5. B 型Ⅱ式（河北邯郸建设大街 HWM10：3）　6. B 型Ⅲ式（河北保定易县燕下都 D6T65 ② M23：4）

Ⅲ式：头戴冠，长衣及地，双手掬于胸前。标本河北唐山迁安于家村 M1：77，外施绿釉，浓眉大眼，表情谦恭，身着长袍，交领右衽[①]（图 6-1：3）。

B 型　无冠饰，或光头，或头发挽成发髻，或披发。根据衣着的不同，可分为三式。

Ⅰ式：身着长襦及裤。标本河北保定易县燕下都 M34：1，发髻较短至颈，袖亦较窄，衣长至膝，露裤[②]（图 6-1：4）。

Ⅱ式：身着过膝长袍。标本河北邯郸建设大街 HWM10：3，圆脸，披发，身穿束腰开襟长袍，双层领口呈 V 形，披发与长袍间无明显分界，双

① 迁安县文物保管所. 河北迁安于家村一号汉墓清理［J］. 文物，1996（10）.

② 河北省文化局文物工作队. 1964-1965 年燕下都墓葬发掘报告［J］. 考古，1965（11）.

手交于胸前，两腿并立；通体施白衣，局部施黑彩，单层领口，齐肩长发[①]（图 6-1：5）。

Ⅲ式：身着及地长衣。标本河北保定易县燕下都 D6T65 ② M23：4，身着窄袖长衣，腰中系有衣带，两手交握于腹前，两手交握处有一斜孔，两足尖露于长衣外，呈站立状[②]（图 6-1：6）。

（二）女侍俑

立姿，即作站立状。根据头部发式和衣着的变化，可分为二式。

Ⅰ式：头发梳于脑后，发髻垂至背部，仅个别头戴冠，身着长衣，下垂置地，下摆呈喇叭形。标本河北邢台曹演庄 M1：6，脸作椭圆形，身着双重右衽交领长衣，笼手，衣袖宽博，内衣朱红色，外衣领、袖、衣缘皆绘棕色[③]（图 6-2：1）。

图 6-2　女侍俑

1. Ⅰ式（河北邢台曹演庄 M1：6）　2. Ⅱ式（河北衡水武邑中角 M4：40）

Ⅱ式：头发束于头顶绾为高髻，身着长裙，下垂置地。标本河北衡水武邑中角 M4：40，泥质红陶，通体施绿釉，头束高发髻，身着长裙，交领右

---

① 邯郸市文物保护研究所．邯郸市建设大街战汉墓葬发掘报告［J］．文物春秋，2004（6）．

② 河北省文物研究所．燕下都遗址内的两汉墓葬［C］// 河北省文物研究所．河北省考古文集（二）［M］．北京：燕山出版社，2001：67-140．

③ 河北省文物研究所，邢台市文物管理处．邢台曹演庄汉墓群发掘报告［J］．文物春秋，1998（4）．

衽，腰系群带，双手扶于胸前[①]（图 6-2：2）。

（三）跽坐俑

坐姿，上身微前倾，双膝跪地，足尖着地，臀部坐在双足跟上，两臂曲于胸部。在此要特别指明，京津冀地区汉墓中出土的部分陶俑整体形态为跽坐状，但由于残损，其上肢形态不甚明显，无法判断其种类和性质，故统一归为跽坐俑。根据性别不同，可分为二型。

A 型　男跽坐俑。根据发式的变化，可分为二式。

Ⅰ式：头戴小冠或梳发髻。标本河北保定易县燕下都 D6T31 ② M8：13，身着右衽广袖白衣，两臂曲于胸部，似系有衣带，衣带两端露于左右两侧[②]（图 6-3：1）。

Ⅱ式：头戴大冠或圆帽。标本河北衡水深州下博 M24：6，面部五官模糊，双臂前伸，手部省略，着交衽式长衣[③]（图 6-3：2）。

B 型　女跽坐俑。根据发型的变化，可分为二式。

Ⅰ式：头发梳成垂髻或向后绾成发髻。标本河北邯郸建设大街 HWM9：1，瓜子脸，身穿交领内衣，外穿宽袖开襟曳地长裙，领口呈 V 形，双腿跽坐，两臂前曲，双手处有穿孔作握物状；通体施白衣，领口施红、蓝双彩，袖口、裙角施红彩，腰束黑带，但大部已脱落[④]（图 6-3：3）。

Ⅱ式：头发束于头顶绾为高髻。标本天津市武清区鲜于璜墓出土女俑，身穿宽袖长衫，左手持物于胸[⑤]（图 6-3：4）。

（四）庖厨俑

头戴圆帽、冠或巾帻，身穿斜领短衫，高挽两袖，屈膝跪坐，身前放一俎。根据人俑数量的多少及有无底座，可分为二型。

---

① 河北省文物研究所，衡水地区文物管理所．武邑中角汉墓群 4 号墓发掘报告［C］// 河北省文物研究所．河北省考古文集［M］．北京：东方出版社，1998：261-271．

② 河北省文物研究所．燕下都遗址内的两汉墓葬［C］// 河北省文物研究所．河北省考古文集（二）［M］．北京：燕山出版社，2001：67-140．

③ 河北省文物研究所，衡水市文物管理处，深州市文物保管所．河北省深州市下博汉唐墓地发掘报告［C］// 河北省文物研究所．河北省考古文集（二）［M］．北京：燕山出版社，2001：214-243．

④ 邯郸市文物保护研究所．邯郸市建设大街战汉墓葬发掘报告［J］．文物春秋，2004（6）．

⑤ 天津市文物管理处考古队．武清东汉鲜于璜墓［J］．考古学报，1982（3）．

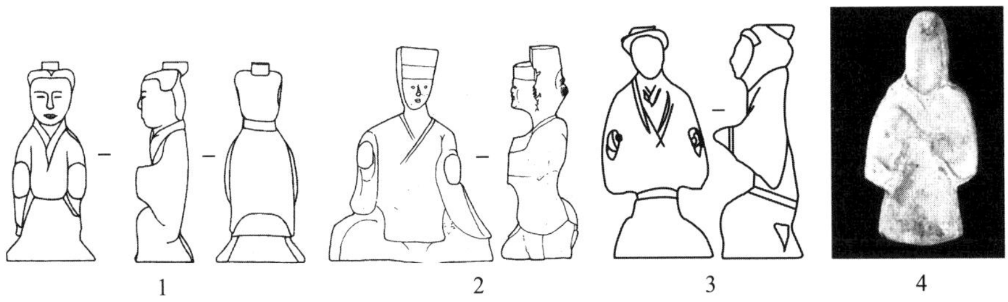

图 6-3　跽坐俑

1. A 型Ⅰ式（河北保定易县燕下都 D6T31 ② M8：13）　2. A 型Ⅱ式（河北衡水深州下博 M24：6）
3. B 型Ⅰ式（河北邯郸建设大街 HWM9：1）　4. B 型Ⅱ式（天津市武清区鲜于璜墓）

A 型　1 个人俑，坐于俎前，无底座。根据动作形态的变化，可分为二式。

Ⅰ式：右手持刀，作剖切状，左手略前伸，作辅助剖切状。标本河北唐山迁安于家村东汉 M1 出土庖厨俑，外施绿釉，俑粗眉大眼，额上有皱纹，大鼻，嘴角下撇，颊下微须，长衣交领右衽，刀下俎上置一条鱼，俑作剖鱼状[①]（图 6-4：1）。

Ⅱ式：双手斜前伸，一手作辅助状，另一手中无厨具。标本河北衡水武邑青冢东汉墓出土庖厨俑，通体施绿釉，头戴平巾帻，身着右衽长襦，衣袖挽起，双手呈操作姿势[②]（图 6-4：2）。

B 型　2 个人俑，有底座。2 人俑分左右坐于底座上，面前有俎，俎上有待剖杀的动物。标本河北衡水阜城桑庄东汉 M1：94，绿釉陶，底座一长侧分左右各跽坐一庖厨者（庖丁），头戴冠，前额突起，两眼深陷，长衣交领，从背部看系围裙，左侧庖丁左手及头残，右手按在面前小型条形俎一边，其前侧有一更大一些的长方形俎，俎上置一鱼，俎前座上并列羊头、狗头各一，右侧庖丁的动作及面前之物等与左侧庖丁相似，底座上前部中央放置一四足被绑的猪，作侧卧状，嘴残，另在两庖丁间原还应有物件，已残缺[③]（图 6-4：3）。

（五）舂米俑

双人作踏板捣碓状。两人手抚栏杆，前面为一高高翘起的碓头，后附长杆，有的杆下有一台状支撑体伸入踏板下，其前另有一小平台，应为礁石，双人站于踏板上，步法协调。根据人物是否戴冠及有无碓房，可分二式。

---

① 迁安县文物保管所. 河北迁安于家村一号汉墓清理［J］. 文物，1996（10）.

② 衡水市文物管理处. 河北武邑青冢汉墓发掘简报［J］. 文物春秋，2007（2）.

③ 河北省文物研究所. 河北阜城桑庄东汉墓发掘报告［J］. 文物，1990（1）.

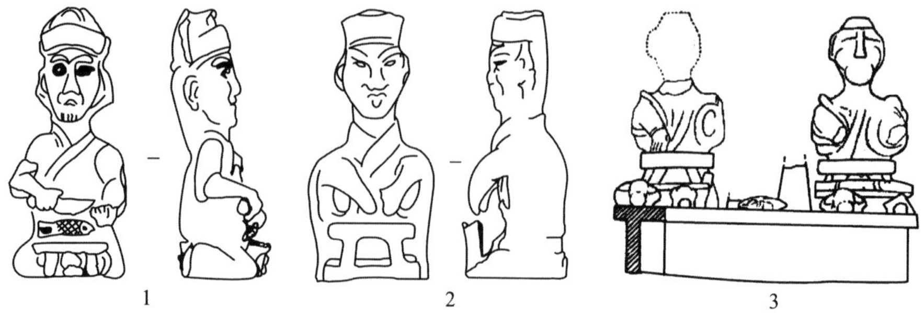

图 6-4　庖厨俑

1. A 型Ⅰ式（河北唐山迁安于家村东汉 M1 出土） 2. A 型Ⅱ式（河北衡水武邑青冢东汉墓出土）
3. B 型（河北衡水阜城桑庄东汉 M1：94）

Ⅰ式：人物不戴冠，有碓房。标本河北保定易县燕下都 67LLM1：24，泥质灰陶，单模制成，碓房分为一四阿顶房屋，屋中为二人舂米践碓[①]（图 6-5：1）。

Ⅱ式：人物戴冠，无碓房。标本北京市大兴区三台山 M2：17，模制，2 人似着长袍[②]（图 6-5：2）。

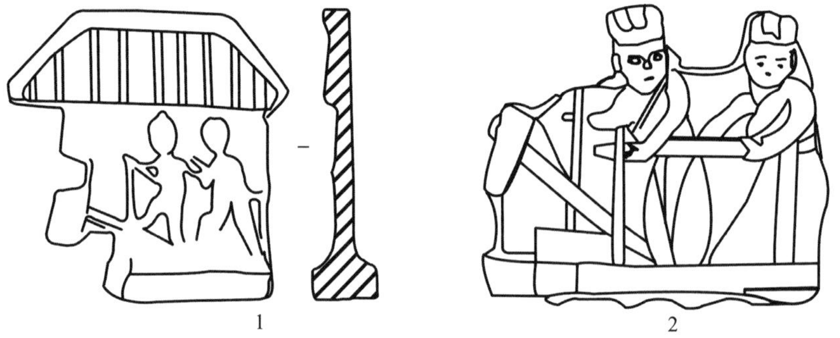

图 6-5　舂米俑

1. Ⅰ式（河北保定易县燕下都 67LLM1：24） 2. Ⅱ式（北京市大兴区三台山 M2：17）

（六）狗

有立姿，也有趴卧者，立姿者尾部上卷，卧姿者盘尾。根据身体姿态及有无项圈，可分为三型。

① 河北省文物研究所．燕下都遗址内的两汉墓葬［C］// 河北省文物研究所．河北省考古文集（二）［M］．北京：燕山出版社，2001：67-140.

② 北京市文物工作队．北京东南郊三台山东汉墓发掘简报［J］．北京历史考古丛书编辑组编．北京文物与考古［M］．1983：19-27.

A 型　立姿，即作站立状，竖耳，卷尾。标本燕下都 W21T75 ① M4：2，线条简单，二前腿、二后腿分别并拢，仅具形状[①]（图 6-6：1）。

B 型　立姿，即作站立状，昂首，竖耳，卷尾，颈部有项圈，腹部有套。根据相关肢体、项圈等的变化，可分二式。

Ⅰ式：鼻嘴，线条简单，面部刻划模糊，二前腿、二后腿分别并拢，仅具形状。项圈与套结合于脖子偏下部。标本河北衡水深州下博 M27：4，颈、腹、尾有刻划的鬃毛痕[②]（图 6-6：2）。

Ⅱ式：张口，线条细致，面部刻划清晰，四腿分开，蹄足清楚。项圈与套结合于身体之上中部，上有圆环。标本河北保定涿州凌云集团新厂 M1：21，颈部项圈为宽带状，系绳。通身施白衣，眼部用朱色圈成椭圆形眼眶，上下颌的须用黑色短线绘出，其余部分彩绘多剥落[③]（图 6-6：3）。

C 型　卧姿，即作伏卧状，足前伸。标本河北石家庄肖家营 M3：16，竖耳，盘尾，造型简单粗放，细部多不清[④]（图 6-6：4）。

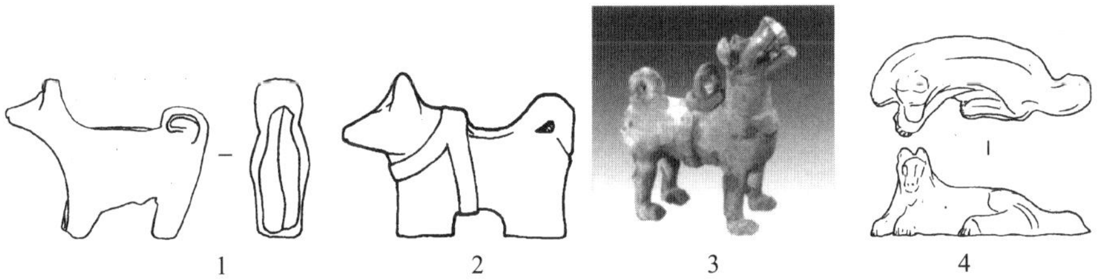

图 6-6　狗

1. A 型（河北保定易县燕下都 W21T75 ① M4：2）　2. B 型Ⅰ式（河北衡水深州下博 M27：4）
3. B 型Ⅱ式（河北保定涿州凌云集团新厂 M1：21）　4. C 型（河北石家庄肖家营 M3：16）

（七）猪

立姿，作四足直立状，形体较肥硕，吻部前突，大耳，短尾。造型简

① 河北省文物研究所．燕下都遗址内的两汉墓葬［C］// 河北省文物研究所．河北省考古文集（二）［M］．北京：燕山出版社，2001：67-140．

② 河北省文物研究所，衡水市文物管理处，深州市文物保管所．河北省深州市下博汉唐墓地发掘报告［C］// 河北省文物研究所．河北省考古文集（二）［M］．北京：燕山出版社，2001：214-243．

③ 史殿海．涿州凌云集团新厂东汉墓群发掘简报［J］．文物春秋，2007（3）．

④ 河北省文物研究所，石家庄市文物研究所．河北石家庄肖家营汉墓发掘报告［C］// 河北省文物研究所．河北省考古文集（三）［M］．北京：科学出版社，2007：72-97．

单。根据整体形态的变化，可分为二式。

Ⅰ式：背部平直。制作较粗糙，五官不清。标本河北衡水安平水泥管厂M2：2，长嘴前突，两耳向前斜出，尾向一侧微弯。通体施朱砂红彩，已脱落①（图6-7：1）。

Ⅱ式：背部鬃毛明显，五官表现稍清晰。标本河北廊坊文安县宋家牌东汉墓出土陶猪，双耳肥大直立，腹部浑圆，尾残②（图6-7：2）。

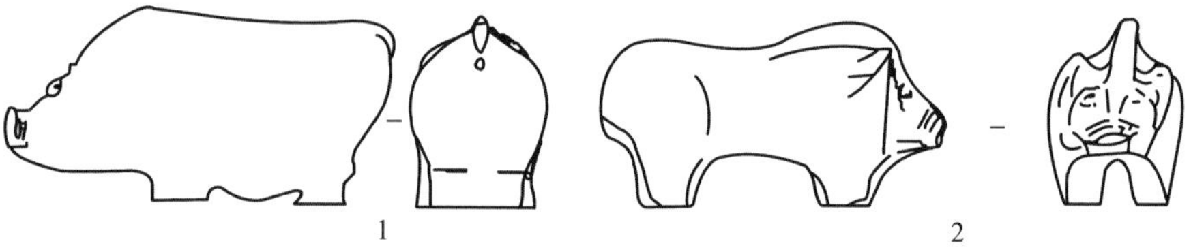

图6-7　猪

1. Ⅰ式（河北衡水安平水泥管厂M2：2）　2. Ⅱ式（河北廊坊文安县宋家牌东汉墓）

（八）鸡

立姿，作双腿并拢站立状。有冠，扬颈，翘尾。根据雄雌的变化，可分为二型。

A型　公鸡。高冠，羽毛较为丰满。根据造型的差异，可分为二式。

Ⅰ式：造型较为粗糙，细部刻画不清。冠较矮，卷尾，无足或假圈足。标本河北衡水武邑青冢东汉墓出土陶公鸡，通体施绿釉，已脱落，两眼凸出，长尾弯曲③（图6-8：1）。

Ⅱ式：造型精致，细部刻画清晰。高冠，卷尾上翘或下垂，爪形足。标本河北保定涿州凌云集团新厂M1：23，嘴张，尾内卷，足部较大④（图6-8：2）。

B型　母鸡。矮冠，羽毛较少。根据造型的变化，可分为二式。

Ⅰ式：造型较为粗糙，细部刻画不清。小矮冠，短尾，无足或假圈足。标本河北石家庄肖家营M3：13，头平伸，短尾上翘⑤（图6-8：3）。

Ⅱ式：造型精致，细部刻画清晰。矮冠，尾部竖直上扬，多为爪形足。标本河北衡水阜城桑庄M1：84，外表施绿釉，合模制成，表面涂一层很薄

① 衡水市文物管理处．河北安平水泥管厂东汉墓［J］．文物春秋，2005（2）．

② 张晓峰．文安县宋家牌汉墓出土遗物［J］．文物春秋，2001（6）．

③ 衡水市文物管理处．河北武邑青冢汉墓发掘简报［J］．文物春秋，2007（2）．

④ 史殿海．涿州凌云集团新厂东汉墓群发掘简报［J］．文物春秋，2007（3）．

⑤ 河北省文物研究所，石家庄市文物研究所．河北石家庄肖家营汉墓发掘报告［C］//河北省文物研究所．河北省考古文集（三）［M］．北京：科学出版社，2007：72-97．

图 6-8　鸡

1. A 型Ⅰ式（河北衡水武邑青冢东汉墓出土）2. A 型Ⅱ式（河北保定涿州凌云集团新厂 M1：23）
3. B 型Ⅰ式（河北石家庄肖家营 M3：13）4. B 型Ⅱ式（河北衡水阜城桑庄 M1：84）

的白粉，腹中空，尾下有一孔，身前部和翅前部刻划数行圆圈纹，翅后部和尾部刻划数道沟槽[①]（图 6-8：4）。

（九）鸭

扁嘴，圆眼，有翅、尾。根据造型的差异，可分为二式。

Ⅰ式：造型简单，未刻划细部，无足或假圈足。标本河北保定易县燕下都 67LLM1：22，长颈扬起，头前伸，翘尾，有刻画的羽毛，较简单[②]（图 6-9：1）。

Ⅱ式：造型形象丰满，翅、尾、足表现清晰。标本河北衡水阜城桑庄 M1：87，外施绿釉，全身涂一层薄白粉，身前部和翅前部刻划数行圆圈纹，翅后部和尾部刻划数道沟槽[③]（图 6-9：2）。

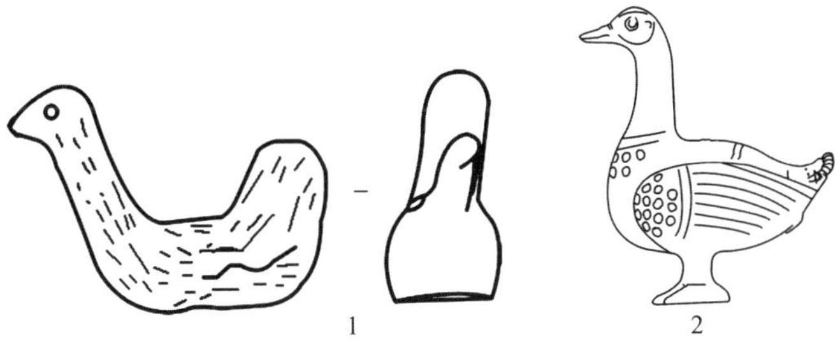

图 6-9　鸭

1. Ⅰ式（河北保定易县燕下都 67LLM1：22）2. Ⅱ式（河北衡水阜城桑庄 M1：87）

① 河北省文物研究所．河北阜城桑庄东汉墓发掘报告［J］．文物，1990（1）.

② 河北省文物研究所．燕下都遗址内的两汉墓葬［C］// 河北省文物研究所．河北省考古文集（二）［M］．北京：燕山出版社，2001：67-140.

③ 河北省文物研究所．河北阜城桑庄东汉墓发掘报告［J］．文物，1990（1）.

二、分期与发展演变

（一）分期

根据对京津冀地区汉墓出土陶俑的类型分析（图 6-10），以年代相对明确和典型墓葬出土的陶俑为标尺，参照墓葬形制及其他器物组合情况，可将京津冀地区出土陶俑分为四期（表 6-1）。

表 6-1　京津冀地区汉代陶俑分期表

类型／期别	男侍俑		女侍俑	跽坐俑		庖厨俑		春米俑	狗			猪	鸡		鸭
	A	B		A	B	A	B		A	B	C		A	B	
一	Ⅰ	Ⅰ	Ⅰ	Ⅰ	Ⅰ										
二	Ⅱ	Ⅱ	Ⅰ	Ⅰ	Ⅰ										
三	Ⅲ		Ⅱ	Ⅱ	Ⅱ	Ⅰ		Ⅰ	√	Ⅰ	√	Ⅰ	Ⅰ	Ⅰ	Ⅰ
四	Ⅲ	Ⅲ	Ⅱ	Ⅱ		Ⅱ	√	Ⅱ	√	Ⅱ	√	Ⅱ	Ⅱ	Ⅱ	Ⅱ

第一期：基本均为侍俑和跽坐俑，具体包括 A 型Ⅰ式、B 型Ⅰ式男侍俑，Ⅰ式女侍俑，A 型Ⅰ式、B 型Ⅰ式跽坐俑。出土陶俑的典型墓葬有河北保定易县燕下都 D6T31 ② M8 等。出土陶俑的墓葬均为竖穴土坑墓，墓葬随葬的部分其他陶器具有战国晚期的特点，应是继承战国晚期陶器发展而来的[①]。此外，部分墓葬中还出土了“半两”钱币。综合分析，本期陶俑的时代应为西汉早期。

第二期：陶俑种类同第一期，包括 A 型Ⅱ式、B 型Ⅱ式男侍俑，Ⅰ式女侍俑，A 型Ⅰ式、B 型Ⅰ式跽坐俑。男侍俑在第一期基础上有所发展，女侍俑和跽坐俑则维持第一期的形制。出土陶俑的典型墓葬有河北保定满城中山靖王刘胜墓[②]、邢台内丘张夺 10NZD1#MDTG1M5[③]、邯郸建设大街 HWM17[④]

① 河北省文物研究所．燕下都遗址内的两汉墓葬［C］// 河北省文物研究所．河北省考古文集（二）［M］．北京：燕山出版社，2001：67-140．

② 中国社会科学院考古研究所，河北省文物管理处．满城汉墓发掘报告［M］．北京：文物出版社，1980．

③ 南水北调中线干线工程建设管理局，河北省南水北调工程建设领导小组办公室，河北省文物局．内丘张夺发掘报告［M］．北京：科学出版社，2011：218-220．

④ 邯郸市文物保护研究所．邯郸市建设大街战汉墓葬发掘报告［J］．文物春秋，2004（6）．

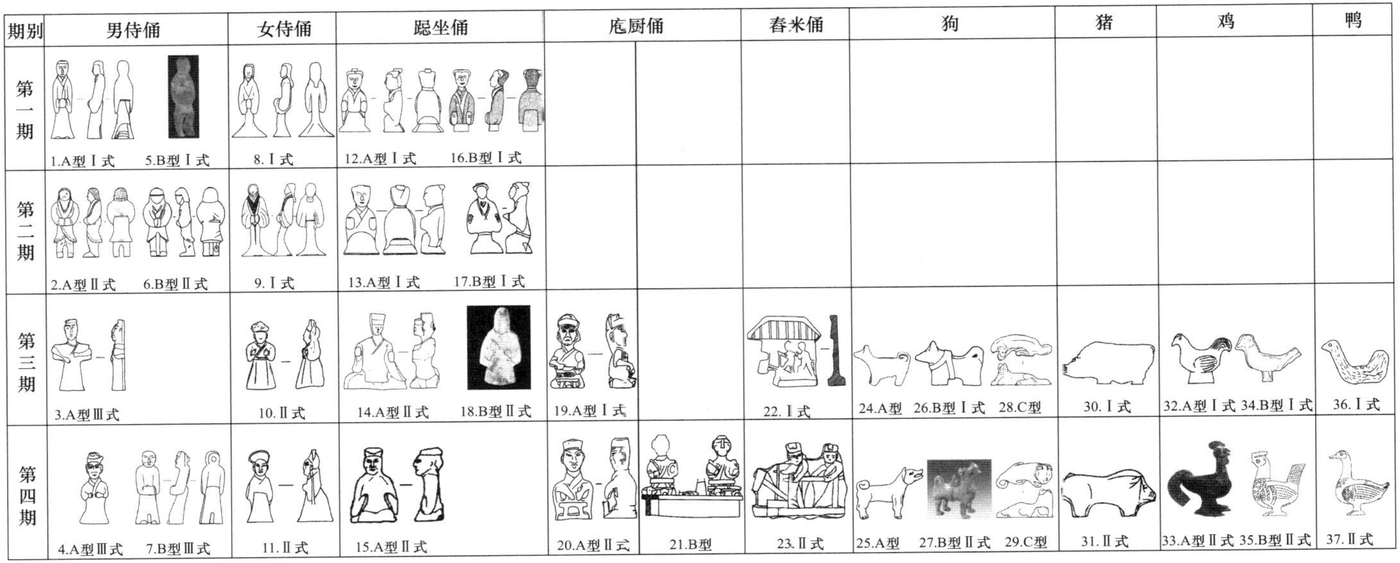

图6-10　京津冀地区汉代陶俑形制图

1. 河北保定易县燕下都 D6T31 ② M8：12　2. 河北邢台曹演庄 M1：7　3. 河北衡水深州下博 M20：6　4. 河北唐山迁安于家村 M1：77　5. 河北保定易县燕下都 M34：1　6. 河北邯郸建设大街 HWM17：1　7. 河北保定易县燕下都 D6T65 ② M23：4　8. 河北保定易县燕下都 M3：7　9. 河北邢台曹演庄 M1：6　10. 河北衡水武邑中角 M4：40　11. 河北保定易县燕下都 70LBM1：9　12. 河北保定易县燕下都 D6T31 ② M8：13　13. 河北保定易县燕下都 D6T61 ② M27：5　14. 河北衡水深州下博 M24：6　15. 河北保定满城宏昌圆 B 区 M9：13　16. 河北保定易县燕下都 D6T31 ② M8：10　17. 河北邯郸建设大街 HWM9：1　18. 天津市武清区鲜于璜墓出土　19. 河北衡水武邑青冢东汉墓出土　20. 河北唐山迁安于家村 M1　21. 河北衡水阜城桑庄东汉 M1：94　22. 河北保定易县燕下都 67LLM1：24　23. 北京市大兴区三台山 M2：17　24. 河北保定易县燕下都 W21T75 ① M4：2　25. 河北唐山滦南东汉墓出土　26. 河北衡水深州下博 M27：4　27. 河北保定涿州凌云集团新厂 M1：21　28. 河北石家庄肖家营 M3：16　29. 河北石家庄鹿泉西龙贵 M53：8　30. 河北衡水安平水泥管厂 M2：2　31. 河北廊坊宋家牌东汉墓出土　32. 河北衡水武邑青冢东汉墓出土　33. 河北保定涿州凌云集团新厂 M1：23　34. 河北石家庄肖家营 M3：13　35. 河北衡水阜城桑庄 M1：84　36. 河北保定易县燕下都 67LLM1：22　37. 河北衡水阜城桑庄 M1：87

等。中山靖王刘胜卒于汉武帝元鼎四年（公元前 113 年）[①]，为西汉中期偏早阶段；邯郸建设大街 HWM17 出土一面四乳草叶纹镜，建设大街 HWM19 出土一面星云纹镜[②]，这两类铜镜均在西汉中期最为流行[③]；此外，本期出土陶俑的墓葬中，除河北保定满城中山靖王刘胜墓为崖洞墓外，其余均为竖穴土坑墓，不见砖室墓，且有的墓葬伴出五铢钱。根据年代相对明确墓葬的形制及出土铜镜、钱币分析，本期陶俑的年代应为西汉中期，个别墓葬出土的陶俑，其年代或延续至西汉晚期。

第三期：本期出土陶俑种类不限于侍俑和跽坐俑，新出现了庖厨俑、舂米俑及动物俑，此三类俑不见于前两期。具体来说，主要包括 A 型Ⅲ式男侍俑，Ⅱ式女侍俑，A 型Ⅱ式、B 型Ⅱ式跽坐俑，A 型Ⅰ式庖厨俑，Ⅰ式舂米俑以及 A 型、B 型Ⅰ式、C 型狗，Ⅰ式猪，A 型Ⅰ式、B 型Ⅰ式鸡，Ⅰ式鸭等动物俑。男、女侍俑和跽坐俑均有所变化，且逐渐呈现出与一、二期不同的造型特征。出土陶俑的典型墓葬有河北衡水景县大代庄 86JDM1[④]、天津市武清区鲜于璜墓、河北石家庄肖家营 M3 等。出土陶俑的墓葬均为砖室墓，不见竖穴土坑墓；鲜于璜卒于汉安帝延光四年（公元 125 年）[⑤]；景县大代庄 86JDM1 出土的五铢钱具有东汉早中期的特点；石家庄肖家营 M3 出土的“长宜子孙”镜是东汉中期开始流行的镜类[⑥]。综上，本期陶俑的年代为东汉早、中期。

第四期：出土陶俑各类均有，具体包括 A 型Ⅲ式、B 型Ⅲ式男侍俑，Ⅱ式女侍俑，A 型Ⅱ式跽坐俑，A 型Ⅱ式、B 型庖厨俑，Ⅱ式舂米俑和 A 型、B 型Ⅱ式、C 型狗，Ⅱ式猪，A 型Ⅱ式、B 型Ⅱ式鸡、Ⅱ式鸭等动物俑。男、女侍俑和跽坐俑大体延续上一期的特征，庖厨俑、舂米俑及动物俑则均有一定发展。出土陶俑的典型墓葬有河北唐山迁安于家村 M1、河北保定望都 M2[⑦]

---

① （东汉）班固撰，（唐）颜师古注．汉书·景十三王传［M］．北京：中华书局，1962：2422-2426.

② 邯郸市文物保护研究所．邯郸市建设大街战汉墓葬发掘报告［J］．文物春秋，2004（6）.

③ 中国社会科学院考古研究所．中国考古学（秦汉卷）［M］．北京：中国社会科学出版社，2010：659、660.

④ 衡水地区文物管理所．河北景县大代庄东汉壁画墓［J］．文物春秋，1995（1）.

⑤ 天津市文物管理处考古队．武清东汉鲜于璜墓［J］．考古学报，1982（3）.

⑥ 中国社会科学院考古研究所．中国考古学（秦汉卷）［M］．北京：中国社会科学出版社，2010：663、664.

⑦ 河北省文化局考古工作队．望都二号汉墓［M］．北京：文物出版社，1959.

和定州 M43[①] 等。墓葬多为砖室墓，个别有石质墓门，且基本为双室或三室墓；分析望都 M2 出土买地券可知，该墓年代为汉灵帝光和五年（182 年）[②]；定州 M43 的墓主被认为是卒于熹平三年（174 年）的中山穆王刘畅[③]；此外本期墓葬多出土剪轮五铢和綖环五铢等。由此可知，本期的年代为东汉晚期。

（二）发展演变

京津冀地区汉代墓葬出土陶俑可分为四期，各期之间存在较为明显的发展演变。现归纳总结如下。

1. 种类变化

第一期和第二期，陶俑以男、女侍俑为主，跽坐俑也有一定数量，除此外没有其他种类的陶俑；至第三期，除前两期的男、女侍俑和跽坐俑外，新出现有庖厨俑、舂米俑以及猪、狗、鸡、鸭等动物俑，并且各类陶俑一直延续至第四期。陶俑的种类在总体上呈增加的趋势。

2. 形制变化

各类陶俑在四个发展阶段基本都存在一定变化，第二期与第三期之间的变化最为明显。具体而言，第二期的男侍俑虽然和第一期相比有所发展，但仅仅是在细节上的改变，而第三期却是在陶俑的整体造型姿态上有了改变。女侍俑和跽坐俑则在第一、二期基本无变化，至第三期，陶俑的发饰及衣着则发生了较大变化。庖厨俑、舂米俑及猪、狗、鸡、鸭等动物俑出现于第三期，并延续发展到第四期，从其形制特征来看，三、四两期之间变化不甚明显，A 型庖厨俑从双手剖鱼变为象征性的双手前伸，手中无厨具，但 B 型庖厨俑则趋于复杂，内容、内涵更加丰富；舂米俑由不戴冠变为戴冠；各类动物俑的变化多集中于细部，如面部表现得更加生动等，整体造型改变不大。

3. 组合变化

第一期陶俑最为常见的组合为“男侍俑 + 女侍俑 + 跽坐俑”。第二期由于跽坐俑数量减少，“A 型男侍俑 +B 型男侍俑”以及“男侍俑 + 女侍俑”的组合最为常见。第三期出现了庖厨俑、舂米俑等劳作俑和各类动物

---

① 定县博物馆．河北定县 43 号汉墓发掘简报［J］．文物，1973（11）．

② 河北省文化局文物工作队．望都二号汉墓［M］．北京：文物出版社，1959：13、14．

③ 定县博物馆．河北定县 43 号汉墓发掘简报［J］．文物，1973（11）．

俑，陶俑组合较为丰富多样，主要为“男、女侍俑 + 劳作俑 + 动物俑”的组合。第四期陶俑组合基本延续第三期，此外“劳作俑 + 动物俑”组合也较为常见，但在四期之中，“侍俑 / 跽坐俑 + 劳作俑 + 动物俑”的完备组合只在极少数墓葬中出现。总体而言，第一、二期陶俑组合以男、女侍俑为核心，而第三、四期陶俑组合则以各类动物俑为核心，也有一些墓葬配以劳作俑等。

4. 制作工艺变化

纵观京津冀地区陶俑发展的四个不同期段可以发现，陶俑的制作工艺呈逐渐衰落的趋势。第一、二期的陶俑大多施白衣，其上绘有彩绘，面部五官清晰，服饰衣冠描绘精美，纹饰多样。第三期以后，很多陶俑仅具有大体轮廓，细部表达不清晰，少有精致彩绘，而诸如舂米俑和部分动物俑，仅仅以写意的方式表现，外形粗犷、简单，虽然第四期动物俑的制作工艺有所进步，对动物面部细节刻划相对清晰，造型装饰有所改善，并有少量陶俑使用绿釉装饰外表，但整体工艺仍然不如第一、二期。

（三）发展演变的原因

《礼记·中庸》云：“事死如事生，事亡如事存。”[①] 在这一思想及其他相关内容的影响下，汉代的墓葬“不仅在墓室的形制和结构上模仿现实生活中的房屋，而且在陪葬品方面也尽量做到应有尽有，凡事生人所用的器具、物品，无不可以纳入墓中”[②]。所以，京津冀地区汉墓中出土的各种陶俑就是对墓主生前现实生活最直接的写照。京津冀地区汉代墓葬出土陶俑在种类、形制、组合和制作工艺上都随着时间的发展有较为明显的变化，其发展演变与两汉社会变化密不可分。

由于汉初丧葬在“承周制、袭秦制、揉周礼、融楚俗”的基础上逐步发展[③]，相应制度逐步得到确立，京津冀地区汉墓中多见仿制陶礼器，礼制特征较为明显，是对旧有用鼎制度的继承。在这些背景下，墓葬中的各类陪葬品的设置主要是用来突出墓主身份等级，因而此时期墓葬中随葬的多为侍俑，象征服侍墓主的侍从奴仆，用以彰显墓主身份。

经历了几十年的发展和积累，汉代社会于汉武帝时期开始步入发展的

---

① 《十三经注疏》整理委员会整理，李学勤主编. 十三经注疏 · 礼记正义［M］. 北京：北京大学出版社，1999：1439.

② 王仲殊. 汉代考古学概说［M］. 北京：中华书局，1984：97.

③ 韩国河. 秦汉魏晋丧葬制度研究［M］. 西安：陕西人民出版社，1999：50-56.

巅峰期，为了更好地巩固政权，汉武帝逐步在思想意识形态领域加强统治，采纳董仲舒的大一统思想，罢黜百家，独尊儒术，推动儒家思想成为国家统治的正统思想，经过朝廷的重视和推动，经历西汉中晚期的发展，东汉时期，儒家思想的统治地位逐步得到确立，并得以登堂入室，成为国家和社会最为重要的思想体系。儒家思想极其注重“孝道”，“孝”在两汉，尤其是东汉时期不仅是伦理美德，而且还是选拔官员的条件之一，整个社会重孝之风盛行。儒家孝道认为养生和送死同等重要，如《荀子·礼论》曰：“夫厚其生而薄其死，是敬其有知而慢其无知也，是奸人之道而背叛之心也。”[①]因此，厚葬被认为是恭行孝道的最好证明，在孝道观念的影响下，“世以厚葬为德，薄终为鄙”[②]，人们不惜斥巨资为逝者修筑豪华墓葬，并随葬大量陪葬品，以博得“孝悌”的美名，这在东汉时期尤为突出和明显。京津冀地区汉代墓葬中陪葬陶俑的种类和数量在一些时期，尤其是东汉时期呈现逐渐增加的趋势，应与厚葬风行密不可分。

西汉中期以后，京津冀地区汉墓中仿制陶礼器的数量逐渐减少，灶、仓等模型明器开始流行，正如韩国河先生在《秦汉魏晋丧葬制度研究》一书中所言：“一种纯粹追求等级型的明器制度，开始转换为生活型的随葬特征。”[③]与此相对应，汉代墓葬中陪葬的男、女侍俑和跽坐俑的数量开始下降。以诸侯王墓为例，西汉中晚期的中山靖王刘胜墓出土了陶侍俑18件[④]，广阳顷王刘建墓（北京大葆台M1[⑤]）出土了约240件陶俑，数量远远低于其他地区西汉早期诸侯王墓出土和陪葬陶俑的数量。而到了西汉晚期，京津冀地区的陶俑更是走向衰落，基本没有考古发现。经历了西汉末年和新莽时期的政治动荡与经济凋敝，东汉时期，京津冀地区陶俑迎来了新的发展，以庖厨俑和舂米俑为主的劳作俑以及各类动物俑得到使用并成为主流，这与当时的社会背景有关，西汉中期以后，随着土地私有化的发展，土地兼并日益严重，地主豪强控制下的田庄生产作为一种新的农业生产方式逐渐形成；同时由于东汉政权依靠豪强地主建立，故在东汉政府的纵容和保护下，庄园经济得到了飞速的发展。这从史料中便可窥知一二：“（马）防

① （清）王先谦．荀子集解［M］．北京：中华书局，1988：359．

② （南朝·宋）范晔．后汉书［M］．北京：中华书局，1965：51．

③ 韩国河．秦汉魏晋丧葬制度研究［M］．西安：陕西人民出版社，1999：283．

④ 中国社会科学院考古研究所，河北省文物管理处．满城汉墓发掘报告［M］．北京：文物出版社，1980：206、207．

⑤ 大葆台汉墓发掘组，中国社会科学院考古研究所．北京大葆台汉墓［M］．北京：文物出版社，1989：63．

兄弟贵盛，奴婢各千人已上，资产巨亿，皆买京师膏腴美田，又大起第观，连阁临道，弥亘道路……防又多牧马畜，赋敛羌胡。”[①]东汉晚期墓葬中普遍出现的各种动物俑、劳作俑以及楼阁、粮仓、水田、院落等模型明器，正是东汉庄园经济发展的现实影响，也是庄园生活的真实写照。

就陶俑在第二期与第三期之间变化最为明显这一特征来讲，有一个原因需做考虑，即第二期与第三期之间，在历史时代上为西汉晚期至东汉初期，这一阶段，全国较多地区的西汉墓葬均不见陶俑，如徐州地区的西汉晚期墓葬[②]等，都城长安附近葬陶俑的西汉墓葬也大幅度减少，相对集中于一些等级较高的墓葬，京津冀地区也如其他地区一样，在西汉晚期至东汉初期，墓葬基本不用陶俑陪葬。东汉早期，如上文所言，陶俑陪葬开始复苏，但由于存在较长时间的间隔期，陶俑形制、内容有较大变化当在情理之中，而且东汉墓葬出土的陶俑，其形制、内容、特点更符合东汉墓葬及当时的社会需求。虽然东汉时期陶俑陪葬得到重新使用，并日渐发展，但就整体来讲，陶俑陪葬已趋于衰落，东汉时期基本可视作衰落中的延续，但这种延续，为两晋南北朝，乃至隋唐时期陶俑陪葬的再次兴盛和发展具有重要的促进作用和影响。

三、分布规律和形成原因推测

京津冀地区地理范围内，出土陶俑的汉代墓葬分布较广，河北省的石家庄市、保定市、唐山市、张家口市、廊坊市、沧州市、衡水市、邢台市、邯郸市，以及北京市和天津市，都有出土陶俑的汉代墓葬被发现和发掘，但从出土陶俑的数量和时代上来看，各地区汉墓陪葬陶俑的分布似乎存在一定的特点，下文拟就京津冀地区汉代墓葬陪葬陶俑在分布方面的相关问题进行初步探讨。

（一）分布规律

1. 数量上的分布总体呈现出南北少、中部多的特征

从总体来看，京津冀地区汉代陶俑的分布较不均衡，南部和北部地区发现的陶俑数量较少，中部地区数量较多（表 6-2）。具体来说，中部地区

① （南朝•宋）范晔撰，（唐）李贤等注. 后汉书•马防传［M］. 北京：中华书局，1965：857.

② 刘尊志. 徐州西汉墓陪葬陶俑组合及相关问题［J］. 考古，2013（8）.

的石家庄市、保定市、衡水市和北京市集中分布了整个京津冀地区大部分汉代墓葬出土的陶俑；而京津冀地区东北部的承德市和秦皇岛市极少或没有汉代陶俑发现，南部的邢台市和邯郸市发现的汉墓中虽然有一定数量的陶俑，但相对于中部地区仍显数量较少；至于其他地区，汉墓出土的陶俑多为零星分布，并不集中。

表 6-2　京津冀地区各地市汉代陶俑分布数量表

地区 数量	河北省									北京市	天津市
	石家庄	唐山	邯郸	邢台	保定	张家口	沧州	廊坊	衡水		
数量 / 件	29+	21	14+	17+	160+	23	2	7	41	289	2+

注："+"表示"以上"，如"29+"表示"29 件以上"，下表同。

2. 分布范围大体呈现出以河北省保定市为中心且向外扩展的趋势

前文通过类型分析将京津冀地区汉代墓葬出土陶俑分为前后发展的四期，在这四期中，陶俑不仅在种类、形制、组合和制作工艺上有着明显的变化，其分布地域也在不断变化。图 6-11 和表 6-3 为不同时期各地市陶俑的分布情况。可以看到，第一期（西汉早期）的陶俑只出现在河北省保定市，且集中于易县燕下都遗址，分布范围很小，出土陶俑及所属墓葬的数量也较少。第二期（西汉中期），陶俑的分布开始从保定市向南、向北扩展，除河北保定市外，南部的邯郸市、邢台市和北部的北京市，都发现出土的陶俑的汉墓，且陶俑数量稍多。第三期（东汉早、中期），陶俑已几乎扩展至整个京津冀的中部地区，出土陶俑的汉墓，分布地点及墓葬数量有所增加。因此，如果说陶俑的分布范围在第二期是点的增加，那么到了第三期则是面的扩大。第四期（东汉晚期），除了河北省秦皇岛市和承德市，整个京津冀地区均有出土陶俑的汉代墓葬被发现，分布范围达到了极值。

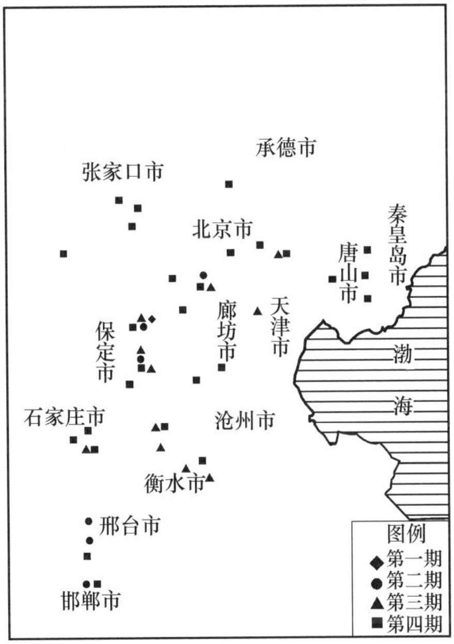

图 6-11　京津冀地区在汉代陶俑分布图

由此，京津冀地区汉代墓葬出土陶俑的分布范围是随着时间发展而逐渐扩大的，而河北保定市应是中心。

表 6-3　不同时期京津冀地区陶俑分布情况

期别	分布城市	数量 / 件
第一期	保定	74
第二期	保定、北京、邯郸、邢台	287
第三期	保定、北京、石家庄、衡水、天津	77+
第四期	保定、北京、石家庄、衡水、天津、邯郸、邢台、张家口、沧州、唐山、廊坊	167+

3. 不同地区的陶俑具有较为明显的时代性

根据表 6-2、表 6-3 可以看出，北京市和河北省邢台市、邯郸市出土陶俑以第二期为主，兼具第四期汉墓出土的陶俑；天津市和河北省衡水市汉墓出土的陶俑主要为第三期；河北石家庄市汉墓出土的陶俑主要为第四期，第三期也有一定数量，但整体不多；河北张家口市、沧州市、廊坊市和唐山市则只有第四期的墓葬出土有陶俑，不见其他时期的墓葬。总之，京津冀地区不同时期墓葬出土陶俑分布的主要地域范围变化如下：第一期主要分布在河北省保定市，第二期扩展到北京市和河北省邢台市、邯郸市，第三期主要分布于天津市和河北省衡水市，第四期则主要分布在河北省石家庄市、沧州市、廊坊市和唐山市，北京市也有一定数量。

（二）原因推测

根据上文总结，京津冀地区汉代墓葬出土陶俑的分布呈现出一定的规律特点，为何会出现如此特点？本书认为这与京津冀地区的历史背景、自然条件和社会状况等均有关系。

1. 历史背景

今河北省保定市大部及北京市、河北省邯郸市与邢台市南部为战国时期燕、赵故地，其中今北京为燕国上都蓟之所在，河北保定易县附近是燕国下都武阳所在，河北邯郸市区西部则是赵国晚期都城所在。这些地区曾作为都城，自然地理条件都十分优越，开发时间早，经营时间长，经济发展相对较好，人口众多，为这些地区西汉早、中期墓葬陪葬陶俑打下了良好基础，而其他地区少见同时期墓葬，高等级墓葬则是基本不见。因此，这些地区陶俑出现最早，也成为西汉早、中期陶俑集中分布的区域。

2. 自然条件

京津冀地区南部和东南部汉墓出土的陶俑多为西汉中期以前，东汉时期墓葬出土的数量很少。今京津冀地区南部和东南部属汉代冀州刺史部的魏郡、清河郡（国）和钜鹿郡，此三郡由于黄河流经而水灾频发。尤其是西汉中期以后，直至东汉，当地百姓屡受水灾困扰：鸿嘉四年（公元前17年），“是岁，渤海、清河、信都河水湓溢，灌县邑三十一，败官亭民舍四万余所”①；王莽始建国三年（11年），“河决魏郡，泛清河以东数郡”②。虽然两汉政府也曾极力治理黄河，但“犹不能为魏郡、清河减损水害”③，当地饥荒频发，民不聊生，对郡县百姓的生产、生活，乃至此地区的贵族、官吏的生活等都会造成严重影响。因此，自然条件可能是京津冀地区南部和东南部的邯郸市、邢台市等在西汉中期以后经济等的发展缓慢，致使墓葬陪葬陶俑大量减少的原因之一。

3. 社会状况

影响陶俑分布较为直接的原因之一就是当时的社会状况。

首先，大一统汉文化的影响。随着汉王朝政权的巩固，大一统思想文化得以确立和推行，全国各地葬制、葬俗趋向统一，京津冀地区亦不例外。西汉中期以后，尤其东汉时期，京津冀地区范围内各个地区的墓葬形制和陪葬品的种类开始趋于统一，并且随着陪葬品“生活化”的趋势日渐发展，陶俑开始广泛出现在整个京津冀地区。这也是京津冀地区汉代墓葬出土陶俑在第三期（东汉早、中期）时分布范围开始逐渐扩大，至第四期（东汉晚期）几乎遍布全境的原因。

其次，少数民族对汉王朝北方边郡的侵扰。河北省承德市、秦皇岛市的全境以及张家口市北部和东部、唐山市北部、天津市东北部基本均未发现汉代陶俑。这些地区在汉代属幽州刺史部的上谷郡、渔阳郡、右北平郡和辽西郡及以北的少数民族控制区域。西汉中晚期开始，随着匈奴势力减弱、乌桓和鲜卑不断崛起，幽州刺史部靠近边境的各郡常受乌桓、鲜卑的入侵，战乱频发。“昭帝时……乌桓复寇幽州。”④“（永元）十三年（101年）辽东鲜

---

① （东汉）班固撰，（唐）颜师古注．汉书·沟洫志［M］．北京：中华书局，1962：1690．
② （东汉）班固撰，（唐）颜师古注．汉书·王莽传［M］．北京：中华书局，1962：4127．
③ （东汉）班固撰，（唐）颜师古注．汉书·沟洫志［M］．北京：中华书局，1962：1687．
④ （南朝·宋）范晔撰，（唐）李贤等注．后汉书·乌桓鲜卑列传［M］．北京：中华书局，1965：2981．

卑寇右北平，因入渔阳……延平元年（106 年），鲜卑复寇渔阳。”[①]“安帝永初三年（109 年）夏，渔阳乌桓与右北平胡千余寇代郡、上谷。”在少数民族的不断侵扰下，“幽、并、凉三州缘边诸郡无岁不被鲜卑寇抄，杀略不可胜数”[②]。这些地区的社会经济凋敝，农耕废弛，几乎不见陶俑分布大抵也是因为受到了相关因素的影响。

最后，诸侯王和地主豪强势力的影响。京津冀地区汉墓出土陶俑多集中分布在今北京市及河北省保定市、石家庄市、衡水市等地，这些地方汉代墓葬数量较多，且多见诸侯王墓和贵族、地方官吏与豪强地主的大、中型墓葬。例如，北京市发现的西汉广阳顷王刘建墓[③]，河北保定市发现的西汉中山靖王刘胜墓[④]、中山怀王刘修墓（定州 M40）[⑤]、东汉中山穆王刘畅墓（定州 M43）[⑥]及东汉晚期等级较高的望都 M2[⑦]等，河北石家庄市发现的被认为可能是列侯夫人墓葬的肖家营 M3[⑧]，衡水市发现的地方官吏或豪族墓葬安平逯家庄壁画墓[⑨]和阜城桑庄墓[⑩]等。这些大墓葬规模宏大，陪葬品丰富，充分体现了墓主人的身份地位和财富，故这几个地区也集中了京津冀地区汉墓出土的大部分陶俑。

四、墓葬中的位置及其功能含义

汉代墓葬随葬品的出土位置对考察相关器物的功能或作用具有重要的

---

① （南朝•宋）范晔撰，（唐）李贤等注．后汉书•乌桓鲜卑列传［M］．北京：中华书局，1965：2983．

② （南朝•宋）范晔撰，（唐）李贤等注．后汉书•乌桓鲜卑列传［M］．北京：中华书局，1965：2990．

③ 大葆台汉墓发掘组，中国社会科学院考古研究所．北京大葆台汉墓［M］．北京：文物出版社，1989．

④ 中国社会科学院考古研究所，河北省文物管理处．满城汉墓发掘报告［M］．北京：文物出版社，1980．

⑤ 河北省文物研究所．河北定县 40 号汉墓发掘简报［J］．文物，1981（8）．

⑥ 定县博物馆．河北定县 43 号汉墓发掘简报［J］．文物，1973（11）．

⑦ 河北省文化局文物工作队．望都二号汉墓［M］．北京：文物出版社，1959．

⑧ 河北省文物研究所，石家庄市文物研究所．河北石家庄肖家营汉墓发掘报告［C］//河北省文物研究所．河北省考古文集（三）［M］．北京：科学出版社，2007：72-97．

⑨ 河北省文物研究所．安平东汉壁画墓发掘简报［J］．文物春秋，1989 年（Z1）；安平东汉壁画墓［M］．北京：文物出版社，1990．

⑩ 河北省文物研究所．河北阜城桑庄东汉墓发掘报告［J］．文物，1990（1）．

参考价值和学术意义，正确分析陶俑在不同墓葬中的出土位置，可帮助我们从多个角度去认识和理解陶俑陪葬的目的及其在墓葬中的功能和作用。

（一）出土位置分类

由于京津冀地区汉代墓葬大多被盗扰或遭严重破坏，各类陪葬品的位置已被移动，本书仅能根据相关墓葬的平面图、陪葬品分布图以及报告、简报中对陪葬品摆放位置的描述，大体确定陶俑的出土位置。本书将目前能明确陶俑出土位置的京津冀地区汉墓整理如表 6-4。统计可知，所有陶俑均出自墓室之内，没有发现出土于墓葬之外的陪葬坑和墓葬的墓道、封土中。京津冀地区汉墓的形制较为多样，陶俑的出土位置与墓葬形制关系密切，各类陶俑在不同形制的墓葬中摆放位置大体固定。根据陶俑出土位置的不同，可分为以下四型。

表 6-4　京津冀地区汉代陶俑出土位置及伴出器物统计表

墓葬	形制	陶俑出土位置	陶俑种类数量/件	与陶俑伴出器物	盗扰	分期
易县燕下都 D6T31②M8	竖穴土坑	棺内北端（头端）	男女侍俑、跽坐俑共 10、马俑 3	陶壶、瓮、盒，半两钱、铜带钩	是	一
易县燕下都 D6T46②M14	竖穴土坑	头箱	男女侍俑、跽坐俑共 6、马俑 1	陶瓮、盒、罐、壶、珠，铁削、半两钱、玛瑙珠	是	一
易县燕下都 D6T46②M15	竖穴土坑	头箱	男女侍俑、跽坐俑共 4、马俑 1	陶瓮、罐、盒，铁杈、削，铜管、带钩、半两钱，玉玦	是	一
易县燕下都 M3	竖穴土坑	头端棺椁之间	女侍俑	铜镜、半两钱，陶罐、壶、盒	不明	一
易县燕下都 M4	竖穴土坑	棺内头骨前方	女侍俑 4、马俑 1	半两钱，龙形玉饰，陶鼎、壶、罐	不明	一
易县燕下都 M7	竖穴土坑	棺内头骨前方	女侍俑、马俑、羊	陶罐、壶、鼎	不明	一
易县燕下都 M34	竖穴土坑	头骨前方	女侍俑 4、男侍俑 2、马俑 1	陶罐、碗、鼎、瓮，半两钱	否	一
内丘张夺 09ⅡTG3M56	竖穴土坑	头龛	男侍俑 1	无	是	二
内丘张夺 09ⅡTG4M72	竖穴土坑	头骨前方	俑头 2	陶鼎、壶、罐、瓮、盒	是	二
内丘张夺 09ⅡTG4M81	竖穴土坑	头前棺外	女侍俑 1、跽坐俑 1	陶鼎、壶、罐、盒	否	二

续表

墓葬	形制	陶俑出土位置	陶俑种类数量/件	与陶俑伴出器物	盗扰	分期
内丘张夺09ⅡTG4M83	竖穴土坑	头前棺外	跽坐俑1	陶钫、罐、壶、瓮、车轮、鼎、盒，铁刀、铜带钩	否	二
内丘张夺10ZDZ1#MDTG1M5	竖穴土坑墓砖椁	头龛	女侍俑1、男侍俑1	陶鼎、壶、罐、瓮、盒	是	二
内丘张夺10ZDZ2#MDTG1M23	竖穴土坑	头前棺外	男侍俑1	陶罐	是	二
保定满城M1	横穴崖洞	中室北部	侍俑18	玉饰，漆皮，陶盆、灯、罐、壶，铜盆、俎、小型铜器，铁刀、帷帐构件	否	二
邯郸建设大街HWM18	竖穴土坑	头前椁外	男侍俑1	无	是	二
邯郸渚河桥M5	竖穴土坑	头箱	男侍俑2	铜镜、泡钉，幼猪骨，残铁环	是	二
邢台曹演庄M1	竖穴土坑砖椁	不明	男侍俑1、女侍俑2、跽坐俑1	陶壶、钵、车轮	是	二
北京大葆台M1	竖穴土坑黄肠题凑	外回廊和题凑门西侧	侍俑约240	陶礼器、日用陶器、铜器、铅银器、铁器、玉石器、骨角牙器、漆木器、纺织品、车马器等	是	二
景县大代庄墓	砖砌前后双室	前室	狗1、猪1、鸡1	陶壶、缸、碗、钵、盘、案、卮、勺、熏炉、楼、仓、井、灯、磨、碓、圈	是	三
易县燕下都G2T9②M4	砖砌单室	墓门附近	狗1	陶罐、樽、灶，五铢钱	是	三
易县燕下都W21T75①M4	砖砌前后双室	前室	猪1、狗1	陶盘、樽、耳杯、井、灶、环	是	三
易县燕下都W21T86①M6	砖砌单室	墓门附近	猪2、鸡3	陶井、盘、樽、耳杯、罐、瓮、灶、釜、甑、磨、屋，铜镜、五铢钱、半两，玻璃，铁棺钉	是	三
深州下博M20	砖砌单室	墓室中部、后部	侍俑1、狗1	陶案、耳杯、灶、釜、甑	是	三
深州下博M24	砖砌单室	墓室后壁下	跽坐俑1、女侍俑2	陶樽、磨、灶、罐、耳杯、甑、碓、盘、釜、案	是	三

续表

墓葬	形制	陶俑出土位置	陶俑种类数量/件	与陶俑伴出器物	盗扰	分期
深州下博 M39	砖砌单室	靠近墓门角落	狗 1	陶圈、罐、耳杯、盘、灶、案，铁球，铜钱	是	三
安平后大寨墓	砖砌单室	墓室中部一侧	跽坐俑 1、猪 1、鸡 1、马 1	陶器残片、钱币	是	三
石家庄肖家营 M3	砖砌前中后多室	前室	鸡 8、鸭 2、狗 2	陶盆、耳杯、井、灶、釜、甑、魁	是	三
易县燕下都 M38	砖砌单室	主要在墓室一侧	跽坐俑 1、舂米俑 1、狗 1	陶灯、灶、尊、磨、魁、壶、圈	是	三
北京三台山 M1	砖砌前中后多室	中室	舂米俑 1、猪 1、鸡 1	陶耳杯、陶博山炉	是	三
安平水泥管厂 M2	砖砌前中后多室	前室、中室	侍俑 1、猪 1	陶圈、罐、楼、案、壶	是	三
衡水武邑中角 M4	砖砌前中后多室	中室	女侍俑 1、庖厨俑 1、狗 1、鸡 2	陶楼、鼎、壶、釜、罐、盆、盘、案、奁、魁、碗、勺、耳杯、灯、井、磨、灶	是	三
满城宏昌园 B 区 M9	砖砌前后双室	前室近墓门处	跽坐俑 1、狗 1	陶仓、案、耳杯、灶、熏炉、连枝灯、罐、盘	是	三
滦县新农村 M1	砖砌前后双室	东后室	狗 1、猪 1、鸡 2	陶耳杯	是	四
北京三台山 M2	砖砌前中后多室	耳室	男侍俑、舂米俑 1、狗 2、鸡 1、兽头 1	陶壶、灶、井、圈、楼、扁壶、奁、魁、盘、耳杯、灯、磨	是	四
迁安于家村 M1	砖砌多室	棺室	男侍俑 2、舂米俑 1、狗 2、猪 2、鸡 2、鸭 2	陶灶、连枝灯	是	四
阳原西城南关 M1	砖砌前中后多室	前室	狗 1	陶盘、勺、杯等	是	四
		中室	鸡 2、俑 2	陶瓮、仓、壶、奁、圈等		
石家庄城角庄 M1	砖砌前后双室	前室	跽坐俑 1、狗 1、鸡 2、鸭 1、鹅 1	陶案、盘、勺、耳杯、盆、井、壶、陶博山炉、灶、楼、鼎、碗，钱币	是	四
北京怀柔城北 M1	砖砌多室	中室	猪 1、狗 1	陶盘、耳杯、盆、奁、仓、灶、甑、灯、罐、方盒，铜熏炉、五铢钱，漆器	是	四

续表

墓葬	形制	陶俑出土位置	陶俑种类数量/件	与陶俑伴出器物	盗扰	分期
北京平谷 M1	砖砌前后双室	前室	狗 2、鸡 3、猪 2、伎乐俑 4	陶厕、碓、磨、罐等	否	四
北京平谷 M103	砖砌前后双室	前室	庖厨俑 1、残俑 4	陶罐、圈、耳杯、案、奁、盒、勺、炉	否	四
北京大兴新城北区 8 号地 M1	砖砌单室	靠近墓门处	猪 1	陶灶、釜、盆、耳杯，铜镜、铜环、铜钱	是	四
北京大兴新城北区 8 号地 M3	砖砌单室	靠近墓门处	狗 1、猪 1	陶耳杯、釜、盆，铜镜、铜钱	是	四
北京顺义临河村汉墓	砖砌前后双室	西耳室	男侍俑 4、舂米俑 1、狗 4、鸡 4、鸭 2	陶楼、房、圈、井、灶、盆	不明	四
北京房山长阳 1 号地 M3	砖砌单室	墓室后部	猪 1、鸡 2	陶罐、奁、耳杯、魁，铜钱	是	四
石家庄鹿泉西龙贵 M54	砖砌前后双室	前室	鸡 2、狗 1	陶灶、井、房	否	四
任丘东关 M1	砖砌多室	前室	舂米俑 1、狗 1	陶瓮、井、灶、耳杯、圈	是	四
沙河兴固汉墓	砖砌前中后多室	中室	男侍俑 1、狗 1、鸡 2、陶俑残肢 2	陶灶、碗、碓、磨、楼、鼎、盘、壶、井等	是	四
保定望都 M2	砖砌前中后多室	前一室东耳室	庖厨俑 1、女侍俑、鸡 3、鸭 2、鹅 2、狗 2	陶壶、灶、炉	是	四
		中室东耳室		陶壶、灶、井、瓮、奁		
满城四道口汉墓	砖砌前中后多室	中室	庖厨俑 1、狗、鸡、鸭若干	陶罐、盘、碗、勺、魁、盆、耳杯、楼，铁剑、镜、刀，砺石等	是	四
涿州凌云集团新厂 M1	砖砌前后双室	前室	猪 3、鸡 2	陶耳杯、盘、仓、壶、匣、罐、灶、楼、魂瓶	是	四
涿州上念头汉墓	砖砌前中后多室	中室	狗 1、鸡 2	彩绘铜案、盘、钵、耳杯、箸，铁镜，陶壶、羊尊	是	四
满城荆山 M6	砖砌单室	靠近墓门出	狗 1、猪 1	陶圈、厕、灶、罐、釜、灯、井、壶、磨、盆、盘、熏炉	是	四

注：本表中，与陶俑伴出器物是指墓葬内与陶俑位置相近或处于同一墓室的器物，特说明。

A 型　位于椁室头箱、墓葬头龛或棺内死者头部前方。基本为竖穴土坑墓，陶俑种类为男、女侍俑和跽坐俑，不见庖厨俑、舂米俑和各种动物俑。从陶俑形制看，应为第一、二期，时代较早，典型墓葬如河北保定易县燕下都 D6T31 ② M8[①]（图 6-12）。需要指出的是，北京市大葆台 M1 虽然也是竖穴土坑墓，但规模宏大，结构复杂，其陶俑放置在外回廊和题凑门的西侧[②]。

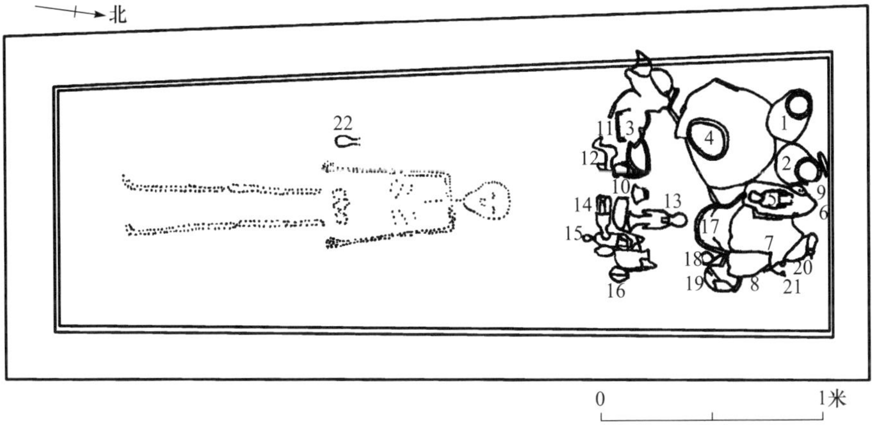

图 6-12　陶俑出土位置 A 型（河北保定易县燕下都 D6T31 ② M8）
1～3. 陶壶　4. 陶瓮　5、9、10、12～16、20、21. 陶俑　6～8、11. 陶马　17、19. 陶盒
18. 半两钱　22. 铜带钩

B 型　位于靠近墓门处的两侧壁附近，个别情况下放于墓葬靠近后壁处。此类墓葬基本为砖砌单室墓，墓葬结构简单，且数量较少，多出土各种动物俑和庖厨俑，一般每座墓葬 1～2 件。根据前文的分期，此类墓葬出土陶俑多为东汉时期，典型墓葬如北京市大兴城区 8 号地 M3[③]（图 6-13）。

C 型　位于墓室内的前室（前堂）中，多数放于前室两侧，也有放于前室中央者。此类墓葬多为砖砌前后双室墓，一些前后室砖室墓还有侧室等，个别墓葬为砖砌多室墓，墓葬数量较多，多出土庖厨俑、舂米俑和各种动物俑。分析陶俑形制，多为东汉中晚期，典型墓葬如河北保定涿州凌云新厂 M1[④]（图 6-14）。

---

① 河北省文物研究所．燕下都遗址内的两汉墓葬［C］// 河北省文物研究所．河北省考古文集（二）［M］．北京：燕山出版社，2001：67-140.

② 大葆台汉墓发掘组，中国社会科学院考古研究所．北京大葆台汉墓［M］．北京：文物出版社，1989.

③ 北京市文物研究所．北京市大兴城北区 8 号地考古发掘报告［J］．文物春秋，2008（4）.

④ 史殿海．涿州凌云集团新厂东汉墓群发掘简报［J］．文物春秋，2007（3）.

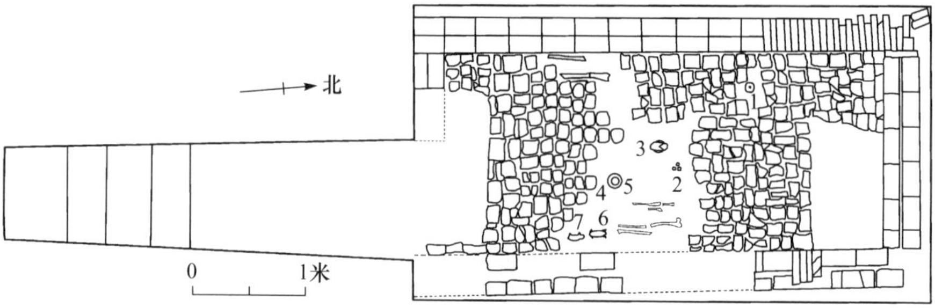

图 6-13　陶俑出土位置 B 型（北京市大兴城区 8 号地 M3）

1. 铜镜　2. 铜钱　3. 陶耳杯　4. 陶釜　5. 陶盆　6. 陶猪　7. 陶狗

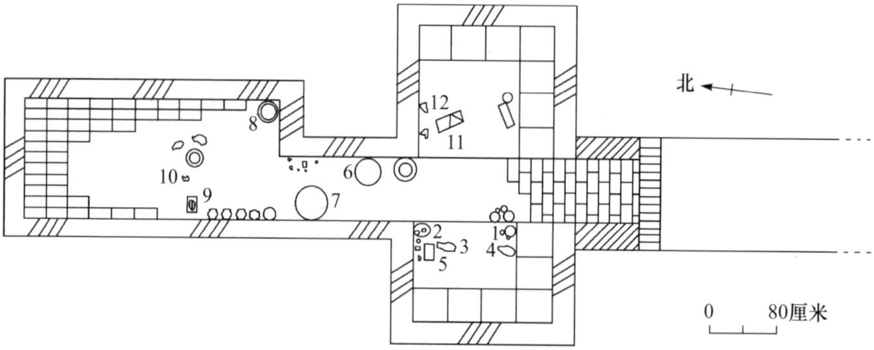

图 6-14　陶俑出土位置 C 型（河北保定涿州凌云新厂 M1）

1. 陶耳杯　2. 陶盘　3. 陶仓　4. 陶壶　5. 陶匣　6. 魂瓶　7. 陶瓮　8. 陶罐　9. 陶灶　10. 陶羊尊　11. 陶楼　12. 陶鸡

D 型　位于墓室内的中室或耳室中。此类墓葬基本为砖砌多室墓，少量是有石门等的砖石混砌墓，规模较大，墓室数量多，且常附带有侧室或耳室，有的墓室内还绘有壁画。出土陶俑种类较多，包括侍俑、跽坐俑、庖厨俑、舂米俑、各种动物俑等。根据分期，各类陶俑均为东汉晚期，典型墓葬如河北张家口阳原西城南关 M1①（图 6-15）。

（二）与其他器物的关系

根据上文归纳，京津冀地区汉代墓葬中陪葬的陶俑，因墓葬形制存在差异，摆放陶俑的位置亦有所区别，但在墓葬形制结构相同或相似的墓葬中，陶俑的出土位置是大体相同的。这些墓葬中，每类陶俑还分别与其他

① 河北省文物研究所，张家口地区文化局．河北阳原西城南关东汉墓［J］．文物，1990（5）．

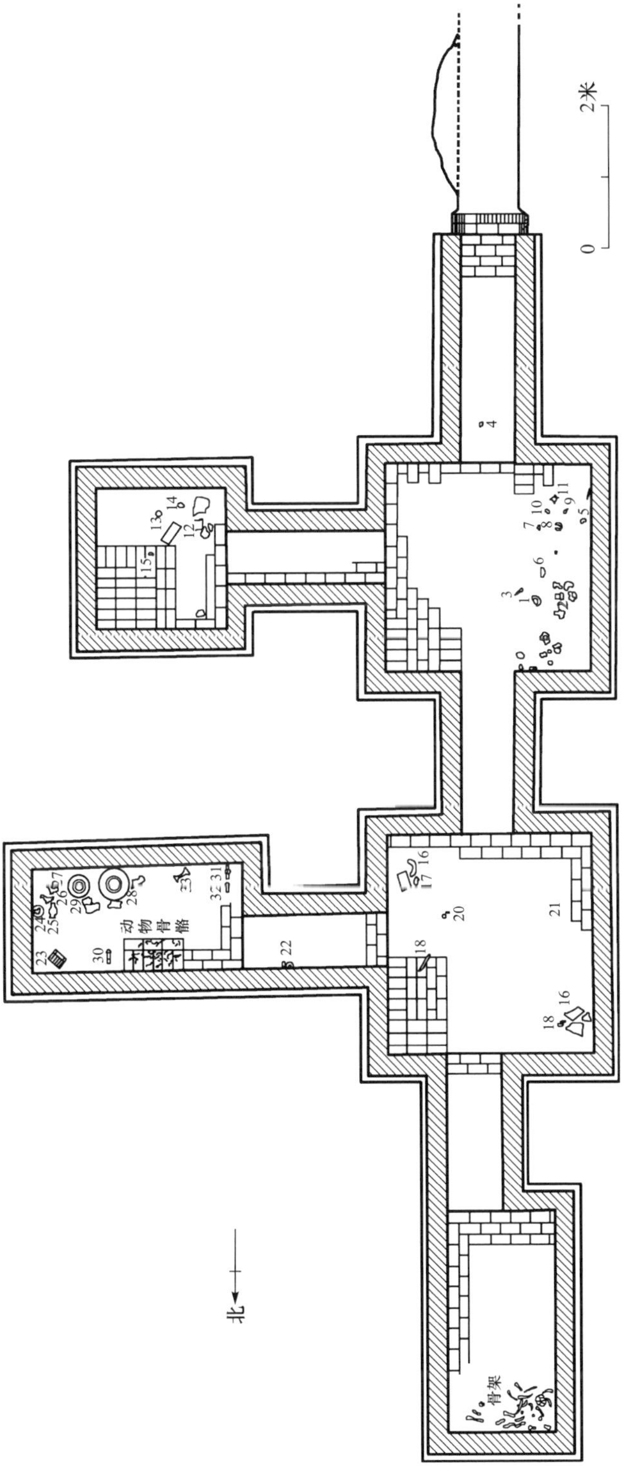

图 6-15　陶俑出土位置 D 型（河北张家口阳原西城南关 M1）

1、8. 陶盘　2. 陶狗　3、9. 陶勺　4. 铜印　5. 饰件　6、7、13、14 陶耳杯　10. 陶三足器　11. 陶鼎　12. 陶案　15. 骨管　16、18. 陶楼　17. 陶仓楼　19. 铜削　20. 铜泡钉　21. 条形骨器　22. 陶奁　23. 陶圈　24、25. 陶壶　26、27. 陶鸡　28、29. 陶瓮　30. 陶仓　31、32. 陶俑　33. 石灯

各类陪葬品相伴出土，形成较为固定或相对常见的陪葬器物组合[①]，并具有一定的时代性。

男、女侍俑和跽坐俑主要见于第一、二期（西汉时期），多与鼎、盒、壶等仿制陶礼器以及钱币共出，有的还伴出彩绘陶器、玉器和带钩、车马器等小型铜器；这一时期出土陶跽坐俑的墓葬中往往还有陶车轮或陶马，考虑到此类陶跽坐俑的双臂屈曲前伸，作驾驭状，而此类陶俑在其他地区的汉墓中也常有发现，基本都可确定为驭手俑，这在之前的章节中已有相关论述。由此可知，京津冀地区西汉墓葬出土的这类跽坐俑应是驭手的形象，驭手俑与相关遗物正是墓葬内车马陪葬的内容，或与死者在另一世界的车马出行有关。侍俑和跽坐俑基本与其他陪葬品并列摆放在墓主头部前方的位置，靠近墓主。男、女侍俑和跽坐俑多有彩绘。结合出土玉器、铜器分析，此类墓葬应有一定等级。

庖厨俑、舂米俑和各类动物俑集中于第三、四期（东汉时期），多与灶、井、圈、厕、楼、仓、磨、碓等模型明器和奁、瓮、案、碗、盘、耳杯、壶、罐等日用陶器共出；第三、四期（东汉时期），男、女侍俑和跽坐俑数量减少，偶有所见，大多与模型明器及日用陶器共出；陶车轮和陶马在此时期几乎绝迹，而跽坐俑亦不是驭手形象，而是与服侍或其他内容有关。这几类陶俑常与模型明器和日用陶器一起，堆放在墓葬的前室、中室或耳室中，距离墓主棺椁所在的后室（棺室）较远，体现出现实生活的内容，而陶俑所代表的现实生活中的人物与墓主的等级差异较大，是服务于墓主的，在墓葬中其作用与模型明器和日用陶器基本相近，这较之西汉时期已有明显变化，即陶俑与墓主之间的等级差异更为突出。这一时期，不同等级的墓葬多有陶俑出土，只是有数量、种类多寡及制作工艺精粗之别，这也与墓葬等级、墓主的身份地位差异有着相应关系。

（三）功能含义

通过出土位置及与其他器物的关系，可以看出陶俑在墓葬中所起的作用及其所表现的内容与含义。

西汉时期，尤其西汉早、中期，受先秦丧葬制度影响，陪葬品更多用来体现礼制，以彰显墓主人身份等级，故多随葬铜礼器、仿制陶礼器。此时期的陶俑多排列在墓主头部附近，靠近墓主，其用意应是跟随和侍奉之意，借此进一步反映墓主的尊贵身份，其功能含义与陪葬的礼器近似。西

---

① 本文所述器物组合，是指与陶俑位置相近或处于同一墓室的器物，功能或作用等形成组合。

汉时期的满城 M1[①] 与大葆台 M1[②] 的墓主均为诸侯王，是京津冀地区汉墓中等级最高的墓主，两墓陪葬陶俑的数量分别为 18 件与约 240 件；而同时期的其他中小型墓葬随葬陶俑数量基本不超过 10 件，这些中小型墓葬全为竖穴土坑墓，规模不大，出土陪葬品虽有一定数量，但种类不够丰富，推测墓主应为普通官吏、地主或平民，身份等级不高，由此可看出，不同墓主之间身份等级的差异通过陶俑即可清晰地展现。

西汉中期以后，随着人们生死观念、丧葬观念的变化以及手工业生产技术的提高，墓葬形制结构开始呈现“第宅化”的趋势，越来越注重模仿现实居所；与此同时，陪葬品也发生了变化，“过去用来表示墓主人特权身份地位的礼器，愈来愈让位于用来炫耀财富的珍贵物品和日用品”[③]，因而模仿现实生产、生活用具的模型明器和日用陶器种类与数量大增，陶俑和这些陪葬品一起，反映墓主生前的现实生活，也共同构成了墓主死后的地下世界。庖厨俑和陶灶、釜、甑、井等模型明器共同构成庖厨内容，表现烹饪饮食的场面；陶楼、圈、厕、磨、碓、仓、瓮、各种家禽与家畜俑等则是庭院和仓储等的象征；舂米等劳作俑表现的是庭院中的劳作，服务于等级更高的人员；陶案、耳杯、盘、碗等日用陶器和跽坐俑、侍俑反映的是墓主宴饮的场景，一些则服务于墓内祭祀等。同时，随着墓葬结构形制的改变，陶俑的出土位置也逐渐远离墓主，多放置在耳室、前室等象征厅堂、庭院的地方，这与其功能的转变有着一定的关系。总之，各类陶俑和其他陪葬品共同表现了墓主生前的生活场面，而这些陪葬品的种类、数量和工艺则更直观地反映出墓主的经济实力和社会地位。

西汉中期以后，“随着生产力的发展，经济财产则日益成为实际决定身份地位高下的重要因素”[④]，权力地位、身份等级与财产、财富更加趋于紧密的结合，庄园经济逐渐发展，很多并非权贵出身的地主通过庄园占有了大量财富，房舍、田地、女婢、牲畜等都成为个人财富的组成部分。在这种背景下，豪族地主死后选用大量陶屋、陶楼、水田、侍俑、家禽家畜等动物俑陪葬，则是其生前个人财富的最好象征。

由此，我们可以总结出京津冀地区汉代陶俑的功能含义：①体现墓主

① 中国社会科学院考古研究所，河北省文物管理处．满城汉墓发掘报告［M］．北京：文物出版社，1980．

② 大葆台汉墓发掘组，中国社会科学院考古研究所．北京大葆台汉墓［M］．北京：文物出版社，1989．

③ 李如森．西汉墓葬及其反映的社会面貌［J］．吉林大学社会学学报，1995（6）．

④ 李天石．中国中古良贱身份制度研究［M］．南京：南京师范大学出版社，2004：70．

身份地位；②展现墓主生前生活；③象征墓主个人财富；④多方位、全面性地服务死者。通过对京津冀地区汉墓出土陶俑位置的综合考察可以看出，不同时期，京津冀地区汉代汉墓中陪葬陶俑的功能侧重略有不同：西汉早、中期是以体现墓主身份地位为主，兼具展现墓主生前生活的功能；而到了东汉时期，展现墓主生前生活成为陶俑最重要的功能，同时也象征着墓主的财富与经济实力，兼具体现墓主的身份地位；但不论陶俑侧重哪个功能，其最终目的都是服务死者。

京津冀地区汉墓从西汉早期的竖穴土坑墓逐渐发展到东汉晚期的横穴砖室墓，正是墓葬形制“第宅化”趋势的不断推进，墓葬形制与结构不断趋于复杂化和完善化，各个墓室及墓道、甬道等组合构成了地下世界的布局和空间；而随着陪葬品“生活化”的发展和日益成形，陶俑、模型明器、日用陶器及其他陪葬品则赋予墓葬各个部分不同的功能与含义：在耳室（或前室）中放置车马器、陶马以作为车马室；在耳室（或前室）中放置仓储、庖厨、劳作类陶俑和模型明器以作为庭院仓厨；在前室（或中室）放置日用陶器和各类生活用具以作为宴饮、会客和处理事务的前堂；在后室放置棺木、棺床等以作为后寝。墓葬空间结构与陪葬品结合完美诠释了墓主的阴间世界，这正是当时人们生死观、灵魂观的重要载体，也是汉代丧葬思想和制度的重要体现，而在这些内容中，陶俑也扮演着十分重要的角色。

综上所述，京津冀地区汉墓出土陶俑不仅在数量、种类、造型、工艺等方面体现出其内容和内涵，并在出土位置、器物组合等方面反映出较多与丧葬有关的内容，对全面研究这一地区的汉代墓葬具有十分重要的价值和作用。

第二节　陶连枝灯

连枝灯又称多枝灯，灯盘固定，在灯柱上有规律地分层伸出多个灯盏，点燃以后，灯火交相辉映，极显豪华气派。连枝灯最晚出现于东周时期，流行于两汉，造型和装饰艺术在东汉时期达到顶峰，实现了实用性和艺术性的完美结合，同时其构造与内涵也反映出汉代人们的思想观念和审美意识。京津冀地区汉墓已出土一定数量的连枝灯，对我们研究汉代连枝灯的发展、东汉时期人们的思想观念以及文化的大一统等均有重要意义。本节拟以考古资料为基础，结合文献及相关资料，对京津冀地区汉墓出土连枝灯的特点、造型艺术以及反映出的社会等级和思想观念等问题做相关研究。

一、出 土 概 况

多年来，京津冀地区汉墓中已出土较多的连枝灯，数量已达30多盏，造型极为丰富，主要发现于唐山、北京、天津、保定、衡水、石家庄、邢台等地汉墓中。现将已发现并见诸报道的连枝灯进行统计，详见表6-5。

表6-5　京津冀地区汉墓出土的连枝灯一览表

墓葬	形制	年代
河北唐山滦南新立庄汉墓	连枝四碗灯，中为大碗，其下围有三个小碗。通高43厘米	东汉晚期
河北唐山滦县雷庄镇新农村M1	2件。深盘状座盘中有花蕊状雕塑，4个灯盏通过柱状柄塑于盘沿，灯盘呈方唇浅盘状	东汉晚期
河北唐山迁安于家村M1	一对连枝灯。喇叭形灯座，底座上有三个弯月形大镂空，近底部有三周凹槽，灯盘以下有三层连枝灯，每层三枝，灯枝上卷，托一小灯盏，盏后竖一莲瓣式灯护。通高49.2厘米	东汉晚期
河北唐山迁安于家村M1	一对连枝灯。喇叭形灯座，底座上有六个连续的弯月形镂孔，灯柱下部呈竹节形，灯盘以下为四层连枝灯，每层三枝	东汉晚期
北京市平谷县西柏店M1	灯座呈喇叭形，柱头上顶着一个灯盘，盘中独立展翅欲飞的鸟	东汉晚期
北京市顺义临河村M1	彩绘陶灯，最上为平盘，中间突起尖状灯扦，第二层灯盘饰三龙首及火焰花饰，最下层为喇叭形灯座，上贴塑百戏杂技人物	东汉晚期
北京市顺义临河村M1	绿釉十二连枝灯，喇叭形灯座，灯柱上插四层曲枝灯盏，柱端亦托一灯盏。高49厘米	东汉晚期
北京市怀柔城北M31	绿釉连枝灯	东汉晚期
北京市丰台区王佐遗址M23	2件。承盘式，中空，灯体下承盘边缘粘贴叶形、圆形灯盏，叶形灯盏上饰叶片状纹饰。通高18厘米	东汉中晚期
北京市大兴亦庄博兴路M3	2件。折沿微凹，其上等距分布灯盘8个，斜腹，平底。通高7.5厘米	东汉时期
天津市武清区东汉鲜于璜墓	多盏托盘式，托盘第一、二层的盘沿各有对称六个穿孔，分隔间插曲形灯盏和龙首饰物，第三层托盘内置一小口罐形柱。灯座为喇叭形，分上、中、下三层，每层均有堆塑人物环绕。通高96厘米	东汉早中期
河北保定满城宏昌园B区M9	底座为喇叭形，圆柱体实心高柄，削成多棱面，距底部11.5厘米处有三盏灯环绕灯柄，柄顶部为一大灯盏。通高42厘米	东汉晚期

续表

墓葬	形制	年代
河北保定望都二号汉墓	三盏连枝灯通高 38 厘米，九盏连枝灯通高 58 厘米，十二盏连枝灯通高 62.5 厘米	东汉晚期
河北保定易县燕下都 M30	3 盏，仅 1 盏完整。圆盆中心有灯树一只，顶端有一灯碗，树干上伸出六支龙首形灯，分为两层上下交错，盘的平口沿上也有三个灯碗。通高 41.4 厘米	东汉时期
河北保定易县燕下都 M38	3 盏，仅一盏完整。最上是一个灯碗，边沿有四片弯曲的风障，中部有一筒柱盘，盘沿立有浮雕片饰，下部为喇叭形灯座，遍贴浮雕片饰	东汉时期
河北衡水武邑中角 M4	灯座呈喇叭状，柄中部伸出小灯盏 3 个，叶状饰 3 朵，灯柱顶部为一圆形大灯盘，盘沿上置 3 朵叶状饰。通高 40.5 厘米	东汉早中期
河北衡水武邑青冢汉墓	灯座呈喇叭状，柄中部伸出小灯盏 3 个和叶状饰 3 朵，灯柱顶部为一圆形灯盘，盘沿上置叶状装饰 3 朵。通高 41 厘米	东汉早中期
河北衡水景县大代庄汉墓	多盏托盘式，托盘为上下 2 层，各层有 6 个灯盏。喇叭形灯座，周围环绕堆塑人物及动物模型图案，中部有一周凸棱将堆塑内容分为上下两部分。通高 86 厘米	东汉早中期
河北保定定州 43 号汉墓	绿釉连枝灯 2 件。上下两层灯碗，每层三个，加上顶端灯碗共七个，灯碗直沿平底，侧端有叶形遮光片。喇叭形底座，四侧有四个弯月形孔。通高 51 厘米	东汉晚期
河北石家庄城角庄 M1	圆形灯盘，灯座呈喇叭形，灯柱中下部分出三个上竖灯枝，各托一小灯盏。灯盘上饰两周细线纹，灯座上浮雕垂叶纹、几何三角纹。通高 40.5 厘米	东汉中期
河北石家庄北宋村 M1	九盏连枝灯。通高 47.5 厘米	东汉晚期
河北邢台沙河兴固汉墓	灯座呈喇叭状，上镂刻弯月形饰和一周齿状纹饰，高柄上交错伸出两层 8 盏小灯盏，每层 4 盏，灯盘作浅盘形，每盏灯盘的外侧和灯枝的根部各立一个叶状饰，灯柱顶端置一大灯盏，灯盏口沿斜立三枚叶状饰。通高 55 厘米	东汉晚期

注：还有一些考古发现并未统计在本表之中，尤其是近年来的考古新发现部分并未统计在内，特此说明。

京津冀地区汉墓出土的连枝灯基本为陶质，大约为堆塑成型后烧制而成，有些连枝灯的配件为分烧后组合而成。京津冀地区汉墓中有相当数量的连枝灯陪葬，一方面是东汉墓葬用灯陪葬的发展，另一方面应与连枝灯的造型和装饰有关，即可实现事死如生的丧葬需求，满足相应的丧葬愿望，就这一点来讲，陪葬陶连枝灯应与该地区东汉墓葬中陪葬陶楼等有相似之处，为模型器，而较多的陶连枝灯或有彩绘，或为釉陶，均说明其非实用器，而更可能是模型器物。这些陶质连枝灯模型也反映出东汉时期今京津冀地区相关家庭对连枝灯的使用已相对普遍。

出土连枝灯的京津冀地区汉墓有一定数量，从年代上看，均为东汉时期，多为东汉晚期，这反映出京津冀地区汉代墓葬陪葬陶连枝灯的习俗在东汉尤其是东汉晚期较为盛行，体现出较明显的时代特点，其原因与该时期这一地区墓葬多见规模相对较大的砖室或砖石混砌墓有关，陪葬陶连枝灯与对应墓主的身份等级、财力和政治地位等也有相应的关系。从出土陶连枝灯汉代墓葬的分布地域上来看，较为广泛，北京市、天津市及河北省的石家庄、邢台、衡水、唐山、保定等地的汉代墓葬中均有发现，其中又以唐山、保定地区汉墓出土数量较多，进而又呈现出一定的集中性。

二、类 型 分 析

从出土情况来看，京津冀地区汉墓出土的陶连枝灯以喇叭形或圆盆形灯座为主，灯柱上有若干小灯盏分布。根据灯座的不同，可分为三型。

A 型　圆盆形灯座。根据灯盏形态和位置的不同，可分为二亚型。

Aa 型　灯柱上伸出龙首形灯盏。标本河北保定易县燕下都 M30：1，圆盆中心有灯树一只，顶端有一灯碗，树干上伸出六支龙首形灯盏，分为两层上下交错，盆的平口沿上也有三个灯碗[①]（图 6-16：1）。

Ab 型　灯座上伸出叶形灯盏。标本北京市丰台区王佐遗址 M23：5，灯体下承盘边缘粘贴叶形灯盏，叶形灯盏上饰叶片状纹饰[②]（图 6-16：2）。

B 型　喇叭形灯座，灯座较高，灯座上有堆塑装饰。标本天津市武清区鲜于璜墓出土陶连枝灯，托盘第一、二层盘沿各有对称六个穿孔，分隔间插曲形灯盏和龙首饰物，盘中各置一豆形柱承托，第三层托盘盘沿无孔，盘内置一小口罐形柱[③]（图 6-16：3）。

C 型　喇叭形灯座，灯座较矮，灯座上无堆塑装饰。根据灯盏形态和装饰的不同，可分为二亚型。

Ca 型　灯柱中下部分伸出三个上竖灯枝，灯盏上无叶状饰。标本河北石家庄城角庄 M1：23，灯盘上饰两周细线纹，灯座上浮雕垂叶纹、几何三

① 河北省文化局文物工作队．1964-1965 年燕下都墓葬发掘报告［J］．考古，1965（11）．

② 北京市文物研究所．丰台王佐遗址［M］．北京：科学出版社，2010．

③ 天津市文物管理处考古队．武清东汉鲜于璜墓［J］．考古学报，1982（3）．

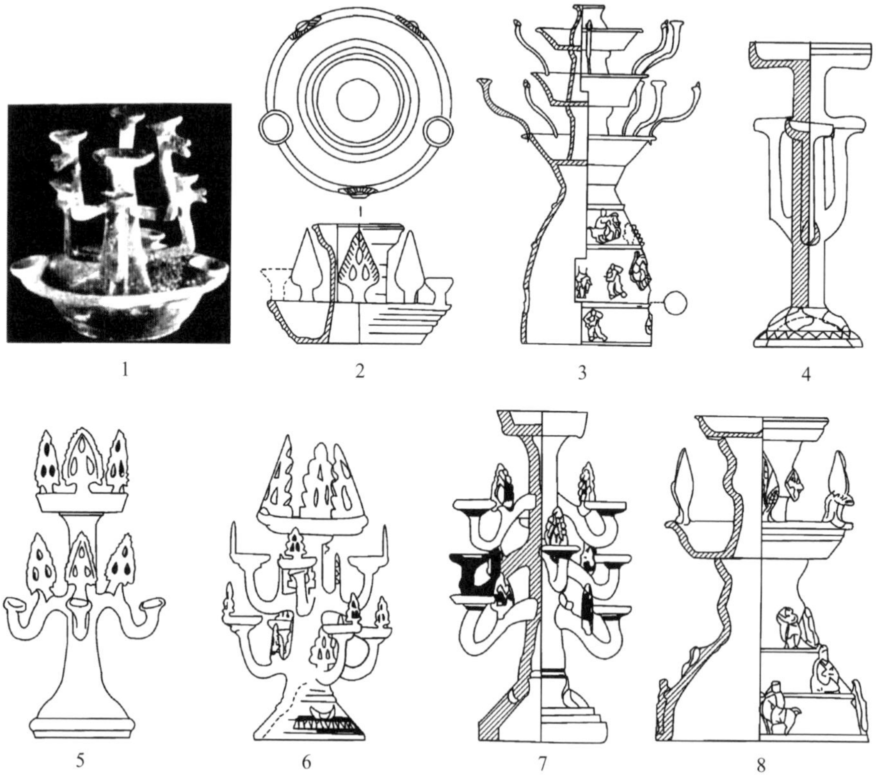

图 6-16　京津冀汉墓出土陶连枝灯

1. Aa 型（河北易县燕下都 M30：1） 2. Ab 型（北京丰台区王佐遗址 M23：5） 3. B 型（天津武清区鲜于璜墓出土） 4. Ca 型（河北石家庄城角庄 M1：23） 5. Cb 型Ⅰ式（河北衡水武邑青冢汉墓出土） 6. Cb 型Ⅱ式（河北邢台沙河兴固汉墓出土） 7. Cb 型Ⅲ式（河北唐山迁安于家村 M1：106） 8. Cb 型Ⅳ式（北京顺义临河村 M1：9）

角纹[①]（图 6-16：4）。

Cb 型　灯柱上分层伸出若干小灯盏，灯盏上有叶状饰。根据灯盏数量和分布的变化，可分为四式。

Ⅰ式：灯柱上伸出一层灯盏。标本河北衡水武邑青冢汉墓出土陶连枝灯，柄中部伸出小灯盏三个，叶状饰三朵[②]（图 6-16：5）。

Ⅱ式：灯柱上伸出两层灯盏。标本河北邢台沙河兴固汉墓出土陶连枝灯，高柄上交错伸出两层，每层四盏，每盏灯盘的外侧和灯枝的根部各立

① 石家庄市文物保护研究所. 石家庄市城角庄汉墓［J］. 文物春秋，2007（6）.

② 衡水市文物管理处. 河北武邑青冢汉墓发掘简报［J］. 文物春秋，2007（2）.

一个叶状饰[①]（图 6-16：6）。

Ⅲ式：灯柱上伸出三层灯盏。标本河北唐山迁安于家村 M1：106，顶部有圆形托盘，盘以下有三层连枝灯，每层三枝，灯枝上卷，托一小灯盏[②]（图 6-16：7）。

Ⅳ式：灯柱上伸出四层灯盏。标本北京市顺义临河村 M1：9，灯盘以下为四层曲形灯盏，每层三盏[③]（图 6-16：8）。

需要说明的是，上述京津冀地区出土连枝灯汉代墓葬，在本书第二章基本都用于墓葬类型与分期研究，本节不再赘叙，而从连枝灯的型式划分来看，存在相应的发展和演变，而东汉晚期是该地区墓葬陪葬连枝灯的兴盛期，东汉末渐趋衰落。

三、相 关 问 题

京津冀地区汉墓出土陶连枝灯数量多，类型较为丰富，造型精美，蕴含内容多样，体现出较多内容与内涵，下文就京津冀地区汉墓出土连枝灯反映的造型艺术、社会等级、思想观念及这一地区汉墓出土连枝灯与其他地区汉墓出土连枝灯的关系等做相关论述。

（一）连枝灯的造型艺术

从战国的青铜十五连枝灯开始，连枝灯不断发展，造型特点和装饰风格在东汉时期达到了鼎盛，实现了实用性和艺术性的完美结合。

灯的功能主要是满足人们的照明需求。从京津冀地区汉墓出土的连枝灯来看，连枝灯不使用灯罩，灯盘点燃后可以形成较为明亮的空间，灯柱上伸出层层灯枝，引出灯盏，通过点燃不同的灯盏能随意调节灯的照明高度和亮度，能够满足人们的照明需求。汉代的家具，如几、案、榻等都比较低矮，而汉代的书案一般高 30～40 厘米，汉魏的独坐式小榻高度一般只有 12～28 厘米[④]，人们曲足向后，臀部压在脚后跟上，跽坐于小榻之上，灯具一般放置在低矮家具上或直接放置于地上，能够更好地适应古人席地而坐的习俗[⑤]。京津冀地区汉墓出土的连枝灯高度为 40～60 厘米，考虑到墓葬

① 河北省文物研究所，邢台地区文物管理所．河北沙河兴固汉墓［J］．文物，1992（9）．

② 迁安县文物保管所．河北迁安于家村一号汉墓清理［J］．文物，1996（10）．

③ 北京市文物管理处．北京顺义临河村东汉墓发掘简报［J］．考古，1977（6）．

④ 孙建君，高丰．古代灯具［M］．济南：山东科学技术出版社，1998：166，167．

⑤ 吴杏全．满城汉墓出土之灯具研究［J］．文物春秋，2009（1）．

中陪葬的陶连枝灯为模型器物，实际生活中使用的连枝灯可能会更高一些，而相应的高度与当时的坐具及人们跽坐后的高度相适应，能很好地满足人们的照明需求。此外，京津冀地区汉墓出土的连枝灯，灯座的造型、灯柱的高度和粗细、灯盘的形态都经过了周密的设计，各部分比例协调，稳定性很高。灯座为喇叭形，上小下大，灯座上还往往贴塑各种人物、动物，增加了底部的重量，避免倾倒造成火烛之灾，如天津市武清区鲜于璜墓出土的连枝灯，灯座为喇叭形，座高 50.8 厘米，座身分三层堆塑各种人物形象，具有很强的稳定性①。灯柱上分层伸出若干灯盏，灯盏分布均匀，有利于平衡重心，亦可防止倾倒。京津冀地区汉墓出土的连枝灯均为陶质，陶灯不如铜灯牢固，故在制作时加粗灯杆，这样能够很好地增强稳定性，而这或许说明当时有一些家庭可能会使用陶质的连枝灯。

连枝灯不仅能够满足人们的照明需要，更体现了人们的审美追求。京津冀地区汉墓出土的陶连枝灯，灯盘、灯柱、灯盏、灯座都经过了精心设计，造型优美，装饰丰富。连枝灯采用弧面构造，灯盘上多饰有叶状饰，如武邑中角 M4：32，灯柱顶部为一圆形大灯盘，盘沿上置 3 朵叶状饰②。灯柱上分层伸出若干灯盏，灯盏上也多装饰叶状饰或龙首形饰件，如河北邢台沙河兴固汉墓出土的连枝灯，高柄上交错伸出两层 8 个小灯盏，每层 4 盏，每盏灯盘的外侧和灯枝的根部各立一个叶状饰③。河北保定易县燕下都 M30：1，灯柱上伸出六支龙首形灯，分为两层上下交错，造型十分独特④。京津冀地区汉墓出土的连枝灯，灯座多为喇叭形，上有镂空或浮雕装饰，纹饰有垂叶纹、几何纹、弯月形饰等，有的浮雕出动物、人物形象。河北石家庄城角庄 M1：23，在灯座上浮雕垂叶纹、几何三角纹⑤。河北唐山迁安于家村 M1：106，灯座上有三个弯月形大镂孔，近底部有三周凹槽⑥。天津市武清区鲜于璜墓出土的连枝灯，灯座以三周凸棱为格界，分为上、中、下三层，每层均有堆塑人物环绕，上层为一官吏，右侧有一门卒，左侧为二侍从；中层多为骑士，左右成对而列，下层人物形象迥然不同，一人肩扛粮袋，一人手扶杵杆作脚踏舂米状，另一人作斗虎状，动物、人物形象

---

① 天津市文物管理处考古队．武清东汉鲜于璜墓［J］．考古学报，1982（3）．

② 河北省文物研究所，衡水地区文物管理所．武邑中角汉墓群 4 号墓发掘报告［C］// 河北省文物研究所．河北省考古文集［M］．北京：东方出版社，1998：261-271．

③ 河北省文物研究所，邢台地区文物管理所．河北沙河兴固汉墓［J］．文物，1992（9）．

④ 河北省文化局文物工作队．1964—1965 年燕下都墓葬发掘报告［J］．考古，1965（11）．

⑤ 石家庄市文物保护研究所．石家庄市城角庄汉墓［J］．文物春秋，2007（6）．

⑥ 迁安县文物保管所．河北迁安于家村一号汉墓清理［J］．文物，1996（10）．

栩栩如生，十分精美[①]。这些装饰，使得陶连枝灯更具有艺术性，满足了人们的审美需求，实现了功能与造型的完美统一。

（二）连枝灯反映出的社会等级

连枝灯造型复杂，体量高大，制作精美，照明范围广，全部点燃时会呈现出火树银花的效果，因此备受帝王及上层贵族的喜爱。《西京杂记》中有“汉高祖初入咸阳宫，周行库府，金玉珍宝，不可称言。其尤惊异者，有青玉五枝灯，高七尺五寸，作蟠螭，以口衔灯，灯燃，麟甲皆动，焕炳若列星而盈室焉”[②]的记载。此外，汉成帝封赵飞燕为皇后时赏赐的种种宝物中也有七枝灯，可见连枝灯的规格之高，为具有相应等级人员的用品。京津冀地区出土连枝灯的汉墓多为砖砌多室墓，规模较大，如天津市武清区鲜于璜墓，由墓道、甬道、前室、中室和后室等部分组成[③]，河北唐山迁安于家村M1，由墓道、甬道、墓门、墓室主通道、四面回廊、左右前耳室、前堂、棺室、左右后室、左前侧室及左后侧室等部分组成[④]，修建这些大规模的墓葬需要耗费大量人力、物力和财力，表明墓主人具有很强的经济实力和较高的社会地位。上述两墓的墓主为地方具有相应等级的官吏或豪强地主阶层，说明京津冀地区在这一时期，一些地方官吏、贵族和豪强地主已较多使用连枝灯，体现出日渐普及的特征。大致来看，京津冀地区出土陶连枝灯的东汉墓葬，墓主身份上至诸侯王，下至地方一般官吏和地主阶层，这些人员的墓葬不仅本身具有相应规模且形制结构较为复杂，陪葬品内容亦较为丰富，制作精美，除陶器外，还有铜器、玉器、金银器、铁器、漆器、钱币等。河北定州43号汉墓，男性墓主为中山穆王刘畅，墓内出土有玉座屏、乳钉纹青玉璧等精美玉器[⑤]；河北邢台沙河兴固汉墓，墓主为豪强地主或地方官吏，墓内出土有弩机、车軎、盖弓帽等铜车马器和漆奁、漆盒、漆耳杯等精美漆器[⑥]；河北唐山迁安于家村M1，虽遭严重盗掘，仍出土陶器百余件（套），其中有鼎、薰炉、人物俑、动物俑及四层双飞檐方形楼阁状陶楼，另外还出土有石雕兽头及一些铜器、铁器等，墓主

---

① 天津市文物管理处考古队. 武清东汉鲜于璜墓［J］. 考古学报，1982（3）.

② 葛洪撰，周天游校注. 西京杂记［M］. 西安：三秦出版社，2006：140.

③ 天津市文物管理处考古队. 武清东汉鲜于璜墓［J］. 考古学报，1982（3）.

④ 迁安县文物保管所. 河北迁安于家村一号汉墓清理［J］. 文物，1996（10）.

⑤ 定县博物馆. 河北定县43号汉墓发掘简报［J］. 文物，1973（11）.

⑥ 河北省文物研究所，邢台地区文物管理所. 河北沙河兴固汉墓［J］. 文物，1992（9）.

生前具有较高的地位[①]。诸多较为精美贵重的陪葬品从侧面反映出墓主人的身份之高，这与上文所述该地区出土陶连枝灯东汉墓葬墓主的身份等级基本相符。综合考察该地区的东汉墓葬，一般平民墓中是没有陶连枝灯出土的，说明连枝灯多为上层社会或富有之家享受的奢侈品，体现出相应的等级性。

此外，京津冀地区的汉墓，除诸侯王、列侯级别的墓葬外，其他墓葬出土的陶连枝灯在形制、大小、精美程度、数量等方面也存在一定的差异，进而体现出墓葬及墓主的等级差异。河北保定望都二号汉墓，墓主很可能是皇族成员，或与列侯家族有关，墓内出土的陶十二连枝灯，体量高大，造型优美[②]；河北衡水武邑青冢汉墓，墓主为一般的地主，墓内出土的陶连枝灯仅在柄上伸出一层灯盏[③]，远不如望都二号汉墓出土的连枝灯精致；迁安于家村M1出土4件连枝灯，而较多一般地主墓葬仅有1件或没有，这些都体现了出土连枝灯的墓葬之间存在一定的等级差异。

（三）京津冀地区汉墓出土连枝灯反映出的思想观念

1. 神树崇拜与升仙思想

中国自古以来就有神树崇拜，认为树是生命的象征，不仅可沟通人神，而且能够主宰人间祸福、惩恶扬善、驱邪避鬼[④]。记述古代神话传说的文献多频次记载“建木”“若木”“扶桑”等神树，并赋予其沟通神灵的意义。《淮南子·地形训》中有“建木在都广，众帝所自上下，日中无景，呼而无向，盖天地之中也”[⑤]的记载，建木生长在天地正中，是连接天地的枢轴，也是供众神上下的神树，因此也被看作是沟通仙界和人间的“天梯”[⑥]。《淮南子·地形训》记载：“若木在建木西，末有十日，其华照下地。”[⑦]若木是生长在西方的树，也是太阳栖息之所[⑧]。《山海经·海外东经》中有“汤谷上有扶桑，十日所浴，在黑齿北。居水中，有大木，九日居下枝，一日居上

① 迁安县文物保管所．河北迁安于家村一号汉墓清理［J］．文物，1996（10）．
② 河北省文化局考古工作队．望都二号汉墓［M］．北京：文物出版社，1959．
③ 衡水市文物管理处．河北武邑青冢汉墓发掘简报［J］．文物春秋，2007（2）．
④ 陈西平．中国民俗中的树文化内涵［J］．前沿，2003（8）．
⑤ 陈广忠译注．淮南子［M］．北京：中华书局，2012：204．
⑥ 薛红艳．中国古代枝状灯的文化内涵［J］．装饰，2009（3）．
⑦ 陈广忠译注．淮南子［M］．北京：中华书局，2012：204．
⑧ 张华珍，项章．楚“神树”研究［J］．江汉考古，2003（3）．

枝”[①]的记载，可知扶桑是太阳居住和升起的地方，象征着太阳神。汉代升仙思想盛行，尤其是东汉时期谶纬学说和原始道教产生，神仙思想进一步发展，这些神树便成为人们升仙的重要途径，寄托了人们得道成仙的愿望。河南偃师县南蔡庄东汉墓出的肥致碑[②]的碑文记载了肥致在树上得道成仙的故事：“君常舍止枣树上，三年不下，与道逍遥”，“行数万里，不移日时，浮游八极，休息仙庭。”[③]因此，树被赋予了辅助人们升仙的功能，成为人们升仙的重要场所。京津冀地区汉墓出土的连枝灯造型与树极为相似，灯由灯座、灯柱、灯盘等组成，象征着树座、树干和树叶，灯柱上向四周延伸出一些枝条，枝头上托有灯盏，多分为三四层，灯盏上往往有叶状饰，与树木枝繁叶茂的情况极为相似。另外，京津冀地区汉墓出土的陶九枝灯在灯柱上分层伸出九个小灯盏，灯柱顶部有一大圆形托盘，与文献记载中“九日居下枝，一日居上枝”[④]的扶桑树造型接近，且灯能为人们带来光明，正如太阳一样，因此连枝灯所表现的应该就是传说中的神树。连枝灯很可能是借鉴了神树的造型，借以表达人们对神树的崇拜和对长生不死的渴望，连枝灯作为陪葬品更是表达了墓主希望借助连枝灯这一神树的象征实现灵魂不死、得道升仙的愿望。可以说，这种对神树的崇拜和升仙思想应是连枝灯造型的重要灵感来源。

此外，在河北省冀东平原有一种丧葬习俗，即人死后在其灵棚前两侧立高达两丈的“九莲灯”，以长杆挑起由上至下连续排列的九盏莲花灯，仿佛通天之树[⑤]，表现了人们认为灵魂不死，死后灵魂升天的思想观念。连枝灯与这种“九莲灯”有很多相似之处，应当也具有使灵魂升天的作用，进而体现出相关丧葬思想和习俗的承继、延续与发展。

2.“事死如事生”思想

两汉时期，“事死如事生”的丧葬思想十分流行，《礼记·中庸》言：“敬其所尊，爱其所亲，事死如事生，事亡如事存，孝之至也。”[⑥]为了体现

① 袁珂校注．山海经校注［M］．上海：上海古籍出版社，1980：260．

② 河南省偃师县文物管理委员会．偃师县南蔡庄乡汉肥致墓发掘简报［J］．文物，1992（9）．

③ 黄展岳．肥致碑及相关问题［J］．考古，2012（5）．

④ 袁珂校注．山海经校注［M］．上海：上海古籍出版社，1980：260．

⑤ 薛红艳．中国古代枝状灯的文化内涵［J］．装饰，2009（3）．

⑥《十三经注疏》整理委员会整理，李学勤主编．十三经注疏·礼记正义［M］．北京：北京大学出版社，1999：1439．

孝道，人们往往大修墓葬，并将日常生活中使用的器物制成模型明器，为亲人陪葬，营造一个舒适的死后世界。用连枝灯陪葬，正是“事死如事生”思想的体现。一方面，连枝灯作为灯具，具有照明的功能，将连枝灯置于墓中，能够为墓主驱除黑暗、带来光明；另一方面，连枝灯制作精美，非一般平民所能使用，用连枝灯陪葬更是墓主身份、地位的体现，希望墓主在死后能够继续享乐的生活，延续生前的财富与地位，有的甚至在连枝灯上堆塑出墓主生前为官、享乐的画面。天津市武清区鲜于璜墓出土的连枝灯在灯座上堆塑各种人物、动物形象，上层为一“官吏”，面前置一长几，“官吏”盘膝安然而座，右侧似一“门卒”类人物，手执杖躬身侍立，左侧为二侍从，屈膝斜身而踞，面向“官吏”作供物状；中层所塑多为骑士，左右成对而列，骑者身佩武器，作握缰扬鞭奔驰状，高驱骏马前似一马夫，作恭候“主人”欲行状；下层人物一为肩扛粮袋，一是手扶杵杆，作脚踏舂米状，另一人头戴圆形高顶帽，背手似作斗虎状[①]（图 6-17）。这些堆塑生动再现了墓主人生前在府内治事、车马出行的仕途生活以及安逸享乐的生活场景。当时在陶连枝灯上堆塑出如此复杂、形象且又生动的画面，正是希望墓主在死后世界能够延续生前的威严显贵，继续享受生前的荣华富贵，恰是“事死如事生”思想的集中体现。

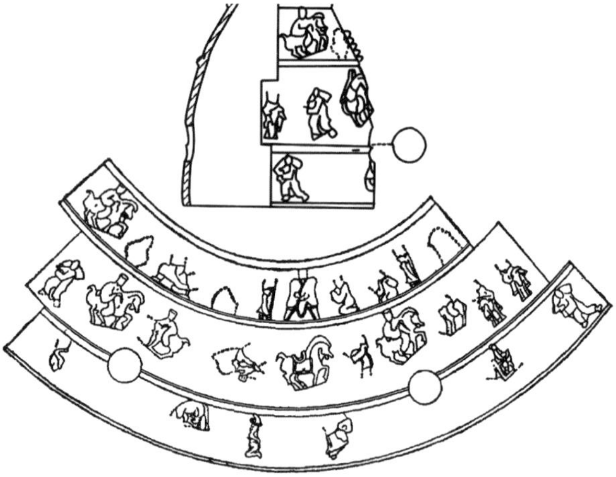

图 6-17　天津武清东汉鲜于璜墓出土陶连枝灯灯座座上堆塑

3. 早期佛教思想

佛教于公元前 6 世纪创立于印度地区，公元前 2～3 世纪逐渐向外传

① 天津市文物管理处考古队．武清东汉鲜于璜墓［J］．考古学报，1982（3）．

播，西汉后期佛教通过陆路传入我国，东汉时期在全国传播开来[①]。汉明帝遣使天竺问佛道法，在洛阳修建白马寺，促进了佛教的传播和向社会各阶层的渗透，东汉晚期，佛教已影响到我国的较多地区。河北唐山迁安于家村 M1 出土的连枝灯，灯枝上卷，托一小灯盏，盏后竖一莲瓣式灯护，莲瓣造型具有明显的早期佛教特色，表明京津冀地区在东汉时期已经受到了佛教思想的影响，并且渗透到了日常生活和丧葬观念之中。

（四）与周边地区汉墓出土连枝灯的关系

汉代连枝灯的传播范围很广，在河南、陕西、山东、广西等地也有发现。河南省的相关考古发现有洛阳涧西七里河汉墓出土的陶十三枝灯[②]及济源市桐花沟十号汉墓[③]、济源县承留村汉墓[④]、三门峡灵宝县张湾汉墓[⑤]等出土的陶连枝灯，其他如陕西省潼关县出土的陶连枝灯[⑥]、山东省德州市禹城出土的陶十二枝灯[⑦]、广西贵县罗泊湾的青铜九枝灯[⑧]等。京津冀地区汉墓出土的连枝灯与上述地区同时期墓葬出土的连枝灯相比，既有相似之处，又显示出本地区的特色。

1. 与中原地区汉墓出土连枝灯的关系

中原地区出土的汉代连枝灯多陶质，基本为喇叭形灯座，灯座较高，灯座上托折沿方唇圆盘，三层到六层不等，盘沿上有若干小孔，各插一枝圆形小灯盏或龙首形饰件，喇叭形灯座上多分层堆塑人物、动物，如河南三门峡灵宝张湾 M3：2[⑨]（图 6-18：1）。此类连枝灯在北京市平谷县西柏店 M1[⑩]、河北保定易县燕下都 M38[⑪]和天津市武清区鲜于璜墓[⑫]中有所发现，形制较为接近，只是灯座所占比重较大，豆形柱承托较矮，托盘和灯盏的

① 刘尊志．徐州汉墓与汉代社会研究［M］．北京：科学出版社，2011：139．
② 洛阳博物馆．洛阳涧西七里河东汉墓发掘简报［J］．考古，1975（2）．
③ 河南省文物考古研究所．河南济源市桐花沟十号汉墓［J］．考古，2000（2）．
④ 张新斌．河南济源出土汉代大型陶连枝灯［J］．文物，1991（4）．
⑤ 河南省博物馆．灵宝张湾汉墓［J］．文物，1975（11）．
⑥ 高嵘．浅析陕西历史博物馆馆藏汉灯［J］．文博，2010（4）．
⑦ 山东省博物馆．山东文物选集普集部分［M］．北京：文物出版社，1959 年．
⑧ 广西壮族自治区博物馆．广西贵县罗泊湾汉墓［M］．北京：文物出版社，1988 年．
⑨ 河南省博物馆．灵宝张湾汉墓［J］．文物，1975（11）．
⑩ 北京市文物工作队．北京平谷县西柏店和唐庄子汉墓发掘简报［J］．考古，1962（5）．
⑪ 河北省文化局文物工作队．1964-1965 年燕下都墓葬发掘报告［J］．考古，1965（11）．
⑫ 天津市文物管理处考古队．武清东汉鲜于璜墓［J］．考古学报，1982（3）．

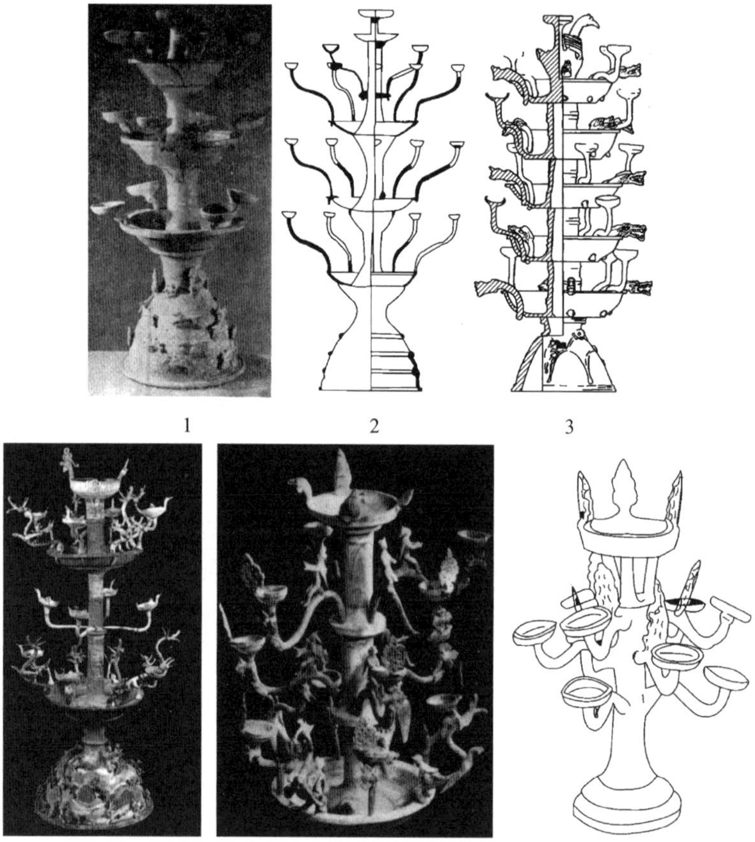

1　　2　　3

4　　5　　6

图 6-18　中原地区和山东地区的陶连枝灯

1～5. 中原地区连枝灯（河南灵宝张湾 M3：2、河南济源承留汉墓出土、河南密县后士郭画像石墓 M2：108、河南济源市桐花沟 M10：36～40、河南洛阳涧西七里河东汉墓 95） 6. 山东地区连枝灯（山东济南青龙山 M1：3）

数量较少，而中原地区出土的连枝灯体量高大，装饰也更加精美，如河南济源承留汉墓出土的陶灯，灯盏多达 29 枝，高 1.42 米[①]（图 6-18：2）。河南密县（今新密市）后士郭画像石墓 M2：108，有六层灯盘，灯盘圆孔内分别插有龙首形饰和灯盏[②]（图 6-18：3），这种龙首形饰件见于易县燕下都 M30：1[③] 和武清鲜于璜墓[④] 的连枝灯。此外，河南济源市桐花沟 M10 出土

① 张新斌．河南济源出土汉代大型陶连枝灯［J］．文物，1991（4）．

② 河南省文物研究所．密县后士郭汉画像石墓发掘报告［J］．华夏考古，1987（2）．

③ 河北省文化局文物工作队．1964-1965 年燕下都墓葬发掘报告［J］．考古，1965（11）．

④ 天津市文物管理处考古队．武清东汉鲜于璜墓［J］．考古学报，1982（3）．

的连枝灯由底座、承盘、擎柄、灯盏及龙形饰件多部分单体构件组合而成，下层由一覆钵形底座和喇叭形承盘组成，中层由一承盘、擎柄、四枝鹤形灯盏和四支羽人御龙饰件组成，上层由承盘、擎柄、鹤形龙首灯盏、羽人御龙饰件及凤形顶灯组成，形制独特，结构复杂，装饰精美①（图6-18：4），不见于京津冀地区。河南洛阳涧西七里河东汉墓出土的连枝灯②（图6-18：5）形制与京津冀地区Cb型连枝灯较为相似，只是灯座和灯盘上的装饰更加丰富，其中的羽人装饰不见于京津冀地区的连枝灯；而京津冀地区多见的A型和Ca型连枝灯则不见于中原地区。

由此可见，京津冀地区出土的连枝灯与中原地区的部分连枝灯形制接近，但在具体造型和装饰上存在较大的差异，不如中原地区的连枝灯高大精致，而中原地区流行的组合连枝灯和羽人饰件等装饰不见于京津冀地区。中原地区的连枝灯在东汉中期就已经十分流行，京津冀地区的连枝灯很可能受到中原地区的影响，但仍呈现出明显的地域特征。

2. 与山东地区汉墓出土连枝灯的关系

山东地区出土的连枝均为陶质，喇叭形底座，灯柱上分层分布若干小灯盏，灯柱顶端有的用博山炉加以装饰。济南章丘县普集镇出土的连枝灯，柄中部向上伸出两个灯枝，上托圆形灯盏③，与石家庄城角庄M1：23④的形制极为相似，只是灯盏数量较少。京津冀地区流行的Cb型连枝灯也多见于山东地区，如济南青龙山汉画像石墓出土的连枝灯，灯柱上伸出三层，每层立三个灯盏，柱顶端立三柱，上托一盘状盏，沿上立三个叶状饰⑤（图6-18：6），形制和装饰与河北唐山迁安于家庄M1：106⑥十分相似。但是，山东地区出土的连枝灯顶端多有博山炉装饰，如山东德州禹城汉墓出土的连枝灯⑦，德州宁津县庞家寺汉墓出土的连枝灯顶端也为一博山炉，炉下还有三个钩形架，各承一小博山炉⑧，这种装饰不见于京津冀地区。而京津冀地区流行的A型和B型连枝灯则不见于山东地区。

---

① 河南省文物考古研究所．河南济源市桐花沟十号汉墓［J］．考古，2000（2）．

② 洛阳博物馆．洛阳涧西七里河东汉墓发掘简报［J］．考古，1975（2）．

③ 王思礼．山东省章丘县普集镇汉墓清理简报［J］．考古通讯，1955（6）．

④ 石家庄市文物保护研究所．石家庄市城角庄汉墓［J］．文物春秋，2007（6）．

⑤ 济南市文化局文物处．山东济南青龙山汉画像石壁画墓［J］．考古，1989（11）．

⑥ 迁安县文物保管所．河北迁安于家村一号汉墓清理［J］．文物，1996（10）．

⑦ 山东省文物管理委员会．禹城汉墓清理简报［J］．文物参考资料，1955（6）．

⑧ 德州地区文物组等．山东宁津县庞家寺汉墓［J］．文物资料丛刊，1981（4）．

由此可见，京津冀地区汉墓出土的连枝灯与山东地区出土的连枝灯形制、装饰虽略有不同，但十分接近。尤其是京津冀地区汉墓中普遍流行的C型连枝灯与山东地区尤其是山东北部德州地区汉墓出土的陶连枝灯有很大的相似性，这与地缘相近有很大关系，也表明今京津冀地区和山东地区在汉代存在着密切的联系和文化上的交流。

综上所述，连枝灯在汉代发展到顶峰，京津冀地区汉墓出土的连枝灯是汉墓陪葬连枝灯的重要组成部分，对研究汉代连枝灯的发展和汉代的等级制度、思想观念等有重要意义。此外，连枝灯作为一种强势的文化现象，在陕西、河南、山东等地区普遍流行，随着汉王朝的统一和汉文化的渗透与传播，今京津冀地区在东汉时期也开始流行连枝灯，尤其是北京和迁安地区，作为关内和关外的交接地带，连枝灯的形制与中原地区有很多相似之处，这说明燕山南北地区也已成为统一汉文化的重要组成部分。因此，京津冀地区汉墓出土的连枝灯对研究汉文化的传播也具有重要意义。

第三节 陶 楼

京津冀地区汉墓出土了大量的陶模型明器，分布地域广泛，种类多样，既与其他地区汉墓中的陶模型明器有着共同的时代特征，又有独具特色的地域因素。作为汉墓中的典型陪葬品，模型明器蕴含着较为丰富的历史文化信息，十分具有研究价值，而陶楼就是其中非常重要的一类，出土较多陶楼也是京津冀地区汉墓的特点之一。本节拟以京津冀地区汉墓中出土的陶楼为研究对象，对与其相关问题进行分析。

一、概念与类型

《说文解字注》曰："楼，重屋也。"段玉裁注曰："……重屋可居。……释名曰：'楼谓牖户之间诸射孔楼楼然也。'楼楼当作娄娄。女部曰：'娄，空也。'囧下曰：'窗牖丽廔开明。'"[①] 因此，本书所谓的陶楼，指的是两层或两层以上的可供居住的陶质模型明器。此类模型明器在发掘报告和简报中多称为"陶楼"，也有的称作"仓楼""仓房"等，而仅有单层的房、屋、仓等不在本书研究范畴之内。

---

① （汉）许慎撰，（清）段玉裁注．说文解字注［M］．上海：上海古籍出版社，1981：255、256．

京津冀地区汉墓出土陶楼的质地为灰陶或红陶，有的外表施绿釉或有彩绘，总体呈方形或长方形，均有一定高度，二至九层。根据陶楼整体形态和结构的不同，可分为三型。

A型　楼体较为高大，均为三层以上，结构复杂。第一层多设有门窗、踏步，有的楼底有院墙或台基；两层之间多有腰檐或平座，腰檐和平座多用斗拱承托，每层楼多设窗或门，顶檐和腰檐多为四阿顶，也有悬山顶，且其上多有瓦垄和瓦当，有的楼顶有气楼。根据顶檐和腰檐形制的不同，可分为三亚型。

Aa型　顶檐和腰檐均为四阿顶。标本河北保定望都M2出土的绿釉陶楼，五层，檐上密排瓦垅，卷云纹瓦当，顶檐四角翘起，鸱尾形脊吻。二至五层各有一方窗且均有平座栏杆围绕，平座栏杆与各层檐下均有一斗五升的斗拱承托，第一层正面有素面大门，独门扇，向右半开①（图6-19：1）。

Ab型　顶檐为四阿顶，腰檐为悬山顶。标本河北衡水武邑中角M4：3，三层，第一层中间辟门，门下有八字形踏步，踏步交叉处饰一堆塑兽头，下镂一圆孔，顺踏步和墙体置乳钉状扶手，门前设有5个乳钉方形影墙，门两侧及上方置长方形菱花窗，门上菱花窗四角各饰乳钉1个，窗两面为斜杜与一斗三升斗拱，承托勾栏平座，斜柱头和勾栏中间及两端分别饰兽头，平座正面栏板雕饰圆形四分式与菱形花纹，侧面墙上各开一圆形窗，第二层正面设小窗，两侧辟门，以乳钉装饰，两面斜柱上置一斗三升斗拱承托挑檐，顶为悬山顶，脊两端起翘，各饰兽面2个，侧面墙上各开与第一层相同的圆窗，第二层顶部承与第一层相似的围栏，第三层墙壁结构与第二层基本相似，正面门前增设平台围栏，顶为四阿式，戗脊设鸱吻，瓦垄两端饰素面瓦当，通体施绿釉，第二与第三层较第一层釉色更为翠绿浑厚②（图6-19：2）。

Ac型　顶檐和腰檐均为悬山顶。标本北京市大兴区三台山M2：10，六层，第一层正面中间辟斜格窗，窗两侧开有门，第一层正面两侧饰重叠出跳斗拱两朵，承托一层勾栏平座，为第二层，上方又出有重叠出跳斗拱两朵承托顶檐，顶为悬山顶，前坡有八条瓦垄，两侧设有排水滴水，顶檐上直接承托平座勾栏，第三、四层和五、六层与第一、二层结构类似，第六层顶部设有两座悬山顶气楼③（图6-19：3）。

① 河北省文化局考古工作队．望都二号汉墓［M］．北京：文物出版社，1959：8、45．

② 河北省文物研究所，衡水地区文物管理所．武邑中角汉墓群4号墓发掘报告［C］// 河北省文物研究所．河北省考古文集［M］．北京：东方出版社，1998：261-271．

③ 北京市文物工作队．北京东南郊三台山东汉墓发掘简报［J］// 北京历史考古丛书编辑组编．北京文物与考古［M］．1983：19-27．

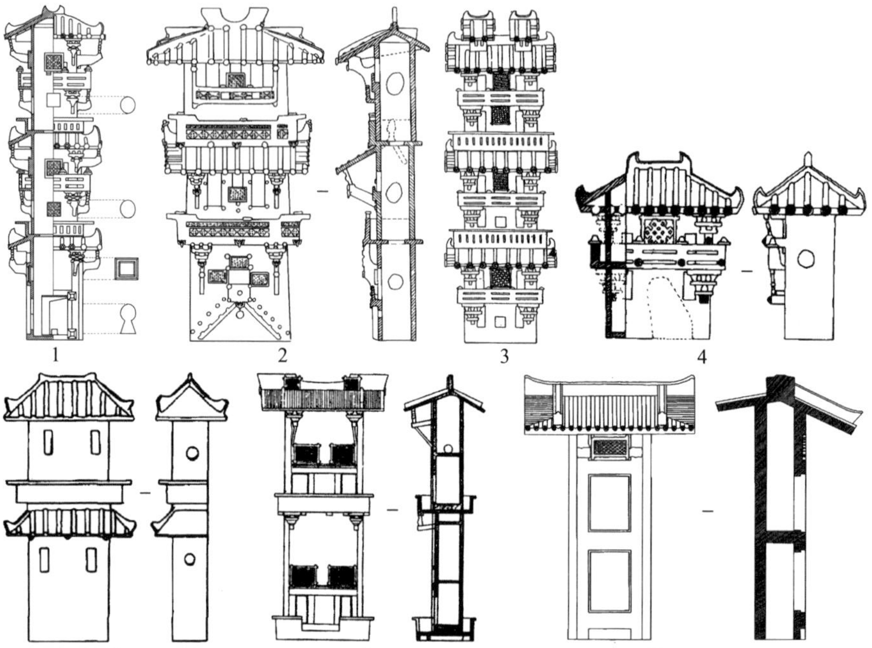

图 6-19　京津冀地区汉墓出土陶楼

1. Aa 型（河北保定望都 M2 绿釉陶楼） 2. Ab 型（河北衡水武邑中角 M4：3） 3. Ac 型（北京市大兴区三台山 M2：10） 4、5. Ba 型（河北唐山迁安于家村 M1：137、河北保定满城宏昌园 B 区 M9：8） 6. Bb 型（河北张家口涿鹿矾山五堡 M4：3） 7. C 型（河北张家口宣化东升路 M2：1）

B 型　构造近似 A 型，楼体较矮小，均为两层，结构较为简单。一些楼的檐和平座没有斗拱承托。根据顶檐和腰檐形制的不同，可分为二亚型。

Ba 型　四阿顶。标本河北唐山迁安于家村 M1：137，顶部为四阿顶，脊首与角端有上翘后卷的鸱尾，除后坡外，其他三面均饰筒状瓦棱与云纹圆瓦当，正面檐下有两朵一斗五升斗拱，其下无立柱，由横梁插入第二层墙壁中，第二层正面为双层栏杆式平座，平座两侧后面有通往楼下的出口，前壁中间有一井字形菱格式窗，其两侧各有一窄长方形门，平座下又有两朵同样的斗拱承托，也无立柱，第一层正面墙壁两侧各有一窄长方形门，与第二层两门上下相对，因两门间已残，是否有窗已不可知，此楼两侧面还各有一圆孔式窗，左右相对，除背面与后坡外，余均施釉①（图 6-19：4）。河北保定满城宏昌园 B 区 M9：8，上层顶正脊两端及四角有角状吻，前坡做成沟槽，使凸起部分如瓦垄，前壁中部偏上有并排两个长方形窗，两侧

① 迁安县文物保管所. 河北迁安于家村一号汉墓清理［J］. 文物，1996（10）.

壁中上部各有一个圆形气窗，下层近方筒状，前壁中部偏上有并排两个长方形窗，两侧壁中上部各有一个圆形气窗，三侧挑出斜柱支撑上面的屋檐，前檐做成沟槽，使凸起部分如瓦垄，上面为平座[①]（图6-19：5）。

Bb型　悬山顶。标本河北张家口涿鹿矾山五堡M4：3，第一层为一长方形楼体，上有平座，正面下部有方门，门上两侧各有一立窗，其上置一横花窗，花窗两侧为一斗两升的斗拱形成铺作支撑平座，第二层正面下部两侧各有一门，上方为一立窗，其上置一横花窗，在两侧角部各挑出一横拱，为90°角，用一斗两升的斗拱支撑悬山顶[②]（图6-19：6）。

C型　楼体矮小，为两层或三层，没有腰檐和平座。屋檐几乎没有斗拱承托，大多两层多各有一门。标本河北张家口宣化东升路M2：1，两面坡悬山顶，前檐伸出较长，密排瓦垄，瓦檐饰瓦当，楼身墙体上部设有长方形菱格窗，内分两层，前面上下各开一门[③]（图6-19：7）。

京津冀地区汉代墓葬出土的陶楼已达数十件，通过分类研究可知，Aa型是京津冀地区汉墓最常见的陶楼类型，其次是C型、Ba型，Bb型、Ac型较少，Ab型最少。出土陶楼的墓葬均为东汉时期，且绝大多数集中在东汉中、晚期，并以东汉晚期数量最多。可以说陶楼经过东汉早、中期的发展，至东汉晚期达到鼎盛。京津冀地区汉墓出土的陶楼数量较多，形制种类也较为丰富，但是就整个京津冀地区汉墓而言，陶楼的出土数量仍无法和其他模型明器如仓、灶等相比，且陶楼的造型较为固定，随时代变化也不甚明显。

京津冀地区汉墓出土的陶楼较为集中地分布在今河北省保定市及其周边，除此之外，河北省张家口市、衡水市、石家庄市也有一定数量，其他地区数量较少，但也有发现，如北京市、天津市的一些东汉墓葬也有陶楼出土。出土陶楼的汉墓分布地区大体相当于汉代冀州刺史部的中山国、信都郡、巨鹿郡和幽州刺史部的上谷郡。以上地区也是京津冀地区汉代墓葬数量较多、模型明器出土较多的地区，这些地区处于京津冀地区的西部，靠近关中地区和中原地区，较容易受到政治核心地区文化的辐射和传播。西汉中晚期，大一统汉文化逐渐形成并不断拓展和传播，各地丧葬文化也开始逐步趋同，由于地缘较近，京津冀地区汉墓出土陶模型明器的发展也

---

① 满城县文物局．满城宏昌园B区汉墓发掘简报［J］．文物春秋，2012（3）．

② 张家口地区博物馆．河北涿鹿矾山五堡东汉墓清理简报［J］．文物春秋，1989（4）．

③ 张家口市宣化区文物保管所．河北宣化东升路东汉墓发掘简报［J］．文物，2014（3）．张家口市宣化区文物保管所．河北张家口宣化东升路东汉墓（M3）发掘简报［J］．文物，2015（3）．

受到了关中及中原文化的影响。此外，此地区平原广阔，重视农业发展和水利建设，还有赵、河间、中山、常山、真定、燕、广阳等较多的诸侯国，经济基础总体较好，生产力水平亦较高，与生产、生活息息相关的陶模型明器也就得到了较为充分的发展。

二、等 级 特 征

作为京津冀地区汉墓中的重要陪葬品，陶楼在一定程度上反映了其所属墓葬的等级特征，本文总结了形制明确、保存较好陶楼所属墓葬的基本情况，如表 6-6 所示。

表 6-6　京津冀地区出土陶楼的墓葬统计表

墓葬	主室	侧室 / 耳室	年代	墓主	陶楼类型及数量 / 件
北京市大兴区三台山 M2	前、中、双后室墓	4 侧室	东汉中晚期	地方官吏或豪强地主，或具有相应财力的地主	Aa1、Ac1
北京市怀柔城北 M1	前后室墓	2 耳室、1 侧室	东汉晚期		Ba1、Bb1
北京平谷区夏各庄 M1	前、双后室墓	1 耳室	东汉中晚期		Bb1
北京顺义临河东汉墓	前后室墓	2 耳室	东汉晚期		Aa2、Ac1、Ba1、C1
河北保定易县燕下都 W21T85 ① M7	单室墓		东汉中期		C1
河北保定易县燕下都 66LGM1	单室墓		东汉晚期		Aa1
河北保定易县燕下都 67LLM1	不详		东汉晚期	地方官吏或豪强地主，或具有相应财力的地主	C2
河北保定易县燕下都 70LBM1	不详		东汉晚期		Aa1、C1
河北保定望都 M1	前、中、后室墓	4 侧室、1 壁龛	东汉晚期	列侯级	Aa1
河北保定望都 M2	五室墓	8 耳室、1 壁龛	182 年	高级贵族或官吏	Aa3
河北保定满城宏昌园 B 区 M9	前后室墓		东汉中晚期	地方官吏或豪强地主，或具有相应财力的地主	Ba1
河北保定满城县四道口东汉墓	前、中、后室墓	2 耳室	东汉		Aa1

续表

墓葬	主室	侧室 / 耳室	年代	墓主	陶楼类型及数量 / 件
河北保定定州北庄汉墓	前后室墓，有回廊		56～88 年	中山简王刘焉及王后	C1、残 1
河北保定满城西山花园汉墓	单室墓		东汉	地方官吏或豪强地主，或具有相应财力的地主	Aa1、Ba1
河北张家口宣化东升路 M2	前后室墓	1 耳室、1 耳室	东汉中晚期		C1
河北张家口阳原西城南关 M1	前、中、后室墓	2 侧室	东汉晚期		Aa1、Bb1、C1
河北张家口涿鹿矾山五堡 M3	前、中、后室墓	2 侧室	东汉晚期偏早		Ba2、C1
河北张家口涿鹿矾山五堡 M4	前后室墓	2 耳室	东汉晚期		Ba2、残 1
河北保定涿州凌云集团新厂 M1	前后室墓		东汉中晚期		C1
河北衡水安平水泥管厂 M2	前、中、后室墓		东汉中晚期		Ba1
河北衡水阜城桑庄 M1	前、中、后室墓	4 侧室	东汉晚期		Aa1、C1、残 2
河北衡水景县大代庄 M1	前后室墓	2 耳室	东汉早中期		Aa1?
河北衡水武邑中角 M4	前、中、后室墓	4 侧室	东汉中晚期		Ab1
河北石家庄肖家营 M3	前、中、后室墓	2 耳室	东汉前期，不早于 57 年	列侯夫人	Bb1
河北石家庄城角庄 M1	前后室墓		东汉晚期	地方官吏或豪强地主，或具有相应财力的地主	Aa1
河北唐山滦南东汉墓	前后室墓	1 耳室	东汉晚期		Ac1
河北唐山迁安于家村 M1	有回廊，多室，有不同前后室	有不同位置的耳室	东汉晚期		Aa1、Ba1、C1
河北邢台沙河兴固汉墓	前、中、后室墓		中平年间		Aa1
河北秦皇岛抚宁县郦各庄 M1	十室墓		东汉末期		Bb1

注：出土陶楼的墓葬均为斜坡墓道砖室墓，故未在表格中列出墓葬建筑材料和墓道结构。“侧室 / 耳室”一列空白表格表示该墓没有耳室或侧室。“陶楼类型及数量 / 件”一列中，字母表示上文划分的型，数字表示件数，如“Aa1”表示“Aa 型陶楼 1 件”；“？”表示形制结构不甚清楚，不能完全确定；“残”表示残损无法判断属于哪种类型。

出土陶楼的墓葬基本为砖室墓，一些墓葬有石门，但整体上以砖砌为主；几乎都有斜坡墓道；根据主室数量的不同又可分为单室、双室、三室和多室墓等；有的有回廊，多数还有数量不一的侧室或耳室。其中前后双室墓或前中后三室墓占主体，极少见到单室墓，另有少量多室墓；半数以上都有侧室或耳室，其中望都 M2 的耳室数量甚至达到了 8 个[①]。此外，这些墓葬还出土有大量其他质地和种类的陪葬品，其中不乏多种模型明器和陶俑及铜器、铁器、金银器等金属器。由此可见，出土陶楼的墓葬绝大多数具有较大的规模，墓主应具有相对较高的社会地位和经济实力。

在这些墓葬中，已知墓主身份最高的是河北定州北庄汉墓，墓主为东汉中期中山简王刘焉及王后[②]；其次是墓主被推定为列侯级别的望都M1[③]和列侯夫人的石家庄肖家营 M3[④]；此外还有墓主为高级贵族或高级官吏级别的河北保定望都 M2[⑤]。定州北庄汉墓为带有回廊的双室墓，其余三座均为三室以上的多室墓，规模都较大，墓葬结构较为复杂。其他一些墓葬，亦是形制多样，多数结构复杂，若包含侧室与耳室，绝大多数墓葬是包含多个有主次之分的室。结合发掘资料来看，这些墓葬的墓主等级身份均不低，多为地方官吏或豪强地主，或具有相应财力的地主。因此，就京津冀地区出土陶楼的东汉墓葬来讲，墓主的等级身份高可至诸侯王，其次为列侯与相近级别，还有相当数量地方官吏、豪强地主或具有相应财力的地主。

综上，针对保存较为完整的京津冀地区汉墓而言，陪葬品中有陶楼陪葬的墓葬等级应高于没有陶楼陪葬的墓葬，即陶楼应可作为该地区较高等级墓葬的象征物，是否出土陶楼或可以作为京津冀地区墓葬等级划分的标准之一。

三、功能与作用

陶楼作为建筑类的模型明器，象征着现实世界的建筑形态，也应承载着现实世界的功能和作用，与其他器物一起建构了墓主地下世界的生活所需。

---

① 河北省文化局考古工作队. 望都二号汉墓［M］. 北京：文物出版社，1959：2-5.

② 河北省文化局文物工作队. 河北定县北庄汉墓发掘报告［J］. 考古学报，1964（2）.

③ 北京历史博物馆，河北省文物管理委员会. 望都汉墓壁画［M］. 北京：中国古典艺术出版社，1955.

④ 河北省文物研究所，石家庄市文物研究所. 河北石家庄肖家营汉墓发掘报告［C］// 河北省文物研究所. 河北省考古文集（三）［M］. 北京：科学出版社，2007：72-97.

⑤ 河北省文化局考古工作队. 望都二号汉墓［M］. 北京：文物出版社，1959.

楼的首要功能应该是居住和生活，如河南淮阳于庄M1所出一件三进陶院落模型（图6-20：1），其中第二进院落的主体建筑即为一座二层楼，一层西部有厕所，东部有6件陶伎乐俑，还有可上二层的楼梯，整座小楼应是墓主日常生活场所的象征，在此处可进行起居、宴饮、休憩、娱乐等诸多活动。

除了用于居住外，楼还有储物的功能，主要是作为仓楼，用于储存粮食等物，如河北石家庄城角庄M1∶34，第一层正面上部设四个长方形窗，下部斜置踏步，踏步上一人负物上行①（图6-20：2），应是在将粮食背入楼内储存。此类仓楼比单层的普通粮仓储藏空间更大、密闭性和安全性更强，有利于隔热、防潮、防鼠患等。还有一类仓楼如上文中提到的C型陶楼，结构较为简单，各层正面开门，门往往较为宽大，这样有利于通风防潮，保持仓内干燥，同时也方便存取粮食。京津冀地区汉墓陪葬品中大量陶仓楼的出现也在一定程度上反映出今京津冀地区当时的粮食产量较大，农业经济较发达的内容。

楼的第三个较为常见功能为登高远望，即作为望楼来使用，如河北衡水景县大代庄86JDM1出土的陶楼，在靠近顶部的一层正面中部设棱窗一个，窗两侧各有1人似在袖手俯视，作瞭望状②（图6-20：3）。有的望楼上还有报警用的鼓或锣、盾牌、弓弩等，典型代表如河北衡水阜城桑庄M1出土的望楼，外部空间可分为5层，每层四面都有负责瞭望的陶俑以及盾牌和弩等兵器，在顶层置有锣，并有陶俑作敲击状③（图6-20：4）。此种望楼除瞭望功能外，还兼具预警、防御、反击外部攻击等功能，是一种具有军事性质的建筑形式。

当然，多层楼的功能极大可能是多样的，较低的楼层可以用于日常起居或存储粮食和其他物品，较高的楼层可以用于登高远望或进行警戒和防卫，而陶楼作为模拟现实生活的建筑模型，最大的功能就是对墓主生前生活的再现，是事死如生丧葬思想与需求的体现。

陶楼除具展现相应的实用功能外，其本身也蕴含着一定的历史文化信息，并在某种程度上展现了汉代的社会经济和社会思想。

陶楼首先是汉代繁荣兴盛的庄园经济的产物。西汉中期以后，随着土地私有化的进一步发展，达官显贵和地主豪强通过各种手段兼并占有了大量

---

① 石家庄市文物保护研究所．石家庄市城角庄汉墓［J］．文物春秋，2007（6）．

② 衡水地区文物管理所．河北景县大代庄东汉壁画墓［J］．文物春秋，1995（1）．

③ 河北省文物研究所．河北阜城桑庄东汉墓发掘报告［J］．文物，1990（1）．

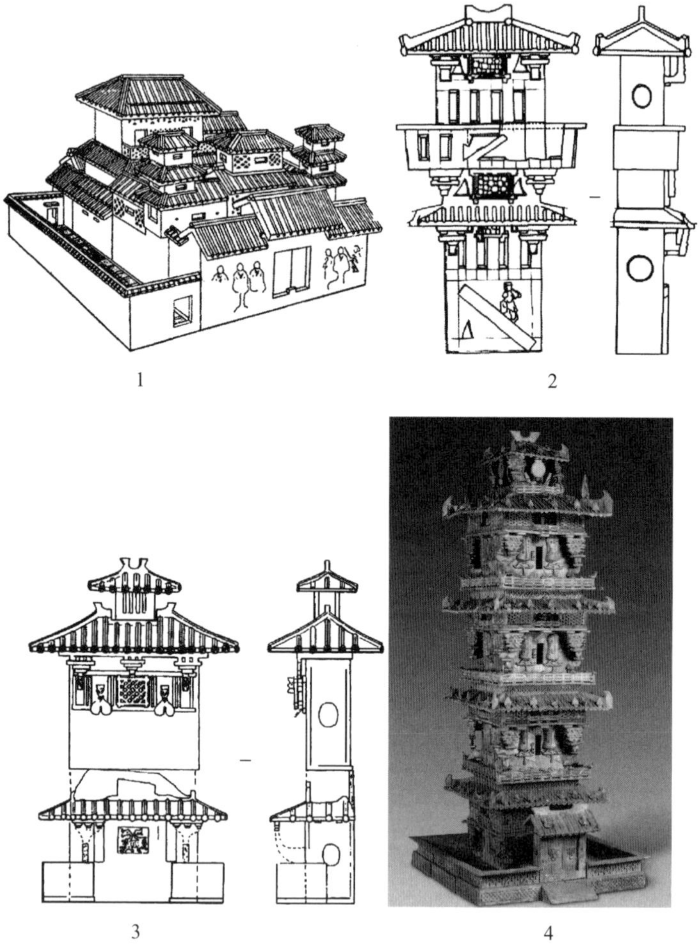

图 6-20　陶楼功能示意图

1. 河南淮阳于庄 M1 : 73　2. 河北石家庄城角庄 M1 : 34　3. 河北衡水景县大代庄 86JDM1 : 38
4. 河北衡水阜城桑庄 M1 : 95

土地和人口，然后“广起庐舍、波陂灌注、六畜放牧、兴工造作”[①]，开展农业和手工业生产，自给自足的封闭式田庄经济逐步发展起来。至东汉中晚期，地方豪强地主势力不断膨胀，甚至蓄养家兵部曲，制作兵器，修筑坞壁，庄园逐渐成为带有一定政治色彩的经济实体，在两汉经济和社会结构中占有重要地位[②]。随着庄园经济的不断发展，地方豪强的势力也在急剧增加，反映到具体现实生活中就是“豪人之室，连栋数百，膏田满野，奴婢

① （北魏）郦道元撰，陈桥驿校证．水经注校证［M］．北京：中华书局，2007：693.

② 杜庆余．汉代田庄研究［M］．济南：山东大学出版社，2010：256-265.

千群，徒附万计。"①《郑子真宅舍残碑》记载了郑子真宅产分配的事项："故郑子真舍中起舍一区，七万。故潘盖楼舍并二区，十一□。故吕子近楼一区，五万。故象楼舍一区，二万五千。□扶母舍一区，万二千。□凤楼一区，三万。□车舍一区，万。□奉楼一区，二万。□子信舍一区，万。"②可见当时大族宅产之丰厚。而据史料记载，冀州刺史部也是东汉时期豪强地主较多的地区，如《后汉书》载："时赵魏豪右往往屯聚。"③"(左雄)稍迁冀州刺史。州部多豪族。"④陶楼这种模型明器就是人们在庄园中进行生活起居、安全防卫和物资存储等日常活动场所的真实写照，而耗费大量的人力、物力和财力修建高大楼阁也需要强大的经济实力作为支撑。总之，京津冀地区汉墓出土的陶楼反映了这一地区东汉时期地主豪强势力的发展、壮大、膨胀和庄园经济的快速乃至畸形的发展。

其次陶楼包含着汉代人们登高而居的升仙思想。两汉时期，升仙思想大行其道，上至帝王，下到百姓均采取各种方式手段以求达到升仙的目的，这在前文之中多有提及。而两汉时期高楼建筑的发展也与升仙思想密不可分。《史记·孝武本纪》载，汉武帝醉心升仙，方士公孙卿曾对武帝言："仙人可见，而上往常遽，以故不见。……且仙人好楼居。"汉武帝听信方士之言，"令长安则作蜚廉桂观，甘泉则作益延寿观，使卿持节设具而候神人，乃作通天台，置祠具其下，将招来神仙之属。"⑤"仙人好楼居"的神仙思想，促使帝王在宫廷苑囿之中兴建高楼，贵族官吏乃至有相应财力的地主阶层也纷纷效仿，京津冀地区汉墓中出土的多层陶楼便是现实生活中高楼建筑不断发展的缩影，亦是汉代人崇信升仙思想的真实体现。

四、陶楼与汉代建筑技术

汉代是中国古代建筑技术飞速发展的重要时期，京津冀地区汉墓出土的陶楼可生动细致地再现汉代楼阁的建筑技术，突出表现在以下三个方面。

---

① (南朝·宋)范晔撰，(唐)李贤等注. 后汉书·仲长统传［M］. 北京：中华书局，1965：1649.

② 张勋燎，刘磐石. 四川郫县东汉残碑的性质和年代［J］. 文物，1980(4).

③ (南朝·宋)范晔撰，(唐)李贤等注. 后汉书·李章传［M］. 北京：中华书局，1965：2492.

④ (南朝·宋)范晔撰，(唐)李贤等注. 后汉书·左雄传［M］. 北京：中华书局，1965：2015.

⑤ (西汉)司马迁. 史记·孝武本纪［M］. 北京：中华书局，1959：478、479.

第一，多层楼阁技术的发展。

战国到西汉时期，高台建筑十分盛行，即在高大的夯土台基上修筑单层的宫殿等建筑。东汉时期，随着建筑技术不断提高，多层楼阁建筑逐渐流行开来，楼阁每层都是一个独立的结构单元，因此多层楼阁建筑技术的关键在于上下层梁柱之间的架构方式[①]。两层楼阁之间的架构方式主要有通柱架构和叠柱架构两种。通柱架构是指楼阁各层的柱子在同一位置接续而上，或为一根通木，从外表上看，各层大小相同，京津冀地区的多数陶楼即为此类架构（图 6-21：1）。叠柱架构则是“楼阁内部各层的承重立柱不在同一位置，一般先建好最下层的构架之后，将上层的主要承重立柱建在下层承重立柱之间，正是这种叠柱方式导致楼阁上层小于下层，呈现出塔式外观”[②]。河北迁安于家村 M1 出土陶楼最高层宽度缩减[③]，可能为叠柱架构（图 6-21：2）。此外，叠柱架构的楼阁也大量出现在画像石建筑图像中，应是东汉时期多层高楼主要采用的架构技术。通柱和叠柱架构的使用，使得高层楼阁建筑不断增多，这种多层高楼的出现，“打破了战国以来盛行的高台建筑均凭依土台而建的传统方式……从而在结构与造型上都塑造出一种既新颖又保持传统风格的建筑来。它不但在当时的单体与群体建筑中都产生了新的风貌，而且还对日后中国佛教建筑中的楼阁式木塔，带来了十分直接和非常巨大的影响”[④]。

第二，木构架技术的成熟。

“汉代能够建造多层楼阁，除了立柱支撑技术的发展之外，还有一个最为关键的技术发展——木构架的相对成熟。”[⑤]汉代木构架主要分为抬梁式、穿斗式和井干式三种，相关学者指出，北方地区以抬梁式木构架最为常见[⑥]。所谓抬梁式，是指立柱上架梁，梁上又立柱的构架形式，由于陶楼无法详细表现出墙体内部的梁架结构，目前仅能从画像石等图像资料中看到汉代抬梁式木架构的具体情况，成都市郊出土庭院画像砖中，主体建筑是一座有台阶的五脊房屋，山墙为梁架结构[⑦]（图 6-21：3），这种木构架有利于增加房屋的跨度，能够节省木材，逐渐发展成为古建筑中最主要的架

---

① 周学鹰．从出土文物探讨汉代楼阁建筑技术［J］．考古与文物，2008（3）.

② 李亚利．汉代画像中的建筑图像研究［D］．博士学位论文，吉林大学，2015：152.

③ 迁安县文物保管所．河北迁安于家村一号汉墓清理［J］．文物，1996（10）.

④ 刘叙杰．中国古代建筑史（第一卷）［M］．北京：中国建筑工业出版社，2003：566.

⑤ 李亚利．汉代画像中的建筑图像研究．博士学位论文［D］，吉林大学，2015：152.

⑥ 祁英涛．中国早期木结构建筑的时代特征［J］．文物，1983（4）.

⑦ 高文．四川汉代画像砖［M］．上海：上海人民美术出版社，1987：图版二四.

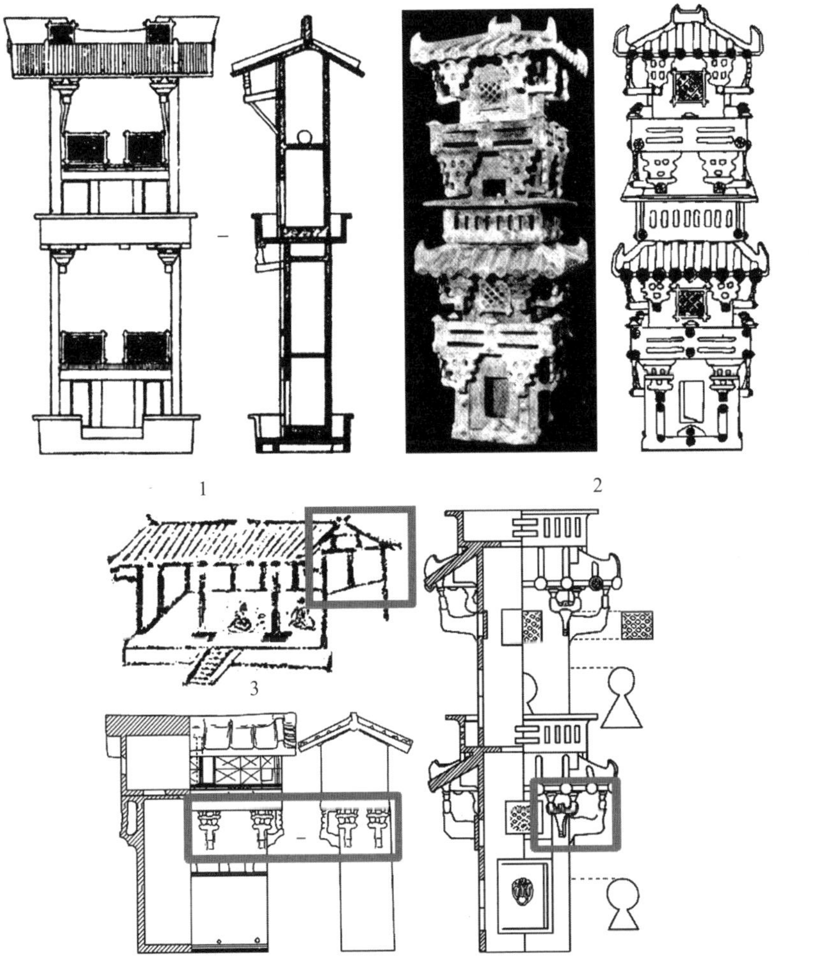

图 6-21　京津冀地区汉代陶楼与建筑技术

1. 通柱架构（河北张家口涿鹿矾山五堡 M3：21）2. 叠柱架构（河北唐山迁安于家村 M1：136）3. 抬梁式木构架（四川成都市郊出土庭院画像局部）4. 一斗二升斗拱（河北保定望都 M2 方形陶楼）5. 一斗五升斗拱（河北石家庄肖家营 M3：28）

构形式。可以大致肯定的是，京津冀地区汉墓出土陶楼中，一些陶楼参照现实居住的楼阁，很可能采用了抬梁式木构架技术，进而构建出所需的建筑。

第三，斗拱的普遍应用。

京津冀地区汉代墓葬出土陶楼的腰檐、顶檐和平座下方多有斗拱承托，此时斗拱已经发展出了柱头斗拱、柱间斗拱和转角斗拱三大基本形式，尤其是柱头斗拱和转角斗拱在京津冀地区汉墓出土的陶楼中多有体现。陶楼上的斗拱多为一斗二升和一斗五升（图 6-21：4、5），也有一斗三升的，说明此时斗拱的尺寸和形制较为丰富，尚没有统一式样，但一斗三升斗拱的出现和使用“却是一个明显的跃进，不仅从结构上取得了根本性的改善，而且在形式上奠定了一斗三升这一斗栱的基本单元”[①]，并为后世继承发展。

综合来看，京津冀地区汉墓出土的陶楼已有一定数量，这些陶楼有着不同的类型，也反映出相应的时代和地域特征，折射出与之有关的等级、思想及其功能作用，也体现出较为高超的建筑技术，为研究汉代墓葬陪葬品及相关社会内容等提供了丰富的实物资料。

① 刘叙杰. 中国古代建筑史（第一卷）[M]. 北京：中国建筑工业出版社，2003：566.

结　语

两汉时期，古代墓葬获得了较大的发展，墓葬形制、陪葬物品及丧葬内容等既有继承，也有继承中的发展，更有发展中的变革，还有变革后的巩固和持续，因此汉代墓葬具有承前启后的重要价值和意义。京津冀地区是汉代幕葬分布的重点区域之一，区域内已发现、发掘的两汉墓葬数量大、类型多、内容内涵丰富、发展演变规律清晰，既有与其他地区汉墓的相似性和统一性，又有较为明显的地域特征，从多个方面、不同角度反映着京津冀地区两汉时期的生产生活与社会状况，对研究汉代墓葬及丧葬内容，分析丧葬文化的交流与发展，探讨汉代社会物质文化，论述墓葬背后的社会内涵等，均有重要的参考价值和意义。

京津冀地区是汉代王侯封国分布的重要区域，境内封国众多，诸侯王国如西汉时期的赵、河间、中山、常山、真定、燕、广阳及东汉时期的赵、中山、燕等，侯国则更多，以西汉成帝刘骜元延三年（公元前10年）为例，与今京津冀地区有关的魏郡、巨鹿郡、常山郡、清河郡、涿郡、渤海郡等的境内有侯国数十，多者一郡之内有10余个侯国，如涿郡，少者有2～4个[①]。与之相对应，这一地区的汉代诸侯王墓和列侯墓数量较多，考古发现也证实了这一点。京津冀地区的汉代王侯墓葬一般规模较大，结构复杂，形制也较多样，主要包括竖穴土（石）坑墓、横穴崖洞墓、横穴砖室或砖石混筑墓；陪葬品数量较多，质地和种类多样，制作工艺上乘等，都彰显了王侯尊贵的等级身份和较高的社会地位。同时，玉器敛葬也是王侯墓葬的重要内容之一，玉衣或玉衣片有较多发现，另有其他较多敛葬玉器，体现出与其他等级墓葬的差异，显现出特殊之处。京津冀地区的汉代诸侯王墓在墓道数量、墓葬形制结构、陪葬品种类等方面都有较为明显的发展演变，既有所在地区的地域特点，也有与其他地区汉代王侯墓葬较为一致的特征。在京津冀地区汉代王、侯墓葬的发展演进过程中，王、侯墓之间也存在一些不可僭越和突破的差异性。西汉诸侯王墓较多使用黄肠题凑，西汉列侯墓葬可能使用，东汉时则多为黄肠石，至东汉晚期，黄肠石的使用趋于全面衰落，名存实亡，而该地区的东汉列侯墓未见使用黄肠石；西

---

① 马孟龙．汉成帝元延三年侯国地理分布研究［J］．历史研究，2011（5）；西汉侯国地理［M］．上海：上海古籍出版社：2013：91-107．

汉诸侯王墓的墓主死后用金缕玉衣敛葬，另有相当数量的金银器，东汉时，诸侯王的敛葬玉衣多为银缕或鎏金铜缕，但这一地区西汉列侯墓葬中，墓主最高可使用银缕玉衣，而东汉时列侯有用银缕玉衣者，但更多的为铜缕或鎏金铜缕玉衣，体现出相应的差异。还有一点需做说明，西汉时期，这一地区的异姓诸侯王基本不用玉衣敛葬，这与全国其他地区的异姓诸侯王墓一致①，只不过这一地区的异姓诸侯王墓不多，东汉时期并无异姓诸侯国，而这一内容也涉及异姓列侯，并在两汉均有体现。

中小型墓葬是京津冀地区汉墓的主体，形制多样，可分为竖穴坑墓、竖穴洞室墓及横穴砖室或砖石混筑墓三大类，每类又可细分为若干型和亚型。陪葬品以陶器为主，另有其他质地器物，这与墓葬等级及墓主财力等有关，也表现出了相应的时代和地域特征。陪葬品中，仿制陶礼器组合相对完备、日常用器和模型明器种类多样，形制和组合较有特色。京津冀地区的中小型汉墓在两汉四百余年里经历了相应的发展演变，其最主要的表现就是墓葬形制从竖穴坑墓向横穴室墓的转变以及陪葬品从以陶礼器为主向以模型明器、生活类器物占主导的转变，这与整个汉代墓葬发展演进中形制趋于第宅化、陪葬物品不断生活化的特征较为一致。京津冀汉墓还显示出相应的地域特点，通过京津冀地区汉墓与两京中原及其周边地区汉墓的比较亦可说明这一点。京津冀地区的汉代中小型墓葬既受到两京及鲁北、雁北等地汉墓的影响，也对北方民族文化因素有所吸收，同时还对辽西等地汉墓的发展有促进作用，体现出与地理位置相符的特征。综合考察，京津冀地区与其他地区的汉代中小型汉墓既有统一性，也有差异之处，但整体上是统一性大于差异性，且在发展过程中，统一性的特征不断加强，至东汉中晚期，京津冀地区汉墓已与较多地区的汉墓基本趋同，这也体现出汉文化逐渐发展、统一的过程。

墓葬所蕴含的诸多社会内容是开展墓葬考古学研究中更须进行的深度研究②，墓葬较之城址、手工业遗址等，包含的信息更为丰富，涉及当时社会的政治、经济、文化及社会生活，还全面地反映了人的精神、宗教思想以及上层建筑等方方面面，为我们展示一个立体而全面的古代社会面貌，而这也正是考古学研究最终想要达到的目的③。经济方面，京津冀地区汉墓

① 刘尊志. 西汉诸侯王墓敛葬玉衣及相关问题［J］. 中原文物，2011（4）；汉代诸侯王墓研究［M］. 北京：社会科学文献出版社，2012：262-270.

② 刘尊志. 汉代诸侯王墓研究［M］. 北京：社会科学文献出版社，2012：27.

③ 韩国河，柴怡. 有关墓葬考古学研究的思考 - 以两汉墓葬为例［J］. 西北大学考古学系，西北大学文化遗产与考古研究中心. 西部考古（第一辑）［M］. 西安：三秦出版社，2006：331-340.

反映出该地区可分为四个经济片区，各个片区的经济在汉代都有较为明显的发展，但依然存在发展的区域性与不平衡性。物质生活面貌方面，墓葬对衣食住行四个主要内容皆有较多体现，反映出京津冀地区汉代居民物质生活水平的提高及物质生活面貌的逐渐改善和丰富，当然，这其中也存在着等级性差异和地域性差别，同时也与全国其他地区有较多的一致性。两汉时期，社会思想既呈现出多样性又在发展过程中逐渐突出儒家思想的“独尊”性，而儒家思想又与其他社会思想融会贯通，从多个方面影响着汉代社会，这在京津冀地区汉墓中有较多体现，如孝道伦理、升仙思想、厚葬思想及多种崇拜、吉祥思想等。早期道教和佛教也影响到这一地区，并在墓葬中有相应体现。该地区发现的较多东汉壁画墓葬中壁画题材丰富多样，庄园生活场面、墓主仕宦经历和身份等展现了相关社会生活内容，而天象图、仙人及仙禽异兽图、祥瑞图及有关墓葬如河北保定望都M2[①]出土的买地券等，又反映出较多社会思想、信仰等内容。

墓葬是与死者相关的墓地、墓外设施、封护措施及地下世界等的一个综合体，包含的内容十分丰富，相关墓地、墓葬、丧葬习俗及陪葬品等，既与其他墓地、墓葬、陪葬品有相同或相近之处，也存在自身的特点，一些还具有相应的普遍性或具有一定的代表性，京津冀地区汉代墓葬中也有较多相关内容，因此有必要开展专题性研究，对于全面认识京津冀地区汉墓有着十分重要的作用。对于相关墓葬墓主及墓地归属的探讨，可大致确定墓主的身份，可为开展相关研究提供必要的借鉴和参考；对于一些墓地中具有代表性的内容进行分析，可对京津冀地区汉墓的发展有更深入的理解和认识，进而达到以点带面、以代表性墓地拓展对其他墓地和墓葬的认识，为阐述汉代丧葬文化发展中的统一性和多样性、地域性和复杂性，汉代丧葬文化的推广与传播以及汉代家族墓地的发展等问题均有助益。夫妻合葬是汉代丧葬的重要内容，京津冀地区汉墓中夫妻合葬的形式较为多样，虽然有诸如同茔无坟异穴合葬、无合葬的墓葬存在，但主体内容还是与全国其他地区较为统一，尤其是夫妻同穴合葬的发展、普及及其体现的社会内容等。这一地区汉代墓葬在丧葬方面还有代表性与特殊性并存的内容，如屈肢葬、多人葬，相关墓葬多，内容、内涵丰富，对研究京津冀地区汉墓的多样化内容提供了重要参考。屈肢葬反映出西汉之前及西汉时期丧葬习俗的延续、传播、影响和发展及其汉文化的主体丧葬内容对屈肢葬的影响与融合等；多人葬体现出东汉时期家族墓地的发展及其汉代家庭、家族观念的增强等。这两方面的丧葬内容不仅涉及二次葬与迁葬等内容，还各有其他体现，

---

① 河北省文化局考古工作队. 望都二号汉墓［M］. 北京：文物出版社，1959.

如屈肢葬体现的未成年人合葬及“两殇合葬”的内容；多人葬反映的双重聚族葬及三重聚族葬问题，丰富了东汉时期家庭墓葬及家族墓地的内容与内涵。陪葬品是墓葬的重要组成，京津冀地区汉代墓葬对于陶俑的使用贯穿两汉，出土的陶俑具有体现墓主身份地位、展现墓主生前生活和象征墓主个人财富的含义；用连枝灯陪葬的习俗主要流行于东汉时期，在东汉晚期发展到鼎盛，京津冀地区汉墓出土连枝灯工艺精巧，造型艺术极具特点，对应实物不仅满足了照明需要，更体现出当时人们的审美追求，陶连枝灯也是对墓主经济实力、社会地位的反映，体现出相关思想信仰等；陶楼是京津冀地区汉墓陪葬品的特色内容之一，经历东汉早中期的发展，至东汉晚期达到鼎盛，作为模拟现实生活建筑的模型，最大功能就是对墓主生前生活再现，同时也体现出相应的社会生活及思想信仰等内容，展现了东汉建筑技术的重大成就与突破。

综合来讲，京津冀地区汉代墓葬既有较多自身的地域特点与特色，也与全国其他地区的汉墓有着较多一致性，而且随着时间的推进，趋同性愈来愈强，也更为明显，但地域特征仍有存在，这在墓葬形制、陪葬物品、墓地、丧葬内容及其所反映的社会内容等方面均有明确展现，综合体现出汉代丧葬文化乃至于汉文化的发展、形成及其在此过程中“多元一体”主体特征的演进与加强。可以看出，京津冀地区汉墓在整个汉代墓葬发展过程中占据着十分重要的地位，对于汉墓的发展，汉代丧葬文化的形成、丰富和多元一体文化等做出了自身的贡献，是汉代墓葬发展的重要一环，而这一地区的汉墓对研究京津冀地区的汉代历史与社会也有着较为重要的价值和作用，诸多社会内容的体现即可说明。因此，进行京津冀地区汉墓的考古学研究具有重要的学术价值和意义。通过相关研究，不仅可对京津冀地区汉墓及相关内容有更为深入的理解和认识，对这一地区汉代历史与社会有更为清晰的思辨与思考，也可将研究成果合理运用至这一地区古代文化的研究之中，并为相关墓葬的发掘及一些墓葬遗存的保护与合理开发利用、提高公众对历史文化遗产及汉文化的认知水平等提供借鉴和参考，进而可产生相应的经济效益和社会效益，服务于当今文化建设与发展。

就本书的而言，还有诸多不足和欠缺之处，如对墓葬形制及陪葬品的考古学研究略显简略，一些地区的墓葬资料使用不充分；对于京津冀地区汉墓体现的社会政治、手工业生产、商品贸易等虽有涉及，但未有专门性研究；关于物质生活本书重点探讨的是衣食住行这四个重要方面，其他相对简单；专门性研究中还有一些未做专题探讨的内容，如家族墓地、墓外设施及一些特殊性墓葬、陪葬品等，这些将是今后关注和开展研究的重点，并希望能够有相关的研究成果，这样会对京津冀地区汉墓有更加全面、更为深入的理解和认识。

参 考 书 目

一、古　　籍

1. （战国）子思著，余庆编译．中庸诠解［M］．沈阳：万卷出版公司，2018．
2. （西汉）司马迁．史记［M］．北京：中华书局，1959．
3. （西汉）陆贾撰，王利器校注．新语校注［M］．北京：中华书局，1986．
4. （西汉）桓宽撰，王利器校注．盐铁论校注［M］．北京：中华书局，1992．
5. （东汉）班固撰，（唐）颜师古注．汉书［M］．北京：中华书局，1962．
6. （东汉）许慎撰，（清）段玉裁注．说文解字注［M］．上海：上海古籍出版社，1981．
7. （东汉）刘熙撰，毕沅疏证，王先谦补．释名疏证补［M］．北京：中华书局，2008．
8. （东晋）葛洪撰，周天游校注．西京杂记［M］．西安：三秦出版社，2006．
9. （刘宋）范晔撰，李贤等注．后汉书［M］．北京：中华书局，1965．
10. （北魏）郦道元著，陈桥驿校证．水经注校证［M］．北京：中华书局，2007．
11. （清）王先谦撰，沈啸寰、王星贤点校．荀子集解［M］．北京：中华书局，1988．
12. （清）陈立撰，吴则虞点校．白虎通疏证［M］，北京：中华书局，1994．
13. （清）孙诒让撰，王文锦、陈玉霞点校．周礼正义［M］．北京：中华书局，2013．
14. 北京大学历史系《论衡》注释小组．论衡注释（全四册）［M］．北京：中华书局，1979．
15. 袁珂校注．山海经校注［M］．上海：上海古籍出版社，1980．
16. 《十三经注疏》整理委员会整理，李学勤主编．十三经注疏·礼记正义［M］．北京：北京大学出版社，1999．
17. 《十三经注疏》整理委员会整理，李学勤主编．十三经注疏·孟子注疏［M］．北京：北京大学出版社，1999．
18. 陈广忠．淮南子［M］．北京：中华书局，2012．

二、著　　作

1. 翦伯赞．秦汉史［M］．北京：北京大学出版社，1983．
2. 王仲殊．汉代考古学概说［M］．北京：中华书局，1984．
3. 葛剑雄．西汉人口地理［M］．北京：人民出版社，1986．
4. 中国大百科全书总编辑委员会《考古学》编辑委员会．中国大百科全书·考古学［M］．北京：中国大百科全书出版社，1986．

5. 高文. 四川汉代画像砖［M］. 上海：上海人民美术出版社，1987.
6. 王玉哲主编. 中国古代物质文化［M］. 北京：高等教育出版社，1990.
7. 孙健. 北京古代经济史［M］. 北京：燕山出版社，1996.
8. 孙建君，高丰. 古代灯具［M］. 济南：山东科学技术出版社，1998.
9. 韩国河. 秦汉魏晋丧葬制度研究［M］. 西安：陕西人民出版社，1999.
10. 河北省文物研究所. 河北古代墓葬壁画［M］. 北京：文物出版社，2000.
11. 杨树达撰，王子今导读. 汉代婚丧礼俗考［M］. 上海：上海古籍出版社，2000.
12. 滕铭予. 秦文化：从封国到帝国的考古学观察［M］. 北京：学苑出版社，2002.
13. 刘叙杰. 中国古代建筑史（第一卷）［M］. 北京：中国建筑工业出版社，2003.
14. 李孝聪. 中国区域历史地理［M］. 北京：北京大学出版社，2004.
15. 李天石. 中国中古良贱身份制度研究［M］. 南京：南京师范大学出版社，2004.
16. 雷海宗编著，黄振萍整理. 中国通史选读［M］. 北京：北京大学出版社，2006.
17. 姚圣良. 先秦两汉神仙思想与文学［M］. 济南：齐鲁书社，2009.
18. 周振鹤. 体国经野之道——中国行政区划沿革［M］. 上海：上海书店出版社，2009.
19. 河北省文物研究所. 河北考古重要发现（1994～2009）［M］. 北京：科学出版社，2009.
20. 中国社会科学院考古研究所. 中国考古学·秦汉卷［M］. 北京：中国社会科学出版社，2010.
21. 杜庆余. 汉代田庄研究［M］. 济南：山东大学出版社，2010.
22. 郭维城总修，王继红整理. 宣化县新志·地理志（1922 年版）［M］. 北京：北京出版社，2010.
23. 孙机. 汉代物质文化资料图说（增订本）［M］. 上海：上海古籍出版社，2011.
24. 刘尊志. 徐州汉墓与汉代社会研究［M］. 北京：科学出版社，2011.
25. 刘尊志. 汉代诸侯王墓研究［M］. 北京：社会科学文献出版社，2012.
26. 马孟龙. 西汉侯国地理［M］. 上海：上海古籍出版社，2013.
27. 武玮. 黄河中下游地区汉至西晋模型明器研究［M］. 郑州：大象出版社，2014.
28. 宋蓉. 汉代郡国分治的考古学观察—以关东地区汉代墓葬为中心［M］. 上海：上海古籍出版社，2016.
29. 蒋璐. 北方地区汉墓的考古学研究［M］. 杭州：浙江大学出版社，2016.

三、论　　文

1. 林树中. 望都汉墓壁画的年代［J］. 考古通讯，1958（4）.
2. 韩伟. 试论战国秦的屈肢葬仪渊源及其意义［C］// 中国考古学会. 中国考古学年会第一次年会论文集［M］. 北京：文物出版社，1979：第 204-211.
3. 张勋燎，刘磐石. 四川郫县东汉残碑的性质和年代［J］. 文物，1980（4）.
4. 蒋英炬，吴文祺. 武氏祠画象石建筑配置考［J］. 考古学报，1981（2）.

5. 容观夐．我国古代屈肢葬俗研究［J］．中南民族学院学报（哲学社会科学版），1983（2）．
6. 祁英涛．中国早期木结构建筑的时代特征［J］．文物，1983（4）．
7. 蒋英炬．汉代的小祠堂——嘉祥宋山汉画像石的建筑复原［J］．考古，1983（8）．
8. 王子今．秦人屈肢葬仿象“窋卧”说［J］．考古，1987（2）．
9. 戴春阳．秦墓屈肢葬管窥［J］．考古，1992（8）．
10. 赵化成．早期秦文化の発見とそれに伴う諸问题［J］．日本中国考古学会会报，1993（3）．
11. 李如森．西汉墓葬及其反映的社会面貌［J］．吉林大学社会学学报，1995（6）．
12. 李如森．从汉墓合葬习俗看汉代社会变化轨迹［J］．史林，1996（2）．
13. 王文涛．汉代河北农业经济探视［J］．河北师范大学学报：哲学社会科学版，1997（1）．
14. 吕苏生．略论秦汉时期河北手工业的发展［J］．文物春秋，1998（1）．
15. 吴桂兵．西汉中后期的夫妇同穴合葬［J］．四川文物，1998（1）．
16. 黄伟．论汉代夫妻合葬墓的类型与演变［C］//四川大学考古专业编．四川大学考古专业创建三十五周年纪念文集［M］．成都：四川大学出版社，1998：264-283．
17. 韩国河．试论汉晋时期合葬礼俗的渊源及发展［J］．考古，1999（10）．
18. 郑绍宗．略谈河北发现的几处古墓壁画［J］．文物春秋，1999（1）．
19. 仇凤琴．河北阳原三汾沟汉墓中的匈奴文化因素［J］．文物春秋，2000（6）．
20. 梁勇．从西汉楚王墓的建筑结构看楚王墓的排列顺序［J］．文物，2001（10）．
21. 穆朝娜．河北汉墓形制初论［C］//河北省文物研究所．河北省考古文集（二）［M］．燕山出版社，2001：386-402．
22. 胡金华，张亚丽．河北汉墓出土的陶灶概述［C］//河北省考古文集（二）［M］北京：燕山出版社，2001：403-406．
23. 戴书田．河北省的古代水井和水井模型［C］//河北省考古文集（二）［M］．北京：燕山出版社，2001：475-482．
24. 黄伟．试论周秦两汉夫妻合葬礼俗的几个问题［C］//四川大学考古专业编．四川大学考古专业创建四十周年暨冯汉骥教授百年诞辰纪念文集［M］．成都：四川大学出版社，2001：322-335．
25. 王文涛．汉代河北家庭副业试论［J］．文物春秋，2003（2）．
26. 张华珍，项章．楚“神树”研究［J］．江汉考古，2003（3）．
27. 郑同修，杨爱国．山东汉代墓葬出土陶器的初步研究［J］．考古学报，2003（3）．
28. 王文涛．试论汉代河北地区水利灌溉的发展［J］．聊城大学学报（社会科学版），2003（4）．
29. 陈西平．中国民俗中的树文化内涵［J］．前沿，2003（8）．
30. 张治强，穆朝娜．河北高庄汉墓出土实用车马复原研究［J］．文物春秋，2005（6）．
31. 郑君雷．论“西汉墓幽州分布区”［J］．考古与文物，2005（6）．

32. 韩建业. 中国古代屈肢葬谱系梳理［J］. 文物，2006（1）.
33. 刘尊志. 西汉晚期楚王（后）墓葬浅探［J］. 中原文物，2007（1）.
34. 蒋璐. 张家口地区两处汉代墓地相关问题探讨［J］文物春秋，2007（1）.
35. 韩建业. 中国先秦洞室墓谱系初探［J］. 中国历史文物，2007（4）.
36. 姜佰国. 京津冀地区汉代墓葬研究［J］. 吉林大学边疆考古研究中心. 边疆考古研究（第六辑）［M］. 北京：科学出版社，2007：227-273，435-436.
37. 梁云. 从秦墓葬俗看秦文化的形成［J］. 考古与文物，2008（1）.
38. 周学鹰. 从出土文物探讨汉代楼阁建筑技术［J］. 考古与文物，2008（3）.
39. 吴杏全. 满城汉墓出土之灯具研究［J］. 文物春秋，2009（1）.
40. 相军. 京冀地区两汉诸侯王墓研究［D］. 长春：吉林大学，2009.
41. 薛红艳. 中国古代枝状灯的文化内涵［J］. 装饰，2009（3）.
42. 刘尊志. 徐州汉代夫妻合葬墓初论［J］. 南方文物，2009（4）.
43. 高嵘. 浅析陕西历史博物馆馆藏汉灯［J］. 文博，2010（4）.
44. 洪石. 汉代铜玉枕研究［C］// 中国社会科学院考古研究所. 考古学集刊（第18集）［M］. 北京：科学出版社，2010：321-355.
45. 韩国河，张翔宇. 西安地区中小型西汉墓的分期与年代推断［J］. 考古学报，2011（2）.
46. 陈洪. 中型秦墓墓主族属及身份探析 - 以渭水流域中型秦墓的葬俗为视角［J］. 郑州大学学报（哲学社会科学版），2011（3）.
47. 赵妍. 京津冀地区汉代墓葬的历史地理学研究［D］. 北京：首都师范大学，2011.
48. 黄展岳. 肥致碑及相关问题［J］. 考古，2012（5）
49. 宋蓉. 冀中南中小型汉墓的分期与年代研究［J］. 文物春秋，2013（5）.
50. 王音. 东汉冀州刺史部西北部地区砖室墓的分期及初步分析（上）［J］. 文物春秋，2013（5）；东汉冀州刺史部西北部地区砖室墓的分期及初步分析（下）［J］. 文物春秋，2013（6）.
51. 新沂市博物馆李平，徐州博物馆耿建军. 徐州西汉空墓的特点及形成原因［J］.《湖南省博物馆馆刊》（第九辑），2013：267-275.
52. 陈洪，李宇，武丽娜，等. 再谈秦墓屈肢葬渊源及其相关问题［J］. 文博，2014（1）.
53. 李亚利. 汉代画像中的建筑图像研究［D］. 长春：吉林大学，2015.
54. 靳宝. 关于北京大葆台汉墓墓葬布局的重新考察［J］. 北方文物，2016（3）.
55. 张媛媛. 试论河北望都一号汉墓壁画布局及其意义［J］. 中国国家博物馆馆刊，2016（12）.
56. 刘尊志. 京津冀地区汉代屈肢葬初步研究［J］. 考古与文物，2017（5）.
57. 刘尊志. 汉代墓葬中的铺钱现象［J］. 中国国家博物馆馆刊，2017（12）.
58. 刘尊志. 江苏徐州东沿村出土东汉祠堂画像石浅析［J］. 中原文物，2018（1）.
59. 李斌. 河北区域汉墓出土陶质模型明器研究［D］. 保定：河北大学，2018.

60. 刘照建. 徐州东洞山汉墓相关问题研究［J］. 中国国家博物馆馆刊，2019（3）.
61. 刘尊志. 汉代列侯与中小型墓地非祠堂类祭祀设施与遗存［J］. 中原文物，2019（3）.

四、发 掘 报 告

1. 北京历史博物馆，河北省文物管理委员会. 望都汉墓壁画［M］. 北京：中国古典艺术出版社，1955.
2. 河北省文化局考古工作队. 望都二号汉墓［M］. 北京：文物出版社，1959.
3. 中国科学院考古研究所编辑. 洛阳烧沟汉墓［M］. 北京：科学出版社，1959.
4. 湖南省博物馆，中国科学院考古研究所. 长沙马王堆一号汉墓［M］. 北京：文物出版社，1973.
5. 中国社会科学院考古研究所，河北省文物管理处. 满城汉墓发掘报告［M］. 北京：文物出版社，1980.
6. 广西壮族自治区博物馆. 广西贵县罗泊湾汉墓［M］. 北京：文物出版社，1988.
7. 大葆台汉墓发掘组，中国社会科学院考古研究所. 北京大葆台汉墓［M］. 北京：文物出版社，1989.
8. 河北省文物研究所. 安平东汉壁画墓［M］. 北京：文物出版社，1990.
9. 广州市文物管理委员会，中国社会科学院考古所，广东省博物馆. 西汉南越王墓［M］. 北京：文物出版社，1991.
10. 河南省文物研究所. 密县打虎亭汉墓［M］. 北京：文物出版社，1993.
11. 魏坚. 内蒙古中南部汉代墓葬［M］. 北京：中国大百科全书出版社，1998.
12. 河北省文物考古研究所. 战国中山国灵寿城（1975～1993年考古发掘报告）［M］. 北京：文物出版社，2005.
13. 河北省文物研究所，鹿泉市文物保管所. 高庄汉墓［M］. 北京：科学出版社，2006.
14. 陕西省考古研究所，秦始皇兵马俑博物馆. 华县东阳［M］. 北京：科学出版社，2006.
15. 北京市文物局，北京市文物研究所. 北京奥运场馆考古发掘报告［M］. 北京：科学出版社，2007.
16. 北京市文物研究所. 北京段考古发掘报告集［M］. 北京：科学出版社，2008.
17. 北京市文物研究所. 房山南正遗址：拒马河流域战国以降时期遗址发掘报告［M］. 北京：科学出版社，2008.
18. 安徽省文物考古研究所，安徽省萧县博物馆. 萧县汉墓［M］. 北京：文物出版社，2008.
19. 北京市文物研究所. 北京亦庄考古发掘报告：2003-2005［M］. 北京：科学出版社，2009.
20. 山东省文物考古研究所. 鲁中南汉墓［M］. 北京：文物出版社，2009.

21. 西安市文物保护考古所．西安东汉墓［M］．北京：文物出版社，2009.
22. 北京市文物研究所．平谷杜辛庄遗址［M］．北京：科学出版社，2009.
23. 北京市文物研究所．北京亦庄 X10 号地［M］．北京：科学出版社，2010.
24. 北京市文物研究所．丰台王佐遗址［M］．北京：科学出版社，2010.
25. 南水北调中干线工程建设管理局，河北省南水北调工程建设委员会办公室，河北省文物局．唐县高昌墓地发掘报告［M］．北京：文物出版社，2010.
26. 南京博物院，邳州博物馆．邳州山头东汉墓地［M］．北京：科学出版社，2010.
27. 北京市文物研究所．密云大唐庄：白河流域古代墓葬发掘报告［M］．上海：上海古籍出版社，2010.
28. 北京市文物研究所．平谷汉墓［M］．北京：科学出版社，2011.
29. 河南省文物局．新乡老道井墓地［M］．北京：科学出版社，2011.
30. 南水北调中线干线工程建设管理局，河北省南水北调工程建设领导小组办公室，河北省文物局．内丘张夺发掘报告［M］．北京：科学出版社，2011.
31. 北京市文物研究所．北京亦庄 X11 号地考古发掘报告［M］．北京：科学出版社，2012.
32. 北京市文物研究所．昌平沙河—汉、西晋、唐、元、明、清代墓葬发掘报告［M］．北京：科学出版社，2012.
33. 北京市文物研究所．窦店与长阳［M］．北京：科学出版社，2013.
34. 河南省文物局．淇县大马庄墓地［M］．北京：科学出版社，2013.
35. 河南省文物局．辉县汉墓（一）［M］．北京：科学出版社，2014.
36. 南水北调中线干线工程建设管理局，河北省南水北调工程建设领导小组办公室，河北省文物局编著．常山郡元氏故城南程墓地［M］．北京：科学出版社，2014.
37. 南水北调中线干线工程建设管理局，河北省南水北调工程建设领导小组办公室，河北省文物局．石家庄元氏、鹿泉墓葬发掘报告［M］．北京：科学出版社，2014.
38. 南水北调中线干线工程建设管理局，河北省南水北调工程建设领导小组办公室，河北省文物局．徐水东黑山遗址发掘报告［M］．北京：科学出版社，2014.
39. 王国平，张文彦，史国强．南乐汉墓［M］．郑州：中州古籍出版社，2015.
40. 河南省文物局．汤阴五里岗战国墓地［M］．北京：科学出版社，2016.
41. 南水北调中线干线工程建设管理局，河北省南水北调工程建设领导小组办公室，河北省文物局．磁县双庙墓群考古发掘报告［M］．北京：文物出版社，2017.
42. 中国社会科学院考古研究所．辉县路固［M］．北京：科学出版社，2017.
43. 临沂市博物馆．临沂吴白庄汉画像石墓［M］．济南：齐鲁书社，2018.
44. 北京市文物研究所．丰台南苑汉墓［M］．北京：科学出版社，2019.
45. 北京市文物研究所．长沟汉墓［M］．北京：科学出版社，2019.
46. 北京市文物局，北京城市副中心行政办公区工程建设办公室，北京市文物研究所．北京城市副中心考古（第一辑）［M］．北京：科学出版社，2018.
47. 李伟敏．北京考古志・通州卷［M］．上海：上海古籍出版社，2109.

五、发掘简报

1. 安志敏．河北省唐山市贾各庄发掘报告［J］．考古学报，1953（12）．
2. 河北怀安耿家屯清理了两座西汉墓葬［J］．文物参考资料，1954（12）．
3. 关天相，冀刚．梁山汉墓［J］．文物参考资料，1955（5）．
4. 山东省文物管理委员会．禹城汉墓清理简报［J］．文物参考资料，1955（6）．
5. 郑绍宗．蓟县发现了几处汉墓群［J］．文物参考资料．1956（9）．
6. 唐云明．赞皇发现古墓群［J］．文物参考资料，1957（1）．
7. 王思礼．山东济宁发现汉墓一座［J］．考古通讯，1957（1）．
8. 刘志远．成都天迴山崖墓清理记［J］．考古学报，1958（1）．
9. 河北省文物管理委员会．唐山市陡河水库汉、唐、金、元、明墓发掘简报［J］．考古通讯，1958（3）．
10. 程明远．河北井陉矿区清理一座古墓［J］．考古通讯，1958（5）．
11. 孟浩．涿县半壁店汉墓的清理［J］．文物参考资料，1958（11）．
12. 河北省文物管理委员会．河北磁县讲武城古墓清理简报［J］．考古，1959（1）．
13. 河北省文物管理委员会．石家庄市北宋村清理了两座汉墓［J］．文物，1959（1）．
14. 孟浩．石家庄市桥东单室砖墓［J］．文物，1959（4）．
15. 河北省文物管理委员会．河北省石家庄市赵陵铺古镇清理简报［J］．考古，1959（7）．
16. 河北省文物管理委员会．河北武安县午汲古城的周、汉墓葬发掘简报［J］．考古，1959（7）．
17. 唐云明，江达煌．邯郸王郎村清理了五十二座汉墓［J］．文物，1959（7）．
18. 河北省文化局文物工作队．1958 年邢台地区古遗址古墓葬的发现与清理［J］．文物，1959（9）．
19. 苏天钧．北京昌平区松园村战国秦墓发掘记略［J］．文物，1959（9）．
20. 北京市文物工作队．北京怀柔城北东周两汉墓葬［J］．考古，1962（5）．
21. 北京市文物工作队．北京平谷县西柏店和唐庄子汉墓发掘简报［J］．考古，1962（5）．
22. 河北省文化局文化工作队．河北省邯郸百家村战国墓［J］．考古，1962（12）．
23. 北京市文物工作队．北京永定路发现东汉墓［J］．考古，1963（3）．
24. 北京市文物工作队．北京昌平白浮村汉、唐、元墓葬发掘［J］．考古，1963（3）．
25. 北京市文物工作队．北京昌平半截塔村东周和两汉墓［J］．考古，1963（3）．
26. 北京市文物工作队．北京昌平史家桥汉墓发掘［J］．考古，1963（3）．
27. 河北省文化局文物工作队．河北定县北庄汉墓发掘报告［J］．考古学报，1964（2）．
28. 黄河水库考古工作队．河南陕县刘家渠汉墓［J］．考古学报，1965（1）．
29. 天津市文化局考古发掘队．河北任邱东关汉墓清理简报［J］．考古，1965（2）．
30. 河北省文化局文物工作队．1964-1965 年燕下都墓葬发掘报告［J］．考古，1965（11）．
31. 王海航．石家庄市东岗头村发现汉墓［J］．考古，1965（12）．

32. 天津市文化局考古发掘队．河北大厂回族自治县大坨头遗址试掘简报［J］．考古，1966（1）.
33. 山东省博物馆．山东东平王陵山汉墓清理简报［J］．考古，1966（4）.
34. 天津市文物管理处．天津北郊发现一座西汉墓［J］．考古，1972（6）.
35. 甘肃省博物馆．武威磨咀子三座汉墓发掘简报［J］．文物，1972（12）.
36. 余扶危，贺官保．洛阳东关东汉殉人墓［J］．文物，1973（2）.
37. 南京博物院．铜山小龟山西汉崖洞墓［J］．文物，1973（4）.
38. 定县博物馆．河北定县 43 号汉墓发掘简报［J］．文物，1973（11）.
39. 洛阳博物馆．洛阳涧西七里河东汉墓发掘简报［J］．考古，1975（2）.
40. 洛阳博物馆．洛阳涧西七里河东汉墓发掘简报［J］．考古，1975（2）.
41. 河南省博物馆．灵宝张湾汉墓［J］．文物，1975（11）.
42. 湖北孝感地区第二期亦工亦农文物考古训练班．湖北云梦睡虎地十一座秦墓发掘简报［J］．文物，1976（9）.
43. 北京市文物管理处．北京顺义临河村东汉墓发掘简报［J］．考古，1977（6）.
44. 石家庄市图书馆文物考古小组．河北石家庄市北郊西汉墓发掘简报［J］．考古，1980（1）.
45. 河北省文物管理处．河北邢台南郊西汉墓［J］．考古，1980（5）.
46. 山西省文物工作委员会，雁北行政公署文化局，大同市博物馆．山西浑源毕村西汉木椁墓［J］．文物，1980（6）.
47. 湖南省博物馆．长沙象鼻嘴一号西汉墓［J］．考古学报，1981（1）.
48. 德州地区文物组等．山东宁津县庞家寺汉墓［C］// 文物编辑委员会．文物资料丛刊（4）［M］．北京：文物出版社，1981：125-128.
49. 河北省文物研究所．河北定县 40 号汉墓发掘简报［J］．文物，1981（8）.
50. 李胜伍，郭书春．石家庄东汉墓及其出土的算筹［J］．考古，1982（3）.
51. 天津市文物管理处考古队．武清东汉鲜于璜墓［J］．考古学报，1982（3）.
52. 济宁地区文物组，嘉祥县文管所．山东嘉祥宋山 1980 年出土的汉画像石［J］．文物，1982（5）.
53. 徐州博物馆，沛县文化馆．江苏沛县栖山汉画像石墓清理简报［C］// 考古学集刊（2）［M］．北京：中国社会科学出版社，1982：106-112.
54. 河北省文物研究所．蠡县汉墓发掘纪要［J］．文物，1983（6）.
55. 北京市文物工作队．北京东南郊三台山东汉墓发掘简报［C］// 北京历史考古丛书编辑组编．北京文物与考古［M］．1983：19-27.
56. 保定地区文物管理所．河北省徐水县防陵村二号汉墓［J］．文物，1984（4）.
57. 中国社会科学院考古研究所，北京市文物研究所琉璃河考古队．1981—1983 年琉璃河西周燕国墓地发掘简报［J］．考古，1984（5）.
58. 南京博物院，邳州博物馆．东汉彭城相缪宇墓［J］．文物，1984（8）.
59. 石家庄市文物保管所．石家庄北郊东汉墓［J］．考古，1984（9）.

60. 徐州博物馆．徐州石桥汉墓清理报告［J］．文物，1984（11）．
61. 南京博物院，铜山县文化馆．铜山龟山二号西汉崖洞墓［J］．考古学报，1985（1）．
62. 天津市文物管理处考古队．天津蓟县邦均两座古墓的清理［J］．考古，1985（6）．
63. 四川省文物管理委员会．四川忠县涂井蜀汉崖墓［J］．文物，1985（7）．
64. 淄博市博物馆．山东淄博张庄东汉画像石墓［J］．考古，1986（8）．
65. 扬州博物馆．扬州平山养殖场汉墓清理简报［J］．文物，1987（1）．
66. 河南省文物研究所．密县后士郭汉画像石墓发掘报告［J］．华夏考古，1987（2）．
67. 南京博物院．江苏仪征烟袋山汉墓［J］．考古学报，1987（4）．
68. 河北省文物研究所．河北易县燕下都第13号遗址第一次发掘［J］．考古，1987（5）．
69. 平朔考古队．山西朔县秦汉墓发掘简报［J］．文物，1987（6）．
70. 屈盛瑞．山西朔县西汉并穴木椁墓［J］．文物，1987（6）．
71. 张秀夫．河北平泉县杨杖子村发现汉墓［J］．文物，1987（9）．
72. 围场县文物管理委员会．河北围场东台子战国晚期至秦代墓地出土文物［C］// 文物编辑委员会．文物资料丛刊（10）［M］．北京：文物出版社，1987：142-145．
73. 刘志远．成都天迴山崖墓清理记［J］．考古学报，1988（2）．
74. 扬州博物馆．江苏邗江姚庄101号西汉墓［J］．文物，1988（2）．
75. 苏兆庆，张安礼．山东莒县沈刘庄汉画像石墓［J］．考古，1988（9）．
76. 张家口地区博物馆．河北涿鹿矾山五堡东汉墓清理简报［J］．文物春秋，1989（4）．
77. 济南市文化局文物处．山东济南青龙山汉画像石壁画墓［J］．考古，1989（11）．
78. 河北省文物研究所．安平东汉壁画墓发掘简报［J］．文物春秋，1989（Z1）．
79. 河北省文物研究所．河北阜城桑庄东汉墓发掘报告［J］．文物，1990（1）．
80. 河北省文物研究所，张家口地区文化局．河北阳原三汾沟汉墓群发掘报告［J］．文物，1990（1）．
81. 辽宁省博物馆文物队．辽宁朝阳袁台子西汉墓1979年发掘简报［J］．文物，1990（2）．
82. 乐山市文化局．四川乐山麻浩一号崖墓［J］．考古，1990（2）．
83. 河北省文物研究所，保定地区文物管理所，徐水县文物管理所．河北徐水大马各庄春秋墓［J］．文物，1990（3）．
84. 河北省文物研究所．燕下都“6”号遗址汉墓发掘简报［J］．文物，1990（3）．
85. 河北省文物研究所．河北阳原县北关汉墓发掘简报［J］．考古，1990（4）．
86. 河北省文物研究所，张家口地区文化局．河北阳原西城南关东汉墓［J］．文物，1990（5）．
87. 陕西省考古研究所配合基建考古队．西安净水厂汉墓清理简报［J］．考古与文物，1990（6）．
88. 徐州博物馆．徐州发现东汉元和三年画像石［J］．文物，1990（9）．
89. 保定市文物管理处．满城县四道口东汉墓发掘简报［J］．文物春秋，1991（1）．
90. 唐山市文物管理所，玉田县文教局．河北玉田县大李庄村汉墓清理简报［J］．文物春秋，1991（1）．

91. 河北省文物研究所. 保定市郊发现一座东汉墓［J］. 文物春秋，1991（3）.
92. 张新斌. 河南济源出土汉代大型陶连枝灯［J］. 文物，1991（4）.
93. 滦南县文保所. 滦南汉墓清理简报［J］. 文物春秋，1991（4）.
94. 周口地区文物工作队，淮阳县博物馆. 河南淮阳北关一号汉墓发掘简报［J］. 文物，1991（4）.
95. 天津市历史博物馆考古队，宝坻县文化馆. 天津市宝坻县牛道口遗址调查发掘简报［J］. 考古，1991（7）.
96. 邯郸地区文保所. 涉县北关发现一座西汉墓葬［J］. 文物春秋，1992（1）.
97. 秦皇岛市文物管理处，抚宁县文物保管所. 河北抚宁邴各庄古墓清理简报［J］. 文物，1992（2）.
98. 河北省文物研究所，保定市文物管理所，容城县文物保管所. 容城南阳村古墓发掘简报［J］. 文物春秋，1992（2）.
99. 陶宗治，屈建基. 张家口下花园区东汉墓［J］. 文物春秋，1992（2）.
100. 隆尧县文物保管所. 河北隆尧县出土刻花贴金玉片［J］. 文物，1992（4）.
101. 河北省文物研究所，邢台地区文物管理所. 河北沙河兴固汉墓［J］. 文物，1992（9）.
102. 郭世云. 山东无棣清理一座东汉墓［J］. 考古，1992（9）.
103. 徐州博物馆. 徐州市东郊陶楼汉墓清理简报［J］. 考古，1993（1）.
104. 贺勇，刘建中. 河北怀来甘子堡发现的春秋墓群［J］. 文物春秋，1993（2）.
105. 徐建中. 怀安刘家堡发现西汉墓［J］. 文物春秋，1993（2）.
106. 徐州博物馆. 徐州后楼山西汉墓发掘报告［J］. 文物，1993（4）.
107. 王步毅. 安徽宿县褚兰汉画像石墓［J］. 考古学报，1993（4）.
108. 冯杭印. 河北赞皇发现汉石室墓［J］. 考古，1994（1）.
109. 济宁市博物馆. 山东济宁发现一座东汉墓［J］. 考古，1994（2）.
110. 石家庄市文物保管所，获鹿县文物保管所. 河北获鹿高庄出土西汉常山国文物［J］. 考古，1994（4）.
111. 史云征，李振奇. 河北柏乡东小京汉墓［J］. 考古与文物，1994（4）.
112. 衡水地区文物管理所. 河北景县大代庄东汉壁画墓［J］. 文物春秋，1995（1）.
113. 丰润县文物管理所. 河北丰润县七里屯村汉墓清理简报［J］. 文物春秋，1995（2）.
114. 刘均合，隆立新. 丰润县叩家寨村发现汉代墓葬［J］. 文物春秋，1995（3）.
115. 邯郸市文物管理处，涉县文物保管所. 河北涉县索堡汉墓［J］. 文物春秋，1996（1）.
116. 郑州市文物考古研究所，荥阳市文物保护管理所. 河南荥阳苌村汉代壁画墓调查［J］. 文物，1996（3）.
117. 王黎琳，李银德. 徐州发现东汉画像石［J］. 文物，1996（4）.
118. 吴克贤，袁秉成，赵子英. 河北抚宁县邴各庄出土东汉陶楼［J］. 文物春秋，1996（4）.

119. 北京市文物研究所，北京大学考古学系．1995 年琉璃河遗址墓葬区发掘简报［J］. 文物，1996（6）.
120. 迁安县文物保管所．河北迁安于家村一号汉墓清理［J］. 文物，1996（10）.
121. 定州市文物管理所．定州市 35 号汉墓清理简报［J］. 文物春秋，1997（3）.
122. 河北省文物研究所．河北抚宁县邴各庄汉墓发掘简报［J］. 文物春秋，1997（3）.
123. 怀安县文保所．怀安县乔子沟汉墓清理简报［J］. 文物春秋，1997（3）.
124. 樊书海，雷金铭．阳原西汉遗址和墓葬发掘取得新成果［N］. 中国文物报，1997-8-24：1.
125. 南阳市文物考古研究所．南阳市教师新村 10 号汉墓［J］. 中原文物，1997（4）.
126. 沧州市文物管理处．河北南皮县芦庄子汉墓［J］. 文物春秋，1998（1）.
127. 河北省文物研究所，邢台市文物管理处．邢台曹演庄汉墓群发掘报告［J］. 文物春秋，1998（4）.
128. 狮子山楚王陵考古发掘队．徐州狮子山西汉楚王陵发掘简报［J］. 文物，1998（8）.
129. 韦正，李虎仁，邹厚本．江苏徐州市狮子山西汉墓的发掘与收获［J］. 考古，1998（8）.
130. 河北省文物研究所，隆尧县文物保管所．隆尧县双碑遗址发掘报告［C］// 河北省文物研究所编．河北省考古文集［M］. 北京：东方出版社，1998：133-153.
131. 河北省文物研究所．内邱小驿头遗址发掘报告［C］// 河北省文物研究所．河北省考古文集［M］. 北京：东方出版社，1998：154-178.
132. 河北省文物研究所．献县 36 号汉墓发掘报告［C］// 河北省文物研究所编．河北省考古文集［M］. 北京：东方出版社，1998：241-260
133. 河北省文物研究所，衡水地区文物管理所．武邑中角汉墓群 4 号墓发掘报告［C］// 河北省文物研究所编．河北省考古文集［M］. 北京：东方出版社，1998：261-271.
134. 河北省文物研究所，保定市文管处，涿州市文保所．涿州张村东营墓群发掘简报［C］// 河北省文物研究所编．河北省考古文集［M］. 北京：东方出版社，1998：272-278.
135. 河北省文物研究所，石家庄市文物管理所．石太高速公路岳村铺墓葬发掘简报［C］// 河北省文物研究所编．河北省考古文集［M］. 北京：东方出版社，1998：279-284.
136. 洛阳市文物工作队．洛阳发掘的四座东汉玉衣墓［J］. 考古与文物，1999（1）.
137. 洛阳市第二文物工作队．洛阳邙山战国西汉墓发掘报告［J］. 中原文物，1999（1）.
138. 李建林．北京顺义田各庄汉墓发掘简报［J］. 北京文博，1999（4）.
139. 聊城市文物管理委员会．山东阳谷县吴楼一号汉墓的发掘［J］. 考古，1999（11）.
140. 徐州博物馆．徐州东甸子西汉墓［J］. 文物，1999（12）.
141. 耿建军，盛储彬．徐州火山汉墓［C］// 中国考古学会编．中国考古学年鉴·1997［M］，北京：文物出版社，1999：132-133.
142. 河南省文物考古研究所．河南济源市桐花沟十号汉墓［J］. 考古，2000（2）.

143. 扬州博物馆. 江苏邗江县姚庄 102 号汉墓［J］. 考古，2000（4）.
144. 河北省文物研究所. 河北阳原县姜家梁新石器时代遗址的发掘［J］. 考古，2001（2）.
145. 张晓峰. 文安县宋家牌汉墓出土遗物［J］. 文物春秋，2001（6）.
146. 大同市考古研究所. 山西广灵北关汉墓发掘简报［J］. 文物，2001（7）.
147. 河北省文物研究所. 燕下都遗址内的两汉墓葬［C］// 河北省文物研究所编. 河北省考古文集（二）［M］. 北京：燕山出版社，2001：67-140.
148. 河北省文物研究所，鹿泉市文物保管所. 河北高庄汉墓发掘简报［C］// 河北省文物考古研究所. 河北省考古文集（二）［M］. 北京：燕山出版社，2001：141-182.
149. 河北省文物研究所，沧州市文管处，河间市文保所. 河间东文庄窑址和墓葬发掘简报［C］// 河北省文物考古研究所. 河北省考古文集（二）［M］. 北京：燕山出版社，2001：183-193.
150. 河北省文物研究所，衡水市文物管理处，深州市文物保管所. 河北省深州市下博汉唐墓地发掘报告［C］// 河北省文物研究所编. 河北省考古文集（二）［M］. 北京：燕山出版社，2001：214-243.
151. 湖北省文物考古研究所，湖北秭归何家坪遗址发掘简报［J］. 江汉考古，2002（3）.
152. 唐山市文物管理处，滦县文物管理所. 河北滦县新农村汉墓发掘简报［J］. 文物春秋，2002（4）.
153. 王巧莲，樊瑞平，刘友恒. 河北省无极县东汉墓出土陶器［J］. 文物，2002（5）.
154. 李子春，赵立国. 河北滦县出土东汉画像石棺［J］. 文物，2002（7）.
155. 王鑫，程利. 石景山老山汉墓［C］// 中国考古学会编. 中国考古学年鉴 • 2001［M］. 北京：文物出版社，2002：104-105.
156. 江苏省大青墩汉墓联合考古队. 泗阳大青墩泗水王陵［J］. 东南文化，2003（4）.
157. 孟强. 徐州东洞山三号汉墓的发掘及对东洞山汉墓的再认识［J］. 东南文化，2003（7）.
158. 山东省博物馆，重庆市博物馆，重庆市文化局. 重庆万州区钟嘴东汉墓发掘简报［J］. 华夏考古，2004（1）.
159. 山东省博物馆，重庆市博物馆，重庆市文化局. 重庆万州区钟嘴东汉墓发掘简报［J］. 华夏考古，2004（1）.
160. 衡水市文物管理处. 河北衡水汇龙中学汉唐墓葬发掘简报［J］. 文物春秋，2004（2）.
161. 定州市文物保护管理所. 定州市南关墓地发掘简报［J］. 文物春秋，2004（4）.
162. 廊坊市文物管理处. 廊坊市三河小崔各庄东汉墓［J］. 文物春秋，2004（4）.
163. 徐州博物馆. 江苏铜山县凤凰山西汉墓［J］. 考古，2004（5）.
164. 邯郸市文物保护研究所. 邯郸市建设大街战汉墓葬发掘报告［J］. 文物春秋，2004（6）.
165. 邯郸市文物保护研究所. 邯郸渚河桥汉墓发掘报告［J］. 文物春秋，2004（6）.

166. 邯郸市文物保护研究所. 邯郸市龙城小区墓葬发掘简报［J］. 文物春秋，2004（6）.
167. 济南市考古研究所，长清区文物管理所. 济南市长清区大觉寺村一、二号汉墓清理简报［J］. 考古，2004（8）.
168. 王清林. 延庆妫河南岸奇特的两座东汉砖室墓［C］// 北京文物研究所. 北京文物与考古（第6辑）［M］. 北京：民族出版社，2004：22-23.
169. 王清林，王策，朱志刚等. 厂桥地区一东汉砖室墓发掘简报［C］// 北京文物研究所. 北京文物与考古 6［M］. 北京：民族出版社，2004：24-26.
170. 李振光，宋岩泉，党浩. 山东苍山县金山发现大型汉墓［N］. 中国文物报，2004-12-17（1）.
171. 徐州博物馆. 徐州碧螺山五号西汉墓［J］. 文物，2005（2）.
172. 衡水市文物管理处. 河北安平水泥管厂东汉墓［J］. 文物春秋，2005（2）.
173. 滦南县文物管理所. 唐山滦南发现东汉墓［J］. 文物春秋，2005（2）.
174. 青岛市文物局，平度市博物馆. 山东青岛市平度界山汉墓的发掘［J］. 考古，2005（6）.
175. 甘肃省文物考古研究所. 甘肃武威磨咀子东汉墓（M25）发掘简报［J］. 文物，2005（11）.
176. 徐州博物馆. 江苏徐州顾山西汉墓［J］. 考古，2005（12）.
177. 唐山市文物管理处. 玉田县代官屯发现一座汉墓［J］. 文物春秋，2006（3）.
178. 山西省考古研究所，山西大学文博学院. 山西新广武汉墓发掘报告［C］// 山西省考古研究所，山西省考古学会. 三晋考古（第三辑）［M］. 太原：山西人民出版社，2006：286-296.
179. 衡水市文物管理处. 河北武邑青冢汉墓发掘简报［J］. 文物春秋，2007（2）.
180. 史殿海. 涿州凌云集团新厂东汉墓群发掘简报［J］. 文物春秋，2007（3）.
181. 徐州博物馆. 江苏徐州凤凰山西汉墓的发掘［J］. 考古，2007（4）.
182. 山东省青州市博物馆. 山东青州市马家冢子东汉墓的清理［J］. 考古，2007（6）.
183. 保定市文物管理所，满城县文物勘探队. 河北满城西山花园东汉墓［J］. 文物春秋，2007（6）.
184. 石家庄市文物保护研究所. 石家庄市城角庄汉墓［J］. 文物春秋，2007（6）.
185. 洛阳市第二文物工作队，偃师市文物管理委员会. 偃师阎楼东汉陪葬墓园［J］. 文物，2007（10）.
186. 河北省文物研究所，承德市文物局，滦平县文物保护管理所. 东营子墓地发掘简报［C］// 河北省文物研究所. 河北省考古文集（三）［M］. 北京：科学出版社，2007：18-53.
187. 衡水市文物管理处. 河北景县青兰汉墓发掘简报［C］// 河北省文物考古研究所. 河北省考古文集（三）［M］. 北京：科学出版社，2007：66-71.
188. 河北省文物研究所，石家庄市文物研究所. 河北石家庄肖家营汉墓发掘报告［C］// 河北省文物研究所编. 河北省考古文集（三）［M］. 北京：科学出版社，2007：

72-97.

189. 张家口市文物管理处、蔚县博物馆．蔚县埚串堡 1 号汉墓发掘报告［C］// 河北省文物考古研究所．河北省考古文集（三）［M］．北京：科学出版社，2007：98-107.

190. 李敏，李恩玮，李军，李淑芹．邢台旅馆汉唐宋墓葬的发掘［C］// 河北省文物考古研究所．河北省考古文集（三）［M］．北京：科学出版社，2007：108-128.

191. 张家口市博物馆．河北蔚县张南堡西汉墓［J］．文物春秋，2008（3）.

192. 河北省文物研究所，石家庄市文物研究所，鹿泉市文物保护管理所．鹿泉市北新城汉墓 M2 发掘简报［J］．文物春秋，2008（4）.

193. 北京市文物研究所．北京市大兴新城北区 8 号地考古发掘报告［J］．文物春秋，2008（4）.

194. 唐山市文物管理处，迁安市文物管理处．迁安苏各庄战国、东汉墓葬发掘简报［J］．文物春秋，2008（4）.

195. 王培生．河北涿鹿县黄帝城发掘一座东汉墓［J］．文物春秋，2008（4）.

196. 湖北省文物考古研究所，云梦县博物馆．湖北云梦睡虎地 M77 发掘简报［J］．江汉考古，2008（4）.

197. 徐州博物馆．江苏徐州市翠屏山西汉刘治墓发掘简报［J］．考古，2008（9）.

198. 徐州博物馆．江苏徐州市大孤山二号汉墓［J］．考古，2009（4）.

199. 彭浩．读云梦睡虎地 M77 汉简《葬律》［J］．江汉考古，2009（4）.

200. 西安市文物保护考古所．西安张家堡新莽墓发掘简报［J］．文物，2009（5）.

201. 陕西省考古研究院．西安凤栖原西汉墓地田野考古发掘收获［J］．考古与文物，2009（5）.

202. 微山县文物管理所．山东微山县微山岛汉代墓葬［J］．考古，2009（10）.

203. 徐州博物馆．徐州拖龙山五座西汉墓的发掘［J］．考古学报，2010（1）.

204. 天津市文化遗产保护中心，蓟县文物管理所．天津蓟县西关汉墓 2006 年发掘简报［J］．内蒙古文物考古，2010（1）.

205. 北京市文物研究所．房山长阳 1 号地汉墓［J］．文物春秋，2010（2）.

206. 北京市文物研究所，大兴区文物管理所．北京亦庄 X10 号地发掘简报［J］．文物春秋，2010（6）.

207. 河北省文物研究所．邯郸百家村 M6 发掘简报［J］．文物春秋，2011（1）.

208. 河北省文物研究所，保定市文物管理所，容城县文物保护管理所．容城北城村东汉墓发掘简报［J］．文物春秋，2011（5）.

209. 河北省文物研究所，石家庄市文物研究所，元氏县文保所．石武铁路客运专线南程墓地发掘报告［C］// 河北省文物研究所．河北省考古文集（四）［M］．北京：科学出版社，2011：68-110.

210. 河北省文物研究所，石家庄市文物研究所，鹿泉市文物保管所．北新城汉墓 M2 发掘报告［C］// 河北省文物研究所．河北省考古文集（四）［M］．北京：科学出版社，2011：111-134.

211. 滕州市汉画像石馆，山东滕州市染山西汉画像石墓［J］. 考古，2012（1）.
212. 辽宁省文物考古研究所. 河北正定野头墓地发掘简报［J］. 文物，2012（1）.
213. 徐州博物馆. 江苏徐州市奎山四座西汉墓葬［J］. 考古，2012（2）.
214. 满城县文物局. 满城宏昌园B区汉墓发掘简报［J］. 文物春秋，2012（3）.
215. 北京市文物研究所. 房山长阳汉墓发掘简报［J］. 北京文博，2012（3）.
216. 四川大学历史文化学院考古系，上海大学艺术研究院美术考古研究中心，河北省文物研究所，石家庄市文物研究所，鹿泉市文物保护所. 河北鹿泉西龙贵汉代墓葬［J］. 考古学报，2013（1）.
217. 南京市博物馆，南京市六合区文化局. 南京六合李岗汉墓（M1）发掘简报［J］. 文物，2013（11）.
218. 徐州博物馆. 徐州荆山村西汉墓群发掘简报［C］// 南京博物院. 穿越长三角——京沪、沪宁高铁江苏段考古发掘报告［M］. 北京：科学出版社，2013：25-42.
219. 耿建军、刘超，徐州市泉山区西卧牛山汉墓发掘［C］// 江苏省文物局. 江苏考古（2010-2011）［M］. 南京：南京出版社，2013：87-91.
220. 张家口市宣化区文物保管所. 河北宣化东升路东汉墓发掘简报［J］. 文物，2014（3）.
221. 河北省文物研究所，满城县文物保管所. 河北满城荆山汉墓发掘简报［J］. 文物春秋，2014（3）.
222. 北京市文物研究所. 海淀区东升乡小营村汉代，清代墓葬发掘简报［J］. 北京文博文丛，2014（3）.
223. 河北省文物研究所，鹿泉市文物保管所. 鹿泉市北新城汉墓M1发掘简报［C］// 河北省文物研究所. 河北省考古文集（五）［M］. 北京：科学出版社，2014：70-80.
224. 衡水市文物管理处. 河北安平后大寨汉墓发掘简报［C］// 河北省文物研究所 河北省考古文集（五）［M］. 北京：科学出版社，2014：81-86.
225. 河北省文物研究所，石家庄市文物保护研究所，藁城市文物保管所. 藁城台西商、汉及宋代墓葬发掘简报［C］// 河北省文物研究所. 河北省考古文集（五）［M］. 北京：科学出版社，2014：110-135.
226. 北京市文物研究所. 北京市东城区西革新里西汉墓2013年发掘简报［J］. 北方文物，2015（2）.
227. 北京市文物研究所. 北京平谷东高村汉唐墓葬发掘简报［J］. 北方文物，2015（2）.
228. 张家口市宣化区文物保管所. 河北张家口宣化东升路东汉墓（M3）发掘简报［J］. 文物，2015（3）.
229. 姜佰国. 蓟县小毛庄东汉墓葬［C］// 中国考古学会编. 中国考古学年鉴·2014［M］. 北京：中国社会科学出版社，2015：210.
230. 徐州博物馆. 贾汪徐工综合试验场项目考古调查试掘［C］// 徐州博物馆. 徐州考古资料汇编（2014年度），内部资料，2015-2：43-50.
231. 北京市文物研究所. 丰台石榴庄汉、明、清墓发掘简报［J］. 北京文博文丛，

2016（2）.
232. 北京市文物研究所. 昌平未来科技城北区汉墓发掘简报［J］. 北京文博文丛, 2016（2）.
233. 井中伟，李轩鹏. 河北邢台南和左村汉墓出土铜器［J］. 文物，2016（3）.
234. 江西省文物考古研究所，南昌市博物馆，南昌市新建区博物馆. 南昌市西汉海昏侯墓［J］. 考古，2016（7）.
235. 襄樊市考古队. 襄樊长虹南路墓地第二次发掘简报［J］. 江汉考古，2017（1）.
236. 北京市文物研究所. 十二平方公里项目南区 N14 地块汉、唐墓葬发掘简报［J］. 北京文博，2017（1）.
237. 吉林大学边疆考古研究中心，河北省文物局. 河北临城县解村东遗址东汉墓葬［J］. 考古，2017（4）.
238. 北京市文物研究所. 北京平谷夏各庄东汉墓考古发掘简报［J］. 文物春秋，2017（6）.
239. 彭峪，林玉海. 山东青岛土山屯墓群［J］. 大众考古，2017（10）.
240. 扬州市文物考古研究所，仪征市博物馆. 江苏仪征市烟袋山西汉车马陪葬坑发掘简报［J］. 考古，2017（11）.
241. 青岛市文物保护考古研究所. 青岛土山屯墓群考古发掘获主要新发现——发现“祭台”、人字形椁顶等重要遗迹，出土温明、玉席和遣册、公文木牍等珍贵文物［N］. 中国文物报，2017-12-22（4）.
242. 武汉大学考古学系，河北省文物局南水北调文物保护办公室，元氏县博物馆. 河北元氏县南白楼战国秦汉墓地的发掘［J］. 考古，2018（2）.
243. 彭峪. 汉代县令家族的身后事　山东青岛土山屯墓群［J］. 大众考古，2018（2）.
244. 北京市文物研究所，延庆区文物管理所. 北京市延庆区西屯墓地东区（Ⅱ区）考古发掘简报［J］. 文物春秋，2018（3）.
245. 北京市文物研究所. 北京市丰台区槐房汉墓 M18 发掘简报［J］. 北京文博文丛，2019（2）.
246. 青岛市文物保护研究所，黄岛区博物馆. 山东青岛土山屯墓群四号封土与墓葬的发掘［J］. 考古学报，2019（3）.
247. 河北省文物研究所，黄骅市博物馆. 河北黄骅发现的两处古墓葬［J］. 文物春秋，2019（6）.
248. 山西大学历史文化学院，保定市文物管理所等. 河北容城县沙河遗址汉墓发掘简报［C］. 考古学集刊（22）［M］. 北京：社会科学文献出版社，2019：14-25.
249. 河北省文物考古研究院等. 河北蔚县大德庄墓地 M2 发掘简报［J］. 北京文物，2021（2）.

后　记

2020 年 2 月底，《京津冀汉墓研究》的初稿正式完成。本书主要是对京津冀地区汉代墓葬进行的相关考古学研究，关于京津冀地区汉墓，在此之前，已有一些学者进行了较多且较为深入的研究和探索，涉及内容十分广泛，这些研究成果为本书的研究提供了众多极为宝贵的参考和借鉴。

关于为何要形成《京津冀汉墓研究》书稿及其书稿的形成过程，需做简单说明。京津冀地区是汉代墓葬重点分布区域之一，已发现、发掘的汉代墓葬数量众多，公布的资料也十分丰富，这为开展相关考古学研究奠定了坚实的基础。由于我的研究方向为秦汉考古，又对秦汉时期的墓葬研究有所偏爱，加之现在工作于南开大学，从事秦汉考古的教学与研究，所以十分关注京津冀地区汉墓的考古发现与研究。在指导学生尤其是本科生和硕士生的论文写作选题时，会不由自主地倾向于京津冀地区汉墓，或墓葬形制与陪葬品的考古学研究，或专题研究。其中董雪迎关于京津冀地区汉墓出土陶俑的研究被评为南开大学优秀硕士论文，相关内容发表在考古学专业期刊上；蒋赴关关于京津冀地区汉代模型明器的研究（本科学年论文）获得 2015—2016 年度发现中国李济考古学奖学金（学术组），并完成了关于京津冀地区汉墓与经济发展的本科毕业论文，相关研究亦发表在考古学专业期刊上；周欣关于京津冀地区汉墓形制与陪葬品的考古学研究被评为南开大学优秀本科生论文。这几年，我自己也加大了对京津冀地区汉墓的关注力度，在能够抽出时间的情况下，开展一些与京津冀地区汉墓有关的研究，一些已经发表。2018 年底，有关京津冀地区汉代屈肢葬的内容全稿完成，也有两篇与墓地有关的论文成形。也就是在这个时候，我的脑海中蹦出一个决定，即将已写好和将要撰写的与京津冀地区汉墓有关的研究与上述三位同学的相关研究成果综合起来，形成一本书稿进行出版。这一想法得到三位同学的积极响应和支持，这让我信心倍增。2019 年，我又对京津冀地区汉墓中的相关墓地、陪葬品及东汉时期的多人葬等进行了研究并撰写成文，同时安排已经博士毕业的董雪迎帮我进行了相关内容如夫妻合葬、陶楼等考古资料的收集与梳理。2020 年初，由于赶上新冠肺炎疫情的发生，为响应号召，除采购生活必需用品时速出速归外，我和很多人一样宅在家中，这对于我这样一个好动的人来讲，起初确实有些不适应，但我知道，居于家中减少出行就是对防范疫情最好的行动，还好这份书稿让我静了下来。其间，我对书稿的结构进行了相应调整，对书稿的内容、文字也进行了认真的校对和修改，对一些用图进行了替换和重新描绘等。需作说明的是，关于书稿中所用三位同学的研究成果，我也进行了较大的修改、删减与补充，增添了较多内容。此项工作一直延续至2021年的3月，虽然我在不知名的忙碌中抽时间对书稿进行了较多修改，但仍有较多错谬，还请同行师友多多批评指正。

书稿的顺利完成，离不开许多人的支持和帮助，在此向所有支持和帮助过我的人表达由衷的感谢。

感谢南开大学历史学院副院长、南开大学博物馆馆长刘毅先生，从2009年我到南开从事教学科研工作以来，一直对我关心备至，工作上的指导、支持和督促，研究上的教导、鼓舞和鞭策，都让我时刻铭记在心。还记得刚到南开工作的时候，先生就语重心长地告诉我，此后的研究不能太局限于一点一面，要转变研究视角和拓展研究视野，这本书稿勉强算是给先生交了一份作业，以表达心中对先生的感激！

这本书稿，董雪迎、周欣、蒋赴美三位同学的贡献和支持很多，其中董雪迎还参与了考古资料的收集、框架的构思、内容的撰写和校对等较多工作，在此向这三位同学表示由衷的感谢。我的一些在读研究生也为书稿的校对付出了辛勤的劳动，限于篇幅，不再一一列出他（她）们的名字，在此向他（她）们说声谢谢！

另外还有很多支持我工作、科研的老师、朋友、同事和同学，也向他们表达我心中真诚的感谢！

本书是对京津冀地区汉代墓葬进行的考古学研究，考古资料来源于考古一线挥洒汗水、默默奋斗的考古工作者的辛勤劳动和付出，在此向为京津冀地区汉墓调查、勘探、发掘、整理、研究、保护等付出艰苦劳动和做出卓越贡献的考古界同仁致以崇高的敬意和诚挚的谢意！

本书的插图，部分由作者们自己绘制，更多的是引自原著作，因行文及其他原因，除少数在文中作了说明外，其余未作标注，特做说明，在此向各位原著作者表示衷心的感谢。

这本书的出版得到南开大学中外文明交叉科学中心出版项目资金的支持，感谢中心领导江沛老师的支持和帮助；科学出版社的张亚娜、郑佐一两位女士也为本书的出版付出较多辛勤劳动，在此表示诚挚的感谢！

感谢我的爱人和儿子，感谢你们给予我诸多的理解和默默支持，谢谢你们！

转眼又是一年，本书出版时，已到盛夏，愿夏日的热情能给所有关心、帮助我的人带来更多的美好！

刘尊志

2021 年 5 月 31 日于家中